빠른시작

고등 국어
문법 실전
477제

고등 국어 빠작 시리즈

고전 문학, 현대 문학 | 올바른 독해 훈련으로 문학 독해력을 기르는 문학 기본서
비문학 독서 | 독해력과 추론적 사고력을 키우는 비문학 실전 대비서
문법 | 내신부터 수능까지, 필수 개념 30개로 끝내는 문법서
문법 실전 477제 | 수능 1등급을 위한 문법 실전서
화법과 작문 | 최신 기출 문제로 문제 해결력을 기르는 화법과 작문 실전서
필수 어휘 | 쉬운 한자 풀이로 수능 국어 필수 어휘를 익히는 어휘력 기본서

이 책을 쓰신 선생님

최원준(중대부고) 이정선(동산고) 이지은(숭문고) 윤병훈(대나무숲학원) 최훈호(말글국어)

고등 국어
문법 실전
477제

이 책의 차례

구성과 특징

▶ 본문

❶ 핵심 개념
기출문제를 본격적으로 풀기에 앞서, 관련 개념을 먼저 학습한 후 문제 풀이에 적용하는 연습을 할 수 있도록 필수 핵심 개념을 정리하였습니다.

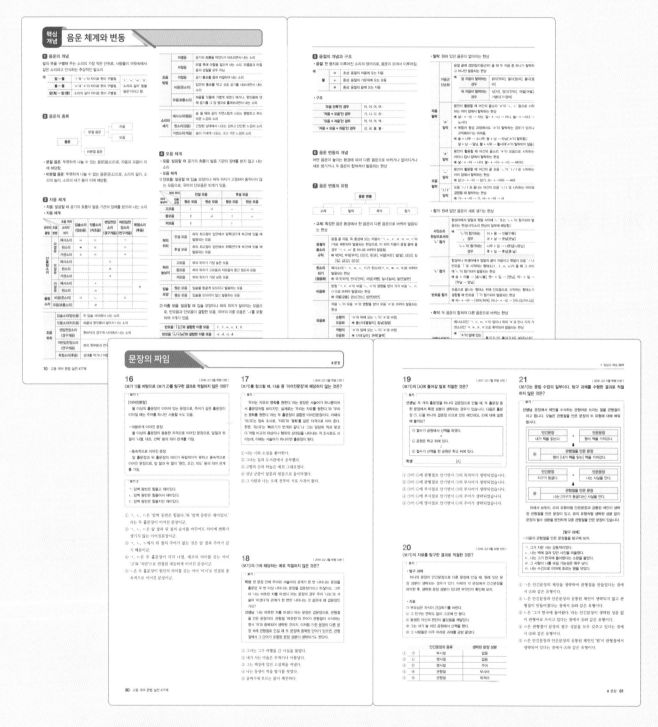

❷ 영역별 구성
9개년간의 기출문제 중 문법에 해당하는 문제들을 엄선하여 '음운, 단어, 문장, 국어 생활, 국어의 역사, 개념 복합'의 6개 영역으로 나누어 구성하였습니다.

지문형 문제 : 단독 문제 해결 후, 지문형 문제를 풀어 봄으로써 응용력과 사고력을 높일 수 있도록 구성하였습니다.

❸ 실전 모의고사
실제로 수능에서 출제되는 구성으로 문법을 집중 공략한 모의 고사를 풀어 봄으로써 실전 감각을 키울 수 있도록 하였습니다.

➤ 정답과 해설

❹ 정답과 해설
기출문제 해결 방법을 상세하고 친절하게 설명하여 학습자의 이해를 도왔습니다.

👄 왜 오답? : 각각의 선지들이 왜 정답이 아닌지에 대하여 근거를 들어 설명함으로써 문제 분석 능력을 기르도록 하였습니다.

도전❶등급 : 해당 기출문제를 풀 때에 알아두면 도움이 되는 추가 개념을 제시함으로써 폭넓은 문법 지식을 습득할 수 있도록 하였습니다.

출제 경향 및 대응 전략

생각의 전환이 필요합니다.

많은 학생들에게 문법은 부담스러운 과목입니다. 개념과 원리를 모르면 문제 풀이가 거의 불가능할 뿐더러, 개념을 익히고 그것을 실제 문제 풀이에 적용하기까지 많은 노력과 시간이 필요하기 때문입니다. 그러다 보니 다음과 같은 생각을 하는 학생들이 많은 것도 사실입니다.

> "〈언어와 매체〉가 선택 과목이 되었으니까, 〈화법과 작문〉을 선택하면 앞으로 문법 공부는 하지 않아도 되겠어!"

하지만 국어의 모든 영역을 평가하는 수능에서 문법의 속성이 완벽하게 제외된 문제가 출제되기를 기대하는 것은 매우 어리석은 일입니다. 문법의 일부 요소가 〈공통 영역(문학과 독서)〉이나 〈화법과 작문〉에서 언제든지 언급될 수 있고, 문제를 풀 때의 배경지식으로 문법과 관련된 내용이 제시될 수도 있기 때문입니다.

〈언어와 매체〉는 정말 공부하기도 어렵고 좋은 점수를 기대하기도 어려운 과목일까요? 이제부터 반대로 생각해 봅시다. 수능 국어 영역은 사실상 출제 범위가 없는 시험이므로 무엇을 어떻게 공부해야 하는지 참 막막한 영역입니다. 하지만 문법은 국어 영역 중 유일하게 출제 범위가 정해져 있고 문법 지식이 있다면 답이 정확하게 떨어지는 과목이라고 볼 수 있습니다. 문학, 독서 등 타 과목에 비해 출제 범위의 불확실성을 줄일 수 있다는 것은 문법의 큰 매력이라 볼 수 있습니다. 결과적으로 문법은 공부할 부분이 정해져 있고, 또한 학습 효과를 바로 확인할 수 있는 과목이기 때문에 피해야 할 과목이 아닌 공부한 만큼 성적을 높일 수 있는 과목이라고 볼 수 있는 것입니다.

출제 경향을 살펴봅시다.

2022학년도부터 수능 국어 영역에 '공통 + 선택' 구조가 도입됨에 따라 〈언어와 매체〉와 〈화법과 작문〉은 선택 과목이 되었습니다.

2021학년도 수능 국어 영역					→	2022학년도 이후 수능 국어 영역	
독서(15)	문학(15)	화법(5)	작문(5)	언어(5)		독서 · 문학(34)	언어와 매체 / 화법과 작문 中 택1(11)
총 45문항						총 45문항	

그중 〈언어와 매체〉는 언어(문법) 5문항과 매체 6문항으로 구성되며, 언어(문법) 11점과 매체 13점으로 국어 영역 총점 100점 중 24점의 배점을 차지하는 과목입니다. 그런데 2022학년도 이후 수능 국어 영역에 도입된 〈언어와 매체〉의 언어(문법)는 이전 수능 국어 영역에서 언어(문법) 문항에 해당하는 11번~15번과 문제 유형과 문항 수, 배점이 모두 동일하게 구성되어 있어 선택 과목이라는 이름으로 겉모습만 바뀐 것이라고 볼 수 있습니다. 한국교육과정평가원(이하 평가원)의 2023학년도 수능과 2024학년도 6월 모의평가를 통해 언어(문법)의 출제 경향을 구체적으로 살펴보겠습니다.

2023학년도 수능과 2024학년도 6월 모의평가 모두 언어(문법) 관련 문제는 35번~39번까지 5문항으로 구성되어 있으며, 그중 35번~36번은 제시문과 관련된 문제가 묶여 출제되었고, 37~39번은 각 개별 문항으로 출제되었습니다. 각 문항별로 출제된 내용들을 살펴보면 다음과 같습니다.

문항 번호	출제 내용			
	2023학년도 수능		2024학년도 6월 모의평가	
35	합성 명사의 내부 구조	합성 명사의 짜임	중세 국어의 관형격 조사와 부사격 조사	중세 국어의 격조사 결합 원칙
36		합성 명사의 짜임		중세 국어의 관형격 조사
37	훈민정음 창제 원리		문장의 짜임과 문법 요소	
38	된소리되기의 표준 발음		음운의 변동	
39	문장의 짜임		담화의 특성	

2024학년도 6월 모의평가까지 출제된 유형과 문항 내용을 살펴볼 때, 기존의 출제 경향과 큰 차이는 없었습니다. 35번~36번에 해당하는 지문형 문제는 제시된 지문을 잘 이해했는지 파악하는 문제와, 이를 바탕으로 문법 규칙을 적용할 수 있는지 확인하는 문제가 출제됩니다. 37번~39번에 해당하는 개별형 문제들은 〈보기〉나 〈자료〉 등이 주어지고 이를 탐구·분석·추론하여 해결하는 유형의 문제가 출제됩니다.

공부 방법을
선택해 봅시다.

언어(문법)를 학습하는 방법은 크게 두 가지로 나누어 볼 수 있습니다. 첫 번째는 먼저 언어(문법)에서 사용되는 기본적인 용어와 개념 등의 이론을 체계적으로 정리하고, 이에 대한 응용 문제를 풀어 봄으로써 최종적으로 수능 또는 모의평가 문제를 해결할 수 있는 능력을 기르는 것입니다. 두 번째는 기존에 학생 자신이 가지고 있던 언어(문법) 지식을 바탕으로 수능 또는 모의평가에서 출제되었던 기출문제를 풀어 봄으로써, 자신에게 부족한 개념이 무엇인지 파악하고, 시험에서 출제되는 문제의 유형을 익혀 실제 수능과 모의평가에서 고득점을 획득하는 것입니다.

언어(문법) 학습은 개념을 알아야 접근이 가능한 영역이므로, 언어(문법)에 대한 기초 학습이 부족한 학생이라면 첫 번째 방법으로 학습하여 언어(문법) 용어와 개념을 먼저 정리하는 것이 우선되어야 합니다. 하지만 언어(문법)에 대한 기초 학습이 되어 있는 학생이라면 두 번째 방법인 기출문제로 학습하는 것을 권장합니다. 왜냐하면 문제 풀이 중심의 학습은 문제 풀이에 필요한 여러 개념, 특히 핵심 개념에 대한 내용을 지속적으로 떠올려야 하기 때문에 망각으로 인한 언어(문법) 지식의 손실을 방지할 수 있고, 특히 이미 수능이나 모의평가에 출제되었던 문제 유형을 반복하여 풀어 봄으로써 출제자가 요구하는 주요 개념 위주로 학습할 수 있으므로 학습 시간을 효율적으로 활용할 수 있기 때문입니다.

〈빠작 고등 국어 문법 실전 477제〉는 최근 9개년간의 수능과 모의평가, 학력평가에 출제되었던 문제 중에서도 477문항을 엄선하여 수록한 교재입니다. 특히 핵심 개념을 각 영역별로 제공하여 필수 개념을 먼저 학습한 후 문제 풀이에 적용할 수 있도록 하였고 유사한 개념을 묻는 문제를 난이도 순으로 배치하여 자연스럽게 좀 더 어려운 문제를 차례로 접할 수 있도록 하였습니다. 또한 문항별 오답 풀이를 제시하여 틀린 문제나 어렵게 느꼈던 문제들까지도 완벽하게 이해할 수 있도록 하였습니다.

2022학년도 이후 수능부터 국어 영역의 외형에 큰 변화가 있지만, 앞서 언급한 바와 같이 언어(문법)의 본질은 크게 달라지지 않았습니다. 따라서 수능과 모의평가를 앞둔 수험생들이 〈빠작 고등 국어 문법 실전 477제〉로 실력을 쌓는다면 실제 시험에서 원하는 결과를 반드시 얻게 될 것입니다.

I

음운

1 음운의 개념

말의 뜻을 구별해 주는 소리의 가장 작은 단위로, 사람들이 머릿속에서 같은 소리라고 인식하는 추상적인 말소리

예			
말 – 물	'ㅏ'와 'ㅜ'의 차이로 뜻이 구별됨.	'ㅏ', 'ㅜ', 'ㅂ', 'ㅍ', '소리의 길이' 등을 '음운'이라고 함.	
불 – 풀	'ㅂ'과 'ㅍ'의 차이로 뜻이 구별됨.		
말(馬) – 말:(言)	소리의 길이 차이로 뜻이 구별됨.		

2 음운의 종류

- **분절 음운**: 뚜렷하게 나눌 수 있는 음운(음소)으로, 자음과 모음이 이에 해당함.
- **비분절 음운**: 뚜렷하게 나눌 수 없는 음운(운소)으로, 소리의 길이, 소리의 높이, 소리의 세기 등이 이에 해당함.

3 자음 체계

- **자음**: 발음할 때 공기의 흐름이 발음 기관의 장애를 받으며 나는 소리
- **자음 체계**

성대의 울림	조음 방법	소리의 세기	입술소리 (양순음)	잇몸소리 (치조음)	센입천장 소리 (경구개음)	여린입천 장소리 (연구개음)	목청소리 (후음)
안울림 소리	파열음	예사소리	ㅂ	ㄷ		ㄱ	
		된소리	ㅃ	ㄸ		ㄲ	
		거센소리	ㅍ	ㅌ		ㅋ	
	파찰음	예사소리			ㅈ		
		된소리			ㅉ		
		거센소리			ㅊ		
	마찰음	예사소리		ㅅ			ㅎ
		된소리		ㅆ			
울림 소리	비음(콧소리)		ㅁ	ㄴ		ㅇ	
	유음(흐름소리)			ㄹ			

조음 위치		
	입술소리(양순음)	두 입술 사이에서 나는 소리
	잇몸소리(치조음)	혀끝과 윗잇몸이 닿아서 나는 소리
	센입천장소리 (경구개음)	첫비닥과 경구개 사이에서 나는 소리
	여린입천장소리 (연구개음)	혀의 뒷부분과 연구개 사이에서 나는 소리
	목청소리(후음)	성대를 막거나 마찰시켜서 내는 소리

조음 방법		
	파열음	공기의 흐름을 막았다가 터뜨리면서 내는 소리
	파찰음	파열 후에 마찰을 일으켜 내는 소리. 파열음과 마찰음의 성질을 모두 지님.
	마찰음	공기 통로를 좁혀 마찰하여 내는 소리
	비음(콧소리)	입안의 통로를 막고 코로 공기를 내보내면서 내는 소리
	유음(흐름소리)	혀끝을 잇몸에 가볍게 대었다 떼거나, 윗잇몸에 댄 채 공기를 그 양 옆으로 흘려보내면서 내는 소리

소리의 세기		
	예사소리(평음)	숨 쉴 때와 같이 자연스럽게 나오는 평범하고 부드러운 느낌의 소리
	된소리(경음)	긴장된 상태에서 나오는 강하고 단단한 느낌의 소리
	거센소리(격음)	숨이 거세게 나오는, 크고 거친 느낌의 소리

4 모음 체계

- **모음**: 발음할 때 공기의 흐름이 발음 기관의 장애를 받지 않고 나는 소리
- **모음 체계**

1) **단모음**: 발음할 때 입술 모양이나 혀의 위치가 고정되어 움직이지 않는 모음으로, 국어의 단모음은 10개가 있음.

혀의 위치 혀의 높낮이 \ 입술 모양	전설 모음		후설 모음	
	평순 모음	원순 모음	평순 모음	원순 모음
고모음	ㅣ	ㅟ	ㅡ	ㅜ
중모음	ㅔ	ㅚ	ㅓ	ㅗ
저모음	ㅐ		ㅏ	

혀의 위치		
	전설 모음	혀의 최고점이 입안에서 앞쪽(경구개 부근)에 있을 때 발음되는 모음
	후설 모음	혀의 최고점이 입안에서 뒤쪽(연구개 부근)에 있을 때 발음되는 모음

혀의 높낮이		
	고모음	혀의 위치가 가장 높은 모음
	중모음	혀의 위치가 고모음과 저모음의 중간 정도의 모음
	저모음	혀의 위치가 가장 낮은 모음

입술 모양		
	원순 모음	입술을 둥글게 오므리고 발음하는 모음
	평순 모음	입술을 오므리지 않고 발음하는 모음

2) **이중 모음**: 발음할 때 입술 모양이나 혀의 위치가 달라지는 모음으로, 반모음과 단모음이 결합한 모음. 국어의 이중 모음은 'ㅢ'를 포함하여 11개가 있음.

반모음 'ㅣ[j]'와 결합한 이중 모음	ㅑ, ㅕ, ㅛ, ㅠ, ㅒ, ㅖ
반모음 'ㅗ/ㅜ[w]'와 결합한 이중 모음	ㅘ, ㅙ, ㅝ, ㅞ

※ **반모음**
음성적 성질로 보면 모음과 비슷하지만, 반드시 다른 모음에 붙어야 발음될 수 있다는 점에서 자음과 비슷함.

5 음절의 개념과 구조

- **음절**: 한 뭉치로 이루어진 소리의 덩어리로, 음운이 모여서 이루어짐.

예		
	ㅁ	초성: 음절의 처음에 오는 자음
물	ㅜ	중성: 음절의 가운데에 오는 모음
	ㄹ	종성: 음절의 끝에 오는 자음

- **구조**

'모음 단독'인 경우	아, 야, 어, 여…
'자음 + 모음'인 경우	가, 나, 다, 라…
'모음 + 자음'인 경우	악, 약, 억, 역…
'자음 + 모음 + 자음'인 경우	강, 공, 물, 불…

6 음운 변동의 개념

어떤 음운이 놓이는 환경에 따라 다른 음운으로 바뀌거나 없어지거나 새로 생기거나, 두 음운이 합쳐서 발음되는 현상

7 음운 변동의 유형

- **교체**: 특정한 음운 환경에서 한 음운이 다른 음운으로 바뀌어 발음되는 현상

음절의 끝소리 규칙	음절 끝 자음, 즉 종성에 오는 자음이 'ㄱ, ㄴ, ㄷ, ㄹ, ㅁ, ㅂ, ㅇ'의 7개로 제한되어 발음되는 현상으로, 이 외의 자음이 음절 끝에 올 경우 'ㄱ, ㄷ, ㅂ' 중 하나로 바뀌어 발음됨. 예 밖[박], 부엌[부억], 단[단], 옷[옫], 바깥[바깓], 말[말], 감[감], 잎[입], 값[갑], 강[강]
된소리되기 (경음화)	예사소리(ㄱ, ㄷ, ㅂ, ㅅ, ㅈ)가 된소리(ㄲ, ㄸ, ㅃ, ㅆ, ㅉ)로 바뀌어 발음되는 현상 예 국가[국까], 안다[안따], 국밥[국빱], 일시[일씨], 발전[발쩐]
비음화	받침 'ㄱ, ㄷ, ㅂ'이 비음 'ㄴ, ㅁ'의 영향을 받아 각각 비음 'ㄴ, ㅇ, ㅁ'으로 바뀌어 발음되는 현상 예 국물[궁물], 걷는[건는], 밥만[밤만]
유음화	자음 'ㄴ'이 유음 'ㄹ'의 영향을 받아 유음 'ㄹ'로 바뀌어 발음되는 현상
	순행적 유음화 : 'ㄹ'의 뒤에 오는 'ㄴ'이 'ㄹ'로 바뀜. 예 물난리[물랄리], 칼날[칼랄]
	역행적 유음화 : 'ㄹ'의 앞에 오는 'ㄴ'이 'ㄹ'로 바뀜. 예 신라[실라], 권력[궐력]
구개음화	받침 'ㄷ, ㅌ'이 모음 'ㅣ'나 반모음 'ㅣ'로 시작하는 형식 형태소(조사, 접사, 어미)를 만나면 구개음 'ㅈ, ㅊ'으로 바뀌어 발음되는 현상 예 굳이[구지], 해돋이[해도지], 붙이다[부치다], 같이[가치]

- **탈락**: 원래 있던 음운이 없어지는 현상

자음 탈락	자음군 단순화	음절 끝에 겹받침(자음군)이 올 때 두 자음 중 하나가 탈락하고 하나만 발음되는 현상
		예 앞 자음이 탈락하는 경우 : 맑다[막따], 젊다[점:따], 읊다[읍따]
		뒤 자음이 탈락하는 경우 : 삯[삭], 앉다[안따], 여덟[여덜], 가엾다[가:엽따]
	'ㄹ' 탈락	용언이 활용할 때 어간의 끝소리 'ㄹ'이 'ㄴ, ㅅ' 등으로 시작하는 어미 앞에서 탈락하는 현상 예 살- + -는 → 사는, 알- + -니 → 아니, 놀- + -시다 → 노시다 ※ 복합어 형성 과정에서도 'ㄹ'이 탈락하는 경우가 있으나 규칙화하기는 어려움. 예 솔 + 나무 → 소나무, 딸 + 님 → 따님('ㄹ'이 탈락함.) 달 + 님 → 달님, 활 + 시위 → 활시위('ㄹ'이 탈락하지 않음.)
	'ㅎ' 탈락	용언이 활용할 때 어간의 끝소리 'ㅎ'이 모음으로 시작하는 어미나 접사 앞에서 탈락하는 현상 예 낳- + -아 → 나아, 쌓- + -이- + -다 → 싸이다
모음 탈락	'一' 탈락	용언이 활용할 때 어간의 끝 모음 '一'가 'ㅏ/ㅓ'로 시작하는 어미 앞에서 탈락하는 현상 예 담그- + -아 → 담가, 쓰- + -어라 → 써라
	'ㅏ/ㅓ' 탈락	모음 'ㅏ/ㅓ'로 끝나는 어간이 모음 'ㅏ/ㅓ'로 시작하는 어미와 결합할 때 탈락하는 현상 예 가- + -아 → 가, 서- + -어 → 서

- **첨가**: 원래 없던 음운이 새로 생기는 현상

사잇소리 현상으로서의 'ㄴ' 첨가	합성어에서 앞말과 뒷말 사이에 'ㄴ' 또는 'ㄴㄴ'이 첨가되어 발음되는 현상(사잇소리 현상의 일부에 해당함.)
	예 'ㄴ'이 첨가되는 경우 : 이 + 몸 → 잇몸[인몸], 코 + 날 → 콧날[콘날]
	'ㄴㄴ'이 첨가되는 경우 : 나무 + 잎 → 나뭇잎[나문닙], 후 + 일 → 훗일[훈:닐]
'ㄴ' 첨가	합성어나 파생어에서 앞말의 끝이 자음이고 뒷말이 모음 'ㅣ'나 반모음 'ㅣ'로 시작하는 형태소(ㅑ, ㅕ, ㅛ, ㅠ)가 올 때 그 사이에 'ㄴ'이 첨가되어 발음되는 현상 예 솜 + 이불 → [솜:니불], 맨- + 입 → [맨닙], 막- + 일 → [막닐 → 망닐]
반모음 첨가	모음으로 끝나는 형태소 뒤에 단모음으로 시작하는 형태소가 결합할 때 반모음 'ㅣ'가 첨가되어 발음되는 현상 예 피- + -어 → [피어/피여], 아니- + -오 → [아니오/아니요]

- **축약**: 두 음운이 합쳐져 다른 음운으로 바뀌는 현상

거센소리되기	예사소리 'ㄱ, ㄷ, ㅂ, ㅈ'이 앞이나 뒤의 'ㅎ'과 만나 각각 거센소리인 'ㅋ, ㅌ, ㅍ, ㅊ'으로 축약되어 발음되는 현상
	예 'ㅎ'이 앞에 있는 경우 : 좋고[조:코], 좋다[조:타], 넣지[너:치]
	'ㅎ'이 뒤에 있는 경우 : 먹히다[머키다], 맏형[마텽], 잡히다[자피다], 젖히다[저치다]

01

| 2015 고3 6월 모평A 11번 |

다음 〈자료〉를 바탕으로 국어의 '음절'에 대해 설명한 내용으로 적절하지 <u>않은</u> 것은?

> **자료**
>
> 음운이 모여서 이루어지는 소리의 결합체를 음절이라고 한다. 현대 국어의 음절 유형은 다음 네 가지로 나눌 수 있다.
> ㄱ. '중성'으로 이루어진 음절(예 아, 야, 와, 의)
> ㄴ. '초성 + 중성'으로 이루어진 음절(예 끼, 노, 며, 소)
> ㄷ. '중성 + 종성'으로 이루어진 음절(예 알, 억, 영, 완)
> ㄹ. '초성 + 중성 + 종성'으로 이루어진 음절(예 각, 녹, 딸, 형)

① 초성에는 최대 두 개의 자음이 온다.
② 중성에 올 수 있는 음운은 모음이다.
③ 종성에 올 수 있는 음운은 자음이다.
④ 초성 또는 종성이 없는 음절도 있다.
⑤ 모든 음절에는 중성이 있어야 한다.

02

| 2017 고1 9월 학평 14번 |

다음은 자음 습득에 관한 탐구 자료이다. 이에 대한 이해로 적절하지 <u>않은</u> 것은?

> '엄마'와 '아빠' 중에 어느 단어가 상대적으로 낮은 연령에서 발음하기가 쉬울까? 자음은 발음을 할 때 공기의 흐름이 방해를 받기 때문에 제약이 많아 연령에 따라 습득되는 자음들이 다르다. 연령에 따른 자음의 발달 단계를 살펴보면 우선 두 입술 사이에서 나는 소리가 가장 먼저 발달한다. 그중에서도 코로 공기를 내보내는 비음이자 울림소리인 'ㅁ'이 2세 때 습득된다. 그 후 3세 때에는 파열음이자 안울림소리인 'ㅃ'을 습득하게 된다. 따라서 'ㅁ'을 'ㅃ'보다 먼저 습득하게 되므로 아동들은 부모의 호칭 중 음성학적으로 '아빠'보다 '엄마'를 보다 쉽게 발음할 수 있는 것이다.

① 'ㅁ'은 'ㅃ'보다 강하게 파열되며 나는 소리구나.
② 'ㅁ'은 'ㅃ'과 달리 목청을 울리면서 소리를 내게 되는구나.
③ 'ㅁ'은 'ㅃ'과 달리 코로 공기를 내보내면서 소리를 내게 되는구나.
④ 'ㅁ'과 'ㅃ'은 모두 두 입술 사이에서 나는 소리구나.
⑤ 'ㅁ'과 'ㅃ'은 모두 공기의 흐름이 방해를 받는 소리구나.

03

| 2017 고1 9월 학평 13번 |

다음 표를 참고할 때, 〈보기〉의 놀이에서 승리할 수 있는 카드는?

혀의 전후 위치 혀의 높낮이　　입술 모양	전설 모음		후설 모음	
	평순 모음	원순 모음	평순 모음	원순 모음
고모음	ㅣ	ㅟ	ㅡ	ㅜ
중모음	ㅔ	ㅚ	ㅓ	ㅗ
저모음	ㅐ		ㅏ	

> **보기**
>
> ◎ 한글 모음 놀이의 승리 조건
> – 아래의 조건을 모두 만족하는 모음 카드를 제시할 것
> • 입천장의 중간점을 기준으로 혀의 가장 높은 부분을 앞쪽에 둔 상태로 발음하는 모음
> • 입술을 평평하게 해서 발음하는 모음
> • 입을 조금 벌리고 혀가 입천장에 닿을 만큼 높은 상태로 발음하는 모음

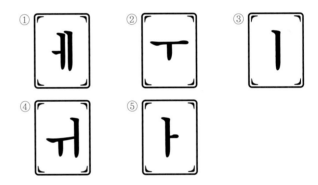

① ㅔ
② ㅜ
③ ㅣ
④ ㅟ
⑤ ㅏ

04

| 2015 고1 9월 학평 11번 |

다음의 단모음 체계표를 참고할 때, 〈보기〉의 ㉠에 들어갈 말로 적절한 것은?

혀의 진후 위치 혀의 높낮이　　입술 모양	전설 모음		후설 모음	
	평순 모음	원순 모음	평순 모음	원순 모음
고모음	ㅣ	ㅟ	ㅡ	ㅜ
중모음	ㅔ	ㅚ	ㅓ	ㅗ
저모음	ㅐ		ㅏ	

보기

수정: 내가 잘했어야 했는데.

민기: 뭐? 내가 잘했어야 한다고? 어떻게 그렇게 말하니?

수정: 아니. 니가 못했다는 게 아니라 내가 잘했어야 했는데 그렇지 못해서 미안하다고.

민기: 아아, 내가 오해했구나. 나는 '네가 잘했어야 했는데.'로 들었어. 그런데 '니가'는 잘못된 표현 아니야?

수정: 맞아. 그런데 '내'와 '네'가 혼동되니까 현실적으로 '니가'를 사용하기도 하지.

민기: 아, 그렇구나. '내'를 발음할 때는 (㉠   )

① '네'보다 입을 더 크게 벌려야겠구나.
② '네'와 달리 입술을 동그랗게 오므려야겠구나.
③ '네'보다 혀의 높이를 더 높아지게 해야겠구나.
④ '네'와 달리 혀의 최고점을 앞에 놓아야겠구나.
⑤ '네'와 달리 입술이나 혀를 움직이지 말아야겠구나.

05

| 2019 수능 11번 |

〈보기〉의 ㉠에 들어갈 말로 적절하지 않은 것은?

보기

선생님: 최소 대립쌍이란 하나의 소리로 인해 뜻이 구별되는 단어의 짝을 말해요. 가령 최소 대립쌍 '살'과 '쌀'은 'ㅅ'과 'ㅆ'으로 인해 뜻이 달라지는데, 이때의 'ㅅ', 'ㅆ'은 음운의 자격을 얻게 되죠. 이처럼 최소 대립쌍을 이용해 음운들을 추출하면 음운 체계를 수립할 수 있어요. 이제 고유어들을 모은 [A]에서 최소 대립쌍들을 찾아 음운들을 추출하고, 그 음운들을 [B]에서 확인해 봅시다.

[A] 쉬리, 마루, 구실, 모래, 소리, 구슬, 머루

[B] 국어의 단모음 체계

혀의 전후 위치	전설 모음		후설 모음	
혀의 높낮이　입술 모양	평순 모음	원순 모음	평순 모음	원순 모음
고모음	ㅣ	ㅟ	ㅡ	ㅜ
중모음	ㅔ	ㅚ	ㅓ	ㅗ
저모음	ㅐ		ㅏ	

[학생의 탐구 내용]
추출된 음운들 중 　㉠　 을 확인할 수 있군.

① 2개의 전설 모음
② 2개의 중모음
③ 3개의 평순 모음
④ 3개의 고모음
⑤ 4개의 후설 모음

06

| 2020 고3 4월 학평 13번 |

〈보기〉를 바탕으로 단모음의 변별적 자질을 탐구한 내용으로 적절하지 않은 것은?

보기

변별적 자질이란 한 음소를 이루는 여러 음성적 특성들을 별개의 단위로 독립하여 표시한 것이다. 하나의 변별적 자질은 오로지 두 부류로만 구별해 주며, 해당 변별적 자질이 나타내는 특성을 가진 부류는 '+', 그렇지 않은 부류는 '-'로 표시한다.

[자료 1] 단모음의 변별적 자질
• [후설성]: 혀의 전후 위치와 관련된 자질로 혀의 최고점이 중립적 위치보다 뒤에 놓이는 성질. 후설 모음은 [+후설성], 전설 모음은 [-후설성]이다.
• [고설성]: 혀의 높낮이와 관련된 자질로 혀의 최고점이 중립적 위치보다 높아지는 성질. 고모음은 [+고설성], 중모음과 저모음은 [-고설성]이다.
• [저설성]: 혀의 높낮이와 관련된 자질로 혀의 최고점이 중립적 위치보다 낮아지는 성질. 저모음은 [+저설성], 중모음과 고모음은 [-저설성]이다.
• [원순성]: 입술을 동그랗게 오므리는 성질. 원순 모음은 [+원순성], 평순 모음은 [-원순성]이다.

[자료 2] 단모음 체계표

혀의 전후 위치	전설 모음		후설 모음	
혀의 높낮이　입술 모양	평순 모음	원순 모음	평순 모음	원순 모음
고모음	ㅣ	ㅟ	ㅡ	ㅜ
중모음	ㅔ	ㅚ	ㅓ	ㅗ
저모음	ㅐ		ㅏ	

① 'ㅡ'는 [+후설성]으로, 'ㅣ'는 [-후설성]으로 표시한다.
② 'ㅏ'와 'ㅓ'는 [저설성]을 나타내는 변별적 자질의 특성이 서로 다르다.
③ 'ㅚ'와 'ㅜ'의 동일한 변별적 자질의 특성은 [+원순성]과 [-저설성]이다.
④ 'ㅔ'와 'ㅗ'는 [저설성]을 나타내는 변별적 자질의 특성은 동일하고, [고설성]을 나타내는 변별적 자질의 특성은 서로 다르다.
⑤ 'ㅐ'와 'ㅟ'는 [후설성]을 나타내는 변별적 자질의 특성은 동일하고, [고설성]을 나타내는 변별적 자질의 특성은 서로 다르다.

07

| 2019 고1 3월 학평 14번 |

〈보기〉의 '활동 1'과 '활동 2'를 연결하여 '활동 자료'의 단어를 탐구한 내용으로 적절한 것은?

┌ 보기 ┐

[활동 자료]
국민[궁민], 글눈[글룬], 명랑[명낭], 신랑[실랑], 잡념[잠념]

[활동 1] 음운 변동이 있는 음운은 '1', 없는 음운은 '0'으로 표시하면 '국물[궁물]'은 '001000'으로 표시할 수 있습니다. '활동 자료'의 단어는 어떻게 표시될까요?

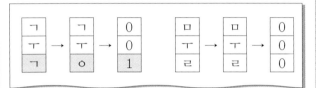

[활동 2] '활동 자료'의 단어를 발음할 때 순행 동화가 일어나는지 역행 동화가 일어나는지 알아봅시다.
· 순행 동화: 뒤의 음운이 앞의 음운의 영향을 받아 그와 비슷하거나 같게 소리 나는 현상.
· 역행 동화: 앞의 음운이 뒤의 음운의 영향을 받아 그와 비슷하거나 같게 소리 나는 현상.

① '국민'은 '001000'으로 표시할 수 있으므로 순행 동화이다.
② '글눈'은 '000100'으로 표시할 수 있으므로 역행 동화이다.
③ '명랑'은 '001000'으로 표시할 수 있으므로 순행 동화이다.
④ '신랑'은 '000100'으로 표시할 수 있으므로 역행 동화이다.
⑤ '잡념'은 '001000'으로 표시할 수 있으므로 역행 동화이다.

08

| 2016 고1 3월 학평 11번 |

〈보기〉를 참고할 때 동화의 양상이 <u>다른</u> 것은?

┌ 보기 ┐

· 순행 동화: 뒤의 음운이 앞의 음운의 영향을 받아 그와 비슷하거나 같게 소리 나는 현상.
　　　　　⑩ 칼날[칼랄], 강릉[강능]
· 역행 동화: 앞의 음운이 뒤의 음운의 영향을 받아 그와 비슷하거나 같게 소리 나는 현상.
　　　　　⑩ 편리[펼리], 까막눈[까망눈]

① 종로　② 작년　③ 신라　④ 밥물　⑤ 국민

09

| 2020 고2 11월 학평 13번 |

다음은 수업 장면의 일부이다. ㉠과 ㉡에 해당하는 예로 적절한 것은?

선생님: 음운의 변동에는 인접한 두 음운 중 어느 한쪽이 다른 쪽 음운의 영향을 받아 이와 비슷하거나 같은 소리로 바뀌는 현상이 있습니다. 이때 바뀌게 되는 음운을 'A', 바뀌어 나타난 음운을 'B', 영향을 준 음운을 'C'라고 생각해 본다면 다음과 같이 도식화해 볼 수 있습니다.

	도식	설명
㉠	A → B/__C	A가 C의 영향을 받아 C 앞에서 B로 바뀌는 경우
㉡	A → B/C__	A가 C의 영향을 받아 C 뒤에서 B로 바뀌는 경우

	㉠	㉡			㉠	㉡
①	겹눈	맨입		②	실내	국물
③	작년	칼날		④	백마	잡히다
⑤	끓이다	물놀이				

10

| 2016 고3 6월 모평A 11번 |

〈보기〉의 [가]에 들어갈 말로 가장 적절한 것은?

┌ 보기 ┐

선생님: 어떤 음운이 주위에 있는 다른 음운의 영향을 받아 그것과 동일한 음운으로 바뀌거나, 조음 위치 또는 조음 방법이 그것과 같은 음운으로 바뀌는 현상을 동화라고 합니다. 그럼 ㉠~㉤ 중에서 하나를 골라 그것이 동화인지 아닌지 판단해 보고 그 이유를 말해 봅시다.

┌───────────────┐
㉠ 듣+고 → [듣꼬]　　㉡ 놓+고 → [노코]
㉢ 훑+네 → [훌레]　　㉣ 뽑+느라 → [뽐느라]
㉤ 넓+더라 → [널떠라]
└───────────────┘

학생: _____ [가]

① ㉠은 동화입니다. 왜냐하면 'ㄱ'이 'ㄷ'의 영향을 받아 'ㄱ'과 같은 위치에서 소리 나는 'ㄲ'으로 바뀌기 때문입니다.
② ㉡은 동화입니다. 왜냐하면 'ㅎ'이 'ㄱ'의 영향을 받아 'ㅎ'과 거센소리라는 점이 같은 'ㅋ'으로 바뀌기 때문입니다.
③ ㉢은 동화입니다. 왜냐하면 'ㄴ'이 'ㅌ'의 영향을 받아 'ㅌ'과 같은 위치에서 소리 나는 'ㄹ'로 바뀌기 때문입니다.
④ ㉣은 동화입니다. 왜냐하면 'ㅂ'이 'ㄴ'의 영향을 받아 'ㄴ'과 콧소리라는 점이 같은 'ㅁ'으로 바뀌기 때문입니다.
⑤ ㉤은 동화입니다. 왜냐하면 'ㅂ'이 'ㄷ'의 영향을 받아 'ㄷ'과 동일한 소리인 'ㄷ'으로 바뀌기 때문입니다.

11

〈보기〉를 바탕으로 사례들을 분석한 내용 중 적절하지 않은 것은?

┌ 보기 ┐

음운의 교체는 특정한 음운 환경에서 한 음운이 다른 음운으로 바뀌는 음운 변동 현상이다. 두 음절이 인접한 경우 ⊙앞말의 끝소리와 뒷말의 첫소리가 만나는 상황이나 ⓒ앞말의 끝소리가 연음되어 뒷말의 가운뎃소리와 만나는 상황에서 음운이 교체될 때, 발음의 결과 ⓐ앞의 음운만 변한 경우나 ⓑ뒤의 음운만 변한 경우도 있지만 ⓒ두 음운이 모두 변한 경우도 있다.

① '마천루[마철루]'는 ⊙이면서 ⓐ에 해당한다.
② '목덜미[목떨미]'는 ⊙이면서 ⓑ에 해당한다.
③ '박람회[방남회]'는 ⊙이면서 ⓒ에 해당한다.
④ '쇠붙이[쇠부치]'는 ⓒ이면서 ⓐ에 해당한다.
⑤ '땀받이[땀바지]'는 ⓒ이면서 ⓒ에 해당한다.

① ⊙의 '붙-'은 접미사의 모음 'ㅣ'와 만나므로 구개음화 현상이 일어나지 않는다.
② ⓒ의 '-이'는 실질 형태소이므로 '낱'의 받침 'ㅌ'은 [ㅊ]으로 발음되지 않는다.
③ ⓒ의 '이랑'은 모음 'ㅣ'로 시작되는 형식 형태소이므로 '밭'의 'ㅌ'은 [ㅊ]으로 발음된다.
④ ⓒ의 '묻-'은 접미사 '-히-'와 만나므로 'ㄷ'이 'ㅎ'과 결합하여 이루어진 [ㅌ]은 [ㅊ]으로 발음된다.
⑤ ⓪의 '홑-'과 결합한 '이불'은 모음 'ㅣ'로 시작되는 실질 형태소이므로 '홑-'의 받침 'ㅌ'은 구개음화 현상이 일어난다.

12

〈보기 1〉을 참고하여 〈보기 2〉의 ⊙~⓪에 대해 설명한 내용으로 가장 적절한 것은?

┌ 보기 1 ┐

[구개음화]

교체 현상의 하나로, 받침이 'ㄷ', 'ㅌ'인 형태소가 모음 'ㅣ'나 반모음 'ㅣ[j]'로 시작되는 형식 형태소와 만나면 그것이 각각 구개음 [ㅈ], [ㅊ]이 되거나, 'ㄷ' 뒤에 형식 형태소 '-히-'가 올 때 'ㅎ'과 결합하여 이루어진 [ㅌ]이 [ㅊ]이 되는 현상.

┌ 보기 2 ┐

• 나는 벽에 ⊙붙인 게시물을 떼었다.
• 교수는 문제의 원인을 ⓒ낱낱이 밝혔다.
• 그녀는 평생 ⓒ밭이랑을 일구며 살았다.
• 그의 말소리는 소음에 ⓒ묻히고 말았다.
• 그는 겨울에도 방에서 ⓪홑이불을 덮고 잤다.

13

〈보기〉의 ⊙~⓪을 활용하여 현대의 '구개음화'를 탐구한 것으로 적절하지 않은 것은? [3점]

┌ 보기 ┐

⊙ 맏이[마지], 같이[가치]   ⓒ 밭이[바치], 밭을[바틀]
ⓒ 굳히다[구치다], 닫히다[다치다]   ⓒ 밑이[미치], 끝인새[끄딘사]
⓪ 해돋이[해도지], 견디다[견디다]

① ⊙을 보니, 'ㄷ'이나 'ㅌ'이 끝소리일 때 구개음화가 일어나는군.
② ⓒ을 보니, 'ㅌ'이 특정한 모음과 만날 때 구개음화가 일어나는군.
③ ⓒ을 보니, 'ㄷ' 뒤에서 'ㅎ'이 탈락할 때 구개음화가 일어나는군.
④ ⓒ을 보니, 'ㅌ' 뒤에 실질 형태소가 올 때는 구개음화가 일어나지 않는군.
⑤ ⓪을 보니, 하나의 형태소 내부에서는 구개음화가 일어나지 않는군.

14

2019 고1 11월 학평 15번

다음은 사전 활용 수업 장면의 일부이다. 선생님의 설명을 참고하여 〈보기〉의 학습지를 탐구한 내용으로 적절하지 <u>않은</u> 것은?

선생님: 우리는 '표준국어대사전'의 발음 정보를 통해 음절의 끝소리 규칙이나 자음군 단순화가 일어나는 체언의 발음을 확인할 수 있습니다. 이러한 경우 연음될 때의 발음에 대한 이해를 돕기 위해 조사 '이'와의 결합형이 활용 정보에 제시됩니다. 활용 정보에는 비음화와 구개음화가 일어날 때의 발음도 제시되어 있으며, 구개음화의 경우에는 연음될 때의 발음에 대한 이해를 돕기 위해 조사 '을'과의 결합형도 제시됩니다.

보기

낯 발음: [낟]
　　활용: 낯이[나치], 낯만[난만]
　　「명사」 눈, 코, 입 따위가 있는 얼굴의 바닥.

밭 발음: [받]
　　활용: 밭이[바치], 밭을[바틀], 밭만[반만]
　　「명사」 물을 대지 아니하거나 필요한 때에만 물을 대어서 야채나 곡류를 심어 농사를 짓는 땅.

흙 발음: [흑]
　　활용: 흙이[흘기], 흙만[흥만]
　　「명사」 지구의 표면을 덮고 있는, 무기물과 유기물이 섞여 이루어진 물질.

① '낯'의 경우 발음 정보를 통해 음절의 끝소리 규칙이 일어나는 것을 확인할 수 있군.
② '흙'의 경우 발음 정보를 통해 자음군 단순화가 일어나는 것을 확인할 수 있군.
③ '낯'과 '밭'은 모두, 활용 정보를 통해 구개음화가 일어나는 것을 확인할 수 있군.
④ '밭'과 '흙'은 모두, 활용 정보를 통해 연음될 때의 발음 양상을 확인할 수 있군.
⑤ '낯', '밭', '흙'은 모두, 활용 정보를 통해 비음화가 일어나는 양상을 확인할 수 있군.

15

2020 고2 9월 학평 13번

〈보기〉의 ㉠~㉣에 들어갈 말로 적절한 것은?

보기

선생님: 음운 변동 중에는 한 음운이 앞이나 뒤의 음운의 영향을 받아 다른 음운으로 교체되는 현상이 있는데, 이때 조음 방법이나 조음 위치가 변하게 됩니다. 예를 들면 '밥물[밤물]'은 'ㅂ'이 뒤의 음운 'ㅁ'의 영향으로 비음인 'ㅁ'으로 바뀌어 조음 방법이 달라졌지요. 그럼 다음 단어들에서는 어떤 변화가 일어나는지 탐구해 봅시다.

달님[달림], 공론[공논], 논리[놀리]

학생: (　㉠　)은/는 한 음운이 (　㉡　)의 음운의 영향을 받아 (　㉢　)으로 바뀌어 (　㉣　)이/가 바뀐 사례입니다.

	㉠	㉡	㉢	㉣
①	달님	앞	유음	조음 방법
②	달님	뒤	비음	조음 위치
③	공론	앞	비음	조음 위치
④	공론	뒤	비음	조음 방법
⑤	논리	뒤	유음	조음 위치

16

2015 고3 10월 학평A 11번

〈보기〉의 ㉠과 ㉡에 해당하는 예가 바르게 짝지어진 것은?

보기

비음화는 ㉠홑받침 또는 쌍받침이 'ㄱ, ㄴ, ㄷ, ㄹ, ㅁ, ㅂ, ㅇ'의 일곱 자음만으로만 발음되는 현상을 겪은 후에 나타나기도 하고, ㉡겹받침이 그중 한 자음만 발음되는 현상을 겪은 후에 나타나기도 한다.

	㉠	㉡
①	깎는[깡는]	흙만[흥만]
②	끝물[끈물]	앉자[안짜]
③	듣는[든는]	읊는[음는]
④	숯내[순내]	닳은[다른]
⑤	앞마당[암마당]	값이[갑씨]

16 · 고등 국어 문법 실전 477제

17
| 2019 고3 7월 학평 12번 |

〈보기〉의 ㉠, ㉡에 해당하는 예로 적절한 것은?

보기

국어에서 'ㄴ'과 'ㄹ' 소리를 연달아 내는 것은 어려운 일이다. 그래서 'ㄹ'과 'ㄴ'이 연쇄적으로 발음될 때 순행적 유음화가 일어나고, 반대로 'ㄴ'과 'ㄹ'이 연쇄적으로 발음될 때 ㉠역행적 유음화가 일어난다. 그런데 표면적으로 순행적 유음화나 역행적 유음화가 일어날 조건이 충족된다고 하더라도 용언의 활용이나 합성어, 파생어 형성 과정에서 순행적 유음화가 아닌 'ㄹ' 탈락이 일어나기도 하고, 역행적 유음화가 아닌 ㉡'ㄹ'의 비음화가 일어나기도 한다.

	㉠	㉡
①	산란기	표현력
②	줄넘기	입원료
③	결단력	생산량
④	의견란	향신료
⑤	대관령	물난리

18
| 2018 고3 4월 학평 11번 |

〈보기〉의 ㉠~㉣에 대한 설명으로 적절한 것은?

보기

음운의 변동은 한 음운이 다른 음운으로 바뀌는 교체, 한 음운이 없어지는 탈락, 새로운 음운이 생기는 첨가, 두 음운이 하나의 음운으로 합쳐지는 축약으로 구분된다. 한 단어가 발음될 때 이 네 가지 변동 중 둘 이상이 나타나는 경우도 있고, 하나의 음운이 두 번 이상의 음운 변동을 겪기도 한다.

㉠ 낱낱이 → [난:나치]
㉡ 넋두리 → [넉뚜리]
㉢ 입학식 → [이팍씩]
㉣ 첫여름 → [천녀름]

① ㉠과 ㉣에서는 공통적으로 음운이 첨가되는 현상이 나타난다.
② ㉡과 ㉢에서 공통적으로 나타나는 음운의 변동은 탈락이다.
③ ㉠에서 발음된 'ㅊ'과 ㉢에서 발음된 'ㅍ'은 공통적으로 음운이 축약된 것이다.
④ ㉠에서 'ㅌ'이 'ㄴ'으로, ㉣에서 'ㅅ'이 'ㄴ'으로 발음될 때 일어나는 음운 교체의 횟수는 같다.
⑤ ㉡에서 'ㄳ'이 'ㄱ'으로, ㉢에서 'ㅅ'이 'ㅆ'으로 발음될 때 일어나는 음운 변동의 횟수는 다르다.

19
| 2016 고3 7월 학평 11번 |

〈보기〉의 ㉠~㉤의 밑줄 친 부분과 동일한 음운 변동이 일어나는 예가 모두 바르게 제시된 것은?

보기

국어에는 자음군 단순화, 구개음화, 비음화, 된소리되기, 거센소리되기 등의 음운 변동이 있다.

㉠ 우리는 자리를 옮겨서[옴겨서] 밥을 먹었다.
㉡ 그녀는 내 말을 굳이[구지] 따지려 들지는 않았다.
㉢ 그는 정계에 입문하여[임문하여] 활동을 시작했다.
㉣ 나는 말을 더듬지[더듬찌] 않고 또박또박 대답했다.
㉤ 그는 듬직한[듬지칸] 성품으로 주변에 친구가 많았다.

① ㉠의 예: 굵기다, 급하다
② ㉡의 예: 미닫이, 뻗대다
③ ㉢의 예: 짚문서, 만누이
④ ㉣의 예: 껴안다, 꿈같이
⑤ ㉤의 예: 굽히다, 한여름

20
| 2017 고3 7월 학평 11번 |

〈보기〉의 ㉠에 해당하는 예로 적절한 것은?

보기

음운 변동의 유형으로는 교체, 탈락, 축약, 첨가가 있다. 한 단어가 발음될 때, 이러한 음운 변동 유형들 중 ㉠한 가지 유형만 나타나는 경우가 있고, 두 가지 이상의 유형이 나타나는 경우가 있다. 가령 '꽃밭[꼳빧]'은 교체 한 가지만 나타나지만, '꽃잎[꼰닙]'은 교체와 첨가 두 가지가 나타난다.

① 깎다[깍따] ② 막일[망닐]
③ 색연필[생년필] ④ 값하다[가파다]
⑤ 설익다[설릭따]

21

| 2015 고1 3월 학평 11번 |

〈보기〉의 설명에 따를 때, ⓐ 에 들어갈 수 있는 단어로 적절한 것은?

┌ 보기 ┐

자음 두 개가 음절 끝에 놓일 때, 둘 중에서 하나의 자음이 탈락하는 현상을 '자음군 단순화'라고 한다. 다음 그림은 '칡'([칡] → [칙])과 같이 끝소리에 위치한 두 자음 중 앞에 있는 자음(**자음²**)이 탈락하여 뒤에 있는 자음(**자음³**)만 발음되는 현상을 시각화한 것이다.

반면, 다음 그림은 ⓐ 과 같이 끝소리에 위치한 두 자음 중 뒤에 있는 자음(**자음³**)이 탈락하여 앞에 있는 자음(**자음²**)만 발음되는 현상을 시각화한 것이다.

① 값, 넋   ② 값, 닭   ③ 값, 삶
④ 넋, 삶   ⑤ 닭, 삶

22

| 2019 고1 6월 학평 13번 |

〈보기〉를 참고하여 음운 변동 사례에 대해 이해한 것으로 적절하지 않은 것은?

┌ 보기 ┐

음운의 변동은 어떤 음운이 다른 음운으로 바뀌는 교체, 어떤 음운이 없어지는 탈락, 새로운 음운이 생기는 첨가, 두 음운이 하나의 음운으로 합쳐지는 축약으로 구분된다.

① '밥물[밤물]'이 발음될 때에는 'ㅂ'이 'ㅁ'의 영향을 받아 'ㅁ'으로 교체되는 현상이 일어난다.

② '광한루[광:할루]'가 발음될 때에는 'ㄴ'이 'ㄹ'의 영향을 받아 'ㄹ'로 교체되는 현상이 일어난다.

③ '좋아[조:아]'가 발음될 때에는 모음으로 시작되는 어미와 만나 'ㅎ'이 탈락하는 현상이 일어난다.

④ '색연필[생년필]'이 발음될 때에는 첨가되는 'ㄴ'으로 인해 'ㄱ'이 'ㅇ'으로 교체되는 현상이 일어난다.

⑤ '옷 한 벌[오탄벌]'이 발음될 때에는 'ㅅ'이 탈락한 후 첨가되는 'ㄷ'이 'ㅎ'과 만나 'ㅌ'으로 축약되는 현상이 일어난다.

23

| 2020 고1 3월 학평 11번 |

〈보기〉의 '선생님'의 마지막 질문에 대한 '학생'의 대답에서 ⓐ, ⓑ 에 들어갈 내용으로 적절한 것은? [3점]

┌ 보기 ┐

선생님: 음운 변동이 여러 번 일어날 때 최종적으로 음운의 수가 얼마나 바뀌었는지 파악하기 어려웠죠? 오늘은 좌표를 이용해서 이를 쉽게 확인해 볼게요.

이 좌표 평면에서 0인 별표(★)를 기준으로, 음운의 수가 늘어나는 '첨가'는 늘어난 음운 수만큼 위쪽으로, 음운의 수가 줄어드는 '탈락'과 '축약'은 줄어든 음운 수만큼 아래쪽으로 이동합니다. 그리고 음운의 수가 변하지 않는 '교체'는 교체 횟수만큼 오른쪽으로 이동합니다.

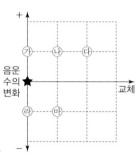

예를 들어 '걷히다'는 거센소리되기에 의해 [거티다]가 된 후 구개음화에 의해 [거치다]가 되므로, 축약과 교체가 한 번씩 일어나 ⑪로 이동합니다. 그 결과 음운의 수가 한 개 줄어든 것을 알 수 있어요.

그러면 '색연필'의 음운 변동 양상은 어떻게 될까요?

학생: 제 생각에는 '색연필'이 [색년필 → 생년필]로 바뀌므로, (ⓐ)이/가 한 번씩 일어나 (ⓑ)로 이동합니다. 그 결과 음운의 수가 한 개 늘어납니다.

	ⓐ	ⓑ
①	첨가와 교체	㉮
②	첨가와 교체	㉯
③	첨가와 탈락	㉰
④	탈락과 교체	㉱
⑤	탈락과 교체	㉲

24

| 2018 고1 6월 학평 11번 |

〈보기〉는 음운 변동에 대한 선생님의 설명이다. 질문에 대한 답으로 적절한 것은?

보기

· **선생님**: 음운 변동은 결과에 따라 한 음운이 다른 음운으로 바뀌는 교체, 두 개의 음운이 하나의 음운으로 합쳐지는 축약, 두 개의 음운 중 하나의 음운이 없어지는 탈락, 원래 없던 음운이 새로 덧붙는 첨가가 있습니다.

· 다음 '잡일'과 동일한 음운 변동 과정이 일어나는 단어는 무엇일까요?

$$\text{잡일} \rightarrow [\text{잡닐}] \rightarrow [\text{잠닐}]$$
$$\quad\quad\quad\text{첨가}\quad\quad\text{교체}$$

① 법학[버팍]　　　② 담요[담뇨]
③ 국론[궁논]　　　④ 색연필[생년필]
⑤ 한여름[한녀름]

26

| 2019 고2 11월 학평 11번 |

〈보기 1〉을 바탕으로 〈보기 2〉의 ㉠과 ㉡에 대해 설명한 내용으로 가장 적절한 것은?

보기 1

음운의 변동은 크게 네 가지로 나눌 수 있다. 어떤 음운이 다른 음운으로 바뀌는 '교체', 새로운 음운이 생기는 '첨가', 어떤 음운이 없어지는 '탈락', 두 음운이 하나의 음운으로 합쳐지는 '축약'이 그것이다.

보기 2

[학생이 작성한 학습지]
※ 빈칸에 ⓐ~ⓓ의 표준 발음을 채우시오.

· 가로: ⓐ 굳히다　　　· 가로: ⓒ 꽃이슬
· 세로: ⓑ 훑이다　　　· 세로: ⓓ 솜이불

① ㉠은 ⓐ에서 '교체'가, ⓑ에서 '탈락'이 일어나 발음된 것이다.
② ㉡은 ⓒ에서 '첨가'가, ⓓ에서 '축약'이 일어나 발음된 것이다.
③ ㉠은 ⓐ와 ⓑ에서 공통적으로 '축약'이 일어나 발음된 것이다.
④ ㉡은 ⓒ와 ⓓ에서 공통적으로 '교체'가 일어나 발음된 것이다.
⑤ ㉡은 ⓒ와 ⓓ에서 공통적으로 '첨가'가 일어나 발음된 것이다.

25

| 2017 고1 6월 학평 11번 |

〈보기〉의 (ㄱ)과 (ㄴ)에 나타나는 음운 변동으로 적절한 것은? [3점]

보기

음운 변동은 한 음운이 다른 음운으로 바뀌는 '교체', 원래 있던 음운이 없어지는 '탈락', 없던 음운이 추가되는 '첨가', 두 개의 음운이 합쳐서서 하나로 되는 '축약'으로 분류할 수 있다.
단어에 따라 아래 예와 같이 한 단어에서 두 가지 음운 변동이 일어나는 경우도 있다.

㉘ 물약 → [물냑] → [물략]
　　　　(ㄱ)　　(ㄴ)

　　(ㄱ)　　　(ㄴ)
① 첨가　　　교체
② 첨가　　　탈락
③ 탈락　　　교체
④ 교체　　　첨가
⑤ 교체　　　축약

27

〈보기〉의 활동 과제를 수행한 결과로 적절한 것은?

┌ 보기 ┐

[활동 과제]

음운 변동의 유형에는 '교체', '첨가', '탈락', '축약'이 있다.

ⓐ: 교체 – 한 음운이 다른 음운으로 바뀌는 현상

ⓑ: 첨가 – 없던 음운이 새로 생기는 현상

ⓒ: 탈락 – 한 음운이 없어지는 현상

ⓓ: 축약 – 두 음운이 합쳐져 다른 음운으로 바뀌는 현상

㉠과 ㉡에 해당하는 음운 변동을 ⓐ~ⓓ 중에서 골라 보자.

불여우 → [불녀우] → [불려우]
⋮   ⋮
㉠   ㉡

	㉠	㉡
①	ⓐ	ⓐ
②	ⓐ	ⓑ
③	ⓑ	ⓐ
④	ⓑ	ⓒ
⑤	ⓒ	ⓓ

28

〈보기〉의 설명에 따를 때, 음운 변동 ⓐ, ⓑ가 모두 일어나는 단어로 적절한 것은?

┌ 보기 ┐

다음은 '맨입'과 '국민'을 발음할 때에 일어나는 음운 변동을 나타낸 것이다. '맨입'은 음운 변동 ⓐ가 일어나 [맨닙]으로 발음되고, '국민'은 음운 변동 ⓑ가 일어나 [궁민]으로 발음된다.

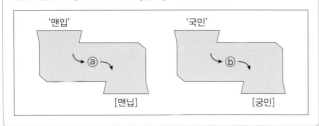

① 막일   ② 담요   ③ 낙엽   ④ 곡물   ⑤ 강약

29

〈보기〉의 '선생님'의 질문에 대한 대답으로 적절한 것은? [3점]

┌ 보기 ┐

선생님: 음운 변동은 그 결과에 따라 교체, 탈락, 첨가, 축약으로 분류할 수 있습니다. 교체는 한 음운이 다른 음운으로 바뀌는 현상이며, 탈락은 두 음운 중에서 어느 하나가 없어지는 현상입니다. 첨가는 없던 음운이 추가되는 현상이며, 축약은 두 음운이 합쳐져서 하나의 음운으로 줄어드는 현상입니다. 그럼 다음 학습 자료들은 각각 음운 변동의 어떤 유형에 해당하는지 그 이유를 들어 설명해 볼까요?

┌─ **[학습 자료]** ─────────────────┐
㉠ 줍 + 고 → [줍꼬]   ㉡ 넣 + 은 → [너:은]
㉢ 먹 + 는 → [멍는]   ㉣ 쌓 + 지 → [싸치]
㉤ 논 + 일 → [논닐]
└────────────────────────┘

① ㉠은 첨가에 해당합니다. 왜냐하면 'ㅂ'의 영향을 받아 'ㄱ'에 'ㄱ'이 추가되어 'ㄲ'이 되었기 때문입니다.

② ㉡은 축약에 해당합니다. 왜냐하면 'ㅎ'으로 끝나는 어간과 모음으로 시작하는 어미가 결합하여 하나의 모음으로 줄어들었기 때문입니다.

③ ㉢은 탈락에 해당합니다. 왜냐하면 'ㄴ'의 영향을 받아 'ㄱ'이 없어졌기 때문입니다.

④ ㉣은 교체에 해당합니다. 왜냐하면 'ㅈ'이 'ㅎ'의 영향을 받아 'ㅊ'으로 바뀌었기 때문입니다.

⑤ ㉤은 첨가에 해당합니다. 왜냐하면 'ㄴ'으로 끝나는 형태소와 'ㅣ' 모음으로 시작하는 형태소가 결합할 때 'ㄴ'이 추가되었기 때문입니다.

30

| 2017 고1 3월 학평 13번 |

다음은 음운 변동에 대한 선생님의 설명이다. 질문에 대한 답으로 적절한 것은?

> 선생님: 음운 변동에는 한 음운이 다른 음운으로 바뀌는 현상인 '교체', 있던 음운이 없어지는 현상인 '탈락', 없던 음운이 새로 생기는 현상인 '첨가', 두 음운이 하나의 음운으로 합쳐지는 현상인 '축약'이 있습니다.
> 　　그러면 '국물[궁물]'과 '몫[목]'에서는 각각 어떤 음운 변동이 일어날까요?

	국물	몫
①	교체	탈락
②	교체	첨가
③	탈락	축약
④	첨가	교체
⑤	첨가	탈락

31

| 2019 고2 6월 학평 13번 |

〈보기〉는 문법 수업의 일부이다. 선생님의 질문에 대한 대답으로 적절한 것은? [3점]

> **보기**
>
> 선생님: 음운의 변동은 발음 결과에 따라 한 음운이 다른 음운으로 바뀌는 ㉠교체, 원래 있던 음운이 없어지는 ㉡탈락, 없던 음운이 추가되는 ㉢첨가, 두 음운이 합쳐져서 하나의 음운으로 바뀌는 ㉣축약으로 나눌 수 있습니다.
>
> [질문] 다음 밑줄 친 부분에서 일어나는 음운의 변동 양상을 설명해 볼까요?
>
> > 나는 어제 사 온 책을 **읽느라** 밤을 꼬박 새웠다. 목차만 **훑고서** 사 온 책은 기대보다 훨씬 재미있었다. 장시간 책을 봐서인지 머리가 아팠다. 그러나 **예삿일**로 생각해 어머니께서 챙겨 주신 **알약**을 먹지 않고 있다가 결국 몸살을 **앓았다**.

① '읽느라[잉느라]'에서 ㉠과 ㉡이 일어납니다.
② '훑고서[훌꼬서]'에서 ㉠과 ㉢이 일어납니다.
③ '예삿일[예산닐]'에서 ㉠과 ㉣이 일어납니다.
④ '알약을[알랴글]'에서 ㉡과 ㉢이 일어납니다.
⑤ '앓았다[아랃따]'에서 ㉡과 ㉣이 일어납니다.

32

| 2015 고3 7월 학평A 11번 |

다음 ㄱ~ㄷ의 음운 변동에 대한 설명으로 적절하지 않은 것은?

> ㄱ. 솥 → [솓], 잎 → [입], 동녘 → [동녁]
> ㄴ. 닭 → [닥], 값 → [갑], 여덟 → [여덜]
> ㄷ. 국화 → [구콰], 쌓다 → [싸타], 입학 → [이팍]

① ㄱ은 음절의 끝에서 한 음운이 다른 음운으로 바뀌는 현상으로, ㄱ의 예로 '꽃 → [꼳]'을 추가할 수 있다.
② ㄴ은 음절의 끝에 두 개의 자음이 올 때 이 중에서 한 자음이 없어지는 현상으로, ㄴ의 예로 '넋 → [넉]'을 추가할 수 있다.
③ ㄷ은 두 음운이 만나 하나의 음운이 되는 현상으로, ㄷ의 예로 '놓지 → [노치]'를 추가할 수 있다.
④ ㄱ과 ㄷ의 변동이 모두 일어난 예로는 '첫해 → [처태]'를 들 수 있다.
⑤ ㄴ과 ㄷ의 변동이 모두 일어난 예로는 '핥다 → [할따]'를 들 수 있다.

33

| 2015 고3 4월 학평A 11번 |

다음은 '음운의 변동'과 관련된 학습지의 일부이다. ㉠과 ㉡에 들어갈 단어로 적절한 것은?

> 음운의 변동은 어떤 음운이 놓이는 환경에 따라 다른 음운으로 바뀌는 현상을 말한다. 음운의 변동은 그 결과에 따라 교체, 축약, 첨가, 탈락으로 나눌 수 있다. 이러한 음운의 변동은 한 단어에 2개 이상이 함께 나타나기도 한다.
>
>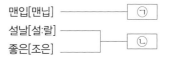
> 맨입[맨닙] ─── ㉠
> 설날[설랄]
> 좋은[조은] ─── ㉡
>
> 1. ㉠에는 '맨입'을 발음할 때 나타나는 음운의 변동이 일어난 단어를 자료에서 찾아 쓴다.
> 2. ㉡에는 '설날'을 발음할 때와 '좋은'을 발음할 때 나타나는 음운의 변동이 함께 일어난 단어를 자료에서 찾아 쓴다.
>
> **자료**
> 논일[논닐], 나뭇잎[나문닙], 칼날[칼랄]
> 늦여름[는녀름], 닳은[다른], 닳는[달른]

	㉠	㉡
①	논일[논닐]	늦여름[는녀름]
②	닳은[다른]	닳는[달른]
③	칼날[칼랄]	나뭇잎[나문닙]
④	논일[논닐]	닳는[달른]
⑤	닳은[다른]	칼날[칼랄]

34

〈보기〉의 ㉠에 들어갈 내용으로 적절한 것은? [3점]

┌ 보기 ┐

아래의 단어들을 음운 변동 양상에 따라 둘로 분류할 때, 어떤 질문이 적절한지 알아봅시다.

| 놓는[논는], 닳아[다라], 막일[망닐], 칼날[칼랄] |

질문	㉠	
대답	예	아니요
	놓는[논는], 칼날[칼랄]	닳아[다라], 막일[망닐]

① 음운 변동 전후 음운의 수가 동일한가?
② 자음과 모음의 변동이 모두 일어났는가?
③ 음운 변동의 결과가 표기에 반영되었는가?
④ 음운 변동이 앞 음절에서만 발생하였는가?
⑤ 조음 방법이 같아지는 음운 변동이 일어났는가?

36

〈보기〉의 ㄱ~ㄹ에 대해 탐구한 것으로 적절하지 <u>않은</u> 것은?

┌ 보기 ┐

ㄱ. 신라[실라]   ㄴ. 국물[궁물]
ㄷ. 올여름[올려름]   ㄹ. 해돋이[해도지]

① ㄱ과 ㄴ은 모두 앞의 음운이 뒤의 음운의 성질을 닮아 변동된 것이군.
② ㄱ과 ㄷ은 모두 하나의 음운이 다른 음운으로 바뀌는 현상이 일어났군.
③ ㄱ과 ㄹ은 모두 음운의 변동이 일어나기 전과 후의 음운의 개수에 변화가 없군.
④ ㄴ과 ㄷ은 모두 두 형태소가 결합할 때 음운 변동이 일어났군.
⑤ ㄷ과 ㄹ은 모두 두 번 이상의 음운 변동이 일어났군.

35

〈보기〉의 (가), (나)를 중심으로 음운 변동을 이해한 내용으로 적절한 것은? [3점]

┌ 보기 ┐

국어의 음운 변동은 교체, 탈락, 첨가, 축약으로 구분된다. 이 중에는 음절의 종성과 관련된 음운 변동이 있다.

(가) ┌ 음절의 종성에 마찰음, 파찰음이 오거나 파열음 중 거센소리나 된소리가 올 경우, 모두 파열음의 예사소리로 교체된다. 이는 종성에서 발음될 수 있는 자음의 종류가 제한됨을 알려 준다.

(나) ┌ 또한 음절의 종성에 자음군이 올 경우, 한 자음이 탈락한다. 이는 종성에서 하나의 자음만이 발음될 수 있음을 알려 준다.

① '꽂힌[꼬친]'에는 (가)에 해당하는 음운 변동이 있다.
② '몫이[목씨]'에는 (나)에 해당하는 음운 변동이 있다.
③ '비옷[비온]'에는 (나)에 해당하는 음운 변동이 있다.
④ '않고[안코]'에는 (가), (나) 모두에 해당하는 음운 변동이 있다.
⑤ '읊고[읍꼬]'에는 (가), (나) 모두에 해당하는 음운 변동이 있다.

37

〈보기〉의 ㉠~㉣에서 설명한 음운 변동이 일어난 예로 적절한 것은?

┌ 보기 ┐

㉠ 원래 없던 음운이 새로 생긴다.
㉡ 한 음운이 다른 음운으로 바뀐다.
㉢ 두 개의 음운 중 한 음운이 없어진다.
㉣ 두 음운이 합쳐져 하나의 음운으로 바뀐다.

① ㉠: 설날[설:랄], 한여름[한녀름]
② ㉢: 놓아[노아], 없을[업:쓸]
③ ㉣: 앉히다[안치다], 끓이다[끄리다]
④ ㉠+㉡: 구급약[구:금냑], 물엿[물렫]
⑤ ㉡+㉢: 읊조리다[읍쪼리다], 꼿꼿하다[꼳꾸타다]

38

| 2017 고2 11월 학평 11번 |

〈보기〉는 음운 변동에 대한 수업의 한 장면이다. 학생들의 활동 결과로 적절한 것은?

┌ 보기 ┐

선생님: 지난 시간에는 음운 변동 현상인 교체, 탈락, 축약, 첨가에 대해서 배웠습니다. 오늘은 음운 변동이 두 가지 이상 나타나는 단어를 통해 지난 시간에 배운 내용을 적용해 보겠습니다. 모둠별로 칠판에 제시한 단어에서 일어나는 음운 변동 현상을 분석한 후, 분석 결과에 따라 해당 항목에 알맞은 단어 카드를 붙여 볼까요?

	ⓐ	ⓑ	ⓒ	ⓓ
①	급행열차	깨끗하다	맛없다	영업용
②	맛없다	급행열차	영업용	깨끗하다
③	맛없다	깨끗하다	영업용	급행열차
④	깨끗하다	영업용	맛없다	급행열차
⑤	깨끗하다	맛없다	급행열차	영업용

39

| 2020 고3 7월 학평 11번 |

〈보기〉의 음운 변동을 분석한 것으로 적절하지 않은 것은?

┌ 보기 ┐

　　ⓐ 밭일[반닐]　　　ⓑ 훑는[훌른]　　　ⓒ 같이[가치]

① ⓐ에는 음절 끝에 올 수 있는 자음이 제한되어 있기 때문에 일어난 음운 변동이 있다.
② ⓐ과 ⓑ은 음운 변동의 결과 음운의 개수에 변화가 생겼다.
③ ⓐ은 실질 형태소끼리 결합할 때, ⓒ은 실질 형태소와 형식 형태소가 결합할 때 음운 변동이 일어났다.
④ ⓑ은 자음으로 인한, ⓒ은 모음으로 인한 음운 변동이 일어났다.
⑤ ⓐ, ⓑ, ⓒ에 공통적으로 일어난 음운 변동은 탈락과 교체이다.

40

| 2020 고3 3월 학평 11번 |

〈보기〉의 학습 과제를 수행한 결과로 가장 적절한 것은?

┌ 보기 ┐

• 학습 내용: 음운 변동의 유형에는 교체, 탈락, 첨가, 축약이 있다. 음운 변동은 한 단어를 단독으로 발음하는 경우에만 일어나는 것이 아니라 둘 이상의 단어를 이어서 한 마디로 발음하는 경우에도 일어날 수 있다. 예를 들어 '낮'과 '한때'를 각각 단독으로 발음하는 경우에 '낮[낟]'은 교체가 일어나고 '한때[한때]'는 음운 변동이 일어나지 않는다. 그런데 '낮'과 '한때'를 이어서 한 마디로 발음하는 경우에는 교체와 축약이 일어나 '낮 한때[나탄때]'로 발음된다.

• 학습 과제: 아래의 ㄱ과 ㄴ에서 두 단어를 이어서 한 마디로 발음하는 경우 공통적으로 일어나는 음운 변동의 유형을 찾고, 그 유형의 적절한 예를 제시하시오.
ㄱ. 잘 입다[잘립따]
ㄴ. 값 매기다[감매기다]

	공통적인 음운 변동의 유형	예
①	교체	책 넣는다[챙넌는다]
②	교체	좋은 약[조:은냑]
③	교체	잘한 일[잘한닐]
④	첨가	슬픈 얘기[슬픈내기]
⑤	첨가	먼 옛날[먼:녠날]

41

〈보기 1〉의 탐구 과정을 바탕으로 〈보기 2〉의 ㉠~㉫을 바르게 분류한 것은?

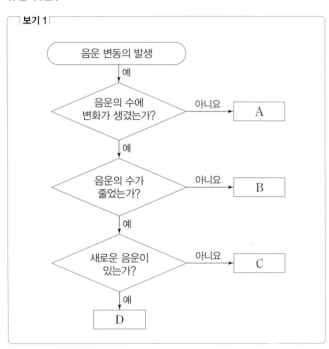

┌ 보기 2 ┐

• 그는 열심히 ㉠집안일을 했다.
• 그녀는 기분 ㉡좋은 웃음을 지었다.
• 그는 나에게 말을 하지 ㉢않고 떠났다.
• 세월이 화살과 ㉣같이 빠르게 지나간다.
• 집이 추워서 오래된 ㉤난로에 불을 지폈다.
• 면역력이 떨어지면 병이 ㉥옮는 경우가 있다.

	A	B	C	D
①	㉠	㉢	㉣, ㉤	㉡, ㉥
②	㉡, ㉥	㉠	㉣, ㉤	㉢
③	㉡, ㉥	㉣, ㉤	㉠	㉢
④	㉣, ㉤	㉠	㉡, ㉥	㉢
⑤	㉣, ㉤	㉡, ㉥	㉢	㉠

42

〈보기〉의 ⓐ~ⓓ를 발음할 때 일어나는 음운 변동을 탐구한 내용으로 적절한 것은?

┌ 보기 ┐

• ⓐ밭일을 하며 발에 ⓑ밟힌 벌을 보았다.
• ⓒ숱한 시련을 이겨 내 승리를 ⓓ굳혔다.

① ⓐ에서는 뒷말의 초성이 앞말의 종성과 조음 방법이 같아지는 비음화가 일어난다.
② ⓐ에서는 '일'이 실질 형태소이기 때문에 구개음화가 일어나지 않고 'ㅌ'이 연음된다.
③ ⓑ와 ⓒ에서는 모두 음운 변동의 결과 전체 음운의 개수가 줄어든다.
④ ⓑ와 ⓓ에서는 모두 어떤 음운이 다른 음운으로 바뀌는 교체 현상이 일어난다.
⑤ ⓒ와 ⓓ에서는 모두 거센소리되기가 먼저 일어난 후 구개음화가 일어난다.

43

〈보기〉에 대한 이해로 적절하지 않은 것은?

┌ 보기 ┐

㉠ 풀잎[풀립]   ㉡ 읊네[음네]   ㉢ 벼훑이[벼훌치]

① ㉠, ㉡에서는 음운 변동이 각각 세 번씩 일어났군.
② ㉠, ㉡에서는 인접한 자음과 조음 방법이 같아지는 음운 변동이 일어났군.
③ ㉠에서 첨가된 음운과 ㉡에서 탈락된 음운은 서로 다르군.
④ ㉠, ㉢에서는 음운 개수가 달라지는 음운 변동이 일어났군.
⑤ ㉠은 'ㄹ'로 인해, ㉢은 모음 'ㅣ'로 인해 동화되는 음운 변동이 일어났군.

44

〈보기〉와 같은 활동 과제를 수행한 결과로 적절한 것은?

┌ 보기 ┐

[활동 과제]

음운 변동의 유형에는 '교체', '탈락', '첨가', '축약'이 있다.

ⓐ: 교체 – 한 음운이 다른 음운으로 바뀌는 현상

ⓑ: 탈락 – 한 음운이 없어지는 현상

ⓒ: 첨가 – 없던 음운이 새로 생기는 현상

ⓓ: 축약 – 두 음운이 합쳐져 다른 음운으로 바뀌는 현상

다음 사례가 ⓐ~ⓓ 중, 어떤 음운 변동에 해당하는지 생각해 보자.

　　　옷하고[오타고]　　　홑이불[혼니불]

	옷하고[오타고]	홑이불[혼니불]
①	ⓐ, ⓒ	ⓐ, ⓑ
②	ⓐ, ⓓ	ⓐ, ⓒ
③	ⓐ, ⓓ	ⓑ, ⓒ
④	ⓑ, ⓒ	ⓑ, ⓓ
⑤	ⓑ, ⓒ	ⓒ, ⓓ

45

〈보기〉를 바탕으로 음운 변동 사례에 대해 이해한 내용으로 적절한 것은?

┌ 보기 ┐

　교체, 탈락, 축약, 첨가의 음운 변동이 일어나는 경우 음운 개수의 변화가 나타나기도 한다.

　먼저 '집일[짐닐]'은 첨가 및 교체가 일어나 음운의 개수가 늘었다. 그런데 '닭만[당만]'은 탈락 및 교체가 일어나 음운의 개수가 줄었고, '뜻하다[뜨타다]'는 교체 및 축약이 일어나 음운의 개수가 줄었다. 한편 '맡는[만는]'은 교체가 두 번 일어나 음운의 개수가 변하지 않았다.

① '흙하고[흐카고]'는 탈락 및 축약이 일어나 음운의 개수가 두 개 줄었군.

② '저녁연기[저녕년기]'는 첨가 및 교체가 일어나 음운의 개수가 두 개 늘었군.

③ '부엌문[부엉문]'과 '볶는[봉는]'은 교체가 한 번 일어나 음운의 개수가 변하지 않았군.

④ '엎지[업찌]'와 '묽고[물꼬]'는 교체 및 축약이 일어나 음운의 개수가 각각 한 개 줄었군.

⑤ '넓네[널레]'와 '밝는[방는]'은 탈락 및 교체가 일어나 음운의 개수가 각각 두 개 줄었군.

46

〈보기〉의 ㉠에 들어갈 말로 적절한 것은? [3점]

┌ 보기 ┐

선생님: 오늘은 일상생활에서 흔하게 들을 수 있는 부정확한 발음에 대해 알아볼까요? 우선 아래 표에서 부정확한 발음과 정확한 발음을 확인해 보세요.

예	찰흙이	안팎을	넋이	끝을	숲에
부정확한 발음	[찰흐기]	[안파글]	[너기]	[끄츨]	[수베]
	↓	↓	↓	↓	↓
정확한 발음	[찰흘기]	[안파끌]	[넉씨]	[끄틀]	[수페]

다 봤나요? 그럼 정확한 발음을 참고하여, 부정확한 발음을 하게 된 이유를 말해 볼까요?

학생: ┌─────────── ㉠ ───────────┐

선생님: 네, 맞아요. 그럼 이제 정확한 발음을 일상생활에서 실천해 보세요.

① '찰흙이'는 자음군 단순화를 적용하고 연음해야 하는데, [찰흐기]는 자음군 단순화를 적용하지 않고 연음을 했습니다.

② '안팎을'은 음절의 끝소리 규칙을 적용하지 않고 연음해야 하는데, [안파글]은 음절의 끝소리 규칙을 적용하고 연음을 했습니다.

③ '넋이'는 연음을 하고 된소리되기를 적용해야 하는데, [너기]는 음절의 끝소리 규칙을 적용하고 연음을 했습니다.

④ '끝을'은 연음을 하고 구개음화를 적용해야 하는데, [끄츨]은 구개음화를 적용하고 연음을 했습니다.

⑤ '숲에'는 거센소리되기를 적용하지 않고 연음해야 하는데, [수베]는 거센소리되기를 적용하고 연음을 했습니다.

47

〈보기〉의 음운 변동을 분석한 것으로 적절하지 <u>않은</u> 것은?

┌ 보기 ┐

㉠ 흙일 → [흥닐]　　㉡ 닳는 → [달른]　　㉢ 발야구 → [발랴구]

① ㉠~㉢은 각각 2회 이상의 음운 변동이 일어났다.

② ㉠~㉢에 공통적으로 일어난 음운 변동은 첨가이다.

③ 음운 변동의 결과 음운의 개수에 변화가 없는 것은 ㉠이다.

④ ㉡과 ㉢에서 일어난 음운 변동의 횟수는 같다.

⑤ ㉢에서 첨가된 음운은 ㉠에서 첨가된 음운과 같다.

48

| 2019 고3 6월 모평 14번 |

〈보기〉의 ⓐ~ⓒ에 들어갈 말로 적절한 것은?

┌─ 보기 ─────────────────────────────────┐

• 탐구 과제

　겹받침을 가진 용언을 발음할 때 어떤 음운 변동이 나타나야 표준 발음에 맞는지 혼동되는 경우가 있다. 자음군 단순화, 된소리되기, 비음화, 유음화, 거센소리되기 등의 음운 변동으로 비표준 발음과 표준 발음을 설명해 보자.

• 탐구 자료

	비표준 발음	표준 발음
㉠ 굵는	[글른]	[궁는]
㉡ 짧네	[짬네]	[짤레]
㉢ 끊기고	[끈기고]	[끈키고]
㉣ 뚫지	[뚤찌]	[뚤치]

• 탐구 내용

　㉠의 비표준 발음과 ㉡의 표준 발음에는 자음군 단순화 후 (ⓐ)가 나타난다. 이에 비해, ㉠의 표준 발음과 ㉡의 비표준 발음에는 자음군 단순화 후 (ⓑ)가 나타난다. ㉢과 ㉣의 표준 발음은 (ⓒ)만 일어난 발음이다.

└────────────────────────────────────┘

	ⓐ	ⓑ	ⓒ
①	유음화	비음화	거센소리되기
②	유음화	비음화	된소리되기
③	비음화	유음화	거센소리되기
④	비음화	유음화	된소리되기
⑤	비음화	된소리되기	거센소리되기

49

| 2017 고3 6월 모평 13번 |

〈보기〉의 ㉠~㉣에 대한 설명으로 적절하지 <u>않은</u> 것은? [3점]

┌─ 보기 ─────────────────────────────────┐

㉠ 맑+네 → [망네]　　　㉡ 낮+일 → [난닐]

㉢ 꽃+말 → [꼰말]　　　㉣ 굵+고 → [글꼬]

└────────────────────────────────────┘

① ㉠: '값+도 → [갑또]'에서처럼 음절 끝에 둘 이상의 자음이 오지 못하기 때문에 일어난 음운 변동이 있다.

② ㉠, ㉢: '입+니 → [임니]'에서처럼 인접하는 자음과 조음 방법이 같아진 음운 변동이 있다.

③ ㉡: '물+약 → [물략]'에서처럼 자음이 교체된 음운 변동이 있다.

④ ㉡, ㉢: '팥+죽 → [판쭉]'에서처럼 음절 끝에 올 수 있는 자음이 제한되어 있기 때문에 일어난 음운 변동이 있다.

⑤ ㉣: '잃+지 → [일치]'에서처럼 자음이 축약된 음운 변동이 있다.

50

| 2016 고3 9월 모평A 11번 |

〈보기〉의 ㉠~㉤의 밑줄 친 부분과 동일한 음운 변동이 일어난 예가 모두 바르게 제시된 것은? [3점]

┌─ 보기 ─────────────────────────────────┐

　국어에는 거센소리되기, 자음군 단순화, 된소리되기, 비음화, 유음화 등의 음운 변동이 있다.

　㉠ 내가 좋아하는 음식은 <u>밥하고[바파고]</u> 떡이다.
　㉡ 옷에 <u>흙까지[흑까지]</u> 묻히고 시내를 쏘다녔다.
　㉢ 우리는 손을 <u>잡고[잡꼬]</u> 마냥 즐거워하였다.
　㉣ 그는 고전 음악을 즐겨 <u>듣는대[든는다]</u>.
　㉤ <u>칼날[칼랄]</u>에 다치지 않도록 조심하여야 한다.

└────────────────────────────────────┘

① ㉠의 예: 먹히다, 목걸이　　② ㉡의 예: 값싸다, 닭똥

③ ㉢의 예: 굳세다, 솜이불　　④ ㉣의 예: 겁내다, 맨입

⑤ ㉤의 예: 잡히다, 설날

51

| 2020 수능 13번 |

〈보기〉의 [A]에 들어갈 말로 적절한 것은?

┌─ 보기 ─────────────────────────────────┐

선생님: 음절은 발음할 수 있는 최소의 언어 단위인데, 음절의 유형은 크게 분류하면 '① 모음, ② 자음 + 모음, ③ 모음 + 자음, ④ 자음 + 모음 + 자음'이 있어요. 예를 들면 '꽃[꼳]'은 ④, '잎[입]'은 ③에 속하지요. 그런데 복합어 '꽃잎'은 음운 변동이 일어나 '[꼰닙]'으로 발음돼요. 이때 [닙]은 ④에 해당되며 음운의 첨가로 음절 유형이 바뀐 것이지요.

　이제 아래 단어들을 탐구해 봅시다.

┌────────────────────────────────┐
│ 밥상(밥 + 상), 집일(집 + 일), 의복함(의복 + 함),　│
│ 국물(국 + 물), 화살(활 + 살)　　　　　　　　│
└────────────────────────────────┘

학생: ┌────────────[A]────────────┐

선생님: 네, 맞아요.

└────────────────────────────────────┘

① '밥상[밥쌍]'에서의 [쌍]은 첨가의 결과이고, 음절 유형이 단일어인 '상[상]'과 달라졌어요.

② '집일[짐닐]'에서의 [닐]은 교체의 결과이고, 음절 유형이 단일어인 '일[일]'과 달라졌어요.

③ '의복함[의보캄]'에서의 [캄]은 축약의 결과이고, 음절 유형이 단일이인 '함[함]'과 달라졌어요.

④ '국물[궁물]'에서의 [궁]은 교체의 결과이고, 음절 유형이 단일어인 '국[국]'과 같아요.

⑤ '화살[화살]'에서의 [화]는 탈락의 결과이고, 음절 유형이 단일어인 '활[활]'과 같아요.

52

| 2016 수능A 11번 |

다음 ㉠~㉤에서 일어나는 음운 변동에 대한 설명으로 적절한 것은? [3점]

> ㉠ 옳지 → [올치], 좁히다 → [조피다]
> ㉡ 끊어 → [끄너], 쌓이다 → [싸이다]
> ㉢ 숯도 → [숟또], 옷고름 → [옫꼬름]
> ㉣ 닦는 → [당는], 부엌문 → [부엉문]
> ㉤ 읽지 → [익찌], 훑거나 → [훌꺼나]

① ㉠, ㉡: 'ㅎ'과 다른 음운이 결합하여 한 음운으로 축약되는 현상이 일어난다.

② ㉠, ㉢, ㉤: 앞 음절의 종성에 따라 뒤 음절의 초성이 된소리로 되는 현상이 일어난다.

③ ㉢, ㉣: '깊다 → [깁따]'에서처럼 음절 끝에서 발음되는 자음이 7개로 제한되는 현상이 일어난다.

④ ㉣: '겉모양 → [건모양]'에서처럼 앞 음절의 종성이 뒤 음절의 초성과 조음 위치가 같아지는 현상이 일어난다.

⑤ ㉣, ㉤: '앉고 → [안꼬]'에서처럼 받침 자음의 일부가 탈락하는 현상이 일어난다.

53

| 2022 예시 문항 37번 |

〈보기〉의 [A]에 들어갈 말로 적절하지 않은 것은? [3점]

> **보기**
>
> **수영:** 내일이 방송부 아나운서를 선발하는 날인데, 잘할 수 있을지 걱정이야.
>
> **진수:** 너무 걱정 마. 내가 대본에다가 발음에 주의해야 할 단어들의 표준 발음을 표시해 봤어. 확인해 봐.
>
> **[방송 대본]**
> 어제는 책을 열심히 ㉠읽는[잉는] 친구에게 선물할 책을 사려고 ㉡서울역[서울력] 안에 있는 서점에 갔어요. ㉢복잡한[복짜판] 인파를 헤치고 서점 ㉣깊숙이[깁쑤기] 들어가서 친구에게 줄 시집을 드디어 찾아냈지요. 시집을 펼쳐 마음에 드는 시를 ㉤읊다가[읍따가] 약속 시간에 늦었지만 친구는 제 선물을 받고 정말 기뻐했어요.
>
> **수영:** 그런데 왜 이 발음이 표준 발음이지? 내가 아는 것과는 다른데……. 우리가 배운 음운 변동과 관련이 있는 거야?
>
> **진수:** 맞아. 각 단어에서 일어난 음운 변동을 모두 살펴보면, _____
> [A]
>
> **수영:** 그렇구나. 고마워.

① ㉠에서는 탈락과 교체가 한 번씩 일어나 [잉는]으로 발음돼.

② ㉡에서는 한 번의 첨가가 일어나 [서울력]으로 발음돼.

③ ㉢에서는 축약과 교체가 한 번씩 일어나 [복짜판]으로 발음돼.

④ ㉣에서는 두 번의 교체가 일어나 [깁쑤기]로 발음돼.

⑤ ㉤에서는 한 번의 탈락과 두 번의 교체가 일어나 [읍따가]로 발음돼.

54

| 2016 고1 9월 학평 11번 |

다음 질문에 대한 답변으로 적절하지 않은 것은?

> **[질문]** 다음 밑줄 친 부분을 어떻게 읽어야 하는지 발음 원리와 함께 설명해 주세요.
>
> ㉠한여름, ㉡대관령에 올라 ㉢좋은 것만 가지려는 ㉣욕망을 버리고 나니, ㉤그렇게 마음이 편할 수 없었다.
>
> **[답변]**
>

① ㉠은 앞말이 자음으로 끝나고 뒷말이 반모음 'ǐ'로 시작할 때, 'ㄴ' 소리를 첨가하므로 [한녀름]이라고 읽습니다.

② ㉡은 'ㄴ'이 'ㄹ' 앞에서 'ㄹ'의 영향을 받으므로 [대괄령]이라고 읽습니다.

③ ㉢은 받침 'ㅎ'이 모음과 모음 사이에서 탈락하므로 [조은]이라고 읽습니다.

④ ㉣은 'ㄱ'이 비음 앞에서 발음이 바뀌므로 [용망]이라고 읽습니다.

⑤ ㉤은 'ㅎ'과 'ㄱ'이 어울려 거센소리가 되므로 [그러케]라고 읽습니다.

55

| 2021 고2 3월 학평 15번 |

〈보기〉의 ㉠이 일어나는 사례로 적절한 것은?

┌ 보기 ┐

　음운 변동에는 ㉠교체, 탈락, 첨가 등이 있는데, 용언의 활용에서 단모음과 단모음이 만날 때에도 이러한 현상이 일어날 수 있다. 이러한 모음의 음운 변동을 이해하기 위해서는 아래의 모음 종류를 참고할 필요가 있다.

- 단모음: ㅏ, ㅐ, ㅓ, ㅔ, ㅗ, ㅚ, ㅜ, ㅟ, ㅡ, ㅣ
- 반모음: ǐ, ㅗ̆/ㅜ̆
- 이중 모음(반모음 + 단모음): ㅑ, ㅕ, ㅛ, ㅠ, ㅘ, ㅝ…

　예를 들어 '오- + -아'가 [와]로 되는 음운 변동을 설명하면,

	(변동 전)	(변동 후)
오- + -아 → [와]	ㅗ + ㅏ	ㅘ

와 같이 교체되는 것을 알 수 있다.

	사례	변동 전	변동 후
①	뛰- + -어 → [뛰여]	ㅟ + ㅓ	ㅟ + ㅕ
②	살피- + -어 → [살펴]	ㅣ + ㅓ	ㅕ
③	치르- + -어 → [치러]	ㅡ + ㅓ	ㅓ
④	끼- + -어 → [끼여]	ㅣ + ㅓ	ㅣ + ㅕ
⑤	자- + -아서 → [자서]	ㅏ + ㅏ	ㅏ

56

| 2016 고2 6월 학평 14번 |

〈보기〉의 ㉠~㉣에 대한 이해로 적절한 것은?

┌ 보기 ┐

　음운의 변동 중 ㉠축약은 두 음운이 합쳐져서 하나의 음운으로 줄어드는 현상을 말한다. 반면 ㉡탈락은 두 음운이 만나면서 한 음운이 사라져 소리가 나지 않는 현상을 말한다. 이러한 축약과 탈락은 ㉢자음에서 일어나는 경우와 ㉣모음에서 일어나는 경우가 있다.

① '싫다[실타]'는 ㉠과 ㉣에 해당된다.
② '좋아요[조아요]'는 ㉡과 ㉣에 해당한다.
③ '울- + -는 → 우는'은 ㉠과 ㉢에 해당된다.
④ '크- + -어서 → 커서'는 ㉡과 ㉣에 해당한다.
⑤ '나누- + -었다 → 나눴다'는 ㉠과 ㉢에 해당한다.

57

| 2021 고3 9월 모평 11번 |

〈보기〉의 ㉮에 들어갈 말로 적절한 것은?

┌ 보기 ┐

선생님: 용언 어간 뒤에 '-아/어'로 시작하는 어미가 결합할 때, 단모음이 반모음으로 교체되는 음운 변동이 일어날 수 있어요. 가령, 어간 '오-'와 어미 '-아'가 결합해 [와]로 발음될 때, 단모음 'ㅗ'가 반모음 'w'로 교체되는 것이지요. 우리말의 반모음은 'j'도 있으니까 반모음 'j'로 교체되는 예도 있겠죠? 그럼 용언 어간의 단모음이 '-아/어'로 시작하는 어미와 결합할 때 반모음 'j'로 교체되는 예를 들어 볼까요?

학생: 네, ㉮ 로 발음되는 예를 들 수 있어요.

① 어간 '뛰-'와 어미 '-어'가 결합해 [뛰여]
② 어간 '차-'와 어미 '-아도'가 결합해 [차도]
③ 어간 '잠그-'와 어미 '-아'가 결합해 [잠가]
④ 어간 '견디-'와 어미 '-어서'가 결합해 [견뎌서]
⑤ 어간 '키우-'와 어미 '-어라'가 결합해 [키워라]

| 2018 고1 3월 학평 11~12번 |

[58~59] 다음 글을 읽고 물음에 답하시오.

음운의 동화는 인접한 두 음운 중 어느 한쪽 또는 양쪽이 서로 비슷하거나 같은 소리로 바뀌는 현상이다. 국어의 대표적인 동화에는 비음화, 유음화, 구개음화가 있다.

비음화는 비음이 아닌 'ㅂ, ㄷ, ㄱ'이 비음 'ㅁ, ㄴ' 앞에서 비음 'ㅁ, ㄴ, ㅇ'으로 바뀌어 소리 나는 현상이다. 예를 들어 '국민'이 [궁민]으로 발음되는 것은 비음화에 해당한다. 유음화는 비음 'ㄴ'이 유음 'ㄹ'의 앞이나 뒤에서 유음 'ㄹ'로 발음되는 현상이다. 유음화의 예로는 '칼날[칼랄]'이 있다. ㉠아래의 자음 체계표를 보면, 비음화와 유음화는 그 결과로 인접한 두 음운의 조음 방식이 같아진다는 것을 알 수 있다.

조음 위치 조음 방식	입술 소리	잇몸 소리	센입천장 소리	여린입천 장소리
파열음	ㅂ, ㅍ	ㄷ, ㅌ		ㄱ, ㅋ
파찰음			ㅈ, ㅊ	
비음	ㅁ	ㄴ		ㅇ
유음		ㄹ		

구개음화는 끝소리 'ㄷ, ㅌ'이 모음 'ㅣ'로 시작되는 조사나 접미사 앞에서 구개음 'ㅈ, ㅊ'으로 발음되는 현상이다. 가령 '해돋이'가 [해도지]로 발음되는 것이 이에 해당한다. 이는 동화 결과로 조음 위치와 조음 방식이 모두 바뀌는 현상이다.

아래 그림을 보면 '해돋이'가 [해도디]가 아닌 [해도지]로 소리 나는 이유를 알 수 있다. [1]과 [2]에서 보듯이, 'ㄷ'과 'ㅣ'를 발음할 때의 혀의 위치가 달라 '디'를 발음할 때는 혀가 잇몸에서 입천장 쪽으로 많이 움직여야 한다. 그러나 [2]와 [3]을 보면, 'ㅈ'과 'ㅣ'를 발음할 때의 혀의 위치가 비슷하기 때문에 '지'를 발음할 때는 혀를 거의 움직이지 않아도 된다.

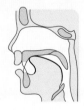 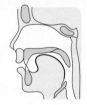 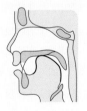

[1] 'ㄷ, ㅌ' 발음   [2] 'ㅣ' 발음   [3] 'ㅈ, ㅊ' 발음

비음화, 유음화, 구개음화는 동화 결과 인접한 두 음운의 성격이 비슷하거나 같은 소리로 바뀐다는 점에서 유사하다. 이처럼 성격이 비슷하거나 같은 소리가 연속되면 발음할 때 힘이 덜 들게 되므로 발음의 경제성이 높아진다.

58

윗글의 내용에 대한 이해로 적절하지 않은 것은?

① 음운의 동화는 인접한 두 음운이 비슷하거나 같은 소리로 바뀌는 현상이다.

② 음운의 동화로 조음 위치나 조음 방식이 바뀌면 발음의 경제성이 높아진다.

③ 구개음화와 달리 비음화와 유음화가 일어나는 인접한 두 음운은 모두 자음이다.

④ 구개음화는 자음으로 시작되는 조사나 접미사 앞에서는 일어나지 않는다.

⑤ 구개음화는 동화의 결과로 자음과 모음의 소리가 모두 바뀌는 현상이다.

59

㉠을 참고할 때, 〈보기〉의 a~c에서 일어난 음운 동화에 대한 설명으로 적절한 것은?

> **보기**
>
> a. 밥물[밤물]   b. 신라[실라]   c. 굳이[구지]

① a: 비음화의 예로, 조음 방식만 바뀐 것이다.

② a: 유음화의 예로, 조음 방식만 바뀐 것이다.

③ b: 비음화의 예로, 조음 위치만 바뀐 것이다.

④ b: 유음화의 예로, 조음 위치만 바뀐 것이다.

⑤ c: 구개음화의 예로, 조음 방식만 바뀐 것이다.

[60~61] 다음 글을 읽고 물음에 답하시오.

한 음운이 다른 음운의 속성을 닮아 가는 음운 현상을 '동화'라고 한다. 이때 동화를 일으키는 음운을 '동화음', 동화음을 닮아 가는 음운을 '피동화음'이라고 한다. 동화 현상의 하나인 구개음화는, 경구개가 아닌 위치에서 발음되는 자음이 단모음 'ㅣ'나 반모음 'ㅣ' 앞에서 경구개음으로 바뀌는 음운 현상으로, 피동화음인 자음이 동화음 'ㅣ'나 반모음 'ㅣ'가 경구개 부근에서 발음되는 속성을 닮아 가는 것이다.

구개음화는 피동화음의 종류에 따라 분류할 수 있는데 피동화음이 'ㄷ, ㅌ, ㄸ'인 경우는 'ㄷ-구개음화', 피동화음이 'ㄱ, ㅋ, ㄲ'인 경우는 'ㄱ-구개음화'로 부른다. 현대 국어에서 표준 발음으로 인정되는 구개음화는 'ㄷ-구개음화' 중 다음 두 가지이다. 우선 음절 끝소리가 'ㄷ, ㅌ'인 형태소가 단모음 'ㅣ'로 시작하는 조사나 접사 같은 형식 형태소와 결합하여 'ㅈ, ㅊ'으로 변하는 경우이다. 그리고 음절 끝소리가 'ㄷ'이고 뒤에 접사 '-히-'가 올 때 'ㄷ'과 'ㅎ'이 축약되어 'ㅌ'이 되고, 이것이 구개음 'ㅊ'으로 되는 경우이다.

과거에는 'ㄱ-구개음화'도 일어났다. 방언에서 '기름'이 '지름'으로 변화된 경우가 이에 해당한다. 이 사례에서 알 수 있듯이 과거에는 구개음화가 형태소 내부에서도 일어날 수 있었으며, 이는 근대 국어 시기에 활발하게 일어났다.

그런데 현대 국어에는 '마디', '견디다'와 같이 과거에 구개음화가 일어났을 법한데 그렇지 않은 단어들이 남아 있다. 이런 단어들은 'ㄷ' 뒤에 오는 모음이 원래 'ㅣ'가 아닌 다른 모음이었다는 공통점이 있다. 예를 들어 '마디'는 과거에 '마듸'였는데, 형태소 내부에서의 구개음화가 사라진 후에 'ㅢ'가 'ㅣ'로 바뀌었기 때문에 구개음화가 일어나지 않은 채로 남게 된 것이다.

과거에 일어났던 구개음화와 관련하여 잘못된 교정이 일어나기도 했다. 예를 들어 문헌상으로 '김치'의 과거 형태는 '딤치'였는데 구개음화가 일어난 이후 '짐치'로 나타난다. 그런데 언중이 구개음화가 일어난 형태를 원래 형태로 교정하고자 하는 과정에서 원래 형태를 잘못 생각하여 '김치'의 형태로 교정하게 되고 이것이 현재의 '김치'가 되었다. [A]

60

윗글을 바탕으로 현대 국어의 표준 발음에 대해 설명한 것으로 적절한 것은?

① '같이'를 [가치]로 발음하는 이유는 피동화음이 'ㄱ'인 경우이기 때문이다.

② '많지만'을 [만치만]으로 발음하는 이유는 동화음이 반모음 'ㅣ'인 경우이기 때문이다.

③ '맏이'를 [마디]로 발음하지 않는 이유는 구개음화를 일으키는 동화음이 없기 때문이다.

④ '곁으로'를 [겨츠로]로 발음하지 않는 이유는 두 형태소가 결합하는 경우가 아니기 때문이다.

⑤ '끝인사'를 [끄친사]로 발음하지 않는 이유는 뒤에 결합하는 형태소가 형식 형태소가 아니기 때문이다.

61

[A]를 이해한 내용으로 적절하지 않은 것은? [3점]

① '딤치'가 '짐치'로 변하는 과정에서 일어난 구개음화는 'ㄷ-구개음화'에 해당한다.

② '딤치'가 '짐치'로 변하는 과정에서 일어난 구개음화는 형태소 내부에서 일어났다.

③ '김치'의 '치'에서 구개음화가 일어나지 않은 것은 '치'의 모음이 본래 'ㅢ'였기 때문이다.

④ '짐치'가 '김치'로 변하는 과정에서 언중은 '짐치'를 'ㄱ-구개음화'가 일어난 형태라고 생각했다.

⑤ '김치'의 본래 형태가 '딤치'였고 형태소 내부에서의 'ㄷ-구개음화'가 사라진 후에 'ㅢ'가 'ㅣ'로 변화했다면 구개음화는 일어나지 않았을 것이다.

| 2020 고1 9월 학평 11~12번 |

[62~63] 다음 글을 읽고 물음에 답하시오.

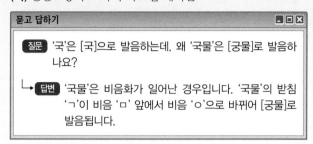

(가) ○○고등학교 국어 자료실 게시판

묻고 답하기

질문 '국'은 [국]으로 발음하는데, 왜 '국물'은 [궁물]로 발음하나요?

↳ **답변** '국물'은 비음화가 일어난 경우입니다. '국물'의 받침 'ㄱ'이 비음 'ㅁ' 앞에서 비음 'ㅇ'으로 바뀌어 [궁물]로 발음됩니다.

(나) 우리말에는 (가)의 사례처럼 한 음운이 일정한 환경에 따라 다르게 발음되는 경우가 있다. 이런 현상을 '음운 변동'이라고 하며 비음화, 거센소리되기, 모음 탈락 등이 이에 해당한다.

비음화는 비음이 아닌 'ㄱ, ㄷ, ㅂ'이 뒤에 오는 비음 'ㄴ, ㅁ'의 영향을 받아 각각 비음인 'ㅇ, ㄴ, ㅁ'으로 바뀌어 발음되는 현상을 말한다. 이것은 한 음운이 다른 음운의 영향을 받아 비슷하거나 같은 소리로 바뀌는 원리로, '밥만', '닫는'도 각각 [밤만], [단는]으로 발음된다. 또한 '담력[담:녁]', '종로[종노]'처럼 'ㄹ'이 비음 'ㅁ, ㅇ' 뒤에서 비음 'ㄴ'으로 바뀌어 발음되는 것도 비음화이다.

거센소리되기는 'ㄱ, ㄷ, ㅂ, ㅈ'이 'ㅎ'과 합쳐져 거센소리인 'ㅋ, ㅌ, ㅍ, ㅊ'으로 발음되는 현상을 말한다. 예로 '축하'는 'ㄱ'과 'ㅎ'이 합쳐져서 하나의 음운인 'ㅋ'이 되어 [추카]로 발음되며, 음운의 개수도 5개에서 4개로 줄어든다.

모음 탈락은 두 모음이 이어질 때 그중 한 모음이 탈락하는 현상을 말한다. '가-+-아서'가 '가서[가서]'가 되거나 '담그-+-아'가 '담가[담가]'가 되는 경우가 그 예이다.

그리고 우리말에서 음절의 끝에서 발음되는 자음은 'ㄱ, ㄴ, ㄷ, ㄹ, ㅁ, ㅂ, ㅇ'뿐이므로 그 이외의 자음이 음절의 끝에 오면 앞에 제시된 자음 중 하나로 발음하게 되는데, 이것도 음운 변동 현상에 해당한다. '부엌[부억]', '옷[옫]'이 그 예이다.

한편 음운 변동은 한 단어 안에서 한 번만 일어나기도 하고, ㉠여러 차례 일어나기도 한다. 예를 들어 '앞마당'은 먼저 음절 끝의 자음 'ㅍ'이 'ㅂ'으로 바뀐 후 비음화가 일어나 [암마당]으로 발음된다.

62

〈보기〉는 윗글을 바탕으로 탐구한 자료이다. ⓐ, ⓑ에 들어갈 단어를 바르게 짝지은 것은? [3점]

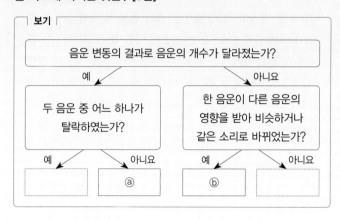

보기

음운 변동의 결과로 음운의 개수가 달라졌는가?

예 → 두 음운 중 어느 하나가 탈락하였는가?

아니요 → 한 음운이 다른 음운의 영향을 받아 비슷하거나 같은 소리로 바뀌었는가?

예 → □   아니요 → ⓐ   예 → ⓑ   아니요 → □

	ⓐ	ⓑ
①	창밖[창박]	능력[능녁]
②	놓다[노타]	다섯[다섣]
③	맏형[마텽]	식물[싱물]
④	쓰-+-어 → 써[써]	법학[버팍]
⑤	타-+-아라 → 타라[타라]	집념[짐념]

63

밑줄 친 단어 중 ㉠에 해당하는 예로 적절한 것은?

① 그는 자신의 뜻을 굽히지[구피지] 않았다.
② 올 가을에는 작년[장년]보다 단풍이 일찍 물들었다.
③ 미리 준비하지 않고[안코] 이제야 허둥지둥하는구나.
④ 우리 집 정원에는 개나리, 장미꽃[장미꼳] 등이 있다.
⑤ 물감을 섞는[성는] 방법에 따라 표현 효과가 달라진다.

| 2021 고3 03월 학평 38~39번 |

[64~65] 다음 글을 읽고 물음에 답하시오.

(가) 표준 발음법 제5장에서는 '음의 동화'에 대해 다루고 있다. 동화는 음운 변동 중 한 음운이 다른 음운으로 바뀌는 교체에 속한다. 대표적인 예로 'ㄱ, ㄷ, ㅂ'이 비음 'ㄴ, ㅁ' 앞에서 각각 동일한 조음 위치의 비음인 'ㅇ, ㄴ, ㅁ'으로 조음 방법이 바뀌는 비음화, 'ㄴ'이 'ㄹ'의 앞 또는 뒤에서 동일한 조음 위치의 유음인 'ㄹ'로 조음 방법이 바뀌는 유음화가 있다. 예컨대 '맏물[만물]'에서는 비음화가 일어나고, '실내[실래]'에서는 유음화가 일어난다.

[A]
한편 동화를 일으키는 음운은 동화음, 동화음의 영향을 받는 음운은 피동화음이라고 하는데, 동화는 동화의 방향이나 동화의 정도에 따라 나눌 수 있다. 동화의 방향에 따라서는 동화음이 피동화음에 선행하는 동화, ㉠동화음이 피동화음에 후행하는 동화로 나눌 수 있다. 그리고 동화의 정도에 따라서는 ㉡피동화음이 동화음과 완전히 같아지는 동화, 피동화음이 동화음의 조음 위치나 조음 방법과 같은 일부 특성만 닮는 동화로 나눌 수 있다. 예컨대 '실내'에서는 동화음이 피동화음에 선행하며 피동화음이 동화음과 완전히 같아지는 동화가 일어나지만, '맏물'에서는 동화음이 피동화음에 후행하며 피동화음이 동화음의 조음 방법만 닮는 동화가 일어난다.

(나) 국어의 로마자 표기는 국어의 표준 발음법에 따라 적는 것을 원칙으로 한다. 다음은 국어의 로마자 표기법의 일부를 정리한 것이다.

---
1. 표기 일람
(1) 모음

ㅏ	ㅗ	ㅜ	ㅣ	ㅐ	ㅓ	ㅛ	ㅘ
a	o	u	i	ae	yeo	yo	wa

• 장모음의 표기는 따로 하지 않는다.

(2) 자음

ㄱ	ㄷ	ㅂ	ㅅ	ㅁ	ㅇ	ㄹ
g, k	d, t	b, p	s	m	ng	r, l

• 'ㄱ, ㄷ, ㅂ'은 모음 앞에서는 'g, d, b'로, 자음 앞이나 어말에서는 'k, t, p'로 적는다.
• 'ㄹ'은 모음 앞에서는 'r'로, 자음 앞이나 어말에서는 'l'로 적는다. 단, 'ㄹㄹ'은 'll'로 적는다.

2. 표기상의 유의점
• 음운 변화가 일어날 때에는 변화의 결과에 따라 적는다.
• 고유 명사는 첫 글자를 대문자로 적는다.

64

(가)와 (나)를 참고해 〈보기〉의 ⓐ~ⓔ를 로마자로 표기하려 할 때, 이에 대한 설명으로 적절한 것은?

┌─ 보기 ─
• ⓐ대관령[대:괄령]에서 ⓑ백마[뱅마] 교차로까지는 멀다.
• ⓒ별내[별래] 주민들은 ⓓ삼목묘[삼몽묘]를 구입하였다.
• 작년에 농장 주인은 ⓔ물난리[물랄리]로 피해를 보았다.
* ⓐ~ⓒ는 지명임.
└─

① ⓐ: 종성 위치에서만 유음화가 일어나 [대:괄령]으로 발음되므로 'Daeːkwallyeong'로 표기해야 한다.
② ⓑ: 초성 위치에서만 비음화가 일어나 [뱅마]로 발음되므로 'Baengma'로 표기해야 한다.
③ ⓒ: 초성 위치에서만 유음화가 일어나 [별래]로 발음되므로 'Byeollae'로 표기해야 한다.
④ ⓓ: 초성 위치와 종성 위치에서 비음화가 일어나 [삼몽묘]로 발음되므로 'sammongmyo'로 표기해야 한다.
⑤ ⓔ: 초성 위치와 종성 위치에서 유음화가 일어나 [물랄리]로 발음되므로 'mullalri'로 표기해야 한다.

65

[A]를 바탕으로 〈보기〉에서 일어나는 동화의 양상을 분석할 때, ㉠과 ㉡이 모두 일어나는 단어만을 골라 묶은 것은?

┌─ 보기 ─
곤란[골ː란]   국민[궁민]   읍내[음내]
입문[임문]   칼날[칼랄]
└─

① 곤란, 입문
② 국민, 읍내
③ 곤란, 국민, 읍내
④ 곤란, 입문, 칼날
⑤ 국민, 입문, 칼날

II
단어

단어의 분류(품사)

1 품사의 개념과 분류

• **품사**: 성질이 공통된 단어들끼리 모아 분류해 놓은 갈래
• **품사의 분류**

〈형태에 따른 분류〉 〈기능에 따른 분류〉 〈의미에 따른 분류〉

2 체언

문장에서 주로 주어, 목적어, 보어 등의 기능을 하는 단어로, 주로 조사와 결합하고 관형어의 수식을 받으며 형태가 변하지 않음.
• **명사**: 사람이나 사물, 장소나 시간, 행위 등의 이름을 나타내는 단어

보통 명사	보편적인 대상에 붙인 이름 예 가족, 학생, 책
고유 명사	특정한 하나의 개체를 다른 개체와 구별하기 위해 붙인 이름 (인명, 지역명, 상호 등) 예 서울, 한라산, 낙동강
자립 명사	혼자서 자립적으로 쓰일 수 있는 명사 예 자동차, 꽃, 과일
의존 명사	앞에 관형어가 있어야만 쓰일 수 있는 명사 예 것, 듯, 따름, 뿐, 수

• **대명사**: 어떤 대상의 이름을 대신하여 나타내는 단어

지시 대명사	사물 또는 장소를 가리킴. 예 이것, 그것, 저것, 여기, 거기, 저기
인칭 대명사	1인칭, 2인칭, 3인칭, 미지칭, 부정칭, 재귀칭이 있음. 예 나, 우리, 너, 당신, 이분, 저이, 누구, 무엇, 아무, 어디, 자기, 저희

• **수사**: 사물의 수량이나 순서를 나타내는 단어

양수사	수량을 나타냄. 예 하나, 둘, 셋, 일, 이, 삼
서수사	순서를 나타냄. 예 첫째, 둘째, 셋째, 제일, 제이, 제삼

3 수식언

다른 말을 꾸며 주는 기능을 하는 단어
• **관형사**: 주로 체언 앞에 놓여 체언을 꾸며 주는 기능을 하는 단어

성상 관형사	사물의 성질이나 상태를 꾸며 주는 관형사 예 새 옷, 헌 책, 온갖 방법
지시 관형사	어떤 대상을 가리키는 관형사 예 이 책, 그 물건, 저 사람
수 관형사	수량이나 순서와 같은 수 개념을 나타내는 관형사 예 한 사람, 둘째 딸, 모든 소리

• **부사**: 용언이나 관형사, 부사, 문장 등을 수식하는 기능을 하는 단어

성분 부사	성상 부사	문장의 한 성분을 꾸며 줌. 예 매우 예쁘다, 빨리 달린다
	지시 부사	특정 대상을 가리킴. 예 이리 오너라, 저리 가거라
	부정 부사	용언의 의미를 부정함. 예 안 먹는다, 못 찾겠다
문장 부사	양태 부사	화자의 심리적 태도를 나타냄. 예 설마 그녀가 그랬을까?
	접속 부사	문장과 문장을 이어 줌. 예 그러나, 그리고, 그런데

4 관계언

주로 체언 뒤에 붙어 다양한 문법적 관계를 나타내거나 특별한 의미를 더해 주는 기능을 하는 단어
• **조사**: 홀로 쓰일 수 없고 앞말에 붙어 사용됨. 자립성은 없으나, 다른 말과 쉽게 분리된다는 점에서 단어로 인정됨.
1) **격 조사**: 앞말이 문장 안에서 일정한 자격을 가지도록 해 줌.

종류	자격	예
주격 조사	앞말을 주어로 만들어 주는 조사	이/가, 께서, 에서
목적격 조사	앞말을 목적어로 만들어 주는 조사	을/를
관형격 조사	앞말을 관형어로 만들어 주는 조사	의
보격 조사	앞말을 보어로 만들어 주는 조사	이/가
부사격 조사	앞말을 부사어로 만들어 주는 조사	에, 에게, 에서, (으)로
호격 조사	앞말을 독립어로 만들어 주는 조사	아/야
서술격 조사	앞말을 서술어로 만들어 주는 조사	이다

2) **보조사**: 앞말에 특별한 뜻을 더해 줌.

종류	의미	예
은/는	대조, 화제, 강조	국어는 좋지만 수학은 싫어.
만, 뿐	한정, 단독, 유일	나는 너만 사랑해.
도	역시, 포함·첨가	재희는 운동도 잘한다.
부터	어떤 범위의 시작	오늘부터 방학이다.
까지	어떤 범위의 끝, 포함·첨가	내일까지 끝내야지.
마다	낱낱이 모두	날마다 축제가 열린다.
마저	포함·첨가	너마저 나를 속이다니.
요	상대 높임	부탁을 들어주셔서 감사해요.

3) 접속 조사: 두 단어나 구를 같은 자격으로 이어 줌.

종류	쓰임	예
와/과	주로 문어에서 쓰임.	너와 나의 사이는 실과 바늘 같다.
하고	주로 구어에서 쓰임.	여름에는 참외하고(랑) 수박이 가장 맛있어.
(이)랑		

5 독립언

문장 속의 다른 성분에 얽매이지 않고 독립적으로 쓰이는 단어

- **감탄사**: 화자의 부름, 느낌, 놀람이나 대답을 나타내는 기능을 하는 단어로 종류에는 '부름, 놀람이나 느낌, 대답, 입버릇' 등을 나타내는 것들이 있음.

6 용언

문장의 주어를 서술하는 기능을 하는 단어로 문장에서 쓰일 때 형태가 변함.

- **동사**: 주어의 움직임이나 작용을 나타내는 단어

자동사	움직임이나 작용이 주어에만 관련됨. 예 뛰다, 자다, 놀다, 살다
타동사	움직임이나 작용이 다른 대상, 즉 목적어에도 미침. 예 먹다, 입다, 잡다, 부르다

- **형용사**: 주어의 성질이나 상태를 나타내는 단어

성상 형용사	성질이나 상태를 나타냄. 예 아름답다, 향기롭다, 달다
지시 형용사	앞에 나온 형용사를 다시 가리킴. 예 이러하다, 그러하다, 저러하다

- **본용언과 보조 용언**

본용언	– 문장 안에서 자립하여 실질적인 의미를 나타내는 용언 – 단독으로 서술어가 될 수 있음. 예 나는 맛있는 점심을 먹었다.
보조 용언	– 자립하여 쓰이지 않고 본용언 뒤에 위치하여 의미를 더해 주는 용언 – 단독으로 서술어가 될 수 없음. – 활용 형태에 따라 보조 동사와 보조 형용사로 나뉨. 예 나는 맛있는 점심을 먹고 싶다.

– 용언이 두 개 이상인 경우, 선행하는 용언이 본용언임.
– 단독으로 서술어가 되지 못하거나 단독으로 서술되어도 문장에서 쓰인 뜻과 다를 때는 보조 용언임.

- **용언의 활용**: 용언은 어간과 어미로 구성되는데, 한 어간에 여러 어미가 번갈아 결합해 형태가 변하는 것을 '활용'이라고 함.

어간	– 용언이 활용할 때 형태가 고정된 부분 – 실질적 의미를 가짐.	어간 예 가다, 가고, 가서 어미
어미	– 용언이 활용할 때 형태가 변하는 부분 – 문법적 기능을 더해 줌.	

- **어미의 종류**

어말 어미	종결 어미	문장을 끝맺는 기능을 하는 어미 예 음식을 골고루 먹어라.
	연결 어미	문장과 문장을 연결하는 기능을 하는 어미 예 봄이 오면 꽃이 핀다.
	전성 어미	용언이 문장에서 체언, 관형어, 부사어의 기능을 할 수 있도록 바꾸어 주는 어미 예 시우는 가수가 되기를 바란다.
선어말 어미		어말 어미 앞에 놓이는 어미로, 없을 수도 있고 둘 이상이 올 수도 있음. 높임은 '-시-', 시제는 '-었-, -겠-' 등이 의미를 더해 줌. 예 지난 주말에 추리 소설을 읽었다.

- **규칙 활용과 불규칙 활용**

1) **규칙 활용**: 용언이 활용할 때 어간이나 어미의 기본 형태가 유지되거나, 형태가 변하더라도 'ㄹ' 탈락이나 'ㅡ' 탈락처럼 그 변화 현상이 규칙적이어서 일관된 설명이 가능함.

종류	변화 양상
'ㄹ' 탈락	어간의 끝소리 'ㄹ'이 'ㄴ'으로 시작하는 어미 앞에서 탈락함. 예 살다(살- + -니 → 사니)
'ㅡ' 탈락	어간의 끝소리 'ㅡ'가 '-아/어'로 시작하는 어미 앞에서 탈락함. 예 끄다(끄- + -어 → 꺼)

2) **불규칙 활용**: 용언이 활용할 때 어간이나 어미의 형태가 불규칙적으로 변화하면서 활용함.

종류		변화 양상
어간이 바뀜.	'ㅅ' 불규칙	어간의 끝소리 'ㅅ'이 모음 어미 앞에서 탈락함. 예 짓다(짓- + -어 → 지어) 낫다(낫- + -아 → 나아)
	'ㄷ' 불규칙	어간의 끝소리 'ㄷ'이 모음 어미 앞에서 'ㄹ'로 바뀜. 예 걷다(걷- + -어 → 걸어) 싣다(싣- + -어 → 실어)
	'ㅂ' 불규칙	어간의 끝소리 'ㅂ'이 모음 어미 앞에서 반모음 'ㅗ/ㅜ'로 바뀜. 예 곱다(곱- + -아 → 고와) 덥다(덥- + -어 → 더워)
	'ㄹ' 불규칙	어간의 끝소리 '르'가 모음 어미 앞에서 'ㄹㄹ'로 바뀜. 예 흐르다(흐르- + -어 → 흘러) 다르다(다르- + -아 → 달라)
	'우' 불규칙	어간의 끝소리 '우'가 모음 어미 앞에서 탈락함. 예 푸다(푸- + -어 → 퍼)
어미가 바뀜.	'여' 불규칙	어간이 '하-'로 끝나는 용언 뒤에서 모음 어미 '-아'가 '-여'로 바뀜. 예 하다(하- + -아 → 하여)
	'러' 불규칙	어간이 '르'로 끝나는 용언 뒤에서 모음 어미 '-어'가 '-러'로 바뀜. 예 이르다(이르- + -어 → 이르러) 푸르다(푸르- + -어 → 푸르러)
어간과 어미가 모두 바뀜.	'ㅎ' 불규칙	'ㅎ'으로 끝나는 어간에 '-아/어'가 오면, 어간의 'ㅎ'이 탈락하고 어미도 변함. 예 까맣다(까맣- + -아 → 까매) 누렇다(누렇- + -어 → 누레)

단어의 짜임과 의미

1 형태소와 단어

- **형태소**: 일정한 의미를 가진 가장 작은 말의 단위로, 하나의 형태소를 쪼개면 본래의 의미를 잃어버리게 됨.

실질적 의미	구체적인 대상, 또는 동작이나 상태를 나타냄.	더 이상 쪼갤 수 없음.
문법적 의미	말과 말 사이의 관계나 기능을 나타냄.	예 마음이 곱다 ⟶ 실질적 의미 / 문법적 의미

- **형태소의 종류**

1) 자립성의 유무에 따라

자립 형태소	다른 형태소와 결합하지 않고 홀로 쓰일 수 있는 형태소 예 명사, 대명사, 수사, 부사, 관형사 등
의존 형태소	다른 형태소와 결합하지 않으면 쓰일 수 없는 형태소 예 조사, 용언의 어간과 어미, 접사 등

2) 의미에 따라

실질 형태소	구체적인 대상이나 동작, 상태를 표시하는 형태소로 실질적인 의미를 갖는 형태소 예 자립 형태소, 용언의 어간 등
형식 형태소	실질 형태소에 붙어 말과 말 사이의 관계를 표시하는 형태소 예 조사, 용언의 어미, 접사 등

- **형태소 분석**

나는 가방을 매고 학교에 갔다										
나	는	가방	을	매	고	학교	에	가	았	다
자립	의존	자립	의존	의존	의존	자립	의존	의존	의존	의존
실질	형식	실질	형식	실질	형식	실질	형식	실질	형식	형식

- **단어**: 자립할 수 있는 말이나 자립할 수 있는 형태소에 붙어서 쉽게 분리될 수 있는 말로, 하나 이상의 형태소가 모여 이루어짐.

- **단어 분석**

나는 가방을 매고 학교에 갔다							
나	는	가방	을	매고	학교	에	갔다

※ '는', '을', '에'와 같은 조사는 자립 형태소가 아닌 의존 형태소이지만, 다른 말과 쉽게 분리된다는 특징이 있으므로 예외적으로 단어의 자격을 부여함.

2 단어의 짜임

- **단어의 구조**

어근	단어의 실질적인 의미를 나타내는 중심 부분 − 어근이 하나인 경우 예 강, 산, 하늘 − 어근이 둘인 경우 예 김밥(김 + 밥), 눈사람(눈 + 사람)
접사	어근에 붙어 그 뜻을 한정하는 주변 부분 − 접두사: 어근 앞에 붙는 접사 예 풋고추, 날고기 − 접미사: 어근 뒤에 붙는 접사 예 말썽꾸러기, 구경꾼

- **단어의 종류**

- **파생어**: 어근과 파생 접사가 결합하여 만들어진 단어

접두 파생어	접사가 어근 앞에 결합하여 특정한 뜻을 더하는 것으로 어근의 품사가 바뀌지 않음. 예 개살구, 덧신, 되묻다
접미 파생어	접사가 어근 뒤에 결합하여 특정한 뜻을 더하는 것으로 어근의 품사가 바뀔 수 있음. 예 잠꾸러기, 기쁨, 복스럽다

- **합성어**: 둘 이상의 어근이 결합하여 만들어진 단어

1) 어근의 배열 방식에 따라

통사적 합성어	국어의 일반적인 문장 구성 방법에 따라 어근이 결합함.	
	같은 품사끼리 결합	예 어깨동무, 곧잘, 이런저런
	관형사의 체언 수식	예 새해, 첫사랑, 온종일
	부사의 용언 수식	예 잘되다, 그만두다
	조사의 생략	예 본(을)받다, 빛(이)나다
	관형사형 어미로 연결	예 굳은살, 큰집, 늙은이
	연결 어미로 연결	예 돌아가다, 벗어나다
비통사적 합성어	국어의 일반적인 문장 구성 방법과는 다른 방식으로 어근이 결합함.	
	관형사형 어미의 생략	예 검(은)버섯, 덮(은)밥
	연결 어미의 생략	예 오르(고)내리다, 검(고)붉다
	부사의 체언 수식	예 부슬비, 척척박사

2) 어근의 의미 관계에 따라

대등 합성어	어근들이 각각 본래의 의미를 유지하면서 대등하게 결합함. 예 강산, 앞뒤, 오가다
종속 합성어	한쪽의 어근이 다른 한쪽의 어근을 수식함. 예 손수건, 돌다리, 책가방
융합 합성어	두 어근이 결합하면서 새로운 의미를 나타냄. 예 집안(가문), 춘추(나이)

3 새말의 형성

- **새말**: 새로운 사물이나 개념을 표현하기 위해 새로 만들어 사용하는 말로, 국어 순화의 결과로 만들어지기도 함.

- **새말 형성 방법**

합성의 방식	예 꿀피부(꿀 + 피부), 꽃미남(꽃 + 미남)
파생의 방식	예 엄지족(엄지 + −족), 캥거루족(캥거루 + −족)
머리글자 결합 방식	예 심쿵(심장이 쿵), 깜놀(깜짝 놀라다)
단어의 일부 결합 방식	예 네티켓(네트워크 + 에티켓), 득템[得(얻을 득) + 아이템]

4 단어의 의미

- **의미**: 단어는 말소리(형식)와 의미(내용)로 이루어져 있는데, 단어의 의미는 학자마다 설명하는 방식이 다름.

지시설	단어가 지시하는 실제 사물을 단어의 의미라고 보는 관점
개념설	한 단어에 대해 사람들의 머릿속에서 만들어지고 저장된 생각을 단어의 의미라고 보는 관점

- **의미의 종류**

사전적 의미	어떤 단어가 지니고 있는 가장 기본적이고 객관적인 의미(사전에 등재된 의미) ㉠ 어머니: 자기를 낳아 준 여자를 이르거나 부르는 말
함축적 의미	사전적 의미에 덧붙어서 연상이나 관습 등에 의하여 형성되는 의미 ㉠ 어머니: 따뜻함, 푸근함
사회적 의미	말을 사용하는 사람의 사회적 환경(출신 지역, 사회적 지위, 교양 수준)과 관련되는 의미 ㉠ 혼저옵서예!
정서적 의미	어조나 문체에 따라 말하는 사람의 태도나 감정 등을 드러내는 의미 ㉠ "잘 한다.": 어조에 따라 칭찬하거나 비꼬려는 태도를 읽어낼 수 있음.
주제적 의미	어순을 바꾸거나 특정 부분을 강조하여 발음함으로써 말하는 사람이나 글 쓴 사람의 의도를 특별히 드러내는 의미 ㉠ 나는 너를 사랑해. 　나는 사랑해, 너를.
반사적 의미	원래의 뜻과는 아무런 관계없이 특정한 반응을 불러일으키는 의미 ㉠ 이름 '한송이(韓松伊)': 이와 같은 이름은 꽃과 관련되어 긍정적인 의미를 불러일으킴.

- **의미 자질**: 단어를 구성하는 최소 성분으로, 단어의 의미를 파악하기 위해서는 단어가 가진 의미 자질을 분석해 보아야 함.
  ㉠ 소년[-여성], [-성년], [-기혼]
  　소녀[+여성], [-성년], [-기혼]

5 동음이의어와 다의어

- **동음이의어**: 소리는 같지만 뜻이 다른 단어로, 단어들이 의미상 서로 연관이 없음.
  ㉠ 공사¹(工事)「명사」「1」토목이나 건축 따위의 일.
  　공사²(工師)「명사」악기를 연주하거나 수공업에 종사하는 사람의 우두머리.
  　공사³(公私)「명사」「1」공공의 일과 사사로운 일을 아울러 이르는 말.
  　공사⁴(公事)「명사」「1」국가나 공공 단체의 일. = 공무.

- **다의어**: 하나의 단어가 둘 이상의 뜻을 지닌 단어로, 단어들이 의미상 서로 밀접한 관련이 있음.

중심적 의미	단어가 가지고 있는 가장 기본적이며 핵심적인 의미
주변적 의미	중심적 의미에서 확장된 의미

㉠ 손¹「명사」「1」사람의 팔목 끝에 달린 부분. 손등, 손바닥, 손목으로 나뉘며 그 끝에 다섯 개의 손가락이 있어, 무엇을 만지거나 잡거나 한다.
　「2」손끝의 다섯 개로 갈라진 부분. 또는 그것 하나하나. = 손가락.
　「3」일을 하는 사람. = 일손.
　「4」어떤 일을 하는 데 드는 사람의 힘이나 노력, 기술.
　「5」어떤 사람의 영향력이나 권한이 미치는 범위.
　「6」사람의 수완이나 꾀.

- **동음이의어와 다의어의 공통점과 차이점**

	동음이의어	다의어
공통점	– 하나의 소리에 여러 의미가 결합됨. – 전후 문맥과 상황을 고려하여 의미를 파악해야 함.	
차이점	의미적 연관성이 없음.	의미적 연관성이 있음.
	사전에 별개의 표제어로 등재됨.	사전에 하나의 표제어로 등재됨.

6 단어의 의미 관계

- **유의 관계**: 말소리는 다르지만 의미가 서로 비슷한 관계를 유의 관계라고 하며, 이러한 관계에 있는 단어들을 유의어라고 함.

특징	– 우리말에는 유의 관계에 있는 단어가 풍부하게 발달되어 있음. – 유의 관계의 단어들은 그 의미가 서로 비슷하긴 하지만 완전히 똑같지는 않으므로 상황을 고려하여 사용해야 함.
예	가끔 – 더러 – 이따금 – 드문드문… / 가난하다 – 빈곤(貧困)하다 – 빈궁(貧窮)하다…

- **반의 관계**: 둘 이상의 단어에서 의미가 서로 짝을 이루어 대립하는 관계를 반의 관계라고 하며, 이러한 관계에 있는 단어들을 반의어라고 함.

특징	– 반의 관계에 있는 두 단어는 하나의 의미 자질만 다르고 나머지 의미 자질은 공통됨. – 하나의 단어에 여러 개의 단어들이 대립하는 경우도 있음.
예	남자 : 여자, 오다 : 가다 열다 – (서랍을) 닫다 / (수도꼭지를) 잠그다 / (자물쇠를) 채우다

- **상하 관계**: 한 단어가 의미상 다른 단어를 포함하거나 다른 단어에 포함되는 관계를 상하 관계라고 하며, 이때 포함하는 단어를 상의어, 포함되는 단어를 하의어라고 함.

특징	상의어일수록 일반적이고 포괄적인 의미를 지니며, 하의어일수록 개별적이고 한정적인 의미를 지님.
예	직업 공무원　은행원　작가　연예인 … 　　　　　　무용수　가수　배우 …

01

| 2016 고2 6월 학평 12번 |

〈보기〉의 [가]를 바탕으로 [나]를 분석한 내용으로 적절하지 않은 것은? [3점]

> **보기**
>
> [가] 품사는 단어를 '형태', '기능', '의미'를 기준으로 분류한 것이다. ㉠'형태'에 따라 불변어, 가변어로, ㉡'기능'에 따라 체언, 용언, 수식언, 관계언, 독립언으로 나뉜다. 그리고 ㉢'의미'에 따라 명사, 대명사, 수사, 동사, 형용사, 관형사, 부사, 조사, 감탄사로 나뉜다.
>
> [나] 열에 아홉은 매우 착실한 학생이다.

① ㉠에 따라 나누면 '착실한'과 '이다'는 가변어이다.
② ㉡에 따라 나누면 '열'과 '학생'은 체언이다.
③ ㉡에 따라 나누면 '은'과 '이다'는 관계언이다.
④ ㉢에 따라 나누면 '아홉'과 '학생'은 같은 품사이다.
⑤ ㉢에 따라 나누면 '매우'와 '착실한'은 다른 품사이다.

02

| 2017 고1 11월 학평 11번 |

다음은 문법 수업의 내용을 정리한 학생의 노트이다. 이를 바탕으로 〈보기〉를 탐구한 내용으로 적절하지 않은 것은?

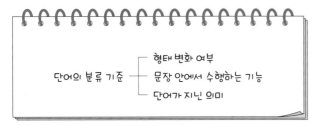

> **보기**
>
> • 우리도 두 팔을 넓게 벌려 원 하나를 이루었다.
> • 동생이 나무로 된 탁자에 그린 꽃만 희미하다.

① '도'와 '만'은 형태가 변하지 않는 단어이다.
② '이루었다'와 '그린'은 형태가 변하는 단어이다.
③ '두'와 '하나'는 문장 안에서 수식의 기능을 하는 단어이다.
④ '나무'와 '꽃'은 사물의 이름을 나타내는 단어이다.
⑤ '넓게'와 '희미하다'는 대상의 상태를 나타내는 단어이다.

03

| 2019 고3 10월 학평 14번 |

〈보기〉의 밑줄 친 단어의 품사에 대한 이해로 적절하지 않은 것은?

> **보기**
>
> ㄱ. 그곳에서는 빵을 아주 쉽게 구울 수 있다.
> ㄴ. 그 사람은 자기가 잠을 잘 잤다고 말했다.
> ㄷ. 멋진 형이 근처 식당에서 밥을 지어 왔다.

① ㄱ의 '그곳'과 ㄴ의 '그'는 어떤 처소나 대상을 지시하는 대명사이다.
② ㄱ의 '아주'와 ㄴ의 '잘'은 용언 앞에 놓여서 그 뜻을 한정하는 부사이다.
③ ㄱ의 '구울'과 ㄷ의 '지어'는 용언의 어간이 불규칙적으로 활용되는 동사이다.
④ ㄱ의 '쉽게'와 ㄷ의 '멋진'은 어떤 대상의 성질이나 상태를 나타내는 형용사이다.
⑤ ㄴ의 '가'와 ㄷ의 '에서'는 앞말과 다른 말과의 문법적인 관계를 나타내는 조사이다.

04

| 2016 고3 9월 모평A 13번 |

밑줄 친 부분이 〈보기〉의 ㉠에 해당하지 않는 것은?

> **보기**
>
> 국어에서는 의존 명사가 수량을 표현하는 말 뒤에 쓰여 수효나 분량 따위의 단위를 나타내는 경우가 일반적이지만, ㉠자립 명사가 단위를 나타내는 경우도 있다. 예를 들어 '사람'은 자립 명사로 쓰이기도 하지만 수량을 표현하는 말 뒤에 쓰여 사람을 세는 단위를 나타낼 수도 있다.
>
> • 의존 명사: 그 아이는 올해 아홉 살이다.
> • 자립 명사: 그는 사람을 부리는 재주가 있다.
> • 자립 명사가 단위를 나타내는 경우 : 친구 다섯 사람과 함께 도서관에 갔다.

① 이 글에는 여러 군데 잘못이 있다.
② 앉은자리에서 밥 두 그릇을 다 먹었다.
③ 시장에서 수박 세 덩어리를 사 가지고 왔다.
④ 할아버지께서는 밥을 몇 숟가락 겨우 뜨셨다.
⑤ 나는 서너 발자국 뒤로 물러서다가 냅다 도망쳤다.

05

| 2018 고2 3월 학평 11번 |

밑줄 친 말 중 ㉠의 예로 적절하지 <u>않은</u> 것은?

┌ 보기 ┐

　　조사는 주로 체언에 붙어서, 그 체언이 문장 중의 다른 단어와 맺는 관계를 나타내거나 특별한 뜻을 더해 주는 단어이다. 조사는 체언이 문장 속에서 다른 말과 맺는 관계를 표현하는 격 조사, 둘 이상의 체언을 같은 자격으로 이어서 하나의 명사구를 형성하는 접속 조사, ㉠앞말에 특별한 뜻을 더해 주는 보조사로 구분된다.

① 오직 새소리<u>만</u> 들렸다.
② 시험까지 한 달<u>도</u> 안 남았다.
③ 나는 개<u>와</u> 고양이를 좋아한다.
④ 할아버지께서는 신문을 보셨다.
⑤ 그는 평생 가족<u>밖에</u> 모르고 살았다.

07

| 2015 고3 10월 학평A 12번 |

〈보기〉를 바탕으로 하여 조사의 특성에 대해 탐구한 내용이 적절하지 <u>않은</u> 것은?

┌ 보기 ┐

• 형(은/*는) 학교에 가고, 나(*은/는) 집에 갔다.
• <u>민수(가/는)</u> 운동(을/은) 싫어한다.
• 나는 점심에 <u>국수</u> 먹었는데 너는 <u>무엇을</u> 먹었어?
• 어서요 읽어 보세요.
• <u>빵만으로</u> 살 수 없다.
(*는 비문법적인 표현임.)

① 격 조사 자리에 보조사가 올 수도 있군.
② 격 조사는 담화 상황에 따라 생략할 수도 있군.
③ 앞에 오는 말의 받침 유무에 따라 조사를 선택하기도 하는군.
④ 보조사는 체언뿐 아니라 부사 뒤에도 붙을 수 있군.
⑤ 보조사는 격 조사와 결합할 때 격 조사 뒤에만 붙을 수 있군.

06

| 2016 고3 7월 학평 12번 |

〈보기〉의 밑줄 친 부분에 해당하는 예로 적절하지 <u>않은</u> 것은? [3점]

┌ 보기 ┐

　　국어의 조사 중에는 주로 체언 뒤에 결합하여 문법적인 관계를 나타내는 격 조사와 체언, 부사, 활용 어미 따위에 붙어서 어떤 특별한 의미를 더해 주는 <u>보조사</u>가 있다.

① '국수<u>라도</u> 먹으렴.'에서의 <u>라도</u>
② '영어<u>야</u> 철수가 도사지.'에서의 <u>야</u>
③ '그 과자를 먹어<u>는</u> 보았다.'에서의 <u>는</u>
④ '일을 빨리<u>만</u> 하면 안 된다.'에서의 <u>만</u>
⑤ '그는 아이<u>처럼</u> 순진하다.'에서의 <u>처럼</u>

08

| 2016 고3 6월 모평A 12번 |

〈보기〉에 제시된 국어사전 정보를 완성한다고 할 때, ㉠~㉤에 대한 설명으로 적절하지 <u>않은</u> 것은? [3점]

┌ 보기 ┐

과 「조사」 (받침 있는 체언 뒤에 붙어)

1
　　① 다른 것과 비교하거나 기준으로 삼는 대상임을 나타내는 격 조사. ¶ 막내는 큰형과 닮았다. / ___㉠___
　　② 일 따위를 함께 함을 나타내는 격 조사.
　　　¶ 나는 방에서 동생과 조용히 공부했다. / ___㉡___
　　③ 상대로 하는 대상임을 나타내는 ___㉢___ .
　　　¶ 그는 거대한 폭력 조직과 맞섰다.

2 둘 이상의 사물을 같은 자격으로 이어 주는 접속 조사.
　　¶ 닭과 오리는 동물이다. / 책과 연필을 가져와라.

[유의어] 하고, ___㉣___
[형태 정보] 받침 없는 체언 뒤에는 '___㉤___'가 붙는다.

① ㉠에는 '그는 낯선 사람과 잘 사귄다.'를 넣을 수 있다.
② ㉡에는 '그는 형님과 고향에 다녀왔다.'를 넣을 수 있다.
③ ㉢에 들어갈 말은 '격 조사'이다.
④ ㉣에 '이랑'이 들어갈 수 있다.
⑤ ㉤에 들어갈 말은 '와'이다.

09

〈보기〉는 '용언의 활용'에 대한 설명이다. ㉠의 예로 적절하지 않은 것은? [3점]

> ▢ 보기
>
> 용언이 활용할 때 어간이나 어미의 기본 형태가 바뀌지 않거나 바뀌어도 일반적인 음운 규칙으로 설명할 수 있는 경우를 '규칙 활용'이라고 한다. 반면, 어간이나 어미의 기본 형태가 바뀌는 것을 일반적인 음운 규칙으로 설명할 수 없는 경우를 ㉠'불규칙 활용'이라고 한다.
>
> (가) 그녀가 모자를 벗는다.
>   그녀가 모자를 벗으며 방으로 들어간다.
> (나) 그는 시골에 집을 짓고 있다.
>   그는 시골에 집을 지으며 행복해 했다.
>
> (가)는 어간 '벗-' 뒤에 어미 '-으며'가 붙었을 때 어간의 형태가 바뀌지 않는 규칙 활용을 하는 반면, (나)는 어간 '짓-' 뒤에 어미 '-으며'가 붙었을 때 어간의 형태가 '지-'로 바뀌는 불규칙 활용을 한다.

① 그는 우물에서 물을 퍼 먹었다.
② 그는 형의 말을 비밀로 묻어 두었다.
③ 그녀는 음악을 들으면서 공부를 한다.
④ 그녀는 어머니를 도와 집안일을 하였다.
⑤ 그녀는 옥상에 올라 하늘을 바라보았다.

10

〈보기〉를 이해한 내용으로 적절하지 않은 것은?

> ▢ 보기
>
> 용언이 활용할 때 어간이나 어미의 기본 형태가 바뀌지 않거나 바뀌어도 일반적인 음운 규칙으로 설명할 수 있는 경우를 '규칙 활용'이라 하고, 어간이나 어미의 기본 형태가 바뀌는 것을 일반적인 음운 규칙으로 설명할 수 없는 경우를 '불규칙 활용'이라 한다. 불규칙 활용은 ㉠어간이 바뀌는 경우, ㉡어미가 바뀌는 경우, ㉢어간과 어미가 모두 바뀌는 경우로 나누어 살펴볼 수 있다.

① '솟다'가 '솟아'로 활용하는 것과 달리, '낫다'는 '나아'로 활용하므로 ㉠에 해당한다.
② '얻다'가 '얻어'로 활용하는 것과 달리, '엿듣다'는 '엿들어'로 활용하므로 ㉠에 해당한다.
③ '먹다'가 '먹어'로 활용하는 것과 달리, '하다'는 '하여'로 활용하므로 ㉡에 해당한다.
④ '치르다'가 '치러'로 활용하는 것과 달리, '흐르다'는 '흘러'로 활용하므로 ㉡에 해당한다.
⑤ '수놓다'가 '수놓아'로 활용하는 것과 달리, '파랗다'는 '파래'로 활용하므로 ㉢에 해당한다.

11

ⓐ~ⓔ는 잘못된 표기를 바르게 고친 것이다. 고치는 과정에서 해당 단어에 적용된 용언 활용의 예로 적절하지 않은 것은?

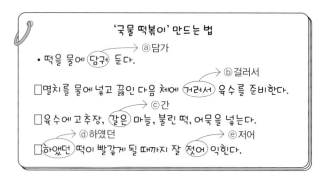

① ⓐ: 예쁘- + -어도 → 예뻐도
② ⓑ: 푸르- + -어 → 푸르러
③ ⓒ: 살- + -니 → 사니
④ ⓓ: 동그랗- + -아 → 동그래
⑤ ⓔ: 긋- + -은 → 그은

12

〈보기 1〉의 ㉠~㉢에 해당하는 가장 적절한 예를 〈보기 2〉에서 고른 것은?

┌ 보기 1 ┐

용언의 활용은 규칙 활용과 불규칙 활용으로 나눌 수 있다. ㉠규칙 활용은 용언이 활용될 때 어간과 어미의 기본 형태가 바뀌지 않거나, 어간이나 어미의 기본 형태가 바뀌는 모습을 일정한 규칙으로 설명할 수 있다. 한편 불규칙 활용은 용언이 활용될 때 어간이나 어미의 기본 형태가 바뀌는 이유를 일정한 규칙으로 설명할 수 없다. 불규칙 활용에는 ㉡어간이 불규칙적으로 바뀌는 경우, ㉢어미가 불규칙적으로 바뀌는 경우, ㉣어간과 어미가 모두 불규칙적으로 바뀌는 경우가 있다.

┌ 보기 2 ┐

• 놀이터에서 놀다 보니 옷에 흙이 묻었다.
• 나는 동생에게 출발 시간을 일러 주었다.
• 우리는 한라산 정상에 이르러 잠시 쉬었다.
• 드디어 사람들은 그를 우러러 섬기게 되었다.
• 하늘은 맑고 강물은 파래 기분이 정말 상쾌했다.

	㉠	㉡	㉢	㉣
①	묻었다	이르러	일러, 우러러	파래
②	일러	이르러, 파래	묻었다	우러러
③	이르러	묻었다, 우러러	파래	일러
④	묻었다, 우러러	일러	이르러	파래
⑤	일러, 우러러	묻었다	파래	이르러

13

〈보기〉에 대한 설명으로 가장 적절한 것은?

┌ 보기 ┐

부사는 수식하는 범위에 따라 문장의 한 성분을 수식하는 성분 부사와 문장 전체를 수식하는 문장 부사로 나뉜다. 이 중 성분 부사는 주로 용언을 수식하지만 때로는 체언을 수식하거나 관형사, 부사를 수식하는 경우도 있다.

ㄱ. 그녀는 매우 빨리 달린다.
ㄴ. 설마 나에게 맞는 옷이 없을까?
ㄷ. 우리 학교 바로 옆에 우체국이 있다.
ㄹ. 내 차는 얼마 전까지 아주 새 차였다.
ㅁ. 과연 그 아이는 재능이 정말 뛰어나군.

① ㄱ에서 '매우'는 용언을 수식하고 있다.
② ㄴ에서 '설마'는 체언을 수식하고 있다.
③ ㄷ에서 '바로'는 부사를 수식하고 있다.
④ ㄹ에서 '아주'는 관형사를 수식하고 있다.
⑤ ㅁ에서 '과연'과 '정말'은 문장을 수식하고 있다.

14

〈보기〉의 ㉠~㉢에 해당하는 것을 바르게 분류한 것은?

┌ 보기 ┐

㉠관형사, ㉡대명사, ㉢부사 중에는 '이, 그, 여기, 이리, 그리' 등과 같이 '지시성'을 지닌 단어들이 있다. 이들은 지시성이라는 공통점 때문에 구별이 쉽지 않으므로 문장 내에서의 기능을 통해 단어의 품사를 파악해야 한다.

ⓐ이 사과는 맛있게 생겼다.
ⓑ그 책 좀 나에게 빌려줄 수 있어?
ⓒ여기가 바로 우리의 고향입니다.
ⓓ이리 가까이 오게.
ⓔ그리 물건을 보내겠습니다.

	㉠	㉡	㉢
①	ⓐ	ⓑ, ⓒ	ⓓ, ⓔ
②	ⓐ, ⓑ	ⓒ	ⓓ, ⓔ
③	ⓑ, ⓒ	ⓓ, ⓔ	ⓐ
④	ⓑ, ⓓ	ⓔ	ⓐ, ⓒ
⑤	ⓒ, ⓓ	ⓐ	ⓑ, ⓔ

15

〈보기 1〉을 바탕으로 ㉠과 품사가 같은 것만을 〈보기 2〉에서 고른 것은?

┌ 보기 1 ┐

수 관형사는 수사와 형태가 같은 경우가 많아 혼동하기 쉽다. 문장에서 둘 다 활용을 하지 않고 사물의 수량이나 순서를 가리키지만, 수 관형사는 수사와 달리 단위를 나타내는 의존 명사와 함께 쓰인다는 차이가 있다.

• 이 일을 마치는 데에 ㉠칠 개월 걸렸다. (수 관형사)
• 육에 일을 더하면 칠이다. (수사)

┌ 보기 2 ┐

• 명호는 바둑을 ㉮다섯 판이나 두었다.
• 윤배가 고향을 떠난 지 ㉯팔 년이 지났다.
• 은주는 시장에서 토마토를 ㉰하나 사 왔다.
• 현수는 달리기 시합에서 ㉱셋째로 들어왔다.

① ㉮, ㉯　　② ㉮, ㉰　　③ ㉯, ㉰
④ ㉯, ㉱　　⑤ ㉰, ㉱

| 2017 고2 3월 학평 12번 |

제시된 탐구 과정을 고려할 때, [A], [B]에 들어갈 ㉠~㉣을 바르게 분류한 것은? [3점]

탐구 주제	밑줄 친 말을 문장 성분과 품사를 기준으로 분류하시오. • 이것은 ㉠새로운 글이다.　• 이것은 ㉡새 글이다. • 그는 ㉢빠르게 달린다.　• 그는 ㉣빨리 달린다.	
탐구 관련 지식	• 관형어는 체언을, 부사어는 용언을 한정하는 기능을 함.	• 형용사는 관형사나 부사와 달리 활용을 함. • 관형사는 명사를, 부사는 동 사를 수식함.
탐구 결과	문장 성분에 따라 [A] 로 분류할 수 있다.	품사에 따라 [B] 로 분류 할 수 있다.

　　　　　　[A]　　　　　　　　[B]
① ㉠, ㉡ / ㉢, ㉣　　㉠, ㉡ / ㉢ / ㉣
② ㉠, ㉡ / ㉢, ㉣　　㉠, ㉢ / ㉡ / ㉣
③ ㉠, ㉡ / ㉢, ㉣　　㉠, ㉣ / ㉡ / ㉢
④ ㉠, ㉢ / ㉡, ㉣　　㉠, ㉡ / ㉢ / ㉣
⑤ ㉠, ㉢ / ㉡, ㉣　　㉠, ㉢ / ㉡ / ㉣

| 2020 수능 14번 |

〈학습 활동〉을 해결한 내용으로 적절한 것은?

┌ 학습 활동 ┐

　관형사형 어미의 형태는 시제 및 단어의 품사에 의해 결정된다. [자료]에서 밑줄 친 단어의 품사와 시제를 분석하여 그 단어에 쓰인 어미가 [표]의 ㉠~㉢ 중 어느 것에 해당하는지 확인해 보자.

[자료]

ⓐ 하늘에 뜬 태양	ⓑ 우리가 즐겨 부르던 노래
ⓒ 늘 푸르던 하늘	ⓓ 운동장에 남은 아이들
ⓔ 네가 읽는 소설	ⓕ 이미 아이들로 가득 찬 교실
ⓖ 달리기가 제일 빠른 친구	

[표] 관형사형 어미 체계

	동사	형용사
현재	–는	㉠
과거	㉡	㉢
	–던	
미래	–(으)ㄹ	–(으)ㄹ

① ⓐ의 '뜬'에 쓰인 어미 '–(으)ㄴ'은 ㉠에 해당한다.
② ⓑ의 '부르던'과 ⓒ의 '푸르던'에 쓰인 어미 '–던'은 ㉢에 해당한다.
③ ⓓ의 '남은'과 ⓕ의 '찬'에 쓰인 어미 '–(으)ㄴ'은 ㉡에 해당한다.
④ ⓔ의 '읽는'에 쓰인 어미 '–는'은 ㉡에 해당한다.
⑤ ⓖ의 '빠른'에 쓰인 어미 '–(으)ㄴ'은 ㉢에 해당한다.

| 2017 고3 7월 학평 13~14번 |

[18~19] 다음 글을 읽고 물음에 답하시오.

[A]

공통된 성질을 가진 단어들을 모아 갈래 지어 놓은 것을 품사라고 한다. 국어의 품사는 단어의 형태, 기능, 의미를 기준으로 분류한다.

첫째, 단어는 형태 변화의 여부에 따라 형태가 변하지 않는 말인 불변어와, 활용하여 형태가 변하는 말인 가변어로 나뉜다. 둘째, 단어는 문장 속에서 해당 단어가 수행하는 기능에 따라 문장에서 주로 주어의 기능을 하는 체언, 문장의 주어를 서술하는 기능을 하는 용언, 다른 말을 수식하는 기능을 하는 수식언, 문장에 쓰인 단어들의 관계를 나타내는 기능을 하는 관계언, 다른 성분에 얽매이지 않고 독립적으로 쓰이는 독립언으로 나뉜다. 셋째, 단어는 개별 단어가 어떤 의미를 갖고 있느냐에 따라 대상의 이름을 나타내는 명사, 명사를 대신하여 그것을 가리키는 대명사, 대상의 수량이나 순서를 나타내는 수사, 사람이나 사물 따위의 움직임이나 작용을 나타내는 동사, 성질이나 상태를 나타내는 형용사, 주로 체언을 꾸며 주는 관형사, 주로 용언이나 문장을 꾸며 주는 부사, 앞말에 붙어 그 말과 다른 말과의 문법적 관계를 나타내거나 특별한 뜻을 더하는 조사, 말하는 이의 놀람이나 느낌, 부름, 응답 따위를 나타내는 감탄사로 나뉜다.

단어는 하나의 품사로 사용되는 경우가 일반적이지만 둘 이상의 품사로 사용되는 경우도 있다. 가령 '그는 모든 원인을 자기의 잘못으로 돌렸다.'의 '잘못'은 조사와 결합하는 명사이지만, '그는 길을 잘못 들어서 한참 헤맸다.'의 '잘못'은 용언을 수식하는 부사이다. '잘못'이 ㉠명사와 부사로 쓰인 것이다. 또한 '노력한 만큼 대가를 얻다.'의 '만큼'은 관형어의 수식을 받는 명사이지만, '집을 대궐만큼 크게 짓다.'의 '만큼'은 앞말과 비슷한 정도나 한도임을 나타내는 조사이다. '만큼'이 ㉡명사와 조사로 쓰인 것이다. 이 밖에도 국어에는 부사와 조사로 쓰이는 경우, 수사와 관형사로 쓰이는 경우와 같이 두 개 이상의 품사로 쓰이는 단어들이 존재한다.

18

[A]를 바탕으로 〈보기〉의 ⓐ~ⓒ를 이해한 내용으로 적절하지 않은 것은? [3점]

┌ 보기 ┐

ⓐ 아직까지는 그 사실을 아무도 모르고 있다.
ⓑ 할머니께서 온갖 재료로 만두를 곱게 빚으셨다.
ⓒ (대화 중) "들어가도 됩니까?" / "네, 어서 오십시오."

① ⓐ에서 '아무'는 문장에서 주어의 기능을 하는 체언이다.
② ⓑ에서 '온갖'은 문장에서 다른 말을 수식하는 수식언이다.
③ ⓒ에서 '네'는 말하는 이의 응답을 나타내는 감탄사이다.
④ ⓐ와 ⓑ에서 조사는 각각 3개씩이다.
⑤ ⓐ와 ⓑ에서 가변어는 각각 2개씩이다.

19

㉠, ㉡에 해당하는 예로 적절한 것은?

① ㉠ ┌ 둘에 다섯을 더하면 일곱이다.
   └ 여기에 사과 일곱 개가 있다.

② ㉠ ┌ 너 커서 무엇이 되고 싶니?
   └ 가구가 커서 방에 들어가지 않는다.

③ ㉠ ┌ 식구 모두가 여행을 떠났다.
   └ 그릇에 담긴 소금을 모두 쏟았다.

④ ㉡ ┌ 나를 처벌하려면 법대로 해라.
   └ 큰 것은 큰 것대로 따로 모아 두다.

⑤ ㉡ ┌ 모두 같이 학교에 갑시다.
   └ 얼음장같이 차가운 방바닥이 생각난다.

[20~21] 다음 글을 읽고 물음에 답하시오.

단어를 공통된 성질에 따라 분류한 것을 '품사'라 한다. 품사 분류의 기준으로는 일반적으로 '형태, 기능, 의미'가 있다. '형태'는 단어가 활용하느냐 활용하지 않느냐에 관한 것이고 '기능'은 단어가 문장에서 하는 역할과 관련된다. '의미'는 단어의 구체적인 의미가 아니라 단어 부류가 가지는 추상적인 의미를 말한다.

이러한 기준의 전체 혹은 일부를 적용하여 ㉠활용하지 않으며 사물의 이름을 나타내는 말, ㉡활용하고 사물의 동작이나 작용을 나타내는 말, ㉢활용하지 않으며 수량이나 순서를 나타내는 말, ㉣활용하지 않으며 앞말에 붙어 앞말과 다른 말의 문법적 관계를 나타내거나 특수한 의미를 덧붙이는 말, ㉤활용하지 않으며 뒤에 오는 체언을 수식하는 말 등으로 개별 품사를 분류할 수 있다.

[A]
그런데 실제로 단어의 품사를 분류할 때에는 분류가 쉽지 않은 것들도 있다. 동사와 형용사의 구별이 대표적인데 사물의 속성이나 상태를 나타내는 형용사와 사물의 작용의 일종인 상태 변화를 나타내는 일부 동사는 의미상 매우 밀접하여 좀 더 세밀하게 구분하여야 한다. 가령 '햇살이 밝다'에서의 '밝다'는 상태를 나타내는 형용사이고, '날이 밝는다'에서의 '밝다'는 상태의 변화를 나타내는 동사이다. 동사와 형용사를 구별하는 또 다른 기준으로 활용 양상을 내세우기도 한다. 동사와 달리 형용사는 원칙적으로 선어말 어미 '-ㄴ/는-', 관형사형 어미 '-는', 명령형·청유형 종결 어미, 의도나 목적을 나타내는 연결 어미 등과 결합하여 쓰이지 않는다.

다만, '있다'의 경우는 품사를 분류할 때 더욱 주의해야 한다. '존재', '소유'와 같이 상태의 의미를 나타내는 '있다'는 형용사로, '한 장소에 머묾'의 의미인 '있다'는 동사로 분류되는데, 동사 '있다'뿐만 아니라 형용사의 '있다'가 관형사형 어미 '-는'과 결합하기 때문이다. 형용사 '없다'의 경우도 반의어인 형용사 '있다'와 동일한 활용 양상을 보여 준다.

20

다음 문장에서 ㉠~㉤에 해당하는 예를 찾아 이를 설명한 내용으로 적절하지 **않은** 것은?

옛날 사진을 보니 즐거운 기억 하나가 떠올랐다.

① '옛날, 사진, 기억'은 ㉠에 해당하고 명사이다.
② '보니, 떠올랐다'는 ㉡에 해당하고 동사이다.
③ '하나'는 ㉢에 해당하고 수사이다.
④ '을, 가'는 ㉣에 해당하고 조사이다.
⑤ '즐거운'은 ㉤에 해당하고 관형사이다.

21

[A]를 참고하여 〈보기〉를 이해한 내용으로 적절하지 **않은** 것은?

보기

ⓐ ┌ 영희가 밥을 먹었다. / 꽃이 예뻤다.
　└ 영희가 밥을 먹는다. / *꽃이 예쁜다.

ⓑ ┌ 영희야, 밥 먹어라. / *영희야, 좀 예뻐라.
　└ 영희야, 밥 먹자. / *우리 좀 예쁘자.

ⓒ ┌ 밥 먹으려고 식당으로 갔다. / *예쁘려고 미용실에 갔다.
　└ 밥 먹으러 식당에 갔다. / *예쁘러 미용실에 갔다.

ⓓ ┌ 나에게는 돈이 있다. / 돈이 있는 사람
　└ 나에게는 돈이 없다. / 돈이 없는 사람

ⓔ ┌ 나무가 크다. / 나무가 쑥쑥 큰다.
　└ 머리카락이 길다. / 머리카락이 잘 긴다.

※ '*'는 비문임을 나타냄.

① ⓐ: 동사와는 달리 형용사는 현재를 나타내는 선어말 어미와 결합할 수 없다.
② ⓑ: 동사와는 달리 형용사는 명령형·청유형 어미와 결합할 수 없다.
③ ⓒ: 동사와는 달리 형용사는 의도·목적을 나타내는 연결 어미와 결합할 수 없다.
④ ⓓ: '있다'와 '없다'는 상태의 의미를 나타내지만 동사로 쓰이고 있다.
⑤ ⓔ: '크다'와 '길다'는 형용사, 동사로 모두 쓰이고 있다.

| 2021 고2 3월 학평 11~12번 |

[22~23] 다음 글을 읽고 물음에 답하시오.

명사는 자립성의 유무에 따라 자립 명사와 의존 명사로 나눌 수 있다. 가령 '새 물건이 있다.'에서 '물건'은 관형어인 '새'가 없이 단독으로 쓰일 수 있기 때문에 자립 명사이다. 이와 달리 '헌 것이 있다.'에서 '것'은 관형어인 '헌'이 생략되면 '것이 있다.'와 같이 문법에 맞지 않는 문장이 되므로 의존 명사이다. 이처럼 의존 명사는 관형어의 수식 없이 단독으로 쓰일 수 없으며 조사와 결합한다는 특징이 있다.

의존 명사는 특정한 형태의 관형어를 요구하는 선행어 제약과, 특정 서술어나 격 조사와만 결합하는 후행어 제약이 있다. 다음 예문에서 (ㄱ)은 선행어 제약을, (ㄴ)은 후행어 제약을 보여 준다.

(ㄱ) 여기 (온 / *오는 / *올 / *오던) 지가 오래되었다.
(ㄴ) 나는 공부를 할 수가 있다.
　　 그는 좋아서 어쩔 줄을 몰랐다.
　　 일어난 김에 일을 마무리하자.
　　 우리는 네게 그저 고마울 따름이다.

(ㄱ)에서 '지'를 수식하는 관형어는 관형사형 어미 '-(으)ㄴ'과만 결합하므로 선행어가 제약된다. (ㄴ)에서 '수'는 주격 조사 '가'와, '줄'은 목적격 조사 '을'과, '김'은 부사격 조사 '에'와, '따름'은 서술격 조사 '이다'와만 결합하므로 후행어가 제약된다. 이와 달리 '것'은 결합할 수 있는 격 조사의 제약이 없이 두루 사용된다. 의존 명사가 선행어 제약이나 후행어 제약이 있는지를 판단할 때는 의존 명사가 쓰일 수 있는 다양한 예를 고려해야 한다.

[A] 한편 의존 명사 중에는 '만큼'과 같이 동일한 형태가 조사로도 쓰이는 경우가 있는데, 이처럼 하나의 형태가 여러 개의 품사로 쓰이는 것을 품사 통용이라 한다. 예를 들어 '먹을 만큼 먹었다.'의 '만큼'은 관형어 '먹을'의 수식을 받는 의존 명사이지만, '너만큼 나도 할 수 있다.'의 '만큼'은 체언 '너' 뒤에 붙는 조사이다. 이때 의존 명사는 앞말과 띄어 쓰고, 조사는 앞말과 붙여 써야 한다.

22

[A]를 참고할 때, 밑줄 친 단어의 띄어쓰기가 옳은지 판단한 결과로 적절하지 <u>않은</u> 것은?

예문	판단 결과
① 노력한 만큼 대가를 얻는다.	×
② 나도 형 만큼 운동을 잘 할 수 있다.	×
③ 그 사실을 몰랐던 만큼 충격도 컸다.	○
④ 시간이 멈추기를 바랄 만큼 즐거웠다.	○
⑤ 그곳은 내 고향만큼 아름답지는 않다.	○

23

윗글을 바탕으로 〈보기〉의 밑줄 친 단어를 이해한 내용으로 적절한 것은?

┌─ 보기 ┐
ㄱ. 우리는 어찌할 <u>바</u>를 모르겠다.
ㄴ. 그들은 칭찬을 받을 <u>만</u>도 하다.
ㄷ. 그를 만난 것은 해 질 <u>무렵</u>이다.
ㄹ. 동생이 그런 일을 할 <u>리</u>가 없다.
ㅁ. 포수는 호랑이를 산 <u>채</u>로 잡았다.
└─────────────┘

① ㄱ의 '바'는 목적격 조사와만 결합할 수 있으므로 후행어 제약이 있군.
② ㄴ의 '만'은 관형사형 어미 '-(으)ㄹ'만 올 수 있으므로 선행어 제약이 있군.
③ ㄷ의 '무렵'은 서술격 조사 '이다'와만 결합할 수 있으므로 후행어 제약이 있군.
④ ㄹ의 '리'는 격 조사의 제약이 없이 두루 결합할 수 있으므로 후행어 제약이 없군.
⑤ ㅁ의 '채'는 '-(으)ㄴ' 외에 다른 관형사형 어미도 올 수 있으므로 선행어 제약이 없군.

[24~25] 다음 글을 읽고 물음에 답하시오.

국어에는 체언이나 부사, 어미 따위에 붙어 그 말과 다른 말과의 문법적 관계를 표시하거나 그 말의 뜻을 도와주는 품사가 있는데, 이를 조사라고 한다. 조사는 그 기능과 의미에 따라 격 조사, 보조사, 접속 조사로 분류한다.

격 조사는 앞에 오는 체언이 문장 안에서 일정한 자격을 가지도록 해 준다. '이/가'와 같이 문장 안에서 체언이나 체언 구실을 하는 말 뒤에 붙어 주어의 자격을 가지게 하는 주격 조사도 있고, '을/를'과 같이 목적어가 되게 하는 목적격 조사도 있다. 또 '의'와 같이 관형어가 되게 하는 관형격 조사도 있고, '이/가'와 같이 '되다', '아니다'와 함께 쓰여 보어가 되게 하는 보격 조사도 있다. 그밖에 '에', '에서', '(으)로', '와/과', '보다'처럼 체언이나 체언 구실을 하는 말 뒤에 붙어 부사어의 자격을 가지게 하는 부사격 조사와 '아/야'와 같이 독립어 가운데 부름말이 되게 하는 호격 조사 등도 격 조사에 속한다. 특히 체언에 붙어 서술어의 자격을 가지게 하는 '이다'는 서술격 조사라고 하는데, 마치 동사나 형용사처럼 활용하는 특징이 있다.

보조사는 체언, 부사, 활용 어미 따위에 붙어서 어떤 특별한 의미를 더해 주는 구실을 한다. 보조사에는 '은/는', '도', '만', '까지', '마저', '조차', '부터' 따위가 있다. '인생은 짧고 예술은 길다.'에 쓰인 '은'은 체언에 붙어서 어떤 대상이 다른 것과 대조됨을 나타내는 보조사이다. 또 '고구마는 구워도 먹고 삶아도 먹는다.'에 쓰인 '도'는 활용 어미 뒤에 붙어서 둘 이상의 대상이나 사태를 똑같이 아우름을 나타내는 보조사이다.

접속 조사는 둘 이상의 단어나 구 따위를 같은 자격으로 이어 주는 구실을 한다. 접속 조사에는 '와/과', '하고', '(이)나', '(이)랑' 등이 있다. '배하고 사과하고 감을 가져오너라.'에 쓰인 '하고'는 둘 이상의 사물을 같은 자격으로 이어 주는 접속 조사이다.

그런데 ⓐ동일한 형태의 조사가 문장에서 서로 다른 기능을 하기도 한다. 예를 들어 조사 '가'는 앞말이 주어임을 나타내는 격 조사로 쓰일 때도 있고, 앞말을 강조하는 뜻을 나타내는 보조사로 쓰일 때도 있다. '를'은 앞말이 목적어임을 나타내는 격 조사로 쓰일 때도 있고, 앞말을 강조하는 뜻을 나타내는 보조사로 쓰일 때도 있다. 또 '에'는 앞말이 부사어임을 나타내는 격 조사로 쓰일 때도 있고, 둘 이상의 사물을 같은 자격으로 이어 주는 접속 조사로 쓰일 때도 있다. '과'는 앞말이 부사어임을 나타내는 격 조사로 쓰일 때도 있고, 두 단어나 문장 따위를 이어 주는 접속 조사로 쓰일 때도 있다. 또 '에서'는 앞말이 부사어임을 나타내는 격 조사로 쓰일 때도 있고, 단체를 나타내는 명사 뒤에 붙어 앞말이 주어임을 나타내는 격 조사로 쓰일 때도 있다.

24

윗글을 바탕으로 〈보기〉의 ㉠~㉤을 탐구한 내용으로 적절하지 <u>않은</u> 것은?

┌─ 보기 ─┐

㉠ 그는 보통 인물이 아니다.
㉡ 철수야, 내일이 무슨 날이니?
㉢ 이번에 성적이 많이도 올랐구나!
㉣ 언니가 동생의 간식을 만들고 있다.
㉤ 백화점에 가서 구두랑 모자랑 샀어요.

① ㉠의 '이'는 체언인 '인물'에 붙어 주어의 자격을 갖게 한다.
② ㉡의 '이니'는 체언인 '날'에 붙어 서술어의 자격을 갖게 한다.
③ ㉢의 '도'는 부사인 '많이'에 붙어 특별한 의미를 더해 주는 구실을 한다.
④ ㉣의 '의'는 체언인 '동생'에 붙어 관형어의 자격을 갖게 한다.
⑤ ㉤의 '랑'은 '구두'와 '모자'를 같은 자격으로 이어 주는 역할을 한다.

25

밑줄 친 조사 중 ⓐ의 사례로 적절한 것은?

① ┌ 방이 깨끗하지<u>가</u> 않다.
  └ 친구마저 미덥지<u>가</u> 못하다.

② ┌ 그녀는 장미<u>를</u> 좋아한다.
  └ 그는 도서관에서 잡지<u>를</u> 읽었다.

③ ┌ 그는 요란한 소리<u>에</u> 잠을 깼다.
  └ 그까짓 일<u>에</u> 너무 마음 상하지 마라.

④ ┌ 친구들<u>과</u> 어울려 늦게까지 놀았다.
  └ 그는 다섯 살 아래의 여성<u>과</u> 결혼했다.

⑤ ┌ 너는 부산<u>에서</u> 몇 시에 출발할 예정이냐?
  └ 우리 학교<u>에서</u> 올해도 우승을 차지했다.

| 2019 고2 11월 학평 12~13번 |

[26~27] 다음 글을 읽고 물음에 답하시오.

문장의 주체를 서술하는 기능을 하는 용언은 홀로 쓰이는 본용언과, 홀로 쓰이지 않고 본용언 뒤에서 본용언에 특수한 의미를 더해 주는 보조 용언으로 나눌 수 있다. 예를 들어 '불이 꺼져 간다.'라는 문장이 있을 때, '꺼져'는 '불이 꺼진다.'라는 문장의 서술어로 홀로 쓰일 수 있으므로 본용언이다. 그러나 '간다'는 진행의 의미만 더해 주고 있어, '불이 간다.'라는 문장의 서술어로 홀로 쓰일 수 없으므로 보조 용언이다.

보조 용언은 다시 보조 동사와 보조 형용사로 구분될 수 있다. 일반적으로 보조 용언의 품사는 앞에 오는 본용언의 품사에 따른다. 예를 들어 보조 용언 '않다'는 앞에 오는 본용언의 품사가 동사이면 보조 동사, 형용사이면 보조 형용사로 쓰인다. 한편 보조 용언의 품사가 보조 용언의 의미에 따라 구분되는 경우도 있다. 예를 들어 보조 용언 '하다'가 앞말의 행동이나 상태에 대한 바람이라는 의미를 나타내는 경우에는 보조 동사이다. 또한 보조 용언 '보다'가 어떤 일을 경험한다는 의미를 나타내는 경우에는 보조 동사이고, 앞말이 뜻하는 행동이나 상태에 대한 걱정이라는 의미를 나타내는 경우에는 보조 형용사이다.

본용언은 주로 본용언의 어간에 보조적 연결 어미가 결합되어 보조 용언과 연결된다. 예를 들어 '나는 일을 하고 나서 집에 갔다.'라는 문장은 본용언의 어간 '하-'에 보조적 연결 어미 '-고'가 결합된 '하고'가 보조 용언 '나서'와 연결된 문장이다. 그리고 본용언과 보조 용언이 연결되는 경우들을 살펴보면, 보통 두 용언이 연결되는 경우가 많지만 의미의 추가를 위해 세 용언이 연결되는 경우도 있다. 여기에는 용언들이 ㉠본용언, 본용언, 보조 용언의 순서로 연결된 경우, ㉡본용언, 보조 용언, 본용언의 순서로 연결된 경우, ㉢본용언, 보조 용언, 보조 용언의 순서로 연결된 경우가 있다.

26

〈보기〉의 ⓐ~ⓔ를 보조 동사와 보조 형용사로 분류한 것으로 적절한 것은?

> **보기**
> • 내일 해야 할 업무가 생각만큼 쉽지는 ⓐ않겠다.
> • 나는 부모님께 야단맞을까 ⓑ봐 얘기도 못 꺼냈다.
> • 일을 마무리했음에도 사람들은 집에 가지 ⓒ않았다.
> • 새로 일할 사람이 업무 처리에 항상 성실했으면 ⓓ한다.
> • 이런 일을 당해 ⓔ보지 않은 사람은 내 심정을 모를 것이다.

	보조 동사	보조 형용사
①	ⓐ, ⓑ, ⓓ	ⓒ, ⓔ
②	ⓐ, ⓒ	ⓑ, ⓓ, ⓔ
③	ⓐ, ⓓ, ⓔ	ⓑ, ⓒ
④	ⓑ, ⓒ	ⓐ, ⓓ, ⓔ
⑤	ⓒ, ⓓ, ⓔ	ⓐ, ⓑ

27

윗글의 ㉠~㉢과 관련하여 〈보기〉의 Ⓐ~Ⓔ의 밑줄 친 부분을 분석한 내용으로 적절하지 않은 것은? [3점]

> **보기**
> Ⓐ 그는 순식간에 사과를 던져서 베어 버렸다.
> Ⓑ 그는 식당에서 고기를 먹어 치우고 일어났다.
> Ⓒ 그에게 전화를 했을 때 그가 깨어 있어 행복했다.
> Ⓓ 나는 경기에 출전하지 못하고 의자에 앉아 있게 생겼다.
> Ⓔ 나는 평소 밥을 좋아하는데 오늘은 갑자기 빵을 먹고 싶게 되었다.

① Ⓐ: '베어'는 어간 '베-'에 보조적 연결 어미 '-어'가 결합되어 '버렸다'와 연결된 형태이고 ㉠에 해당한다.

② Ⓑ: '치우고'는 어간 '치우-'에 보조적 연결 어미 '-고'가 결합되어 '일어났다'와 연결된 형태이고 ㉠에 해당한다.

③ Ⓒ: '깨어'는 어간 '깨-'에 보조적 연결 어미 '-어'가 결합되어 '있어'와 연결된 형태이고 ㉡에 해당한다.

④ Ⓓ: '앉아'는 어간 '앉-'에 보조적 연결 어미 '-아'가 결합되어 '있게'와 연결된 형태이고 ㉢에 해당한다.

⑤ Ⓔ: '먹고'는 어간 '먹-'에 보조적 연결 어미 '-고'가 결합되어 '싶게'와 연결된 형태이고 ㉢에 해당한다.

28

| 2020 고1 6월 학평 13번 |

〈보기〉에서 선생님의 질문에 대한 학생의 대답으로 가장 적절한 것은?

┌─ 보기 ─────────────────────────────

선생님: 형태소는 뜻을 가진 가장 작은 말의 단위를 뜻하는 말입니다. 형태소는 다음의 두 기준에 따라 자립 형태소와 의존 형태소, 실질 형태소와 형식 형태소로 나눌 수 있습니다.

```
   홀로 쓰일 수 있는가?              실질적 의미가 있는가?
     예 ↙    ↘ 아니요             예 ↙     ↘ 아니요
 자립 형태소   의존 형태소         실질 형태소   형식 형태소
```

다음은 아래 '예문'을 형태소 단위로 나누고, 위 기준에 따라 분석한 결과입니다.

┌────────────────────────────────┐
│ • 예문: 경찰이 도둑을 잡았다.   │
│ • 형태소 분석 결과: │

형태소 구분 기준	경찰	이	도둑	을	잡-	-았-	-다
홀로 쓰일 수 있는가?	예	아니요	예	ⓒ	아니요	아니요	아니요
실질적 의미 가 있는가?	㉠	아니요	예	아니요	ⓒ	아니요	아니요

└────────────────────────────────┘

㉠~ⓒ에 들어갈 대답을 모두 바르게 짝지어 볼까요?

└──────────────────────────────────

	㉠	ⓛ	ⓒ
①	예	예	예
②	예	아니요	예
③	예	아니요	아니요
④	아니요	예	예
⑤	아니요	아니요	아니요

29

| 2018 고1 6월 학평 12번 |

〈보기〉의 설명을 참고할 때, ㉠을 분석한 내용으로 적절하지 않은 것은?

┌─ 보기 ─────────────────────────────

'형태소'는 뜻을 가진 말의 가장 작은 단위이다. 형태소는 의미의 유무에 따라 구체적인 대상이나 동작, 상태를 표시하는 실질적인 의미를 지닌 실질 형태소와 문법적인 기능을 수행하는 형식 형태소로 나눌 수 있다. 그리고 자립성의 유무에 따라 다른 말에 기대어 쓰이지 않고 홀로 사용될 수 있는 자립 형태소와 다른 말에 기대어 사용되는 의존 형태소로 나눌 수 있다.

㉠하늘이 매우 높고 푸르다.

└──────────────────────────────────

① 자립 형태소는 모두 4개이다.
② 형식 형태소는 모두 3개이다.
③ 의존 형태소는 모두 5개이다.
④ 실질 형태소이면서 의존 형태소는 모두 2개이다.
⑤ 실질 형태소이면서 자립 형태소는 모두 2개이다.

30

| 2016 수능A 12번 |

다음의 (가)에 들어갈 말로 가장 적절한 것은?

┌────────────────────────────────────

선생님: 지금까지 형태소의 개념 및 유형 그리고 특성에 대해 공부했지요? 그럼, 다음 자료에서 밑줄 친 말들이 가진 공통점이 무엇인지 한번 찾아보세요.

┌────────────────────────────────┐
│ • 하늘은 맑고 바다는 푸르다.   │
│ • 그의 말은 듣지 말고 내 말을 들어라.   │
│ • 나는 물고기를 잡았지만 놓아주었다.   │
└────────────────────────────────┘

학생: 밑줄 친 말들은 모두 [(가)   ]

└──────────────────────────────────

① 단어의 자격을 가지고 반드시 다른 말과 결합하여 쓰이는군요.
② 단어의 자격을 가지고 실질적 의미가 아닌 문법적 의미를 나타내는군요.
③ 반드시 다른 말과 결합하여 쓰이고 음운 환경에 따라 그 형태가 바뀌는군요.
④ 음운 환경에 따라 형태가 바뀌고 실질적 의미가 아닌 문법적 의미를 나타내는군요.
⑤ 실질적 의미가 아닌 문법적 의미를 나타내고 반드시 다른 말과 결합하여 쓰이는군요.

31

| 2019 고3 3월 학평 13번 |

〈보기〉의 선생님 물음에 대한 답으로 가장 적절한 것은?

┌ 보기 ┐

선생님: 지난 시간에 형태소와 단어에 대해 공부했는데, 이를 바탕으로 다음 자료에서 ㉠, ㉡, ㉢의 공통점과 차이점이 무엇인지 말해 볼까요?

[자료]
• 이 문제는 나한테 묻지 말고 그에게 물어라.
  └─────[㉠]─────┘
• 귀로는 음악을 들었고 눈으로는 풍경을 보았다.
              └──────[㉡]──────┘
• 나는 산으로 가자고 했지만 동생은 바다로 갔다.
      └────[㉢]────┘

① 공통점은 단어의 자격을 가진다는 것이고, 차이점은 ㉠만 실질적 의미를 나타낸다는 것입니다.
② 공통점은 문법적 의미를 나타낸다는 것이고, 차이점은 ㉢만 단어의 자격을 가진다는 것입니다.
③ 공통점은 단어의 자격을 갖지 못한다는 것이고, 차이점은 ㉡, ㉢만 문법적 의미를 나타낸다는 것입니다.
④ 공통점은 음운 환경에 따라 그 형태가 바뀐다는 것이고, 차이점은 ㉡, ㉢만 문법적 의미를 나타낸다는 것입니다.
⑤ 공통점은 반드시 다른 말과 결합하여 쓰인다는 것이고, 차이점은 ㉡, ㉢만 음운 환경에 따라 그 형태가 바뀐다는 것입니다.

32

| 2015 고3 3월 학평A 12번 |

〈보기〉의 ㉠~㉢에 들어갈 말로 적절한 것은?

┌ 보기 ┐

선생님: 어간은 용언의 활용 시 변하지 않는 부분을, 어근은 단어 분석 시 실질적 의미를 나타내는 중심 부분을 가리킵니다.

용언	어간	어근
솟다 (단일어)	솟–	솟–
치솟다 (파생어)	치솟–	솟–
샘솟다 (합성어)	샘솟–	샘, 솟–

위의 예에서 알 수 있듯이 어떤 용언이 단일어일 경우 어간과 어근이 일치합니다. 하지만, 용언이 파생어나 합성어일 경우 어간과 어근이 일치하지 않습니다. 그렇다면 이번에는 다음 세 단어의 어간과 어근을 분석해 볼까요?

용언	어간	어근
줄이다	줄이–	㉠
힘들다	힘들–	㉡
오가다	오가–	㉢

	㉠	㉡	㉢
①	줄이–	힘들–	오가–
②	줄이–	힘들–	오–, 가–
③	줄–	힘들–	오가–
④	줄–	힘, 들–	오–, 가–
⑤	줄–	힘, 들–	오가–

33

사전 자료의 일부인 〈보기〉를 바탕으로 어미의 쓰임을 탐구한 학습지 활동의 결과로 적절하지 않은 것은? [3점]

┌─ 보기 ─────────────────────────────────┐

-ㄴ-「어미」

 이야기하는 시점에서 볼 때 사건이나 행위가 현재 일어남을 나타내는 어미.

 ¶ 일을 마치고 집으로 간다.

-ㄴ「어미」

① 사건이나 행위가 과거 또는 말하는 이가 상정한 기준 시점보다 과거에 일어남을 나타내는 어미.

 ¶ 이것은 털실로 짠 옷이다.

② 현재의 상태를 나타내는 어미.

 ¶ 누나는 유명한 성악가이다.

└────────────────────────────────────┘

[학습지]

각 질문에 대해 '예'는 ○, '아니요'는 ×로 표시하시오.

질문	-ㄴ-	-ㄴ ①	-ㄴ ②	
• 다른 어미 앞에 붙을 수 있는가?	○	×	×	… ㉠
• 어미 '-(으)시-' 뒤에 붙을 수 있는가?	○	○	○	… ㉡
• 어간에 붙어 관형어 구실을 하게 하는가?	×	○	○	… ㉢
• 받침 없는 용언의 어간 뒤에 붙어 현재 시제를 나타내는가?	○	×	○	… ㉣
• 예문으로 '흰 눈이 내립니다.'를 추가할 수 있는가?	○	×	×	… ㉤

① ㉠   ② ㉡   ③ ㉢   ④ ㉣   ⑤ ㉤

34

〈보기〉에 대한 이해로 적절하지 않은 것은?

┌─ 보기 ─────────────────────────────────┐

-음¹ 「어미」 ('ㄹ'을 제외한 받침 있는 용언의 어간이나 어미 '-었-', '-겠-' 뒤에 붙어) 그 말이 명사 구실을 하게 하는 어미.

 • 그는 그 말을 믿었음이 분명하다.

 • 나는 그의 판단이 옳음을 믿는다.

-음² 「접사」 ('ㄹ'을 제외한 받침 있는 용언의 어간 뒤에 붙어) 명사를 만드는 접미사.

 • 그는 나의 믿음을 저버렸다.

 • 그는 서랍에서 종이 한 묶음을 꺼냈다.

└────────────────────────────────────┘

① '-음¹'은 선어말 어미와 결합할 수 있군.

② '-음¹'이 붙은 말은 본래의 품사를 유지하는군.

③ '-음²'가 붙은 말은 관형어의 수식을 받을 수 있군.

④ '-음¹'은 '-음²'와 달리 뒤에 격 조사가 올 수 있군.

⑤ '-음²'는 '-음¹'과 달리 명사절을 만들 수 없군.

35

〈보기〉의 선생님 물음에 대한 답으로 가장 적절한 것은?

┌─ 보기 ─────────────────────────────────┐

학생: 선생님, '젊음'은 사전의 표제어인데, 왜 '늙음'은 사전의 표제어가 아닌가요?

선생님: 사전의 표제어인 '젊음'은 파생 명사입니다. 반면에 '늙음'은 파생 명사가 아니라 동사 '늙다'의 명사형입니다. '늙음'은 '늙다'의 활용형이기 때문에 표제어가 아닙니다.

학생: 둘 다 '-음'으로 끝나는데, 무엇이 다른가요?

선생님: 사전의 표제어 '젊음'은 어근 '젊-'에 명사를 만드는 접미사 '-음'이 결합하여 만들어진 말로 관형어의 꾸밈을 받을 수 있어요. 그런데 '늙음'은 어간 '늙-'에 명사형 어미 '-음'이 결합한 말로 문장에 쓰이면 서술하는 기능이 있고 부사어의 꾸밈을 받을 수 있어요. 다음 문장의 밑줄 친 말들 중에서 사전의 표제어가 되는 것은 무엇일까요?

└────────────────────────────────────┘

① 그녀의 <u>수줍음</u>은 늘 티가 났다.

② 나는 가진 돈이 전혀 <u>없음</u>을 깨달았다.

③ 그녀가 많이 <u>먹음</u>은 새삼스러운 일이 아니다.

④ 그는 경력이 남들보다 <u>많음</u>을 자랑스러워했다.

⑤ 내가 늘 빨리 <u>걸음</u>은 건강을 유지하기 위해서이다.

36

| 2017 고3 3월 학평 11번 |

〈보기〉의 ⓐ, ⓑ가 사용된 예를 ㉠~㉤에서 바르게 고른 것은?

보기

선생님: 여러분이 헷갈려 하는 것들 중 ⓐ용언의 어간과 결합하는 명사형 어미 '-(으)ㅁ', '-기'와 ⓑ어근과 결합하여 명사를 만드는 접미사 '-이', '-음', '-기'가 있어요. 전자는 용언의 품사를 바꾸지 않으며, 전자가 결합해 활용된 용언은 서술하는 기능이 유지되고 부사어의 수식을 받을 수 있어요. 한편 후자가 결합하여 만들어진 명사는 관형어의 수식을 받을 수 있어요.

• 세상은 홀로 ㉠살기가 어렵다.
• 형은 충분히 ㉡잠으로써 피로를 풀었다.
• 날씨가 더워 시원한 ㉢얼음이 필요하다.
• 우리에게 건전한 ㉣놀이 문화가 필요하다.
• 이곳은 풍경이 매우 ㉤아름답기로 유명하다.

	ⓐ	ⓑ
①	㉠, ㉡	㉢, ㉣, ㉤
②	㉠, ㉤	㉡, ㉢, ㉣
③	㉢, ㉣	㉠, ㉡, ㉤
④	㉠, ㉡, ㉤	㉢, ㉣
⑤	㉡, ㉢, ㉣	㉠, ㉤

37

| 2016 고1 3월 학평 15번 |

〈보기〉의 설명에 따라 '달리기'를 도식화한 것으로 적절한 것은?

보기

선생님: 어근은 단어에서 실질적인 의미를 나타내는 중심이 되는 부분을, 접사는 어근이나 단어에 붙어 새로운 단어를 구성하는 부분을 말합니다. 어근과 접사의 결합 관계를 쉽게 구별해 보기 위해 어근을 ☐로, 접사를 ◯로 나타내 보겠습니다. 예를 들어 '하늘'은 하나의 어근으로 이루어져 있고, '먹이'는 어근 '먹'과 접사 '이'로 이루어져 있으므로 다음과 같이 도식화할 수 있습니다.

• 하늘: 하늘   • 먹이: 먹- -이

① 달리기
② 달- -리기
③ 달리- -기
④ 달리 -기
⑤ 달- -리- -기

38

| 2018 고3 4월 학평 12번 |

〈보기〉의 ㉠과 ㉡에 모두 해당하는 단어로 적절한 것은?

보기

복합어는 어근과 어근이 결합되거나 어근에 접사가 결합되어 만들어진다. 이런 결합 관계는 여러 번에 걸쳐 일어나기도 해서, ㉠어근과 어근이 결합한 데 다시 접사가 붙는 경우도 있고, 어근과 접사가 결합한 데 다시 접사가 붙는 경우도 있다. 이때 ㉡접사가 결합되어 어근의 품사가 변하는 경우도 있다.

① 군것질   ② 바느질   ③ 겹겹이
④ 다듬이   ⑤ 헛웃음

39

| 2015 고3 4월 학평A 12번 |

다음은 접사와 어근의 결합 양상에 대해 수업 중 발표한 내용이다. 이에 대한 학생들의 반응으로 적절하지 않은 것은?

[발표 내용]

발표 1: 어근에 접두사가 결합되면 어근에 의미가 더해집니다. 예를 들어 '선무당'은 어근 '무당'에 접두사 '선-'이 결합하여 '서툰'이라는 의미가 더해진 것입니다. '군말', '군살'도 그 예에 속합니다.

발표 2: 어근에 접미사가 결합되면 어근에 의미가 더해집니다. 예를 들어 '꾀보'는 어근 '꾀'에 접미사 '-보'가 결합하여 '그것을 즐기거나 그 정도가 심한 사람'의 의미가 더해진 것입니다.

발표 3: 어근에 접미사가 결합하면 품사가 바뀌기도 합니다. 예를 들어 '사랑'은 '-하다'가 붙으면 명사에서 동사로 품사가 바뀝니다.

① '발표 1'의 내용 중 '군말', '군살'의 '군-'은 '쓸데없는'의 의미를 어근에 더해 주는군.
② '발표 1'과 '발표 2'를 종합해 보면, 접두사와 접미사는 어근과 결합하여 새로운 단어를 만드는군.
③ '발표 2'의 단어에 '멋쟁이', '장난꾸러기'를 더 추가할 수 있겠군.
④ '발표 2'와 '발표 3'을 종합해 보면, '꾀보'는 '-보'에 의해 의미가 더해지고 품사가 바뀌었군.
⑤ '발표 3'에는 '숙제하다'를 더 추가할 수 있겠군.

40

〈보기〉의 ㉠~㉣에 대한 이해로 적절하지 않은 것은?

보기

접두사는 단어의 앞에 붙어 특정한 뜻을 더하거나 강조하면서 새로운 단어를 만들어 낸다. ㉠접두사가 명사에 결합하여 생성된 단어도 있고, ㉡접두사가 용언에 결합하여 생성된 단어도 있다. ㉢특정한 접두사는 둘 이상의 품사에 결합하여 새로운 단어를 만들어 내기도 한다. 대개의 접두사는 형태가 고정되어 있지만, '찰-/차-'가 붙어 만들어진 '찰옥수수', '차조'처럼 ㉣주위 환경에 따라 형태가 다른 접두사가 붙어 만들어진 단어도 있다.

① ㉠에 해당하는 사례로는 '군기침, 군살'이 있다.

② ㉡에 해당하는 사례로는 '빗나가다, 빗맞다'가 있다.

③ ㉢에 해당하는 사례로는 '헛디디다, 헛수고'가 있다.

④ ㉡, ㉣에 모두 해당하는 사례로는 '새빨갛다, 샛노랗다'가 있다.

⑤ ㉢, ㉣에 모두 해당하는 사례로는 '수꿩, 숫양'이 있다.

41

〈보기〉는 '사전 활용하기' 수업의 한 장면이다. 학생들의 활동 결과로 적절하지 않은 것은?

보기

선생님: 파생어란 어근에 접사가 결합하여 형성된 단어입니다. 그런데 파생어는 접사에 의해 본래 단어의 품사가 변화되는 경우와 변화되지 않는 경우로 나뉩니다. 다음은 사전에서 찾은 단어들입니다. 제시된 단어들에 접사가 결합된 파생어를 찾아보고 분석해 봅시다.

더욱 〔부〕 정도나 수준 따위가 한층 심하거나 높게.
넓다 〔형〕 면이나 바닥 따위의 면적이 크다.
덮다 〔동〕 물건 따위가 드러나거나 보이지 않도록 넓은 천 따위를 얹어서 씌우다.

① '더욱이'는 '더욱'의 어근에 접사 '-이'가 결합된 파생어로 '더욱'과 품사가 다르겠군.

② '드넓다'는 '넓다'의 어근에 접사 '드-'가 결합된 파생어로 '넓다'와 품사가 같겠군.

③ '넓이'는 '넓다'의 어근에 접사 '-이'가 결합된 파생어로 '넓다'와 품사가 다르겠군.

④ '뒤덮다'는 '덮다'의 어근에 접사 '뒤-'가 결합된 파생어로 '덮다'와 품사가 같겠군.

⑤ '덮개'는 '덮다'의 어근에 접사 '-개'가 결합된 파생어로 '덮다'와 품사가 다르겠군.

42

다음은 학생들이 '-쟁이'와 '-장이'에 대해 탐구한 내용이다. ㄱ~ㅁ에 제시된 탐구 결과 중 적절하지 않은 것은? [3점]

탐구 목표	어근의 뒤에 붙어 새로운 단어를 만드는 접미사 중 '-쟁이'와 '-장이'의 의미와 쓰임을 구분해 사용할 수 있다.

↓

탐구 자료	(1) 고집쟁이: 고집이 센 사람. 거짓말쟁이: 거짓말을 잘하는 사람. (2) 노래쟁이: '가수(歌手)'를 낮잡아 이르는 말. 그림쟁이: '화가(畫家)'를 낮잡아 이르는 말. (3) 땜장이: 땜질을 직업으로 하는 사람. 옹기장이: 옹기 만드는 일을 직업으로 하는 사람.

↓

탐구 결과	• (1)의 '-쟁이'의 의미는 '어떤 속성을 많이 가진 사람'으로 볼 수 있다. ·············· ㄱ • (2)와 (3)은 둘 다 직업과 관련된 말이지만, '기술자'를 의미할 때는 '-장이'를 쓴다. ·············· ㄴ • (1)~(3)을 볼 때, '-쟁이'와 '-장이'는 모두 명사와 결합하여 새로운 단어를 만든다. ·············· ㄷ • (1)~(3)을 볼 때, '-쟁이'와 '-장이'는 모두 어근의 품사를 변화시키지 않는 접미사이다. ·············· ㄹ • (1), (2), (3)의 예로 '욕심쟁이', '대장쟁이', '중매장이'를 각각 추가할 수 있다. ·············· ㅁ

① ㄱ   ② ㄴ   ③ ㄷ   ④ ㄹ   ⑤ ㅁ

43

| 2021 고3 3월 학평 35번 |

[학습 활동]을 수행한 결과로 적절하지 않은 것은? [3점]

선생님: 형용사 형성 피생법은 크게 접두사에 이한 파생법과 접미사에 의한 파생법으로 나누어 볼 수 있습니다. 일반적으로 접두사에 의한 파생법은 ㉠형용사 어근 앞에 뜻을 더하는 접사가 붙은 것이고, 접미사에 의한 파생법은 대체로 ㉡명사 어근 뒤에 어근의 품사를 형용사로 바꾸는 접사가 붙은 것입니다. 그럼 아래를 참고하여, [학습 활동]을 해결해 볼까요?

[접두사] 새-, 시-
[접미사] -롭다, -되다, -답다, -스럽다

[학습 활동] 다음에서 ㉠, ㉡에 해당하는 예를 찾아보자.

나는 바닷가 산책로를 따라 걸었다. 바로 코끝에서 **시퍼런** 바닷물이 철썩거리고 있었다. 늘 걷던 길이 오늘따라 **새롭게** 느껴지는 것은 곧 이곳을 떠나야 한다는 사실 때문일 것이다. 여기 머문 지도 어느새 삼 년이 되어 간다. 돌이켜 보면 **복된** 나날이었다. 이웃들과 매일 **정답게** 인사를 주고받았으며, 어디서든 아이들의 **사랑스러운** 웃음소리를 들을 수 있었다.

---

① '시퍼런'은 접두사 '시-'가 형용사 어근 앞에 붙어 형성된 말의 활용형으로, ㉠에 해당하는 예이다.

② '새롭게'는 접두사 '새-'가 형용사 어근 앞에 붙어 형성된 말의 활용형으로, ㉠에 해당하는 예이다.

③ '복된'은 접미사 '-되다'가 명사 어근 뒤에 붙어 형성된 말의 활용형으로, ㉡에 해당하는 예이다.

④ '정답게'는 접미사 '-답다'가 명사 어근 뒤에 붙어 형성된 말의 활용형으로, ㉡에 해당하는 예이다.

⑤ '사랑스러운'은 접미사 '-스럽다'가 명사 어근 뒤에 붙어 형성된 말의 활용형으로, ㉡에 해당하는 예이다.

44

| 2019 고2 3월 학평 13번 |

〈보기〉의 탐구 활동을 수행한 결과로 적절한 것만 고른 것은?

보기

[탐구 과제]

다음을 참고하여 [탐구 자료] ㉠~㉣을 [A], [B]로 구분하고, 그렇게 구분한 근거를 적어 보자.

어근에 파생 접사가 결합하여 새로운 단어가 형성될 때 [A]품사가 바뀌는 경우도 있고, [B]품사가 바뀌지 않는 경우도 있다. 예를 들어, 명사 '마음'에 접사 '-씨'가 결합하여 '마음씨'가 될 때는 품사가 바뀌지 않지만, 형용사 '넓다'의 어근 '넓-'에 접사 '-이'가 결합하여 '넓이'가 될 때는 품사가 명사로 바뀐다.

[탐구 자료]

• 예술에 대한 안목을 ㉠높이다.
• 그는 모자를 ㉡깊이 눌러썼다.
• 오랫동안 ㉢딸꾹질이 멈추지 않았다.
• 그런 일은 ㉣일찍이 경험하지 못했던 일이다.

[탐구 결과]

탐구 자료	구분	근거	
㉠	[B]	형용사 '높다'의 어근 '높-'에 접사 '-이-'가 결합하여 형용사가 됨.	… ⓐ
㉡	[A]	형용사 '깊다'의 어근 '깊-'에 접사 '-이'가 결합하여 명사가 됨.	… ⓑ
㉢	[A]	부사 '딸꾹'에 접사 '-질'이 결합하여 명사가 됨.	… ⓒ
㉣	[B]	부사 '일찍'에 접사 '-이'가 결합하여 부사가 됨.	… ⓓ

① ⓐ, ⓑ   ② ⓐ, ⓓ   ③ ⓑ, ⓒ

④ ⓑ, ⓓ   ⑤ ⓒ, ⓓ

45

〈보기〉에 제시된 ㉮와 ㉯의 사례를 올바르게 짝지은 것은?

┌ 보기 ┐

　파생어는 어근에 접사가 붙어 이루어진 말이다. 파생어 형성의 결과 품사가 달라지는 경우가 있고, 문장에 사용된 어떤 단어가 파생어로 바뀌면 그 파생어로 인해 문장 구조가 달라지는 경우도 있다. 예컨대 형용사 '괴롭다'는 동사 '괴롭히다'로 파생된다. 또한 '마음이 괴롭다.'의 '괴롭다'를 '괴롭히다'로 바꾸면 '마음을 괴롭히다.'와 같이 문장 구조가 달라진다.

품사	문장 구조	
○	○	……………㉮
○	×	
×	○	……………㉯
×	×	

(○: 달라짐. ×: 달라지지 않음.)

	㉮	㉯
①	(풀을) 깎다 → (풀이) 깎이다	(발을) 밟다 → (발이) 밟히다
②	(풀을) 깎다 → (풀이) 깎이다	(불이) 밝다 → (불을) 밝히다
③	(방이) 넓다 → (방을) 넓히다	(책을) 팔다 → (책이) 팔리다
④	(방이) 넓다 → (방을) 넓히다	(굽이) 높다 → (굽을) 높이다
⑤	(음이) 낮다 → (음을) 낮추다	(문을) 밀다 → (문을) 밀치다

46

〈보기 1〉을 바탕으로 〈보기 2〉의 ㉠~㉤에 대해 설명한 내용으로 적절하지 않은 것은?

┌ 보기 1 ┐

　합성 명사의 구성 요소 중 선행 요소는 다양한 품사의 단어이지만 후행 요소는 일반적으로 명사이다.

┌ 보기 2 ┐

　㉠새해를 맞이하여 오랜만에 할머니 댁에 갔다. 할머니께서 점심으로 ㉡굵은소금 위에 새우를 올려놓고 구워 주셨고, 저녁에는 ㉢산나물을 넣은 비빔밥을 해 주셨다. 내가 할머니께 스마트폰의 여러 기능을 알려 드리자 "㉣척척박사로구나."라며 ㉤어린아이처럼 좋아하셨다.

① ㉠은 관형사와 명사가 결합한 합성 명사이다.
② ㉡은 동사의 활용형과 명사가 결합한 합성 명사이다.
③ ㉢은 명사와 명사가 결합한 합성 명사이다.
④ ㉣은 부사와 명사가 결합한 합성 명사이다.
⑤ ㉤은 형용사의 활용형과 명사가 결합한 합성 명사이다.

47

〈보기〉의 ㉠에 해당하는 예로 적절한 것만을 ⓐ~ⓓ에서 고른 것은?

┌ 보기 ┐

선생님: 합성어 중에는 어근의 배열이 우리말의 일반적인 문장 구성 방식에 맞는 것도 있고, 그렇지 않은 것도 있어요. 일반적으로 '체언+체언', '용언의 관형사형+체언', '용언의 연결형+용언' 등의 형태는 통사적 합성어라 하고, '용언의 어간+체언', '부사+체언', '용언의 어간+용언의 어간' 등의 형태는 우리말의 일반적인 문장 구성 방식에 맞지 않으므로 ㉠비통사적 합성어라고 하지요. 외국어나 외래어를 대체하는 순화어에서도 통사적 합성어와 비통사적 합성어가 발견됩니다. 그럼 몇 가지 사례를 살펴볼까요?

┌─────────────────────────────┐
│ • 핫 플레이스 ⇨ 뜨는곳 …………………… ⓐ │
│ • 카메오 ⇨ 깜짝출연 …………………… ⓑ │
│ • 마인드맵 ⇨ 생각그물 …………………… ⓒ │
│ • 캐노피 ⇨ 덮지붕 …………………… ⓓ │
└─────────────────────────────┘

① ⓐ, ⓑ　　　② ⓐ, ⓓ　　　③ ⓑ, ⓒ
④ ⓑ, ⓓ　　　⑤ ⓒ, ⓓ

48

〈보기〉의 ㉠에 해당하는 예로 적절한 것은?

┌ 보기 ┐

　합성어는 어근과 어근이 결합하여 형성되는데, 어근들의 결합 방식에 따라 다음과 같이 둘로 나눌 수 있다.

• 통사적 합성어: 어근들의 결합 방식이 일반적인 문장 구성 방식과 같은 합성어
• ㉠비통사적 합성어: 어근들의 결합 방식이 일반적인 문장 구성 방식과 다른 합성어

① 아이들이 뛰노는 소리기 밖에서 들렸다.
② 서로 몰라볼 정도로 세월이 많이 흘렀다.
③ 저마다의 타고난 소질을 계발하는 것이 중요하다.
④ 지난달부터 공부를 열심히 했더니 자신감이 생겼다.
⑤ 망치질을 자주 하다 보니 손바닥에 굳은살이 박였다.

49

| 2020 고3 10월 학평 15번 |

〈보기〉의 ㉠~㉣을 바르게 분류한 것은? [3점]

┌ 보기 ┐

※ 다음 밑줄 친 단어를 통해 합성어의 형성 과정을 탐구해 보자.

- 이곳은 ㉠이른바 우리나라의 곡창 지대이다.
- 붕대로 ㉡감싼 상처가 정말 심각해 보였다.
- 집행부가 질서를 ㉢바로잡을 계획을 세웠다.
- 대학교에 가려면 ㉣건널목을 건너야만 한다.

[탐구 과정]

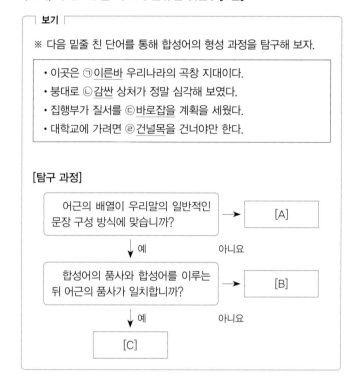

	[A]	[B]	[C]
①	㉠	㉡, ㉣	㉢
②	㉠, ㉢	㉡	㉣
③	㉡	㉠	㉢, ㉣
④	㉡	㉢	㉠, ㉣
⑤	㉡, ㉣	㉢	㉠

50

| 2017 고1 6월 학평 15번 |

〈보기〉를 바탕으로 단어 형성법에 대해 탐구한 것으로 적절하지 않은 것은?

┌ 보기 ┐

단어에서 실질적 의미를 나타내는 중심 부분을 어근이라 하고, 어근에 붙어 그 뜻을 더하는 부분을 접사라고 한다. 단어는 형성 방법에 따라 단일어와 파생어, 합성어로 나누어진다. 단일어는 '바다', '놀다'와 같이 하나의 어근으로 이루어진 말이고, 파생어는 '군살'이나 '멋쟁이'처럼 어근과 접사의 결합으로 이루어진 말이다. 합성어는 어근과 어근이 결합한 말로 '달빛'이나 '뛰놀다'와 같은 말이 이에 해당한다.

① '치솟다'는 접사가 어근에 붙어 뜻을 더하고 있으므로 파생어이군.
② '밤하늘'은 실질적 의미를 지닌 어근끼리 결합하였으므로 합성어이군.
③ '지우개'는 어근에 접사가 결합한 파생어이고, '닭고기'는 어근끼리 결합한 합성어이군.
④ '나무꾼'과 '검붉다'는 모두 실질적인 뜻을 가진 어근끼리 결합하였으므로 합성어이군.
⑤ '개살구'와 '부채질'은 모두 어근에 접사가 결합하여 이루어진 단어이므로 파생어에 해당하는군.

51

| 2018 고3 3월 학평 13번 |

〈보기〉의 밑줄 친 부분과 관련한 탐구로 적절하지 <u>않은</u> 것은?

> ┌ 보기 ┐
>
> **선생님**: 지난 시간에 모둠별로 〈그림〉의 대상을 지칭하는 새말을 만드는 활동을 했어요. <u>이번 시간에는 지난 시간에 만든 새말들의 단어 구조에 대해 탐구해 봅시다.</u>
>
> • 모둠 활동 결과

	새말
㉠	오이칼, 껍질칼
㉡	갉작갉작칼, 사각사각칼
㉢	까개, 깎개
㉣	긁도구, 밀도구
㉤	박박이, 쓱쓱이

〈그림〉

① ㉠은 명사 어근들을 결합하여 만든 통사적 합성어입니다.

② ㉡은 부사 어근과 명사 어근을 결합하여 만든 비통사적 합성어입니다.

③ ㉢은 동사 어근에 접사를 결합하여 만든 파생어입니다.

④ ㉣은 명사 어근에 접사를 결합하여 만든 파생어입니다.

⑤ ㉤은 부사 어근에 접사를 결합하여 만든 파생어입니다.

52

| 2020 고3 9월 모평 14번 |

〈보기〉의 ㉠과 ㉡을 모두 충족하는 예로 적절한 것은?

> ┌ 보기 ┐
>
> '붙잡다'의 어간 '붙잡-'은 어근 '붙-'과 어근 '잡-'으로 나뉘고, '잡히다'의 어간 '잡히-'는 어근 '잡-'과 접사 '-히-'로 나뉜다. 이렇듯 어떤 말을 둘로 나누었을 때 나누어진 두 요소 각각을 직접 구성 요소라 하는데, 어근과 어근으로 분석되는 말을 합성어라 하고 어근과 접사로 분석되는 말을 파생어라 한다.
>
> 그런데 ㉠어간이 3개 이상의 구성 요소로 이루어진 경우가 있다. 이때 ㉡직접 구성 요소가 먼저 어근과 어근으로 분석되면 합성어이고 어근과 접사로 분석되면 파생어이다. 예컨대 '밀어붙이다'는 직접 구성 요소가 먼저 어근과 어근으로 분석되므로 합성어이다.

① 밤새 거센 비바람이 내리쳤다.

② 책임을 남에게 떠넘기면 안 된다.

③ 차바퀴가 진흙 바닥에서 헛돌았다.

④ 거리에는 매일 많은 사람이 오간다.

⑤ 그들은 끝임없이 짓밟혀도 굴하지 않았다.

| 2020 고1 3월 학평 13~14번 |

[53~54] 다음 글을 읽고 물음에 답하시오.

'높다'의 '높−'은 어간이기도 하고 어근이기도 하다. 그렇다면 어간일 때와 어근일 때 어떤 차이가 있을까? 이를 이해하기 위해서는 어간과 어근의 개념에 대해 살펴볼 필요가 있다.

어간은 용언 등이 활용될 때 사용하는 개념이다. 용언은 문장에서 다양한 형태로 바뀌면서 활용되는데, 형태가 변하지 않는 부분을 어간이라 하고 형태가 변하는 부분을 어미라고 한다. 예를 들어 '높다'가 '높고', '높지'와 같이 활용될 때, '높−'은 어간이고, '−고'나 '−지'는 어미이다.

이와 달리 어근은 단어를 구성할 때, 실질적 의미를 나타내는 부분을 가리키는 개념이다. 그리고 어근의 앞이나 뒤에 결합하여 특정한 의미나 기능을 더해 주는 부분을 접사라고 한다. 용언을 어근과 접사로 분석할 때 형태가 변하지 않는 어간만을 대상으로 한다. 가령, '드높다'의 경우 어간인 '드높−'에서 실질적 의미를 나타내는 '높−'은 어근이고, 그 앞에 붙어 '심하게'라는 의미를 덧붙여 주는 '드−'는 접사이다. 접사는 어근 뒤에 결합하기도 하는데, 어근 '높−'에 접사 '−이−'가 결합한 '높이다'가 이에 해당한다. 이를 정리하면 아래와 같다.

	어간			어미
	접사	어근	접사	
높다	·	높−	·	−다
드높다	드−	높−	·	−다
높이다	·	높−	−이−	−다

한편 단어는 '높다'와 같이 하나의 어근으로 구성된 경우나 '드높다'나 '높이다'와 같이 어근에 접사가 결합한 경우 이외에 두 개 이상의 어근이 결합하여 만들어지기도 한다. 예컨대 '높푸르다'의 경우 어근 '높−'과 어근 '푸르−'가 결합하여 만들어진 단어이다.

53

윗글을 바탕으로 할 때, 〈보기〉의 ㉠과 ㉡에 들어갈 내용으로 적절한 것은?

> **보기**
>
> '높다'에서 '높−'은, 단어가 활용될 때 ___㉠___ 는 점에서 '어간', 단어를 구성할 때 ___㉡___ 는 점에서 '어근'이라고 할 수 있다.

	㉠	㉡
①	형태가 변한다	실질적 의미를 나타낸다
②	형태가 변하지 않는다	실질적 의미를 나타낸다
③	형태가 변하지 않는다	의미를 덧붙여 준다
④	의미를 덧붙여 준다	형태가 변한다
⑤	실질적 의미를 나타낸다	형태가 변하지 않는다

54

〈보기〉의 '자료'에서 '활동'의 a~c에 들어갈 단어로 적절하지 **않은** 것은?

> **보기**
>
> **[자료]** 용언: 검붉다, 먹히다, 자라다, 치솟다, 휘감다
>
> **[활동]**
> • 어간과 어근이 일치하는 단어를 모아 봅시다.
>   − ___a___
> • 어간과 어근이 일치하지 않는 단어를 모아 봅시다.
>   − 어근의 앞이나 뒤에 접사가 결합한 단어: ___b___
>   − 둘 이상의 어근이 결합한 단어: ___c___

① a: 휘감다   ② a: 자라다

③ b: 먹히다   ④ b: 치솟다

⑤ c: 검붉다

| 2017 수능 14~15번 |

[55~56] 다음 글을 읽고 물음에 답하시오.

국어에서 동사나 형용사에 붙어 새로운 단어를 형성하는 접미사는 다양한 문법적 특징을 지니고 있다. 그 특징은 다음과 같다.

첫째로, 접미사는 동사나 형용사에 붙어 새로운 어간을 형성한다. 예를 들면, '녹다'의 어근 '녹-'에 접미사 '-이-'가 붙어 새로운 어간 '녹이-'가 형성된다. 이렇게 만들어진 '녹이다'의 어간 '녹이-'는 '녹다'의 어간 '녹-'과 구별된다. 둘째로, 접미사는 동사나 형용사의 어근에 붙어 품사를 바꾸기도 한다. 예를 들면, 명사 '먹이'나 '넓이'는 각각 동사와 형용사의 어근에 접미사 '-이'가 붙어 형성된 단어이다. 이때 '먹이'와 '넓이'의 '먹-'과 '넓-'은 서술어로 기능하지 못한다. 셋째로, ㉠접미사는 동사나 형용사에 붙어 사동의 의미를 더하기도 한다. 예를 들면, 동사 '익다'와 '먹다'의 어근에 각각 접미사 '-히-'와 '-이-'가 붙어 형성된 '익히다'와 '먹이다'는 '고기를 익히다.'와 '아이에게 밥을 먹이다.'에서와 같이 사동의 의미를 가진다. 넷째로, ㉡접미사는 타동사에 붙어 피동의 의미를 더하기도 한다. 예를 들면, '안다'의 어근 '안-'에 접미사 '-기-'가 붙어 형성된 '안기다'는 '아기가 엄마한테 안기다.'와 같이 피동의 의미를 가진다. 이때 피동을 나타내는 접미사는 '눕다', '식다'와 같은 자동사에는 결합하지 않는다.

한편, 하나의 접미사가 모든 동사나 형용사에 자유롭게 결합하는 것은 아니다. 예를 들면, 접미사 '-히-'는 '읽다'의 어근 '읽-'에 붙어 '읽히다'를 만들 수 있지만, '살다'의 어근 '살-'에는 붙지 못한다. 어근 '살-'에는 접미사 '-리-'가 붙어 '살리다'가 형성된다. 또한 어근과 접미사 사이에는 다른 형태소가 끼어들 수 없다. 가령, 어근 '읽-'과 접미사 '-히-' 사이에 '-시-'와 같은 선어말 어미가 끼어든 '읽시히-'와 같은 것은 만들어지지 않는다.

55

윗글을 바탕으로 〈보기〉의 ⓐ~ⓔ를 이해한 내용으로 적절한 것은?

┌─ 보기 ─────────────────────┐
ⓐ 달콤한 휴식을 위해 시간을 비워 놓았다.
ⓑ 아주 높이 나는 새라야 멀리 볼 수 있다.
ⓒ 마을 앞 공터를 놀이 공간으로 조성했다.
ⓓ 멀리서 찾아온 손님을 위해 차를 끓였다.
ⓔ 할아버지께서는 오늘 일찍 오시기 힘들다.
└────────────────────────────┘

① ⓐ에서 '비워'의 어간은 '시간이 빈다.'에서 '비다'의 어간과 같다.
② ⓑ에서 '높이'는 형용사 '높다'의 어근 '높-'에 접미사 '-이'가 붙어 형성된 명사이다.
③ ⓒ에서 '놀이'는 명사이므로 '놀이' 속의 '놀-'은 서술어로 기능하지 못한다.
④ ⓓ에서 '끓였다'의 어근에 붙은 접미사 '-이-'는 모든 동사에 자유롭게 결합한다.
⑤ ⓔ에서 '오시기'는 '오-'와 '-기' 사이에 다른 형태소가 끼어든 것이므로 명사이다.

56

밑줄 친 부분이 ㉠, ㉡에 해당하는 예로 적절한 것은?

① ┌ ㉠ : 형이 동생을 울렸다.
　 └ ㉡ : 그는 지구본을 돌렸다.

② ┌ ㉠ : 이제야 마음이 놓인다.
　 └ ㉡ : 우리는 용돈을 남겼다.

③ ┌ ㉠ : 공책이 가방에 눌렸다.
　 └ ㉡ : 옷이 못에 걸려 찢겼다.

④ ┌ ㉠ : 바위 뒤에 동생을 숨겼다.
　 └ ㉡ : 피곤해서 눈이 자꾸 감겼다.

⑤ ┌ ㉠ : 나는 종이비행기를 하늘로 날렸다.
　 └ ㉡ : 그는 소년에게 중요한 임무를 맡겼다.

| 2018 고2 9월 학평 11~12번 |

[57~58] 다음 글을 읽고 물음에 답하시오.

어근은 파생이나 합성 등 조어(造語) 과정에 참여하는 요소 중 의미상 중심이 되는 부분을 말하며, 어간은 용언이 활용을 할 때 중심이 되는 줄기 부분으로서 활용에서 어미에 선행하는 부분을 말한다. 예를 들어 '맡기다'에서 '맡-'은 어근이며 '맡기-'는 어간이다.

어근이나 어간에 결합하여 특정한 의미나 기능을 부여하는 형태소를 접사라고 한다. 접사는 일반적으로 어근이나 어간과 함께 나타나야 하기 때문에 문장에서 단독으로 쓰이지 않는다. 접사는 기능에 따라 단어 파생에 기여하는 ㉠파생 접사와 활용할 때 어간에 결합하여 문법적인 기능을 표시하는 굴절 접사로 나누기도 한다. 어근의 앞에 위치하는 접두사는 굴절 접사가 없어 모두 파생 접사이고, 어근의 뒤에 위치하는 접미사는 굴절 접사와 파생 접사가 모두 존재한다. 굴절 접사는 흔히 ㉡어미라고 하는데 접사라 하면 일반적으로 파생 접사만을 가리킨다. 결국 접사는 좁은 의미로는 파생 접사만을 의미하고 넓은 의미로는 굴절 접사와 파생 접사를 모두 포함한다.

파생 접사는 새로운 단어를 만들어 내지만, 굴절 접사인 어미는 그렇지 않다. 예를 들면 '구경꾼'은 파생 접사 '-꾼'이 어근 '구경'과 결합하여 만들어진 새로운 단어이고, 이렇게 만들어진 단어는 '구경'과는 별개의 단어로 사전에 표제어로 등재된다. 이에 비해 어간 '먹-'에 어미가 결합한 '먹지, 먹자, 먹어서' 등은 사전에 표제어로 등재되지 않고, 기본형인 '먹다'만 사전에 표제어로 등재된다.

특히 ㉮파생 접사는 어근과 결합하여 새로운 단어를 만들 때 어근의 품사를 바꾸기도 하고 바꾸지 않기도 한다. 예를 들어 '군소리'에서 접두사 '군-'은 '쓸데없는'이라는 뜻으로, 어근인 '소리'가 나타낼 수 있는 뜻을 일부 제한할 뿐 품사를 바꾸지 않는다. 하지만 '놀이'는 동사의 어간 '놀-'을 어근으로 하여 접미사 '-이'가 붙어 만들어진 명사이다. 즉 접미사 '-이'는 새로운 단어를 만들 때 품사를 바꾸는 역할을 한다. 이처럼 '군-'과 같이 어근의 품사를 바꾸지 않는 접사를 한정적 접사라 하고, '-이'와 같이 어근의 품사를 바꾸는 접사를 지배적 접사라 한다.

57

다음 문장에서 ㉠, ㉡에 해당하는 예를 찾아 이를 설명한 내용으로 적절하지 <u>않은</u> 것은?

> 말썽꾸러기였던 나는 시간이 흐르고 나서야 부모님의 드높은 사랑을 깊이 깨닫게 되었다.

① '드높은'의 '드-'는 ㉠에 해당하는 예로 단어 파생에 기여하는 기능을 하는군.
② '말썽꾸러기'의 '-꾸러기'는 ㉠에 해당하는 예이며, '말썽꾸러기'는 '말썽'과 별개의 단어이겠군.
③ '되었다'의 '-었-'은 ㉡에 해당하는 예로 어간에 결합하여 특정한 기능을 부여하는 형태소이군.
④ '깊이'의 '-이'는 ㉡에 해당하는 예로 문법적인 기능을 표시하는 역할을 하는군.
⑤ '흐르고'의 '-고'는 ㉡에 해당하는 예이며, '흐르다'는 사전에 표제어로 등재되었겠군.

58

밑줄 친 단어 중 ㉮의 예로 적절하지 <u>않은</u> 것은?

① 그의 친구는 행복하였다.
② 그녀의 머릿결이 찰랑거린다.
③ 나와 그녀의 견해차를 좁혔다.
④ 아름다운 가을 하늘이 높다랗다.
⑤ 열심히 공부한 내가 자랑스럽다.

[59~60] 다음 글을 읽고 물음에 답하시오.

우리는 단어의 의미와 유래를 통해 단어에 담긴 언중의 인식과 더불어 시대상을 짐작할 수 있다. 그리고 단어의 구조를 통해 단어 구성 방식도 이해할 수 있다.

유길준의 『서유견문』(1895)에는 '원어기(遠語機)'라는 말이 등장하는데, 이것은 영어의 'telephone'에 해당하는 단어로 '말을 멀리 보내는 기계'라는 뜻이다. 오늘날의 '전화기(電話機)'가 '전기를 통해 말을 보내는 기계'의 뜻이라는 점과 비교해 보면 '원어기'는 말을 '멀리' 보낸다는 점에, '전화기'는 말을 '전기로' 보낸다는 점에 초점을 맞춘 단어이다. 이처럼 대상을 어떻게 인식하느냐에 따라 그것을 표현하는 단어는 달라지기도 한다. 또한 개화기 사전에 등장하는 '소젓메쥬(소젖메주)'처럼 새롭게 유입된 대상을 일상의 단어로 표현한 경우도 있다. '소젓메쥬'는 '치즈(cheese)'에 대응하는 단어인데, 간장과 된장의 재료인 '메주'라는 일상의 단어를 통해 대상을 인식했음을 보여 준다.

한편, 『가례언해』(1632)에 따르면 '총각(總角)'은 '머리를 땋아 갈라서 틀어 맴'을 이르는 말이었으나 그러한 의미는 사라지고 오늘날에는 '결혼하지 않은 성년 남자'를 뜻한다. 특정한 행위를 나타내던 단어가 이와 관련된 사람을 지시하는 말로 그 의미가 변화한 것이다. 여기에서 남자도 머리를 땋아 묶었던 과거의 관습을 짐작할 수 있다. 또한 '부대찌개' 역시 한국 전쟁 이후 미군 부대에서 나온 재료로 찌개를 끓였던 것에서 유래한 단어라는 점에서 시대의 흔적을 담고 있다.

우리는 단어의 구조를 통해 단어가 구성되는 방식도 파악할 수 있다. 『한불자전』(1880)에는 이전 시기의 문헌에서는 볼 수 없었던 '두길보기'와 '산돌이'가 등장한다. "양쪽 모두의 눈치를 보는 사람"으로 풀이된 '두길보기'의 '두길'은 ㉠관형사가 후행하는 명사를 수식하는 것으로 분석된다. "같은 장소를 일 년에 한 번만 지나가는 큰 호랑이"로 풀이된 '산돌이'는 ㉡단어의 구성 요소들이 의미상 목적어와 서술어의 관계로 이루어져 '산을 돌다'라는 의미를 나타내고 있다. 이와 같이 예전에도 오늘날처럼 다양한 방식으로 단어를 만들어 생각을 표현하고 있었던 셈이다.

59

㉠과 ㉡을 모두 충족하는 단어만을 〈보기〉에서 있는 대로 고른 것은?

┌ 보기 ┐

새해맞이, 두말없이, 숨은그림찾기, 한몫하다

① 새해맞이, 숨은그림찾기, 한몫하다
② 두말없이, 숨은그림찾기, 한몫하다
③ 두말없이, 숨은그림찾기
④ 새해맞이, 한몫하다
⑤ 새해맞이

60

윗글과 〈보기〉를 바탕으로 추론한 내용으로 적절하지 않은 것은?

┌ 보기 ┐

• '립스틱'을 여성들이 입술에 바르던 염료인 '연지'라는 단어를 사용해 '입술연지'라고도 했다.
• '변사'는 무성 영화를 상영할 때 장면에 맞추어 그 내용을 설명하던 직업을 가진 사람을 뜻한다.
• '수세미'는 박과의 한해살이 덩굴풀을 뜻하는데, 그 열매 속 섬유로 그릇을 닦았다. 오늘날 공장에서 만든 설거지 도구도 '수세미'라고 한다.
• '혁대'의 순화어로 '가죽으로 만든 띠'라는 뜻의 '가죽띠'와 '허리에 매는 띠'라는 뜻의 '허리띠'가 제시되어 있다.
• '양반'은 조선 시대 사대부를 이르는 말이었지만 지금은 '점잖은 사람'의 뜻으로 주로 쓰인다.

① '입술연지'는 '소젓메쥬'처럼 일상의 단어로 새로운 대상을 인식한 예로 볼 수 있겠군.
② '변사'는 무성 영화와 관련해 쓰인 단어라는 점에서 시대상이 반영된 예에 해당하겠군.
③ '수세미'는 기존의 의미에 새로운 의미가 더해졌다는 점에서 '총각'과 유사하겠군.
④ '가죽띠'는 '재료'에, '허리띠'는 '착용하는 위치'에 초점을 둔 단어라는 점에서 서로 다른 인식이 반영된 것이겠군.
⑤ '양반'은 신분의 구분이 있었던 사회의 모습을 엿볼 수 있다는 점에서 시대의 흔적을 담고 있겠군.

| 2018 고3 9월 모평 11~12번 |

[61~62] 다음 글을 읽고 물음에 답하시오.

선생님: 여러분, 현대 사회에서 인공위성이 다양하게 활용되고 있다는 것은 잘 알죠? 그런데 '인공위성'은 옛날에는 쓰이지 않았던 말입니다. '인공위성'이라는 말이 어떻게 쓰이게 되었는지 생각해 봅시다. 행성의 궤도를 도는 인공적 물체가 처음 만들어졌을 때, 그 물체를 가리키는 말이 필요해서 '인공위성'이라는 말이 생긴 거겠죠? 이 말은 어떻게 만들어졌을까요?

학생 1: '인공'과 '위성'을 합쳐 만든 것입니다.

선생님: 맞아요. 그래서 오늘은 '인공위성'이라는 말을 만든 것처럼 새 단어를 만드는 원리를 알아볼 텐데, 그중에서도 실생활에서 자주 사용되는 합성 명사가 어떻게 만들어지는지를 먼저 알아보려고 합니다. 합성 명사는 어떻게 만들어질까요?

학생 2: 선생님, 합성 명사는 명사와 명사가 합쳐진 말 아닌가요?

선생님: 네, 그런 경우가 많지요. 예를 들어 '논밭, 불고기'처럼 명사에 명사가 결합하는 경우가 있어요. 그 밖에 용언의 활용형이 명사와 결합한 '건널목, 노림수, 섞어찌개'와 같은 경우도 있고 '새색시'처럼 명사를 꾸며 주는 관형사가 앞에 오는 경우도 있어요.

학생 3: 그런데 선생님, 말씀하신 합성 명사들을 보니 뒤의 말이 모두 명사네요?

선생님: 그래요. 우리말에서 합성어의 품사는 뒤에 오는 말의 품사와 같은 것이 원칙이에요. 앞에서 말한 예들이 다 그래요. 그런데 이러한 일반적인 경우와는 달리 ㉠명사가 아닌 품사들로만 이루어진 합성 명사도 있답니다.

학생 4: 아, 그렇군요. 그런데 선생님, 생각해 보니 요즘 자주 쓰는 말들은 그런 방식과는 다르게 만들어지는 것 같아요.

선생님: 맞아요. 여러분들이 자주 쓰는 '인강'이라는 말은 '인터넷'과 '강의'가 합쳐지면서 줄어든 말인데, 앞말과 뒷말의 첫 음절만 따서 만들어진 것이에요. 또한 컴퓨터를 잘 다루지 못하는 사람이라는 뜻의 '컴시인'은 '컴퓨터'와 '원시인'이 합쳐지면서 줄어든 말인데, 앞말의 첫 음절과 뒷말의 둘째, 셋째 음절을 따서 만들어진 것이에요.

61

〈보기〉의 ㄱ~ㅁ 중 윗글에서 설명한 단어 형성 방법의 사례에 해당하는 것만을 있는 대로 고른 것은?

┌─ 보기 ─────────────────────────────┐
ㄱ. '선생님'을 줄여서 '샘'이라는 말을 만들었다.

ㄴ. '개-'와 '살구'를 결합하여 '개살구'라는 말을 만들었다.

ㄷ. '사범'과 '대학'을 결합하여 '사대'라는 말을 만들었다.

ㄹ. '점잖다'라는 형용사로부터 '점잔'이라는 말을 만들었다.

ㅁ. '비빔'과 '냉면'을 결합하여 '비빔냉면'이라는 말을 만들었다
└────────────────────────────────────┘

① ㄱ, ㄹ   ② ㄷ, ㅁ   ③ ㄱ, ㄴ, ㄷ

④ ㄴ, ㄷ, ㅁ   ⑤ ㄴ, ㄹ, ㅁ

62

밑줄 친 단어 중 ㉠의 예로 적절한 것은?

① 자기 잘못은 자기가 책임져야 한다.

② 언니는 가구를 전부 새것으로 바꿨다.

③ 아이가 요사이에 몰라보게 훌쩍 컸다.

④ 오늘날에는 교육에서 창의성이 중시된다.

⑤ 나는 갈림길에서 어디로 가야 할지 몰랐다.

| 2022 예시 문항 35~36번 |

[63~64] 다음 글을 읽고 물음에 답하시오.

둘 이상의 어근이 결합하여 형성된 단어를 합성어라고 한다. 합성어는 '어근들의 결합 방식'과 '어근들 간의 의미 관계'에 따라 분류할 수 있다.

어근들의 결합 방식이 일반적인 문장 구성 방식과 같은 합성어를 통사적 합성어라고 하고 그렇지 않은 합성어를 비통사적 합성어라고 한다. 예를 들어, ㉠둘 이상의 용언이 연결 어미로 이어지는 것, 용언의 관형사형이 명사를 수식하는 것, 주어나 목적어 뒤에 서술어가 결합하는 것, ㉡명사나 관형사가 명사를 수식하는 것, 부사가 용언을 수식하는 것 등은 일반적인 문장 구성 방식이므로 이러한 방식으로 어근들이 결합한 합성어는 통사적 합성어이다. 따라서 '산나물', '바로잡다'는 통사적 합성어이고 '뾰족구두', '높푸르다'는 비통사적 합성어이다.

합성어를 구성하는 어근들 간의 의미 관계에 따르면, 합성어는 대등 합성어와 종속 합성어로 나뉜다. 대등 합성어는 '높푸르다'처럼 두 어근의 의미가 동등한 관계를 보이는 합성어이다. 종속 합성어는 '산나물'처럼 선행 어근이 후행 어근을 의미상 수식하는 합성어이다. 대등 합성어와 종속 합성어는 합성어를 구성하는 어근들의 의미만으로 이들 합성어의 의미를 대체로 파악할 수 있다. 한편 어근들의 의미만으로는 합성어의 의미를 파악하기 어려워, 합성어를 구성하는 어근들 간의 의미 관계를 따지기 힘든 합성어를 융합 합성어라고 한다. 예를 들어, '가위바위보'는 '손을 내밀어 그 모양에 따라 순서나 승부를 정하는 방법'이라는 의미를 가지므로 융합 합성어이다.

그런데 여러 의미를 가지는 합성어는 그 의미에 따라 서로 다른 합성어의 유형에 속하는 경우도 있다. 가령 '찬밥'은 '지은 지 오래되어 식은 밥'이라는 의미를 가질 때에는 종속 합성어이고, '중요하지 아니한 하찮은 인물이나 사물'이라는 의미를 가질 때에는 융합 합성어이다.

이처럼 의미에 따라 합성어가 어떠한 유형에 속하는지 판단하기 어려울 때에는, 합성어와 그 합성어를 구성하는 후행 어근 간의 의미 관계, 그중에서도 상하 관계를 살펴보는 것이 도움이 된다. 예를 들어, '지은 지 오래되어 식은 밥'이라는 의미를 가지는 '찬밥'은 의미상 '밥'에 포함되므로 '밥'의 하의어이고, 이러한 의미 관계를 보이는 '찬밥'은 종속 합성어이다. 그러나 '찬밥'이 융합 합성어일 때에는 '찬밥'과 '밥'이 상하 관계를 보이지 않는다. 또한 '논밭'과 같은 대등 합성어도, 합성어와 그 합성어를 구성하는 후행 어근이 상하 관계를 맺지 않는다.

63

㉠, ㉡에 해당하는 예끼리 짝지어진 것은?

	㉠	㉡
①	먹고살다	새색시
②	뛰놀다	먹거리
③	갈라서다	척척박사
④	걸어오다	큰아버지
⑤	빛나다	돌다리

64

윗글을 바탕으로 〈보기〉에 대해 이해한 내용으로 적절한 것은?

┌ **보기** ┐

ⓐ 나는 그저께 막내딸을 보름 만에 만났다.
ⓑ 바깥에 오래 있었더니 손발이 차가워졌다.
ⓒ 며칠째 밤낮이 바뀐 날이 계속되고 있다.
ⓓ 시간만 잡아먹는 일은 하지 말아야 한다.
ⓔ 가을이 되자 철새들이 남쪽으로 날아갔다.

① ⓐ의 '막내딸'은 그 의미를 어근들의 의미만으로 파악할 수 있으며, '딸'의 하의어가 아니므로 대등 합성어이겠군.
② ⓑ의 '손발'은 그 의미를 어근들의 의미만으로 파악할 수 있으며, '발'의 하의어이므로 종속 합성어이겠군.
③ ⓒ의 '밤낮'은 그 의미를 어근들의 의미만으로 파악하기 어려우므로 융합 합성어이겠군.
④ ⓓ의 '잡아먹는'은 그 의미를 어근들의 의미만으로 파악할 수 있고, '먹다'의 하의어가 아니므로 대등 합성어이겠군.
⑤ ⓔ의 '날아갔다'는 그 의미를 어근들의 의미만으로 파악할 수 있고, '가다'의 하의어이므로 종속 합성어이겠군.

단어의 의미

65

| 2020 고3 7월 학평 15번 |

〈보기 1〉을 참고하여 〈보기 2〉를 이해한 내용으로 적절하지 않은 것은?

┌ 보기 1 ┐

언어의 의미는 끊임없이 변화한다. 원래 '주책'은 '일정하게 자리 잡힌 주장이나 판단력'이라는 의미였다. 그런데 '주책없다'처럼 '주책'이 주로 '없다'와 함께 쓰이다 보니 부정적인 의미도 갖게 되었다. 즉, '주책'은 '일정한 줏대가 없이 되는 대로 하는 짓'이란 의미도 갖게 되어 '주책없다'와 '주책이다'가 같은 의미로 쓰이게 되었다. 한편 '에누리'는 상인과 소비자가 물건값을 흥정하는 상황에서 자주 쓰이다 보니 '값을 올리는 일'이라는 의미뿐만 아니라 '값을 내리는 일'이라는 의미로도 쓰이게 되었다.

┌ 보기 2 ┐

ㄱ. 다른 사람의 말에 쉽게 흔들리는 것을 보니 그는 주책이 없구나.

ㄴ. 뜬금없이 그런 말을 하다니 그도 참 주책이다.

ㄷ. 에누리를 해 주셔야 다음에 또 오지요.

ㄹ. 그 가게는 에누리 없이 장사를 해서 적게 팔고도 많은 이윤을 남긴다.

① ㄱ의 '주책'은 '일정하게 자리 잡힌 주장이나 판단력'의 의미로 쓰였군.

② ㄴ의 '주책'은 부정적인 의미로 쓰였군.

③ ㄴ의 '주책이다'는 '주책없다'로도 바꿔 쓸 수 있겠군.

④ ㄷ의 '에누리'는 '값을 올리는 일'의 의미로 쓰였군.

⑤ ㄹ의 '에누리'는 '값을 내리는 일'의 의미로 볼 수 있겠군.

66

| 2015 고1 9월 학평 14번 |

(가)~(다)에 대한 설명으로 적절하지 않은 것은?

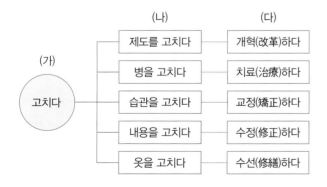

① (가)는 상황에 따라 여러 가지 의미로 사용된다.

② (나)의 의미는 목적어에 의해서 제한적으로 해석된다.

③ (다)의 어휘들끼리는 문장에서 서로 바꿔 쓸 수 있다.

④ (다)는 문장에서 (가)로 바꿔 쓸 수 있다.

⑤ (다)는 (가)에 비해 세분화된 의미를 지닌다.

67

| 2015 고2 9월 학평 13번 |

〈보기 1〉은 '마음'의 유의어를 나타낸 것이다. 이를 참고하여 〈보기 2〉의 '마음'을 유의어로 바꿀 때 적절하지 않은 것은?

┌ 보기 1 ┐

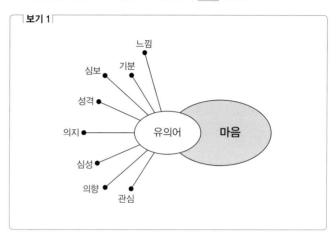

┌ 보기 2 ┐

• 그는 ㉠마음이 곱고 바르다.

• 아이가 공부에는 ㉡마음이 없고 노는 데만 정신이 팔렸다.

• 그는 이번 일을 성사시키려는 ㉢마음을 보였다.

• 그는 친구의 냉담한 태도에 ㉣마음이 상했다.

• 나를 만날 ㉤마음이 있으면 여기로 와.

① ㉠은 '타고난 마음씨'를 의미하므로 '심성'으로 바꿀 수 있다.

② ㉡은 '어떤 것에 마음이 끌려 주의를 기울임'을 의미하므로 '관심'으로 바꿀 수 있다.

③ ㉢은 '마음을 쓰는 속 바탕'을 의미하므로 '심보'로 바꿀 수 있다.

④ ㉣은 '대상·환경 따위에 따라 마음에 절로 생기며 한동안 지속되는 감정'을 의미하므로 '기분'으로 바꿀 수 있다.

⑤ ㉤은 '마음이 향하는 바. 또는 무엇을 하려는 생각'을 의미하므로 '의향'으로 바꿀 수 있다.

68

〈보기〉의 (가), (나)에 들어갈 내용으로 적절한 것은?

┌ 보기 ┐

　단어는 문맥에 따라 여러 가지 뜻을 가진다. 그래서 반의어도 여럿이 될 수 있다. 예를 들어 '시계가 서다.'에서 '서다'의 반의어는 '가다'인데, '기강이 서다.'에서 '서다'의 반의어는 '무너지다'가 된다. '벗다'도 문맥에 따라 여러 가지 뜻을 가지기 때문에 반의어가 여럿이다.

단어	예문	반의어
벗다	외투를 벗다.	입다
	(가)	쓰다
	배낭을 벗다.	(나)

	(가)	(나)
①	누명을 벗다.	메다
②	안경을 벗다.	끼다
③	장갑을 벗다.	차다
④	모자를 벗다.	걸다
⑤	허물을 벗다.	들다

69

〈보기〉의 ㉠, ㉡에 해당하는 예로 적절하지 <u>않은</u> 것은?

┌ 보기 ┐

　단어는 다양한 맥락에서 사용되면서 ㉠중심적 의미가 ㉡주변적 의미로 확장되어 다의 관계를 이루기도 한다. 일례로 자연과 관련된 단어가 자연물이나 자연 현상을 그대로 나타내는 중심적 의미로 쓰이다가 비유적으로 확장되어 주변적 의미로 사용되기도 한다.

　(가) 여름이 오기 전에 홍수를 대비한다.
　(나) 우리는 정보의 홍수 시대에 살고 있다.

　(가)의 '홍수'는 중심적 의미로, (나)의 '홍수'는 주변적 의미로 사용되었다.

① ┌ ㉠: 천체 망원경으로 밤하늘의 별을 관찰했다.
　 └ ㉡: 어제 물리학계의 큰 별이 졌다.

② ┌ ㉠: 천둥과 번개를 동반한 비가 내렸다.
　 └ ㉡: 그는 도망가는 데만큼은 정말 번개야.

③ ┌ ㉠: 그는 자신의 뿌리를 찾고자 노력한다.
　 └ ㉡: 잡초가 다시 자라지 않도록 뿌리를 뽑았다.

④ ┌ ㉠: 일출을 기다리는 우리 앞에 붉은 태양이 떠올랐다.
　 └ ㉡: 그녀는 그가 자기 마음의 태양이라고 말했다.

⑤ ┌ ㉠: 들판에는 풀잎마다 이슬이 맺혔다.
　 └ ㉡: 그녀의 두 눈에 맺힌 이슬이 뜨겁게 흘러내렸다.

70

〈보기〉의 ㉠, ㉡에 해당하는 예로 적절한 것은?

┌ 보기 ┐

학생: 선생님, 다음 두 문장을 보면 모두 '가깝다'가 쓰였는데 의미가 좀 다른 것 같아요.
　　(1) 우리 집은 학교에서 가깝다.
　　(2) 그의 말은 거의 사실에 가깝다.
선생님: (1)의 '가깝다'는 "어느 한 곳에서 다른 곳까지의 거리가 짧음"을 뜻하고, (2)의 '가깝다'는 "성질이나 특성이 기준이 되는 것과 비슷함"을 뜻한단다. 이는 본래 ㉠공간과 관련된 중심적 의미를 지니던 것이 ㉡추상화되어 주변적 의미도 지니게 된 것이라고 할 수 있지.
학생: 아, 그렇군요. 그러면 '가깝다'는 여러 의미를 지닌 단어로군요.
선생님: 그렇지. 그래서 '가깝다'는 다의어란다.

	㉠	㉡
①	물은 낮은 곳으로 흐른다.	환경에 대한 관심도가 낮다.
②	그는 성공할 가능성이 크다.	힘든 만큼 기쁨이 큰 법이다.
③	두 팔을 최대한 넓게 벌렸다.	도로 폭이 넓어서 좋다.
④	내 좁은 소견을 말씀드렸다.	마음이 좁아서는 곤란하다.
⑤	작은 힘이라도 보태고 싶다.	우리 학교는 운동장이 작다.

71

〈보기〉의 ㉠~㉤에 들어갈 예문으로 적절하지 <u>않은</u> 것은?

┌ 보기 ┐

바치다 동
　① 반드시 내거나 물어야 할 돈을 가져다주다. ¶　㉠
받치다¹ 동
　① 화 따위의 심리적 작용이 강하게 일어나다. ¶　㉡
받치다² 동
　① 어떤 물건의 밑이나 안에 다른 물건을 대다. ¶　㉢
　② 어떤 일을 잘할 수 있도록 뒷받침해 주다. ¶　㉣
밭치다 동
　① 건더기와 액체가 섞인 것을 거르기 장치에 따라서 액체만을 따로 받아 내다. ¶　㉤

① ㉠: 매년 국가에 성실하게 세금을 바치고 있다.
② ㉡: 그는 설움에 받쳐서 끝내 울음을 터뜨렸다.
③ ㉢: 그녀는 쟁반에 음료수 잔을 받치고 걸어갔다.
④ ㉣: 그가 우산을 받쳐 들고 거리를 거닐고 있다.
⑤ ㉤: 어머니께서 멸치젓을 체에 밭쳐 놓았다.

72

| 2017 고3 3월 학평 13번 |

〈보기〉를 참고할 때, 밑줄 친 부분이 바르게 쓰인 것은?

┌─ 보기 ┐

채 「의존 명사」
이미 있는 상태 그대로 있다는 뜻을 나타내는 말.

체 「의존 명사」
그럴듯하게 꾸미는 거짓 태도나 모양.

-째 「접사」
'그대로', 또는 '전부'의 뜻을 더하는 접미사.

① 사과를 껍질째로 먹었다.
② 나는 앉은 체로 잠이 들었다.
③ 그녀는 혼자 똑똑한 채를 한다.
④ 사나운 멧돼지를 산 째로 잡았다.
⑤ 곰이 다가오자 그는 죽은 채를 했다.

73

| 2016 고3 3월 학평 14번 |

〈보기〉를 바탕으로 '속'과 '안'에 대해 탐구한 내용으로 적절하지 <u>않</u>은 것은?

┌─ 보기 ┐

ㄱ. 건물 {속/안}으로 들어가다.
ㄴ. 한 시간 {*속/안}에 돌아올게.
ㄷ. 벙어리 냉가슴 앓듯 혼자 {속/*안}을 썩였다.
ㄹ. 오랜만에 과식했더니 {속/*안}이 더부룩하다.
  외국에 살아도 우리나라 {*속/안}의 일을 훤히 안다.
ㅁ. 겉으로는 태연한 척하지만 **속**으로는 겁을 먹었다.
  어제는 바깥에 나가지 않고 온종일 집 **안**에 있었다.

* 는 부자연스러운 쓰임

① ㄱ을 보니 '속'과 '안'은 '사물이나 영역의 내부'라는 공통 의미를 지닌 유의어로군.
② ㄴ을 보니 '속'과 달리 '안'은 시간적 범위를 한정할 때 쓰이는군.
③ ㄷ을 보니 '안'과 달리 '속'은 관용구에 사용되어 사람의 마음을 가리킬 때 쓰이는군.
④ ㄹ을 보니 '속'은 추상적인 대상, '안'은 구체적인 대상의 내부를 가리키는군.
⑤ ㅁ을 보니 '속'은 '겉', '안'은 '바깥'과 각각 반의 관계에 있군.

74

| 2018 수능 15번 |

〈보기〉는 사전의 개정 내용을 정리한 자료의 일부이다. ㉠~㉤에 대한 이해로 적절하지 <u>않</u>은 것은?

┌─ 보기 ┐

	개정 전	개정 후
㉠	**긁다** 통 「1」 손톱이나 뾰족한 기구 따위로 바닥이나 거죽을 문지르다. ⋮ 「9」 ……	**긁다** 통 「1」 손톱이나 뾰족한 기구 따위로 바닥이나 거죽을 문지르다. ⋮ 「9」 …… 「10」 물건 따위를 구매할 때 카드로 결제하다.
㉡	**김-밥**[김:밥] 명 ……	**김-밥**[김:밥/김:빱] 명 ……
㉢	**냄새** 명 「1」 코로 맡을 수 있는 온갖 기운. 「2」 어떤 사물이나 분위기 따위에서 느껴지는 특이한 성질이나 낌새.	**냄새** 명 「1」 코로 맡을 수 있는 온갖 기운. 「2」 어떤 사물이나 분위기 따위에서 느껴지는 특이한 성질이나 낌새.
	내음 명 '냄새'의 방언(경상).	**내음** 명 코로 맡을 수 있는 나쁘지 않거나 향기로운 기운. 주로 문학적 표현에 쓰인다.
㉣	**태양-계** 명 태양과 그것을 중심으로 공전하는 천체의 집합. 태양, 9개의 행성, ……	**태양-계** 명 태양과 그것을 중심으로 공전하는 천체의 집합. 태양, 8개의 행성, ……
㉤	(표제어 없음)	**스마트-폰** 명 휴대 전화에 여러 컴퓨터 지원 기능을 추가한 지능형 단말기.

※ 사전의 개정 내용은 표준어와 표준 발음의 최신 정보를 반영한 것임.

① ㉠: 표제어의 뜻풀이가 추가되어 다의어의 중심적 의미가 수정되었군.
② ㉡: 표준 발음이 추가로 인정되어 기존의 표준 발음과 함께 제시되었군.
③ ㉢: 방언이었던 단어가 표준어의 지위를 얻고 뜻풀이도 새롭게 제시되었군.
④ ㉣: 과학적 정보를 반영하여 뜻풀이가 일부가 갱신되었군.
⑤ ㉤: 새로운 문물을 지칭하는 신어가 표제어로 추가되었군.

| 2018 고3 6월 모평 11~12번 |

[75~76] 다음 글을 읽고 물음에 답하시오.

단어의 의미 관계 중 상하 관계는 의미상 한 단어가 다른 단어를 포함하거나 다른 단어에 포함되는 관계를 말한다. 이때 다른 단어의 의미를 포함하는 단어를 상의어라 하고 다른 단어의 의미에 포함되는 단어를 하의어라 하는데, 상의어일수록 일반적이고 포괄적인 의미를 지니며 하의어일수록 구체적이고 한정적인 의미를 지닌다.

상하 관계에 있는 단어들은 상의어와 하의어가 상대적으로 정해진다. 이를테면 '구기'는 '스포츠'와의 관계 속에서 하의어가 되지만, '축구'와의 관계 속에서는 상의어가 된다. 그런데 '구기'의 하의어에는 '축구' 외에 '야구', '농구' 등이 더 있다. 이때 상의어인 '구기'에 대해 하의어 '축구', '야구', '농구' 등은 같은 계층에 있어 이들을 상의어 '구기'의 공하의어라 하며, 이들 공하의어 사이에는 ㉠비양립 관계가 성립한다. 곧 어떤 구기가 '축구'이면서 동시에 '야구'나 '농구'일 수는 없다.

한편 상하 관계에서는 하의어들이 상의어의 의미를 이어받아 상의어를 의미적으로 함의한다. 일례로 어떤 새가 '장끼'이면 그 '장끼'는 상의어 '꿩'의 의미를 이어받으므로 '꿩'을 의미적으로 함의하는 것이다. 그러나 어떤 새가 '꿩'이라 해서 그것이 꼭 '장끼'여야 하는 것은 아니므로, 상의어는 하의어를 의미적으로 함의하지 못한다. 이를 '[　]'로 표현하는 의미 자질로 설명하면, 하의어 '장끼'는 상의어 '꿩'의 의미 자질들을 가지면서 [수컷]이라는 의미 자질을 더 가져, 결국 하의어 '장끼'는 상의어 '꿩'보다 의미 자질 개수가 많다. 곧 상의어보다 의미 자질이 많은 하의어는 상의어를 의미적으로 함의하는 것이다.

그런데 앞에서 살폈듯이 '구기'의 공하의어가 여러 개인 것과 달리, '꿩'의 공하의어는 성별로 구분했을 때 '장끼'와 '까투리' 둘뿐이다. '구기'의 공하의어인 '축구', '야구' 등과 마찬가지로 '장끼', '까투리'는 '꿩'의 공하의어로서 비양립 관계에 있다. 그러나 '장끼'와 '까투리'의 경우, '장끼'가 아닌 것은 곧 '까투리'이고 그 역도 성립한다는 점에서 ㉡상보적 반의 관계에 있다. 따라서 한 상의어가 같은 계층의 두 단어만을 공하의어로 포함하면, 그 공하의어들은 상보적 반의 관계에 있다고 할 수 있다.

75

윗글을 바탕으로 다음 자료를 탐구한 것으로 적절하지 <u>않은</u> 것은?

> **악기(樂器)**[-끼] 📖
> [음악] 음악을 연주하는 데 쓰는 기구를 통틀어 이르는 말. 연주법에 따라 일반적으로 현악기, 관악기, 타악기로 나눈다.
>
> **타-악기(打樂器)**[타:-끼] 📖
> [음악] 두드려서 소리를 내는 악기를 통틀어 이르는 말. 팀파니, 실로폰, 북이나 심벌즈 따위이다.

① '타악기'는 '실로폰'의 상의어로서 '실로폰'보다 포괄적인 의미를 갖겠군.
② '북'은 '타악기'의 하의어이므로 [두드림]을 의미 자질 중 하나로 갖겠군.
③ '기구'는 '악기'를 의미적으로 함의하고 '악기'는 북을 의미적으로 함의하겠군.
④ '타악기'와 '심벌즈'는 모두 '기구'의 하의어이지만, '기구'의 공하의어는 아니겠군.
⑤ '현악기'와 '관악기'는 '악기'의 공하의어이므로 모두 '악기'의 상의어 '기구'보다 의미 자질의 개수가 많겠군.

76

윗글을 바탕으로 할 때 ㉠과 ㉡을 모두 만족시키는 단어 쌍만을 〈보기〉에서 있는 대로 고른 것은?

> **┌ 보기 ┐**
>
> ⓐ여름에 고향을 출발한 그가 마침내 ⓑ북극에 도달했다는 소식에 나는 다급해졌다. 지구의 양극 중 ⓒ남극에는 내가 먼저 가야 했다. 남극 대륙은 ⓓ계절이 여름이어도 내 고향의 ⓔ겨울만큼 바람이 찼다. 남극 대륙에서 나를 위로해 준 것은 썰매를 끄는 ⓕ개들과 귀여운 몸짓을 하는 ⓖ펭귄들, 그리고 먹이를 찾아 날아다니는 ⓗ갈매기들뿐이었다.

① ⓑ - ⓒ
② ⓐ - ⓔ, ⓑ - ⓒ
③ ⓑ - ⓒ, ⓖ - ⓗ
④ ⓐ - ⓓ, ⓑ - ⓒ, ⓖ - ⓗ
⑤ ⓐ - ⓔ, ⓑ - ⓒ, ⓕ - ⓗ

| 2020 고2 9월 학평 11~12번 |

[77~78] 다음 글을 읽고 물음에 답하시오.

두 단어가 서로 짝을 이루어 반대되는 뜻을 나타내는 말을 반의어라고 한다. 이 중 '넓다/좁다'처럼 정도나 등급에 있어서 대립되는 단어 쌍을 등급 반의어라고 한다. 등급 반의어는 다음과 같은 특징이 있다.

첫째, 등급 반의어가 나타내는 정도나 등급은 단계적인 차이를 보이며, 이러한 차이로 인해 정도 부사의 수식이나 비교 표현이 가능하다. 예를 들어 "우리 집 마당은 아주 넓다.", "우리 집 마당이 옆집 마당보다 더 넓다."라고 쓸 수 있다. 이때 '우리 집 마당'의 넓이가 얼마인가에 대해서는 사람마다 생각하는 바가 조금씩 다를 수 있다.

둘째, 등급 반의어에서는 한쪽 단어의 긍정이 다른 쪽 단어의 부정을 함의하며, 이것의 역은 성립하지 않는다. 예를 들어 '마당이 넓다'는 '마당이 좁지 않다'는 의미를 포함한다. 그러나 마당이 '좁지 않다'고 해서 반드시 '넓다'는 것은 아니다. 마당이 넓지도 않고 좁지도 않을 수 있기 때문이다.

셋째, 등급 반의어는 두 단어를 동시에 부정할 수 있다. 예를 들어 "마당이 넓지도 않고 좁지도 않다."라는 표현이 가능한데, 이것은 마당의 크기에 대해 사람들이 인식하는 '중간 정도'의 크기가 있기 때문이다. 이때 '중간 정도'에 해당하는 부분을 나타내는 별도의 말이 존재하기도 한다.

넷째, ⊙등급 반의어의 대립 쌍 중 일부는 두 단어 중 하나가 언어적으로 더 일반적인 경향을 나타내는 의미로 쓰인다. 예를 들어 마당의 면적에 대한 사전 지식이 없는 상태에서 마당의 '넓거나 좁은 정도'를 물을 때, "마당이 얼마나 넓니?"라고 묻는 것이 일반적이다. 마당이 좁다는 것을 전제하지 않는 한 "마당이 얼마나 좁니?"라고 묻는 것은 어색하다. 또한 넓은 정도를 나타내는 파생 명사로 '좁이'가 아니라 '넓이'가 사용된다. 이는 '넓다'가 '좁다'에 비해 어떠한 전제나 가정이 없는 의미를 나타낸다는 것을 말해 준다. 이렇게 보면 등급 반의 관계에 있는 '넓다/좁다'에서 '넓다'가 더 활발하게 쓰여 사용상의 비대칭성을 보인다고 할 수 있다.

77

윗글을 참고하여 추론한 내용으로 적절하지 <u>않은</u> 것은?

① '올해는 사과의 품질이 좋다.'에서 '좋다'에는 비교 표현을 쓸 수 있겠군.
② '여행 가방이 무겁다.'에서 사람들이 생각하는 가방의 무게는 다를 수 있겠군.
③ '기차역은 여기에서 멀다.'에서 '멀다'는 정도 부사의 수식을 받을 수 있겠군.
④ '영수 집은 학교에서 가깝다.'에서 '가깝다'를 부정하면 '멀다'의 의미와 동일하겠군.
⑤ '물이 뜨겁지도 차갑지도 않다.'에서 '뜨겁지도'와 '차갑지도' 사이의 중간 정도를 나타내는 말이 있겠군.

78

〈보기〉의 담화 상황을 고려할 때, 윗글의 ⊙에 해당하는 것만을 ⓐ~ⓕ에서 있는 대로 고른 것은? [3점]

> **보기**
>
> **진주:** 여행 잘 갔다가 ⓐ왔어? 기억에 남는 곳이 있니?
> **승민:** 이육사의 발자취를 따라 이육사 문학관에 ⓑ갔어. 볼 것도 많고 체험도 할 수 있어서 인상 깊었어.
> **진주:** 나도 가 보고 싶다. 문학관이 ⓒ커?
> **승민:** 우리가 같이 갔던 황순원 문학관보단 ⓓ작아. 입장할 때 줄도 섰어.
> **진주:** 그랬구나. 줄이 ⓔ길었어?
> **승민:** 내 앞에 다섯 명 정도 있었어. 줄은 ⓕ짧았는데 줄어드는 데 시간이 오래 걸렸어. 사람들이 천천히 관람하느라 그런 것 같아.

① ⓐ, ⓕ   ② ⓒ, ⓔ   ③ ⓓ, ⓕ
④ ⓐ, ⓒ, ⓔ   ⑤ ⓑ, ⓓ, ⓕ

[79~80] 다음 글을 읽고 물음에 답하시오.

| 2020 수능 11~12번 |

다의어란 두 가지 이상의 의미를 가진 단어를 말한다. 다의어에서 기본이 되는 핵심 의미를 중심 의미라고 하고, 중심 의미에서 확장된 의미를 주변 의미라고 한다. 중심 의미는 일반적으로 주변 의미보다 언어 습득의 시기가 빠르며 사용 빈도가 높다. 그러면 다의어의 특징에 대해 좀 더 알아보자.

첫째, 주변 의미로 사용되었을 때는 문법적 제약이 나타나기도 한다. 예를 들면 '한 살을 먹다'는 가능하지만 '한 살이 먹히다'나 '한 살을 먹이다'는 어법에 맞지 않다. 또한 '손'이 '노동력'의 의미로 쓰일 때는 '부족하다, 남다' 등 몇 개의 용언과만 함께 쓰여 중심 의미로 쓰일 때보다 결합하는 용언의 수가 적다.

둘째, 주변 의미는 기존의 의미가 확장되어 생긴 것으로서, 새로 생긴 의미는 기존의 의미보다 추상성이 강화되는 경향이 있다. '손'의 중심 의미가 확장되어 '손이 부족하다', '손에 넣다'처럼 각각 '노동력', '권한이나 범위'로 쓰이는 것이 그 예이다.

셋째, 다의어의 의미들은 서로 관련성을 갖는다.

> **줄** 명
> ① 새끼 따위와 같이 무엇을 묶거나 동이는 데에 쓸 수 있는 가늘고 긴 물건. 예 줄로 묶었다.
> ② 길이로 죽 벌이거나 늘어 있는 것. 예 아이들이 줄을 섰다.
> ③ 사회생활에서의 관계나 인연. 예 내 친구는 그쪽 사람들과 줄이 닿는다.

예를 들어 '줄'의 중심 의미는 위의 ①인데 길게 연결되어 있는 모양이 유사하여 ②의 의미를 갖게 되었다. 또한 연결이라는 속성이나 기능이 유사하여 ③의 뜻도 지니게 되었다. 이때 ②와 ③은 '줄'의 주변 의미이다.

그런데 ㉠다의어의 의미들이 서로 대립적 관계를 맺는 경우가 있다. 예를 들어 '앞'은 '향하고 있는 쪽이나 곳'이 중심 의미인데 '앞 세대의 입장', '앞으로 다가올 일'에서는 각각 '이미 지나간 시간'과 '장차 올 시간'을 가리킨다. 이것은 시간의 축에서 과거나 미래 중 어느 방향을 바라보는지에 따른 차이로서 이들 사이의 의미적 관련성은 유지된다.

79

윗글을 참고하여 추론한 내용으로 적절하지 않은 것은?

① 대부분의 아이들이 '별'의 의미 중 '군인의 계급장'이라는 의미보다 '천체의 일부'라는 의미를 먼저 배우겠군.

② '앉다'의 의미 중 '착석하다'의 의미로 쓰이는 빈도가 '요직에 앉다'처럼 '직위나 자리를 차지하다'의 의미로 쓰이는 빈도보다 더 높겠군.

③ '결론에 이르다'와 '포기하기에는 아직 이르다'에서 '이르다'의 의미들은 서로 관련성이 없으니, 이 두 의미는 중심 의미와 주변 의미의 관계로 볼 수 없겠군.

④ '팽이를 돌리다'는 어법에 맞는데 '침이 생기다'라는 의미의 '돌다'는 '군침을 돌리다'로 쓰이지 않으니, '군침이 돌다'의 '돌다'는 주변 의미로 사용된 것이겠군.

⑤ 사람의 감각 기관을 뜻하는 '눈'의 의미가 '눈이 나빠져서 안경의 도수를 올렸다'에서의 '눈'의 의미로 확장되었으니, '눈'의 확장된 의미는 기존 의미보다 더 구체적이겠군.

80

밑줄 친 단어들의 의미를 고려하여 ㉠의 예에 해당하는 것만을 〈보기〉에서 있는 대로 고른 것은? [3점]

> **보기**
>
> **영희**: 자꾸 말해 미안한데 모둠 발표 자료 좀 줄래?
> **민수**: 너 빚쟁이 같다. 나한테 자료 맡겨 놓은 거 같네.
> **영희**: 이틀 뒤에 발표 사전 모임이라고 금방 문자 메시지가 왔었는데 지금 또 왔어. 근데 빚쟁이라니, 내가 언제 돈 빌린 것도 아니고…….
> **민수**: 아니, 꼭 빌려준 돈 받으러 온 사람 같다고. 자료 여기 있어. 가현이랑 도서관에 같이 가자. 아까 출발했다니까 금방 올 거야.
> **영희**: 그래. 발표 끝난 뒤에 다 같이 밥 먹자.

① 빚쟁이
② 빚쟁이, 금방
③ 뒤, 돈
④ 뒤, 금방, 돈
⑤ 빚쟁이, 뒤, 금방

Ⅲ
문장

문장 성분과 문장의 짜임

1 문장과 문법 단위

어절	문장을 구성하는 기본적인 문법 단위 중 하나로, 띄어쓰기 단위와 대체로 일치함. 예 선우는∨맛있는∨음식이∨빨리∨나오기를∨바라고∨있다.
구	두 개 이상의 어절이 모여 하나의 단어와 동등한 기능을 하는 단위로, 주어와 서술어 관계를 가지 못함. 예 선우는 맛있는 음식이 빨리 나오기를 바라고 있다.
절	두 개 이상의 어절이 모여 하나의 의미 단위를 이룬다는 점에서 구와 비슷하지만, 주어와 서술어를 갖추고 있다는 점에서 구와 구별되고, 더 큰 문장의 일부를 이룸. 예 선우는 맛있는 음식이 빨리 나오기를 바라고 있다.
문장	생각이나 감정을 완결된 내용으로 표현하는 최소의 언어 형식으로, 주어와 서술어의 관계를 갖추어야 하는 것이 원칙임. 예 선우는 맛있는 음식이 빨리 나오기를 바라고 있다.

2 문장 성분

문장 안에서 일정한 문법적 기능을 하는 부분으로, 어절, 구, 절 등도 문장 성분이 됨.

※ 품사와 문장 성분의 차이

품사	의미에 따라 단어를 분류	명사 조사 부사 형용사 → 품사
문장 성분	문장에서의 기능에 따라 분류	예 동생이 매우 귀엽다. 주어 부사어 서술어 → 문장 성분

3 문장 성분의 종류

• **주성분**: 문장을 이루는 데 골격이 되는 성분

주어	– 문장에서 동작 또는 상태나 성질의 주체를 나타내는 문장 성분임. – "무엇이 어찌하다.", "무엇이 어떠하다.", "무엇이 무엇이다."의 문장 형식에서 '무엇이'에 해당하는 문장 성분임. – 체언이나, 체언 구실을 하는 구나 절에 주격 조사 '이/가', '께서'가 붙어 나타남. – 주격 조사는 생략될 수도 있고, 주어에 보조사가 붙을 수도 있음. 예 영주가 병원에 간다. 선생님께서 말씀을 하신다. 찬미 지금 자리에 없어요.
서술어	– 주어의 동작, 상태, 성질 따위를 풀이하는 기능을 하는 문장 성분임. – "무엇이 어찌하다.", "무엇이 어떠하다.", "무엇이 무엇이다."의 문장 형식에서 '이찌하다/어떠하다/무엇이다'에 해당하는 문장 성분임. – 보통 동사나 형용사로 이루어지나 체언에 서술격 조사 '이다'가 결합되어 이루어진 경우도 있음. 예 강아지가 달린다. 하늘이 푸르다. 태희는 학급 회장이다.

목적어	– 서술어의 동작 대상이 되는 문장 성분임. – 타동사가 서술어로 쓰일 때 목적어가 필요함. – 체언 또는 체언 구실을 하는 구나 절에 목적격 조사 '을/를'이 붙어 나타남. – 목적격 조사는 생략될 수도 있고, 목적어에 보조사가 붙을 수도 있음. 예 동생이 밥을 먹는다. 나는 (게임을/게임/게임도) 좋아해.
보어	– '되다, 아니다'와 같은 서술어가 필요로 하는 문장 성분 중에서 주어를 제외한 문장 성분임. – 체언에 보격 조사 '이/가'가 붙어 나타남. – 보격 조사는 생략될 수 있고, 보어에 보조사가 붙을 수도 있음. 예 어느덧 가을이 되었다. 그 사람은 (범인이/범인/범인도) 아니다.

• **부속 성분**: 주로 주성분의 내용을 수식하는 성분

관형어	– 체언을 수식하는 문장 성분임. – 관형사가 그대로 관형어가 되는 것이 기본이나, 체언에 관형격 조사 '의'가 결합하거나, 용언의 어간에 관형사형 어미 '–(으)ㄴ, –는, –(으)ㄹ, –던'이 붙어서 만들어지기도 함. 예 나는 새 신을 신고 학교에 갔다. 저것이 나의 자동차이다. 꽃밭에 예쁜 꽃이 피었다.
부사어	– 주로 용언을 수식하는 문장 성분임. – 때로는 관형어나 부사어, 문장 전체를 수식하기도 하며 단어나 문장을 이어 주기도 함. – 부사가 그대로 부사어가 되거나, 체언에 부사격 조사 '에, 에서, 에게, (라)고, (으)로, 와/과' 등이 붙어 만들어지기도 하고, 용언의 어간에 부사형 어미 '–게' 등이 붙어 만들어지기도 함. 예 자동차가 빠르게 달린다. 역시 그의 말은 틀림이 없군. 나는 동생에게 선물을 사 주었다. 연극이 끝났다. 그러나 감동은 끝나지 않았다.

• **독립 성분**: 다른 문장 성분과 직접적인 관련이 없는 성분

독립어	– 문장의 어느 성분과도 직접적인 관련이 없는 문장 성분임. – 일반적으로 감탄사 자체가 독립어가 되지만, 체언에 호격 조사 '아, 야, (이)여' 등이 붙어 만들어지기도 하며, 제시어나 표제어가 독립어가 되기도 함. 예 와! 노을이 정말 아름답다. 하늘이시여, 제 소원을 들어주소서. 청춘, 이는 듣기만 하여도 가슴 설레는 말이다.

4 서술어의 자릿수

서술어는 그 성격에 따라서 필요로 하는 문장 성분들의 개수가 다른데, 이를 서술어의 자릿수라고 함.

한 자리 서술어	주어 하나만 필요로 하는 서술어 예 꽃이 예쁘다. 나는 학생이다.
두 자리 서술어	주어 외에 목적어나 필수적 부사어, 또는 보어를 필수적으로 요구하는 서술어 예 그는 연극을 보았다. 물이 얼음이 되었다.
세 자리 서술어	주어와 목적어, 그리고 필수적 부사어의 세 가지를 요구하는 서술어 예 할아버지께서 우리들에게 세뱃돈을 주셨다. 나는 너를 친구로 여겼다.

5 문장의 종류

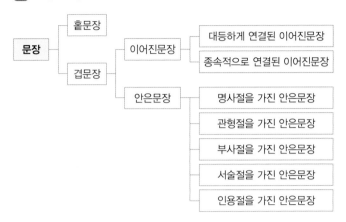

문장 ─┬─ 홑문장
      └─ 겹문장 ─┬─ 이어진문장 ─┬─ 대등하게 연결된 이어진문장
                │   └─ 종속적으로 연결된 이어진문장
                └─ 안은문장 ─┬─ 명사절을 가진 안은문장
                             ├─ 관형절을 가진 안은문장
                             ├─ 부사절을 가진 안은문장
                             ├─ 서술절을 가진 안은문장
                             └─ 인용절을 가진 안은문장

6 문장의 짜임

- **홑문장**: 주어와 서술어의 관계가 한 번만 나타나는 문장
  - 예 하늘이 맑다. 나는 매주 봉사 활동을 한다. 바로 저 사람이 우리에게 그런 말을 했어요.
- **겹문장**: 주어와 서술어의 관계가 두 번 이상 나타나는 문장

1) 이어진문장: 홑문장과 홑문장이 연결 어미로 대등하거나 종속적으로 이어진 문장

대등하게 연결된 이어진문장	− 의미 관계가 대등한 두 개 이상의 홑문장이 이어진 문장임. − 대등적 연결 어미가 사용되며, 연결 어미에 따라 앞 절과 뒤 절이 나열, 대조, 선택 등의 의미 관계를 맺음.

의미 관계	연결 어미
나열	−고, −(으)며 등
대조	−지만, −(으)나 등
선택	−거나, −든(지) 등

− 앞 절과 뒤 절의 순서를 바꾸어도 의미에 큰 변화가 없음.
예 동생은 학생이고, 나는 직장인이다.
　재희는 여름을 좋아하지만, 은혜는 겨울을 좋아한다.
　여가 시간에는 산책을 하거나 영화를 본다.

종속적으로 연결된 이어진문장	− 앞 절의 의미가 뒤 절의 의미에 종속되어 있는 문장임. − 종속적 연결 어미가 사용되며, 이에 따라 앞 절과 뒤 절의 의미 관계가 달라짐.

의미 관계	연결 어미
원인 · 이유	−아서/어서, −(으)니, −(으)니까 등
의도 · 목적	−(으)러, −(으)려고, −고자 등
배경 · 상황	−는데 등
조건 · 가정	−(으)면, −거든 등
양보	−아도/어도, −더라도 등
중단 · 전환	−다가 등
정도의 심화	−ㄹ수록 등

예 배가 고파서 빵을 먹었다.
　운동을 하려고 운동화 끈을 다시 묶었다.
　동물원에 갔는데 사람들이 너무 많았다.

좋은 성적을 얻으려면 열심히 공부해야 한다.
비가 오더라도 산에 오를 것이다.
책을 읽다가 깊은 잠에 빠졌다.
시간이 부족할수록 침착하게 행동해야 한다.

2) 안은문장: 한 문장이 그 속에 다른 홑문장을 하나의 문장 성분으로 안고 있는 문장

명사절을 가진 안은문장	− 명사의 기능(주어, 목적어, 부사어 등)을 하는 절을 안고 있는 문장임. − 명사절은 명사형 어미 '−(으)ㅁ, −기'가 붙어서 만들어짐. − 명사절에는 격 조사가 붙을 수 있으며, 문장에서 주어, 목적어, 부사어 등 다양한 성분으로 쓰일 수 있음. 예 그 일은 하기가 쉽지 않다. 　우리는 그가 정당했음을 깨달았다. 　지금은 집에 가기에 이른 시간이다.
관형절을 가진 안은문장	− 관형어의 기능(체언을 수식)을 하는 절을 안고 있는 문장임. − 관형절은 관형사형 어미 '−(으)ㄴ', '−는', '−(으)ㄹ', '−던' 등이 붙어서 만들어짐. 예 나는 네가 공부하는 모습을 보고 싶다. 　이 음식은 내가 (먹은/먹는/먹을/먹던) 음식이다.
부사절을 가진 안은문장	− 부사어의 기능(서술어를 수식)을 하는 절을 안고 있는 문장임. − 부사절은 부사형 어미 '−이', '−게', '−도록', '−(아)서' 등이 붙어서 만들어짐. − 부사절은 생략되어도 문장의 골격을 이루는 데 크게 지장이 없음. 예 그녀는 내가 입은 것과 똑같이 입고 있다. 　그는 아는 것도 없이 잘난 척을 한다. 　김치가 맛이 있게 익었다. 　지혜는 발에 땀이 나도록 뛰었다.
서술절을 가진 안은문장	− 서술어의 기능을 하는 절을 안고 있는 문장임. − 한 문장에 주어가 두 개인 것처럼 보이며, 다른 안긴문장과 달리 절임을 나타내는 표지가 따로 없음. 예 아버지께서는 인정이 많으시다. 　코끼리는 코가 길다. 　태희는 얼굴이 예쁘다.
인용절을 가진 안은문장	− 어떤 말이나 생각을 인용한 것을 절의 형식으로 안고 있는 문장임. − 주어진 문장을 그대로 직접 인용하는 직접 인용절과, 말하는 사람의 표현으로 바꾸어서 간접 인용하는 간접 인용절이 있음. − 직접 인용에는 조사 '라고', 간접 인용에는 조사 '고'가 붙어서 만들어짐. 예 어머니께서 나에게 "시험이 언제까지니?"라고 물으셨다. 　어머니께서 나에게 시험이 언제까지냐고 물으셨다.

7 홑문장과 겹문장의 표현 효과

- **홑문장으로 표현할 경우**
  - → 홑문장을 사용하면 글쓴이의 생각을 간결하고 명료하게 표현할 수 있으나, 지나치게 간결할 경우 내용이 허술하게 보일 수 있음.
- **겹문장으로 표현할 경우**
  - → 겹문장을 사용하면 문장 사이의 관계를 긴밀하게 하여 글쓴이의 생각을 보다 논리적이고 효과적으로 표현할 수 있으나, 지나치게 길어지면 의미 전달에 어려움을 줄 수 있음.

문법 요소

1 문법 요소

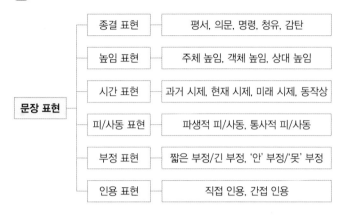

문장 표현	종결 표현	평서, 의문, 명령, 청유, 감탄
	높임 표현	주체 높임, 객체 높임, 상대 높임
	시간 표현	과거 시제, 현재 시제, 미래 시제, 동작상
	피/사동 표현	파생적 피/사동, 통사적 피/사동
	부정 표현	짧은 부정/긴 부정, '안' 부정/'못' 부정
	인용 표현	직접 인용, 간접 인용

2 종결 표현의 개념과 종류

• **종결 표현**: 화자가 자신의 생각이나 느낌을 청자에게 효과적으로 전달하기 위하여 종결 어미를 적절히 활용하여 표현한 것

• **종결 표현의 종류**

평서문	화자가 청자에게 특별히 요구하는 바 없이 단순하게 진술하는 문장(종결 어미: -(ㄴ)다, -ㅂ시다 등) 예 비가 내린다.
의문문	화자가 청자에게 질문하여 대답을 요구하는 문장(종결 어미: -니, -느냐, -(으)ㄹ까 등) 예 비가 내리니?

의문문	설명 의문문	의문사를 사용하여 청자에게 일정한 설명을 요구함. 예 너는 비가 내리면 무얼 하고 싶니?
	판정 의문문	청자에게 긍정이나 부정의 단순한 대답을 요구함. 예 너는 비가 내리는 것을 좋아하니?
	수사 의문문	굳이 대답을 요구하지 않고 서술이나 명령, 감탄의 효과를 냄. 예 비가 내리면 얼마나 좋을까?

명령문	화자가 청자에게 어떤 행동을 하도록 강하게 요구하는 문장(종결 어미: -어라/아라, -게 등) 예 비가 내리니 우산을 써라.
청유문	화자가 청자에게 어떤 행동을 함께 하도록 요청하는 문장(종결 어미: -자, -ㅂ시다 등) 예 비가 내리니 창문을 닫자.
감탄문	화자가 청자를 별로 의식하지 않거나 거의 독백하는 상태에서 자신의 느낌을 표현하는 문장(종결 어미: -구나, -어라/아라 등) 예 비가 내리니 마음까지 깨끗해지는 것 같구나!

3 높임 표현의 개념과 종류

• **높임 표현**: 화자가 어떤 대상에 대하여 높고 낮은 정도를 언어적으로 구별하여 표현한 것

• **높임 표현의 종류**

주체 높임법	- 서술의 주체(문장의 주어)를 높이는 방법으로, 화자보다 서술의 주체가 나이나 사회적 지위 등에서 상위자일 때 사용됨.

	- 기본적으로 서술어에 선어말 어미 '-(으)시-'가 붙어 실현되나, 부수적으로 주격 조사 '이/가' 대신 '께서'가 쓰이기도 하고 주어 명사에 '-님'이 덧붙기도 함. - 특수 어휘를 통해 실현하기도 함.(댁, 계시다, 주무시다 등)
	직접 높임 | 화자가 서술의 주체를 직접적으로 높임. 예 선생님께서 이름을 부르신다.
	간접 높임 | 높여야 할 대상의 신체 일부, 소유물, 생각 등 주체와 관련된 사물이나 사람을 높임으로써 주체를 간접적으로 높임. 예 선생님께서 약속이 있으시다.
객체 높임법	- 화자가 서술의 객체(문장의 목적어나 부사어)를 높이는 방법 - 특수 어휘를 통해 실현함.(모시다, 드리다, 뵈다, 여쭈다 등) - 체언에 부사격 조사 '께'를 붙여 실현함. 예 동생이 어머니를 모시고 병원에 갔다. 나는 선생님께 시험 범위를 여쭈어 보았다.
상대 높임법	- 화자가 청자(상대방)를 높이거나 낮추어 말하는 방법 - 국어의 높임법 가운데 가장 발달되어 있으며, 크게 격식체와 비격식체로 나뉨. - 주로 종결 어미로 실현되며, 보조사 '요'를 통해 실현되기도 함.

		평서법	의문법	명령법	청유법	감탄법
격식체	하십시오체	가십니다	가십니까?	가십시오	(가시지요)	–
	하오체	가(시)오	가(시)오?	가(시)오, 가구려	갑시다	가는구려
	하게체	가네, 감세	가는가?, 가나?	가게	가세	가는구만
	해라체	간다	가냐?, 가니?	가(거)라, 가렴, 가려무나	가자	가는구나
비격식체	해요체	가요	가요?	가(세/셔)요	가(세/셔)요	가(세/셔)요
	해체	가, 가지	가?, 가지?	가, 가지	가, 가지	가, 가지

4 시간 표현의 개념과 종류

• **시간 표현**: 화자가 전달하는 사건이 말하는 시점을 기준으로 언제 이루어졌는지를 언어적으로 표현한 것

• **시간 표현의 종류**

1) **시제**: 어떤 일이 과거에 일어난 일인지, 현재 일어나고 있는 일인지, 앞으로 일어날 일인지를 나타내는 언어적 표현

과거 시제	- 사건시가 발화시보다 앞서 있는 시제 - 선어말 어미 '-았-/-었-', '-았었/었었-', '-더-'를 사용하여 나타냄. 예 우리는 어제 영화를 보았다. 나는 시냇물이 흐르는 곳에 살았었다. 태희가 도서관에서 책을 읽더라. - 동사일 때 관형사형 어미 '-(으)ㄴ', 형용사나 서술격 조사일 때 관형사형 어미 '-던'을 사용하여 나타냄. 예 어제 내가 먹은 음식은 매우 맛있었다. 어리던 조카가 벌써 대학생이 되었다.

	– 시간 부사어 '어제, 옛날, 지난' 등을 사용하여 나타냄. 예 어제 함박눈이 내렸다. 　　우리는 지난 주말에 제주도에 다녀왔다.
현재 시제	– 사건시와 발화시가 일치하는 시제 – 동사일 때 선어말 어미 '–는-/-ㄴ-'을 사용하여 나타냄. 예 얼룩말이 넓은 초원을 달린다. – 동사일 때 관형사형 어미 '–는', 형용사나 서술격 조사일 때 관형사형 어미 '–(으)ㄴ'을 사용하여 나타냄. 예 달리는 모습을 보니 마음이 후련하다. 　　맑은 시냇물이 유리처럼 투명하다. – 시간 부사어 '현재, 지금' 등을 사용하여 나타냄. 예 지금 비가 세차게 내린다.
미래 시제	– 사건시가 발화시보다 나중인 시제 – 선어말 어미 '–겠-, –(으)리-'를 사용하여 나타냄. 예 그 일은 반드시 제가 하겠습니다. 　　오후에 다시 연락하리다. – 관형사형 어미 '–(으)ㄹ'을 사용하여 나타냄. 예 방학 때 입을 수영복을 사러 가야지. 　　우리는 수학여행을 떠날 것이다. – 시간 부사어 '내일, 모레, 장차' 등을 사용하여 나타냄. 예 모레부터 중간고사를 치를 예정이다. 　　장차 커서 무엇이 되고 싶니?

2) **동작상**: 시간의 흐름 속에서 발화시를 기준으로 어떤 동작이 진행 중인지, 완료되었는지 동작의 양상을 표현한 것

진행상	– 어떤 동작이 진행되고 있음을 나타냄. – 보조 용언 '–고 있다', '–어/아 가다', '–(으)면서' 등을 사용하여 나타냄. 예 동생이 청소를 하고 있다. 　　빨래가 다 말라 간다. 　　빵을 먹으면서 음악을 듣는다.
완료상	– 어떤 동작이 이미 완료되었음을 나타냄. – 보조 용언 '–어/아 있다', '–어/아 버리다', '–고서' 등을 사용하여 나타냄. 예 태우는 지금 의자에 앉아 있다. 　　남아 있는 음식을 모두 먹어 버렸다. 　　공부를 마치고서 잠자리에 들었다.

5 피동 표현의 개념과 종류

• **피동 표현**: 주어가 동작을 제힘으로 하는 것을 능동, 주어가 다른 주체에 의해서 동작을 당하게 되는 것을 피동이라고 함.
　　예 경찰이 도둑을 잡았다. → 능동문
　　　　도둑이 경찰에게 잡혔다. → 피동문

• **피동 표현의 종류**

파생적 피동문 (단형 피동문)	– 동사의 어근 + 피동 접미사('–이-, –히-, –리-, –기-') 예 쥐가 고양이에게 물렸다. 　　아기가 엄마에게 안겼다.
통사적 피동문 (장형 피동문)	– 용언의 어간 + '–아/어지다', '–게 되다' 예 새로운 사실이 밝혀졌다. 　　그 기사가 거짓임이 드러나게 되었다.

6 사동 표현의 개념과 종류

• **사동 표현**: 주어가 동작을 직접 하는 것을 주동, 주어가 남에게 동작을 하도록 시키는 것을 사동이라고 함.
　　예 동생이 옷을 입는다. → 주동문
　　　　누나가 동생에게 옷을 입혔다. → 사동문

• **사동 표현의 종류**

파생적 사동문 (단형 사동문)	– 동사의 어근 + 사동 접미사('–이-, –히-, –리-, –기-, –우-, –구-, –추-') 예 누나가 동생에게 책을 읽혔다.
통사적 사동문 (장형 사동문)	– 용언의 어간 + '–게 하다' 예 누나가 동생에게 책을 읽게 했다.

7 부정 표현의 개념과 종류

• **부정 표현**: 긍정 표현에 부정을 나타내는 말을 써서 내용 전체 또는 일부를 부정하는 것

• **부정 표현의 종류**
1) **짧은 부정문과 긴 부정문**: 짧은 부정문은 부정 부사 '안' 또는 '못'을 통해 실현하고, 긴 부정문은 부정 용언 '–지 아니하다(않다)' 또는 '–지 못하다'의 형태로 실현함.
2) **'안' 부정문과 '못' 부정문**

'안' 부정문	단순 부정	단순히 어떤 상태가 그렇지 않음을 나타냄. 예 나무가 안 자랐다. 하늘이 맑지 않다.
	의지 부정	주체의 의지로 어떠한 행동을 하지 않음을 나타냄. 예 나는 점심을 안 먹었다. 주하는 학교에 가지 않았다.
'못' 부정문	능력 부정	주체의 능력상 불가능함을 나타냄. 예 나는 목이 아파서 노래를 부르지 못했다.
	외부 원인으로 인한 부정	외부의 상황이나 원인 때문에 불가능함을 나타냄. 예 숙제가 너무 많아서 수영장에 가지 못했다.

3) **'말다' 부정문**: 금지의 의미를 지니며 일반적으로 명령문이나 청유문의 부정 표현에 사용하고 동사의 어간 + '–지 말다'의 형태로 실현됨.
　　예 교실에서 떠들지 마라. 교실에서 떠들지 말자.

8 인용 표현의 개념과 종류

• **인용 표현**: 청자에게 신뢰감을 주거나 내용을 생생하게 전달하기 위하여 다른 사람의 말이나 글을 끌어다가 표현하는 것

• **인용 표현의 종류**

직접 인용	– 다른 사람의 말이나 글을 형식과 내용 있는 그대로 인용하는 표현하는 방법 – 인용절에 따옴표를 붙이고, 인용절 뒤에 인용격 조사 '라고'를 붙임. 예 태호는 "우리 반이 운동회에서 우승을 했어."라고 외쳤다.
간접 인용	– 다른 사람의 말이나 글을 끌어다가 쓸 때, 그 내용을 화자의 관점으로 바꾸어 인용하는 표현 방법 – 인용절 뒤에 인용격 조사 '고'를 붙임. 예 태호는 자기네 반이 운동회에서 우승을 했다고 외쳤다.

01

| 2017 고2 6월 학평 14번 |

〈보기〉의 수업 상황에서, 밑줄 친 물음에 대한 학생의 대답으로 적절하지 <u>않은</u> 것은?

┌─ 보기 ┐

　이번 시간에는 문장을 구성할 때 반드시 있어야 하는 성분인 주성분에 대해 살펴보겠습니다. 주성분에는 주어, 서술어, 목적어, 보어가 있습니다. 주어는 문장에서 동작 또는 상태나 성질의 주체를 나타내는 것입니다. 서술어는 주어의 동작, 상태, 성질 따위를 풀이하는 기능을 하는 성분입니다. 서술어의 동작 대상이 되는 문장 성분을 목적어라고 하고, 서술어 '되다, 아니다'가 필요로 하는 문장 성분 중에서 주어를 제외하고 조사 '이/가'가 붙은 것을 보어라고 합니다. <u>자, 그럼 다음 문장의 주성분에 대해 알아볼까요?</u>

　ㄱ. 철수의 동생이 사진을 찍었다.
　ㄴ. 언니는 올해 대학생이 되었다.

① ㄱ의 '찍었다'는 '동생'의 동작을 풀이하는 서술어입니다.
② ㄴ의 '올해'는 '되었다'가 꼭 필요로 하므로 주성분입니다.
③ ㄱ에는 목적어가 있지만, ㄴ에는 목적어가 없습니다.
④ ㄱ과 ㄴ에는 주어가 하나씩 있습니다.
⑤ ㄱ과 ㄴ에는 주성분의 종류가 세 가지씩 있습니다.

02

| 2017 고3 10월 학평 11번 |

㉠~㉢에 대해 이해한 내용으로 적절한 것은?

┌─────────────────┐
　㉠ 드디어 나도 일을 끝냈다.
　㉡ 벌써 바깥이 칠흑같이 어둡다.
　㉢ 신임 장관은 이번 회의에 참석한다.
　㉣ 새 컴퓨터가 순식간에 고물이 되었다.
└─────────────────┘

① ㉠과 ㉡에서 주어는 명사구에 조사가 붙은 형태이다.
② ㉠과 ㉢에서 격 조사가 문장의 주어를 나타내 주고 있다.
③ ㉡과 ㉢에서 주어는 서술어가 나타내는 동작의 주체이다.
④ ㉢과 ㉣에서 주어는 체언 구실을 하는 구에 조사가 붙은 형태이다.
⑤ ㉣에서는 상태의 변화를 의미하는 서술어의 영향으로 주어가 두 번 쓰였다.

03

| 2020 고1 03월 학평 15번 |

〈보기〉에 있는 '자료'의 밑줄 친 부분에 ㄱ~ㄷ에 해당하는 예를 찾아 넣으려고 할 때, 적절하지 <u>않은</u> 것은?

┌─ 보기 ┐

　목적어는 문장에서 주로 서술어가 나타내는 동작의 대상이 되는 문장 성분이다. 문장에서 목적어는 다음과 같은 형태로 나타난다.

• 체언 + 목적격 조사 '을/를'
• 체언 + 특정한 의미를 더해 주는 보조사 ·············· ㄱ
• 체언 단독 ······························· ㄴ
• 체언 + 보조사 + 목적격 조사 ················· ㄷ

[자료]
　그는 _____ 갔어.

① ㄱ의 예로 '산책을'을 넣을 수 있다.
② ㄱ의 예로 '이사도'를 넣을 수 있다.
③ ㄴ의 예로 '꽃구경'을 넣을 수 있다.
④ ㄴ의 예로 '배낭여행'을 넣을 수 있다.
⑤ ㄷ의 예로 '한길만을'을 넣을 수 있다.

04

| 2020 고3 10월 학평 14번 |

〈보기〉의 밑줄 친 관형어에 대해 탐구한 내용으로 적절하지 <u>않은</u> 것은?

┌─ 보기 ┐

　나의 일기장에는 "일에는 <u>정해진</u> 시기가 <u>있는</u> 법이니 <u>그</u> 시기를 놓치면 안 된다."라고 적혀 있다. <u>이</u> 구절은 <u>온갖</u> 시련으로 <u>방황했던</u> <u>사춘기의</u> 나를 반성하게 만든다.

① '그', '이', '온갖'은 관형사가 그대로 관형어로 쓰인 경우에 해당한다.
② '정해진', '있는', '방황했던'은 용언의 관형사형이 관형어로 쓰인 경우에 해당한다.
③ '그', '이'는 앞에서 이미 언급된 것을 가리키며 뒤에 있는 말을 꾸며 주는 역할을 한다.
④ '나의', '사춘기의'는 체언에 관형격 조사가 결합된 형태가 관형어로 쓰인 경우에 해당한다.
⑤ '정해진', '있는', '온갖', '방황했던'은 각각 문장에서 생략할 수 없는 필수 성분에 해당한다.

05

〈보기〉의 ㉠에 해당하는 예로 적절한 것은?

> 보기
>
> 부사어는 문장 내에서 다른 성분을 꾸며 주는 부속 성분이므로 생략할 수 있다. 그러나 부사어 중에는 문장을 구성하는 데 꼭 필요한 부사어도 있는데 이를 ㉠'필수 부사어'라고 한다. 예를 들어 '그는 비겁하게 굴었다.'에서 '비겁하게'는 부사어이지만 이 말이 빠지면 문법적으로 완전한 문장을 이루지 못하므로 '비겁하게'는 필수 부사어이다.

① 철수가 매우 빨리 달렸다.
② 나는 철수에게 선물을 주었다.
③ 그녀는 마침내 꿈을 이루었다.
④ 정원에 장미가 예쁘게 피었다.
⑤ 나는 오후에 할머니 댁을 방문했다.

06

다음은 부사어에 대해 탐구한 것이다. 탐구 내용으로 적절하지 않은 것은?

①	• 하늘이 눈이 부시게 푸른 날이다.
	⇨ 절인 '눈이 부시게'가 부사어로 쓰였군.
②	• 함박눈이 하늘에서 펑펑 내리고 있다.
	⇨ 부사격 조사가 결합한 '하늘에서'와 부사 '펑펑'이 부사어로 쓰였군.
③	• 그는 너무 헌 차를 한 대 샀다.
	⇨ 부사어 '너무'가 서술어 '샀다'를 수식하는군.
④	㉠ 영이는 엄마와 닮았다. / *영이는 닮았다. ㉡ 영이는 취미로 책을 읽는다. / 영이는 책을 읽는다.
	⇨ ㉠의 '엄마와', ㉡의 '취미로'는 둘 다 부사어인데, ㉠의 '엄마와'는 ㉡의 '취미로'와 달리 필수 성분이군.
⑤	㉠ 모든 것이 재로 되었다. / *모든 것이 되었다. ㉡ 모든 것이 재가 되었다. / *모든 것이 되었다.
	⇨ ㉠의 '재로'는 부사어이고 ㉡의 '재가'는 보어로서, 문장 성분은 서로 다르지만 서술어가 반드시 필요로 하는 성분이라는 점에서는 같군.

※ '*'는 비문임을 나타냄.

07

〈보기〉를 참고할 때 밑줄 친 서술어의 문형 정보를 바르게 추출한 것은? [3점]

> 보기
>
> 서술어의 필수적 문장 성분은 사전의 문형 정보에 제시되어 있다. 이러한 문형 정보를 추출하는 과정을 '지내다'의 예로 간략히 보이면 아래와 같다.

['지내다'의 문형 정보 추출 과정]

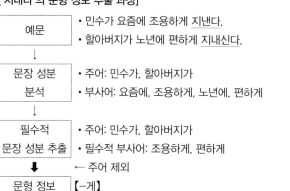

	예문	문형 정보
①	• 이 나라는 국토가 대부분 산으로 되어 있다. • 요즘에 가죽으로 된 지갑이 인기다.	➡【…으로】
②	• 모두 그 속임수에 아무렇지 않게 넘어갔다. • 제 꾀에 자기가 자연스럽게 넘어간 꼴이다.	➡【-게】
③	• 나는 언니와 옷 때문에 다투기도 했다. • 그는 누군가와 한밤중에 다투곤 했다.	➡【…에】
④	• 가방에 지갑이 사은품으로 딸려 있다. • 그 책에 단어장이 부록으로 딸려 있다.	➡【…으로】
⑤	• 옷에서 때가 깨끗하게 빠졌다. • 청바지에서 물이 허옇게 빠졌다.	➡【-게】

| 2021 고2 3월 학평 14번 |

〈보기〉의 '선생님'의 질문에 대한 답으로 적절한 것은?

┌ 보기 ┐

선생님: 서술어의 자릿수란 서술어가 필요로 하는 성분의 개수를 의미합니다. 그런데 다의어의 경우 의미에 따라 서술어의 자릿수가 달라질 수 있습니다. 가령 '밝다'의 경우, '달이 밝다.'에서는 한 자리 서술어, '그는 지리에 밝다.'에서는 두 자리 서술어입니다. 그럼, 학습지에 제시된 다의어 '가다'와 '생각하다'의 의미와 예문을 보고, ㉠~㉤ 중에서 두 자리 서술어로 쓰인 경우를 모두 골라 볼까요?

┌─────────────────────────────────┐
│ **가다**

1. 한 곳에서 다른 곳으로 장소를 이동하다.
    ¶ 친구가 내일 서울로 간다. ·············· ㉠
2. 금, 줄, 주름살, 흠집 따위가 생기다.
    ¶ 바지에 구김이 너무 간다. ·············· ㉡
3. 기계 따위가 제대로 작동하다.
    ¶ 낡은 괘종시계가 잘 간다. ·············· ㉢

생각하다

1. 사물을 헤아리고 판단하다.
    ¶ 학생이 진로를 생각한다. ·············· ㉣
2. 어떤 일에 대한 의견이나 느낌을 가지다.
    ¶ 우리가 투표를 의무로 생각한다. ······ ㉤
└─────────────────────────────────┘

① ㉠, ㉣   ② ㉡, ㉢   ③ ㉠, ㉡, ㉣
④ ㉠, ㉢, ㉤   ⑤ ㉡, ㉢, ㉤

| 2017 고3 3월 학평 12번 |

〈보기〉의 ㉠~㉤에 대한 탐구로 적절하지 <u>않은</u> 것은? [3점]

┌ 보기 ┐

서술어의 자릿수란 서술어가 필수적으로 요구하는 문장 성분의 개수를 의미한다. 그런데 서술어는 문장에서 사용되는 의미에 따라 필수적으로 요구하는 문장 성분이 달라지기도 한다.

	의미	예문
살다	불 따위가 타거나 비치고 있는 상태에 있다.	바람 때문에 불씨가 다시 ㉠살았다.
	본래 가지고 있던 특징 따위가 그대로 있거나 뚜렷이 나타나다.	이 한 구절로 글이 ㉡살았다.
	어떤 직분이나 신분의 생활을 하다.	그는 조선 시대에 오랫동안 벼슬을 ㉢살았다.
놓다	계속해 오던 일을 그만두고 하지 아니하다.	그는 잠시 일손을 ㉣놓았다.
	잡거나 쥐고 있던 물체를 일정한 곳에 두다.	형은 책을 책상 위에 ㉤놓았다.

① ㉠은 주어만 필수적으로 요구하는 한 자리 서술어이군.
② ㉡은 주어와 부사어를 필수적으로 요구하는 두 자리 서술어이군.
③ ㉢은 주어와 목적어를 필수적으로 요구하는 두 자리 서술어이군.
④ ㉣은 주어와 목적어를 필수적으로 요구하는 두 자리 서술어이군.
⑤ ㉤은 주어, 목적어, 부사어를 필수적으로 요구하는 세 자리 서술어이군.

10

| 2018 고1 3월 학평 13번 |

〈보기〉의 [자료]를 근거로 할 때, [활동]에 대한 답으로 적절한 것은? [3점]

┌─ 보기 ┌─

[자료]

'구문 도해'는 문장의 짜임을 그림으로 풀이한 것이다. 국어학자 최현배는 아래 그림과 같이 문장의 구문 도해를 나타내었다.

이 구문 도해는 '그가 새 옷을 드디어 입었다.'라는 문장을 나타낸 것이다. 중간에 내리그은 세로줄 왼편에는 주성분인 주어(그가), 목적어(옷을), 서술어(입었다)를, 오른편에는 부속 성분인 관형어(새), 부사어(드디어)를 배치하였다. 그리고 서로 다른 두 성분 사이에는 가로로 외줄을 그었는데, 특히 주어 부분과 그 외의 부분을 구분할 때에는 가로로 쌍줄을 그었다. 또한 조사는 앞말과의 사이에 짧은 세로줄을 그어 표시하였다.

[활동]

다음 문장의 구문 도해를 나타내시오.

┌────────────────────┐
나는 그 책도 샀다.
└────────────────────┘

11

| 2016 고1 11월 학평 13번 |

〈보기〉는 문장 성분을 이해하기 위한 학습 활동의 일부이다. [A]에 들어갈 내용으로 적절하지 않은 것은?

┌─ 보기 ┌─

[탐구 방법]

1. 특정 문장 성분을 생략할 경우 문장이 성립하는가를 확인하고 그 성분이 문장 구성에 필수적인지를 판단한다.
2. 특정 문장 성분이 어떤 기능을 하는가를 문장 내 다른 성분과의 관계를 고려해서 판단한다.

[탐구 대상]

ㄱ. 꼼꼼한 소윤이가 가위로 색종이를 잘랐다.
ㄴ. 경민이는 옆집의 효빈이를 동생으로 삼았다.

[탐구 결과]

┌────────────────────────────┐
[A]
└────────────────────────────┘

① ㄱ의 '색종이를'은 필수적인 성분으로, '잘랐다'라는 행위의 대상으로 기능한다.
② ㄱ의 '꼼꼼한'과 ㄴ의 '옆집의'는 필수적이지 않은 성분으로, 문장 내에서 동일한 기능을 한다.
③ ㄱ의 '소윤이가'와 ㄴ의 '경민이는'은 필수적인 성분으로, 문장 안에서 행위의 주체로 기능을 한다.
④ ㄱ의 '잘랐다'와 ㄴ의 '삼았다'는 필수적인 성분으로, 문장 안에서 주체의 행위를 표현하는 기능을 한다.
⑤ ㄱ의 '가위로'와 ㄴ의 '동생으로'는 필수적이지 않은 성분으로, 문장 내의 특정 단어를 수식하는 기능을 한다.

[12~13] 다음 글을 읽고 물음에 답하시오.

| 2017 고1 11월 학평 13~14번 |

올바른 문장이란 문장 성분이 잘 갖추어진 문장이다. 문장 성분이란 문장 안에서 일정한 문법적 기능을 하는 각 부분들을 일컫는다. 문장 성분은 문장을 이루는 데 골격이 되는 주성분, 주로 주성분의 내용을 수식하는 부속 성분, 다른 문장 성분과는 직접적인 관련이 없는 독립 성분으로 나뉜다.

주성분에는 주어, 서술어, 목적어, 보어가 있다. 주어는 문장에서 동작의 주체, 혹은 상태나 성질의 주체를 나타내는 성분이다. 서술어는 주어의 동작, 상태, 성질 따위를 풀이하는 기능을 하는 성분이다. 목적어는 서술어의 동작 대상이 되는 성분이고, 보어는 '되다, 아니다'와 같은 서술어가 필요로 하는 문장 성분 중에서 주어를 제외한 성분이다. 부속 성분에는 관형어와 부사어가 있다. 관형어는 주로 체언*을 수식하고, 부사어는 주로 용언*을 수식하는 성분이다. 독립 성분에 해당하는 독립어는 문장의 어느 성분과도 직접적인 관련이 없는 성분이다.

[A] 이러한 문장 성분들이 제대로 갖추어지지 않아서 문장이 올바르지 않은 경우는 주로 다음과 같다. 첫째, 문장 성분 간의 호응이 이루어지지 않은 경우이다. 여기에는 주어와 서술어의 호응, 목적어와 서술어의 호응, 부사어와 서술어의 호응이 이루어지지 않은 경우 등이 있다. 가령 "내가 가장 원하는 것은 자전거를 가지고 싶다."는 주어 '내가 가장 원하는 것은'과 서술어 '가지고 싶다'가 어울리지 않아 잘못된 문장이다. "지수는 시간이 나면 음악과 책을 듣는다."는 목적어 '책을'과 서술어 '듣는다'가 어울리지 않아서, "다들 시험 치느라 여간 힘들다."는 부사어 '여간'과 서술어 '힘들다'가 어울리지 않아서 잘못된 문장이다. 둘째, 반드시 필요로 하는 문장 성분이 생략된 경우이다. 여기에는 문장 안에서 목적어나 부사어가 반드시 필요함에도 불구하고 생략된 경우 등이 있다. 예컨대 "나도 읽었다."는 서술어 '읽었다'가 반드시 필요로 하는 목적어가 생략되어서, "아이가 편지를 넣었다."는 서술어 '넣었다'가 반드시 필요로 하는 부사어가 생략되어서 잘못된 문장이다.

* 체언: 문장에서 주로 주어, 목적어, 보어가 되는 자리에 오는 단어들.
* 용언: 문장의 주어를 서술하는 기능을 가진 단어들.

12

윗글을 바탕으로 다음 문장을 분석한 내용으로 적절한 것은?

야호! 우리가 드디어 힘든 관문을 통과했어.

	주성분	부속 성분	독립 성분
①	우리가, 통과했어	힘든, 관문을	야호, 드디어
②	우리가, 힘든, 관문을	통과했어	야호, 드디어
③	우리가, 드디어, 통과했어	힘든, 관문을	야호
④	우리가, 관문을, 통과했어	드디어, 힘든	야호
⑤	관문을, 통과했어	우리가, 힘든	야호, 드디어

13

다음은 [A]에 대한 학습 활동지 중 일부이다. 작성한 내용으로 적절하지 않은 것은?

[학습 활동: 올바른 문장 표현 익히기]
• 잘못된 문장
  ㉠ 그는 친구에게 보냈다.
  ㉡ 이번 일은 결코 성공해야 한다.
  ㉢ 그의 뛰어난 점은 필기를 잘한다.
  ㉣ 할아버지께서 입학 선물을 주셨다.
  ㉤ 사람들은 즐겁게 춤과 노래를 부르고 있다.

• 잘못된 이유
  ㉠: 서술어가 반드시 필요로 하는 목적어가 생략됐어. ·········· ①
  ㉡: 부사어와 서술어가 어울리지 않아. ·········· ②
  ㉢: 주어와 서술어가 어울리지 않아. ·········· ③
  ㉣: 서술어가 반드시 필요로 하는 부사어가 생략됐어.
  ㉤: 목적어와 서술어가 어울리지 않아.

• 고쳐 쓴 문장
  ㉠: 그는 친구에게 답장을 보냈다.
  ㉡: 이번 일은 반드시 성공해야 한다.
  ㉢: 그의 뛰어난 점은 필기를 잘한다는 것이다.
  ㉣: 할아버지께서 어제 입학 선물을 주셨다. ·········· ④
  ㉤: 사람들은 즐겁게 춤을 추고 노래를 부르고 있다. ·········· ⑤

| 2019 고1 6월 학평 11~12번 |

[14~15] 다음 글을 읽고 물음에 답하시오.

서술어에 따라 완전한 문장을 이루기 위해 필요로 하는 문장 성분의 개수가 다른데, 이를 '서술어의 자릿수'라 한다.

'한 자리 서술어'는 주어만을 필요로 한다.

例 아기가 운다.

'두 자리 서술어'는 주어 외에 목적어, 보어, 필수적 부사어 중에서 하나의 문장 성분을 더 필요로 한다.

例 경찰이 도둑을 잡았다.
　　물이 얼음이 되었다.
　　아들이 아빠와 닮았다.

'세 자리 서술어'는 주어, 목적어, 필수적 부사어를 반드시 필요로 한다.

例 그녀는 그 아이를 제자로 삼았다.

위 문장에서 부사어인 '아빠와', '제자로'는 필수적 성분으로서, 생략되었을 경우 불완전한 문장이 된다. 이러한 부사어를 ㉠필수적 부사어라 한다.

한편 문장에서 사용되는 의미의 차이에 따라 그 자릿수를 달리하는 서술어도 있다.

例 ㉮ 나는 그녀를 생각한다.
　　㉯ 나는 그녀를 선녀로 생각한다.

㉮의 '생각하다'는 '사람이나 일 따위에 대하여 기억하다.'는 뜻으로 주어와 목적어를 필요로 하는 두 자리 서술어이다. 이에 비해 ㉯의 '생각하다'는 '의견이나 느낌을 가지다.'는 뜻으로 주어, 목적어, 부사어를 필요로 하는 세 자리 서술어이다.

14

〈보기〉는 국어사전의 일부이다. 윗글을 바탕으로 ⓐ~ⓓ를 이해한 것으로 적절한 것은?

┌─ 보기 ────────────────────────┐

듣다01 [-따] 〔들어, 들으니, 듣는[든-]〕
「동사」
[1]【…을】
사람이나 동물이 소리를 감각 기관을 통해 알아차리다.
¶ 나는 숲에서 새소리를 ⓐ듣는다.
[2]【…에게 …을】
주로 윗사람에게 꾸지람을 맞거나 칭찬을 듣다.
¶ 그 아이는 누나에게 칭찬을 자주 ⓑ듣는다.
[3]【…을 …으로】
어떤 것을 무엇으로 이해하거나 받아들이다.
¶ 그들은 고지식해서 농담을 진담으로 ⓒ듣는다.

듣다02 [-따] 〔들어, 들으니, 듣는[든-]〕
「동사」
【…에】
눈물, 빗물 따위의 액체가 방울져 떨어지다.
¶ 차가운 빗방울이 지붕에 ⓓ듣는다.

└──────────────────────────────┘

① ⓐ는 세 자리 서술어이다.
② ⓑ는 주어와 목적어만을 필수적으로 요구하는 서술어이다.
③ ⓒ는 주어 외에 두 개의 문장 성분을 더 필요로 한다.
④ ⓐ와 ⓓ는 필요로 하는 문장 성분이 서로 같다.
⑤ ⓑ와 ⓓ는 의미에 차이가 있지만 서술어 자릿수는 같다.

15

밑줄 친 부분이 ㉠에 해당되지 않는 것은?

① 그 아이는 매우 영리하게 생겼다.
② 승윤이는 통나무로 식탁을 만들었다.
③ 이 지역의 기후는 벼농사에 적합하다.
④ 나는 이 일을 친구와 함께 의논하겠다.
⑤ 작년에 부모님께서 나에게 큰 선물을 주셨다.

16

| 2016 고1 3월 학평 13번 |

〈보기 1〉을 바탕으로 〈보기 2〉를 탐구한 결과로 적절하지 <u>않은</u> 것은?

| 보기 1 |

[이어진문장]
　둘 이상의 홑문장이 이어져 있는 문장으로, 주어가 같은 홑문장이 이어질 때는 주어를 하나만 사용할 수도 있음.

• 대등하게 이어진 문장
　둘 이상의 홑문장이 동등한 자격으로 이어진 문장으로, 앞절과 뒤절이 '나열, 대조, 선택' 등의 의미 관계를 가짐.

• 종속적으로 이어진 문장
　앞 홑문장과 뒤 홑문장의 의미가 독립적이지 못하고 종속적으로 이어진 문장으로, 앞 절과 뒤 절이 '원인, 조건, 의도' 등의 의미 관계를 가짐.

| 보기 2 |

ㄱ. 암벽 등반은 힘들고 재미있다.
ㄴ. 암벽 등반은 힘들어서 재미있다.
ㄷ. 암벽 등반은 힘들지만 재미있다.

① ㄱ, ㄴ, ㄷ은 '암벽 등반은 힘들다.'와 '암벽 등반은 재미있다.' 라는 두 홑문장이 이어진 문장이군.
② ㄱ, ㄴ, ㄷ은 앞 절과 뒤 절의 순서를 바꾸어도 의미에 변화가 생기지 않는 이어진문장이군.
③ ㄱ, ㄴ, ㄷ에서 뒤 절의 주어가 없는 것은 앞 절과 주어가 같기 때문이군.
④ ㄱ, ㄷ은 두 홑문장이 각각 나열, 대조의 의미를 갖는 어미 '고'와 '지만'으로 연결된 대등하게 이어진 문장이군.
⑤ ㄴ은 두 홑문장이 원인의 의미를 갖는 어미 '어서'로 연결된 종속적으로 이어진 문장이군.

17

| 2016 고3 3월 학평 13번 |

〈보기〉를 참고할 때, 다음 중 '이어진문장'에 해당하지 <u>않는</u> 것은?

| 보기 |

　'우리는 자유와 평화를 원한다.'라는 문장은 서술어가 하나뿐이어서 홑문장처럼 보이지만, 실제로는 '우리는 자유를 원한다.'와 '우리는 평화를 원한다.'라는 두 홑문장이 결합된 이어진문장이다. 이때의 '와/과'는 접속 조사로, '자유'와 '평화'를 같은 자격으로 이어 준다. 한편, '와/과'는 '빠르기가 번개와 같다.'나 '그는 당당히 적과 맞섰다.'처럼 비교의 대상이나 행위의 상대임을 나타내는 격 조사로도 쓰이는데, 이때는 서술어가 하나이면 홑문장이 된다.

① 나는 시와 소설을 좋아한다.
② 그녀는 집과 도서관에서 공부했다.
③ 고향의 산과 하늘은 예전 그대로였다.
④ 성난 군중이 앞문과 뒷문으로 들이닥쳤다.
⑤ 그 사람과 나는 오래 전부터 서로 사귀어 왔다.

18

| 2019 고2 3월 학평 14번 |

〈보기〉의 ㉠에 해당하는 예로 적절하지 <u>않은</u> 것은?

| 보기 |

학생: 한 문장 안에 주어와 서술어의 관계가 한 번 나타나는 문장을 홑문장, 두 번 이상 나타나는 문장을 겹문장이라고 하잖아요. 그런데 '나는 따뜻한 차를 마셨다.'라는 문장의 경우 주어 '나는'과 서술어 '마셨다'의 관계가 한 번만 나타나는 것 같은데 왜 겹문장인가요?
선생님: '나는 따뜻한 차를 마셨다.'라는 문장은 겹문장으로, 관형절을 안은 문장이야. 관형절 '따뜻한'의 주어가 관형절이 수식하는 명사 '차'와 중복되어 생략된 것이지. 이처럼 ㉠<u>한 문장이 다른 문장 속에 관형절로 안길 때 두 문장에 중복된 단어가 있으면, 관형절에서 그 단어가 포함된 문장 성분이 생략되기도 한단다.</u>

① 그녀는 그가 여행을 간 사실을 몰랐다.
② 내가 사는 마을은 무척이나 아름답다.
③ 그는 책장에 있던 소설책을 꺼냈다.
④ 나는 동생이 먹을 딸기를 씻었다.
⑤ 골짜기에 흐르는 물이 깨끗하다.

19

| 2017 고3 7월 학평 12번 |

〈보기〉의 [A]에 들어갈 말로 적절한 것은?

┌─ 보기 ┐

선생님: 두 개의 홑문장을 하나의 겹문장으로 만들 때, 두 홑문장 중 한 문장에서 특정 성분이 생략되는 경우가 있습니다. 다음은 홑문 장 ㉠, ㉡을 하나의 겹문장 ㉢으로 만든 예인데요, ㉢에 대해 설명해 볼까요?

┌─────────────────────────────────┐
│ ㉠ 철수가 공원에서 산책을 하였다.   │
│   +   │
│ ㉡ 공원은 학교 뒤에 있다.   │
│   ↓   │
│ ㉢ 철수가 산책을 한 공원은 학교 뒤에 있다.   │
└─────────────────────────────────┘

학생: _____[A]_____

① ㉠이 ㉡에 관형절로 안기면서 ㉠의 목적어가 생략되었습니다.
② ㉠이 ㉡에 관형절로 안기면서 ㉠의 부사어가 생략되었습니다.
③ ㉠이 ㉡에 부사절로 안기면서 ㉠의 부사어가 생략되었습니다.
④ ㉠이 ㉡에 부사절로 안기면서 ㉡의 주어가 생략되었습니다.
⑤ ㉠이 ㉡에 명사절로 안기면서 ㉡의 주어가 생략되었습니다.

20

| 2019 고3 9월 모평 15번 |

〈보기〉의 자료를 탐구한 결과로 적절한 것은?

┌─ 보기 ┐

• 탐구 과제

하나의 문장이 안긴문장으로 다른 문장에 안길 때, 원래 있던 문장 성분이 생략되는 경우가 있다. 아래의 각 문장에서 안긴문장을 파악한 후, 생략된 문장 성분이 있다면 무엇인지 확인해 보자.

• 자료
㉠ 부모님은 자식이 건강하기를 바란다.
㉡ 그 친구는 연락도 없이 그곳에 안 왔다.
㉢ 동생은 자신의 판단이 옳았음을 깨달았다.
㉣ 그는 내가 늘 쉬던 공원에서 산책을 했다.
㉤ 그 사람들은 아주 어려운 과제를 금방 끝냈다.

		안긴문장의 종류	생략된 문장 성분
①	㉠	부사절	없음
②	㉡	명사절	없음
③	㉢	명사절	주어
④	㉣	관형절	부사어
⑤	㉤	관형절	목적어

21

| 2020 고2 11월 학평 15번 |

〈보기〉는 문법 수업의 일부이다. 탐구 과제를 수행한 결과로 적절하지 않은 것은?

┌─ 보기 ┐

선생님: 문장에서 체언을 수식하는 관형어로 쓰이는 절을 관형절이라고 합니다. 오늘은 관형절을 안은 문장의 두 유형에 대해 배워 봅시다.

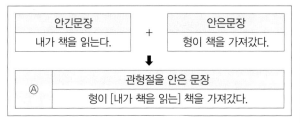

위에서 보듯이, Ⓐ의 유형처럼 안은문장과 공통된 체언이 생략된 관형절을 안은 문장이 있고, Ⓑ의 유형처럼 생략된 성분 없이 문장의 필수 성분을 완전하게 갖춘 관형절을 안은 문장이 있습니다.

[탐구 과제]
• 다음의 관형절을 안은 문장들을 탐구해 보자.

┌─────────────────────────────────┐
│ ㄱ. 그가 지은 시는 감동적이었다.   │
│ ㄴ. 나는 벽에 걸려 있던 사진을 떠올렸다.   │
│ ㄷ. 나는 그가 한국에 돌아왔다는 소문을 들었다.   │
│ ㄹ. 그 사람이 나를 속일 가능성은 매우 낮다.   │
│ ㅁ. 나는 수건으로 이마에 흐르는 땀을 닦았다.   │
└─────────────────────────────────┘

① ㄱ은 안긴문장의 체언을 생략하여 관형절을 만들었다는 점에서 Ⓐ와 같은 유형이다.
② ㄴ은 안긴문장과 안은문장의 공통된 체언이 생략되지 않고 관형절이 만들어졌다는 점에서 Ⓑ와 같은 유형이다.
③ ㄷ은 '그가 한국에 돌아왔다.'라는 안긴문장이 생략된 성분 없이 관형어로 쓰이고 있다는 점에서 Ⓑ와 같은 유형이다.
④ ㄹ은 관형절이 문장의 필수 성분을 모두 갖추고 있다는 점에서 Ⓑ와 같은 유형이다.
⑤ ㅁ은 안긴문장과 안은문장의 공통된 체언인 '땀'이 관형절에서 생략되어 있다는 점에서 Ⓐ와 같은 유형이다.

22

| 2019 수능 14번 |

〈보기〉의 ⓐ~ⓒ를 이해한 내용으로 적절하지 않은 것은?

┌ 보기 ┐

ⓐ 그는 위기를 좋은 기회로 삼았다.
ⓑ 바다가 눈이 부시게 파랗다.
ⓒ 동주는 반짝이는 별을 응시했다.

① ⓐ의 '삼았다'는 주어 이외에도 두 개의 문장 성분을 필수적으로 요구하는군.
② ⓑ의 '바다가'와 '눈이'는 각각 다른 서술어의 주어이군.
③ ⓒ의 '별을'은 안긴문장의 목적어이면서 안은문장의 목적어이군.
④ ⓐ의 '좋은'과 ⓒ의 '반짝이는'은 안긴문장의 서술어이군.
⑤ ⓑ의 '눈이 부시게'와 ⓒ의 '반짝이는'은 수식의 기능을 하는군.

23

| 2017 고3 6월 모평 14번 |

〈보기〉의 ㉠~㉢에 해당하는 예로 적절하지 않은 것은?

┌ 보기 ┐

　(가)~(다)는 관형절을 안은 문장이고 [A]~[C]는 안긴 문장인 관형절을 완결된 문장으로 바꾼 것이다. 이를 보면 (가)의 '동생', (나)의 '책', (다)의 '도서관'은 완결된 문장 [A], [B], [C]에서 뒤에 붙는 조사와 함께 각각 ㉠주어, ㉡목적어, ㉢부사어로 기능을 하고 있다.

(가) 어제 책만 읽은 동생에게 오늘은 쉬라고 했다.
　[A] ☐동생이☐ 어제 책만 읽었다.
(나) 아이가 읽은 책은 동화책이다.
　[B] 아이가 ☐책을☐ 읽었다.
(다) 형이 책을 읽은 도서관은 집 근처에 있다.
　[C] 형이 ☐도서관에서☐ 책을 읽었다.

① ㉠ ┌ 어제 결혼한 그들에게 나는 미리 선물을 주었다.
　　 └ 누나를 많이 닮은 친구를 우리는 오늘도 만났다.

② ㉠ ┌ 나무로 된 탁자에 동생이 낙서를 하고 있다.
　　 └ 그들은 시대에 뒤떨어진 생각을 여전히 하고 있다.

③ ㉡ ┌ 두 사람이 어제 헤어진 공원이 지금 공사 중입니다.
　　 └ 나는 어제 부모님이 시키신 일을 오늘에야 다 끝냈다.

④ ㉡ ┌ 친구가 나에게 준 옷이 나는 마음에 든다.
　　 └ 누나는 털실로 짠 장갑도 내게 주었습니다.

⑤ ㉢ ┌ 아이들이 운동장에서 공을 찬 주말을 기억해 보세요.
　　 └ 그는 관중이 쓰레기를 남긴 경기장을 열심히 청소했다.

24

| 2017 고3 4월 학평 13번 |

〈보기〉는 '학습 활동'에 대해 짝 토론을 한 것이다. ㉠~㉢에 알맞은 말을 골라 바르게 연결한 것은?

┌ [학습 활동] 다음 문장의 짜임에 대해 알아보자. ┐
　그가 아끼던 제자가 상을 받았음을 그녀가 알려 줬다.

┌ 보기 ┐

학생 1: 어제 보았던 거꾸로 수업 동영상 강의에서 문장 속에 들어가 있는 절을 '안긴문장'이라고 하고, 절을 포함하고 있는 문장을 '안은문장'이라고 했지?
학생 2: 그래. 그리고 어떤 문장의 짜임을 이해하려면 그 문장의 주어와 서술어를 파악하는 것이 중요하다고 했어. 그럼, 먼저 주어를 서술하는 기능을 가진 단어부터 찾아보자. 음…… '알려 줬다'와 '받았음' 이렇게 두 개인가?
학생 1: 아니야. '아끼던'도 서술 기능이 있잖아.
학생 2: 그렇구나. 그러면 그중에서 문장 전체의 서술어는 '알려 줬다'이고, 그것의 주어는 (㉠)이겠다.
학생 1: 맞아. 그럼 '받았음'의 주어는 (㉡)이겠지?
학생 2: 응. 명사절이 문장 전체의 목적어 역할을 하며 안겨 있는 거지.
학생 1: 명사절 외에 관형절도 있잖아. 그러면 이 관형절의 주어는 (㉢)이겠다.
학생 2: 그래. 국어의 안은문장은 이렇게 여러 개의 안긴문장으로 이루어질 수 있는 거구나.

	㉠	㉡	㉢
①	그녀가	제자가	그가
②	그녀가	그가	제자가
③	그가	그녀가	제자가
④	그가	제자가	그녀가
⑤	제자가	그녀가	그가

25

| 2018 고2 9월 학평 13번 |

다음은 '문장의 짜임'에 대해 활동한 것이다. ⑤에 들어갈 내용으로 적절한 것은?

목표	안긴문장의 특징을 이해한 후 주어진 자료를 바탕으로 겹문장을 만들 수 있다.
내용	※ 다음의 [자료]를 안긴문장으로 활용하여 〈조건〉을 충족하는 문장을 만드시오. [자료] • 꽃이 봄에 활짝 피다. • 봄이 오다. 〈조건〉 • 명사절과 관형절이 있는 겹문장을 만들 것.
결과	⑤

① 봄이 오면 꽃이 활짝 핀다.

② 꽃이 활짝 피는 봄이 온다.

③ 나는 봄이 오고 꽃이 활짝 피기를 바란다.

④ 나는 꽃이 활짝 핀 봄이 오기를 기다린다.

⑤ 나는 봄이 와서 꽃이 활짝 피기를 소망한다.

26

| 2020 고2 9월 학평 14번 |

〈학습 활동〉을 수행한 결과로 적절한 것은?

┌─ **학습 활동** ┐

　　다른 문장에 들어가 하나의 성분처럼 쓰이는 문장을 안긴문장이라고 하고, 이 문장을 포함한 문장을 안은문장이라고 한다. 안긴문장을 절이라고 하는데 그 종류로는 명사절, 관형절, 부사절, 서술절, 인용절이 있다. 예를 들어 관형절은 안은문장 안에서 절 전체가 관형어의 기능을 한다.

　　다음 자료에서 안긴문장의 종류와 기능을 파악해 보자.

[자료]

㉠ 누나가 주인임이 밝혀졌다.

㉡ 삼촌은 농담을 던짐으로써 분위기를 풀었다.

㉢ 형은 동생이 고향으로 돌아오기만 기다렸다.

① ㉠~㉢에서 안긴문장의 종류가 모두 동일하고 ㉠에서 안긴문장은 안은문장 안에서 목적어의 기능을 하는군.

② ㉠~㉢에서 안긴문장의 종류가 모두 동일하고 ㉡에서 안긴문장은 안은문장 안에서 부사어의 기능을 하는군.

③ ㉠~㉢에서 안긴문장의 종류가 모두 동일하고 ㉢에서 안긴문장은 안은문장 안에서 주어의 기능을 하는군.

④ ㉠~㉢에서 안긴문장의 종류가 모두 다르고 ㉠에서 안긴문장은 안은문장 안에서 주어의 기능을 하는군.

⑤ ㉠~㉢에서 안긴문장의 종류가 모두 다르고 ㉡에서 안긴문장은 안은문장 안에서 부사어의 기능을 하는군.

27

〈보기〉의 ㉠에 해당하는 예로 적절한 것은?

┌ 보기 ┐

• 재희는 봉사 활동에 아무도 모르게 참여한다.

　위 문장에서 '아무도 모르게'는 단어가 아니라 주어인 '아무도'와 서술어인 '모르다'로 이루어진 문장이다. 이 문장은 '재희는 봉사 활동에 참여한다.'라는 문장에서 서술어 '참여한다'를 수식하여 '어떻게'라는 의미를 더해 주면서 수식하고 있다. 이런 역할을 하면서 안겨 있는 문장을 ㉠부사절이라 한다.

① 이 일은 하기가 쉽지 않다.
② 빙수는 이가 시리도록 차가웠다.
③ 은기는 꼭 꿈을 이루겠다고 말했다.
④ 승희는 마음이 따뜻한 사람을 좋아한다.
⑤ 민우는 우리가 어제 돌아온 사실을 모른다.

28

〈보기〉의 ㉮~㉰에 대한 설명으로 적절하지 않은 것은?

┌ 보기 ┐

㉮ 그 사람이 범인임이 확실히 밝혀졌다.
㉯ 부상을 당한 선수는 장애물 달리기를 포기하였다.
㉰ 학생들은 성적이 많이 오르기를 마음속으로 빌었다.

① ㉮는 명사절 속에 관형어가 한 개 있다.
② ㉮에는 주어의 기능을 하는 안긴문장이 있다.
③ ㉯에는 주어가 생략된 안긴문장이 있다.
④ ㉰는 ㉮와 달리 안긴문장 속에 부사어가 있다.
⑤ ㉯와 ㉰에는 목적어의 기능을 하는 안긴문장이 있다.

29

〈보기〉는 문법 수업의 일부이다. 선생님의 설명에 따라 ㉠~㉤을 이해한 내용으로 적절하지 않은 것은? [3점]

┌ 보기 ┐

선생님: 관형절은 안은문장에서 관형어로 쓰이는데 관형절에는 주어가 생략된 관형절, 목적어가 생략된 관형절, 부사어가 생략된 관형절 등이 있어요. 그리고 명사절은 안은문장에서 조사와 결합하여 주어, 목적어, 부사어 등으로 쓰일 수 있어요. 그럼 다음 문장에 대해 관형절과 명사절에 주목하여 분석해 볼까요?

㉠ 약속 시간에 늦은 친구들이 많았다.
㉡ 마지막 문제를 풀기가 생각보다 어렵다.
㉢ 나는 아버지께서 주신 빵을 형과 함께 먹었다.
㉣ 그는 지금 사는 집에서 계속 머무르기를 희망했다.
㉤ 그들은 우리가 어제 목적지에 도착했음을 이미 알았다.

① ㉠에는 주어가 생략된 관형절이 있고, 명사절은 없습니다.
② ㉡에는 관형절이 없고, 주어로 쓰인 명사절이 있습니다.
③ ㉢에는 목적어가 생략된 관형절이 있고, 명사절은 없습니다.
④ ㉣에는 부사어가 생략된 관형절이 있고, 부사어로 쓰인 명사절이 있습니다.
⑤ ㉤에는 관형절이 없고, 목적어로 쓰인 명사절이 있습니다.

30

〈보기〉의 ㉠~㉢에 대한 설명으로 적절하지 않은 것은?

┌ 보기 ┐

㉠ 우리는 봄이 어서 오기를 기다렸다.
㉡ 나는 그가 범인이 아니었음에 안도했다.
㉢ 우유를 마신 아이가 마루에서 잠들었다.

① ㉠에는 목적어의 기능을 하는 안긴문장이 있다.
② ㉡에는 서술어의 기능을 하는 안긴문장이 있다.
③ ㉢에는 관형어의 기능을 하는 안긴문장이 있다.
④ ㉢과 달리 ㉠에는 안긴문장 속에 부사어가 있다.
⑤ ㉡과 달리 ㉢에는 주어가 생략된 안긴문장이 있다.

31

| 2021 수능 14번 |

〈학습 활동〉을 수행한 결과로 적절하지 **않은** 것은? [3점]

┌ 학습 활동 ┐

겹문장은 다른 문장 속에 들어가 안긴문장으로 쓰일 수 있다. 또한 겹문장은 안은문장에서 다양한 문장 성분으로도 쓰인다. 다음 밑줄 친 겹문장 ⓐ~ⓔ의 쓰임을 설명해 보자.

- 기상청은 ⓐ내일은 따뜻하지만 비가 온다는 예보를 했다.
- 시민들은 ⓑ공원이 많고 거리가 깨끗한 도시를 만들었다.
- ⓒ바람이 거세지고 어둠이 내리기 전에 산에서 내려갔다.
- 나는 나중에야 ⓓ그녀는 왔으나 그가 안 왔음을 깨달았다.
- 삼촌은 주말에 ⓔ꽃이 피고 새가 지저귀는 들판을 거닐었다.

① ⓐ는 인용절로 쓰이고 있다.

② ⓑ는 관형절로 쓰이고 있다.

③ ⓒ는 명사절로 쓰이고 있다.

④ ⓓ는 조사와 결합하여 주성분으로 쓰이고 있다.

⑤ ⓔ는 조사와 결합 없이 부속 성분으로 쓰이고 있다.

32

| 2015 고2 6월 학평 13번 |

〈보기〉의 ㉠~㉤에 대한 설명으로 적절하지 **않은** 것은? [3점]

┌ 보기 ┐

'안긴문장'은 다른 문장 속에 들어가 하나의 성분처럼 쓰이는 문장을 말하며, '안은문장'은 안긴문장을 포함하고 있는 문장을 말한다. 안긴문장은 기능에 따라 명사절, 관형절, 부사절, 서술절, 인용절로 나뉜다.

㉠ 영수는 키가 매우 크다.

㉡ 영수는 꽃이 핀 사실을 몰랐다.

㉢ 영수는 말도 없이 학교로 가 버렸다.

㉣ 영수는 공원을 산책하기를 좋아한다.

㉤ 영수는 영희에게 빨리 오라고 외쳤다.

① ㉠의 안긴문장은 안은문장의 서술어 기능을 한다.

② ㉡의 안긴문장은 체언의 뜻을 제한하는 기능을 한다.

③ ㉢의 안긴문장은 안은문장의 부사어를 수식한다.

④ ㉣의 안긴문장의 주어는 안은문장의 주어와 동일하다.

⑤ ㉤의 안긴문장은 안은문장의 주어가 한 말을 인용한 것이다.

33

| 2015 고3 4월 학평A 13번 |

〈보기〉의 ㉠~㉣에 대한 설명으로 적절하지 **않은** 것은? [3점]

┌ 보기 ┐

- 영수는 ㉠집에 가기를 원한다.
- 친구는 ㉡밥을 먹기에 바쁘다.
- 영희는 ㉢동생이 산 빵을 먹었다.
- 그는 ㉣우리가 돌아온 사실을 모른다.

① ㉠은 조사 '를'과 결합하여 안은문장의 목적어로 쓰이고 있다.

② ㉡은 조사 '에'와 결합하여 안은문장의 서술어를 수식하고 있다.

③ ㉢은 안은문장의 목적어를 수식하는 관형절이다.

④ ㉡과 달리 ㉣의 주어는 안은문장의 주어와 다르다.

⑤ ㉢과 달리 ㉣에서 생략된 문장 성분은 안은문장의 목적어이다.

34

| 2018 고3 3월 학평 14번 |

㉠~㉣의 문장 성분과 문장 구조에 대한 설명으로 적절하지 **않은** 것은?

┌ ┐

㉠ 내가 빌린 자전거는 내 친구의 것이다.

㉡ 우리는 공연이 시작되기 전에 극장에 도착했다.

㉢ 피아노를 잘 치는 영수는 손가락이 누구보다 길다.

㉣ 파수꾼이 마을에 사는 사람들을 속였음이 드러났다.

① ㉠, ㉢에는 모두 서술어의 기능을 하는 안긴문장이 있다.

② ㉠, ㉣에는 모두 체언을 수식하는 안긴문장이 있다.

③ ㉡의 안긴문장에는 부사어가 없지만, ㉢의 안긴문장에는 부사어가 있다.

④ ㉡에는 관형어의 기능을 하는 안긴문장이 있고, ㉣에는 조사와 결합하여 주어의 기능을 하는 안긴문장이 있다.

⑤ ㉢, ㉣에는 모두 주어가 생략된 안긴문장이 있다.

35

〈보기〉의 ㉠∼㉤과 관련된 설명으로 적절한 것은? [3점]

> **보기**
>
> 주기적으로 운동하기가 ㉠건강의 첫걸음이다. 그것을 꾸준하게 ㉡실천하기 ㉢원한다면 제대로 ㉣된 계획 세우기가 ㉤선행되어야 한다.

① ㉠이 서술어인 문장에서 명사절이 주어 기능을 하고 있다.
② ㉡이 서술어인 문장에서 명사절이 목적어 기능을 하고 있다.
③ ㉢이 서술어인 문장에서 명사절이 부사어 기능을 하고 있다.
④ ㉣이 서술어인 문장에서 명사절이 보어 기능을 하고 있다.
⑤ ㉤이 서술어인 문장에서 명사절이 관형어 기능을 하고 있다.

37

〈보기〉의 (가)∼(다)에 대한 설명으로 적절하지 않은 것은? [3점]

> **보기**
>
> 겹문장 속에서 하나의 '주어+서술어' 관계가 이루어진 부분을 '절'이라고 한다. '절'은 전체 문장의 한 성분으로 안기거나 서로 이어지거나 한다.
>
> (가) 봄이 오면 꽃이 핀다.
>   ㉠   ㉡
> (나) 눈이 내린 마을은 고요했다.
>   ㉢   ㉣
> (다) 나는 그가 왔음을 몰랐다.
>   ㉤

① (가)에서 ㉠과 ㉡의 위치를 바꾸면 의미가 달라진다.
② (나)에서 ㉢은 ㉣의 주어를 꾸며 주는 역할을 한다.
③ (다)의 ㉤을 생략하면 전체 문장의 의미가 불완전해진다.
④ (나)와 달리 (다)는 절이 전체 문장의 한 성분으로 안겨 있다.
⑤ (가), (나), (다)는 모두 '주어+서술어' 관계가 두 번 나타난다.

36

㉠∼㉣의 문장 성분과 문장 구조에 대한 설명으로 적절하지 않은 것은? [3점]

> ㉠ 그녀는 따뜻한 봄이 빨리 오기를 기다린다.
> ㉡ 내가 만난 친구는 마음이 정말 착하다.
> ㉢ 피곤해하던 동생이 엄마가 모르게 잔다.
> ㉣ 그가 시장에서 산 배추는 값이 비싸다.

① ㉠과 ㉡은 체언을 수식하는 안긴문장이 있다.
② ㉢과 ㉣은 서술어의 기능을 하는 안긴문장이 있다.
③ ㉠은 명사절 속에 부사어가 있고, ㉡은 서술절 속에 부사어가 있다.
④ ㉠은 주어가 생략된 안긴문장이 있고, ㉣은 목적어가 생략된 안긴문장이 있다.
⑤ ㉢은 부사어의 기능을 하는 안긴문장이 있고, ㉣은 관형어의 기능을 하는 안긴문장이 있다.

38

〈보기〉를 이해한 내용으로 적절한 것은? [3점]

> **보기**
>
> ㄱ. 지훈이가 눈이 크다.
> ㄴ. 그는 지훈이가 성실하고 눈이 크다는 사실을 알고 있었다.

① ㄱ의 '크다'와 ㄴ의 '알고 있었다'는 전체 문장의 서술어 역할을 한다.
② ㄱ은 주어와 서술어의 관계가 한 번만 나타나므로 홑문장이다.
③ ㄴ의 '성실하고'와 '크다'의 주어는 모두 '지훈이가'로 동일하다.
④ ㄴ의 안긴문장에서 앞뒤 절은 종속적으로 이어져 있다.
⑤ ㄴ의 안긴문장은 목적어를 가지지 않는다.

39

| 2020 고3 9월 모평 15번 |

〈보기〉의 ㉠~㉤에 해당하는 문장으로 적절하지 <u>않은</u> 것은?

┌ 보기 ┐

[학습 활동]

겹문장은 홑문장보다 복잡한 생각을 효과적으로 표현할 수 있는 장점이 있다. 〈자료〉에 제시된 홑문장을 활용하여 〈조건〉에 해당하는 겹문장을 만들어 보자.

〈자료〉	〈조건〉
• 날씨가 춥다.	㉠ 명사절을 안은 문장
• 형은 물을 마셨다.	㉡ 관형절을 안은 문장
• 동생은 얼음을 먹었다.	㉢ 부사절을 안은 문장
• 동생은 추위와 상관없다.	㉣ 인용절을 안은 문장
• 형은 동생에게 불평을 했다.	㉤ 대등하게 이어진 문장

① ㉠: 동생은 추운 날씨에도 얼음을 먹었다.
② ㉡: 형은 얼음을 먹는 동생에게 불평을 했다.
③ ㉢: 동생은 추위와 상관없이 얼음을 먹었다.
④ ㉣: 형은 동생에게 날씨가 춥다고 불평을 했다.
⑤ ㉤: 형은 물을 마셨지만 동생은 얼음을 먹었다.

40

| 2021 고1 3월 학평 13번 |

㉠~㉤에 대한 설명으로 적절하지 <u>않은</u> 것은?

┌ 보기 ┐

㉠ 그는 우리와 함께 일하기를 거부했다.
㉡ 개는 사람보다 후각이 훨씬 예민하다.
㉢ 나는 그가 우리를 도와 준 일을 잊지 않았다.
㉣ 날이 추워지면 방한 용품이 필요하다.
㉤ 수만 명의 관객들이 공연장을 가득 메웠다.

① ㉠: '우리와 함께 일하기를'이 안은문장에서 목적어의 역할을 하고 있군.
② ㉡: '후각이 훨씬 예민하다'가 안은문장에서 서술어의 역할을 하고 있군.
③ ㉢: '그가 우리를 도와 준'이 안은문장에서 관형어의 역할을 하고 있군.
④ ㉣: '날이 추워지다.'와 '방한 용품이 필요하다.'가 대등하게 이어진 문장이군.
⑤ ㉤: '관객들이'가 주어이고 '메웠다'가 서술어인 홑문장이군.

| 2017 고2 9월 학평 11~12번 |

[41~42] 다음 글을 읽고 물음에 답하시오.

서술어는 그 성격에 따라 필요로 하는 문장 성분의 개수가 다른데, 이를 '서술어의 자릿수'라고 한다. 이러한 서술어의 자릿수에 의한 서술어의 종류에는 주어만을 요구하는 한 자리 서술어, 주어 이외에도 목적어, 보어, 부사어 중에서 한 성분을 필수적으로 요구하는 두 자리 서술어, 주어, 목적어, 부사어 세 가지 성분을 모두 요구하는 ㉠세 자리 서술어가 있다.

한편 문장은 주어와 서술어의 관계에 따라 홑문장과 겹문장으로 나뉜다. 홑문장은 '주어-서술어'의 관계가 한 번, 겹문장은 '주어-서술어'의 관계가 두 번 이상 나타나는 문장이다.

겹문장은 다시 이어진문장과 안은문장으로 나뉜다. 이어진문장은 둘 이상의 절이 연결 어미에 의하여 결합된 문장으로, '대등하게 이어진 문장'과 '종속적으로 이어진 문장'이 있다. 대등하게 이어진 문장은 앞 절과 뒤 절의 의미가 대등하게 이어진 문장으로, 앞 절과 뒤 절은 '나열', '대조', '선택' 등의 대등한 의미 관계를 갖는다. 그리고 종속적으로 이어진 문장은 앞 절과 뒤 절의 의미가 독립적이지 못하고 종속적인 관계에 있는 문장으로, 앞 절이 뒤 절에 대해 '배경', '원인', '조건', '결과', '목적' 등의 종속적인 의미 관계를 나타낸다.

문장 속에 안겨 하나의 문장 성분처럼 기능하는 절을 '안긴문장'이라고 하며 이러한 절을 포함한 문장을 '안은문장'이라고 한다. 안긴문장은 문장 속에서 주어, 목적어 등의 기능을 하는 '명사절', 관형어의 기능을 하는 '관형절', 부사어의 기능을 하는 '부사절', 서술어의 기능을 하는 '서술절', 그리고 인용한 내용이 절의 형식으로 안기는 '인용절' 등이 있다. 안은문장에서는 안긴문장의 어떤 성분이 그것을 안고 있는 안은문장의 한 성분과 동일하게 되면 그 안긴문장의 성분이 생략될 수 있다.

41

㉠에 해당하는 예로 가장 적절한 것은?

① 계절이 어느덧 가을이 <u>되었다</u>.
② 오빠는 아빠와 정말 많이 <u>닮았다</u>.
③ 장미꽃이 우리 집 뜰에도 <u>피었다</u>.
④ 아버지께서 헌 집을 정성껏 <u>고치셨다</u>.
⑤ 그는 자신의 직업을 천직으로 <u>여겼다</u>.

42

윗글을 바탕으로 〈보기〉의 ㄱ~ㅁ에 대해 탐구한 것으로 적절하지 않은 것은?

┌─ **보기** ─────────────────────┐
ㄱ. 누나는 마음이 넓다.
ㄴ. 그 배는 섬으로 갔다.
ㄷ. 나는 형이 준 책을 읽었다.
ㄹ. 우리는 그가 학생임을 알았다.
ㅁ. 바람도 잠잠하고, 하늘도 푸르다.
└────────────────────────────┘

① ㄱ에서 안은문장의 주어와 안긴문장의 주어는 동일하다.
② ㄴ은 주어와 서술어의 관계가 한 번 나타나므로 홑문장이다.
③ ㄷ에서 안긴문장의 목적어는 안은문장의 목적어와 중복되므로 생략되었다.
④ ㄷ에는 관형어의 기능을 하는 안긴문장이 있고, ㄹ에는 목적어의 기능을 하는 안긴문장이 있다.
⑤ ㅁ은 앞 절과 뒤 절이 '나열'의 의미 관계를 가지는, 대등하게 이어진 문장이다.

43

| 2016 고3 9월 모평B 15번 |

밑줄 친 부분이 〈보기〉의 ㉠에 해당하는 예로 적절하지 <u>않은</u> 것은?

┌─ 보기 ┌─

　일반적으로 의문문은 화자가 청자에게 질문에 대한 대답을 요청하는 문장인데, 화자가 청자에게 행동을 요청할 때 쓰이기도 한다. 청유문은 화자가 청자에게 함께 행동할 것을 요청하는 문장이다. 그러므로 이 문장 유형들은 ㉠화자가 청자에게 요청을 할 때 쓰이는 것이라는 점에서 공통적이다.

① ┌─ A: <u>괜찮다면, 우리 여기서 잠깐 기다릴래요?</u>
　 └─ B: 좋아요. 10분만 더 기다려요.
② ┌─ A: 다친 곳은 어떤가? <u>한번 보세.</u>
　 └─ B: 보시다시피 많이 좋아졌습니다.
③ ┌─ A: 저기요. <u>먼저 좀 내립시다.</u>
　 └─ B: 아, 예. 저도 여기서 내려요.
④ ┌─ A: <u>저 혹시, 모자를 벗어 주실 수 있을까요?</u>
　 └─ B: 제가 방해가 되었군요. 미안합니다.
⑤ ┌─ A: <u>어디 보자.</u> 내가 다 챙겼나?
　 └─ B: 거기서 혼자 뭐 해요. 빨리 나와요.

44

| 2020 고1 6월 학평 15번 |

〈보기〉의 '학습 활동'을 수행한 결과로 적절한 것은?

┌─ 보기 ┌─

[학습 활동]
　다음 담화 상황에 등장하는 ㉠, ㉡이 달라질 때, 언어 예절에 적합한 높임 표현을 사용해 보자.

[담화 상황]
　(내가 철수에게)
　"어제 ㉠영희가 ㉡경희에게 선물을 주는 것을 보았어."
　※ 말하는 사람인 '나'와 철수, 영희, 경희는 서로 대등한 관계임.

① ㉠이 높임의 대상인 '선생님'으로 바뀌면 조사 '가'를 '께서'로 고쳐 말해야 한다.
② ㉠이 높임의 대상인 '선생님'으로 바뀌면 조사 '에게'를 '께'로 고쳐 말해야 한다.
③ ㉡이 높임의 대상인 '선생님'으로 바뀌면 '주는'을 '주시는'으로 고쳐 말해야 한다.
④ ㉡이 높임의 대상인 '선생님'으로 바뀌면 '보았어'를 '보셨어'로 고쳐 말해야 한다.
⑤ ㉡이 높임의 대상인 '선생님'으로 바뀌면 '보았어'를 '보았습니다'로 고쳐 말해야 한다.

45

| 2017 고1 3월 학평 14번 |

ⓐ~ⓔ 중 〈보기〉의 ㉠에 해당하지 <u>않는</u> 것은?

┌─ 보기 ┌─

　높임 표현에는 말하는 이가 듣는 이에 대하여 높이거나 낮추어 말하는 상대 높임, 서술의 주체를 높이는 주체 높임, 목적어나 부사어가 나타내는 대상, 즉 서술의 객체를 높이는 ㉠객체 높임이 있다.

선생님: 지은아, 방학은 잘 보냈니?
지은: 네. 제 용돈으로 할머니께 ⓐ드릴 선물을 사서 할머니 댁에 다녀왔어요.
선생님: 기특하다. 할머니를 ⓑ뵙고 왔구나. 가서 무엇을 했니?
지은: 아버지께서 할머니를 ⓒ모시고 병원에 가신 사이에 저는 ⓓ큰아버지께 인사를 드리고 왔어요.
선생님: 저런, 할머니께서 ⓔ편찮으셨나 보다.

① ⓐ　　② ⓑ　　③ ⓒ　　④ ⓓ　　⑤ ⓔ

46

| 2019 고1 11월 학평 13번 |

〈보기 1〉을 바탕으로 〈보기 2〉에서 사용된 높임의 양상을 바르게 분석한 것은?

┌─ 보기 1 ┌─

　주체 높임법은 서술의 주체에 해당하는 문장의 주어를 높이는 방법이고, 객체 높임법은 서술의 객체에 해당하는 목적어나 부사어가 지시하는 대상을 높이는 방법이다. 이러한 높임을 실현하기 위해서는 선어말 어미, 조사, 특수 어휘를 사용한다.

┌─ 보기 2 ┌─

　어머니께서는 할머니를 모시고 공원에 가셨다.

	주체 높임법			객체 높임법	
	선어말 어미	조사	특수 어휘	조사	특수 어휘
①	○	×	○	○	○
②	○	○	×	○	×
③	○	○	×	×	○
④	×	×	○	×	○
⑤	×	○	×	○	×

다음은 높임 표현에 대한 탐구 학습지이다. ㉮에 들어갈 내용으로 적절하지 <u>않은</u> 것은? [3점]

▶ 높임 표현의 종류와 실현 방식에 대해 이해하고 〈보기〉 문장에 나타난 높임 표현을 설명해 보자.

종류	실현 방식
상대 높임	• 대화의 상대, 즉 듣는 이를 높이거나 낮춤. • 종결 어미 '-습니다', '-다', '-(으)십시오', '-(아/어)라' 등을 사용
주체 높임	• 서술의 주체, 즉 문장의 주어를 높임. • 선어말 어미 '-(으)시-' 결합 • 주격 조사 '께서' 사용 • 특수 어휘 '계시다', '주무시다' 등 사용
객체 높임	• 서술의 객체, 즉 문장의 목적어나 부사어를 높임. • 부사격 조사 '께' 사용 • 특수 어휘 '드리다', '뵙다' 등 사용

┌ 보기 ┐
㉠ 채윤아, 할아버지께 물 좀 갖다 드려라.
㉡ 선생님, 어제 부모님께서 할머니를 모시고 여행을 가자고 말씀을 하셨습니다.

㉮ _____

① ㉠은 종결 어미 '-어라'를 사용하여 대화 상대인 '채윤'을 낮추고 있다.

② ㉠은 부사격 조사 '께'를 사용하여 서술의 객체인 '할아버지'를 높이고 있다.

③ ㉡은 특수 어휘 '말씀'을 사용하여 서술의 객체인 '할머니'를 높이고 있다.

④ ㉡은 종결 어미 '-습니다'를 사용하여 대화 상대인 '선생님'을 높이고 있다.

⑤ ㉡은 주격 조사 '께서'와 선어말 어미 '-시-'를 사용하여 서술의 주체인 '부모님'을 높이고 있다.

〈보기〉의 [A]~[C]에 들어갈 예를 바르게 짝지은 것은?

┌ 보기 ┐
• ㄱ~ㄷ은 높임 표현이 사용된 문장들이다. 아래의 순서도에 따라 ㄱ~ㄷ을 분류해 보자.

┌──────────────────────────┐
│ ㄱ. 나는 할아버지께 선물을 드렸다. │
│ ㄴ. 할아버지께서 지금 우리 집에 계신다. │
│ ㄷ. 어머니께서는 할아버지를 모시고 집에 가셨다. │
└──────────────────────────┘

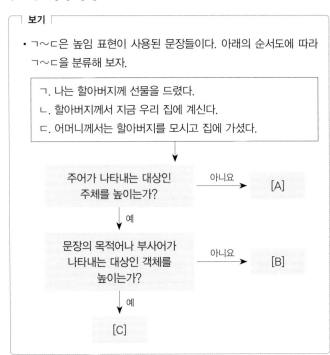

	[A]	[B]	[C]
①	ㄱ	ㄴ	ㄷ
②	ㄱ	ㄷ	ㄴ
③	ㄴ	ㄱ	ㄷ
④	ㄴ	ㄷ	ㄱ
⑤	ㄷ	ㄴ	ㄱ

49

〈보기〉의 [가]에 들어갈 문장으로 적절한 것은?

┌─ 보기 ┐

선생님: 우리말의 높임 표현에는 다음과 같이 세 종류가 있습니다.

- 상대 높임법: 화자가 청자, 즉 상대를 높이거나 낮추는 방법 (종결 어미에 의해 실현)
- 주체 높임법: 문장에서 서술의 주체를 높이는 방법(조사, 선어말 어미, 특수 어휘에 의해 실현)
- 객체 높임법: 문장에서 목적어나 부사어가 지시하는 대상, 즉 객체를 높이는 방법(조사, 특수 어휘에 의해 실현)

그런데 실제 언어생활에서 '높임 표현'이 실현되는 양상은 복합적입니다.

예문을 볼까요? '영희야, 선생님께서 찾으셔.'는 상대는 낮추고 주체는 높여서 표현한 것입니다. 그리고 _____[가]_____는 상대를 높이고 객체도 높여서 표현한 것입니다.

① 내일 우리 같이 밥 먹어요.
② 제가 할머니를 모시고 왔습니다.
③ 이 손수건 좀 할아버지께 갖다 드려.
④ 요즘 여러 가지 일로 많이 바쁘시죠?
⑤ 어머니께서 아버지의 바지를 만드셨어.

50

〈보기 1〉을 바탕으로 〈보기 2〉의 높임 표현을 바르게 분석한 것은?

┌─ 보기 1 ┐

우리말의 높임법은 주어가 나타내는 대상을 높이는 주체 높임, 목적어나 부사어가 나타내는 대상을 높이는 객체 높임, 청자를 높이거나 낮추는 상대 높임으로 구분할 수 있다. 이러한 높임법은 조사, 특수 어휘, 선어말 어미, 종결 어미 등에 의해 실현된다.

┌─ 보기 2 ┐

영희야, 아버지께서는 할머니를 모시고 먼저 나가셨어.

	주체 높임	객체 높임	상대 높임
①	○	○	높임
②	○	○	낮춤
③	○	×	높임
④	×	○	낮춤
⑤	×	×	높임

51

〈보기〉의 ㉠~㉤에 대한 설명으로 옳지 않은 것은?

┌─ 보기 ┐

높임법은 화자가 높이려는 대상이 누구인지에 따라 주체 높임법, 상대 높임법, 객체 높임법으로 구분된다. 주체 높임법은 주어가 나타내는 대상인 주체를 높이는 것이며, 상대 높임법은 대화의 상대인 청자를 높이거나 낮추는 것이고, 객체 높임법은 문장의 목적어나 부사어가 나타내는 대상인 객체를 높이는 것이다.

㉠ 할머니께서 책을 읽고 계신다.
㉡ 누나는 어머니께 모자를 선물로 드렸다.
㉢ 할아버지께서 월요일 오후에 병원에 가신다.
㉣ (선생님과의 대화 중) 선생님, 제가 드릴 말씀이 있습니다.
㉤ (아버지와의 대화 중) 아버지, 저는 아버지를 예전부터 존경해 왔습니다.

① ㉠은 주체인 '할머니'를 높이는 데에 '께서'와 '계시다'를 사용하고 있다.
② ㉡은 객체인 '어머니'를 높이는 데에 '께'와 '드리다'를 사용하고 있다.
③ ㉢은 주체인 '할아버지'를 높이는 데에 '께서'와 '-시-'를 사용하고 있다.
④ ㉣은 주체인 '선생님'을 높이는 데에 '말씀'을 사용하고 있다.
⑤ ㉤은 상대인 '아버지'를 높이는 데에 '-습니다'를 사용하고 있다.

52

〈보기〉의 ⓐ에 해당하는 예로 적절한 것은?

┌─ 보기 ┐

미래 시제를 나타내는 선어말 어미 '-겠-'은 용언의 어간에 붙어 화자의 추측이나 ⓐ의지, 가능성의 의미로 쓰인다.

① 나는 이번 시험에 합격하고야 말겠다.
② 그렇게 쉬운 것은 삼척동자도 알겠다.
③ 이 많은 일을 어떻게 혼자 다 하겠니?
④ 오늘 눈이 많이 와서 길이 미끄럽겠다.
⑤ 지금 떠나면 내일 새벽에 도착하겠구나.

53

밑줄 친 부분에 주목하여 〈보기〉의 ㄱ~ㅁ을 탐구한 내용으로 적절하지 <u>않은</u> 것은?

보기

ㄱ. 그는 어제 고향을 떠났다.
ㄴ. 지난겨울에는 정말 춥더라.
ㄷ. 친구와 함께 본 영화는 재미있었다.
ㄹ. 작년만 해도 이곳에는 나무가 적었었다.
ㅁ. 축제 준비를 하려면 오늘 밤 잠은 다 잤네.

① ㄱ을 보니, 시간 부사어를 사용하여 과거를 나타내고 있군.
② ㄴ을 보니, 선어말 어미 '-더-'를 사용하여 과거의 경험을 회상하고 있군.
③ ㄷ을 보니, 동사는 관형사형 어미 '-(으)ㄴ'을 사용하여 과거에 일어난 일을 나타내는군.
④ ㄹ을 보니, 선어말 어미 '-었었-'을 사용하여 현재까지 지속되는 과거의 상황을 나타내는군.
⑤ ㅁ을 보니, 선어말 어미 '-았-'이 과거에 일어난 일을 나타내지 않기도 하는군.

54

다음의 학습 활동을 수행한 결과로 적절하지 <u>않은</u> 것은?

학습 활동: 어떠한 두 사건을 '-다가'나 '-아서/-어서'에 의해 연결할 때, 두 사건의 시제가 문장에서 어떻게 나타나고, 두 사건의 의미가 어떠한 관계를 맺게 되는지 (가)~(라)에서 살펴봅시다.

(가) 찌개를 먹다가 혀를 데었다.
(나) 찌개를 끓였다가 다시 식혔다.
(다) 그는 종이를 접어서 주머니에 넣었다.
(라) 내가 문을 쾅 닫아서 동생이 잠을 깼다.

① (가)와 (나)에서는 앞 절과 뒤 절의 사건이 모두 과거에 일어났지만, (가)에는 (나)와 달리 '-다가'로 연결된 앞 절에 현재 시제 선어말 어미가 나타났어.
② (가)와 (다)에서는 뒤 절의 시제가 과거임을 확인해야 '-다가'와 '-아서/-어서'가 쓰인 앞 절의 사건이 과거에 일어났음을 알 수 있어.
③ (가)와 (라)에서는 모든 사건이 과거에 일어났는데도, '-다가'와 '-아서/-어서'가 쓰인 앞 절에 과거 시제 선어말 어미를 사용하지 않았어.
④ (나)와 (다)에서는 '-다가'와 '-아서/-어서'가 쓰인 앞 절의 사건이 끝난 후 뒤 절의 사건이 일어나고 있어.
⑤ (다)와 (라)에서는 앞 절과 뒤 절이 모두 '-아서/-어서'로 이어졌지만, (라)는 (다)와 달리 앞 절의 사건이 뒤 절의 사건의 원인이나 이유로 이해될 수 있어.

55

| 2019 고3 6월 모평 15번 |

〈보기〉의 ㉠~㉤의 예로 적절하지 <u>않은</u> 것은? [3점]

> **보기**
>
> 선어말 어미 '-더-'는 시간 표현, 주어의 인칭, 용언의 품사, 문장 종결 표현 등과 다양하게 관련을 맺는다.
>
> 예컨대 '아까 달력을 보니 내일이 언니 생일이더라.'와 같이 ㉠새삼스럽거나 새롭게 알게 된 내용이 비록 미래의 일이라도 그것을 안 시점이 과거이면 '-더-'가 쓰일 수 있다. 또한 '-더-'가 쓰인 문장에는 특정 인칭의 주어만 나타나는 경우가 있다. 가령, ㉡본인만이 직접 느껴 알 수 있는 감정이나 감각을 표현하는 형용사가 서술어일 때, 평서문에는 1인칭 주어만이 '-더-'와 함께 쓰인다. ㉢이 경우, 의문문에는 2인칭 주어만이 '-더-'와 함께 쓰인다. 단, ㉣이때도 수사 의문문에는 '-더-'와 함께 1인칭 주어가 나타날 수 있다. 한편, '꿈에서 내가 하늘을 날다.'처럼 ㉤꿈속의 일이나 무의식중에 일어난 일을 말할 때, 화자가 자신의 행동이나 상태를 타인이 관찰하듯이 진술할 경우 '-더-'가 1인칭 주어와 쓰일 수 있다.

① ㉠: 아까 수첩을 보니 다음 주에 약속이 있더라.
② ㉡: 나는 그의 합격이 놀랍더라.
③ ㉢: 영수야, 넌 내가 그리 말했는데도 안 믿더냐?
④ ㉣: 기어이 우승한 그날, 우리 어찌 아니 기쁘더냐?
⑤ ㉤: 내가 어제 마신 약은 생각보다 안 쓰더라.

56

| 2017 고3 9월 모평 13번 |

〈보기〉의 ㉠~㉤에 쓰인 ⓐ, ⓑ에 대한 설명으로 옳지 <u>않은</u> 것은?

> **보기**
>
> 용언은 어간에 어미가 붙어 다양한 의미를 나타내며 활용된다. 어미는 ⓐ<u>선어말 어미</u>와 ⓑ<u>어말 어미</u>로 나뉜다. 어말 어미는 다시 종결 어미, 연결 어미, 전성 어미로 나뉜다. 용언의 활용형에서 선어말 어미는 없는 경우가 있어도 어말 어미는 반드시 있어야 한다.
>
> ㉠ 민수가 그 나무를 심었구나!
> ㉡ 저기서 청소하는 아이가 내 동생이야.
> ㉢ 그 친구가 설마 그 음식을 다 먹었겠니?
> ㉣ 그가 나에게 권한 책은 이미 읽은 책이다.
> ㉤ 주말에 바람은 불겠지만 비는 오지 않을 것이다.

① ㉠에는 과거 시제를 나타내는 '-었-'이 ⓐ로 쓰였고, 감탄형 종결 어미 '-구나'가 ⓑ로 쓰였다.
② ㉡에는 ⓐ는 없고 동사의 현재 시제를 나타내는 관형사형 전성 어미 '-는'이 ⓑ로 쓰였다.
③ ㉢에는 과거 시제를 나타내는 '-었-'과 주체의 의지를 나타내는 '-겠-'이 ⓐ로 쓰였고, 의문형 종결 어미 '-니'가 ⓑ로 쓰였다.
④ ㉣에는 ⓐ는 없고 동사의 과거 시제를 나타내는 관형사형 전성 어미 '-은'이 ⓑ로 쓰였다.
⑤ ㉤에는 추측의 의미를 나타내는 '-겠-'이 ⓐ로 쓰였고, 대등적 연결 어미 '-지만'이 ⓑ로 쓰였다.

57

〈보기〉의 ⓐ~ⓒ에 해당하는 예로 적절하지 <u>않은</u> 것은?

┌ 보기 ┐

보조 용언 구성 '-고 있-'은 크게 두 가지 의미를 지닌다.

(가) 민수는 지금 떡국을 먹고 있다.
(나) 선생님은 너를 믿고 있다.
(다) 지혜는 모자를 쓰고 있다.

(가)에서처럼 ⓐ'어떤 동작이 진행되고 있음'을 나타내기도 하고, (나)에서처럼 ⓑ'어떤 상태가 지속되고 있음'을 나타내기도 한다. (가)의 '-고 있-'은 '-는 중이-'로 교체하여도 ⓐ의 의미가 유지되지만, (나)의 '-고 있-'은 교체하면 부자연스러운 문장이 되거나 ⓑ의 의미가 유지되지 않는다. 한편 (가), (나)에서는 특정한 문맥이 주어지지 않아도 그 의미를 확정할 수 있는 데 반해, (다)에서는 문맥이 충분히 주어지지 않으면 '-고 있-'이 ⓒ두 가지 의미 모두로 해석될 수 있다.

① ⓐ ┌ A: 아빠 들어오실 때 형은 뭐 하고 있었니?
      └ B: 형은 양치질을 하고 있었어요.

② ⓑ ┌ A: 오빠가 너한테 화가 많이 났나 봐.
      └ B: 오빠는 지금 날 오해하고 있는 것 같아.

③ ⓑ ┌ A: 내일이 고모님 생신이라고 하네.
      └ B: 아, 나 그거 이미 알고 있어.

④ ⓒ ┌ A: 너 안경 잃어버렸다며? 괜찮아?
      └ B: 눈이 아주 나쁘진 않아서 안경 벗고 있어도 괜찮아.

⑤ ⓒ ┌ A: 저 중에 신입 사원이 누구야?
      └ B: 저기에 있잖아. 넥타이를 매고 있네.

58

〈보기〉의 학습 과제를 수행한 결과로 적절하지 <u>않은</u> 것은?

┌ 보기 ┐

[학습 내용] 주어가 자기 힘으로 동작하는 것을 능동이라고 하고, 주어가 다른 주체에 의해 동작을 당하는 것을 피동이라고 한다. 피동 표현은 주로 어근에 접사 '-이-', '-하-', '-리-', '-기-', '-되다' 등이 결합하여 실현된다.

[학습 과제] 다음의 어근 목록을 활용하여 피동문을 만드시오.

풀-	읽-	안-	깎-	이용

① 이번 시험 문제는 지난번보다 잘 풀렸다.
② 그의 글은 오직 나에게만 아름답게 읽혔다.
③ 친구는 버스에서 자기 짐까지 나에게 안겼다.
④ 날카로운 칼날에 무성하던 잔디가 모두 깎였다.
⑤ 우리 학교 운동장은 가끔 주차장으로도 이용되었다.

59

〈보기〉는 수업 장면의 일부이다. ㉠에 해당하는 예로 적절한 것은?

┌ 보기 ┐

선생님: 주어가 스스로 행동하지 않고 다른 주체에 의해 어떤 동작을 당하거나 영향을 받는 것을 피동이라고 합니다. 피동문을 만들 때는 능동사의 어근에 피동 접미사 '-이-, -히-, -리-, -기-'를 붙여서 짧은 피동을 만들거나, '-아/어지다'와 같은 표현을 사용하여 긴 피동을 만듭니다. 그런데 ㉠일부 능동사의 어근에는 피동 접미사가 결합하지 못하여 짧은 피동을 만들 수 없는 경우도 있습니다.

① 물고기가 낚싯줄을 끊었다.
② 경민이가 아기의 볼을 만졌다.
③ 민수가 동생의 이름을 불렀다.
④ 다람쥐가 도토리를 땅에 묻었다.
⑤ 요리사가 음식을 접시에 담았다.

60

〈보기〉의 ㉠과 ㉡에 해당하는 예로 적절한 것은?

> **보기**
>
> 피동문은 서술어가 형성되는 방법에 따라서, '파생적 피동문'과 '통사적 피동문'으로 나뉜다. 파생적 피동문은 능동사 어간을 어근으로 하여 파생 접사 '-이-, -히-, -리-, -기-'가 붙어 만들어진 피동사를 서술어로 하는 문장이다. 한편 통사적 피동문은 서술어로 쓰이는 타동사의 어간에 '-아/어지다' 등이 결합되어 만들어진다.
>
> 그런데 동사의 성격에 따라서는 ㉠피동사로 파생되지 않는 동사도 있다. 또 ㉡능동문의 서술어로 쓰인 동사의 피동사가 존재함에도 불구하고 파생적 피동문으로 바꿀 수 없는 문장도 있다.

	㉠	㉡
①	주다	고양이가 쥐를 잡았다.
②	먹다	사람들이 열심히 풀을 뽑았다.
③	돕다	동생이 부모님께 칭찬을 들었다.
④	만나다	학생들이 벽화를 멋지게 그렸다.
⑤	나누다	누나가 일부러 문을 세게 닫았다.

61

〈보기〉를 참고하여 ㉠~㉢에 대해 탐구한 결과로 적절하지 <u>않은</u> 것은? [3점]

> **보기**
>
> 문장은 동작이나 행위를 누가 하느냐에 따라 능동문과 피동문으로 나누어진다. 주어가 동작을 제힘으로 하는 문장을 능동문이라고 하고, 다른 주체에 의해 동작이 이루어지거나 영향을 받는 문장을 피동문이라고 한다.

	능동문	피동문
㉠	눈이 온 세상을 덮었다.	온 세상이 눈에 덮였다.
㉡	두 학생이 참새 네 마리를 잡았다.	참새 네 마리가 두 학생에게 잡혔다.
㉢	낙엽이 바람에 난다.	낙엽이 바람에 날린다.
㉣	해당 사례 없음.	오늘은 날씨가 갑자기 풀렸다.

① ㉠의 피동문은 능동문에 비해 주어의 동작성이 잘 드러나지 않는다.

② ㉠과 ㉡은 모두 능동문의 주어가 피동문에서 부사어로 나타나는 사례이다.

③ ㉡과 ㉢은 모두 능동문과 달리 피동문이 여러 가지 의미로 해석될 수 있다.

④ ㉢은 자동사를 피동사로 만들 수 있음을 보여 주는 사례이다.

⑤ ㉣은 피동문에 대응하는 능동문을 상정할 수 없는 경우가 있음을 보여 주는 사례이다.

62

〈보기〉의 주동문 ㉠~㉢을 탐구 과정에 따라 분류하고자 한다. A~C에 해당하는 사례를 바르게 짝지은 것은?

┌ 보기 ┐

사동문은 주어가 다른 대상을 동작하게 하거나 특정한 상태에 이르도록 하는 문장을 가리킨다. 파생적 사동문은 주동문의 서술어로 쓰인 용언의 어간을 어근으로 삼아 사동 접미사가 붙어 이루어진 문장이며, 통사적 사동문은 주동문의 서술어로 쓰인 용언의 어간에 '-게 하다'가 붙어서 이루어진 문장이다.

[주동문]
㉠ 물통에 물이 가득 찼다.
㉡ 그는 한여름에 더위를 먹었다.
㉢ 아이가 방바닥에 흩어진 구슬을 모았다.

[탐구 과정]

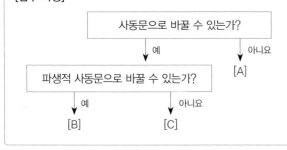

	A	B	C
①	㉠	㉡	㉢
②	㉡	㉠	㉢
③	㉡	㉢	㉠
④	㉢	㉠	㉡
⑤	㉢	㉡	㉠

63

〈보기〉의 ㉠~㉤에 대한 이해로 적절하지 않은 것은?

┌ 보기 ┐

㉠ 담장이 낮다. → 동네 사람들이 담장을 낮춘다.
㉡ 아이가 옷을 입었다. → 엄마가 아이에게 옷을 입히었다.
㉢ 사람들이 방으로 이삿짐을 옮긴다.
㉣ 선생님께서 철수에게 책을 [읽히셨다 / 읽게 하셨다].
㉤ ┌ 아기가 웃는다. → 아빠가 아기를 웃긴다.
    └ 철수가 짐을 졌다. → 형이 철수에게 짐을 지웠다.

① ㉠: 형용사에 사동 접사가 결합되어 사동사가 되었군.
② ㉡: 주동문이 사동문으로 바뀌면 서술어가 필요로 하는 문장 성분의 개수가 달라지는군.
③ ㉢: 사동문 중에는 대응하는 주동문을 만들 수 없는 경우가 있군.
④ ㉣: 접사에 의한 사동 표현은 직접 사동의 의미로, '-게 하다'에 의한 사동 표현은 간접 사동의 의미로 해석되는군.
⑤ ㉤: 주동문의 서술어가 자동사인지 타동사인지에 따라 주동문의 주어는 사동문에서 그 문장 성분이 달라지는군.

64

〈보기〉는 문법 수업의 일부이다. 선생님의 설명에 따라 ㉠~㉣을 이해한 내용으로 가장 적절한 것은?

┌ 보기 ┐

선생님: 오늘은 사동문과 피동문의 서술어 자릿수에 대해 공부해 봅시다. 주동문이 사동문으로 바뀔 때, 능동문이 피동문으로 바뀔 때는 서술어 자릿수가 변하기도 합니다. 이 점을 고려하면서 다음 문장들을 살펴봅시다.
   ㉠ 얼음이 매우 빠르게 녹았다.
   ㉡ 아이들이 얼음을 빠르게 녹였다.
   ㉢ 사람들은 산을 멀리서 보았다.
   ㉣ 그 산이 잘 보였다.

① ㉠은 피동문이며, ㉣과 서술어 자릿수가 서로 같다.
② ㉡은 사동문이며, ㉢과 서술어 자릿수가 서로 같다.
③ ㉡은 피동문이며, ㉣과 서술어 자릿수가 서로 다르다.
④ ㉣은 사동문이며, ㉡과 서술어 자릿수가 서로 같다.
⑤ ㉣은 사동문이며, ㉢과 서술어 자릿수가 서로 다르다.

65

| 2016 고2 11월 학평 13번 |

〈보기〉를 바탕으로 피동문과 사동문에 대해 이해한 내용으로 적절하지 <u>않은</u> 것은?

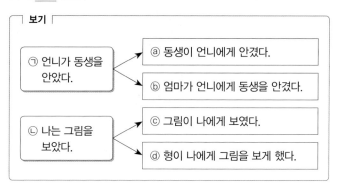

┌ 보기 ┐

| ㉠ 언니가 동생을 안았다. | → | ⓐ 동생이 언니에게 안겼다. |
| → | ⓑ 엄마가 언니에게 동생을 안겼다. |

| ㉡ 나는 그림을 보았다. | → | ⓒ 그림이 나에게 보였다. |
| → | ⓓ 형이 나에게 그림을 보게 했다. |

① ㉠과 ⓐ를 보니 능동문의 주어는 피동문에서 부사어가 되는군.

② ㉡과 ⓒ를 보니 능동문의 목적어는 피동문에서도 목적어가 되는군.

③ ㉡과 ⓓ를 보니 주동문이 사동문으로 바뀌면 새로운 주어가 나타나는군.

④ ⓐ와 ⓑ를 보니 피동사와 사동사의 형태가 같을 수 있군.

⑤ ⓑ와 ⓓ를 보니 사동사나 '-게 하다'를 활용하여 사동문을 만들 수 있군.

66

| 2020 고2 11월 학평 14번 |

〈보기〉를 이해한 내용으로 적절하지 <u>않은</u> 것은?

┌ 보기 ┐

피동문	사동문
ㄱ. 아기가 엄마에게 안겼다.	ㄴ. 이모가 엄마에게 아기를 안겼다.
ㄷ. 하늘이 건물 사이로 보였다.	ㄹ. 선생님이 학생들에게 사진첩을 보였다.

① ㄱ을 능동문으로 바꾸면, 바뀐 문장의 서술어가 필요로 하는 문장 성분의 개수는 2개이다.

② ㄴ을 주동문으로 바꾸면, 바뀐 문장의 서술어가 필요로 하는 문장 성분의 개수는 2개이다.

③ ㄱ과 ㄷ은 서술어가 필요로 하는 문장 성분의 개수가 서로 같다.

④ ㄴ과 ㄹ을 각각 주동문으로 바꾸면, 바뀐 문장의 서술어가 필요로 하는 문장 성분의 개수는 서로 같다.

⑤ ㄷ과 ㄹ은 서술어가 필요로 하는 문장 성분의 개수가 서로 다르다.

67

| 2020 고3 6월 모평 15번 |

〈보기〉의 ㉠, ㉡에 해당하는 예끼리 묶인 것으로 적절한 것은? [3점]

┌ 보기 ┐

[선생님의 설명]

여러분, '쓰이다'라는 단어를 어떻게 해석해야 할까요? 우선 '쓰이다'는 피동사이기도 하고 사동사이기도 하므로 이를 구별해야겠죠? 또한 '쓰다'는 동음이의어나 다의어이므로 그 의미에도 유의해야 합니다. 단어를 이해할 때, 이러한 점들을 모두 고려해야 해요. 그럼 이와 관련된 학습 활동을 해 볼까요?

[학습 활동]

다음은 국어사전의 일부이다. 제시된 단어의 의미에 유의하여 각각의 피동사와 사동사가 포함된 예를 들어 보자.

┌─────────────────────────────────────┐
갈다¹ 통 [···을 ···으로] ② 어떤 직책에 있는 사람을 다른 사람으로 바꾸다.

깎다 통 [1] [···을] ③ 값이나 금액을 낮추어서 줄이다.

묻다¹ 통 [···에] ① 가루, 풀, 물 따위가 그보다 큰 다른 물체에 들러붙거나 흔적이 남게 되다.

물다² 통 [···을] ② 윗니와 아랫니 사이에 끼운 상태로 상처가 날 만큼 세게 누르다.

쓸다² 통 [···을] ① 비로 쓰레기 따위를 밀어내거나 한데 모아서 버리다.
└─────────────────────────────────────┘

피동문	사동문
㉠	㉡

① ┌ ㉠: 학생회 임원이 새 친구로 갈렸다.
  └ ㉡: 삼촌이 형에게 그 텃밭을 갈렸다.

② ┌ ㉠: 용돈이 이달에 만 원이나 깎였다.
  └ ㉡: 나는 저번 실수로 점수를 깎였다.

③ ┌ ㉠: 내 친구는 가래떡에 꿀만 묻혔다.
  └ ㉡: 누나는 붓에 먹물을 듬뿍 묻혔다.

④ ┌ ㉠: 아빠가 아이 입에 사탕을 물렸다.
  └ ㉡: 큰형이 동네 개에게 발을 물렸다.

⑤ ┌ ㉠: 큰 마당의 눈이 빗자루에 쓸렸다.
  └ ㉡: 내 동생에게 거실 바닥만 쓸렸다.

68

| 2020 고1 3월 학평 12번 |

〈보기〉의 ㉠과 ㉡이 모두 적용된 예로 적절한 것은?

┌─ 보기 ────────────────────────────────
  부정 표현이란 부정의 뜻을 나타내는 표현을 말한다. 부정 표현은
부사인 '안'과 '못'을 사용해서 짧게 표현할 수도 있고, ㉠'-지 아니
하다'와 '-지 못하다' 등을 사용해서 길게 표현할 수도 있다. 부정 표
현은 능력을 부정하거나 의지를 부정하는 것 이외에 ㉡단순히 사실
이나 상태를 부정하는 의미로도 해석된다.
└────────────────────────────────────

① 우리가 묵은 방은 두 평이 채 못 된다.
② 나는 저녁을 먹으려고 간식을 안 먹었다.
③ 그는 용기가 없어서 발표를 잘하지 못했다.
④ 다행히 소풍을 가는 날 비가 내리지 않았다.
⑤ 동생은 숙제를 한다며 놀이터에 나가지 않았다.

69

| 2018 고3 7월 학평 14번 |

〈보기〉의 사례를 탐구한 내용으로 적절하지 않은 것은?

┌─ 보기 ────────────────────────────────
  ㉠ 똑같은 일을 반복하니 지루하다 못해 졸리다.
  ㉡ 나는 자전거를 {못 탄다 / 타지 못한다}.
  ㉢ 컴퓨터를 너무 오래하지 {*않아라 / *못해라 / 마라}.
  ㉣ 시간이 {*못 넉넉하다 / 넉넉하지 못하다}.
  ㉤ 그녀는 결코 거짓말을 {*했다 / 하지 않았다}.
     그녀는 분명히 거짓말을 {했다 / 하지 않았다}.

'*'는 비문법적 표현임.
└────────────────────────────────────

① ㉠을 보니, '못하다'는 앞말의 상태에 미치지 아니함을 나타내
   어 뒷말을 부정하기도 하는구나.
② ㉡을 보니, 부정 표현은 부정 부사를 통해 실현되기도 하고,
   부정 용언을 통해 실현되기도 하는구나.
③ ㉢을 보니, 명령문의 부정 표현에서는 '않다'나 '못하다'가 아
   니라 '말다'를 사용하는 것이 자연스럽구나.
④ ㉣을 보니, 서술어가 형용사인 경우에는 부정 부사 대신 부정
   용언을 사용하는 것이 자연스럽구나.
⑤ ㉤을 보니, 부사에 따라 반드시 부정 표현이 함께 쓰여야 하는
   경우가 있겠구나.

70

| 2015 고3 7월 학평B 11번 |

〈보기〉를 통해 부정 표현의 특성에 대해 탐구한 내용으로 적절하지
않은 것은?

┌─ 보기 ────────────────────────────────
  ㄱ. 나는 수학 공부를 안 했다.
     나는 수학 문제가 어려워서 못 풀었다.
  ㄴ. 여기에는 이제 해가 비치지 {않는다 / 못한다}.
  ㄷ. 그녀를 만나지 {*않아라 / *못해라 / 마라}.
  ㄹ. 그는 결코 그 일을 {*했다 / 안 했다}.
     그는 분명히 그 일을 {했다 / 안 했다}.
  ㅁ. 교실이 {안 / *못} 깨끗하다.

'*'는 비문법적 표현임.
└────────────────────────────────────

① ㄱ을 보니, '안' 부정문은 '의지 부정'을 나타내고, '못' 부정문
   은 '능력 부정'을 나타내는군.
② ㄴ을 보니, 행동 주체의 의지를 부정할 때는 '긴 부정문'만 쓸
   수 있군.
③ ㄷ을 보니, 명령문의 부정 표현은 보조 용언 '말다'를 활용하
   여 사용하는군.
④ ㄹ을 보니, 어떤 부사는 반드시 부정 표현과 함께 쓰여야 하는군.
⑤ ㅁ을 보니, 형용사를 부정할 때에는 부사 '못'을 사용하여 부
   정 표현을 나타낼 수 없군.

71

| 2022 예시 문항 38번 |

〈보기〉의 ㉠에 들어갈 예로 적절한 것은?

┌─ 보기 ────────────────────────────────
선생님: 우리는 지난 시간에 부정 부사를 사용하는 짧은 부정문과
  보조 용언을 사용하는 긴 부정문에 대해 배웠어요. 그리고 '못' 부
  정문은 능력 부정을 나타낸다는 것도 기억하죠? 그런데 '안' 부정
  문은 의지 부정을 나타내기도 하고, 주체의 의지와 무관하게 긍정
  문을 단순히 부정하는 단순 부정을 나타낼 수도 있어요. 오늘은
  제시된 조건에 맞게 부정문을 만들어 보는 활동을 해 보겠어요.

조건		부정문
짧은 부정문, 능력 부정	➡	동생은 발을 다쳐 등산을 못 갔다.
긴 부정문, 단순 부정	➡	㉠
└────────────────────────────────────

① 올해는 장마철에도 비가 많이 안 왔다.
② 환기를 하기 위해 창문을 닫지 않았다.
③ 심한 어지럼증으로 몸을 잘 가누지 못했다.
④ 나무가 많아 여기는 낮에도 볕이 잘 들지 않는다.
⑤ 충치 때문에 탄산음료는 당분간 못 마시게 되었다.

72

| 2019 고1 9월 학평 14번 |

〈보기〉를 참고할 때, ㉠~㉢을 이해한 내용으로 적절하지 <u>않은</u> 것은?

> ┌ 보기 ┐
>
> 다른 사람의 말이나 생각 등을 원래의 내용과 형식 그대로 옮겨 표현하는 것을 '직접 인용', 원래의 내용을 전달하되 말하는 사람의 관점에서 표현하는 것을 '간접 인용'이라 한다.
>
> 직접 인용은 큰따옴표와 종결 표현에 따른 문장 부호를 사용하고, 조사 '라고'를 붙여 표현한다. 간접 인용은 문장 부호 없이, 앞말의 종결 어미에 조사 '고'를 붙여 표현한다. 간접 인용문은 화자의 관점에서 표현하기 때문에 직접 인용문과 비교할 때 인칭, 지시 표현, 높임 표현, 시간 표현, 종결 표현 등에서 변화가 나타나기도 한다.
>
> ㉠ 어제 진우는 "내일 떠나고 싶다."라고 했다.
>   → 어제 진우는 오늘 떠나고 싶다고 했다.
> ㉡ 아들이 나에게 "잠시만 집에 계세요."라고 했다.
>   → 아들이 나에게 잠시만 집에 있으라고 했다.
> ㉢ 그 바다에서 아영이는 "나는 이곳이 마음에 들어."라고 했다.
>   → 그 바다에서 아영이는 자기는 그곳이 마음에 든다고 했다.

① ㉠: 직접 인용문에서 쓰인 조사 '라고'가 간접 인용문에서 '고'로 달라졌다.

② ㉠: 직접 인용문에서 쓰인 시간 표현 '내일'이 간접 인용문에서 '오늘'로 달라졌다.

③ ㉡: 직접 인용문에서 실현된 주체 높임 표현이 간접 인용문에서 객체 높임 표현으로 바뀌었다.

④ ㉢: 직접 인용문에서 쓰인 1인칭이 간접 인용문에서 3인칭으로 바뀌었다.

⑤ ㉢: 직접 인용문에서 쓰인 지시 표현 '이곳'이 간접 인용문에서 '그곳'으로 달라졌다.

73

| 2017 고3 9월 모평 14번 |

〈보기〉의 ⓐ~ⓓ에 들어갈 말을 올바르게 짝지은 것은? [3점]

> ┌ 보기 ┐
>
> ㉠ 영희 어머니께서는 "네 동생은 착해."라고 말씀하셨다.
> ㉡ 영희 어머니께서는 내 동생이 착하다고 말씀하셨다.
>
> ㉠은 영희 어머니의 발화를 그대로 옮긴 직접 인용이고, ㉡은 영희 어머니의 발화를 풀어 쓴 간접 인용이다. 그런데 직접 인용을 간접 인용으로 바꿀 때나 간접 인용을 직접 인용으로 바꿀 때는 인용절 속의 어미, 인용 조사, 대명사, 지시 표현, 높임 표현 등에 변화가 생길 수 있다.
>
> | 직접 인용 | 아들이 어제 저에게 "내일 사무실에 계십시오."라고 말했습니다. |
> | --- | --- |
> | | ↓ |
> | 간접 인용 | 아들이 어제 저에게 (ⓐ) 사무실에 (ⓑ) 말했습니다. |
> | 직접 인용 | 언니는 어제 "나의 휴대 전화에 메시지를 꼭 남겨라."라고 나에게 말했다. |
> | | ↓ |
> | 간접 인용 | 언니는 어제 (ⓒ) 휴대 전화에 메시지를 꼭 (ⓓ) 나에게 말했다. |

	ⓐ	ⓑ	ⓒ	ⓓ
①	오늘	있으라고	자기의	남기라고
②	어제	계시라고	자기의	남겨라고
③	오늘	있으라고	나의	남겨라고
④	오늘	계시라고	자기의	남겨라고
⑤	어제	계시라고	나의	남기라고

74

〈보기〉의 ㉠의 예로 적절한 것은?

┌─ 보기 ┐

'　㉠　'처럼 둘 이상의 의미로 해석되는 경우를 중의적 표현이라 하고, 이런 문장들을 '중의문'이라고 한다. 문장이 중의성을 띠게 되면 정확한 의미 전달에 방해가 되므로 중의성을 해소하는 것이 좋다.

① 그는 그녀와 작년에 결혼을 했다.
② 형은 나보다 어머니를 더 좋아한다.
③ 나를 보고 싶어 하는 친구들이 많다.
④ 그녀는 사과 한 개와 배 두 개를 샀다.
⑤ 그는 고향의 아름다운 바다를 생각한다.

76

〈보기〉의 밑줄 친 부분에 해당하는 예로 적절한 것은?

┌─ 보기 ┐

"나는 멋진 오빠의 친구를 보았다."는 <u>수식하는 말의 수식 범위가 불분명하여 두 가지 이상의 의미로 해석되는 문장</u>이다. 즉, '오빠'가 멋진 것인지, '오빠의 친구'가 멋진 것인지 분명하지 않아 중의적으로 해석된다.

① 귀여운 동생의 강아지가 있다.
② 형은 나보다 등산을 좋아한다.
③ 할머니께서 신발을 신고 계신다.
④ 나와 그녀는 올해 결혼을 하였다.
⑤ 그는 나에게 사과와 귤 두 개를 주었다.

75

〈보기〉의 ㉠～㉤에 대해 탐구한 내용으로 적절하지 <u>않은</u> 것은?

┌─ 보기 ┐

㉠ 경준이는 손이 크다.
㉡ 효정이는 구두를 신고 있다.
㉢ 상호는 아름다운 그녀의 어머니를 만났다.
㉣ 어머니께서 나에게 사과와 귤 두 개를 주셨다.
㉤ 지훈이는 웃으면서 들어오는 소민이를 맞이했다.

① ㉠은 '손이 크다'의 의미가 신체의 손이 큰지 씀씀이가 큰지 모호하기 때문에 명확하게 해석하기 어렵군.
② ㉡은 '신고 있다'의 의미가 구두를 신는 중인지 구두를 신은 상태인지가 모호하기 때문에 명확하게 해석하기 어렵군.
③ ㉢은 '아름다운'이 수식하는 대상이 '어머니'인지 '그녀'인지 모호하기 때문에 명확하게 해석하기 어렵군.
④ ㉣은 '사과'와 '귤'의 결합에 따라 '사과'와 '귤'이 각각 몇 개인지가 모호하기 때문에 명확하게 해석하기 어렵군.
⑤ ㉤은 '웃으면서'의 주체가 '지훈이'인지 '지훈이와 소민이'인지가 모호하기 때문에 명확하게 해석하기 어렵군.

77

〈보기〉의 [자료]를 탐구한 내용으로 적절하지 <u>않은</u> 것은? [3점]

┌─ 보기 ┐

문장의 중의성은 하나의 문장이 둘 이상의 의미로 해석되는 것이다. 이와 같은 중의성은 문장의 통사 구조나 특정 어휘가 갖는 영향 범위 등에 의해서 발생한다. 중의성을 해소하기 위해서는 어순을 바꿔 주거나, 문장 부호나 보조사 '은/는'을 사용한다.

[자료]
ㄱ. 친구가 모두 오지 않았다.
ㄴ. 그가 울면서 떠나는 그녀를 안아 주었다.
ㄷ. 나는 사랑스러운 그녀의 강아지를 보았다.

① ㄱ은 수량과 부정을 나타내는 말이 함께 사용되어 중의성이 생겼겠군.
② ㄴ은 행위의 주체가 불분명하여 중의성이 생겼겠군.
③ ㄷ은 수식을 받는 대상이 불분명하여 중의성이 생겼겠군.
④ ㄱ과 ㄴ은 모두 보조사 '는'을 사용하는 방법을 통해 중의성을 해소할 수 있겠군.
⑤ ㄴ과 ㄷ은 모두 어순을 바꾸는 방법을 통해 중의성을 해소할 수 있겠군.

78

| 2015 고3 10월 학평A 15번 |

〈보기〉의 ㉠~㉤은 모두 중의적인 문장이다. 괄호의 의미만을 나타 내도록 수정한 방법으로 적절하지 <u>않은</u> 것은?

┌─ 보기 ┐

㉠ 교실에 학생들이 다 오지 않았다.
　(→ 학생들이 한 명도 오지 않았다는 의미로)
㉡ 현규와 숙희는 어제 결혼하였다.
　(→ 현규가 숙희의 남편이 되었다는 의미로)
㉢ 이것은 선생님의 그림이다.
　(→ 그림 속 인물이 선생님이라는 의미로)
㉣ 아버지께서 귤과 사과 두 개를 가져오셨다.
　(→ 과일 세 개 중 두 개가 사과라는 의미로)
㉤ 그녀는 밝은 표정으로 환영하는 사람들에게 인사했다.
　(→ 표정이 밝은 사람은 그녀라는 의미로)

① ㉠: '않았다'를 '못했다'로 바꾼다.
② ㉡: '현규와 숙희는'을 '현규는 숙희와'로 교체한다.
③ ㉢: '선생님의'를 '선생님을 그린'으로 교체한다.
④ ㉣: '귤과 사과 두 개'를 '귤 한 개와 사과 두 개'로 바꾼다.
⑤ ㉤: '밝은 표정으로'를 '사람들에게'의 뒤로 옮긴다.

80

| 2015 고1 6월 학평 15번 |

〈보기〉에서 잘못된 문장을 고쳐 쓴 것 중, 적절하지 <u>않은</u> 것은?

┌─ 보기 ┐

• 중의적 문장을 사용한 경우
　㉖ 나는 형과 누나가 추천한 영화를 보았다.
　→ 나는 형과 누나가 추천한 영화를 집에서 보았다. ┈┈┈ ㉠
• 의미를 중복하여 사용한 경우
　㉖ 그 문제는 다시 재론할 필요가 없다.
　→ 그 문제는 재론할 필요가 없다. ┈┈┈ ㉡
• 사동 표현이 잘못된 경우
　㉖ 내가 친구 한 명을 소개시켜 줄게.
　→ 내가 친구 한 명을 소개해 줄게. ┈┈┈ ㉢
• 호응 관계가 잘못된 경우
　㉖ 내일은 구름과 비가 내리겠습니다.
　→ 내일은 구름이 끼고 비가 내리겠습니다. ┈┈┈ ㉣
• 높임 표현이 잘못된 경우
　㉖ 손님께서 주문하신 아메리카노 나오셨습니다.
　→ 손님께서 주문하신 아메리카노 나왔습니다. ┈┈┈ ㉤

① ㉠　　② ㉡　　③ ㉢　　④ ㉣　　⑤ ㉤

79

| 2018 고1 6월 학평 14번 |

다음 문장들을 수정할 때 고려한 사항으로 적절하지 <u>않은</u> 것은?

㉠ 그녀는 학교에서 되었다.
　ㄴ 그녀는 학교에서 회장이 되었다.
㉡ 그는 나보다 낚시를 더 좋아한다.
　ㄴ 그는 내가 낚시를 좋아하는 것보다 더 낚시를 좋아한다.
㉢ 우리 집의 특징은 앞마당이 넓다.
　ㄴ 우리 집의 특징은 앞마당이 넓다는 것이다.
㉣ 우리는 환경을 개선시켜야 할 의무가 있다.
　ㄴ 우리는 환경을 개선해야 할 의무가 있다.
㉤ 그들은 조용히 정숙을 유지하고 있었다.
　ㄴ 그들은 정숙을 유지하고 있었다.

① ㉠: 서술어가 요구하는 문장 성분인 주어를 추가한다.
② ㉡: 문장의 중의성을 해소한다.
③ ㉢: 주어와 서술어가 호응이 될 수 있도록 한다.
④ ㉣: 불필요한 사동 표현을 사용하지 않는다.
⑤ ㉤: 의미가 중복되는 어휘를 삭제한다.

81

| 2016 고2 3월 학평 15번 |

〈보기〉를 고친 이유에 따라 짝지은 결과로 적절한 것은?

┌─ 보기 ┐

(가) 지원이의 꿈은 국어 교사가 되고 싶다.
　→ 지원이의 꿈은 국어 교사가 되는 것이다.
(나) 인간은 한편으로는 자연에 순응하면서, 다른 한편으로는 이용하면서 살아왔다.
　→ 인간은 한편으로는 자연에 순응하면서, 다른 한편으로는 자연을 이용하면서 살아왔다.
(다) 형은 어떤 사람이든지 만나고 싶어 한다.
　→ 어떤 사람이든지 형을 만나고 싶어 한다.

	문장의 중의성	주어와 서술어 간의 불호응	필요한 문장 성분 누락
①	(가)	(나)	(다)
②	(나)	(가)	(다)
③	(나)	(다)	(가)
④	(다)	(가)	(나)
⑤	(다)	(나)	(가)

82

㉠~㉤의 잘못된 문장을 수정한 이유로 적절하지 <u>않은</u> 것은?

	잘못된 문장 → 수정한 문장
㉠	할아버지께서 세뱃돈을 주셨다. → 할아버지께서 우리에게 세뱃돈을 주셨다.
㉡	그의 말이 정말 믿겨지지 않았다. → 그의 말이 정말 믿기지 않았다.
㉢	그는 공연장에서 춤과 노래를 불렀다. → 그는 공연장에서 춤을 추고 노래를 불렀다.
㉣	연서는 "내가 요리를 잘한다."고 말했다. → 연서는 "내가 요리를 잘한다."라고 말했다.
㉤	주변 사람들에게 따뜻한 온정을 베풀어야 한다. → 주변 사람들에게 온정을 베풀어야 한다.

① ㉠: 서술어 '주셨다'가 요구하는 목적어가 없다.

② ㉡: 이중 피동 표현을 사용하였다.

③ ㉢: 목적어의 하나인 '춤'과 호응하는 서술어가 없다.

④ ㉣: 조사가 잘못 사용되었다.

⑤ ㉤: 의미가 중복된 표현을 사용하였다.

83

〈보기〉의 검토 내용을 고려하여 ㉠~㉤을 수정한 결과로 적절하지 <u>않은</u> 것은?

보기		
	원래의 문장	검토 내용
㉠	약은 약사에게 상의하십시오.	조사를 잘못 사용함.
㉡	뜰에 핀 꽃이 여간 탐스러웠다.	문장 성분의 호응이 적절하지 않음.
㉢	그의 장점은 모든 일에 성실하다.	
㉣	철수는 사과와 배 두 개를 먹었다.	문장이 중의적으로 해석됨.
㉤	기태는 아름다운 은영이의 목소리를 좋아한다.	

① ㉠: 약은 약사께 상의하십시오.

② ㉡: 뜰에 핀 꽃이 여간 탐스럽지 않았다.

③ ㉢: 그의 장점은 모든 일에 성실하다는 것이다.

④ ㉣: 철수는 사과 한 개와 배 한 개를 먹었다.

⑤ ㉤: 기태는 은영이의 아름다운 목소리를 좋아한다.

84

수업 시간에 문장을 다듬는 연습을 하였다. 고친 이유가 적절하지 <u>않은</u> 것은?

고쳐야 할 문장		고친 문장	
가던지 말던지 맘대로 해.	➡	가든지 말든지 맘대로 해.	… ㉠
기차가 이른 속도로 달렸다.	➡	기차가 빠른 속도로 달렸다.	… ㉡
내가 하고 싶은 말은 언제나 최선을 다해라.	➡	내가 하고 싶은 말은 언제나 최선을 다하라는 것이다.	… ㉢
한결같이 어려운 이웃을 돕 는 사람이 많다.	➡	어려운 이웃을 한결같이 돕 는 사람이 많다.	… ㉣
남에게 고통을 주거나 마음 을 상하게 하면 안 돼.	➡	남에게 고통을 주거나 남의 마음을 상하게 하면 안 돼.	… ㉤

① ㉠: 어미의 쓰임이 적절하지 않아서

② ㉡: 단어의 쓰임이 적절하지 않아서

③ ㉢: 주어와 서술어가 호응하지 않아서

④ ㉣: 문장이 중의적으로 해석되어서

⑤ ㉤: 문장 사이의 접속 표현이 어색해서

85

〈보기〉는 문법적으로 바르지 않은 문장 유형 중 일부이다. 〈보기〉의 어느 경우에도 해당하지 <u>않는</u> 것은?

보기
• 높임 표현이 적절하게 사용되지 않은 경우 • 연결 어미가 의미에 맞게 사용되지 않은 경우 • 피동 표현이 중복되어 과도한 피동이 된 경우 • 목적어에 대응하는 서술어가 잘못 생략된 경우

① 고등학생이라면 모름지기 그 정도는 다 할 줄 안다.

② 예상치 못했던 결과가 나온다면 실망할 필요가 없다.

③ 그 복지 시설은 지금 민간에 위탁 운영되어지고 있다.

④ 특별한 일이 없을 때는 텔레비전이나 라디오를 듣는다.

⑤ 이것은 어머니가 외할머니한테 생신 선물로 드린 것이다.

86

| 2015 고1 11월 학평 13번 |

다음은 학생의 자기 주도 학습 노트이다. 〈과제 수행〉에 들어갈 수 있는 내용으로 적절하지 <u>않은</u> 것은?

〈오늘 배운 내용〉

• 다음의 경우 잘못된 문장이 된다.
 − 문장 성분 간의 호응이 이루어지지 않은 경우
 − 반드시 필요한 문장 성분이 생략된 경우
 − 문장이 중의적으로 해석되는 경우

〈과제〉

• 다음 문장이 올바르지 못한 이유를 생각해 보고 문장들을 올바른 문장으로 고쳐 보세요.
 ㄱ. 철수는 노래하는 것을 전혀 싫어한다.
 ㄴ. 이곳의 풍부한 일조량은 키우기에 적합하다.
 ㄷ. 만약 민수가 아파서 너는 그를 돌봐줘야 한다.
 ㄹ. 인간은 운명을 개척하기도 하고 순응하기도 한다.
 ㅁ. (아버지가 용감한 경우) 용감한 영호의 아버지는 위기에 처한 사람을 구했다.

〈과제 수행〉

---

① ㄱ의 '전혀'는 서술어와 호응하지 않으므로 '전혀'를 '매우'로 바꿔야 한다.
② ㄴ에는 반드시 필요한 목적어가 생략되어 있으므로 '키우기에'의 대상이 될 수 있는 '농작물을'과 같은 말을 넣어야 한다.
③ ㄷ의 '아파서'는 '만약'과 호응하지 않으므로 '아프니'로 바꿔야 한다.
④ ㄹ에는 반드시 필요한 문장 성분이 생략되어 있으므로 '순응하기도' 앞에 '운명에'를 추가해야 한다.
⑤ ㅁ은 수식 관계가 불분명하여 중의적으로 해석되므로 '용감한'을 '아버지는'의 앞으로 옮겨야 한다.

87

| 2015 고3 7월 학평B 15번 |

다음은 잘못된 문장 표현을 고쳐 쓴 것이다. 적절하지 <u>않은</u> 것은?

• 문장 성분 간의 호응이 잘못된 경우
 예 그는 마음먹은 일은 절대로 하고 만다.
  → 그는 마음먹은 일은 반드시 하고 만다. ·············· ①
• 활용 어미의 사용이 잘못된 경우
 예 알맞는 답을 고르시오.
  → 알맞은 답을 고르시오. ·············· ②
• 불필요한 어휘가 중복된 경우
 예 이 사람의 장점은 노래를 잘한다는 것이 장점이다.
  → 이 사람의 장점은 노래를 잘한다는 것이다. ·············· ③
• 시간 표현이 잘못된 경우
 예 철수가 어제 집에 오지 않습니다.
  → 철수가 어제 집에 오지 않았습니다. ·············· ④
• 필수적인 문장 성분이 지나치게 생략된 경우
 예 인사 발령이 나서 가게 되었다.
  → 인사 발령이 나서 급히 가게 되었다. ·············· ⑤

88

| 2015 고3 3월 학평B 13번 |

㉠~㉤의 사례로 적절하지 <u>않은</u> 것은?

보기

 문장을 어법에 어긋나거나 부자연스럽게 사용한 대표적 유형으로는, ㉠<u>주어와 서술어가 호응하지 않는 경우</u>, ㉡<u>부사어와 서술어가 호응하지 않는 경우</u>, ㉢<u>서술어가 요구하는 문장 성분이 부적절하게 생략된 경우</u>, ㉣<u>서술어가 부적절하게 생략된 경우</u>, ㉤<u>불필요하게 의미가 중복되는 경우</u> 등이 있다.

---

① ㉠: 내가 하고 싶은 말은 다른 사람을 배려해서 행동하자.
② ㉡: 새벽에 잠을 깬 사람은 비단 나뿐이었다.
③ ㉢: 나는 집에 오자마자 들고 있던 가방을 두었다.
④ ㉣: 새로 산 자동차에 짐과 동생을 태우고 여행을 떠났다.
⑤ ㉤: 착한 너의 후배를 나한테 빨리 소개해 주었으면 좋겠다.

89

| 2015 고3 4월 학평B 12번 |

⑦~⑩에 들어갈 문장으로 적절하지 <u>않은</u> 것은?

원래 문장	표현하려는 의미	수정한 문장
현우는 새로 산 옷을 입고 있다.	옷을 입는 동작이 진행 중임을 나타내고자 함.	⑦
영철이는 지수보다 야구 경기를 더 좋아한다.	영철이가 더 좋아하는 것은 지수가 아니라 야구 경기임.	⑥
친구들이 약속 장소에 다 나오지 않았다.	친구들이 일부만 참석함.	ⓒ
민수는 아침에 윤서가 여행에서 돌아왔다고 말했다.	돌아온 사실을 말한 시점이 아침임.	ⓔ
그는 내게 장미와 튤립 두 송이를 주었다.	받은 꽃의 개수가 세 송이임.	⑩

① ⑦: 현우는 새로 산 옷을 입고 있는 중이다.

② ⑥: 영철이는 지수를 좋아하는 것보다 야구 경기를 더 좋아한다.

③ ⓒ: 친구들이 약속 장소에 다는 나오지 않았다.

④ ⓔ: 윤서가 아침에 여행에서 돌아왔다는 것을 민수는 말했다.

⑤ ⑩: 그는 내게 장미 한 송이와 튤립 두 송이를 주었다.

90

| 2016 고3 9월 모평B 14번 |

〈자료〉와 같이 문장을 수정할 때 고려한 사항을 〈보기〉의 ⑦~ⓔ에서 고른 것은?

┌ 보기 ┐

⑦ **주어와 서술어의 호응**
  • 너희가 기억할 것은 좋은 지도자는 실패하더라도 좌절하지 않는다.
  → 너희가 기억할 것은 좋은 지도자는 실패하더라도 좌절하지 않는다는 점이다.

⑥ **부사어와 연결 어미의 호응**
  • 그는 아무리 돈이 많아서 그것을 쓸 줄 모른다.
  → 그는 아무리 돈이 많아도 그것을 쓸 줄 모른다.

ⓒ **목적어의 누락**
  • 상대방의 함정에 빠진 그들은 머리를 모아 궁리하기 시작했다.
  → 상대방의 함정에 빠진 그들은 머리를 모아 탈출 방법을 궁리하기 시작했다.

ⓔ **피동의 중복**
  • 그것은 오래전에 불려지던 노래이다.
  → 그것은 오래전에 불리던 노래이다.

┌ 자료 ┐

• 그 프로그램을 쓰면 비록 초보자일수록 누구나 쉽게 표와 그래프 등을 그려서 작성할 수 있다.
→ 그 프로그램을 쓰면 비록 초보자일지라도 누구나 쉽게 표와 그래프 등을 그려서 문서를 작성할 수 있다.

① ⑦, ⑥　② ⑦, ⓒ　③ ⑥, ⓒ　④ ⑥, ⓔ　⑤ ⓒ, ⓔ

91

| 2016 수능B 15번 |

다음 중 문법적으로 가장 정확한 문장은?

① 그는 자기가 창안한 사회 이론을 더욱 발전해 사회 문제의 해결에 기여하고자 하였다.

② 참관인 자격으로 회의에 참석한 두 사람은 눈짓을 주고받은 후 조용히 회의장을 빠져나갔다.

③ 유럽은 18세기 후반부터 약 100년 동안 생산 기술의 발달과 그에 따라 사회 조직의 큰 변화를 겪었다.

④ 이 책의 저자가 독자에게 말하려는 요점은 모름지기 사람은 남을 위하여 자기를 희생할 줄도 알아야 한다.

⑤ 그의 작품들은 엇비슷해서 학생들이 작품 이름의 혼동이나 각 작품의 이야기 줄거리를 잘 기억하지 못했다.

92

| 2016 고3 6월 모평B 14번 |

〈보기 1〉의 ⑦~ⓔ 중 〈보기 2〉와 같이 문장을 수정하는 데에 반영된 것만을 있는 대로 고른 것은?

┌ 보기 1 ┐

문장을 수정할 때는 아래와 같은 사항을 점검해야 한다.

⑦ 문장의 필수 성분이 다 갖추어져 있는가?
⑥ 조사가 적절하게 사용되었는가?
ⓒ 어미가 적절하게 사용되었는가?
ⓔ 불필요한 의미 중복 표현이 사용되지는 않았는가?

┌ 보기 2 ┐

수정 전	지난여름 청소년 문화 교류단에 참여하려는 학생들은 각 지역에 청소년들과 소통하고 답사함으로써 즐거운 추억을 만들 수 있었다.

↓

수정 후	지난여름 청소년 문화 교류단에 참여한 학생들은 각 지역의 청소년들과 소통하고 유적지를 답사함으로써 즐거운 추억을 만들 수 있었다.

① ⑦, ⓒ　　② ⑦, ⓔ　　③ ⑥, ⓔ

④ ⑦, ⑥, ⓒ　　⑤ ⑥, ⓒ, ⓔ

지문형 문제

| 2018 고1 9월 학평 11~12번 |

[93~94] 다음 글을 읽고 물음에 답하시오.

'I like you.'를 번역할 때, 듣는 이가 친구라면 '난 널 좋아해.'라고 하겠지만, 할머니라면 '저는 할머니를 좋아해요.'라고 할 것이다. 왜냐하면 우리말은 상대에 따라 높임 표현이 달리 실현되기 때문이다.

'높임 표현'이란 말하는 이가 어떤 대상을 높이거나 낮추는 정도를 구별하여 표현하는 방법을 말한다. 국어에서 높임 표현은 높임의 대상에 따라 주체 높임, 상대 높임, 객체 높임으로 나누어진다.

주체 높임은 서술의 주체를 높이는 방법이다. 주체 높임을 실현하기 위해 선어말 어미 '-(으)시-'를 사용하며, 주격 조사 '이/가' 대신에 '께서'를 쓰기도 한다. 그 밖에 '계시다', '주무시다' 등과 같은 특수 어휘를 사용하여 높임을 드러내기도 한다. 그리고 주체 높임에는 직접 높임과 간접 높임이 있다. 직접 높임은 높임의 대상인 주체를 직접 높이는 것이고, ㉠간접 높임은 높임의 대상인 주체의 신체 일부, 소유물, 가족 등을 높임으로써 주체를 간접적으로 높이는 것이다.

상대 높임은 말하는 이가 듣는 이를 높이거나 낮추어 말하는 방법이다. 상대 높임은 주로 종결 표현을 통해 실현되는데, 아래와 같이 크게 격식체와 비격식체로 나뉜다.

	하십시오체	예 합니다, 합니까? 등
격식체	하오체	예 하오, 하오? 등
	하게체	예 하네, 하는가? 등
	해라체	예 한다, 하냐? 등
비격식체	해요체	예 해요, 해요? 등
	해체	예 해, 해? 등

격식체는 격식을 차리는 자리나 공식적인 상황에서 주로 사용하며, 비격식체는 격식을 덜 차리는 자리나 사적인 상황에서 주로 사용한다. 그렇기 때문에 같은 대상이라도 공식적인 자리인지 사적인 자리인지에 따라 높임 표현이 달리 실현되기도 한다.

객체 높임은 목적어나 부사어가 지시하는 대상, 즉 서술의 객체를 높이는 방법이다. 객체 높임은 '모시다', '여쭈다' 등과 같은 특수 어휘를 통해 실현되며, 부사격 조사 '에게' 대신 '께'를 사용하기도 한다.

93

다음 문장 중 ㉠의 예로 적절한 것은?

① 아버지께서 요리를 하셨다.
② 교수님께서는 책이 많으시다.
③ 어머니께서 음악회에 가셨다.
④ 선생님께서 우리의 이름을 부르신다.
⑤ 할아버지께서는 마을 이장이 되셨다.

94

윗글을 바탕으로 〈보기〉의 ⓐ~ⓔ를 탐구한 내용으로 적절하지 <u>않은</u> 것은? [3점]

보기

(복도에서 친구와 만난 상황)
성호: 지수야, ⓐ선생님께서 발표 자료 가져오라고 하셨어.
지수: 지금 바빠서 ⓑ선생님께 자료 드리기 어려운데, 네가 가져다 드리면 안 될까?
성호: ⓒ네가 선생님을 직접 뵙고, 자료를 드리는 게 좋을 것 같아.
지수: 알았어.

(교무실로 선생님을 찾아간 상황)
선생님: 지수야, 이번 수업 시간에 발표해야지? 발표 자료 가져왔니?
지수: 여기 있어요. ⓓ열심히 준비했어요.
선생님: 그래, 준비한 대로 발표 잘 하렴.

(수업 중 발표 상황)
지수: ⓔ이상으로 발표를 마치겠습니다.
성호: 궁금한 점이 있는데, 질문해도 되겠습니까?

① ⓐ: 조사 '께서'와 선어말 어미 '-시-'를 사용하여 서술의 주체인 선생님을 높이고 있군.
② ⓑ: 조사 '께'와 특수 어휘 '드리다'를 사용하여 서술의 객체인 선생님을 높이고 있군.
③ ⓒ: 특수 어휘 '뵙다'를 사용하여 서술의 주체인 선생님을 높이고 있군.
④ ⓓ: 듣는 사람인 선생님을 높이기 위해 '준비했어요'라는 종결 표현을 사용하고 있군.
⑤ ⓔ: 수업 중 발표하는 공식적인 상황이므로 '마치겠습니다'라고 격식체를 사용하고 있군.

[95~96] 다음 글을 읽고 물음에 답하시오.

국어의 시제는 과거, 현재, 미래가 있는데, 이는 발화시와 사건시라는 시점을 기준으로 나눈 것이다. 발화시는 말하는 이가 말하는 시점을 뜻하고, 사건시는 동작이나 상태가 나타나는 시점을 가리킨다. 발화시보다 사건시가 앞서면 '과거 시제', 발화시와 사건시가 일치하면 '현재 시제', 발화시보다 사건시가 나중이면 '미래 시제'라고 한다.

시제는 다음과 같이 어미나 시간 부사를 통해 실현된다.

시제의 종류 문법 요소	과거 시제	현재 시제	미래 시제
선어말 어미	-았-/-었-, -았었-, -었었-, -더-	• 동사: -는-, -ㄴ- • 형용사: 없음	-겠-, (으)리
관형사형 어미	• 동사: -(으)ㄴ, -던 • 형용사: -던	• 동사: -는 • 형용사: -(으) ㄴ	-(으)ㄹ
시간 부사	어제, 옛날 등	오늘, 지금 등	내일, 곧 등

시간을 표현하는 문법 요소는 항상 특정한 시제만 표현하는 것은 아니다. 예를 들어 '-았-/-었-'은 주로 과거 시제를 표현하지만, 과거에 이루어진 어떤 상태가 현재까지 지속되는 경우에 쓰이기도 하고, ㉠미래의 상황을 표현하는 경우에 쓰이기도 한다.

> ㉮ 찬호는 어려서부터 아빠를 닮았다.
> ㉯ 네가 지금처럼 공부하면 틀림없이 대학에 붙었다.

㉮는 '찬호와 아빠의 닮음'이라는 과거의 상태가 현재까지도 지속되고 있음을 보여 준다. 한편 ㉯의 '붙었다'에서 과거 시제 선어말 어미 '-었-'이 쓰였지만, 발화시에서 볼 때 '대학에 붙는 일'은 앞으로 벌어질 미래의 사건이다.

95

윗글을 읽고 〈보기〉의 ⓐ~ⓒ를 탐구한 내용으로 가장 적절한 것은? [3점]

┌─ **보기** ─────────────────────┐
│ ⓐ 아기가 새근새근 잘 잔다. │
│ ⓑ 영주는 어제 영화를 한 편 봤다. │
│ ⓒ 전국적으로 비가 곧 내리겠습니다. │
└──────────────────────────────┘

① ⓐ: 발화시보다 사건시가 나중인 시간 표현이 사용되었다.

② ⓐ: 관형사형 어미와 선어말 어미를 활용한 시간 표현이 나타난다.

③ ⓑ: 발화시와 사건시가 일치하는 시간 표현이 사용되었다.

④ ⓑ: 시간 부사와 선어말 어미를 활용한 시간 표현이 나타난다.

⑤ ⓒ: 발화시보다 사건시가 앞선 시간 표현이 사용되었다.

96

㉠의 사례로 가장 적절한 것은?

① 그는 여행을 떠나기로 결심했다.

② 1919년 3월 1일, 만세 운동이 일어났다.

③ 봄날 거리에 개나리가 흐드러지게 피었다.

④ 학생들이 운동장에서 축구공을 차고 있었다.

⑤ 어린 동생과 싸웠으니 난 이제 어머니께 혼났다.

| 2018 고1 11월 학평 13~14번 |

[97~98] 다음 글을 읽고 물음에 답하시오.

담화 상황에서 화자가 자신의 의도를 명확하게 전달하고 청자와 원활하게 의사소통을 하기 위해서는 대상과 상황에 맞게 문법 요소를 활용해야 한다. 이러한 문법 요소에는 높임 표현, 피동 표현 등이 있다.

높임 표현은 화자가 대상의 높고 낮은 정도를 언어적으로 구별하는 것이다. 이는 화자가 높이려는 대상이 누구인지에 따라 주체 높임, 객체 높임, 상대 높임으로 구분된다. 주체 높임은 서술어의 주체를 높이는 방식이다. 이는 일반적으로 서술어에 선어말 어미 '-(으)시-'가 붙어서 실현되며, '주무시다, 잡수시다'와 같은 특수한 어휘나 조사 '께서'로 실현되기도 한다. 주체 높임에는 높임의 대상을 직접적으로 높이는 방식과 높이려는 대상의 신체 일부분, 소유물, 생각 등과 관련된 서술어에 '-(으)시-'를 사용해 높임의 대상을 간접적으로 높이는 방식이 있다. 객체 높임은 목적어나 부사어가 지시하는 대상, 즉 서술어의 객체를 높이는 방식이다. 이는 보통 '드리다, 모시다'와 같은 특수한 어휘나 조사 '께'로 실현된다. 상대 높임은 청자를 높이거나 낮추는 방식이다. 상대 높임은 종결 어미를 통해 실현되는데 하십시오체, 하오체, 하게체, 해라체와 같은 격식체와 해요체, 해체와 같은 비격식체로 나뉜다. 보통 공적인 상황에서 예의를 갖추며 상대를 높일 때에는 격식체의 하십시오체를 사용하고, 사적인 상황에서 친밀감을 드러내며 높일 때에는 비격식체의 해요체를 사용한다.

[A]
한편 피동 표현은 주어가 다른 주체에 의해 동작이나 행위를 당하는 것을 표현하는 것이다. 이와 반대로 주어가 동작이나 행위를 제힘으로 함을 표현하는 것은 능동 표현이라고 한다. 그런데 능동 표현을 피동 표현으로 바꾸거나 피동 표현을 능동 표현으로 바꾸면 문장 성분에 변화가 일어난다. 피동 표현은 능동의 동사에 피동 접미사 '-이-', '-히-', '-리-', '-기-'가 붙거나, 동사의 어간에 '-어/아지다', '-게 되다' 등이 붙어서 실현된다. 그리고 일부 명사 뒤에 '-되다'가 결합하여 실현되기도 한다. 피동 표현이 실현되면 동작이나 행위를 당하는 대상이 주어로 나타나므로 동작이나 행위를 당한 대상이 강조되는 효과가 있다. 그런데 간혹 피동 표현을 만드는 요소를 중복으로 결합하여 이중 피동 표현을 사용하는 일이 발생한다. 이러한 경우 잘못된 표현이 되어 화자의 의도를 효과적으로 드러내기 어렵고 상대방과의 원활한 의사소통을 방해할 수 있다. 그러므로 피동 표현의 쓰임새를 정확하게 이해하여 피동 표현을 사용하는 일은 중요하다.

97

윗글을 바탕으로 〈보기〉를 탐구한 내용으로 적절하지 않은 것은?

| 보기 |

ㄱ. (회장이 학급 친구들에게) 지금부터 학급 회의를 시작하겠습니다.
ㄴ. (언니가 동생에게) 나는 지난주에 할머니를 뵙고 왔어.
ㄷ. (형이 동생에게) 할아버지께서는 지금 어디 계시니?
ㄹ. (학생이 선생님에게) 선생님의 옷이 멋지십니다.
ㅁ. (아들이 어머니에게) 아버지께 다녀왔어요.

① ㄱ: '회장'은 공적인 상황에서 종결 어미를 사용하여 상대인 '학급 친구들'을 높이고 있다.
② ㄴ: '언니'는 특수한 어휘를 사용하여 객체인 '할머니'를 높이고 있다.
③ ㄷ: '형'은 조사와 선어말 어미를 사용하여 주체인 '할아버지'를 높이고 있다.
④ ㄹ: '학생'은 선어말 어미를 사용하여 '선생님'을 간접적으로 높이고 있다.
⑤ ㅁ: '아들'은 조사를 사용하여 객체인 '아버지'를 높이고 있다.

98

[A]를 바탕으로 〈보기〉의 ㉠~㉣에 대해 설명한 것으로 적절하지 않은 것은? [3점]

| 보기 |

학생 1: 어제 유기견 보호 센터에서 한 봉사 활동은 어땠어?
학생 2: 응, 좋았어. 강아지들과 놀아 주고 산책도 했어. 그리고 친구들의 마음이 ㉠담긴 성금도 전달했지.
학생 1: ㉡버려지는 강아지들이 ㉢구조되는 데 성금이 ㉣쓰인다고 해서 나도 모금에 동참했어.
학생 2: 아, 그래? 유기견 보호 행사가 다음 주에 ㉤열린다는데 너도 같이 갈래?
학생 1: 응. 좋아.

① ㉠은 능동의 동사에 피동 접미사 '-기-'가 결합하여 실현된 피동 표현이다.
② ㉡은 피동 접미사 '-리-'가 쓰인 동사의 어간에 '-어지다'가 중복해서 결합한 이중 피동 표현이다.
③ ㉢은 명사 뒤에 '-되다'가 결합하여 주어가 행위를 당하는 것을 표현하고 있다.
④ ㉣은 '쓴다고'와 같이 능동 표현으로 바뀔 경우 ㉣의 주어가 목적어로 바뀐다.
⑤ ㉤은 행사를 여는 주체보다 '유기견 보호 행사'가 강조되는 효과가 드러나는 피동 표현이다.

| 2019 고2 6월 학평 11∼12번 |

[99~100] 다음 글을 읽고 물음에 답하시오.

하나의 언어 표현이 둘 이상의 의미를 나타내는 현상을 '중의성'이라고 하는데, 일반적으로 (1)~(3)과 같이 세 가지 양상으로 나눌 수 있다.

(1) ㄱ. 손이 크다.
　　ㄴ. 차를 사다.
(2) ㄱ. 예쁜 민지의 목소리가 들린다.
　　ㄴ. 나는 철수와 영희를 달랬다.
　　ㄷ. 아버지는 어머니보다 강을 더 좋아한다.
(3) ㄱ. 나는 어제 그녀를 만나지 않았다.
　　ㄴ. 포수 세 명이 사슴 한 마리를 잡았다.

첫째, '어휘적 중의성'은 문장에 사용되는 어휘의 특성에 따라 문장이 중의적으로 해석되는 것으로, '다의어'나 '동음이의어'를 통해서 실현된다. (1ㄱ)은 '손'이 '신체 부위'나 '씀씀이'와 같이 둘 이상의 의미로 해석될 수 있기 때문에 '다의어'에 따른 중의성에 해당한다. (1ㄴ)의 '차'는 '엔진이 달린 탈것[車]'이라는 의미로도 해석되고, 녹차나 홍차와 같이 '마시는 음료[茶]'로도 해석된다. 따라서 (1ㄴ)은 소리는 같으나 뜻이 다른 '동음이의어'에 따른 중의성이 나타난 경우에 해당한다.

둘째, '구조적 중의성'은 어떤 문장이 둘 이상의 통사적 관계를 가진 문장 구조로 분석되어 중의적으로 해석되는 것으로, '수식 관계', '접속 구문', '비교 구문' 등을 통해서 실현된다. (2ㄱ)은 '수식 관계'에 따라 중의성이 생기는 경우로, '예쁜'이 '민지'를 수식할 수도 있고 '목소리'를 수식할 수도 있기 때문에 중의성이 생긴다. (2ㄴ)은 '접속 구문'에 따라 중의성이 생기는 경우이다. 내가 '철수와 영희' 둘 다 달랬다는 의미로도 해석되지만, 내가 철수와 함께 '영희'를 달랬다는 의미로도 해석되기 때문에 중의성이 생긴다. (2ㄷ)은 '비교 구문'에 따라 중의성이 생기는 경우이다. 행위의 주체인 '아버지와 어머니'가 강을 놓고 그 선호도를 비교했다는 의미로 볼 수도 있고, 아버지가 행위의 대상인 '어머니와 강'을 놓고 그 선호도를 비교했다는 의미로 볼 수도 있기 때문에 중의성이 생긴다.

셋째, '작용역*의 중의성'은 하나의 문장에서 나타나는 작용역이 다르게 해석됨에 따라 발생하는 것으로, '부정 표현', '수량 표현' 등을 통해서 실현된다. (3ㄱ)은 '부정 표현'에 따라 중의성이 생기는 경우이다. '않았다'가 부정하는 것이 '나'인지, '어제'인지, '그녀'인지, '만나다'인지 불분명하기 때문에 중의적 표현이 되었다. (3ㄴ)은 '수량 표현'에 따라 중의성이 생기는 경우이다. 즉, 포수 세 명이 합쳐서 사슴 한 마리를 잡았다는 의미도 될 수 있고, 포수 세 명 각자가 사슴 한 마리씩

을 잡았다는 의미도 될 수 있다.

이와 같은 중의적 표현은 광고나 유머 등에서 표현 효과를 위해 의도적으로 사용하는 경우가 있다. 하지만 일반적으로 중의적 표현은 의사소통에 방해가 되기 때문에 중의성을 띠지 않도록 표현하는 것이 바람직하다. 쉼표를 사용하거나, 어순, 단어, 조사 등을 바꾸거나, 단어나 조사를 추가하면 중의성이 해소될 수 있다.

* 작용역: 어떠한 단어의 의미가 다른 단어의 의미에 영향을 미치는 범위

99
윗글을 읽고 알 수 있는 내용이 <u>아닌</u> 것은?

① 표현 의도에 따라 중의적 표현을 사용하는 경우도 있다.
② 동음이의어에 따른 중의성은 한자어 표기를 병행하여 해결할 수 있다.
③ 둘 이상의 수식어가 하나의 피수식어를 수식할 때 구조적 중의성이 발생한다.
④ 수량 표현이 영향을 미치는 범위가 둘 이상이 되면 작용역의 중의성이 나타날 수 있다.
⑤ 비교 구문에서 특정 부분이 행위의 주체도 될 수 있고 행위의 대상도 될 수 있을 때 중의성이 발생한다.

100
윗글을 바탕으로 할 때, 〈보기〉의 ㉠~㉤에 들어갈 내용으로 적절하지 <u>않은</u> 것은?

| 보기

중의적인 문장	해소 방법	고친 문장
길이 없다.	단어 바꾸기	㉠
착한 주희의 동생을 만났다.	어순 바꾸기	㉡
나는 영호와 민주를 보았다.	쉼표의 사용	㉢
회원들이 다 오지 않았다.	조사의 추가	㉣
학생들이 컴퓨터 한 대를 사용한다.	단어의 추가	㉤

① ㉠: 도로가 없다.
② ㉡: 주희의 착한 동생을 만났다.
③ ㉢: 나는, 영호와 민주를 보았다.
④ ㉣: 회원들이 다는 오지 않았다.
⑤ ㉤: 모든 학생들이 컴퓨터 한 대를 사용한다.

IV

국어 생활

핵심 개념 · 국어의 규범

1 표준어 규정 해설의 구성

> **제1부 표준어 사정 원칙**
> – 제1장 총칙
> – 제2장 발음 변화에 따른 표준어 규정
> – 제3장 어휘 선택의 변화에 따른 표준어 규정
>
> **제2부 표준 발음법**
> – 제1장 총칙　　– 제2장 자음과 모음　　– 제3장 음의 길이
> – 제4장 받침의 발음　– 제5장 음의 동화　　– 제6장 경음화
> – 제7장 음의 첨가

2 제1부 표준어 사정 원칙 주요 내용

• 제1장 총칙

제1항	표준어는 교양 있는 사람들이 두루 쓰는 현대 서울말로 정함을 원칙으로 한다.

• 제2장 발음 변화에 따른 표준어 규정

[제1절 자음]

제3항	다음 단어들은 거센소리를 가진 형태를 표준어로 삼는다. 예 끄나풀(끄나불 X) / 나팔꽃(나발꽃 X) / 녘(녁 X) / 부엌(부엌 X) / 살쾡이(삵괭이 X) / 칸(간 X) / 털어먹다(떨어먹다 X)
제4항	다음 단어들은 거센소리로 나지 않는 형태를 표준어로 삼는다. 예 가을갈이(가을카리 X) / 거시기(거시키 X) / 분침(푼침 X)
제5항	어원에서 멀어진 형태로 굳어져서 널리 쓰이는 것은, 그것을 표준어로 삼는다. 예 강낭콩(강남콩 X) / 고삿(고샅 X) / 사글세(삭월세 X) / 울력성당(위력성당 X)
제7항	수컷을 이르는 접두사는 '수-'로 통일한다. 예 수꿩(수퀑/숫꿩 X) / 수나사(숫나사 X) / 수놈(숫놈 X) / 수사돈(숫사돈 X) / 수소(숫소 X) / 수은행나무(숫은행나무 X) 다만 1. 다음 단어에서는 접두사 다음에서 나는 거센소리를 인정한다. 접두사 '암-'이 결합되는 경우에도 이에 준한다. 예 수캉아지, 수캐, 수컷, 수키와, 수탉, 수탕나귀, 수톨쩌귀, 수퇘지, 수평아리 다만 2. 다음 단어의 접두사는 '숫-'으로 한다. 예 숫양, 숫염소, 숫쥐

[제2절 모음]

제8항	양성 모음이 음성 모음으로 바뀌어 굳어진 다음 단어는 음성 모음 형태를 표준어로 삼는다. 예 깡충깡충(깡총깡총 X) / -둥이(-동이 X) / 발가숭이(발가송이 X) / 보퉁이(보통이 X) / 봉죽(봉족 X) / 뻗정다리(뻗장다리 X) / 아서/아서라(앗아, 앗아라 X) / 오뚝이(오똑이 X) / 주추(주초 X) 다만, 어원 의식이 강하게 작용하는 다음 단어에서는 양성 모음 형태를 그대로 표준어로 삼는다. 예 부조(扶助)(부주 X) / 사돈(査頓)(사둔 X) / 삼촌(三寸)(삼준 X)
제9항	'ㅣ' 역행 동화 현상에 의한 발음은 원칙적으로 표준 발음으로 인정하지 아니하되, 다만 다음 단어들은 그러한 동화가 적용된 형태를 표준어로 삼는다. 예 -내기(-나기 X) / 냄비(남비 X) / 동댕이치다(동당이치다 X)

[붙임 1] 다음 단어는 'ㅣ' 역행 동화가 일어나지 아니한 형태를 표준어로 삼는다.
　예 아지랑이(아지랭이 X)
[붙임 2] 기술자에게는 '-장이', 그 외에는 '-쟁이'가 붙는 형태를 표준어로 삼는다.
　예 미장이(미쟁이 X) / 유기장이(유기쟁이 X) / 멋쟁이(멋장이 X) / 소금쟁이(소금장이 X) / 담쟁이덩굴(담장이덩굴 X) / 골목쟁이(골목장이 X) / 발목쟁이(발목장이 X)

제12항	'웃-' 및 '윗-'은 명사 '위'에 맞추어 '윗-'으로 통일한다. 예 윗넓이, 윗눈썹, 윗니, 윗도리, 윗막이, 윗목, 윗배, 윗변, 윗입술, 윗잇몸, 윗자리 다만 1. 된소리나 거센소리 앞에서는 '위-'로 한다. 예 위짝, 위쪽, 위채, 위층, 위치마, 위턱, 위팔 다만 2. '아래, 위'의 대립이 없는 단어는 '웃-'으로 발음되는 형태를 표준어로 삼는다. 예 웃돈, 웃어른, 웃옷

3 제2부 표준 발음법 주요 내용

• 제1장 총칙

제1항	표준 발음법은 표준어의 실제 발음을 따르되, 국어의 전통성과 합리성을 고려하여 정함을 원칙으로 한다.

• 제2장 자음과 모음

제4항	'ㅏ ㅐ ㅓ ㅔ ㅗ ㅚ ㅜ ㅟ ㅡ ㅣ'는 단모음으로 발음한다. [붙임] 'ㅚ, ㅟ'는 이중 모음으로 발음할 수 있다.
제5항	'ㅑ ㅐ ㅕ ㅖ ㅘ ㅙ ㅛ ㅝ ㅞ ㅠ ㅢ'는 이중 모음으로 발음한다. 다만 1. 용언의 활용형에 나타나는 '져, 쪄, 쳐'는 [저, 쩌, 처]로 발음한다. 예 가지어 → 가져[가저], 찌어 → 쪄[쩌], 다치어 → 다쳐[다처] 다만 2. '예, 례' 이외의 'ㅖ'는 [ㅔ]로도 발음한다. 예 계시다[계ː시다/게ː시다], 시계[시계/시게](時計), 연계[연계/연게](連繫), 개폐[개폐/개페](開閉), 혜택[혜ː택/헤ː택](惠澤), 지혜[지혜/지헤](知慧) 다만 3. 자음을 첫소리로 가지고 있는 음절의 'ㅢ'는 [ㅣ]로 발음한다. 예 늴리리, 닁큼, 무늬, 띄어쓰기, 씌어, 틔어, 희어, 희떱다, 희망, 유희 다만 4. 단어의 첫음절 이외의 '의'는 [ㅣ]로, 조사 '의'는 [ㅔ]로 발음함도 허용한다. 예 주의[주의/주이], 협의[혀비/혀비], 우리의[우리의/우리에], 강의의[강ː의의/강ː이에]

• 제3장 음의 길이

제6항	모음의 장단을 구별하여 발음하되, 단어의 첫음절에서만 긴소리가 나타나는 것을 원칙으로 한다. 예 눈보라[눈ː보라], 말씨[말ː씨], 밤나무[밤ː나무], 많다[만ː타], 멀리[멀ː리], 벌리다[벌ː리다] 다만, 합성어의 경우에는 둘째 음절 이하에서도 분명한 긴소리를 인정한다. 예 반신반의[반ː신바ː늬/반ː신바ː니], 재삼재사[재ː삼재ː사]

	[붙임] 용언의 단음절 어간에 어미 '-아/어'가 결합되어 한 음절로 축약되는 경우에도 긴소리로 발음한다. 예 보아 → 봐[봐:], 기어 → 겨[겨:], 되어 → 돼[돼:], 두어 → 둬[둬:], 하여 → 해[해:] 다만, '오아 → 와, 지어 → 져, 찌어 → 쩌, 치어 → 쳐' 등은 긴소리로 발음하지 않는다.
제7항	긴소리를 가진 음절이라도, 다음과 같은 경우에는 짧게 발음한다. 1. 단음절인 용언 어간에 모음으로 시작된 어미가 결합되는 경우 예 감다[감:따] - 감으니[가므니], 밟다[밥:따] - 밟으면[발브면], 신다[신:따] - 신어[시너], 알다[알:다] - 알아[아라] 다만, 다음과 같은 경우는 예외적이다. 예 끌다[끌:다] - 끌어[끄:러], 떫다[떨:따] - 떫은[떨:븐], 벌다[벌:다] - 벌어[버:러], 썰다[썰:다] - 썰어[써:러], 없다[업:따] - 없으니[업:쓰니] 2. 용언 어간에 피동, 사동의 접미사가 결합되는 경우 예 감다[감:따] - 감기다[감기다], 꼬다[꼬:다] - 꼬이다[꼬이다], 밟다[밥:따] - 밟히다[발피다] 다만, 다음과 같은 경우에는 예외적이다. 예 끌리다[끌:리다], 벌리다[벌:리다], 없애다[업:쌔다] [붙임] 다음과 같은 복합어에서는 본디의 길이에 관계없이 짧게 발음한다. 예 밀물, 썰물, 쏜살같이, 작은아버지

• 제4장 받침의 발음

제8항	받침소리로는 'ㄱ, ㄴ, ㄷ, ㄹ, ㅁ, ㅂ, ㅇ'의 7개 자음만 발음한다.
제9항	받침 'ㄲ, ㅋ', 'ㅅ, ㅆ, ㅈ, ㅊ, ㅌ', 'ㅍ'은 어말 또는 자음 앞에서 각각 대표음 [ㄱ, ㄷ, ㅂ]으로 발음한다. 예 닦다[닥따], 키읔[키윽], 옷[옫], 있다[읻따], 젖[젇], 꽃[꼳], 솥[솓], 앞[압], 덮다[덥따]
제10항	겹받침 'ㄳ', 'ㄵ', 'ㄼ, ㄽ, ㄾ', 'ㅄ'은 어말 또는 자음 앞에서 각각 [ㄱ, ㄴ, ㄹ, ㅂ]으로 발음한다. 예 넋과[넉꽈], 앉다[안따], 여덟[여덜], 외곬[외골], 핥다[할따], 없다[업:따] 다만, '밟-'은 자음 앞에서 [밥]으로 발음하고, '넓-'은 다음과 같은 경우에 [넙]으로 발음한다. 예 밟다[밥:따], 밟지[밥:찌], 넓죽하다[넙쭈카다], 넓둥글다[넙뚱글다]
제11항	겹받침 'ㄺ, ㄻ, ㄿ'은 어말 또는 자음 앞에서 각각 [ㄱ, ㅁ, ㅂ]으로 발음한다. 예 흙과[흑꽈], 늙지[늑찌], 젊다[점:따], 읊고[읍꼬] 다만, 용언의 어간 말음 'ㄺ'은 'ㄱ' 앞에서 [ㄹ]로 발음한다. 예 맑게[말께], 묽고[물꼬], 얽거나[얼꺼나]
제12항	받침 'ㅎ'의 발음은 다음과 같다 1. 'ㅎ(ㄶ, ㅀ)' 뒤에 'ㄱ, ㄷ, ㅈ'이 결합되는 경우에는, 뒤 음절 첫소리와 합쳐서 [ㅋ, ㅌ, ㅊ]으로 발음한다. 예 놓고[노코], 좋던[조:턴], 쌓지[싸치], 많고[만:코], 않던[안턴], 닳지[달치] 2. 'ㅎ(ㄶ, ㅀ)' 뒤에 'ㅅ'이 결합되는 경우에는, 'ㅅ'을 [ㅆ]으로 발음한다. 예 닿소[다:쏘], 많소[만:쏘], 싫소[실쏘] 3. 'ㅎ' 뒤에 'ㄴ'이 결합되는 경우에는, [ㄴ]으로 발음한다. 예 놓는[논는], 쌓네[싼네]

	4. 'ㅎ(ㄶ, ㅀ)' 뒤에 모음으로 시작된 어미나 접미사가 결합되는 경우에는, 'ㅎ'을 발음하지 않는다. 예 낳은[나은], 놓아[노아], 쌓이다[싸이다], 많아[마:나], 않은[아는], 닳아[다라], 싫어도[시러도]
제13항	홑받침이나 쌍받침이 모음으로 시작된 조사나 어미, 접미사와 결합되는 경우에는, 제 음가대로 뒤 음절 첫소리로 옮겨 발음한다. 예 깎아[까까], 옷이[오시], 있어[이써], 낮이[나지], 꽂아[꼬자], 꽃을[꼬츨], 쫓아[쪼차], 밭에[바테], 앞으로[아프로], 덮이다[더피다]
제14항	겹받침이 모음으로 시작된 조사나 어미, 접미사와 결합되는 경우에는, 뒤엣것만을 뒤 음절 첫소리로 옮겨 발음한다.(이 경우, 'ㅅ'은 된소리로 발음함.) 예 넋이[넉씨], 앉아[안자], 닭을[달글], 젊어[절머], 곬이[골씨], 핥아[할타], 읊어[을퍼], 값을[갑쓸], 없어[업:써]
제15항	받침 뒤에 모음 'ㅏ, ㅓ, ㅗ, ㅜ, ㅟ'들로 시작되는 실질 형태소가 연결되는 경우에는, 대표음으로 바꾸어서 뒤 음절 첫소리로 옮겨 발음한다. 예 밭 아래[바다래], 늪 앞[느밥], 젖어미[저더미], 맛없다[마덥따], 겉옷[거돋], 헛웃음[허두슴], 꽃 위[꼬뒤] 다만, '맛있다, 멋있다'는 [마싣따], [머싣따]로도 발음할 수 있다. [붙임] 겹받침의 경우에는, 그중 하나만 옮겨 발음한다. 예 넋 없다[너겁따], 닭 앞에[다가페], 값어치[가버치], 값있는[가빈는]

• 제5장 음의 동화

제17항	받침 'ㄷ, ㅌ(ㄾ)'이 조사나 접미사의 모음 'ㅣ'와 결합되는 경우에는, [ㅈ, ㅊ]으로 바꾸어서 뒤 음절 첫소리로 옮겨 발음한다. 예 곧이듣다[고지듣따], 굳이[구지], 미닫이[미:다지], 땀받이[땀바지], 밭이[바치], 벼훑이[벼훌치] [붙임] 'ㄷ' 뒤에 접미사 '히'가 결합되어 '티'를 이루는 것은 [치]로 발음한다. 예 굳히다[구치다], 닫히다[다치다], 묻히다[무치다]
제18항	받침 'ㄱ(ㄲ, ㅋ, ㄳ, ㄺ), ㄷ(ㅅ, ㅆ, ㅈ, ㅊ, ㅌ, ㅎ), ㅂ(ㅍ, ㄼ, ㄿ, ㅄ)'은 'ㄴ, ㅁ' 앞에서 [ㅇ, ㄴ, ㅁ]으로 발음한다. 예 먹는[멍는], 닫는[단는], 잡는[잠는] [붙임] 두 단어를 이어서 한 마디로 발음하는 경우에도 이와 같다. 예 책 넣는다[챙넌는다], 옷 맞추다[온맏추다], 값 매기다[감매기다]
제19항	받침 'ㅁ, ㅇ' 뒤에 연결되는 'ㄹ'은 [ㄴ]으로 발음한다. 예 담력[담:녁], 침략[침:냑], 강릉[강능], 대통령[대:통녕] [붙임] 받침 'ㄱ, ㅂ' 뒤에 연결되는 'ㄹ'도 [ㄴ]으로 발음한다. 예 막론[막논 → 망논], 협력[협녁 → 혐녁]
제20항	'ㄴ'은 'ㄹ'의 앞이나 뒤에서 [ㄹ]로 발음한다. 예 신라[실라], 천리[철리], 칼날[칼랄], 물난리[물랄리], 줄넘기[줄럼끼] 다만, 다음과 같은 단어들은 'ㄹ'을 [ㄴ]으로 발음한다. 예 의견란[의:견난], 임진란[임:진난], 생산량[생산냥], 상견례[상견녜], 이원론[이:원논], 입원료[이붠뇨]
제22항	다음과 같은 용언의 어미는 [어]로 발음함을 원칙으로 하되, [여]로 발음함도 허용한다. 예 되어[되어/되여], 피어[피어/피여] [붙임] '이오, 아니오'도 이에 준하여 [이요, 아니요]로 발음함을 허용한다.

• 제6장 경음화

제23항	받침 'ㄱ(ㄲ, ㅋ, ㄳ, ㄺ), ㄷ(ㅅ, ㅆ, ㅈ, ㅊ, ㅌ), ㅂ(ㅍ, ㄼ, ㄿ, ㅄ)' 뒤에 연결되는 'ㄱ, ㄷ, ㅂ, ㅅ, ㅈ'은 된소리로 발음한다. 예 국밥[국빱], 뻗대다[뻗때다], 꽂고[꼳꼬], 낯설다[낟썰다], 읊조리다[읍쪼리다]
제24항	어간 받침 'ㄴ(ㄵ), ㅁ(ㄻ)' 뒤에 결합되는 첫소리 'ㄱ, ㄷ, ㅅ, ㅈ'은 된소리로 발음한다. 예 신고[신ː꼬], 껴안다[껴안따], 앉고[안꼬], 더듬지[더듬찌], 닮고[담ː꼬] 다만, 피동, 사동의 접미사 '-기-'는 된소리로 발음하지 않는다. 예 안기다, 감기다, 굶기다, 옮기다
제26항	한자어에서, 'ㄹ' 받침 뒤에 연결되는 'ㄷ, ㅅ, ㅈ'은 된소리로 발음한다. 예 갈등[갈뜽], 말살[말쌀], 발전[발쩐] 다만, 같은 한자가 겹쳐진 단어의 경우에는 된소리로 발음하지 않는다. 예 허허실실[허허실실](虛虛實實), 절절하다[절절하다](切切-)
제27항	관형사형 '-(으)ㄹ' 뒤에 연결되는 'ㄱ, ㄷ, ㅂ, ㅅ, ㅈ'은 된소리로 발음한다. 예 할 것을[할꺼슬], 갈 데가[갈떼가], 할 바를[할빠를], 할 수는[할쑤는], 할 적에[할쩌게] 다만, 끊어서 말할 적에는 예사소리로 발음한다. [붙임] '-(으)ㄹ'로 시작되는 어미의 경우에도 이에 준한다. 예 할걸[할껄], 할밖에[할빠께], 할세라[할쎄라], 할지라도[할찌라도], 할지언정[할찌언정]

• 제7장 음의 첨가

제29항	합성어 및 파생어에서, 앞 단어나 접두사의 끝이 자음이고 뒤 단어나 접미사의 첫음절이 '이, 야, 여, 요, 유'인 경우에는, 'ㄴ' 음을 첨가하여 [니, 냐, 녀, 뇨, 뉴]로 발음한다. 예 솜이불[솜ː니불], 내복약[내ː봉냑], 한여름[한녀름], 색연필[생년필], 담요[담ː뇨], 영업용[영엄뇽], 식용유[시굥뉴], 백분율[백뿐뉼]
제30항	사이시옷이 붙은 단어는 다음과 같이 발음한다. 1. 'ㄱ, ㄷ, ㅂ, ㅅ, ㅈ'으로 시작하는 단어 앞에 사이시옷이 올 때는 이들 자음만을 된소리로 발음하는 것을 원칙으로 하되, 사이시옷을 [ㄷ]으로 발음하는 것도 허용한다. 예 냇가[내ː까/낻ː까], 콧등[코뜽/콛뜽], 깃발[기빨/긷빨], 뱃속[배쏙/밷쏙], 뱃전[배쩐/밷쩐] 2. 사이시옷 뒤에 'ㄴ, ㅁ'이 결합되는 경우에는 [ㄴ]으로 발음한다. 예 콧날[콛날 → 콘날], 아랫니[아랟니 → 아랜니], 툇마루[퇻ː마루 → 퇸ː마루], 뱃머리[밷머리 → 밴머리] 3. 사이시옷 뒤에 '이' 음이 결합되는 경우에는 [ㄴㄴ]으로 발음한다. 예 베갯잇[베갣닏 → 베갠닏], 깻잎[깯닙 → 깬닙], 나뭇잎[나묻닙 → 나문닙], 도리깻열[도리깯녈 → 도리깬녈]

4 한글 맞춤법 해설의 구성

- 제1장 총칙	- 제2장 자모
- 제3장 소리에 관한 것	- 제4장 형태에 관한 것
- 제5장 띄어쓰기	- 제6장 그 밖의 것

5 한글 맞춤법 주요 내용

• 제1장 총칙

제1항	한글 맞춤법은 표준어를 소리대로 적되, 어법에 맞도록 함을 원칙으로 한다.

• 제3장 소리에 관한 것

제5항	한 단어 안에서 뚜렷한 까닭 없이 나는 된소리는 다음 음절의 첫소리를 된소리로 적는다. 1. 두 모음 사이에서 나는 된소리 예 소쩍새, 어깨, 오빠, 으뜸, 아끼다, 깨끗하다, 해쓱하다, 이따금 2. 'ㄴ, ㄹ, ㅁ, ㅇ' 받침 뒤에서 나는 된소리 예 산뜻하다, 살짝, 담뿍, 몽땅 다만, 'ㄱ, ㅂ' 받침 뒤에서 나는 된소리는, 같은 음절이나 비슷한 음절이 겹쳐 나는 경우가 아니면 된소리로 적지 아니한다. 예 국수, 깍두기, 딱지, 색시, 싹둑(~싹둑), 법석, 갑자기, 몹시
제13항	한 단어 안에서 같은 음절이나 비슷한 음절이 겹쳐 나는 부분은 같은 글자로 적는다. 예 딱딱(딱닥 X) / 꼿꼿하다(꼿곳하다 X) / 씩씩(씩식 X) / 밋밋하다(민밋하다 X) / 유유상종(類類相從)(유류상종 X) / 쓸쓸하다(씁슬하다 X) / 누누이(屢屢-)(누루이 X) / 짭짤하다(짭잘하다 X)

• 제4장 형태에 관한 것

제14항	체언은 조사와 구별하여 적는다. 예 떡이, 떡을, 떡에, 떡도, 떡만
제15항	용언의 어간과 어미는 구별하여 적는다. 예 먹다, 먹고, 먹어, 먹으니 [붙임 1] 두 개의 용언이 어울려 한 개의 용언이 될 적에, 앞말의 본뜻이 유지되고 있는 것은 그 원형을 밝히어 적고, 그 본뜻에서 멀어진 것은 밝히어 적지 않는다. 예 (1) 앞말의 본뜻이 유지되고 있는 것: 넘어지다, 늘어나다, 돌아가다, 되짚어가다 (2) 본뜻에서 멀어진 것: 드러나다, 사라지다, 쓰러지다 [붙임 2] 종결형에서 사용되는 어미 '-오'는 '요'로 소리 나는 경우가 있더라도 그 원형을 밝혀 '오'로 적는다. 예 이것은 책이오. 이리로 오시오. 이것은 책이 아니오. [붙임 3] 연결형에서 사용되는 '이요'는 '이요'로 적는다. 예 이것은 책이요, 저것은 붓이요, 또 저것은 먹이다.
제17항	어미 뒤에 덧붙는 조사 '요'는 '요'로 적는다. 예 읽어 - 읽어요, 참으리 - 참으리요, 좋지 - 좋지요
제19항	어간에 '-이'나 '-음/-ㅁ'이 붙어서 명사로 된 것과 '-이'나 '-히'가 붙어서 부사로 된 것은 그 어간의 원형을 밝히어 적는다. 1. '-이'가 붙어서 명사로 된 것 예 길이, 높이, 다듬이, 먹이, 벌이, 살림살이 2. '-음/-ㅁ'이 붙어서 명사로 된 것 예 걸음, 묶음, 얼음, 웃음, 졸음, 앎 3. '-이'가 붙어서 부사로 된 것 예 같이, 굳이, 높이, 많이, 실없이, 좋이, 짓궂이 4. '-히'가 붙어서 부사로 된 것 예 밝히, 익히, 작히

	다만, 어간에 '-이'나 '-음'이 붙어서 명사로 바뀐 것이라도 그 어간의 뜻과 멀어진 것은 원형을 밝히어 적지 아니한다. 예 굽도리, 목거리(목병), 무녀리, 코끼리, 거름(비료), 고름[膿], 노름(도박) [붙임] 어간에 '-이'나 '-음' 이외의 모음으로 시작된 접미사가 붙어서 다른 품사로 바뀐 것은 그 어간의 원형을 밝히어 적지 아니한다. 예 (1) 명사로 바뀐 것: 귀머거리, 너머, 마개, 무덤, 비렁뱅이, 쓰레기, 올가미, 주검 (2) 부사로 바뀐 것: 거뭇거뭇, 너무, 바투, 비로소, 자주, 차마 (3) 조사로 바뀌어 뜻이 달라진 것: 나마, 부터, 조차
제23항	'-하다'나 '-거리다'가 붙는 어근에 '-이'가 붙어서 명사가 된 것은 그 원형을 밝히어 적는다. 예 깔쭉이(깔쭈기 X) / 살살이(살사리 X) / 눈깜짝이(눈깜짜기 X) / 오뚝이(오뚜기 X) / 배불뚝이(배불뚜기 X) / 홀쭉이(홀쭈기 X) [붙임] '-하다'나 '-거리다'가 붙을 수 없는 어근에 '-이'나 또는 다른 모음으로 시작되는 접미사가 붙어서 명사가 된 것은 그 원형을 밝히어 적지 아니한다. 예 개구리, 날라리, 두드러기, 매미, 뻐꾸기, 얼루기
제30항	사이시옷은 다음과 같은 경우에 받치어 적는다. 1. 순우리말로 된 합성어로서 앞말이 모음으로 끝난 경우 예 (1) 뒷말의 첫소리가 된소리로 나는 것: 고랫재, 나룻배, 댓가지, 맷돌, 머릿기름, 바닷가, 선짓국, 아랫집, 잿더미, 찻집, 킷값, 핏대, 햇볕 (2) 뒷말의 첫소리 'ㄴ, ㅁ' 앞에서 'ㄴ' 소리가 덧나는 것: 멧나물, 아랫니, 텃마당, 아랫마을, 뒷머리, 잇몸, 깻묵, 냇물 (3) 뒷말의 첫소리 모음 앞에서 'ㄴㄴ' 소리가 덧나는 것: 뒷윷, 두렛일, 뒷일, 베갯잇, 깻잎, 나뭇잎, 댓잎 2. 순우리말과 한자어로 된 합성어로서 앞말이 모음으로 끝난 경우 예 (1) 뒷말의 첫소리가 된소리로 나는 것: 귓병, 머릿방, 사잣밥, 전셋집, 텃세, 햇수 (2) 뒷말의 첫소리 'ㄴ, ㅁ' 앞에서 'ㄴ' 소리가 덧나는 것: 곗날, 제삿날, 훗날, 툇마루, 양칫물 (3) 뒷말의 첫소리 모음 앞에서 'ㄴㄴ' 소리가 덧나는 것: 가욋일, 사삿일, 예삿일, 훗일 3. 두 음절로 된 다음 한자어 예 곳간(庫間), 셋방(貰房), 숫자(數字), 찻간(車間), 툇간(退間), 횟수(回數)
제35항	모음 'ㅗ, ㅜ'로 끝난 어간에 '-아/-어, -았-/-었-'이 어울려 'ㅘ/ㅝ, ㅘㅆ/ㅝㅆ'으로 될 적에는 준 대로 적는다. 예 꼬아 → 꽈, 쏘아 → 쏴, 쑤어 → 쒀, 주어 → 줘 [붙임 1] '놓아'가 '놔'로 줄 적에는 준 대로 적는다. [붙임 2] 'ㅚ' 뒤에 '-어, -었-'이 어울려 'ㅙ, ㅙㅆ'으로 될 적에도 준 대로 적는다. 예 괴어 → 괘, 되어 → 돼, 뵈어 → 봬, 쇠어 → 쇄, 쐬어 → 쐐
제40항	어간의 끝음절 '하'의 'ㅏ'가 줄고 'ㅎ'이 다음 음절의 첫소리와 어울려 거센소리로 될 적에는 거센소리로 적는다. 예 간편하게 → 간편케, 연구하도록 → 연구토록, 흔하다 → 흔타 [붙임 1] 'ㅎ'의 어간이 끝소리로 굳어진 것은 받침으로 적는다. 예 않다, 그렇다, 아무렇다, 어떻다 [붙임 2] 어간의 끝음절 '하'가 아주 줄 적에는 준 대로 적는다. 예 거북하지 → 거북지, 생각하건대 → 생각건대, 섭섭하지 않다 → 섭섭지 않다 [붙임 3] 다음과 같은 부사는 소리대로 적는다. 예 결단코, 기필코, 무심코, 아무튼, 요컨대, 하마터면, 한사코

• 제5장 띄어쓰기

제41항	조사는 그 앞말에 붙여 쓴다. 예 꽃이, 꽃마저, 꽃밖에, 꽃에서부터, 꽃으로만
제42항	의존 명사는 띄어 쓴다. 예 아는 것이 힘이다. 나도 할 수 있다. 먹을 만큼 먹어라. 네가 뜻한 바를 알겠다. 그가 떠난 지가 오래다.
제43항	단위를 나타내는 명사는 띄어 쓴다. 예 한 개, 차 한 대, 금 서 돈, 소 한 마리, 옷 한 벌, 열 살, 조기 한 손, 연필 한 자루, 버선 한 죽, 집 한 채, 북어 한 쾌 다만, 순서를 나타내는 경우나 숫자와 어울리어 쓰이는 경우에는 붙여 쓸 수 있다. 예 두시 삼십분 오초, 제일과, 삼학년, 육층, 1446년 10월 9일, 16동 502호, 10개, 7미터
제47항	보조 용언은 띄어 씀을 원칙으로 하되, 경우에 따라 붙여 씀도 허용한다. 예 불이 꺼져 간다.(불이 꺼져간다.), 내 힘으로 막아 낸다.(내 힘으로 막아낸다.), 어머니를 도와 드린다.(어머니를 도와드린다.), 그릇을 깨뜨려 버렸다.(그릇을 깨뜨려버렸다.), 비가 올 듯하다.(비가 올듯하다.), 잘 아는 척한다.(잘 아는척한다.) 다만, 앞말에 조사가 붙거나 앞말이 합성 용언인 경우, 그리고 중간에 조사가 들어갈 적에는 그 뒤에 오는 보조 용언은 띄어 쓴다. 예 잘도 놀아만 나는구나! 책을 읽어도 보고……. 네가 덤벼들어 보아라. 이런 기회는 다시없을 듯하다. 그가 올 듯도 하다. 잘난 체를 한다.

• 제6장 그 밖의 것

제51항	부사의 끝음절이 분명히 '이'로만 나는 것은 '-이'로 적고, '히'로만 나거나 '이'나 '히'로 나는 것은 '-히'로 적는다. 1. '이'로만 나는 것 예 가붓이, 깨끗이, 느긋이, 따뜻이, 반듯이, 버젓이, 가까이, 날카로이, 번거로이, 많이, 헛되이, 겹겹이, 번번이, 일일이, 틈틈이 2. '히'로만 나는 것 예 극히, 급히, 딱히, 속히, 작히, 족히, 특히, 엄격히, 정확히 3. '이, 히'로 나는 것 예 솔직히, 가만히, 간편히, 나른히, 무단히, 각별히, 소홀히, 쓸쓸히, 과감히, 꼼꼼히, 심히, 급급히, 공평히, 능히, 분명히, 상당히, 고요히, 도저히
제56항	'-더라, -던'과 '-든지'는 다음과 같이 적는다. 1. 지난 일을 나타내는 어미는 '-더라, -던'으로 적는다. 예 지난겨울은 몹시 춥더라(지난겨울은 몹시 춥드라. X) 그 사람 말 잘하던데(그 사람 말 잘하든데! X) 2. 물건이나 일의 내용을 가리지 아니하는 뜻을 나타내는 조사와 어미는 '(-)든지'로 적는다. 예 배든지 사과든지 마음대로 먹어라. (배던지 사과던지 마음대로 먹어라. X). 가든지 오든지 마음대로 해라. (가던지 오던지 마음대로 해라. X)

6 외래어 표기법

한국에 들어온 외래어를 한글로 표기하는 데 필요한 사항들을 정해 놓은 어문 규범

7 외래어 표기법 주요 내용

• 제1장 표기의 기본 원칙

제1항	외래어는 국어의 현용 24자모만으로 적는다.

– 외래어 표기를 위해 별도의 글자나 기호를 만들지 않고, 한글 맞춤법에서 규정한 자모 24자로 국한하여 적음.

제2항	외래어의 1 음운은 원칙적으로 1 기호로 적는다.

– 'fashion'의 'f'는 '파일'과 같이 'ㅍ'으로 적고, 'file'의 'f'는 '화일'과 같이 'ㅎ'으로 적는다면 외래어 표기에 혼선이 생길 수 있으므로, 각각 '패션', '파일'과 같이 외래어의 1 음운을 1 기호로 적음.

제3항	받침에는 'ㄱ, ㄴ, ㄹ, ㅁ, ㅂ, ㅅ, ㅇ'만을 쓴다.

– 'internet'이나 'good'과 같은 외래어에 모음으로 시작하는 조사가 결합할 경우 각각 [인터네시], [구시다]와 같이 발음되므로, 현대 국어의 음절의 끝소리 규칙과 달리 외래어를 표기할 때는 'ㄷ' 대신 'ㅅ'을 사용하여 적음.

제4항	파열음 표기에는 된소리를 쓰지 않는 것을 원칙으로 한다.

– 우리말과 달리 대다수 외래어의 파열음은 유성음과 무성음의 두 계열만 구분되므로, 유성 파열음 [b, d, g]는 [ㅂ, ㄷ, ㅈ]와 같은 예사소리로, 무성 파열음 [p, t, k]는 [ㅍ, ㅌ, ㅋ]와 같은 거센소리로 적음.

제5항	이미 굳어진 외래어는 관용을 존중하되, 그 범위와 용례는 따로 정한다.

– 이미 확고하게 굳어진 외래어 표기를 새로운 규정에 맞춰 수정할 경우 상당한 혼란을 초래할 수 있으므로, 그러한 경우는 따로 정하여 적음.

8 로마자 표기법

우리말을 로마자로 표기하는 방법을 규정한 어문 규범

9 로마자 표기법 주요 내용

• 제1장 표기의 기본 원칙

제1항	국어의 로마자 표기는 국어의 표준 발음법에 따라 적는 것을 원칙으로 한다.
제2항	로마자 이외의 부호는 되도록 사용하지 않는다.

• 제2장 표기 일람

제1항	모음은 다음 각호와 같이 적는다. 1. 단모음

ㅏ	ㅓ	ㅗ	ㅜ	ㅡ	ㅣ	ㅐ	ㅔ	ㅚ	ㅟ
a	eo	o	u	eu	i	ae	e	oe	wi

2. 이중 모음

ㅑ	ㅕ	ㅛ	ㅠ	ㅒ	ㅖ	ㅘ	ㅙ	ㅝ	ㅞ	ㅢ
ya	yeo	yo	yu	yae	ye	wa	wae	wo	we	ui

[붙임 1] 'ㅢ'는 'ㅣ'로 소리 나더라도 ui로 적는다.
　예 광희문 Gwanghuimun
[붙임 2] 장모음의 표기는 따로 하지 않는다.

제2항	자음은 다음 각호와 같이 적는다. 1. 파열음

ㄱ	ㄲ	ㅋ	ㄷ	ㄸ	ㅌ	ㅂ	ㅃ	ㅍ
g, k	kk	k	d, t	tt	t	b, p	pp	p

2. 파찰음 / 3. 마찰음 / 4. 비음 / 5. 유음

ㅈ	ㅉ	ㅊ	ㅅ	ㅆ	ㅎ	ㄴ	ㅁ	ㅇ	ㄹ
j	jj	ch	s	ss	h	n	m	ng	r, l

[붙임 1] 'ㄱ, ㄷ, ㅂ'은 모음 앞에서는 'g, d, b'로, 자음 앞이나 어말에서는 'k, t, p'로 적는다.
　예 구미 Gumi, 옥천 Okcheon
[붙임 2] 'ㄹ'은 모음 앞에서는 'r'로, 자음 앞이나 어말에서는 'l'로 적는다. 단 'ㄹㄹ'은 'll'로 적는다.
　예 설악 Seorak, 칠곡 Chilgok, 울릉 Ulleung

• 제3장 표기상의 유의점

제1항	음운 변화가 일어날 때에는 변화의 결과에 따라 다음 각호와 같이 적는다. 1. 자음 사이에서 동화 작용이 일어나는 경우 　예 백마[뱅마] Baengma, 별내[별래] Byeollae 2. 'ㄴ, ㄹ'이 덧나는 경우 　예 학여울[항녀울] Hangnyeoul, 알약[알략] allyak 3. 구개음화가 되는 경우 　예 해돋이[해도지] haedoji, 같이[가치] gachi 4. 'ㄱ, ㄷ, ㅂ, ㅈ'이 'ㅎ'과 결합하여 거센소리로 소리 나는 경우 　예 좋고[조코] joko, 놓다[노타] nota, 잡혀[자펴] japyeo, 낳지[나치] nachi 다만, 체언에서 'ㄱ, ㄷ, ㅂ' 뒤에 'ㅎ'이 따를 때에는 'ㅎ'을 밝혀 적는다. 　예 묵호(Mukho), 집현전(Jiphyeonjeon) [붙임] 된소리되기는 표기에 반영하지 않는다. 　예 압구정 Apgujeong, 낙동강 Nakdonggang
제2항	발음상 혼동의 우려가 있을 때에는 음절 사이에 붙임표(-)를 쓸 수 있다. 　예 중앙 Jung-ang, 해운대 Hae-undae
제3항	고유 명사는 첫 글자를 대문자로 적는다. 　예 부산 Busan, 세종 Sejong
제4항	인명은 성과 이름의 순서로 띄어 쓴다. 이름은 붙여 쓰는 것을 원칙으로 하되 음절 사이에 붙임표( )를 쓰는 것을 허용한다. 1. 이름에서 일어나는 음운 변화는 표기에 반영하지 않는다. 　예 한복남 Han Boknam(Han Bok-nam), 홍빛나 Hong Bitna(Hong Bit-na) 2. 성의 표기는 따로 한다.

1 발화의 개념과 기능

- **발화**: 생각(아직 입 밖으로 나오지 않은 상태의 추상적인 말)이 실제로 문장 단위로 실현된 것

- **기능**: 대부분의 발화는 행위와 관련되며, 발화를 통해 '선언, 명령, 요청, 질문, 제안, 약속, 경고, 축하, 위로, 협박, 칭찬, 비난' 등의 행위가 실제로 이루어짐.
  - 예) 내년에 다시 만날 것을 약속할게.(약속)

    동아리 활동 활성화 방안에 대해 제안합니다.(제안)

2 발화의 분류

직접 발화	– 화자의 의도가 직접적으로 드러남. – 발화의 표현(형식)과 기능(의도)이 일치함. 예) (시끄러운 교실 안에서) 조용히 해라. 　　→ 표현: 명령문 　　　기능: 명령, 요청
간접 발화	– 화자의 의도가 완곡하거나 우회적으로 드러남. – 발화의 표현(형식)과 기능(의도)이 일치하지 않음. 예) (창문이 열린 교실 안에서) 오늘 춥지 않니? 　　→ 표현: 의문문 　　　기능: 명령, 요청

3 담화의 개념과 구성 요소

- **담화**: 하나 이상의 문장이나 발화가 모여 이루어진 말의 단위로, 구체적인 맥락을 바탕으로 한 발화의 유기적 연결체

- **담화의 구성 요소**

화자(글쓴이)	발화를 생산하고 전달하는 역할
청자(독자)	발화를 듣거나 읽고 이해하는 역할
발화(언어)	문장 단위의 언어로 표현된 내용
맥락(장면)	담화가 이루어지는 배경이나 환경

4 담화의 맥락

담화를 적절하게 표현하고 이해하기 위해서는 언어적 맥락은 물론, 비언어적 맥락까지 두루 고려해야 함.

언어적 맥락	앞뒤 발화에 나타난 언어 표현이나 내용의 흐름 등으로 파악할 수 있는 맥락으로 문맥이라고도 함. 예) A: 나는 오늘 물감을 가져왔지. 　　B: 그래? 나는 연필만 잔뜩 가져왔어. 이거 쓸래? 　　A: 좋아. 너도 이거 써 봐. 　　→ B가 말한 '이거'는 '연필'이고, A가 말한 '이거'는 '물감'임을 언어적 맥락을 통해 파악할 수 있음.

비언어적 맥락	상황 맥락	– 담화에 직접적으로 영향을 끼치는 맥락으로, 화자, 청자, 시간적·공간적 배경 등이 있음. 예) A: (어설프게 그린 친구의 그림을 보고) 네가 그린 거야? 　　B: (전시회에 걸린 친구의 그림을 보고) 네가 그린 거야? 　　→ 같은 발화라도 담화 상황에 따라 그 의미가 달라짐을 파악할 수 있음.
	사회· 문화적 맥락	– 담화에 간접적으로 영향을 끼치는 맥락으로, 소속된 언어 공동체의 이념이나 가치, 사회·문화적 상황 등이 있음. – 언어 공동체의 사회·문화적 관습을 이해해야만 적절하고 자연스러운 담화가 이루어질 수 있음. 예) (음식을 푸짐하게 차려 놓고) 차린 건 없지만 많이 드세요. 　　→ 우리나라의 사회·문화적 관습을 잘 알지 못한다면 담화의 내용을 이해하기 어려움.

5 담화를 이루기 위한 조건

통일성	담화를 이루는 발화들이 내용적인 면에서 하나의 주제와 관련되어야 함. 예) "우리 반 친구들은 하루에 텔레비전을 한 시간 정도 봅니다. 우리 동네 사람들은 일주일에 운동을 몇 시간이나 할까요? 할아버지 댁에는 한 달에 몇 번 가면 좋겠어요? 그런데 사람들이 왜 나를 좋아하지 않을까요?" 　→ 각 발화들이 어떤 통일된 주제 아래 결집되어 있는 것이 아니기 때문에 하나의 담화로 인정하기 어려움.

응집성		발화들이 서로 긴밀하게 묶여 하나의 담화를 구성하도록 해 주는 형식적 요건으로, 주로 지시 표현, 대용 표현, 접속 표현 등에 의해 실현됨.
	지시 표현	– 상황 맥락을 고려하여 대상을 직접적으로 가리킴. – 화자와 청자가 대화를 나누는 시간적·공간적 장면이 없으면 그 의미를 정확히 이해하기 어려움. 예) (A가 B의 책상에 있는 연필을 가리키며) 　　A: 그것 좀 빌려줄 수 있을까? 　　B: 이것? 물론이지.
	대용 표현	– 앞에 나온 어휘, 문장, 상황 전체를 대신함. – 지시 표현에 사용되는 대명사 가운데 주로 '이'와 '그' 계통의 것들이 사용되기 때문에 형식상으로 잘 구별되지 않지만, 화자 또는 청자의 말에서 언급된 것을 다시 가리킬 때 쓰인다는 점에서 지시 표현과 구별됨. 예) A: 잠깐 편의점에 좀 다녀올게. 　　B: 방금 저녁 먹었는데 거기는 왜?
	접속 표현	– 상황들 사이의 시간적 순서 또는 논리적 흐름 등을 드러냄. – 서로 관련이 없어 보이는 발화도 접속 표현을 통해 응집성 있는 담화로 묶일 수 있음. 예) A: 재윤이는 어디에 갔어? 　　B: 급하게 필요한 것이 생겼나 봐. 그래도 너무 늦으니 걱정스럽네.

01

| 2015 고3 10월 학평B 13번 |

〈보기 1〉을 참고할 때, 〈보기 2〉의 ㉠~㉤ 중, 표준 발음에 해당하지 않는 것은?

보기 1

표준 발음법

제5항 'ㅑ ㅒ ㅕ ㅖ ㅘ ㅙ ㅛ ㅝ ㅞ ㅠ ㅢ'는 이중 모음으로 발음한다.

다만 1. 용언의 활용형에 나타나는 '져, 쪄, 쳐'는 [저, 쩌, 처]로 발음한다.

다만 2. '예, 례' 이외의 'ㅖ'는 [ㅔ]로도 발음한다.

다만 3. 자음을 첫소리로 가지고 있는 음절의 'ㅢ'는 [ㅣ]로 발음한다.

다만 4. 단어의 첫음절 이외의 '의'는 [ㅣ]로, 조사 '의'는 [ㅔ]로 발음함도 허용한다.

보기 2

• 긍정적인 마음을 ㉠가져야[가저야]한다.
• ㉡협의[혀비]를 거쳐서 결정한 사안이다.
• 젊은이들에게 ㉢희망[희망]과 용기를 불어넣다.
• 문화 유적에는 조상들의 ㉣지혜[지혜]가 담겨 있다.
• ㉤우리의[우리에] 힘을 합치면 못할 일이 뭐가 있겠어요?

① ㉠   ② ㉡   ③ ㉢   ④ ㉣   ⑤ ㉤

02

| 2015 고1 11월 학평 11번 |

다음은 국어 수업 중 일부이다. ⓐ에 들어갈 말로 적절하지 않은 것은? [3점]

선생님: 국어의 모음에는 단모음과 이중 모음이 있는데, 이중 모음은 단모음과 달리 발음할 때 입술 모양이나 혀의 위치가 바뀝니다. 그런데 이중 모음 가운데 'ㅢ'는 이중 모음으로 발음하는 것이 원칙이지만, 조사로 쓰일 경우에는 단모음 [ㅔ]로, 단어에서 첫음절이 아닐 경우에는 단모음 [ㅣ]로 발음하는 것도 허용합니다. 그러면 칠판의 예시를 보고 'ㅢ'가 각각 어떻게 발음될 수 있는지 말해 봅시다.

의사의 호의(好意)
㉠   ㉡   ㉢

학생: (ⓐ   )

① ㉠의 'ㅢ'는 입술 모양이나 혀의 위치가 바뀌면서 발음되겠군요.

② ㉡은 조사이므로 ㉡의 'ㅢ'는 이중 모음뿐만 아니라 단모음으로도 발음할 수 있겠군요.

③ ㉢은 단어의 첫음절이 아니므로 ㉢의 'ㅢ'는 [ㅣ]로 발음하는 것도 가능하겠군요.

④ ㉠과 ㉡의 'ㅢ'는 서로 다른 소리로 발음할 수도 있겠군요.

⑤ ㉡과 ㉢의 'ㅢ'는 단모음으로 발음될 때 동일한 소리로 발음되겠군요.

03

| 2016 고2 9월 학평 11번 |

〈보기〉의 표준 발음법을 참고하여 단어의 올바른 발음을 탐구한 내용으로 적절하지 <u>않은</u> 것은?

> 보기

[표준 발음법]
제13항 홑받침이나 쌍받침이 모음으로 시작된 조사나 어미, 접미사와 결합되는 경우에는, 제 음가대로 뒤 음절 첫소리로 옮겨 발음한다.
제14항 겹받침이 모음으로 시작된 조사나 어미, 접미사와 결합되는 경우에는, 뒤엣것만을 뒤 음절 첫소리로 옮겨 발음한다.

① '깎아'는 [깍가]로 발음해야 한다.
② '읊어'는 [을퍼]로 발음해야 한다.
③ '여덟을'은 [여덜블]로 발음해야 한다.
④ '덮이다'는 [더피다]로 발음해야 한다.
⑤ '부엌이'는 [부어키]로 발음해야 한다.

05

| 2017 고3 10월 학평 12번 |

〈보기〉를 참조하여 단어의 발음을 설명한 내용으로 적절하지 <u>않은</u> 것은?

> 보기

연음은 앞 음절의 종성에 있던 자음이 모음으로 시작하는 뒤 음절의 초성으로 옮겨 가 발음되는 현상이다. 뒤에 모음으로 시작하는 형식 형태소가 오면 곧바로 연음이 일어나지만, 'ㅏ, ㅓ, ㅗ, ㅜ, ㅟ'들로 시작되는 실질 형태소가 올 때에는 '홑옷[호돋]'처럼 음절의 끝소리 규칙이 먼저 적용된 후 연음이 일어난다.

① '밭은소리'는 용언의 활용형인 '밭은'과 명사 '소리'가 결합된 단어이므로 [바든소리]로 발음한다.
② '낱'에 조사 '으로'가 붙으면 [나트로]라고 발음하지만, 어근 '알'이 붙으면 [나달]로 발음한다.
③ '앞어금니'는 어근 '앞'과 '어금니'가 결합된 단어이므로 [아버금니]로 발음한다.
④ '겉웃음'은 '웃−'이 어근이고, '−음'이 접사이므로 [거두슴]으로 발음한다.
⑤ '밭' 뒤에 조사 '을'이 붙으면 연음되어 [바틀]로 발음한다.

04

| 2015 고1 9월 학평 12번 |

다음 상황이 발생하게 된 이유로 적절한 것은?

① 받침이 뒤의 첫소리로 옮겨 가며 나는 소리를 잘못 발음해서
② 울림소리와 안울림소리를 혼동하여 구분하지 않고 발음해서
③ 과도한 된소리나 거센소리를 뒤의 첫소리로 연이어 발음해서
④ 긴소리를 짧은소리와 구별하여 발음하지 않고 짧게 발음해서
⑤ 이중 모음의 발음을 단모음의 발음과 구분하지 않고 발음해서

06

| 2016 수능B 11번 |

〈보기〉에 따라 겹받침의 표준 발음에 대하여 단계별로 학습하였다. 각 예에 적용된 내용과 그 발음이 모두 바른 것은? [3점]

┌─ 보기 ┌
- 겹받침이 모음으로 시작된 조사나 어미, 접미사와 결합되는 경우에는 뒤엣것만을 뒤 음절 첫소리로 옮겨 발음한다. 이 경우, 'ㅅ'은 [ㅆ]으로 발음한다. ·················· ⓐ
- 겹받침 'ㄳ, ㄼ', 'ㄿ', 'ㅄ'은 어말 또는 자음 앞에서 각각 [ㄱ, ㄹ, ㅂ]으로 발음한다. ·················· ⓑ
  이후에는 다음과 같이 발음한다.
  - [ㄱ, ㅂ]은 'ㄴ, ㅁ' 앞에서 각각 [ㅇ, ㅁ]으로 발음한다. ········· ⓒ
  - [ㄱ, ㅂ] 뒤에 연결되는 'ㄱ, ㄷ, ㅂ, ㅅ, ㅈ'은 각각 [ㄲ, ㄸ, ㅃ, ㅆ, ㅉ]으로 발음한다. ········· ⓓ
  - [ㄱ, ㅂ]은 'ㅎ'과 결합되는 경우, 두 음을 합쳐서 각각 [ㅋ, ㅍ]으로 발음한다. ········· ⓔ

	예	적용 내용	발음
①	여덟 + 이	ⓐ	[여더리]
②	몫 + 을	ⓐ	[목슬]
③	흙 + 만	ⓑ, ⓒ	[흑만]
④	값 + 까지	ⓑ, ⓓ	[갑까지]
⑤	닭 + 하고	ⓑ, ⓔ	[다카고]

07

| 2018 고2 6월 학평 13번 |

〈보기〉의 '표준 발음법'을 바르게 적용하지 못한 것은?

┌─ 보기 ┌
제10항 겹받침 'ㄳ', 'ㄵ', 'ㄼ, ㄽ, ㄾ', 'ㅄ'은 어말 또는 자음 앞에서 각각 [ㄱ, ㄴ, ㄹ, ㅂ]으로 발음한다. 다만, '밟-'은 자음 앞에서 [밥]으로 발음한다.
제11항 겹받침 'ㄺ, ㄻ, ㄿ'은 어말 또는 자음 앞에서 각각 [ㄱ, ㅁ, ㅂ]으로 발음한다. 다만, 용언의 어간 말음 'ㄺ'은 'ㄱ' 앞에서 [ㄹ]로 발음한다.
제14항 겹받침이 모음으로 시작된 조사나 어미, 접미사와 결합되는 경우에는, 뒤엣것만을 뒤 음절 첫소리로 옮겨 발음한다.(이 경우, 'ㅅ'은 된소리로 발음함.)

① '넓지'는 제10항에 의거하여 [널찌]로 발음해야겠군.
② '옮겨'는 제11항에 의거하여 [옴겨]로 발음해야겠군.
③ '읽고'는 제11항에 의거하여 [일꼬]로 발음해야겠군.
④ '값이'는 제14항에 의거하여 [갑시]로 발음해야겠군.
⑤ '훑어'는 제14항에 의거하여 [훌터]로 발음해야겠군.

08

| 2015 고3 3월 학평B 11번 |

〈보기〉는 겹받침 'ㄺ'의 표준 발음 규정을 정리한 것이다. ㉠~㉤ 각각에 해당하는 표준 발음의 예로 적절하지 않은 것은?

┌─ 보기 ┌
㉠ 'ㄺ'은 어말 또는 자음 앞에서 [ㄱ]으로 발음한다.
㉡ 용언의 어간 말음 'ㄺ'은 'ㄱ' 앞에서 [ㄹ]로 발음한다.
㉢ 받침 'ㄺ'이 뒤 음절 첫소리 'ㅎ'과 결합되는 경우에는 뒤엣것과 'ㅎ'을 합쳐서 [ㅋ]으로 발음한다.
㉣ 'ㄺ'이 모음으로 시작된 조사나 어미, 접미사와 결합되는 경우에는, 뒤엣것만을 뒤 음절 첫소리로 옮겨 발음한다.
㉤ 받침 'ㄺ'은 'ㄴ, ㅁ' 앞에서 [ㅇ]으로 발음한다.

① ㉠: 햇살이 눈부시게 밝다[박따].
② ㉡: 밝게[발께] 웃으며 인사하다.
③ ㉢: 그는 진실을 세상에 밝혔다[발켣따].
④ ㉣: 전등의 밝기[발끼]를 낮추다.
⑤ ㉤: 동쪽에서 날이 밝는다[방는다].

09
| 2018 고3 7월 학평 13번 |

〈보기〉는 표준 발음법 중 '된소리되기'의 일부이다. 이를 바탕으로 표준 발음을 이해한 내용으로 적절하지 <u>않은</u> 것은?

보기

㉠ 받침 'ㄱ(ㄲ, ㅋ, ㄳ, ㄺ), ㄷ(ㅅ, ㅆ, ㅈ, ㅊ, ㅌ), ㅂ(ㅍ, ㄼ, ㄿ, ㅄ)' 뒤에 연결되는 'ㄱ, ㄷ, ㅂ, ㅅ, ㅈ'은 된소리로 발음한다.

㉡ 어간 받침 'ㄴ(ㄵ), ㅁ(ㄻ)' 뒤에 결합되는 어미의 첫소리 'ㄱ, ㄷ, ㅅ, ㅈ'은 된소리로 발음한다.

㉢ 어간 받침 'ㄼ, ㄾ' 뒤에 결합되는 어미의 첫소리 'ㄱ, ㄷ, ㅅ, ㅈ'은 된소리로 발음한다.

㉣ 관형사형 '-(으)ㄹ' 뒤에 연결되는 'ㄱ, ㄷ, ㅂ, ㅅ, ㅈ'은 된소리로 발음한다. '-(으)ㄹ'로 시작되는 어미의 경우에도 이에 준한다.

---

① '국밥'과 '(계란을) 삶고'에서의 된소리되기는 각각 ㉠, ㉡에 따른 것이다.

② '꽃다발'과 '(그릇을) 핥지만'에서의 된소리되기는 각각 ㉠, ㉢에 따른 것이다.

③ '(시를) 읊조리다'와 '(죽을) 먹을지언정'에서의 된소리되기는 각각 ㉠, ㉣에 따른 것이다.

④ '(바닥에) 앉을수록'과 '(몸을) 기댈 곳이'에서의 된소리되기는 각각 ㉡, ㉣에 따른 것이다.

⑤ '(샅샅이) 훑다'와 '(내가) 떠날지라도'에서의 된소리되기는 각각 ㉢, ㉣에 따른 것이다.

10
| 2017 고1 11월 학평 12번 |

다음은 표준 발음법의 일부이고, 〈보기〉는 이를 학습하는 과정에서 학생들이 나눈 대화이다. ㉠~㉤ 중 적절하지 <u>않은</u> 것은? [3점]

제23항 받침 'ㄱ(ㄲ, ㅋ, ㄳ, ㄺ), ㄷ(ㅅ, ㅆ, ㅈ, ㅊ, ㅌ), ㅂ(ㅍ, ㄼ, ㄿ, ㅄ)' 뒤에 연결되는 'ㄱ, ㄷ, ㅂ, ㅅ, ㅈ'은 된소리로 발음한다.

제24항 어간 받침 'ㄴ(ㄵ), ㅁ(ㄻ)' 뒤에 결합되는 어미의 첫소리 'ㄱ, ㄷ, ㅅ, ㅈ'은 된소리로 발음한다.

제26항 한자어에서, 'ㄹ' 받침 뒤에 연결되는 'ㄷ, ㅅ, ㅈ'은 된소리로 발음한다.

보기

학생 1: '국밥'의 표준 발음은 [국밥]이야, [국빱]이야?

학생 2: 표준 발음법 제23항에 따르면, [국빱]이 맞아. ·············· ㉠

학생 3: '아무리 뻗대도 소용이 없다.'에서 '뻗대도'는 받침 'ㄷ' 뒤에 'ㄷ'이 연결되기 때문에 [뻗때도]로 발음하겠네. ·········· ㉡

학생 2: '그가 집에 간다.'에서 '간다'는 [간다]로 발음하는데, '껴안다'는 왜 [껴안따]로 발음하지?

학생 3: '간다'의 기본형이 '가다'이므로 'ㄴ'은 어간 받침이 아니야. 그래서 표준 발음법 제24항을 적용할 수 없어.

학생 1: 표준 발음법 제24항에 따르면, '껴안다'는 [껴안따]로 발음하는 것이 맞아. ······················· ㉢

학생 2: 그러면 '그녀를 수양딸로 삼고 싶었다.'에서 '삼고'는 어간 받침 'ㅁ' 뒤에 'ㄱ'이 결합되어 [삼ː꼬]로 발음해야겠네. ·········· ㉣

학생 3: '결과(結果)'는 [결과]로 발음하는데, '갈등(葛藤)'은 왜 [갈뜽]으로 발음하지?

학생 1: '갈등(葛藤)'은 표준 발음법 제26항에 따라 [갈뜽]으로 발음하지만, '결과(結果)'는 여기에 해당되지 않아. ·········· ㉤

---

① ㉠   ② ㉡   ③ ㉢   ④ ㉣   ⑤ ㉤

11

| 2015 고3 7월 학평B 14번 |

〈보기〉의 표준 발음 자료를 탐구한 내용으로 적절하지 <u>않은</u> 것은?

┌ 보기 ┐

제23항 받침 'ㄱ(ㄲ, ㅋ, ㄳ, ㄺ), ㄷ(ㅅ, ㅆ, ㅈ, ㅊ, ㅌ), ㅂ(ㅍ, ㄼ, ㄿ, ㅄ)' 뒤에 연결되는 'ㄱ, ㄷ, ㅂ, ㅅ, ㅈ'은 된소리로 발음한다. ········ ㉠

제24항 어간 받침 'ㄴ(ㄵ), ㅁ(ㄻ)' 뒤에 결합되는 어미의 첫소리 'ㄱ, ㄷ, ㅅ, ㅈ'은 된소리로 발음한다. ········ ㉡
   다만, 피동, 사동의 접미사 '-기-'는 된소리로 발음하지 않는다. ········ ㉢

제27항 관형사형 '-(으)ㄹ' 뒤에 연결되는 'ㄱ, ㄷ, ㅂ, ㅅ, ㅈ'은 된소리로 발음한다. ········ ㉣
   [붙임] '-(으)ㄹ'로 시작되는 어미의 경우에도 이에 준한다. ········ ㉤

① ㉠에 따르면 '꽃다발이 예쁘다.'에서 '꽃다발'의 표준 발음은 [꼳따발]이겠군.

② ㉡에 따르면 '아기를 꼭 껴안고 갔다.'에서 '껴안고'의 표준 발음은 [껴안꼬]이겠군.

③ ㉢에 따르면 '감기를 옮기다.'에서 '옮기다'의 표준 발음은 [옴기다]이겠군.

④ ㉣에 따르면 '여기 외엔 갈 데가 없다.'에서 '갈 데가'의 표준 발음은 [갈떼가]이겠군.

⑤ ㉤에 따르면 '사랑할수록 참아야지.'에서 '사랑할수록'의 표준 발음은 [사랑할수록]이겠군.

12

| 2020 고1 6월 학평 14번 |

〈보기〉의 〈표준 발음법〉을 참고할 때, ㉠과 ㉡의 사례가 모두 바르게 짝지어진 것은?

┌ 보기 ┐

〈표준 발음법〉

제23항 받침 'ㄱ(ㄲ, ㅋ, ㄳ, ㄺ), ㄷ(ㅅ, ㅆ, ㅈ, ㅊ, ㅌ), ㅂ(ㅍ, ㄼ, ㄿ, ㅄ)' 뒤에 연결되는 'ㄱ, ㄷ, ㅂ, ㅅ, ㅈ'은 된소리로 발음한다.

┌─────────────────────────────┐
│ 국밥[국빱]   솥전[솓쩐]   옆집[엽찝]   (㉠   ) │
└─────────────────────────────┘

제24항 어간 받침 'ㄴ(ㄵ), ㅁ(ㄻ)' 뒤에 결합되는 어미의 첫소리 'ㄱ, ㄷ, ㅅ, ㅈ'은 된소리로 발음한다.

┌─────────────────────────────┐
│ 신고[신ː꼬]   얹다[언따]   닮고[담ː꼬]   (㉡   ) │
└─────────────────────────────┘

	㉠	㉡
①	옷고름[온꼬름]	젊고[점ː꼬]
②	문고리[문꼬리]	감고[감ː꼬]
③	갈등[갈뜽]	앉다[안따]
④	덮개[덥깨]	언짢게[언짠케]
⑤	술잔[술짠]	더듬지[더듬찌]

13

| 2015 고2 3월 학평 11번 |

〈보기〉를 바탕으로 표준 발음법에 대해 탐구한 내용으로 적절하지 않은 것은?

┌─ 보기 ┐

〈표준 발음법 규정〉

제23항 받침 'ㄱ(ㄲ, ㅋ, ㄳ, ㄺ), ㄷ(ㅅ, ㅆ, ㅈ, ㅊ, ㅌ), ㅂ(ㅍ, ㄼ, ㄿ, ㅄ)' 뒤에 연결되는 'ㄱ, ㄷ, ㅂ, ㅅ, ㅈ'은 된소리로 발음한다.

제24항 어간 받침 'ㄴ(ㄵ), ㅁ(ㄻ)' 뒤에 결합되는 어미의 첫소리 'ㄱ, ㄷ, ㅅ, ㅈ'은 된소리로 발음한다.

다만, 피동, 사동 접미사 '-기-'는 된소리로 발음하지 않는다.

제25항 어간 받침 'ㄼ, ㄾ' 뒤에 결합되는 어미의 첫소리 'ㄱ, ㄷ, ㅅ, ㅈ'은 된소리로 발음한다.

└──────────┘

① '따뜻한 국밥'에서 '국밥'은 제23항을 적용하여 [국빱]으로 발음해야겠군.

② '우리 집 닭장'에서 '닭장'은 제23항을 적용하여 [닥짱]으로 발음해야겠군.

③ '의자에 앉도록'에서 '앉도록'은 제24항을 적용하여 [안또록]으로 발음해야겠군.

④ '아이에게 신발을 신기다'에서 '신기다'는 제24항을 적용하여 [신기다]로 발음해야겠군.

⑤ '여덟과 아홉'에서 '여덟과'는 제25항을 적용하여 [여덜꽈]로 발음해야겠군.

14

| 2019 고1 9월 학평 13번 |

〈보기〉는 표준 발음법의 된소리되기 중 일부이다. ㉠과 ㉡에 해당하는 예가 바르게 짝지어진 것은?

┌─ 보기 ┐

㉠ 받침 'ㄱ(ㄲ, ㅋ, ㄳ, ㄺ), ㄷ(ㅅ, ㅆ, ㅈ, ㅊ, ㅌ), ㅂ(ㅍ, ㄼ, ㄿ, ㅄ)' 뒤에 연결되는 'ㄱ, ㄷ, ㅂ, ㅅ, ㅈ'은 된소리로 발음한다.

㉡ 어간 받침 'ㄴ(ㄵ), ㅁ(ㄻ)' 뒤에 결합되는 어미의 첫소리 'ㄱ, ㄷ, ㅅ, ㅈ'은 된소리로 발음한다.

└──────────┘

	㉠	㉡
①	늦게[늗께]	얹다[언따]
②	옆집[엽찝]	있고[읻꼬]
③	국수[국쑤]	늙다[늑따]
④	묶어[무꺼]	껴안다[껴안따]
⑤	앉다[안따]	머금다[머금따]

15

| 2016 고3 6월 모평B 11번 |

〈보기〉에 따라 표준 발음을 이해한 내용으로 적절한 것은? [3점]

┌─ 보기 ┐

〈표준 발음법의 '된소리되기' 중 일부〉

㉠ 어간 받침 'ㄴ(ㄵ), ㅁ(ㄻ)' 뒤에 결합되는 어미의 첫소리 'ㄱ, ㄷ, ㅅ, ㅈ'은 된소리로 발음한다.

㉡ 어간 받침 'ㄼ, ㄾ' 뒤에 결합되는 어미의 첫소리 'ㄱ, ㄷ, ㅅ, ㅈ'은 된소리로 발음한다.

㉢ 관형사형 '-(으)ㄹ' 뒤에 연결되는 'ㄱ, ㄷ, ㅂ, ㅅ, ㅈ'은 된소리로 발음한다. '-(으)ㄹ'로 시작되는 어미의 경우도 이에 준한다.

└──────────┘

① '(가슴에) 품을 적에'와 '(며느리로) 삼고'에서의 된소리되기는 모두 ㉠에 따른 것이다.

② '(방이) 넓거든'과 '(두께가) 얇을지라도'에서의 된소리되기는 모두 ㉡에 따른 것이다.

③ '(신을) 신겠네요'와 '(땅을) 밟지도'에서의 된소리되기는 모두 ㉢에 따른 것이다.

④ '(남들이) 비웃을지언정'과 '(먼지를) 훑던'에서의 된소리되기는 각각 ㉠, ㉡에 따른 것이다.

⑤ '(물건을) 얹지만'과 '(자리에) 앉을수록'에서의 된소리되기는 각각 ㉠, ㉢에 따른 것이다.

16

| 2015 고3 4월 학평B 11번 |

〈보기〉의 자료를 탐구한 내용으로 적절하지 않은 것은? [3점]

┌─ 보기 ┐

[표준 발음법]

제18항 받침 'ㄱ(ㄲ, ㅋ, ㄳ, ㄺ), ㄷ(ㅅ, ㅆ, ㅈ, ㅊ, ㅌ, ㅎ), ㅂ(ㅍ, ㄼ, ㄿ, ㅄ)'은 'ㄴ, ㅁ' 앞에서 [ㅇ, ㄴ, ㅁ]으로 발음한다.

제23항 받침 'ㄱ(ㄲ, ㅋ, ㄳ, ㄺ), ㄷ(ㅅ, ㅆ, ㅈ, ㅊ, ㅌ), ㅂ(ㅍ, ㄼ, ㄿ, ㅄ)' 뒤에 연결되는 'ㄱ, ㄷ, ㅂ, ㅅ, ㅈ'은 된소리로 발음한다.

└──────────┘

① '앞마당'은 18항이 적용되어 [암마당]으로 발음된다.

② '늦가을'은 23항이 적용되어 [늗까을]로 발음된다.

③ '꽃망울'은 18항과 23항이 모두 적용되어 [꼰망울]로 발음된다.

④ '맞먹다'는 18항과 23항이 모두 적용되어 [만먹따]로 발음된다.

⑤ '홑낚시'는 18항과 23항이 모두 적용되어 [혼낙씨]로 발음된다.

17

| 2016 고1 11월 학평 11번 |

다음은 표준 발음에 대한 수업 장면의 일부이다. 각 예에 적용된 내용과 그 발음이 모두 바른 것은? [3점]

학생: 선생님, 저번 시간에 ⓐ홑받침이나 쌍받침이 모음으로 시작된 조사나 어미, 접미사와 결합되는 경우에는, 제 음가대로 뒤 음절 첫소리로 옮겨 발음한다고 하셨으니까 '막일'은 [마길]로 발음해야 하나요?

선생님: 그렇지 않아요. ⓑ합성어 및 파생어에서, 앞 단어나 접두사의 끝이 자음이고 뒤 단어나 접미사의 첫음절이 '이, 야, 여, 요, 유'인 경우에는, [ㄴ] 소리를 첨가하여 [니, 냐, 녀, 뇨, 뉴]로 발음해야 하기 때문에 '막일'은 [망닐]로 발음해야 해요.

학생: 그러면 '막일'에서 '일'이 [닐]로 발음되는 건 이해가 되는데, '막'은 왜 [망]으로 발음이 되는 거죠?

선생님: 그것은 ⓒ받침소리 [ㄱ, ㄷ, ㅂ]은 [ㄴ, ㅁ] 소리 앞에서 [ㅇ, ㄴ, ㅁ]으로 발음되는 현상 때문입니다. 그래서 [막닐]이 아니라 [망닐]로 발음해야 됩니다.

학생: 아, 그렇군요. 말씀해 주신 것 말고도 제가 더 알아둬야 할 것이 있나요?

선생님: ⓓ[ㄴ] 소리가 첨가된 후, 이 [ㄴ] 소리가 받침소리 [ㄹ] 뒤에서 [ㄹ]로 발음되는 현상도 있습니다. '물약'을 [물략]으로 발음하는 것이 이에 해당해요.

	예	적용 내용	발음
①	눈 + 요기	ⓐ	[눈뇨기]
②	내복 + 약	ⓑ, ⓒ	[내ː봉냑]
③	색 + 연필	ⓑ, ⓒ	[색년필]
④	들 + 일	ⓑ, ⓓ	[들ː닐]
⑤	칼 + 날	ⓑ, ⓓ	[칼랄]

18

| 2016 고2 3월 학평 11번 |

〈보기〉에 따라 표준 발음에 대하여 학습하였다. 각 예에 적용된 내용과 그 발음이 바르지 못한 것은?

보기

• 합성어 및 파생어에서, 앞 단어나 접두사의 끝이 자음이고 뒤 단어나 접미사의 첫음절이 '이, 야, 여, 요, 유'인 경우에는, 'ㄴ' 음을 첨가하여 [니, 냐, 녀, 뇨, 뉴]로 발음함. 그리고 'ㄹ' 받침 뒤에 첨가되는 'ㄴ' 음은 [ㄹ]로 발음함. ······· ⓐ
• 받침 'ㄱ, ㄷ, ㅂ'은 'ㄴ, ㅁ' 등의 비음 앞에서 [ㅇ, ㄴ, ㅁ]으로 발음함. ······· ⓑ
• 받침 'ㅁ, ㅇ' 뒤에 연결되는 'ㄹ'은 [ㄴ]으로 발음함. ······· ⓒ
• 'ㄴ'은 'ㄹ'의 앞이나 뒤에서 [ㄹ]로 발음함. ······· ⓓ

	예	적용 내용	발음
①	색연필	ⓐ, ⓑ	[생년필]
②	물약	ⓐ, ⓒ	[물냑]
③	잠는다	ⓑ	[잠는다]
④	강릉	ⓒ	[강능]
⑤	물난리	ⓓ	[물랄리]

19

| 2015 고2 9월 학평 11번 |

〈보기〉는 표준 발음법의 일부이다. 각 항에 해당하는 사례를 바르게 짝지은 것은?

보기

제19항 받침 'ㅁ, ㅇ' 뒤에 연결되는 'ㄹ'은 [ㄴ]으로 발음한다.
제29항 합성어 및 파생어에서, 앞 단어나 접두사의 끝이 자음이고 뒤 단어나 접미사의 첫음절이 '이, 야, 여, 요, 유'인 경우에는, 'ㄴ' 음을 첨가하여 [니, 냐, 녀, 뇨, 뉴]로 발음한다.

	제19항	제29항
①	심리[심니]	두통약[두통냑]
②	점령[점녕]	상록수[상녹쑤]
③	콩엿[콩년]	한여름[한녀름]
④	국물[궁물]	눈요기[눈뇨기]
⑤	종로[종노]	물난리[물랄리]

20

| 2018 고2 3월 학평 12번 |

〈보기〉의 선생님의 질문에 답한 내용으로 적절하지 <u>않은</u> 것은?
[3점]

┌ 보기 ┐

선생님: 우리말에서 어근과 어근이 결합하여 합성 명사를 이룰 때, 뒤 어근의 예사소리가 된소리로 바뀌거나 두 어근 사이에 'ㄴ'이 첨가되기도 합니다. 다음은 이와 관련된 표준 발음법의 규정을 정리한 것입니다.

> ㉮ 'ㄱ, ㄷ, ㅂ, ㅅ, ㅈ'으로 시작하는 단어 앞에 사이시옷이 올 때는 이들 자음만을 된소리로 발음하는 것을 원칙으로 하되, 사이시옷을 [ㄷ]으로 발음하는 것도 허용한다.
> ㉯ 사이시옷 뒤에 'ㄴ, ㅁ'이 결합되는 경우에는 [ㄴ]으로, '이' 음이 결합되는 경우에는 [ㄴㄴ]으로 발음한다.

㉮는 앞 어근의 끝소리가 울림소리이고 뒤 어근의 첫소리가 안울림 예사소리이면 뒤의 예사소리가 된소리로 바뀌는 현상과 관련된 규정입니다. 그리고 ㉯는 앞 어근이 모음으로 끝나고 뒤 어근이 'ㄴ, ㅁ'으로 시작되면 앞 어근의 끝소리에 'ㄴ' 소리가 첨가되는 현상, 혹은 앞 어근이 모음으로 끝나고 뒤 어근이 모음 'ㅣ'나 반모음 'ㅣ'로 시작되면 앞 어근의 끝소리와 뒤 어근의 첫소리에 각각 'ㄴ'이 첨가되는 현상과 관련된 규정입니다.

그러면, 이를 바탕으로 다음 단어들에 대해 설명해 볼까요?

> 빨랫돌[빨래똘/빨랟똘], 옷깃[옫낃],
> 홑이불[혼니불], 뱃머리[밴머리], 깻잎[깬닙]

① '빨랫돌'은 합성 명사로, 앞 어근의 끝소리가 울림소리이고 뒤 어근의 첫소리가 된소리로 바뀌므로 ㉮의 예로 볼 수 있어요.
② '옷깃'은 합성 명사이고 예사소리가 된소리로 바뀌는 현상이 나타나므로 ㉮의 예로 볼 수 있어요.
③ '홑이불'은 'ㄴ'의 첨가가 나타나지만, '홑-'이 접사이므로 ㉯의 예로 볼 수 없어요.
④ '뱃머리'는 합성 명사로, 앞 어근이 모음으로 끝나고 뒤 어근이 'ㅁ'으로 시작하는 음운 환경에서 앞 어근의 끝소리에 'ㄴ'이 첨가되므로 ㉯의 예로 볼 수 있어요.
⑤ '깻잎'은 합성 명사로, 앞 어근이 모음으로 끝나고 뒤 어근이 'ㅣ'로 시작되는데 앞 어근의 끝소리와 뒤 어근의 첫소리에 각각 'ㄴ'이 첨가되므로 ㉯의 예로 볼 수 있어요.

21

| 2016 고2 11월 학평 11번 |

〈보기 1〉은 표준 발음법 규정의 일부이다. 이를 바탕으로 〈보기 2〉를 탐구한 내용으로 적절하지 <u>않은</u> 것은?

┌ 보기 1 ┐

제9항 받침 'ㄲ, ㅋ', 'ㅅ, ㅆ, ㅈ, ㅊ, ㅌ', 'ㅍ'은 어말 또는 자음 앞에서 각각 대표음 [ㄱ, ㄷ, ㅂ]으로 발음한다.

제13항 홑받침이나 쌍받침이 모음으로 시작된 조사나 어미, 접미사와 결합되는 경우에는, 제 음가대로 뒤 음절 첫소리로 옮겨 발음한다.

제18항 받침 'ㄱ(ㄲ, ㅋ, ㄳ, ㄺ), ㄷ(ㅅ, ㅆ, ㅈ, ㅊ, ㅌ, ㅎ), ㅂ(ㅍ, ㄼ, ㄿ, ㅄ)'은 'ㄴ, ㅁ' 앞에서 [ㅇ, ㄴ, ㅁ]으로 발음한다.

제20항 'ㄴ'은 'ㄹ'의 앞이나 뒤에서 [ㄹ]로 발음한다.

제23항 받침 'ㄱ(ㄲ, ㅋ, ㄳ, ㄺ), ㄷ(ㅅ, ㅆ, ㅈ, ㅊ, ㅌ), ㅂ(ㅍ, ㄼ, ㄿ, ㅄ)' 뒤에 연결되는 'ㄱ, ㄷ, ㅂ, ㅅ, ㅈ'은 된소리로 발음한다.

┌ 보기 2 ┐

㉠ 들녘이   ㉡ 들녘도   ㉢ 들녘만

① ㉠에서 '들녘'의 'ㅋ'은 제13항이 적용되어 [ㄱ]으로 발음되겠군.
② ㉡에서 '들녘'의 'ㅋ'은 제9항이 적용되어 [ㄱ]으로 발음되겠군.
③ ㉡에서 '도'의 'ㄷ'은 제23항이 적용되어 [ㄸ]으로 발음되겠군.
④ ㉢에서 '들녘'의 'ㅋ'은 제18항이 적용되어 [ㅇ]으로 발음되겠군.
⑤ ㉠~㉢에서 '들녘'의 'ㄴ'은 제20항이 적용되어 [ㄹ]로 발음되겠군.

22

〈보기 1〉의 표준 발음법에 따라 〈보기 2〉의 ㉠~㉤을 발음한다고 할 때, 적절하지 않은 것은?

보기 1

표준 발음법

제9항 받침 'ㄲ, ㅋ', 'ㅅ, ㅆ, ㅈ, ㅊ, ㅌ', 'ㅍ'은 어말 또는 자음 앞에서 각각 대표음 [ㄱ, ㄷ, ㅂ]으로 발음한다.

제12항 'ㅎ(ㄶ, ㅀ)' 뒤에 'ㄱ, ㄷ, ㅈ'이 결합되는 경우에는, 뒤 음절 첫소리와 합쳐서 [ㅋ, ㅌ, ㅊ]으로 발음한다.

제14항 겹받침이 모음으로 시작된 조사나 어미, 접미사와 결합되는 경우에는, 뒤엣것만을 뒤 음절 첫소리로 옮겨 발음한다.(이 경우, 'ㅅ'은 된소리로 발음함.)

제23항 받침 'ㄱ(ㄲ, ㅋ, ㄳ, ㄺ), ㄷ(ㅅ, ㅆ, ㅈ, ㅊ, ㅌ), ㅂ(ㅍ, ㄼ, ㄿ, ㅄ)' 뒤에 연결되는 'ㄱ, ㄷ, ㅂ, ㅅ, ㅈ'은 된소리로 발음한다.

보기 2

주름이 ㉠많던 그 이마에는

㉡젊어 품었던 꿈들 사라졌지만

너희가 없으면 나도 ㉢없단다.

㉣꽃처럼 ㉤웃던 우리 어머니

① ㉠은 제12항 규정에 따라 [만턴]으로 발음해야겠군.

② ㉡은 제14항 규정에 따라 [절머]로 발음해야겠군.

③ ㉢은 제14항, 제23항 규정에 따라 [업딴다]로 발음해야겠군.

④ ㉣은 제9항 규정에 따라 [꼳]으로 발음해야겠군.

⑤ ㉤은 제9항, 제23항 규정에 따라 [욷떤]으로 발음해야겠군.

23

〈보기〉의 표준 발음법을 바르게 적용한 것은?

보기

㉠ 받침 'ㄷ, ㅌ'이 조사의 모음 'ㅣ'와 결합되는 경우에는, [ㅈ, ㅊ]으로 바꾸어서 뒤 음절 첫소리로 옮겨 발음한다. 예 밭이[바치]

㉡ 받침 'ㄷ, ㅌ(ㄾ)'이 접미사의 모음 'ㅣ'와 결합되는 경우에는, [ㅈ, ㅊ]으로 바꾸어서 뒤 음절 첫소리로 옮겨 발음한다. 예 미닫이[미다지]

㉢ 받침 'ㄷ' 뒤에 접미사 '히'가 결합되어 '티'를 이루는 것은 [치]로 발음한다. 예 묻히다[무치다]

① '같이 걷다'의 '같이'는 ㉠에 따라 'ㅌ'을 [ㅊ]으로 바꿔 [가치]로 발음해야겠군.

② '솥이나 냄비를 준비하다'의 '솥이나'는 ㉠에 따라 'ㅌ'을 [ㅊ]으로 바꿔 [소치나]로 발음해야겠군.

③ '그것은 팥이다'의 '팥이다'는 ㉡에 따라 'ㅌ'을 [ㅊ]으로 바꿔 [파치다]로 발음해야겠군.

④ '자전거에 받히다'의 '받히다'는 ㉡에 따라 '티'를 [치]로 바꿔 [바치다]로 발음해야겠군.

⑤ '우표를 붙이다'의 '붙이다'는 ㉢에 따라 '티'를 [치]로 바꿔 [부치다]로 발음해야겠군.

24

| 2015 고1 9월 학평 13번 |

다음 대화를 바탕으로 〈보기〉의 밑줄 친 단어에 대해 설명한 것으로 적절하지 <u>않은</u> 것은? [3점]

> **학생**: 선생님, 한글 맞춤법 제1항에 표준어를 소리대로 적는다고 되어 있는데, 이건 표준어를 발음 형태대로 적는다는 뜻이에요?
> **선생님**: 맞아, 그러면 표기할 때 편하지. 그런데 뜻이 얼른 파악되지 않는 경우도 있어. 그래서 어법에 맞도록 한다는 또 하나의 원칙이 붙어 있어.
> **학생**: 어법에 맞도록 한다는 건 무슨 의미예요?
> **선생님**: 어근의 형태를 파악하기 쉽도록 각 형태소의 본 모양을 밝히어 적는다는 말이야.

> **보기**
>
> 가-1. 지리산은 전라, 충청, 경상도 어름에 있다.
> 가-2. 썰매를 타고 얼음을 지쳤다.
> 나-1. 자세를 반듯이 해라.
> 나-2. 오늘 반드시 다 마치도록 해라.

① 가-1은 소리대로 적어 표기하기에 편리하다.
② 가-2는 의미 파악이 쉽도록 어법에 맞게 적은 것이다.
③ 가-1, 가-2는 발음만으로는 의미를 구분할 수 없다.
④ 나-1처럼 형태소의 본 모양을 적으면 뜻이 쉽게 파악된다.
⑤ 나-2는 어근의 본뜻이 파악되도록 어법에 맞게 적은 것이다.

25

| 2015 고3 3월 학평B 12번 |

〈보기〉는 한글 맞춤법에 대한 설명이다. 한글 맞춤법 조항의 내용과 ㉠, ㉡을 적절하게 연결하지 <u>못한</u> 것은?

> **보기**
>
> 한글 맞춤법은 표준어를 ㉠소리대로 적되, ㉡어법에 맞도록 함을 원칙으로 한다. 표준어를 소리대로 적는다는 것은 표준어의 발음대로 적는다는 뜻이다. 그리고 각 형태소가 지닌 뜻이 분명히 드러나도록 하기 위하여, 그 본 모양을 밝혀 어법에 맞도록 적는다는 또 하나의 원칙이 추가되었다.

①	'ㄷ, ㅌ' 받침 뒤에 종속적 관계를 가진 '-이(-)'나 '-히-'가 올 적에는, 그 'ㄷ, ㅌ'이 'ㅈ, ㅊ'으로 소리 나더라도 'ㄷ, ㅌ'으로 적음. 예 맏이, 굳이, 묻히다	㉡
②	자음을 첫소리로 가지고 있는 음절의 'ㅢ'는 'ㅣ'로 소리 나는 경우가 있더라도 'ㅢ'로 적음. 예 희망, 하늬바람	㉠
③	체언은 조사와 구별하여 적음. 예 떡이, 손이, 팔이	㉡
④	어간에 '-이'나 '-음'이 붙어서 명사로 바뀐 것이라도 그 어간의 뜻과 멀어진 것은 원형을 밝히어 적지 아니함. 예 목거리(목병), 노름(도박)	㉠
⑤	둘 이상의 단어가 어울리거나 접두사가 붙어서 이루어진 말은 각각 그 원형을 밝히어 적음. 예 꽃잎, 헛웃음, 굶주리다	㉡

26

| 2016 수능B 12번 |

〈보기〉는 한글 맞춤법 제1항이 파생어와 합성어에 적용된 예를 찾아본 것이다. ㉠~㉤에 들어갈 예로 적절한 것은?

> **보기**
>
> **제1항** 한글 맞춤법은 표준어를 ⓐ소리대로 적되, ⓑ어법에 맞도록 함을 원칙으로 한다.
>
> | | 파생어 | 합성어 |
> |---|---|---|
> | ⓐ만 충족한 경우 | ㉠ | ㉡ |
> | ⓑ만 충족한 경우 | ㉢ | ㉣ |
> | ⓐ, ⓑ 모두 충족한 경우 | ㉤ | 줄자(줄 + 자),
눈물(눈 + 물) |

① ㉠: 이파리(잎+아리), 얼음(얼+음)
② ㉡: 마소(말+소), 낮잠(낮+잠)
③ ㉢: 웃음(웃+음), 바가지(박+아지)
④ ㉣: 옷소매(옷+소매), 밥알(밥+알)
⑤ ㉤: 꿈(꾸+ㅁ), 사랑니(사랑+이)

27

| 2016 고1 9월 학평 12번 |

〈보기〉의 한글 맞춤법 규정을 ⓐ~ⓔ와 바르게 연결한 것은?

┌ 보기 ┐

ㄱ. 제14항 체언은 조사와 구별하여 적는다.
ㄴ. 제33항 체언과 조사가 어울려 줄어지는 경우에는 준 대로 적는다.

• 너는 ⓐ무얼 좋아하니?
• ⓑ이건 값이 너무 비싸다.
• ⓒ너희 사진은 어디에 있니?
• 나는 항상 ⓓ여기에 있을게.
• ⓔ그게 바로 문제의 핵심이다.

① ⓐ - ㄱ   ② ⓑ - ㄱ   ③ ⓒ - ㄴ
④ ⓓ - ㄴ   ⑤ ⓔ - ㄴ

28

| 2020 고3 7월 학평 14번 |

〈보기〉의 대화에서 ㉠~㉢에 해당하는 예끼리 묶인 것으로 적절한 것은?

┌ 보기 ┐

선생님: 오늘은 '한글 맞춤법 제21항'에 대해 알아보도록 하겠습니다. '빛깔'처럼 ㉠명사 뒤에 자음으로 시작된 접미사가 붙어서 된 것, '덮개'처럼 ㉡어간 뒤에 자음으로 시작된 접미사가 붙어서 된 것은 그 명사나 어간의 원형을 밝히어 적습니다.
학생: 선생님, 그럼 '널찍하다'의 경우에는 왜 어간의 원형인 '넓-'을 밝히지 않고 소리대로 적나요?
선생님: '널찍하다'처럼 ㉢겹받침의 끝소리가 드러나지 않는 경우와 '넙치'처럼 어원이 분명하지 않거나 본뜻에서 멀어진 경우에는 소리대로 적습니다.

	㉠	㉡	㉢
①	멋쟁이	굵기	얄따랗다
②	넋두리	값지다	말끔하다
③	먹거리	낚시	할짝거리다
④	오뚝이	굵적거리다	짤막하다
⑤	옆구리	지우개	깊숙하다

29

| 2015 고2 11월 학평 13번 |

〈보기〉를 바탕으로 한글 맞춤법에 대해 탐구한 내용으로 적절하지 않은 것은?

┌ 보기 ┐

제5항 한 단어 안에서 뚜렷한 까닭 없이 나는 된소리는 다음 음절의 첫소리를 된소리로 적는다.
　1. 두 모음 사이에 나는 된소리 ·········· ⓐ
　2. 'ㄴ, ㄹ, ㅁ, ㅇ' 받침 뒤에서 나는 된소리 ·········· ⓑ
　　다만, 'ㄱ, ㅂ' 받침 뒤에서 나는 된소리는, 같은 음절이나 비슷한 음절이 겹쳐 나는 경우가 아니면 된소리로 적지 아니한다. ·········· ⓒ

① [으뜸]으로 소리 나는 말은 ⓐ에 따라 '으뜸'으로 표기해야겠군.
② [거꾸로]로 소리 나는 말은 ⓐ에 따라 '거꾸로'로 표기해야겠군.
③ [살짝]으로 소리 나는 말은 ⓑ에 따라 '살짝'으로 표기해야겠군.
④ [씩씩]으로 소리 나는 말은 ⓑ에 따라 '씩씩'으로 표기해야겠군.
⑤ [낙찌]로 소리 나는 말은 ⓒ에 따라 '낙지'로 표기해야겠군.

30

| 2015 고3 10월 학평B 12번 |

〈보기〉를 바탕으로 하여 단어들의 표기 원리를 이해한 것으로 적절한 것은?

┌ 보기 ┐

〈한글 맞춤법의 '접미사가 붙어서 된 말' 중 일부〉
㉠ 어간에 '-이'나 '-음/-ㅁ'이 붙어서 명사로 된 것 중, 어간의 뜻을 유지하는 경우에는 그 어간의 원형을 밝히어 적는다.
　예 길이, 믿음
㉡ 어간에 '-이'나 '-음'이 붙어서 명사로 바뀐 것이라도 그 어간의 뜻과 멀어진 것은 그 어간의 원형을 밝히어 적지 아니한다.
　예 목거리(병의 일종), 거름(비료)
㉢ '-이'나 '-음/-ㅁ' 이외의 모음으로 시작된 접미사가 붙어서 다른 품사로 바뀐 것은 그 어간의 원형을 밝히어 적지 아니한다.
　예 나머지, 올가미

① '맞다'에서 파생된 '마중'은 어간의 원형을 밝히어 적은 것으로, ㉠에 따른 것이다.
② '걷다'에서 파생된 '걸음'은 어간의 원형을 밝히어 적지 않은 것으로, ㉡에 따른 것이다.
③ '막다'에서 파생된 '마개'는 어간의 원형을 밝히어 적지 않은 것으로, ㉡에 따른 것이다.
④ '넘다'에서 파생된 '너머'는 어간의 원형을 밝히어 적지 않은 것으로, ㉢에 따른 것이다.
⑤ '놀다'에서 파생된 '노름'은 어간의 원형을 밝히어 적지 않은 것으로, ㉢에 따른 것이다.

31

| 2018 고1 11월 학평 12번 |

〈보기 1〉을 바탕으로 〈보기 2〉의 ㉠~㉢에 대해 탐구한 내용으로 적절하지 <u>않은</u> 것은?

┌ 보기 1 ┐

〈한글 맞춤법〉

제15항 용언의 어간과 어미는 구별하여 적는다.

　[붙임 1] 두 개의 용언이 어울려 한 개의 용언이 될 적에, 앞말의 본뜻이 유지되고 있는 것은 그 원형을 밝히어 적고, 그 본뜻에서 멀어진 것은 밝히어 적지 아니한다.

제19항 어간에 '-이'나 '-음/-ㅁ'이 붙어서 명사로 된 것과 '-이'나 '-히'가 붙어서 부사로 된 것은 그 어간의 원형을 밝히어 적는다.

제23항 '-하다'나 '-거리다'가 붙는 어근에 '-이'가 붙어서 명사가 된 것은 그 원형을 밝히어 적는다.

┌ 보기 2 ┐

• 나는 모퉁이를 ㉠<u>도라가다</u> 예쁜 꽃을 보았다.
• 바닷물이 빠지자 갯벌이 ㉡<u>드러났다</u>.
• 날씨가 너무 더워서 ㉢<u>얼음</u>이 녹았다.
• 건축 기사가 건물의 ㉣<u>노피</u>를 측량했다.
• 요새 동생이 밥을 잘 먹지 못해 ㉤<u>홀쭈기</u>가 되었다.

① ㉠은 제15항 [붙임 1]을 적용해 '돌아가다'로 정정해야겠군.
② ㉡은 제15항 [붙임 1]을 적용해 '드러났다'로 표기한 것이 적절하군.
③ ㉢은 제19항을 적용해 '얼음'으로 표기한 것이 적절하군.
④ ㉣은 제23항을 적용해 '높이'로 정정해야겠군.
⑤ ㉤은 제23항을 적용해 '홀쭉이'로 정정해야겠군.

32

| 2016 고3 4월 학평 12번 |

〈보기〉의 한글 맞춤법 규정을 적용한 것으로 옳지 <u>않은</u> 것은?

┌ 보기 ┐

제19항 어간에 '-이'나 '-음/-ㅁ'이 붙어서 명사로 된 것과 '-이'나 '-히'가 붙어서 부사로 된 것은 그 어간의 원형을 밝히어 적는다. ·········· ㉠

　[붙임] 어간에 '-이'나 '-음' 이외의 모음으로 시작된 접미사가 붙어서 다른 품사로 바뀐 것은 그 어간의 원형을 밝히어 적지 아니한다. ·········· ㉡

제20항 명사 뒤에 '-이'가 붙어서 된 말은 그 명사의 원형을 밝히어 적는다. ·········· ㉢

　[붙임] '-이' 이외의 모음으로 시작된 접미사가 붙어서 된 말은 그 명사의 원형을 밝히어 적지 아니한다. ·········· ㉣

제21항 명사나 혹은 용언의 어간 뒤에 자음으로 시작된 접미사가 붙어서 된 말은 그 명사나 어간의 원형을 밝히어 적는다. ··· ㉤

① '다듬이'로 표기하는 것은 ㉠의 규정을 적용한 것이군.
② '마개'를 '막애'로 표기하지 않는 것은 ㉡의 규정을 적용한 것이군.
③ '삼발이'를 '삼바리'로 표기하지 않는 것은 ㉢의 규정을 적용한 것이군.
④ '귀머거리'로 표기하는 것은 ㉣의 규정을 적용한 것이군.
⑤ '덮개'로 표기하는 것은 ㉤의 규정을 적용한 것이군.

33

| 2017 고2 3월 학평 13번 |

〈보기〉의 밑줄 친 부분에 해당하는 예로 적절하지 <u>않은</u> 것은?

┌ 보기 ┐

　어간에 관형사형 어미 '-ㄴ'을 결합하고자 할 때, 어간의 끝소리가 'ㄹ'인 경우에는 'ㄹ'을 탈락시키고 '-ㄴ'을 붙여야 한다. 그러나 실생활에서는 'ㄹ'을 탈락시키지 않고 '-은'을 잘못 붙여 사용하는 경우가 많다.

　• 녹슬- + -ㄴ ┬→ 녹슨(○)
　　　　　　　 └→ 녹슬은(×)

① 언니는 <u>시들은</u> 꽃다발을 부여잡고 눈물을 흘렸다.
② 자신의 잘못임을 <u>깨달은</u> 형은 누나에게 사과했다.
③ <u>낯설은</u> 땅에 정착한 주민들은 모든 것이 새로웠다.
④ 나는 차창 밖으로 <u>내밀은</u> 어머니의 손을 붙잡았다.
⑤ 석양빛을 받아 붉게 <u>물들은</u> 구름이 꽤 아름다웠다.

34

다음은 인터넷 게시판의 질문과 답변이다. [가]와 [나]에 들어갈 내용을 바르게 짝지은 것은? [3점]

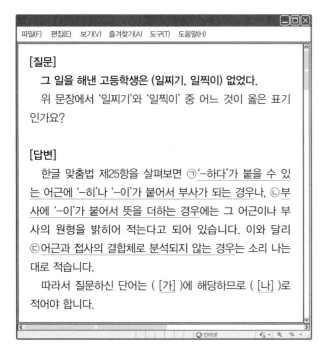

[질문]

　그 일을 해낸 고등학생은 (일찌기, 일찍이) 없었다.
　위 문장에서 '일찌기'와 '일찍이' 중 어느 것이 옳은 표기인가요?

[답변]

　한글 맞춤법 제25항을 살펴보면 ㉠'-하다'가 붙을 수 있는 어근에 '-히'나 '-이'가 붙어서 부사가 되는 경우나, ㉡부사에 '-이'가 붙어서 뜻을 더하는 경우에는 그 어근이나 부사의 원형을 밝히어 적는다고 되어 있습니다. 이와 달리 ㉢어근과 접사의 결합체로 분석되지 않는 경우는 소리 나는 대로 적습니다.
　따라서 질문하신 단어는 ([가])에 해당하므로 ([나])로 적어야 합니다.

	[가]	[나]
①	㉠	일찍이
②	㉡	일찌기
③	㉡	일찍이
④	㉢	일찌기
⑤	㉢	일찍이

35

〈보기〉는 한글 맞춤법 규정의 일부를 정리한 것이다. 이를 읽고 탐구한 내용으로 적절하지 않은 것은?

┌─ 보기 ┐

제16항　어간의 끝음절 모음이 'ㅏ, ㅗ'일 때에는 어미를 '-아'로 적고, 그 밖의 모음일 때에는 '-어'로 적는다. ………… ㉠
제18항　다음과 같은 용언들은 어미가 바뀔 경우, 그 어간이나 어미가 원칙에 벗어나면 벗어나는 대로 적는다.
　　　　1. '하다'의 활용에서 어미 '-아'가 '-여'로 바뀔 적 ……… ㉡
　　　　2. 어간의 끝음절 '르' 뒤에 오는 어미 '-어'가 '-러'로 바뀔 적
　　　　　………… ㉢

① '시계를 보다.'에서 '보다'는 ㉠에 따라 어간 '보-'에 어미 '-아'가 결합해 '보아'로 적겠군.
② '간식을 먹다.'에서 '먹다'는 ㉠에 따라 어간 '먹-'에 어미 '-어'가 결합해 '먹어'로 적겠군.
③ '마당의 눈이 희다.'에서 '희다'의 어간 '희-'에 어미 '-아'가 결합하면 ㉡에 따라 '희여'로 적겠군.
④ '민수가 공부를 하다.'에서 '하다'의 어간 '하-'에 어미 '-아'가 결합하면 ㉡에 따라 '하여'로 적겠군.
⑤ '약속 장소에 이르다.'에서 '이르다'의 어간 '이르-'에 어미 '-어'가 결합하면 ㉢에 따라 '이르러'로 적겠군.

36

〈자료〉의 밑줄 친 발음 표시 부분을 맞춤법에 맞게 표기할 때에 적용되는 원칙을 〈보기〉에서 찾아 바르게 짝지은 것은?

┌─ 자료 ┐

㉠ 이것은 유명한 책이 [아니요].
㉡ 영화 구경 [가지요].
㉢ 이것은 [설탕이요], 저것은 소금이다.

┌─ 보기 ┐

· 용언의 어간과 어미는 구별하여 적는다.
　· 종결형에서 사용되는 어미 '-오'는 '요'로 소리 나는 경우가 있더라도 그 원형을 밝혀 '오'로 적는다. ………… ⓐ
　　이리로 오시오. (○) 이리로 오시요. (×)
　· 연결형에서 사용되는 '이요'는 '이요'로 적는다. ………… ⓑ
　　이것은 책이요, 저것은 붓이다. (○)
　　이것은 책이오, 저것은 붓이다. (×)
· 어미 뒤에 덧붙는 조사 '요'는 '요'로 적는다. ………… ⓒ
　　읽어 읽어요　　먹을게 먹을게요

① ㉠ – ⓐ　　② ㉠ – ⓑ　　③ ㉡ – ⓑ
④ ㉢ – ⓐ　　⑤ ㉢ – ⓒ

37

〈보기〉를 바탕으로 ㄱ~ㅁ을 이해한 내용으로 적절하지 <u>않은</u> 것은? [3점]

보기

한글 맞춤법 제15항 용언의 어간과 어미는 구별하여 적는다.
[붙임 2] 종결형에서 사용되는 어미 '-오'는 '요'로 소리 나는 경우가 있더라도 그 원형을 밝혀 '오'로 적는다.
⑩ 이것은 책이오. / 이것은 책이 아니오.
[붙임 3] 연결형에서 사용되는 '이요'는 '이요'로 적는다.
⑩ 이것은 책이요, 저것은 붓이요, 또 저것은 먹이다.

선생님의 설명: 제15항 [붙임 2]에서 설명하는 어미 '-오'는 하오체 종결 어미입니다. 이 어미 '-오'는 [오]로 발음하는 것이 원칙이지만 [요]로 발음할 수도 있습니다. 그리고 이 '-오'가 '이다', '아니다'의 어간 뒤에 붙어 '-이오'로 활용할 때, '차(車)'처럼 모음으로 끝나는 체언과 결합하는 경우 '차이오→차요'와 같이 '-이오'가 '-요'로 줄어 쓰이기도 합니다. 이때 '-이오'가 줄어든 형태인 '-요'는 청자에게 존대의 뜻을 나타내는 보조사 '요'와 그 형태나 발음이 동일하기 때문에 언어생활에서 주의가 필요합니다.
이제 다음 제시된 자료를 분석해 봅시다. 단, ㄹ과 ㅁ은 모두 말하는 도중에 상대 높임의 등급을 바꾸지 않는다고 가정합니다.

ㄱ. 이것은 들판<u>이요</u>, 저것은 하늘<u>이오</u>.
ㄴ. 선배: 고향이 어디니? / 후배: 서울<u>요</u>.
ㄷ. (고향을 묻는 물음에 대한 답) <u>부산이오</u>.
ㄹ. 무얼 좋아하시오? 소설<u>이오</u>? 아니면 영화<u>요</u>?
ㅁ. 무얼 좋아하세요? 소설<u>요</u>? 아니면 영화<u>요</u>?

---

① ㄱ의 밑줄 친 '이오'는 [이요]로 발음할 수 있다.
② ㄴ의 밑줄 친 '요'를 '이요'로 바꾸어 적을 수 있다.
③ ㄷ의 밑줄 친 '부산이오'는 하오체 문장에 해당한다.
④ ㄹ의 밑줄 친 '요'는 모음으로 끝나는 체언 뒤에서 '-이오'가 줄어든 형태에 해당한다.
⑤ ㅁ의 밑줄 친 '요'는 둘 다 청자에게 존대의 뜻을 나타내는 보조사에 해당한다.

38

〈보기〉의 선생님의 설명을 바탕으로 할 때, ㉠에 들어갈 말로 적절하지 <u>않은</u> 것은?

보기

학생: '되어요, 돼요, 되요' 중에서 어느 게 맞는지 궁금해요.
선생님: "어간 모음 'ㅚ' 뒤에 '-어'가 붙어서 'ㅙ'로 줄어지는 것은 'ㅙ'로 적는다."라는 맞춤법 규정에 따르면 '되어요'는 어간 '되-'에 '-어요'가 결합된 것이므로 '돼요'로 줄어들 수 있어. 그러니까 '되어요, 돼요'는 맞는 말이지만 '되요'는 틀린 말이지. '(바람을) 쐬다, (턱을) 괴다, (나사를) 죄다, (어른을) 뵈다, (명절을) 쇠다' 등도 이 규정에 따라 적으면 돼.
학생: 아, 그러면 _____㉠

---

① '쐬어라'는 '쐬-'와 '-어라'가 결합된 것이므로 '쐐라'로 줄어들 수 있겠네요.
② '괴-'와 '-느냐'가 결합될 때는 '어'가 들어갈 수 없으므로 '괘느냐'는 틀린 말이겠네요.
③ '죄도'는 '죄-'와 '-어도'가 결합된 말이 줄어든 것이겠네요.
④ '뵈-'가 '-어서'와 결합되면 '봬서'로 줄어들 수 있겠네요.
⑤ '쇠-'와 '-더라도'가 결합될 때는 '쇄더라도'로 적으면 틀린 것이겠네요.

39

다음은 〈보기〉의 한글 맞춤법 규정을 참고하여 두 친구가 나눈 대화의 일부이다. ㉠~㉤ 중 적절하지 않은 것은?

┌ 보기 ┐

제27항 둘 이상의 단어가 어울리거나 접두사가 붙어서 이루어진 말은 각각 그 원형을 밝히어 적는다.
　㉎ 꽃잎, 헛웃음
제28항 끝소리가 'ㄹ'인 말과 딴 말이 어울릴 적에 'ㄹ' 소리가 나지 아니하는 것은 아니 나는 대로 적는다.
　㉎ 따님(딸-님), 화살(활-살)
제29항 끝소리가 'ㄹ'인 말과 딴 말이 어울릴 적에 'ㄹ' 소리가 'ㄷ' 소리로 나는 것은 'ㄷ'으로 적는다.
　㉎ 숟가락(술~), 사흗날(사흘~)

우진: 수업 시간에 선생님께서 '꽃잎'은 [꼰닙]이라고 발음을 하지만 합성어는 원형을 밝혀 적기에 '꽃잎'이라고 적어야 한다고 하셨는데, 어떤 예가 또 있을까?
정인: ㉠'칼날'을 [칼랄]이라고 발음하지만 '칼날'로 표기하는 것도 이에 해당하겠지. 그런데 '소나무'는 합성어인데 왜 '솔나무'라고 적지 않을까?
우진: ㉡'솔'의 끝소리가 'ㄹ'이고 '나무'와 어울릴 때 'ㄹ'이 탈락하여 소리가 나지 않기 때문이지. 'ㄹ'이 탈락하는 다른 예가 뭐가 있을까?
정인: 다른 예로는 '마소, 아드님'이 있어.
우진: 그래, 그런데 '마소'와 '아드님'은 단어 형성법이 다르네.
정인: ㉢'마소'는 '말'과 '소'가 합성어를 이루는 과정에서 'ㄹ'이 탈락한 것이고, ㉣'아드님'은 파생어로 명사 '아들'과 접미사 '-님'이 결합하면서 'ㄹ'이 탈락한 것이지.
우진: 그런데, '숟가락'은 '술'과 '가락'이 합성된 말인데 왜 '숟가락'이라고 적을까?
정인: ㉤본래 끝소리가 'ㄹ'인 말과 딴 말이 어울릴 적에 'ㄹ' 소리가 'ㄷ' 소리로 나는 것은 'ㄷ'으로 적도록 한 것이지. '여닫이'도 이에 해당해.

① ㉠　　② ㉡　　③ ㉢　　④ ㉣　　⑤ ㉤

40

〈보기〉의 1가지 조건으로 적절하지 않은 것은?

┌ 보기 ┐

'한글 맞춤법'에 따르면, 사이시옷은 아래의 조건 ⓐ~ⓓ가 모두 만족되어야 표기된다. 단, '곳간, 셋방, 숫자, 찻간, 툇간, 횟수'는 예외이다.

〈사이시옷 표기에 고려되는 조건〉
ⓐ 단어 분류상 '합성 명사'일 것.
ⓑ 결합하는 두 말의 어종이 다음 중 하나일 것.
　• 고유어+고유어　• 고유어+한자어　• 한자어+고유어
ⓒ 결합하는 두 말 중 앞말이 모음으로 끝날 것.
ⓓ 두 말이 결합하며 발생하는 음운 현상이 다음 중 하나일 것.
　• 앞말 끝소리에 'ㄴ' 소리가 덧남.
　• 앞말 끝소리와 뒷말 첫소리에 각각 'ㄴ' 소리가 덧남.
　• 뒷말 첫소리가 된소리로 바뀜.

㉠~㉤ 각각의 쌍은 위 조건 ⓐ~ⓓ 중 1가지 조건만 차이가 나서 사이시옷 표기 여부가 갈린 예이다.

	사이시옷이 없는 단어	사이시옷이 있는 단어
㉠	도매가격[도매까격]	도맷값[도매깝]
㉡	전세방[전세빵]	아랫방[아래빵]
㉢	버섯국[버섣꾹]	조갯국[조개꾹]
㉣	인사말[인사말]	존댓말[존댄말]
㉤	나무껍질[나무껍찔]	나뭇가지[나무까지]

① ㉠: ⓐ　　② ㉡: ⓑ　　③ ㉢: ⓒ

④ ㉣: ⓓ　　⑤ ㉤: ⓓ

41

밑줄 친 부분이 한글 맞춤법에 맞게 쓰인 것은?

① 힘든 일은 제가 다 알아서 할게요.
② 무엇을 하던지 최선을 다했으면 좋겠어.
③ 오늘 소풍 가는 날인데 비가 와서 어떻해.
④ 네가 원하는 꿈을 꼭 이룰 수 있기를 바래.
⑤ 넉넉치 않은 살림이지만 어려운 사람을 돕자.

42

| 2018 고1 9월 학평 14번 |

〈보기〉를 참고할 때, 밑줄 친 부분이 한글 맞춤법에 맞게 쓰인 것은?

> **보기**
>
> **한글 맞춤법**
> **제56항** '-더라, -던'과 '-든지'는 다음과 같이 적는다.
>
> 1. 지난 일을 나타내는 어미는 '-더라, -던'으로 적는다.
>   (ㄱ을 취하고, ㄴ을 버림.)
>
> | ㄱ | ㄴ |
> |---|---|
> | 깊던 물이 얕아졌다. | 깊든 물이 얕아졌다. |
>
> 2. 물건이나 일의 내용을 가리지 아니하는 뜻을 나타내는 조사와 어미는 '(-)든지'로 적는다. (ㄱ을 취하고, ㄴ을 버림.)
>
> | ㄱ | ㄴ |
> |---|---|
> | 배든지 사과든지 마음대로 먹어라. | 배던지 사과던지 마음대로 먹어라. |

① 영화나 보러 가던가.
② 그 사람 말 잘하든데!
③ 얼마나 깜짝 놀랐든지 몰라.
④ 어찌하던지 간에 나는 신경 안 써.
⑤ 무엇이든지 주저하지 말고 시작해 봐.

43

| 2015 고3 4월 학평B 13번 |

〈보기〉에 제시된 수업 내용을 바탕으로 학생이 탐구한 결과로 적절한 것은?

> **보기**
>
> **선생님**: 지난 시간에 부사화 접미사 '-이'와 '-히'의 표기에 대해 공부했습니다. 한글 맞춤법 51항의 해설을 통해 '-하다'가 붙지 않는 용언의 어간이나 'ㅅ' 받침 뒤에서는 '-이'로 적는다고 배웠는데, 여기에는 다음의 세 가지 경우가 더 제시되어 있습니다.
>
> > ㉮ (첩어 또는 준첩어인) 명사 뒤
> >   예 샅샅이, 다달이
> > ㉯ 부사 뒤
> >   예 더욱이, 히죽이
> > ㉰ 'ㅂ' 불규칙 용언의 어간 뒤
> >   예 가벼이, 새로이
>
> 판서 내용을 참고하여, 다음의 단어들을 ㉮~㉰로 구분해 봅시다.
>
> > 나날이, 오뚝이, 일찍이, 즐거이, 겹겹이

	㉮	㉯	㉰
①	나날이, 오뚝이	일찍이	즐거이, 겹겹이
②	나날이, 즐거이	겹겹이	오뚝이, 일찍이
③	나날이, 겹겹이	오뚝이, 일찍이	즐거이
④	오뚝이, 겹겹이	일찍이, 즐거이	나날이
⑤	겹겹이	오뚝이, 즐거이	나날이, 일찍이

44

| 2021 고3 6월 모평 15번 |

〈보기〉의 [A]에 들어갈 말로 적절한 것만을 있는 대로 고른 것은?

> **보기**
>
> **학생**: 선생님, 자기 소개서를 써 봤는데, 띄어쓰기가 맞는지 가르쳐 주시겠어요? 헷갈리는 부분을 표시해 왔어요.
>
> > 양로원에 가서 봉사 활동을 했습니다. 사실 그 시간에 ㉠봉사 보다는 게임을 하고 싶었습니다. 그저 작은 일을 ㉡도울 뿐이었는데 ㉢너 밖에 없다며 행복해하시는 어르신들의 말씀을 들을 ㉣때 만큼은 마음이 뿌듯해졌습니다.
>
> **선생님**: 한글 맞춤법에 따르면, 문장의 각 단어는 띄어 써야 하지만, 조사는 예외적으로 그 앞말에 붙여 쓴단다.
> **학생**: 아, 그럼 ___[A]___ 은/는 앞말에 붙여 써야 하는군요.

① ㉠의 '보다', ㉢의 '밖에'
② ㉡의 '뿐', ㉢의 '밖에'
③ ㉡의 '뿐', ㉣의 '만큼'
④ ㉠의 '보다', ㉡의 '뿐', ㉣의 '만큼'
⑤ ㉠의 '보다', ㉢의 '밖에', ㉣의 '만큼'

45

〈보기〉의 과제를 해결한 내용으로 적절하지 <u>않은</u> 것은? [3점]

┌ 보기 ┐

※ 과제: 다음 예문은 띄어쓰기가 올바른 문장입니다. 이를 통해 띄어쓰기 규정을 알아볼까요?

㉠ 너는 일밖에 모르니?
㉡ 연필 두 자루가 있습니다.
㉢ 나는 그저 웃고만 있었다.
㉣ 너무 아는 척을 하지 말아야 해.
㉤ 청군 대 백군으로 나눠 경기를 했다.

① ㉠: '일'과 '밖에'를 붙여 쓴 것을 보니, 조사는 붙여 쓰는군.
② ㉡: '두'와 '자루'를 띄어 쓴 것을 보니, 단위를 나타내는 명사는 띄어 쓰는군.
③ ㉢: '웃고만'과 '있었다'를 띄어 쓴 것을 보니, 본용언끼리는 띄어 쓰는군.
④ ㉣: '아는'과 '척'을 띄어 쓴 것을 보니, 의존 명사는 띄어 쓰는군.
⑤ ㉤: '청군', '대', '백군'을 각각 띄어 쓴 것을 보니, 두 말을 이어 줄 때에 쓰이는 말은 띄어 쓰는군.

46

다음은 수업의 일부이다. 이를 참고할 때, 띄어쓰기가 바르게 된 문장은?

┌ ┐

학생: 선생님, '뿐'은 앞말에 붙여 쓰는 경우도 있고 띄어 쓰는 경우도 있던데 어떻게 띄어 써야 하나요?
선생님: 품사에 따라 띄어쓰기가 달라져요. '나에게는 너뿐이야.'에서처럼 '너'라는 체언 뒤에 붙여서 한정의 뜻을 나타낼 때의 '뿐'은 조사이기 때문에 앞말에 붙여 써야 해요. 그런데 '그녀는 조용히 웃을 뿐이었다.'에서의 '뿐'은 체언을 수식하는 관형어 '웃을' 뒤에 붙여서 '따름'이라는 뜻을 나타내는 의존 명사이기 때문에 앞말과 띄어 써야 해요.
학생: '뿐'과 같이 띄어쓰기가 달라지는 예가 더 있나요?
선생님: 대표적인 예로 '대로, 만큼'이 있어요.

└ ┘

① 아는**대로** 모두 말하여라.
② 마음이 약해질**대로** 약해졌다.
③ 모든 것이 자기 생각 **대로** 되었다.
④ 손님들은 먹을 **만큼** 충분히 먹었다.
⑤ 그 사람은 말 **만큼**은 누구보다 앞선다.

47

〈보기 1〉을 바탕으로 〈보기 2〉의 내용을 이해한 것으로 적절하지 <u>않은</u> 것은?

┌ 보기 1 ┐

학생: 선생님, 지난 시간에 문장의 각 단어는 띄어 쓰는 것을 원칙으로 한다고 가르쳐 주셨잖아요. 그런데 막상 띄어쓰기를 하려고 하니 헷갈리는 게 너무 많아요.
선생님: 많이 헷갈리지? 앞에 수식어가 없으면 쓸 수 없는 의존 명사, 단위를 나타내는 명사, 그리고 두 말을 이어 주거나 열거할 때 쓰이는 말은 앞말과 띄어 써야 해. 그런데 조사는 단어이긴 하지만 예외적으로 앞말에 붙여 써야 한단다.

└ ┘

┌ 보기 2 ┐

승윤이는 ㉠각종 토론 대회에 ㉡학교 및 지역 대표로 ㉢여러번 참가해서 좋은 성적을 거둠으로써 학교뿐만 아니라 지역의 이름을 널리 ㉣알리는데에 ㉤기여할수 있었다.

└ ┘

	기호	띄어쓰기의 적절성	판단 근거
①	㉠	○	'각종'과 '토론'은 각각 별개의 단어이다.
②	㉡	○	'및'은 두 단어를 이어 주는 말이다.
③	㉢	×	'번'은 단위를 나타내는 명사이다.
④	㉣	×	'데'는 의존 명사이다.
⑤	㉤	○	'수'는 조사이다.

48

〈보기〉의 ㉠~㉤에 대한 수정 방안으로 적절하지 <u>않은</u> 것은?

┌ 보기 ┐

결석해서 무엇을 공부해야 ㉠할 지 모르는 나에게 승호는 필기한 공책을 ㉡주고 갔다. 승호는 역시 듬직한 ㉢형같다. 이제 내가 심혈을 ㉣기울일것은 ㉤공부 뿐이다.

└ ┘

① ㉠: '-ㄹ지'가 하나의 어미이기 때문에 '할'과 '지'를 붙여 '할지'로 수정한다.
② ㉡: '갔다'가 본동사이기 때문에 '주고'와 '갔다'를 붙여 '주고갔다'로 수정한다.
③ ㉢: '같다'가 형용사이기 때문에 '형'과 띄어 '형 같다'로 수정한다.
④ ㉣: '것'이 의존 명사이기 때문에 '기울일'과 띄어 '기울일 것'으로 수정한다.
⑤ ㉤: '뿐'이 조사로 쓰였기 때문에 '공부'와 붙여 '공부뿐이다'로 수정한다.

49
| 2017 고3 4월 학평 12번 |

(가)는 학생의 메모이고, (나)는 추가로 조사한 자료이다. (가)와 (나)를 참고하여 〈보기〉에 대해 탐구한 것으로 적절하지 <u>않은</u> 것은? [3점]

(가) 두 용언이 연결 어미로 이어진 경우	
유형	특징
본용언+본용언	• 각각의 용언이 주어와 호응한다. • 두 용언 사이에 다른 문장 성분이 올 수 있다. • 반드시 띄어 쓴다.
본용언+보조 용언	• 앞의 용언만으로 문장이 성립되고, 뒤의 용언만으로는 문장이 성립되지 않는다. • 보조 용언은 띄어 쓰는 것이 원칙이지만 경우에 따라 붙여 쓰는 것도 허용한다.
합성 동사	• 국어사전에 하나의 단어로 등재되어 있다. • 반드시 붙여 쓴다.

(나) 표준국어대사전 검색 결과

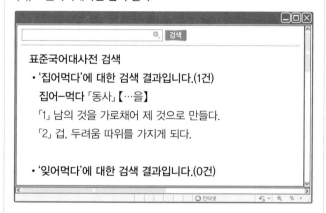

표준국어대사전 검색
• '집어먹다'에 대한 검색 결과입니다.(1건)
　집어-먹다 「동사」【…을】
　「1」 남의 것을 가로채어 제 것으로 만들다.
　「2」 겁, 두려움 따위를 가지게 되다.

• '잊어먹다'에 대한 검색 결과입니다.(0건)

〔보기〕

• 온순했던 청년들은 지레 겁을 ㉠집어먹었다.
• 나는 시험 준비를 하느라 잠자는 것도 ㉡잊어 먹었다.
• 그는 그녀에게 진 빚을 갚기 위해 공금을 ㉢집어먹었다.
• 그는 굶주림에 지쳐 땅 위에 버려진 빵을 ㉣집어 먹었다.
• 그들은 서로 만나기로 했던 사실을 새까맣게 ㉤잊어먹었다.

① ㉠은 국어사전에 단어로 등재되어 있는 합성 동사이므로 두 용언을 붙여 쓴 것이겠군.

② ㉡은 뒤의 용언만으로 문장이 성립되지 않으므로 원칙에 따라 두 용언을 띄어 쓴 것이겠군.

③ ㉢은 각각의 용언이 모두 주어인 '그는'과 호응하고 있으므로 두 용언을 붙여 쓴 것이겠군.

④ ㉣은 두 용언 사이에 '허겁지겁'과 같이 다른 문장 성분이 올 수 있으므로 두 용언을 띄어 쓴 것이겠군.

⑤ ㉤은 사전에 등재된 단어가 아니고, 뒤의 용언만으로 문장이 성립하지 않으므로 두 용언을 띄어 써야 하지만 붙여 쓴 것을 허용한 것이겠군.

50
| 2020 고3 4월 학평 15번 |

〈보기 1〉을 바탕으로 〈보기 2〉의 ㉠~㉤에 대해 이해한 내용으로 적절하지 <u>않은</u> 것은?

〔보기 1〕

　보조 용언도 하나의 단어이므로 띄어 쓰는 것이 원칙이나 경우에 따라서는 붙여 쓰는 것도 허용한다. 다만 본용언에 조사가 붙거나 본용언이 합성 용언인 경우, 본용언이 파생어인 경우는 그 뒤에 오는 보조 용언은 붙여 쓰지 않는다. 그런데 본용언이 합성어나 파생어라도 그 활용형이 2음절인 경우에는 본용언과 보조 용언을 붙여 쓰는 것도 허용한다. 그리고 본용언 뒤에 보조 용언이 거듭 나타나는 경우는 앞의 보조 용언만을 본용언에 붙여 쓸 수 있다.

〔보기 2〕

• 그가 이 자리를 ㉠빛내 준다.
• 오늘 일은 일기에 ㉡적어 둘 만하다.
• 나는 어제 그 책을 ㉢읽어는 보았다.
• 아마도 이런 기회는 ㉣다시없을 듯하다.
• 이번에는 제발 열심히 ㉤공부해 보아라.

① ㉠은 본용언이 합성어이지만 활용형이 2음절인 경우이므로 '빛내'와 '준다'를 붙여 쓸 수 있다.

② ㉡은 본용언 뒤에 보조 용언이 거듭 나타나는 경우이므로 '둘'과 '만하다'를 붙여 쓸 수 있다.

③ ㉢은 본용언에 조사가 붙은 경우이므로 '읽어는'과 '보았다'를 붙여 쓰지 않는다.

④ ㉣은 본용언이 합성 용언인 경우이므로 '다시없을'과 '듯하다'를 붙여 쓰지 않는다.

⑤ ㉤은 본용언이 파생어인 경우이므로 '공부해'와 '보아라'를 붙여 쓰지 않는다.

51

〈보기 1〉을 바탕으로 〈보기 2〉의 ㉠~㉤에 대해 탐구한 내용으로 적절한 것은?

┌ 보기 1 ┐

[한글 맞춤법]

제41항 조사는 그 앞말에 붙여 쓴다.

제42항 의존 명사는 띄어 쓴다.

제43항 단위를 나타내는 명사는 띄어 쓴다.

　　　　다만, 순서를 나타내는 경우나 숫자와 어울리어 쓰이는 경우에는 붙여 쓸 수 있다.

제46항 단음절로 된 단어가 연이어 나타날 적에는 붙여 쓸 수 있다.

┌ 보기 2 ┐

• 꽃집에 꽃이 ㉠안개꽃 밖에 남아 있지 않았다.
• 나도 ㉡너만큼 달리기를 잘했으면 좋겠다.
• 남은 ㉢천 원짜리로 마땅히 살 것이 없었다.
• 나는 그 사람이 그리워 ㉣어찌할 줄 몰랐다.
• 기다리던 백신이 ㉤7 연구실에서 개발되었다.

① ㉠은 제41항을 적용해 '안개꽃밖에'로 정정해야겠군.
② ㉡은 제42항을 적용해 '너 만큼'으로 정정해야겠군.
③ ㉢은 제43항을 적용해 '천 원 짜리'로 정정해야겠군.
④ ㉣은 제43항을 적용해 '어찌할줄'로 정정해야겠군.
⑤ ㉤은 제46항을 적용해 '7연구실'로 정정해야겠군.

52

〈보기 1〉은 문법 수업의 한 장면이다. 〈보기 1〉을 참고하여 〈보기 2〉를 탐구한 것으로 옳지 <u>않은</u> 것은? [3점]

┌ 보기 1 ┐

선생님: 표준 발음법에 대한 이해는 올바른 발음 생활뿐만 아니라 국어를 로마자로 표기하려고 할 때도 많은 도움을 줍니다. 국어의 로마자 표기는 표준 발음에 따라 적는 것을 원칙으로 하기 때문입니다.

[표준 발음법]

제13항 홑받침이나 쌍받침이 모음으로 시작된 조사나 어미, 접미사와 결합되는 경우에는, 제 음가대로 뒤 음절 첫소리로 옮겨 발음한다.

제15항 받침 뒤에 모음 'ㅏ, ㅓ, ㅗ, ㅜ, ㅟ'들로 시작되는 실질 형태소가 연결되는 경우에는, 대표음으로 바꾸어서 뒤 음절 첫소리로 옮겨 발음한다.

제17항 받침 'ㄷ, ㅌ(ㄾ)'이 조사나 접미사의 모음 'ㅣ'와 결합되는 경우에는, [ㅈ, ㅊ]으로 바꾸어서 뒤 음절 첫소리로 옮겨 발음한다.

제18항 받침 'ㄱ(ㄲ, ㅋ, ㄳ, ㄺ), ㄷ(ㅅ, ㅆ, ㅈ, ㅊ, ㅌ, ㅎ), ㅂ(ㅍ, ㄼ, ㄿ, ㅄ)'은 'ㄴ, ㅁ' 앞에서 [ㅇ, ㄴ, ㅁ]으로 발음한다.

제29항 합성어 및 파생어에서, 앞 단어나 접두사의 끝이 자음이고 뒤 단어나 접미사의 첫 음절이 '이, 야, 여, 요, 유'인 경우에는, 'ㄴ' 소리를 첨가하여 [니, 냐, 녀, 뇨, 뉴]로 발음한다.

┌ 보기 2 ┐

덮이다, 웃어른, 굳이, 집일, 색연필

① '덮이다'를 로마자로 표기하려면, 표준 발음법 제13항에 대한 이해가 필요하겠군.
② '웃어른'을 로마자로 표기하려면, 표준 발음법 제15항에 대한 이해가 필요하겠군.
③ '굳이'를 로마자로 표기하려면, 표준 발음법 제17항에 대한 이해가 필요하겠군.
④ '집일'을 로마자로 표기하려면, 표준 발음법 제13항, 제18항에 대한 이해가 필요하겠군.
⑤ '색연필'을 로마자로 표기하려면, 표준 발음법 제18항, 제29항에 대한 이해가 필요하겠군.

53

| 2019 고3 9월 모평 13번 |

〈보기〉의 ㉠~㉤에 대한 설명으로 적절한 것은? [3점]

보기

〈로마자 표기 한글 대조표〉

자음		ㄱ	ㄷ	ㅂ	ㄸ	ㄴ	ㅁ	ㅇ	ㅈ	ㅊ	ㅌ	ㅎ
표기	모음 앞	g	d	b	tt	n	m	ng	j	ch	t	h
	그 외	k	t	p								

모음	ㅏ	ㅐ	ㅗ	ㅣ
표기	a	ae	o	i

〈로마자 표기의 예〉

	한글 표기	발음	로마자 표기
㉠	같이	[가치]	gachi
㉡	잡다	[잡따]	japda
㉢	놓지	[노치]	nochi
㉣	맨입	[맨닙]	maennip
㉤	백미	[뱅미]	baengmi

① ㉠에서 일어나는 음운 변동은 '땀받이[땀바지]'에서도 일어나고, 로마자 표기에 반영되었다.

② ㉡에서 일어나는 음운 변동은 '삭제[삭쩨]'에서도 일어나고, 로마자 표기에 반영되었다.

③ ㉢에서 일어나는 음운 변동은 '닳아[다라]'에서도 일어나고, 로마자 표기에 반영되었다.

④ ㉣에서 일어나는 음운 변동은 '한여름[한녀름]'에서도 일어나고, 로마자 표기에 반영되지 않았다.

⑤ ㉤에서 일어나는 음운 변동은 '밥물[밤물]'에서도 일어나고, 로마자 표기에 반영되지 않았다.

54

| 2018 고3 07월 학평 15번 |

〈보기〉는 수업의 한 장면이다. 선생님의 질문에 대한 답을 바르게 짝지은 것은?

보기

선생님: 국어를 로마자로 표기할 때는 국어의 표준 발음법에 따라 적는 것을 원칙으로 합니다. 따라서 음운 변동의 결과를 표기에 반영하지요. 이때, 'ㄱ, ㄷ, ㅂ'은 모음 앞에서는 'g, d, b'로, 자음 앞이나 어말에서는 'k, t, p'로 적습니다. 'ㄹ'은 모음 앞에서는 'r'로, 자음 앞이나 어말에서는 'l'로 적으며, 'ㄹㄹ'은 'll'로 적지요.

그럼 아래의 표기 일람을 참고할 때, '독립문'과 '대관령'의 로마자 표기는 어떻게 될까요?

ㄱ	ㄴ	ㄷ	ㄹ	ㅁ	ㅂ	ㅇ
g, k	n	d, t	r, l	m	b, p	ng

ㅐ	ㅕ	ㅗ	ㅘ	ㅜ	ㅣ
ae	yeo	o	wa	u	i

	독립문	대관령
①	Dongnimmun	Daegwallyeong
②	Dongnimmun	Daegwalryeong
③	Dongrimmun	Daegwallyeong
④	Dongrimmun	Daegwanryeong
⑤	Doknipmun	Daegwanryeong

[55~56] 다음 글을 읽고 물음에 답하시오.

| 2017 고1 9월 학평 11~12번 |

한글 맞춤법 제1장 총칙의 제1항은 '한글 맞춤법은 표준어를 ㉮소리대로 적되, 어법에 맞도록 함을 원칙으로 한다.'이다. 여기서 소리대로 적는다는 것은 '구름'과 같이 표준어를 발음 형태대로 적는 것을 의미한다. 그리고 어법에 맞도록 한다는 것은 한 단어가 다양한 발음 형태로 나타나는 경우에 뜻을 쉽게 파악하기 어려운 점을 고려하여 형태소의 원형을 밝혀 적는 것을 의미한다.

형태소의 원형을 밝히는 경우를 살펴보자. 단어는 형성 방법에 따라 두 개 이상의 어근이 결합되는 합성어와 어근의 앞이나 뒤에 파생 접사가 붙는 파생어가 있다. 이때 합성어와 같이 어근끼리 연결된 경우에는 각 어근의 본래의 뜻이 유지되면 소리대로 적지 않고 끊어적기를 한다.

'국' + '물' → '국물' (○) / '궁물' (×)

단, '이[齒]'가 합성어에서 '니'로 소리가 날 경우에는 어근의 의미 유지와 관계없이 '니'로 적는다.

파생어의 경우에는 어근에 접두사가 붙으면 형태소의 원형을 밝혀 적는다. 그리고 어근에 접미사가 붙을 때에 어근의 본래의 뜻이 유지되면 원형을 밝혀 끊어적기를 한다.

'먹-'[食] + '-이' → '먹이' (○) / '머기' (×)

이처럼 형태소의 원형을 밝혀 적을 것인지에 대한 판단에는 어근이 본래의 뜻을 유지하는가가 중요한 요소이며 이를 토대로 어법에 맞게 적기를 할 수 있는 것이다.

55

㉮에 해당하는 예로 적절한 것은?

① 빛   ② 옷   ③ 잎
④ 바깥   ⑤ 하늘

56

윗글을 통해 〈보기〉의 ㉠~㉤에 대해 이해한 내용으로 적절하지 <u>않은</u> 것은? [3점]

┌ 보기 ┐
• 사건의 전모가 ㉠드러나다. (들다 + 나다)
• 집으로 ㉡돌아가다. (돌다 + 가다)
• 그의 얼굴에 ㉢웃음이 피어났다. (웃다 + -음)
• ㉣노름은 절대로 해서는 안 되는 일이었다. (놀다 + -음)
• ㉤사랑니를 뺐더니 통증이 한결 나아졌다. (사랑 + 이[齒])
└─────────────────────────────────┘

① ㉠은 어근이 본래 의미에서 멀어져 소리대로 적은 것이겠군.
② ㉡은 어근의 본래 의미가 유지되어 끊어 적은 것이겠군.
③ ㉢은 어근의 본래 의미가 유지되어 끊어 적은 것이겠군.
④ ㉣은 어근이 본래 의미에서 멀어져 소리대로 적은 것이겠군.
⑤ ㉤은 어근이 본래 의미에서 멀어져 소리대로 적은 것이겠군.

[57~58] 다음 글을 읽고 물음에 답하시오.

'홀쭉이'와 '홀쭈기' 중 무엇이 올바른 표기일까? 이런 질문에 답을 제시해 주고 있는 것이 바로 한글 맞춤법이다. 한글 맞춤법 제1항을 보면, '한글 맞춤법은 표준어를 소리대로 적되, 어법에 맞도록 함을 원칙으로 한다.'라고 나와 있다.

한글 맞춤법의 기본적인 원칙은 표준어를 소리 나는 대로 적는 것이다. 그러나 단어나 문장이 만들어지는 과정에서 소리가 바뀌는 경우에는 사정이 달라진다. 그래서 함께 제시된 것이 '어법에 맞도록' 적는다는 원칙이다. 어법에 맞게 적는다는 것은 형태소들이 만나 소리가 바뀔지라도 형태소의 본 모양을 밝히어 적는 것을 의미한다.

국어의 단어와 문장은 형태소들이 결합하여 만들어진다. 형태소는 체언이나 용언의 어간 등 실질적인 의미를 표시하는 실질 형태소와, 접사나 용언의 어미, 조사처럼 실질 형태소에 결합하여 보조적 의미를 덧붙이거나 문법적 관계를 표시하는 형식 형태소로 나뉜다. 예를 들어 '꽃나무', '덮개'를 보면 실질 형태소(꽃, 나무)끼리 만나 이루어지거나 실질 형태소(덮-)에 형식 형태소(-개)가 붙어 단어가 만들어진다. 또한 '모자를 쓰다'에서는 실질 형태소(모자, 쓰-)에 각각 형식 형태소(를, -다)가 붙어 문장이 만들어진다.

그렇다면 어떠한 경우에 '어법에 맞도록' 적어야 할까? 체언에 조사가 붙거나 용언의 어간에 어미가 붙어 소리가 바뀔 때 형태를 밝히어 적는다. 예를 들어 '꽃이'는 [꼬치]로, '잡아'는 [자바]로 발음되지만 각각 '꽃이'와 '잡아'와 같이 실질 형태소와 형식 형태소를 구별하여 적어야 한다.

두 개의 용언이 어울려 한 개의 용언이 될 때에 '들어가다'처럼 앞말의 본뜻이 유지되고 있는 것은 그 원형을 밝히어 적는다. 다만, '드러나다'처럼 앞말이 그 본뜻에서 멀어진 것은 원형을 밝히어 적지 않는다.

어근에 접사가 붙어 새로운 말이 만들어질 때에도 소리 나는 대로 적지 않고 형태를 밝히어 적는다. 예를 들어 '삶'은 '살다'의 어간 '살-'에 접미사 '-ㅁ'이 붙어서 파생된 명사로 [삼:]이라 발음되지만 '삶'으로 적는다. 그리고 '많이'는 '많다'의 어간 '많-'에 접미사 '-이'가 붙어서 부사가 된 것으로 [마:니]라고 발음되지만 '많이'로 적는다. 이처럼 ㉠용언의 어간에 '-이'나 '-음/-ㅁ'이 붙어서 명사로 된 것과 ㉡용언의 어간에 '-이'나 '-히'가 붙어서 부사로 된 것은 그 어간의 원형을 밝히어 적는다. 다만, ㉢어간에 '-이'나 '-음'이 붙어서 명사로 바뀐 것이라도 그 어간의 뜻과 멀어진 것은 원형을 밝히어 적지 않는다.

57

윗글을 바탕으로 〈보기〉를 탐구한 내용으로 적절하지 **않은** 것은? [3점]

> **보기**
>
> • 먹을 것은 많지만, 마음 편히 먹고 있을 수만은 없었다.
>   ⓐ ⓑ   ⓒ
> • 집으로 돌아오다가 너무 지쳐 쓰러질 뻔했다.
>   ⓓ   ⓔ

① ⓐ는 용언의 어간 '먹-'에 어미 '-을'이 결합했으므로 형태를 밝히어 적었군.

② ⓑ는 체언 '것'에 조사 '은'이 붙었으므로 형태를 밝히어 적었군.

③ ⓒ는 실질 형태소 '수'와 형식 형태소 '만', '은'이 결합했으므로 형태를 밝히어 적지 않았군.

④ ⓓ는 앞말의 본뜻이 유지되고 있으므로 형태를 밝히어 적었군.

⑤ ⓔ는 앞말이 본뜻에서 멀어졌으므로 형태를 밝히어 적지 않았군.

58

윗글의 ㉠~㉢에 해당하는 예로 적절하지 **않은** 것은?

① ㉠: 나는 고양이에게 먹이를 주었다.

② ㉠: 모두들 그의 정신력을 높이 칭찬했다.

③ ㉡: 나는 그 사실을 익히 들어 알고 있다.

④ ㉢: 그는 상처에서 흐르는 고름을 닦았다.

⑤ ㉢: 그들은 새로 만든 도로의 너비를 측정했다.

| 2019 고2 9월 학평 11~12번 |

[59~60] 다음 글을 읽고 물음에 답하시오.

띄어쓰기를 정확하게 하지 않으면 의미를 전달할 때 문제가 발생한다. 구와 합성어의 경우가 그렇다. 다음 사례를 살펴보자.

ㄱ. 직장을 옮기면서 작은 집에서 살게 되었다.
ㄴ. 직장을 옮기면서 작은집에서 살게 되었다.

ㄱ과 ㄴ은 비슷해 보이지만 띄어쓰기에 따라 살게 된 집의 의미가 달라진다. ㄱ의 '작은 집'은 '크기가 작은 집'을 의미하는 '구'이고, ㄴ의 '작은집'은 '작은아버지 집'을 의미하는 '합성어'이다.

이때 한글 맞춤법 제2항 '문장의 각 단어는 띄어 씀을 원칙으로 한다.'에 따라 살펴보면, 구는 하나의 단어가 아니므로 띄어 써야 하고 사전에 표제어로 오르지 않는다. 반면 합성어는 하나의 단어로 붙여 써야 하고 사전에 표제어로 오른다. 구와 합성어를 구별하기 위해서는 먼저 구성 요소 사이에 다른 말을 넣어 본다. 이때 ㉠중간에 다른 말이 끼어들어 갈 수 있는 경우와 ㉡그렇지 않은 경우가 있다. 전자는 '구'이고 후자는 '합성어'이다. 한편 구성 요소의 배열이 시간의 흐름에 따라 순차적으로 연결되었는지를 살펴보기도 한다. 이때 '구'는 순차적으로 연결되지만, '합성어'는 ㉢그렇지 않은 경우가 있다.

또한 우리말에는 형태는 같지만 기능이 달라 띄어쓰기를 판단하기 어려운 경우가 있다. 특히 의존 명사는 조사, 어미의 일부 등과 형태가 같아 띄어쓰기를 판단하기 어려운 경우가 있다. 이때 이들의 문법적 특성을 이해하면 띄어쓰기를 하는 것에 도움이 된다.

의존 명사는 의미상 그 앞에 수식하는 말, 즉 관형어를 반드시 필요로 한다는 점에서 의존적인 말이지만 자립 명사와 같은 명사 기능을 하므로 단어로 취급하여 앞말과 띄어 쓴다. 그러나 조사는 결합한 앞말과 분리해도 앞말이 자립성을 유지하므로 단어로 보지만, 단독으로 쓰이지 못하기 때문에 앞말에 붙여 쓴다. 그리고 어미는 용언의 어간과 분리하면 어간과 어미가 모두 자립성을 잃기 때문에 단어로 보지 않으며 앞말에 붙여 쓴다.

사전은 문법적 특징과 의미 등의 정확한 정보를 담고 있다. 따라서 띄어쓰기 여부를 확인할 때 사전을 적극적으로 활용하는 태도가 필요하다.

59

윗글을 참고할 때, 〈자료〉에 대해 이해한 내용으로 적절하지 않은 것은?

┌─ 자료 ─────────────────────────
• 누군가 헌가방을 놓고갔다.
• 소가 풀을 뜯어먹었다.
• 뜬소문이 돌았다.
• 선생님의 설명을 알아들었다.

※ 밑줄 친 부분은 띄어쓰기 여부를 판단하지 못한 부분임.
└───────────────────────────────

① '헌가방'은 ㉠에 해당하니까 사전에 표제어로 실리지 않았겠군.
② '놓고가다'는 ㉠에 해당하니까 사전에 표제어로 실리지 않았겠군.
③ '뜯어먹다'는 ㉡에 해당하니까 사전에 표제어로 실렸겠군.
④ '뜬소문'은 ㉡에 해당하니까 사전에 표제어로 실렸겠군.
⑤ '알아듣다'는 ㉢에 해당하니까 사전에 표제어로 실렸겠군.

60

윗글과 〈보기〉를 바탕으로 할 때, 밑줄 친 부분의 띄어쓰기가 적절하지 않은 것은?

┌─ 보기 ─────────────────────────
만큼
[Ⅰ] 「의존 명사」
  「1」 앞의 내용에 상당한 수량이나 정도임을 나타내는 말.
  「2」 뒤에 나오는 내용의 원인이나 근거가 됨을 나타내는 말.
[Ⅱ] 「조사」
  앞말과 비슷한 정도나 한도임을 나타내는 격 조사.

데 「의존 명사」
  「1」 '곳'이나 '장소'의 뜻을 나타내는 말.
  「2」 '일'이나 '것'의 뜻을 나타내는 말.

−는데 「어미」
  [1] 뒤 절에서 어떤 일을 설명하거나 묻거나 시키거나 제안하기 위하여 그 대상과 상관되는 상황을 미리 말할 때에 쓰는 연결 어미.
└───────────────────────────────

① 명주는 무명만큼 질기지 못하다.
② 학교에 가는데 비가 오기 시작했다.
③ 그 책을 다 읽는데 삼 일이나 걸렸다.
④ 소리가 나는 데가 어디인지 모르겠다.
⑤ 방 안은 숨소리가 들릴 만큼 조용했다.

61

〈보기〉의 설명 을 바탕으로 예문 을 이해한 내용으로, 적절하지 않은 것은?

보기

설명

하나 이상의 발화가 유기적으로 연결된 것을 담화(談話)라고 한다. 담화를 정확하고 적절하게 이해하기 위해서는 담화 내부의 ⓐ언어적 맥락뿐만 아니라 비언어적 맥락 또한 파악해야 한다. 비언어적 맥락에는 담화가 이루어지는 시간, 장소, 목적 등을 포함하는 ⓑ상황 맥락과 국가, 제도, 문화 등을 포함하는 사회 · 문화적 맥락이 있다.

예문

[가] 쌀쌀한 교실에서

선희: 조금 춥구나!

철호: 나도 조금 추워!

영수: 창문 닫아 줄까? ··· ㉠

철호: 고마워. 일어나기가 귀찮아서 참고 있었어. ········ ㉡

선희: 영수야, 난 그냥 조금 쌀쌀해서 한 말이었어. ···· ㉢

[나] 사람들로 붐비는 버스에서

승객 1: 내립시다.

승객 2: 전 이번에 안 내리는데요. ··································· ㉣

승객 1: 좀 비켜 달라고요! ··· ㉤

① ㉠: '영수'는 '선희'와 '철호'의 발화를 ⓑ를 중심으로 이해하였다.

② ㉡: '철호'는 '영수'가 자신의 발화를 ⓑ를 중심으로 정확히 이해했음을 알려 주었다.

③ ㉢: '선희'는 '영수'에게 앞선 자신의 발화가 ⓐ를 중심으로 이해되어야 함을 밝혔다.

④ ㉣: '승객 2'는 '승객 1'의 발화를 ⓑ를 중심으로 이해하였다.

⑤ ㉤: '승객 1'은 '승객 2'가 ⓐ를 중심으로 이해하도록 말하였다.

62

〈보기 1〉을 바탕으로 〈보기 2〉의 ㉠~㉤을 이해한 것으로 적절하지 않은 것은?

보기 1

선생님: 담화에서 화자가 자신의 의도를 직접 드러내고자 하는 상황이라면 종결 표현과 화자의 의도를 일치시켜 명시적으로 표현합니다. 반면 명령이나 요청 등과 같이 청자에게 부담을 주거나 예의에 어긋날 수 있는 상황이라면 화자의 의도와는 다른 종결 표현을 사용하거나, '저기', '만', '좀'과 같은 언어 표현을 사용하여 완곡하게 표현합니다.

보기 2

어머니: (지연을 토닥이며) ㉠저기, 지연아 이제 좀 일어나라.

지연: (힘없이 일어나며) ㉡엄마, 선생님께 학교에 조금 늦을 거 같다고 전화해 주시겠어요?

어머니: (걱정스러운 표정으로) 어디 아프니?

지연: 네, 그런 것 같아요. 열도 좀 나고요.

어머니: ㉢그럼 선생님께 전화 드리고 엄마랑 병원에 가자.

지연: 네, 그렇게 해야 할 것 같아요.

소연: (거실에서 큰 소리로) 지연아, 학교 늦겠다. ㉣빨리 가라.

어머니: 소연아! ㉤동생이 아프다니까 조금만 작은 소리로 말해 주면 참 좋겠다.

① ㉠: 명령의 의도를 '저기', '좀' 등의 언어 표현을 사용하여 표현함으로써 청자에게 부담을 주려 하지 않고 있군.

② ㉡: 요청의 의도를 의문형 종결 표현을 사용하여 완곡하게 표현하고 있군.

③ ㉢: 화자의 의도와 종결 표현을 일치시켜 청유의 의도를 직접 드러내고 있군.

④ ㉣: 화자의 명령에 대한 청자의 부담을 덜어 주기 위해 화자의 의도와 종결 표현을 일치시키지 않고 있군.

⑤ ㉤: 명령의 의도를 평서형 종결 표현과 '만'과 같은 언어 표현을 사용하여 부드럽게 표현하고 있군.

63

〈보기 1〉을 바탕으로 〈보기 2〉의 ㉠~㉤에 대해 설명한 내용으로 적절하지 <u>않은</u> 것은?

보기 1

지칭어와 호칭어, 높임 표현이 발달한 우리말에서는 특히 담화 상황에서 화자, 청자, 맥락 등을 종합적으로 고려해야 한다. 다른 사람에게 그 대상을 가리킬 때 사용하는 말인 지칭어와 그 대상을 직접 부를 때 사용하는 말인 호칭어를, 화자와 청자, 담화에 언급된 대상의 상황을 종합적으로 고려하여 선택해야 한다. 또한 높임 표현은 청자나 담화 속 주체와 객체의 높임 관계를 고려하여 어미, 조사, 어휘 등을 적절하게 사용해야 한다.

보기 2

혜연: 삼촌, 어서 오세요. 좀 늦으셨네요?

삼촌: 생각보다 차가 밀리더구나. 다들 오셨니?

혜연: 아니요. 차가 밀리는지 ㉠할머니께서도 아직 도착하지 못하셨어요.

삼촌: ㉡어머니는 어디 계시니?

혜연: ㉢할아버지를 모시고 조금 전에 결혼식장에 들어가셨어요.

삼촌: 아침부터 너희 ㉣어머니께서 많이 바쁘셨겠네. 너도 언니 결혼식 때문에 옆에서 이것저것 도와주느라 힘들었지?

혜연: 아니에요. 그것보다 삼촌께서 이렇게 멀리서 와 주셔서 ㉤언니가 정말 기뻐할 것 같아요.

① ㉠에서는 화자가 자신을 기준으로 대상을 파악하여 지칭어를 사용하고 있군.

② ㉡에서 문장의 주체는 화자가 높여야 할 대상이므로 특수한 어휘를 통해 높임을 실현하고 있군.

③ ㉢에서 문장의 객체는 화자가 높여야 할 대상이므로 조사를 통해 높임을 실현하고 있군.

④ ㉣에서는 화자가 청자를 기준으로 대상을 파악하여 지칭어를 사용하고 있군.

⑤ ㉤에서는 청자가 화자보다 높은 대상이므로 종결 어미를 통해 높임을 실현하고 있군.

64

〈보기〉의 ㉠~㉤에 대한 설명으로 적절하지 <u>않은</u> 것은?

보기

효준: 여기 운동화 정말 많다. 뭘 사야 할지 모르겠어.

유로: 그래? 그럼 내가 하나 골라 줄까? ㉠저건 어때?

효준: ㉡저기 진열되어 있는 거 말이야?

유로: 그래. 가서 한번 신어 봐.

효준: (진열대 앞으로 가서) ㉢이거 말하는 거지?

유로: (뒤따라오며) 응. ㉣그거.

효준: 디자인은 괜찮네. 근데 가격이 조금 비싼 것 같지 않아?

유로: 그러면 전에 우리 같이 갔었던 □□매장에서 할인 행사 중이던데 ㉤거기 한번 가 보자.

효준: 좋아. 같은 물건이면 싼 것이 더 좋지.

① ㉠은 '효준'과 '유로' 모두에게 멀리 있는 사물을 가리키는 표현이다.

② ㉡을 사용하여 '효준'이 지시한 장소는 ㉤이 나타내는 장소와 동일하다.

③ ㉢은 '유로'보다 '효준'에게 가까이 있는 사물을 가리키는 표현이다.

④ ㉣을 사용하여 '유로'가 가리킨 사물은 ㉢이 나타내는 사물과 동일하다.

⑤ ㉤은 '효준'과 '유로'의 눈에 현재 보이지 않는 장소를 가리키는 표현이다.

65

| 2016 고1 11월 학평 14번 |

〈보기〉의 ㉠~㉺에 대한 설명으로 적절하지 <u>않은</u> 것은?

┌ 보기 ┐

학생: 안녕하세요? 인터뷰 때문에 원장님을 ㉠뵈러 왔습니다.

직원: 지금 ㉡계시긴 한데 혹시 미리 약속은 하셨나요?

학생: ㉢이틀 전에 제가 원장님과 통화를 했는데, 오늘 오라고 ㉣말씀 하셨어요.

직원: 아, 그러세요? ㉤저쪽으로 들어가시면 됩니다.

학생: (노크 후 방 안으로 들어서며) 원장님, 안녕하세요? 오늘 뵙기로 한 김○○입니다.

원장: 아, ㉥김 선생님 따님이군요. ㉦지난번에 전화로 약속을 잡았었죠? 이쪽에 앉으세요.

학생: 고맙습니다. 그럼 그때 ㉧말씀을 드렸던 주제로 인터뷰를 시작하겠습니다.

① ㉠과 ㉡은 동일한 인물을 높이기 위해 사용한 표현이다.

② ㉢과 ㉦은 동일한 날을 지칭하는 표현이다.

③ ㉣과 ㉧은 화자가 자신의 행위를 낮추기 위해 사용한 표현이다.

④ ㉤은 화자와 청자로부터 멀리 떨어진 곳을 지시하는 표현이다.

⑤ ㉥은 현재의 담화 상황에 참여하지 않는 인물을 지칭하는 표현이다.

66

| 2015 고3 3월 학평A 13번 |

〈보기〉의 담화 상황으로 볼 때, ㉠~㉤에 대한 설명으로 적절하지 <u>않은</u> 것은?

┌ 보기 ┐

A: 영희가 말도 없이 책을 가져갔다고 민수가 화가 많이 났더라. 그런데 ㉠그것이 사실이야?

B: 아니, 내가 영희에게 민수 말이 맞느냐고 물어봤는데, ㉡자기는 분명히 말하고 가져갔다고 그러더라.

A: 서로 의사소통이 잘 안됐나 보다. ㉢아무나 좋으니 일단 나서서 민수와 영희의 오해를 풀어 주는 게 좋겠다. 그나저나 어제 저녁에 교실에 있었던 애들이 ㉣누구였는지 기억나?

B: 나도 ㉤거기에 누가 있었는지는 기억이 안 나네.

① ㉠은 '민수가 화가 많이 난 것'을 간단히 표현하려고 사용한 대명사이다.

② ㉡은 B가 앞서 언급한 '영희'를 도로 나타내기 위해 사용한 대명사이다.

③ ㉢은 화자가 불특정 대상을 가리키기 위해 사용한 대명사이다.

④ ㉣은 화자가 지시 대상을 정확히 모르고 있어서 사용한 대명사이다.

⑤ ㉤은 A가 앞서 언급한 '교실'을 가리키기 위해 사용한 대명사이다.

67

| 2016 수능B 13번 |

〈보기〉의 ㉠~㉺에 대한 설명으로 적절하지 <u>않은</u> 것은?

┌ 보기 ┐

(엄마와 아들이 둘이서 걸어가며)

아들: 엄마, 올해 마지막 날 엄마와 쇼핑 나와서 참 좋아요.

엄마: ㉠엄마도 영수랑 같이 나오니까 참 좋다.

아들: 어, 저거 뭐지? 엄마, 저 옷 가게 광고판 좀 보세요.

엄마: 뭐? ㉡저거?

아들: 네, ㉢저거요. '2015년 12월 30일, ㉣오늘 하루만 50% 할인'이라고 쓰여 있는데요.

엄마: 그래? 그러면 ㉤어제였네. ㉥누나 옷 사야 되는데.

아들: 엄마, 그 옆 가게는 오늘까지 할인하는데요. 그런데 제 옷도 사 주시면 안 돼요?

엄마: 그래. 알았어, ㉦우리 아들. ㉧영수도 옷 사 줘야지.

아들: 와, 잘됐다. 다음 주 여행 갈 때 입고 가야겠다.

① ㉠과 ㉥은 청자의 관점에서 사용한 지칭어이다.

② ㉠과 ㉦은 현재의 담화 상황에 참여하고 있는 사람을 가리킨다.

③ ㉡과 ㉢은 동일한 대상을 가리킨다.

④ ㉣과 ㉤은 동일한 날을 가리킨다.

⑤ ㉥과 ㉧은 화자와 청자를 제외한 제삼자를 가리킨다.

68

| 2015 고2 11월 학평 12번 |

〈보기〉의 ㉠~㉤에 대한 설명으로 적절하지 <u>않은</u> 것은?

┌ 보기 ┐

아버지: (아이 방으로 들어오며) 은주야, ㉠이거 받아.

은주: (선물을 보며) 어? 그게 뭐예요?

아버지: 응. 스웨터야. 어제 고모를 만났는데, 곧 있으면 네 생일이라고 주시더라. 마음에 드니? ㉡저 옷이랑 같이 입으면 잘 어울릴 것 같은데.

은주: 왜! ㉢그러면 정말 예쁘겠네요. 내일 당장 입어야겠어요.

아버지: 그래. 고모한테 고맙다고 전화 한 통 드려.

은주: 네, 저도 ㉣그렇게 하려고 했어요.

아버지: ㉤그런데 내일 아빠랑 영화나 보러 갈까?

① ㉠은 지시하는 대상이 청자인 은주에 비해 화자인 아버지에게 가까이 있음을 나타낸다.

② ㉡은 지시하는 대상을 청자인 은수도 볼 수 있음을 전제로 한다.

③ ㉢은 아버지가 앞에서 한 말과 관련된 세부 사항이 뒤에 추가될 것임을 나타낸다.

④ ㉣은 고모한테 고맙다고 전화 한 통 드리라는 말을 대신 표현하여 담화의 중복을 피한다.

⑤ ㉤은 아버지가 지금까지 은주와 나눈 대화의 화제를 다른 데로 돌리는 기능을 한다.

69

| 2016 고2 6월 학평 15번 |

〈보기〉의 담화 상황을 고려할 때, ㉠~㉤에 대한 이해로 적절하지 않은 것은?

┌ 보기 ┐

엄마: 너 지금 뭐하니? 늦었는데 빨리 학교 가야 하지 않니?

아들: ㉠예, 가요. 뭐 좀 챙긴다구요.

엄마: 그런데 네 방이 많이 어질러져 있더라. 평소에는 잘하더니, ㉡어제는 청소 안 한 거니?

아들: 저기, ㉢그게 어제 밤늦게까지 과제 발표를 준비하느라 시간이 없었어요.

엄마: 그랬구나. 그래, 발표 준비는 다 했구?

아들: 열심히 준비하긴 했는데, 친구들 앞에만 서면 떨려서 제대로 ㉣못 할 것 같아요.

엄마: 아니야, 잘 할 수 있을 거야. 자신감을 가져. 그래도 너무 떨리면 발표 전에 심호흡을 세 번만 ㉤해 보자.

아들: 네, 엄마. 그럴게요.

① ㉠: 부정의 물음에 대해 긍정의 대답을 사용하여 학교에 갈 것이라는 의미를 나타내고 있다.

② ㉡: 보조사를 사용하여 다른 날에는 '아들'이 청소를 했다는 사실과 대조하고 있다.

③ ㉢: 지시 대명사를 사용하여 '엄마'의 이야기에 언급된 내용을 다시 언급하는 것이므로 '이게'와 바꿔 쓸 수 없다.

④ ㉣: '못' 부정문을 사용하여 앞으로의 상황이 자신의 능력 부족 때문에 발생할 수 있음을 나타내고 있다.

⑤ ㉤: 청유형 종결 어미를 사용하여 '엄마'가 '아들'에게 함께 심호흡할 것을 제안하고 있다.

70

| 2016 고3 6월 모평B 15번 |

담화 상황을 고려할 때, 〈보기〉의 ㉠~㉤에 대한 이해로 적절하지 않은 것은?

┌ 보기 ┐

A : 어제 낮엔 많이 바빴니? 전화를 바로 끊더라.

B : 아니야, 끊은 게 아니라 ㉠끊어진 거야. 바로 전화 못해서 미안해. 표정이 심각해 보이는데 무슨 일 있었어?

A : 아니, ㉡저기, 심각한 건 아니고. 어제 점심에 도서관에서 만나기로 했잖아. 기다려도 안 오길래 말이야.

B : ㉢아차! 내가 먼저 얘기하려고 했는데 깜빡했네. 가려고 했는데 ㉣못 갔어.

A : ㉤자세히 말해 볼래?

B : 동생이 갑자기 아파서 병원에 데리고 가야 했거든.

A : 그런 일이 있었구나. 동생은 좀 괜찮니?

① ㉠: 피동 표현을 사용하여 상황이 B의 의지와 무관하게 일어났음을 나타낸다.

② ㉡: 지시 대명사를 사용하여 B로부터 멀리 떨어져 있는 곳으로 관심을 유도한다.

③ ㉢: 감탄사를 사용하여 A의 발화를 듣고 어떤 것을 갑자기 깨달았음을 나타낸다.

④ ㉣: 부정 부사 '못'을 사용하여 B에게 일어난 상황이 불가피했음을 나타낸다.

⑤ ㉤: 의문 표현을 사용하여 B에게 일의 까닭을 상세히 말해 달라고 요청한다.

V

국어의 역사

핵심 개념 국어의 역사

1 한글 창제 원리

• 초성자의 제자 원리

1) **상형(象形)**: 발음 기관의 모양을 본떠 자음의 기본자 'ㄱ, ㄴ, ㅁ, ㅅ, ㅇ'를 만듦.

어금닛소리(아음)	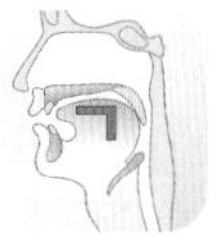	혀뿌리가 목구멍을 막는 모양
혓소리(설음)	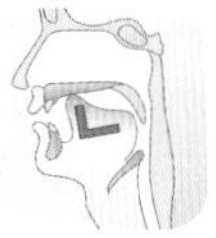	혀가 윗잇몸에 닿는 모양
입술소리(순음)		입술의 모양
잇소리(치음)	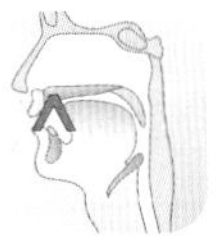	이의 모양
목구멍소리(후음)	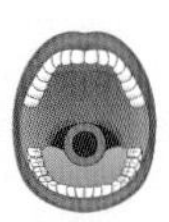	목구멍의 모양

2) **가획(加劃)**: 상형의 원리로 만든 기본자에 소리의 세기에 따라 획을 더하여 만듦.
예 ㄱ → ㅋ, ㄴ → ㄷ → ㅌ, ㅁ → ㅂ → ㅍ, ㅅ → ㅈ → ㅊ, ㅇ → ㆆ → ㅎ

3) **이체자(異體字)**: 획을 더한 뜻이 없이 기본자의 모양을 달리하여 만듦.

> – ㆁ(옛이응): 어금닛소리(아음)이지만, 그 소리가 목구멍소리 'ㅇ'과 비슷하여 목구멍 모양을 본떠 만듦.
> – ㄹ, ㅿ(반치음): 'ㄷ'과 'ㅅ'에 각각 획을 더한 모양이나, 가획의 원리에 따라 만든 글자는 아님.

4) **합용(合用)**: 상형과 가획에 따라 만든 글자들을 다시 합하여 만듦.

나란히 쓰기(병서)	'ㄱ, ㄷ, ㅂ, ㅅ, ㅈ, ㅎ' 등을 활용하여 같은 글자를 나란히 쓰거나, 서로 다른 글자를 나란히 씀. 예 (각자 병서) ㄲ, ㄸ, ㅃ, ㅆ, ㅉ, ㆅ (합용 병서) ㅺ, ㅼ, ㅽ, ㅳ, ㅄ, ㅶ, ㅷ, ㅴ, ㅵ
이어 쓰기(연서)	입술소리(순음)의 아래에 'ㅇ'을 세로로 이어 씀. 예 ㅱ, ㅸ, ㆄ, ㅹ

• 초성자의 분류

글자 이름	기본자	가획자	이체자
아음	ㄱ	ㅋ	ㆁ
설음	ㄴ	ㄷ, ㅌ	ㄹ
순음	ㅁ	ㅂ, ㅍ	
치음	ㅅ	ㅈ, ㅊ	ㅿ
후음	ㅇ	ㆆ, ㅎ	

• 중성자의 제자 원리

1) **상형**: '하늘(天)', '땅(地)', '사람(人)'의 모양을 본떠 각각 'ㆍ', 'ㅡ', 'ㅣ'를 만듦.

ㆍ	하늘을 본떠 둥글게 만듦.
ㅡ	땅을 본떠 평평하게 만듦.
ㅣ	사람의 서 있는 모양을 본떠 만듦.

2) **합성**: 기본자 'ㅡ'와 'ㅣ'에 'ㆍ'를 합하여 'ㅗ, ㅜ, ㅏ, ㅓ'를 만들고, 여기에 다시 'ㆍ'를 결합하여 'ㅛ, ㅠ, ㅑ, ㅕ'를 만듦.

• 종성자의 제자 원리

종성은 글자를 따로 만들지 않고, '종성부용초성(終聲復用初聲)(종성은 초성의 글자를 다시 씀.)'의 원리를 적용함.

2 중세 국어의 특징

• 음운

자음	– 현대 국어에는 존재하지 않는 'ㅸ, ㅿ, ㆁ, ㆆ' 등과 같은 자음이 존재하였음. [ㅸ] 15세기 중반부터 반모음 'ㅗ, ㅜ'로 바뀌기도 하고, 소멸되기도 함. 예 고ᄫᆞ → 고와, 쉬ᄫᅵ → 쉬이 [ㅿ] 15세기 말에서 16세기 초에 걸쳐 소멸하며, 'ㅈ'으로 바뀐 경우도 있음. 예 ᄆᆞᅀᆞᆷ → 마음, 삼ᅀᅵᆯ → 삼질(三日) – 음절 첫소리에 'ㅳ, ㅄ, ㅴ' 등과 같이 자음이 둘 이상 오는 어두 자음군이 존재하였으며, 이후 현대 국어에서는 대부분 된소리로 변화함. 예 ᄣᅢ(때), ᄠᅳᆮ(뜻), ᄡᆞᆯ(쌀), ᄢᅮᆯ(꿀)
모음	– 현대 국어에는 존재하지 않는 'ㆍ'가 존재하였음. – 'ㆍ'는 점차 음가가 소멸되기 시작하여 16세기를 지나며 둘째 음절 이하에서 'ㅡ'나 'ㅗ', 'ㅏ'로 바뀜. 예 ᄒᆞᄆᆞᆯ며 → ᄒᆞ믈며, ᄑᆞᆯ → 팔 – 모음 조화: 양성 모음은 양성 모음끼리, 음성 모음은 음성 모음끼리 어울리려는 모음 조화가 비교적 잘 지켜짐. 예 서르(相), 나모(木), 다ᄅᆞ다(異)
성조	– 소리의 높낮이를 통하여 단어의 뜻을 분별하는 성조가 있는 언어였음. – 글자의 왼쪽에 방점을 찍어 표시함. [평성] 낮은 소리로, 방점이 없음. [거성] 높은 소리로, 방점이 1개임. [상성] 처음에는 낮았다가 나중에는 높아지는 소리로, 방점이 2개임. 예 곶[花](평성) / ·플[草](거성) / :별[星](상성)
음운 변동	– 구개음화: 'ㄷ, ㅌ'이 모음 'ㅣ'나 반모음 'ㅣ'를 만나 'ㅈ, ㅊ'으로 바뀌는 현상이 나타나지 않음. 이는 근대 국어 이후에 나타남. 예 펴디(펴지), 어딜다(어질다)

– 두음 법칙: 단어의 첫머리에 'ㄹ'이 'ㄴ'으로 바뀌거나, 모음 'ㅣ'나 반모음 'ㅣ' 앞에서 'ㄴ'이 탈락하는 현상이 나타나지 않음.
  예 니르고져(이르고자)
– 원순 모음화: 입술소리 'ㅁ, ㅂ, ㅃ, ㅍ' 뒤에 오는 평순 모음 'ㅡ'가 원순 모음 'ㅜ'로 변하는 현상이 나타나지 않음.
  예 믈(물), 블(불)

• 표기

붙여쓰기	– 단어와 단어는 물론 문장과 문장까지도 띄어 쓰지 않고 붙여 씀. 예 나·랏:말ㅆ·미中듕國·귁·에달·아文文字·ㆍ쫑·와·로
8종성법	– 종성으로 8개의 자음(ㄱ, ㄴ, ㄷ, ㄹ, ㅁ, ㅂ, ㅅ, ㆁ)을 사용하였으므로, 받침을 이 8가지 자음으로 표기함. 예 ㅅᄆᆞᆺ디
동국정운식 표기	– 한자음을 중국 한자의 원음에 가깝게 표기하는 동국정운식 표기가 나타남. 예 覃땀, 御엉製졩, 月ᅌᅯᇙ
이어 적기 (연철)	– 기본 형태를 밝히지 않고 소리 나는 대로 적었으므로, 앞말의 종성을 뒷말의 초성으로 옮겨 적는 이어 적기 방식이 일반적이었음. 예 말ㅆ+이 → 말ㅆ미, 손 + ᅟᆞ로 → 소ᄂᆞ로

• 문법

조사	– 주격 조사는 'ㅣ'의 형태만 쓰였으며, 환경에 따라 다르게 실현됨.	
	이	앞말(체언)이 자음으로 끝날 때 예 사ᄅᆞ미(사ᄅᆞᆷ + 이)
	ㅣ	앞말(체언)이 '이' 또는 반모음 'ㅣ'가 아닌 모음으로 끝날 때와, 모음으로 끝나는 체언이 한자로 표시될 때 예 부톄(부텨 + ㅣ), 공자(孔子 + ㅣ)
	∅	앞말(체언)이 '이' 또는 반모음 'ㅣ'로 끝날 때 예 불휘(불휘 + ∅)
	– 목적격 조사는 'ᄋᆞᆯ/을, ᄅᆞᆯ/를'이 쓰였으며, 환경에 따라 다르게 실현됨.	
	ᄋᆞᆯ/ᄅᆞᆯ	앞 음절의 모음이 양성 모음일 때 예 말ㅆᄋᆞᆯ(말ㅆ + ᄋᆞᆯ), 천하ᄅᆞᆯ(천하 + ᄅᆞᆯ)
	을/를	앞 음절의 모음이 음성 모음일 때 예 ᄠᅳ들(ᄠᅳᆮ + 을), 부텨를(부텨 + 를)
	– 관형격 조사는 'ㅅ, ㅣ/의'가 쓰였으며, 환경에 따라 다르게 실현됨.	
	ㅅ	앞말이 높임의 대상(사람)일 때와, 앞말이 무정 체언(사물)일 때 예 부텻 나히(부텨 + ㅅ 나히), 나랏 말ㅆ(나라 + ㅅ 말ㅆ)
	ㅣ/의	앞말이 유정 체언(사람, 동물)일 때 예 사ᄅᆞ미(사ᄅᆞᆷ + ㅣ), 거부븨(거붑 + 의)

의문문	– 종결 어미에 의해 실현됨. – 1, 3인칭일 때에는 의문문의 종류에 따라 어미가 다르게 쓰임.	
	판정 의문문	• '예/아니요'의 대답을 요구하는 의문문 • 'ㅏ/ㅓ' 계열의 어미인 '-가' 또는 '-녀'가 쓰임. 예 부톄 世間에 나샤미신가(부처가 세간에 나신 것인가?), 져므며 늘구미 잇ᄂ녀(젊으며 늙음이 있느냐?)
	설명 의문문	• 구체적인 대답을 요구하는 의문문 • 'ㅗ' 계열의 어미인 '-고' 또는 '-뇨'가 쓰임. 예 일후미 므스고(이름이 무엇인가?), 므슴 마ᄅᆞᆯ 니ᄅᆞᄂ뇨(무슨 말을 이르느냐?)
	– 주어가 2인칭일 때는 종결 어미 '-ㄴ다' 또는 '-ㄹ다'가 쓰임. 예 네 언제 온다(너는 언제 오느냐?)	

높임 표현	– 선어말 어미에 의한 높임 표현이 나타남.	
	주체 높임 선어말 어미	'-(으)시-', '-(으)샤-'가 쓰임. '-(으)시는 모음 어미 앞에서는 '-(으)샤'로 교체됨. 예 (이성계) …… 모딘 도ᄌᆞᆨ ᄅᆞᆯ 믈리시니이다
	객체 높임 선어말 어미	'-ㅅᆸ-', '-ㅈᆸ-', '-ᄉᆸ-'이 쓰임. '-ㅅᆸ-'은 어간의 끝소리가 'ㄱ, ㅂ, ㅅ, ㅎ'일 때, '-ㅈᆸ-'은 'ㄷ, ㅈ, ㅊ, ㅌ'일 때, '-ᄉᆸ-'은 유성음일 때 각각 나타남. 예 世尊(세존)ㅅ 말ᄋᆞᆯ 듣ᄌᆸ고
	상대 높임 선어말 어미	'-이-', '-잇-'이 쓰임. '-이-'는 평서문에서 나타나고, 의문문에서는 '-잇-'으로 바뀜. 예 ᄒᆞᄂ이다, ᄒᆞᄂ니잇가

시제 표현	– 선어말 어미에 의한 시제 표현이 나타남.	
	과거 시제 선어말 어미	'-더-'가 쓰임. 예 그딋 ᄯᆞ롤 맛고져 ᄒᆞ더이다(그대의 딸을 맞이하고자 하였다.)
	현재 시제 선어말 어미	'-ᄂ-'가 쓰임. 예 네 이제 ᄯᅩ 묻ᄂ다(너에게 이제 또 묻는다.)
	미래 시제 선어말 어미	'-(으)리-'가 쓰임. 예 내 이제 分明히 너ᄃᆞ려 닐오리라(내가 이제 분명히 너에게 이를 것이다.)

명사형 어미	– 명사형 어미는 '-옴/움'이 쓰임.(양성 모음 뒤에서는 '-옴', 음성 모음 뒤에서는 '움'이 쓰임.) 예 안쫌(앉- + -옴), 거룸(걷- + -움)
체언	– 체언이 조사와 결합할 때 조사에 따라 형태가 바뀌는 경우가 있었음. 예 나모, 나모도, 나모와, 남기, 남ᄀᆞᆫ

• 어휘

고유어	– 현대 국어에서 사용되지 않는 고유어들이 있었음. 예 ᄀᆞ롬[江], 뫼[山], 좋다[淨], 혁다[小]
한자어	– 한자어가 대량으로 유입되어 사용됨. 예 문자(文字), 백성(百姓), 위(爲)ᄒᆞ다 – 불교의 전파로 불교 관련 용어가 한자어의 형태로 유입됨. 예 세존(世尊), 출가(出家), 열반(涅槃)
외래어	– 이웃 나라와 교류를 하면서 몽골어 등 외래어가 들어와 정착하였음. 예 보라매[秋鷹], 송골[海靑]

01

| 2015 고1 11월 학평 15번 |

〈보기〉를 바탕으로 '훈민정음 자음의 제자 원리'에 대해 탐구한 것으로 적절하지 않은 것은?

보기

훈민정음의 자음은 발음 기관을 상형하여 기본자 'ㄱ, ㄴ, ㅁ, ㅅ, ㅇ'을 만들고, 기본자에 획을 더하여 기본자보다 소리가 더 세게 나는 가획자를 만들었다. 각각의 기본자와 가획자는 같은 위치에서 나는 소리를 나타낸다. 그런데 'ㆁ, ㄹ, ㅿ'은 각각 'ㄱ, ㄴ, ㅅ'과 소리 나는 위치는 같지만, 가획의 방법에 따라 만든 글자가 아니기 때문에 '이체자'라고 한다. 이를 표로 정리하면 다음과 같다.

구분	어금닛소리	혓소리	입술소리	잇소리	목청소리
기본자	ㄱ	ㄴ	ㅁ	ㅅ	ㅇ
가획자	ㅋ	ㄷ, ㅌ	ㅂ, ㅍ	ㅈ, ㅊ	ㆆ, ㅎ
이체자	ㆁ	ㄹ		ㅿ	

① 'ㅋ'은 기본자 'ㄱ'에 가획을 한 것이군.
② 'ㄴ, ㄹ'은 같은 위치에서 소리 나는 글자군.
③ 이체자 'ㅿ'은 기본자 'ㅅ'을 가획하여 만들었군.
④ 'ㅎ'은 가획자이므로 'ㅇ'보다 소리가 더 세게 나겠군.
⑤ 자음의 기본자는 모두 모양을 본뜨는 방식을 사용하여 만들었군.

02

| 2017 고1 11월 학평 15번 |

〈보기〉를 바탕으로 ⓐ~ⓒ에 대해 이해한 내용으로 적절하지 않은 것은?

보기

[자료]	[현대어 해석]
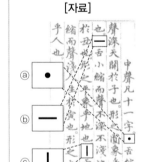	가운뎃소리는 모두 열한 자(字)다. 'ㆍ'는 혀를 오그라지게 해서 조음하고 소리는 깊으니, …… 모양이 둥근 것은 하늘을 본뜬 것이다. 'ㅡ'는 혀를 조금 오그라지게 해서 조음하고 소리는 깊지도 얕지도 않으니, …… 모양이 평평함은 땅을 본뜬 것이다. 'ㅣ'는 혀를 오그라들지 않게 조음하고 소리가 얕으니, …… 그 모양이 서 있는 꼴은 사람을 본뜬 것이다.

– 「훈민정음 제자해(訓民正音 制字解)」 –

① ⓐ는 ⓒ와 달리 발음할 때 얕은 소리가 나겠군.
② ⓑ는 ⓐ와 달리 글자 모양이 평평하게 생겼군.
③ ⓒ는 ⓐ와 달리 발음할 때 혀가 오그라들지 않겠군.
④ ⓐ, ⓑ, ⓒ는 모두 가운뎃소리 열한 자에 포함되는군.
⑤ ⓐ, ⓑ, ⓒ는 대상의 모양을 본뜬 것이라는 공통점이 있군.

03

| 2021 고1 3월 학평 15번 |

〈보기〉는 수업의 일부이다. 선생님의 설명을 참고할 때 ㉠에 해당하는 것은?

보기

선생님: 훈민정음의 초성 중 기본자는 발음 기관의 모양을 본뜨는 '상형'의 원리로 만들어졌어요. 'ㄱ'은 혀뿌리가 목구멍을 막는 모양을, 'ㄴ'은 혀가 윗잇몸에 닿는 모양을, 'ㅁ'은 입 모양을, 'ㅅ'은 이[齒] 모양을, 'ㅇ'은 목구멍 모양을 본뜬 것이에요. 기본자에 소리의 세기에 따라 획을 더하는 '가획'의 원리를 적용하여 가획자 'ㅋ, ㄷ, ㅌ, ㅂ, ㅍ, ㅈ, ㅊ, ㆆ, ㅎ'을 만들었고, 상형이나 가획의 원리를 적용하지 않고 별도로 이체자 'ㆁ, ㄹ, ㅿ'을 만들었지요. 중성은 하늘, 땅, 사람의 모양을 본떠서 기본자 'ㆍ, ㅡ, ㅣ'를 만들고, '합성'의 원리를 적용하여 초출자 'ㅗ, ㅏ, ㅜ, ㅓ'와 재출자 'ㅛ, ㅑ, ㅠ, ㅕ'를 만들었어요. 종성은 초성의 글자를 다시 사용했답니다. 그러면 선생님과 함께 카드놀이를 하며 훈민정음에 대하여 공부해 봅시다. ㉠아래의 카드 중 [조건]을 모두 만족하는 글자 카드를 찾아볼까요?

조건

• 초성: 이[齒] 모양을 본뜬 기본자에 가획하여 만든 글자
• 중성: 초출자 'ㅗ'에 기본자 'ㆍ'를 결합하여 만든 글자
• 종성: 상형이나 가획의 원리를 적용하지 않고 별도로 만든 글자

① 별   ② 졸   ③ 심   ④ 창   ⑤ 똥

04

| 2017 고2 3월 학평 14번 |

〈보기〉에 제시된 '선생님'의 질문에 대한 답으로 적절한 것은?

보기

선생님: 중세 국어에서는 각 글자의 왼편에 점을 찍어 소리의 높낮이를 표시하였습니다. 점이 없으면 낮은 소리, 점이 한 개면 높은 소리, 점이 두 개면 처음은 낮고 나중이 높은 소리를 나타냈습니다. 가령 ':말ᄊᆞ·미'는 다음과 같이 소리의 높낮이를 표시할 수 있습니다.

:말ᄊᆞ·미 → 말 ᄊᆞ 미

자, 그럼 다음의 밑줄 친 ⓐ는 소리의 높낮이를 어떻게 표시할 수 있을까요?

불·휘기·픈남ᄀᆞᆫ ᄇᆞᄅᆞ·매ⓐ아·니:뮐·ᄊᆡ

– 『용비어천가(龍飛御天歌)』 제2장 중에서

① 아 니 뭘 씨
② 아 니 뭘 씨
③ 아 니 뮐 씨
④ 아 니 뮐 씨
⑤ 아 니 뮐 씨

05

〈보기〉의 ㉠과 ㉡에 들어갈 말로 적절한 것은?

┌ 보기 ┐

학생: 현대 국어와는 달리 중세 국어의 'ㅔ', 'ㅐ'가 이중 모음이었다는 근거가 궁금해요.

선생님: 'ㅔ', 'ㅐ'로 끝나는 체언과 결합하는 조사의 형태가 무엇인지 (가)를 참고하여 (나)를 살펴보면 알 수 있단다.

(가)

체언의 끝소리	조사의 형태	예
자음	이라	지비라[집이다]
단모음 'ㅣ'나 반모음 'ㅣ'	∅라	스시라[스시(사이)이다] 불휘라[불휘(뿌리)이다]
그 밖의 모음	ㅣ라	전치라[전추(까닭)이다] 곡되라[곡도(꼭두각시)이다]

(나)

今(금)은 이제라[이제이다], 下(하)는 아래라[아래이다]

학생: (가)의 ㉠ 에서처럼 (나)의 '이제'와 '아래'가 ㉡ 형태의 조사를 취하는 것을 보니 'ㅔ', 'ㅐ'가 반모음 'ㅣ'로 끝나는 이중 모음이었음을 알 수 있어요.

	㉠	㉡
①	지비라	이라
②	스시라	∅라
③	불휘라	∅라
④	전치라	ㅣ라
⑤	곡되라	ㅣ라

06

〈보기〉의 설명을 참고할 때, ㉠~㉢에 들어갈 말로 적절한 것은?

┌ 보기 ┐

일반적으로 중세 국어의 주격 조사는 앞에 결합하는 체언의 끝소리에 따라 달라졌다. 체언의 끝소리가 자음일 때 '이'가 나타났고, 체언의 끝소리가 모음 'ㅣ'도, 반모음 'ㅣ'도 아닌 모음일 때는 'ㅣ'가 나타났다. 그런데 체언의 끝소리가 모음 'ㅣ'이거나, 반모음 'ㅣ'일 때는 아무런 형태가 나타나지 않았다.

• ㉠ 가칠 므러
  (뱀이 까치를 물어)
• ㉡ 기픈 남ᄀᆞᆫ
  (뿌리가 깊은 나무는)
• ㉢ 세상에 나매
  (대장부가 세상에 나와)

	㉠	㉡	㉢
①	ᄇᆞ얌	불휘	대장뷔
②	ᄇᆞ얌	불휘	대장뷔ㅣ
③	ᄇᆞ야미	불휘	대장뷔
④	ᄇᆞ야미	불휘	대장뷔ㅣ
⑤	ᄇᆞ야미	불휘ㅣ	대장뷔

07

〈보기 1〉의 ㉠~㉢에 해당하는 예만을 〈보기 2〉에서 고른 것은?

┌ 보기 1 ┐

중세 국어의 주격 조사는 음운 조건에 따라 '이', '∅(영형태)', 'ㅣ'로 실현되었다.

• 자음 다음에는 '이'가 나타났다. ┄┄┄┄┄ ㉠
  예 바비(밥+이) [밥이]
• 모음 '이'나 반모음 'ㅣ' 다음에는 '∅(영형태)'로 실현되어, 나타나지 않았다. ┄┄┄┄┄ ㉡
  예 활 쏘리(활 쏠 이+∅) [활 쏠 이가], 새(새+∅) [새가]
• 모음 '이'와 반모음 'ㅣ' 이외의 모음 다음에는 'ㅣ'가 나타났다.
  예 쇠(쇼+ㅣ) [소가]
• 음운 조건에 관계없이 생략되기도 했다. ┄┄┄┄┄ ㉢
  예 곳 됴코 [꽃 좋고], 나모 셨는 [나무 서 있는]

┌ 보기 2 ┐

ⓐ: **나리** 져므러   [날이 저물어]
ⓑ: **太子** 오ᄂᆞ다 드르시고   [태자 온다 들으시고]
ⓒ: 내해 **ᄃᆞ리** 업도다   [개천에 다리가 없도다]
ⓓ: **아ᄃᆞ리** 孝道ᄒᆞ고   [아들이 효도하고]
ⓔ: **孔子** ㅣ 드르시고   [공자가 들으시고]

① ㉠: ⓐ, ⓓ   ② ㉠: ⓐ, ⓔ   ③ ㉡: ⓑ, ⓒ
④ ㉡: ⓑ, ⓓ   ⑤ ㉢: ⓒ, ⓔ

08

〈학습 활동〉을 수행한 결과로 적절하지 <u>않은</u> 것은?

┌ **학습 활동** ┐

현대 국어와 달리 중세 국어의 관형격 조사에는 여러 형태가 있다. 선행 체언이 무정물일 때는 'ㅅ'이 쓰이고, 유정물일 때는 모음 조화에 따라 '이', '의' 등이 쓰인다. 다만 유정물이라도 존칭의 대상일 때는 이들 대신 'ㅅ'이 쓰인다. 이를 참고하여 선행 체언과 후행 체언이 관형격 조사로 연결되었을 때의 모습을 아래 표의 ㉠~㉤에 채워 보자.

선행 체언	아바님 (아버님)	그력 (기러기)	아들 (아들)	수플 (수풀)	둥잔 (등잔)
후행 체언	곁 (곁)	목 (목)	나ㅎ (나이)	가온딕 (가운데)	기름 (기름)
적용 모습	㉠	㉡	㉢	㉣	㉤

① ㉠: 아바니믜(아바님+의) 곁
② ㉡: 그려긔(그력+의) 목
③ ㉢: 아드릭(아들 + 익) 나ㅎ
④ ㉣: 수픐(수플+ㅅ) 가온딕
⑤ ㉤: 둥잢(둥잔+ㅅ) 기름

09

〈보기〉를 참고할 때, ㉠과 ㉡에 해당하는 사례로 적절한 것은?

┌ **보기** ┐

중세 국어에서 '이/의'는 ㉠관형격 조사와 ㉡부사격 조사로 모두 사용되는 양상을 보인다. 대체로 높임을 나타내지 않는 유정 명사 뒤에서는 관형격 조사로 쓰이고, 시간이나 장소 등을 나타내는 일부 체언 뒤에서는 부사격 조사로 사용되었다. 한편 '이/의'는 모음 조화의 양상에 따라 '이' 또는 '의'로 실현되었다.

	㉠	㉡
①	겨틔 서서 (곁에 서서)	거부븨 터리 곧고 (거북의 털과 같고)
②	거부븨 터리 곧고 (거북의 털과 같고)	겨틔 서서 (곁에 서서)
③	거부븨 터리 곧고 (기북의 털과 같고)	바미 비취니 (밤에 비치니)
④	바믜 비취니 (밤에 비치니)	사ᄅᆞ믹 ᄠᅳ들 (사람의 뜻을)
⑤	사ᄅᆞ믹 ᄠᅳ들 (사람의 뜻을)	겨틔 서서 (곁에 서서)

10

〈보기 1〉을 참고할 때, 〈보기 2〉의 ㉮~㉰에 들어갈 말로 적절한 것은?

┌ **보기 1** ┐

일반적으로 중세 국어에서는 서술격 조사가 앞에 결합하는 체언의 끝소리에 따라 달리 나타났다.
먼저 체언의 끝소리가 자음일 때 '이'가 나타났다.

• 샹녜 쓰는 힛 일후미라(일훔+이라) (보통 쓰는 해의 이름이다)

체언의 끝소리가 모음 '이'이거나 반모음 'ㅣ'일 때는 아무런 형태가 나타나지 않았다.

• 牛頭는 쇠 머리라(머리+라) (우두는 소의 머리이다)

그리고 체언의 끝소리가 모음 '이'도, 반모음 'ㅣ'도 아닌 모음일 때는 'ㅣ'가 나타났다.

• 生佛은 사라 겨신 부톄시니라(부텨+ㅣ시니라) (생불은 살아 계신 부처이시다)

┌ **보기 2** ┐

• 齒는 [㉮] (치는 이이다)
• 所는 [㉯] (소는 바이다)
• 樓는 [㉰] (누는 다락이다)

	㉮	㉯	㉰
①	니이라	바이라	다락라
②	니라	배라	다락ㅣ라
③	니이라	바라	다락ㅣ라
④	니라	배라	다라기라
⑤	니ㅣ라	바이라	다라기라

11

| 2018 고1 11월 학평 15번 |

〈보기 1〉을 바탕으로 〈보기 2〉의 ㉠~㉤을 탐구한 내용으로 적절하지 않은 것은?

┌─ 보기 1 ┐

　조사와 어미는 앞말의 뒤에 붙어서 문장 안에서 문법적 의미를 표시한다는 점에서 유사한 특징을 지닌다.

┌─ 보기 ┐

　나랏 말ᄊᆞ미 ㉠中듕國귁에 달아 文문字ᄍᆞ와로 서르 ᄉᆞᄆᆞᆺ디 ㉡아니ᄒᆞᆯᄊᆡ 이런 젼ᄎᆞ로 ㉢어린 百ᄇᆡᆨ姓셩이 니르고져 홇 ㉣배이셔도 ᄆᆞ춤내 제 ㉤ᄠᅳ들 시러 펴디 몯ᄒᆞᆶ 노미 하니라

　　　　　　　　　　　　　　　　　　　　　　– 『훈민정음』 언해 –

[현대어 풀이]

　우리나라의 말이 중국과 달라 문자와 서로 통하지 아니하므로 이런 까닭으로 어리석은 백성이 말하고자 하는 바가 있어도 마침내 제 뜻을 능히 펴지 못하는 사람이 많다.

	탐구 대상	비교 대상	탐구한 내용
①	㉠의 '에'	'중국과'의 '과'	'에'는 앞말이 장소임을 표시하는 조사이다.
②	㉡의 '-ㄹᄊᆡ'	'아니하므로'의 '-므로'	'-ㄹᄊᆡ'는 앞말이 뒤에 오는 내용과 인과 관계로 연결됨을 표시하는 어미이다.
③	㉢의 '-ㄴ'	'어리석은'의 '-은'	'-ㄴ'은 앞말이 뒤에 오는 말을 수식함을 표시하는 어미이다.
④	㉣의 'ㅣ'	'바가'의 '가'	'ㅣ'는 앞말이 문장의 주어임을 표시하는 조사이다.
⑤	㉤의 '을'	'뜻을'의 '을'	'을'은 앞말이 문장의 목적어임을 표시하는 조사이다.

12

| 2018 고3 3월 학평 15번 |

〈보기〉의 (가)에 들어갈 내용으로 적절하지 않은 것은?

┌─ 보기 ┐

학습 활동	다음 자료를 보고, 중세 국어의 조사에 대해 탐구해 보자.
학습 자료	ㄱ. 두리 즈믄 ᄀᆞᄅᆞ매 비취요미 ᄀᆞᆮᄒᆞ니라 　　(달이 천 개의 강에 비침과 같으니라) ㄴ. 네 후(後)에 부톄 ᄃᆞ외야 　　(네가 후에 부처가 되어) ㄷ. 부텻 모미 여러 가짓 상(相)이 ᄀᆞᆽᄌᆞ샤 　　(부처의 몸이 여러 가지의 상이 갖춰져 있으시어) ㄹ. 사ᄉᆞ미 등과 도ᄌᆞ기 입과 눈 　　(사슴의 등과 도적의 입과 눈) ㅁ. 사ᄅᆞ미 모몰 득(得)ᄒᆞ고 부텨를 맛나 잇ᄂᆞ니 　　(사람의 몸을 득하고 부처를 만나 있으니)
활동 결과	(가)

① ㄱ의 'ᄃᆞ리'와 '비취요미'에서 '이'가 각각 주격 조사와 부사격 조사로 사용되었다.

② ㄴ의 '네'에서 'ㅣ'가 주격 조사로, '부톄'에서 'ㅣ'가 보격 조사로 사용되었다.

③ ㄷ의 '부텻'과 '가짓'에서 'ㅅ'이 모두 관형격 조사로 사용되었다.

④ ㄹ의 '사ᄉᆞ미'와 '도ᄌᆞ기'에는 '익'가 각각 기준과 조건을 나타내는 부사격 조사로 사용되었다.

⑤ ㅁ의 '모몰', '부텨를'에는 형태가 다른 목적격 조사가 사용되었다.

13

| 2017 고2 6월 학평 15번 |

〈보기〉의 설명을 참고할 때, ㉠과 ㉡에 들어갈 단어로 적절한 것은?

> **보기**
>
> 중세 국어 의문문의 종결 어미는 인칭의 종류와 물음말의 유무에 따라 달라진다. 주어가 1, 3인칭일 경우, 물음말이 있는 의문문에는 '-ㄴ고', '-ㄹ고'와 같은 '오'형 어미가 사용되었고, 물음말이 없는 의문문에는 '-ㄴ가', '-ㄹ가'와 같은 '아'형 어미가 사용되었다. 그리고 주어가 2인칭일 경우, 물음말의 유무와 상관없이 '-ㄴ다'가 사용되었다.
>
> • 부톄 世間에 ____㉠____
> (부처가 세간에 나신 것인가?)
> • 네 뉘손듸 글 ____㉡____
> (너는 누구에게서 글을 배웠는가?)
> • 어느 사르미 少微星이 잇다 니르던고
> (어떤 사람이 소미성이 있다고 말하던가?)

	㉠	㉡
①	나샤미신가	빅혼다
②	나샤미신가	빅호는고
③	나샤미신고	빅혼다
④	나샤미신다	빅호는고
⑤	나샤미신다	빅호는가

14

| 2020 고2 9월 학평 15번 |

〈보기〉의 ㉠~㉢에 들어갈 말로 적절한 것은?

> **보기**
>
> 중세 국어에는 용언의 어간에 붙어서 실현되는 의문형 어미와는 달리, 체언 뒤에 직접 실현되어서 의문의 뜻을 나타내면서 문장을 끝맺는 조사가 있다. 이를 '의문 보조사'라고 하는데, 의문 보조사로는 판정 의문문에 실현되는 '가/아'와 설명 의문문에 실현되는 '고/오'가 있다. 그런데 '가, 고'는 모음 또는 'ㄹ' 다음에는 '아, 오'로 쓰인다.
>
> • 얻논 藥(약)이 (㉠)
> [얻는 약이 무엇인가?]
> • 이 ᄯᆞ리 너희 (㉡)
> [이 딸이 너의 종인가?]
> • 엇뎨 일훔이 (㉢)
> [어찌 이름이 선야인가?]

	㉠	㉡	㉢
①	므스것고	죵가	船若(선야)오
②	므스것고	죵가	船若(선야)고
③	므스것고	죵고	船若(선야)오
④	므스것가	죵고	船若(선야)오
⑤	므스것가	죵아	船若(선야)고

15

| 2020 고3 6월 모평 13번 |

〈보기〉의 ㉠~㉢에 들어갈 말로 적절한 것은?

> **보기**
>
> 중세 국어에서는 의문문의 종류에 따라 종결 어미나 보조사가 달리 쓰인다. 예를 들면 용언의 어간에 어미가 결합하여 서술어가 될 때 판정 의문문에서는 종결 어미 '-녀', 설명 의문문에서는 종결 어미 '-뇨'가 쓰인다. 반면, 체언에 보조사가 결합하여 서술어가 될 때 판정 의문문에서는 보조사 '가', 설명 의문문에서는 보조사 '고'가 쓰인다. 그런데 주어가 2인칭일 때에는 의문문의 종류와 관계없이 종결 어미 '-ㄴ다'가 쓰인다. 중세 국어 의문문의 예는 아래와 같다.
>
> • 이 일후미 (㉠)
> [이 이름이 무엇인가?]
> • 네 엇뎨 아니 (㉡)
> [네가 어찌 안 가는가?]
> • 그듸는 보디 (㉢)
> [그대는 보지 않는가?]

	㉠	㉡	㉢
①	므스고	가느뇨	아니ᄒᆞᄂ다
②	므스고	가ᄂ다	아니ᄒᆞᄂ다
③	므스고	가느뇨	아니ᄒᆞ느녀
④	므스가	가ᄂ다	아니ᄒᆞᄂ다
⑤	므스가	가느뇨	아니ᄒᆞ느녀

16

| 2019 고2 11월 학평 15번 |

〈보기〉의 '교사가 제시한 과제'에 대해 학생들이 보인 반응으로 적절하지 <u>않은</u> 것은?

┌ 보기 ┌

〈교사가 알려 준 내용〉

현대 국어와 마찬가지로 중세 국어에서도 어말 어미 앞에서 문법적인 기능을 하는 어미가 있었다. 그중 하나인 '-오-'는 현대 국어에서 쓰이지 않는 어미로 문장의 주어가 화자임을 표현하기 위해 쓰였는데, 음성 모음 뒤에서는 '-우-'로 나타났다. 또한 '-오-'는 과거 시제를 나타내는 '-더-'와 결합하면 '-다-'로, 현재 시제를 나타내는 '-ᄂᆞ-'와 결합하면 '-노-'로 나타났다.

〈교사가 제시한 과제〉

※ 다음 예문들을 보고 ㉠~㉢의 어미에 대해 탐구해 보자.

• 내 어저픠 다섯 가짓 ᄭᅮ믈 ㉠ᄭᅮ우니
　[내가 어저께 다섯 가지의 꿈을 꾸니]

• 내 이롤 爲윙ᄒᆞ야 … 새로 스믈여듧 字쫑롤 ㉡밍ᄀᆞ노니
　[내가 이를 위하여 … 새로 스물여덟 자를 만드니]

• 太子ㅣ 닐오ᄃᆡ 내 ㉢롱담ᄒᆞ다라
　[태자가 말하되, "내가 농담하였다."]

① ㉠의 '-우-'는 어간 'ᄭᅮ-'에 있는 음성 모음 때문에 나타난 형태이군.

② ㉡의 '-노-'는 '-ᄂᆞ-'와 '-오-'가 결합되어 나타난 형태이군.

③ ㉢의 '-다-'는 '-더-'가 어말 어미와 결합하여 나타난 형태이군.

④ ㉡과 ㉢에는 모두 문장의 시제를 나타내는 기능을 하는 어미가 사용되었군.

⑤ ㉠, ㉡, ㉢ 모두에는 주어가 화자임을 표현하기 위한 어미가 사용되었군.

17

| 2019 고2 6월 학평 15번 |

〈보기 1〉을 바탕으로 〈보기 2〉를 분석한 것으로 적절하지 <u>않은</u> 것은?

┌ 보기 1 ┌

[중세 국어의 주체 높임법과 객체 높임법]

• **주체 높임법**: 문장의 주어에 해당하는 대상을 높이는 것이다. 주체 높임법은 주로 선어말 어미 '-시-/-샤-'를 통해 실현된다. 또한 특수 어휘나 조사에 의해 실현되기도 한다.

• **객체 높임법**: 문장의 목적어나 부사어에 해당하는 대상을 높이는 것이다. 객체 높임법은 주로 선어말 어미 '-ᄉᆞᆸ-/-ᄌᆞᆸ-/-ᄉᆞᆸ-'을 통해 실현된다. 또한 특수 어휘나 조사에 의해 실현되기도 한다.

┌ 보기 2 ┌

㉠ 世尊(세존)ㅅ 安否(안부) 묻ᄌᆞᆸ고 니르샤ᄃᆡ 므스므라 오시니잇고
　　　　　　　　　 [A]　　　　　　　　　　　　　　 [B]
　[세존의 안부를 여쭙고 이르시되 무슨 까닭으로 오셨습니까?]

㉡ 네 아ᄃᆞ리 各各(각각) 어마님내 뫼ᅀᆞᆸ고
　[네 아들이 각각 어머님을 모시고]

① ㉠의 [A]에서 주체 높임은 실현되었으나 그 주체가 생략되었다.

② ㉠의 [A]에서 선어말 어미를 사용하여 객체 높임이 실현되었다.

③ ㉠의 [B]에서는 주체를 높이기 위해 선어말 어미가 사용되었다.

④ ㉡에서 특수 어휘를 사용하여 주체인 '아들'을 존대하였다.

⑤ ㉡에서는 객체인 '어마님'을 높이기 위해 선어말 어미를 사용하였다.

18

〈보기〉의 ㉠과 ㉡에 들어갈 말로 바르게 짝지어진 것은?

┌ 보기 ┐

중세 국어에서는 객체를 높이기 위해 선어말 어미를 사용했는데, 이 선어말 어미는 음운 조건에 따라 다음과 같이 다양한 형태로 실현되었다.

어간 말음 조건	형태	용례
'ㄱ, ㅂ, ㅅ, ㅎ'일 때	-습-	돕습고
'ㄷ, ㅈ, ㅊ'일 때	-줍-	묻줍고
모음이나 'ㄴ, ㅁ, ㄹ'일 때	-숩-	보숩고

객체 높임 선어말 어미 뒤에 모음으로 시작하는 어미가 오면, 객체 높임 선어말 어미는 '-ᅀᆞᆸ-, -ᅀᆞᆸ-, -ᅀᆞᇦ-'으로 실현되었다.

· 아래 문장에서 객체 높임의 대상은 (㉠)이다.
　－ 王(왕)이 부텻긔 더욱 敬信(경신)ᄒᆞᆫ ᄆᆞᅀᆞᄆᆞᆯ 내ᅀᆞᄫᅡ
　　[왕이 부처께 더욱 공경하고 믿는 마음을 내어]
· 어간 '듣-'과 어미 '-ᄋᆞ며' 사이에 객체 높임 선어말 어미가 결합하면 다음과 같이 활용했다.
　－ 내 아래브터 부텻긔 이런 마를 몯 (㉡)
　　[내가 예전부터 부처께 이런 말을 못 들으며]

　　㉠　　　　㉡
① 王(왕)　　　듣ᄌᆞᄫᆞ며
② 王(왕)　　　듣ᄉᆞᄫᆞ며
③ 부텨　　　　듣ᄌᆞᄫᆞ며
④ 부텨　　　　듣ᄌᆞᄫᆞ며
⑤ ᄆᆞᅀᆞᆷ　　　듣ᄉᆞᄫᆞ며

19

[가]에 들어갈 내용으로 적절하지 <u>않은</u> 것은?

┌─────────────┐
중세 국어의 '-ᄉᆞᆸ-/-ᄌᆞᆸ-/-ᄉᆞᆸ-'은 객체 높임의 의미를 나타내는 선어말 어미이다. 주체 높임은 선어말 어미 '-시-', 상대 높임은 선어말 어미 '-이-'를 사용하여 나타냈다. 또한 높임의 뜻을 가진 어휘로 높임이 실현되기도 했다.
└─────────────┘

학습 자료

[중세 국어] 聖子ᄅᆞᆯ 내㉠시니㉡이다
[현대 국어] (하늘이) 聖子(성자)를 내셨습니다.

[중세 국어] 世솅尊존ㅅ 安한좀뿡 묻㉢ᄌᆞᆸ고
[현대 국어] 世尊(세존)의 安否(안부)를 여쭙고

[중세 국어] ㉣진지 오를 제 반ᄃᆞ시
[현대 국어] 진지 올릴 때 반드시

학습 활동

㉠～㉣을 현대 국어와 비교하여 정리해 보자.
(　　　　　　　　[가]　　　　　　　　)

① ㉠: 주체인 '聖子(성자)'를 높이는 '-시-'가 쓰인다는 점에서 현대 국어와 같다.
② ㉡: 상대를 높이는 '-이-'가 쓰인다는 점에서 현대 국어와 차이가 있다.
③ ㉢: 객체를 높이는 '-줍-'이 쓰인다는 점에서 현대 국어와 차이가 있다.
④ ㉣: '밥'을 높여서 이르는 말을 사용하고 있다는 점에서 현대 국어와 같다.
⑤ ㉠+㉡: 주체와 상대에 대한 높임이 함께 나타난다는 점에서 현대 국어와 같다.

20

| 2016 고3 6월 모평B 16번 |

〈보기 1〉을 참고할 때, 〈보기 2〉의 ㉠~㉢에 들어갈 말로 적절한 것은?

보기 1

중세 국어 체언 중에는 'ㅎ'을 끝소리로 가진 것들이 있다. 이러한 체언을 'ㅎ' 종성 체언이라고 하는데 조사가 뒤따를 경우에 다음과 같이 나타난다.

뒤따르는 조사	'ㅎ' 종성 체언의 실현 양상
모음으로 시작하는 조사	'ㅎ'은 뒤따르는 모음에 이어 적는다. ⓔ 짜히(짷+이) 즐어늘 (땅이 질거늘)
'ㄱ, ㄷ'으로 시작하는 조사	'ㅎ'은 뒤따르는 'ㄱ', 'ㄷ'과 어울려 'ㅋ', 'ㅌ'으로 나타난다. ⓔ 짜토(짷+도) 뮈더니 (땅도 움직이더니)
관형격 조사 'ㅅ'	'ㅎ'은 나타나지 않는다. ⓔ 다른 짯(짷+ㅅ) 風俗은 (다른 땅의 풍속은)

보기 2

중세 국어	현대 국어
㉠ (나랗+올) 아ᅀᆞ 맛디고	**나라를** 아우에게 맡기고
㉡ (긿+ㅅ) 네거리예	**길의** 네거리에
㉢ (않+과) 밧	**안과 밖**

	㉠	㉡	㉢
①	나라홀	긿	안콰
②	나라홀	긿	안과
③	나라홀	긿	안콰
④	나라올	긿	안과
⑤	나라올	긿	안콰

21

| 2020 고1 11월 학평 14번 |

〈보기〉를 바탕으로 중세 국어의 특징을 탐구한 내용으로 적절하지 않은 것은?

보기

ᄒᆞᄅᆞᆫ 조심 아니 ᄒᆞ샤 브를 ᄢᅳ긔 ᄒᆞ야시ᄂᆞᆯ 그 아비 그 ᄯᆞ니ᄆᆞᆯ 구짓고 北(북)녁 堀(굴)애 브리ᅀᆞᄫᅡ 블 가져오라 ᄒᆞ야ᄂᆞᆯ 그 ᄯᆞ니미 아비 말 드르샤 北堀(북굴)로 **가시니 거름**마다 발 드르신 짜해다 蓮花(연화)ㅣ 나니 **자최룰 조차**

– 『석보상절』 –

[현대어 풀이]

하루는 조심하지 아니하시어 불을 꺼지게 하시거늘, 그 아비가 그 따님을 꾸짖고, 북녘 굴에 시켜서 불을 가져오라고 하거늘, 그 따님이 아비의 말을 들으시어 북굴로 가시니, 걸음마다 발을 드신 땅에다 연꽃이 나니, 자취를 좇아

① 'ᄢᅳ긔'를 보니 현대 국어와 달리 초성에 어두 자음군이 쓰였음을 알 수 있군.

② 'ᄯᆞ니ᄆᆞᆯ, 자최룰'을 보니 중세 국어에서도 앞말의 받침 유무에 따라 목적격 조사의 형태가 다르게 쓰였음을 알 수 있군.

③ '브리ᅀᆞᄫᅡ'를 보니 현대 국어와 달리 'ㅿ'과 'ㅸ'이 표기에 사용되었음을 알 수 있군.

④ '가시니'를 보니 중세 국어에서도 주체를 높이는 특수 어휘가 사용되었음을 알 수 있군.

⑤ '거름, 조차'를 보니 현대 국어와 달리 이어 적기를 하였음을 알 수 있군.

22

〈보기〉의 중세 국어 자료에 나타난 특징을 탐구한 내용으로 적절하지 않은 것은?

┌─ 보기 ┐

[중세 국어] 불·휘기·픈남·ᄀᆞᆫ·ᄇᆞᄅᆞ·매아·니:뮐·ᄊᆡ
[현대 국어] 뿌리가 깊은 나무는 바람에 아니 움직이므로

– 『용비어천가』 –

[중세 국어] ·첫소·리·ᄅᆞᆯ어·울·워뿛·디·면ᄀᆞᆯ·ᄫᅡ·ᄡᅳ·라
[현대 국어] 첫소리를 합하여 쓸 것이면 나란히 쓰라.

– 『훈민정음언해』 –

[중세 국어] ·몸·이며얼굴·이며머·리털·이·며·솔·ᄒᆞᆫ
[현대 국어] 몸과 형체와 머리털과 살은

– 『소학언해』 –

① '기·픈'은 '깊은'과 견주어 보니, 소리 나는 대로 적었음을 알 수 있군.

② ':뮐·ᄊᆡ'는 '움직이므로'에 대응하는 것을 보니, 현대 국어에서는 쓰이지 않는 단어임을 알 수 있군.

③ '·ᄅᆞᆯ'은 '를'과 견주어 보니, 현대 국어와 단어의 형태가 달랐음을 알 수 있군.

④ '뿛·디·면'은 '쓸 것이면'에 대응하는 것을 보니, 초성에 서로 다른 두 개의 자음이 함께 사용되었음을 알 수 있군.

⑤ '얼굴'은 '형체'라는 의미였던 것을 보니, 현대 국어로 오면서 단어의 의미가 확대되었음을 알 수 있군.

23

〈보기〉의 ㉠~㉤을 탐구한 것으로 적절하지 않은 것은?

┌─ 보기 ┐

붉은 ㉠긔운이 명낭ᄒᆞ야 첫 ㉡홍식을 헤앗고 텬듕의 징반 ᄀᆞᆺᄒᆞᆫ 것이 수레박희 ᄀᆞᆺᄒᆞ야 믈속으로셔 치미러 밧치ᄃᆞ시 올나븟ᄒᆞ며 항독 ㉢ᄀᆞᆺᄒᆞᆫ 긔운이 스러디고 처엄 붉어 것츨 빗최던 ㉣거슨 모혀 소 혀텨로 드리워 믈속의 풍덩 ㉤ᄲᅡ디ᄂᆞᆫ 듯시브더라

– 의유당, 「동명일기」(1772년) –

[현대어 풀이]

붉은 기운이 명랑하여 첫 홍색을 헤치고, 하늘 한가운데 쟁반 같은 것이 수레바퀴 같아서 물속에서 치밀어 받치듯이 올라붙으며, 항아리, 독 같은 기운이 없어지고, 처음 붉게 겉을 비추던 것은 모여 소의 혀처럼 드리워 물속에 풍덩 빠지는 듯싶더라.

	탐구 대상	비교 자료	탐구 결과
①	㉠	기운이	'긔운'과 '이'를 끊어 적었군.
②	㉡	홍색을	현대 국어와 같은 형태의 '을'이 사용되었군.
③	㉢	같은	현대에는 소실된 'ㆍ'가 당시에는 사용되었군.
④	㉣	것은	앞 글자의 받침 'ㅅ'을 거듭 적었군.
⑤	㉤	빠지는	현대 국어에서 쓰이지 않는 'ㅆ'이 사용되었군.

24

〈보기〉를 바탕으로 중세 국어의 특징을 탐구한 내용으로 적절하지 않은 것은?

┌─ 보기 ┐

[중세 국어] 잣 ㉠안 ㉡보ᄆᆡ 플와 나모ᄲᅮᆫ
[현대 국어] 성(城) 안의 봄에 풀과 나무만

[중세 국어] 烽火(봉화) | ㉢석ᄃᆞᆯ롤 ㉣니에시니
[현대 국어] 봉화가 석 달을 이어지니

[중세 국어] 첫소리롤 ㉤ᄡᅳᄂᆞ니라
[현대 국어] 첫소리를 쓰느니라.

① ㉠을 보니 'ㅅ'은 현대 국어의 '의'에 해당하는 관형격 조사로 쓰였군.

② ㉡을 보니 체언과 조사를 구분하여 그 형태를 밝혀 적었군.

③ ㉢을 보니 'ᄃᆞᆯ롤'은 현대 국어 '달을'과 달리 모음 조화를 지켜 표기하였군.

④ ㉣을 보니 현대 국어에서 쓰이지 않는 자음을 사용하였군.

⑤ ㉤을 보니 첫 음절 초성에 서로 다른 자음을 가로로 나란히 붙여 썼군.

25

| 2015 고2 3월 학평 15번 |

〈보기〉를 읽고 중세 국어에 대해 탐구한 내용으로 적절하지 <u>않은</u> 것은? [3점]

> ┌ 보기 ┐
>
> [중세 국어]
>   넷 ㉠마리 ㉡닐오틱 ㉢어딘 일 ㉣조초미 ㉤노폰 틱 올옴 콘고 사오나온 일 조초미 아래로 믈어딤 콘ᄒᆞ니라
>   – 『번역소학』 (1518년)에서 –
>
> [현대어 풀이]
>   옛말에 이르되 어진 일 좋음이 높은 데 오름 같고, 사나운 일 좋음이 아래로 무너짐 같으니라.

① 현대 국어의 '말에'를 보니, ㉠은 이어 적기를 하였군.
② 현대 국어의 '이르되'를 보니, ㉡에는 두음 법칙이 적용되지 않았군.
③ 현대 국어의 '어진'을 보니, ㉢에는 구개음화가 일어나지 않았군.
④ 현대 국어의 '좋음이'를 보니, ㉣은 끊어 적기를 하였군.
⑤ 현대 국어의 '높은'을 보니, ㉤은 모음 조화가 지켜졌군.

26

| 2015 고2 9월 학평 15번 |

〈보기〉의 ㉠~㉤에 나타난 중세 국어의 특징을 이해한 내용으로 옳지 <u>않은</u> 것은?

> ┌ 보기 ┐
>
> 世·솅宗종 御·엉製·졩 訓·훈民민正·졍音흠
>   나·랏 :말ᄊᆞ·미 ㉠中듕國·귁·에 달·아 文문字·쫑·와·로 서르 ᄉᆞᄆᆞᆺ·디 아·니홀·ᄊᆡ ·이런 젼·ᄎᆞ·로 어·린 百·ᄇᆡᆨ姓·셩·이 니르·고·져 ·홇 ·배 이·셔·도 ᄆᆞᄎᆞᆷ:내 제 ㉡제 ㉢·ᄠᅳ·들 시·러 펴·디 :몯홇 ㉣·노·미 하·니·라 ·내 ·이·를 爲·윙·ᄒᆞ·야 :어엿·비 너·겨 ·새·로 ·스·믈여·듧 字·쫑·ᄅᆞᆯ 밍·ᄀᆞ노·니 :사ᄅᆞᆷ:마·다 :ᄒᆡ·ᅇᅧ :수·비 니·겨 ·날·로 ·ᄡᅮ·메 ㉤便뻔安한·킈 ᄒᆞ·고·져 홇 ᄯᆞᄅᆞ·미니·라
>   – 『월인석보(月印釋譜)』, 세조(世祖) 5년(1459) –
>
> [현대어 풀이]
>   나라의 말이 중국과 달라 한자와 서로 통하지 아니하여서 이런 까닭으로 어리석은 백성이 말하고자 하는 바가 있어도 마침내 자기의 뜻을 펴지 못하는 사람이 많다. 내가 이를 가엾게 생각하여 새로 스물여덟 글자를 만드니, 모든 사람으로 하여금 쉽게 익혀서 날마다 쓰는 데 편하게 하고자 할 따름이다.

① ㉠: '에'가 비교의 의미로 사용되었군.
② ㉡: 'ㅣ'가 주격 조사로 사용되었군.
③ ㉢: 단어의 첫머리에 서로 다른 자음이 함께 쓰였군.
④ ㉣: 이어 적기가 사용되었군.
⑤ ㉤: 현대 국어에는 없는 자음이 쓰였군.

27

| 2021 고3 3월 학평 37번 |

〈보기〉는 중세 국어를 학습하기 위한 자료이다. 〈보기〉를 바탕으로 중세 국어의 특징을 탐구한 내용으로 적절하지 <u>않은</u> 것은?

> ┌ 보기 ┐
>
> 太子ㅣ 앗겨 ᄆᆞᅀᆞ매 너교틱 비들 만히 니르면 몯 삵가 ᄒᆞ야 닐오틱 金으로 ᄯᅡ해 ᄭᆞ로몰 ᄈᆞᆷ 업게 ᄒᆞ면 이 東山ᄋᆞᆯ ᄑᆞ로리라 須達이 닐오틱 니르샨 양ᄋᆞ로 호리이다 太子ㅣ 닐오틱 내 롱담ᄒᆞ다라 須達이 닐오틱 太子ㅅ 法은 거즛마ᄅᆞᆯ 아니ᄒᆞ시ᄂᆞᆫ 거시니 구쳐 ᄑᆞᆯ 시리이다
>
> [현대어 풀이]
>   태자가 아껴 마음에 여기되 '값을 많이 이르면 못 살까.' 하여 이르되 "금으로 땅에 깔음을 틈 없게 하면 이 동산을 팔겠다." 수달이 이르되 "이르신 양으로 하겠습니다." 태자가 이르되 "내가 농담하였다." 수달이 이르되 "태자의 도리는 거짓말을 하시지 않는 것이니 하는 수 없이 파실 것입니다."

① '金으로'와 '양ᄋᆞ로'를 통해 모음 조화에 따라 형태를 달리하는 부사격 조사가 있었음을 확인할 수 있다.
② 'ᄈᆞᆷ'을 통해 단어 첫머리에 자음이 연속하여 올 수 있었음을 확인할 수 있다.
③ '니르샨'을 통해 주체인 수달을 높이는 선어말 어미가 쓰였음을 확인할 수 있다.
④ '太子ㅅ'을 통해 'ㅅ'이 관형격 조사로 쓰였음을 확인할 수 있다.
⑤ '거즛마ᄅᆞᆯ'을 통해 자음으로 끝나는 체언에 모음으로 시작하는 조사가 결합할 때 이어 적기를 하였음을 확인할 수 있다.

〈보기〉를 바탕으로 중세 국어의 특징을 탐구한 내용으로 적절하지 않은 것은?

┌ 보기 ┐

㉠나랏 말ᄊᆞ미 中듕國귁에 달아 文문字ᄍᆞ와로 서르 ᄉᆞᄆ̇디 아니ᄒᆞᆯ씨 이런 젼ᄎᆞ로 어린 百ᄇᆡᆨ姓셩이 ㉡니르고져 홇㉢배 이셔도 ᄆᆞᄎᆞᆷ내 제 ᄠᅳ들 시러 ㉣펴디 몯홇 노미 하니라 내 이ᄅᆞᆯ ㉤爲윙ᄒᆞ야 어엿비 너겨 새로 스믈여듧 字ᄍᆞᆼᄅᆞᆯ 밍ᄀᆞ노니 사ᄅᆞᆷ마다 ᄒᆡ᯦ᅇᅧ 수ᄫᅵ 니겨 날로 ᄡᅮ메 便뼌安한킈 ᄒᆞ고져 홇 ᄯᆞᄅᆞ미니라

[현대어 풀이]

우리나라의 말이 중국과 달라 문자와 서로 통하지 아니하여서 이런 까닭으로 어리석은 백성이 말하고자 하는 바가 있어도 마침내 제 뜻을 능히 펴지 못하는 사람이 많다. 내가 이것을 위하여 가엾게 여겨 새로 스물여덟 자를 만드니, 모든 사람들로 하여금 쉽게 익혀 날마다 쓰는 데 편하게 하고자 할 따름이다.

① ㉠의 'ㅅ'은 현대 국어의 '의'에 해당하는 관형격 조사로 쓰였군.

② ㉡의 '-고져'는 현대 국어의 '-고자'에 해당하는 연결 어미로 쓰였군.

③ ㉢의 'ㅣ'는 주격 조사로, 모음으로 끝나는 체언에 결합했음을 알 수 있군.

④ ㉣과 현대 국어의 '펴지'를 비교해 보니 '-디'에서는 구개음화가 확인되지 않는군.

⑤ ㉤의 'ᄅᆞᆯ'은 목적격 조사로, 자음으로 끝나는 체언에 결합했음을 알 수 있군.

〈보기〉의 중세 국어 자료에서 나타난 특징을 탐구한 내용으로 적절하지 않은 것은?

┌ 보기 ┐

[중세 국어]

나·라히 파망(破亡)ᄒᆞ·니 :뫼·콰 ᄀᆞ·롬:ᄲᅮᆫ 잇·고

·잣 ·안 보·ᄆᆡ ·플·와 나모:ᄲᅮᆫ 기·펫도·다

시절(時節)·을 감탄(感嘆)·호니 고·지 ·눉 ·므를 ᄲᅳ·리게 ·코

여·희여·슈믈 슬·후니 :새 ᄆᆞᅀᆞᆷ·ᄆᆞᆯ :놀·래ᄂᆞ·다

봉화(烽火)ㅣ :석 ᄃᆞᆯ 니·ᅀᅦ시·니

지·빗 음서(音書)·ᄂᆞᆫ 만금(萬金)·이 ·ᄉᆞ도·다

– 초간본 『분류두공부시언해』 중에서 –

[현대어 풀이]

나라가 망하니 산과 강만 있고

성 안의 **봄에** 풀과 나무만이 깊어 있도다.

시절을 감탄하니 꽃이 눈물을 **뿌리게** 하고

헤어져 있음을 슬퍼하니 새가 **마음을** 놀라게 한다.

봉화가 석 **달을** 이어지니

집의 편지는 만금보다 값지도다.

① '보·ᄆᆡ'는 현대 국어의 '봄에'에 대응하는 것을 보니 끊어 적기를 하였군.

② '·플·와'가 현대 국어의 '풀과'에 대응하는 것을 보니 방점이 쓰였군.

③ 'ᄲᅳ·리게'가 현대 국어의 '뿌리게'에 대응하는 것을 보니 단어의 첫머리에 서로 다른 자음이 함께 사용되었군.

④ 'ᄆᆞᅀᆞᆷ·ᄆᆞᆯ'이 현대 국어의 '마음을'에 대응하는 것을 보니 현대 국어에서 사용되지 않는 'ㅿ', 'ㆍ'가 사용되었군.

⑤ '·ᄃᆞ롤'이 현대 국어의 '달을'에 대응하는 것을 보니 모음 조화가 지켜졌군.

30

〈보기〉의 중세 국어 자료에 나타나는 특징을 탐구한 내용으로 적절하지 **않은** 것은? [3점]

> **보기**
>
> 善쎤慧휑 ⊙니르샤티 五옹百빅 ⓒ銀은도느로 다숫 줄기를 사아지라
>
> 俱궁夷잉 묻즈 붕샤티 ⓒ므스게 ⓐ쓰시리
>
> 善쎤慧휑 ⓜ對됭答답ᄒ샤티 부텻긔 받즈 ᄫ리라
>
> – 『월인석보』 권 1(1459년) –
>
> [현대어 풀이]
>
> 선혜가 **이르시되** "오백 **은돈으로** 다섯 줄기를 사고 싶다."
>
> 구이가 물으시되 "**무엇에** **쓰시리?**"
>
> 선혜가 **대답하시되** "부처께 바치리라."

① ⊙을 통해 두음 법칙이 적용되지 않았음을 알 수 있군.

② ⓒ을 통해 조사가 결합할 때 모음 조화가 지켜졌음을 알 수 있군.

③ ⓒ을 통해 이어 적기가 사용되었음을 알 수 있군.

④ ⓐ을 통해 초성자의 서로 다른 자음을 가로로 나란히 붙여 쓰는 방식이 사용되었음을 알 수 있군.

⑤ ⓜ을 통해 객체를 높이는 선어말 어미가 사용되었음을 알 수 있군.

31

〈보기〉의 ⊙~ⓜ에서 알 수 있는 중세 국어의 특징으로 적절하지 **않은** 것은?

> **보기**
>
> ⊙雙쌍鵰둏(쌍조)ㅣ ᄒ 사래 ⓒ뻬니 絶世(절세) 英才(영재)룰 邊人(변인)이 拜伏(배복)ⓒᄒ슨 ᄫ니
>
> [현대어 풀이]
>
> 두 마리 독수리가 한 살에 꿰이니, 절세의 영재를 변방의 사람들이 절하며 복종하니
>
> 雙쌍鵲쟉(쌍작)이 ᄒ ⓐ사래 ⓜ디니 曠世(광세) 奇事(기사)룰 北人(북인)이 稱頌(칭송)ᄒ슨 ᄫ니
>
> [현대어 풀이]
>
> 두 마리 까치가 한 살에 떨어지니, 세상에 없는 기이한 일을 북녘 사람들이 칭송하니
>
> – 『용비어천가(龍飛御天歌)』 〈제23장〉 –

① ⊙을 보니 모음으로 끝난 체언 뒤에 목적격 조사로 'ㅣ'가 사용되었군.

② ⓒ을 보니 음절의 초성에서 두 개 이상의 자음이 사용되었군.

③ ⓒ을 보니 'ㅿ', 'ㅸ', 'ㆍ' 등 현대 국어에서는 사용되지 않는 문자가 사용되었군.

④ ⓐ에서 양성 모음 'ㅏ'와 'ㅐ'가 어울리는 것을 보니 모음 조화가 지켜졌군.

⑤ ⓜ에서 'ㅣ' 앞의 'ㄷ'이 'ㅈ'으로 변하지 않은 것을 보니 구개음화 현상이 나타나지 않았군.

32

〈보기〉에 대한 이해로 적절한 것은?

> **보기**
>
> 나·랏 :말ᄊ·미 中듕國·귁·에 달·아 文문字·쭝·와·로 서르 ᄉᄆᆺ·디 아·니홀·씨 ·이런 전·ᄎ·로 어·린 百·빅姓·셩·이 니르·고·져 ·훓 ·배 이·셔·도 ᄆ·ᄎᆷ:내 제 ·ᄠ·들 시·러 펴·디 :몯홇·노·미 하·니·라 ·내 ·이·룰 爲·윙·ᄒ·야 :어엿·비 너·겨 ·새·로 ·스·믈여·듧 字·쭝·롤 ᇰ·ᄀ노·니 :사롬:마·다 :히·여 :수·비 니·겨 ·날·로 ·ᄡ·메 便뼌安한·킈 ᄒ·고·져 홇 ᄯᄅᆞ·미니·라
>
> – 『훈민정음』 언해, 세조 5년(1459) –
>
> [현대어 풀이]
>
> 우리나라의 말이 중국과 달라 문자와 서로 통하지 아니하여서 이런 까닭으로 어리석은 백성이 말하고자 하는 바가 있어도 마침내 제 뜻을 능히 펴지 못하는 사람이 많다. 내가 이를 위하여 가엾게 여겨 새로 스물여덟 자를 만드니, 모든 사람들로 하여금 쉽게 익혀 날마다 쓰는 데 편하게 하고자 할 따름이다.

① ':말ᄊ·미'와 '·홇 ·배'에 쓰인 주격 조사는 그 형태가 동일하군.

② '하·니·라'의 '하다'는 현대 국어의 동사 '하다'와 품사가 동일하군.

③ '·이·룰'과 '·새·로'에는 동일한 강약을 표시하는 방점이 쓰였군.

④ ':히·여'와 '便뼌安한·킈 ᄒ·고·져'에는 모두 피동 표현이 쓰였군.

⑤ '·ᄡ·메'에는 '사용하다'라는 의미를 지닌 동사 '쓰다'가 쓰였군.

33

〈보기 1〉의 중세 국어의 특징을 바탕으로 〈보기 2〉의 ⓐ~ⓓ를 탐구하는 활동을 수행하였다. 학생들이 탐구한 내용으로 적절하지 <u>않</u>은 것은? [3점]

보기 1

㉠ 설명 의문문과 판정 의문문에서 쓰이는 종결 어미가 서로 달랐다.
㉡ 체언에 결합하는 조사의 형태는 모음 조화에 따라 결정되었다.
㉢ 높임의 호격 조사로서 현대 국어에 없는 형태가 있었다.
㉣ 선어말 어미의 결합 순서가 현대 국어와 다른 경우가 있었다.
㉤ 듣는 이를 높이기 위한 선어말 어미가 사용되었다.

보기 2

ⓐ 므슴 마롤 니ᄅ느뇨 [무슨 말을 말하느냐?]
ⓑ 져므며 늘구미 잇ᄂ녀 [젊으며 늙음이 있느냐?]
ⓒ 虛空과 벼를 보더시니 [허공과 별을 보시더니]
ⓓ 世尊하 내 堂中에 이셔 몬져 如來 보ᅀᆞᆸ고 [세존이시여, 내가 집안에서 먼저 여래 뵙고]

① ⓐ의 '니ᄅ느뇨'와 ⓑ의 '잇ᄂ녀'를 비교해 보면, ㉠을 확인할 수 있군.
② ⓐ의 '마롤'과 ⓒ의 '벼를'을 비교해 보면, ㉡을 확인할 수 있군.
③ ⓓ의 '世尊하'를 보면, ㉢을 확인할 수 있군.
④ ⓒ의 '보더시니'를 보면, ㉣을 확인할 수 있군.
⑤ ⓓ의 '보ᅀᆞᆸ고'를 보면, ㉤을 확인할 수 있군.

34

〈보기〉의 밑줄 친 부분에서 알 수 있는 중세 국어의 문법적 특징을 설명한 것으로 적절하지 <u>않</u>은 것은?

보기

(가) 하ᄂᆞᆳ 벼리 눈 곧 디니이다　　　　『용비어천가』
　　(현대어 풀이: 하늘의 별이 눈과 같이 떨어집니다.)
(나) 王이 부텨를 請ᄒᆞᅀᆞᆸ쇼셔　　　　『석보상절』
　　(현대어 풀이: 왕이 부처를 청하십시오.)
(다) 어마니몰 아라보리로소니잇가　　　　『월인석보』
　　(현대어 풀이: 어머님을 알아보겠습니까?)
(라) 내 이롤 위ᄒᆞ야　　　　『훈민정음』 언해
　　(현대어 풀이: 내가 이를 위해서)
(마) 그 믈 미틔 金몰애옌 잇ᄂ니　　　　『월인석보』
　　(현대어 풀이: 그 물 밑에 금모래가 있는데)

① (가): 무정 명사에 결합되는 관형격 조사 'ㅅ'이 쓰였다.
② (나): 객체를 높이는 선어말 어미 '-ᅀᆞᆸ-'이 쓰였다.
③ (다): 판정 의문의 '-아' 계열 의문형 어미가 쓰였다.
④ (라): 모음으로 끝나는 체언 뒤에 주격 조사 'ㅣ'가 쓰였다.
⑤ (마): 높이지 않는 유정 명사에 결합되는 관형격 조사 '의'가 쓰였다.

35

〈자료〉에 나타난 중세 국어의 특징을 탐구한 내용으로 적절하지 <u>않</u>은 것은?

자료

[중세 국어]
　　五欲은 누네 됴ᄒᆞᆫ 빗 보고져 귀예 됴ᄒᆞᆫ 소리 듣고져 고해 됴ᄒᆞᆫ 내 맏고져 이베 됴ᄒᆞᆫ 맛 먹고져 모매 됴ᄒᆞᆫ 옷 닙고져 홀 씨라
　　　　　　　　　　　　　　　　　　－『석보상절』－

[현대어 풀이]
　　오욕은 눈에 좋은 빛 보고자, 귀에 좋은 소리 듣고자, 코에 좋은 냄새 맡고자, 입에 좋은 맛 먹고자, 몸에 좋은 옷 입고자 하는 것이다.

① '五欲은'이 '오욕은'에 대응되는 것을 보니, 보조사 '은'이 있었군.
② '누네 됴ᄒᆞᆫ 빗 보고져'가 '눈에 좋은 빛 보고자'에 대응되는 것을 보니, '누네 됴ᄒᆞᆫ 빗'은 목적어로 쓰였군.
③ '귀예'가 '귀에'에 대응되는 것을 보니, 부사격 조사 '예'가 있었군.
④ '됴ᄒᆞᆫ'이 '좋은'에 대응되는 것을 보니, '됴ᄒᆞᆫ'은 용언의 관형사형이었군.
⑤ '먹고져'가 '먹고자'에 대응되는 것을 보니, '-고져'는 종결 어미로 쓰였군.

36

〈보기〉를 바탕으로 중세 국어의 특징을 탐구한 내용으로 적절하지 않은 것은?

┌ 보기 ┐

王(왕)이 니르샤디 大師(대사) ㉠ᄒᆞ샨 일 아니면 뉘 혼 거시잇고 ㉡仙人(선인)이 솔봉디 大王(대왕)하 이 ㉢南堀(남굴)ㅅ 仙人(선인)이 ᄒᆞᆫ ᄯᆞ롤 길어 내니 양지 端正(단정)ᄒᆞ야 ㉣世間(세간)애 ㉤쉽디 몯ᄒᆞ니 그 ᄯᆞᆯ ᄒᆞ닗 ㉥時節(시절)에 자최마다 ㉦蓮花(연화)ㅣ 나ᄂᆞ니이다

– 『석보상절』 –

[현대어 풀이]

왕이 이르시되 "대사 하신 일 아니면 누가 한 것입니까?" 선인이 아뢰되 "대왕이시여, 이 남굴의 선인이 한 딸을 길러 내니 모습이 단정하여 세상에 (모습을 드러내기가) 쉽지 못하니 그 딸 움직일 시절에 자취마다 연꽃이 납니다."

① ㉠에서는 주체인 '대사'를 높이기 위한 선어말 어미가 쓰였군.
② ㉡의 '이'와 ㉦의 'ㅣ'는 격 조사의 종류가 달라서 서로 다른 형태로 나타난 것이군.
③ ㉢을 보니 'ㅅ'은 현대 국어의 '의'에 해당하는 관형격 조사로 쓰였군.
④ ㉣과 ㉥을 보니 모음 조화에 따라 형태를 달리하는 부사격 조사가 있었군.
⑤ ㉤과 현대 국어의 '쉽지'를 비교해 보니 '–디'에서는 구개음화가 확인되지 않는군.

37

〈학습 활동〉의 [A]에 들어갈 말로 적절하지 않은 것은?

┌ 학습 활동 ┐

[자료]에 나타나는 중세 국어의 특징에 대해 알아보자.

[자료]

㉠나랏 말ᄊᆞ미 中듕國귁에 달아 文문字ᄍᆞ와로 서르 ᄉᆞᄆᆞᆺ디 아니ᄒᆞᆯ씨 이런 젼ᄎᆞ로 어린 百빅姓셩이 니르고져 홇 ㉡배 이셔도 ᄆᆞ춤내 제 ㉢ᄠᅳ들 시러 펴디 몯홇 ㉣노미 하니라 내 ㉤이롤 爲윙ᄒᆞ야 어엿비 너겨 새로 스믈여듧 字ᄍᆞ롤 밍ᄀᆞ노니 사롬마다 ᄒᆡᅇᅧ 수비 니겨 날로 뿌메 便뼌安한킈 ᄒᆞ고져 홇 ᄯᆞ르미니라

– 『훈민정음』 언해, 세조 5년(1459) –

[현대어 풀이]

우리나라의 말이 중국과 달라 문자와 서로 통하지 아니하여서 이런 까닭으로 어리석은 백성이 말하고자 하는 **바가** 있어도 마침내 제 **뜻을** 능히 펴지 못하는 **사람이** 많다. 내가 **이를** 위하여 가엾게 여겨 새로 스물여덟 자를 만드니, 모든 사람들로 하여금 쉽게 익혀 날마다 쓰는 데 편하게 하고자 할 따름이다.

[활동 결과]

┌────────────┐
│ [A] │
└────────────┘

① ㉠을 보니, 'ㅅ'이 현대 국어의 관형격 조사 기능을 하는군.
② ㉡을 보니, 'ㅣ'가 현대 국어의 주격 조사 기능을 하는군.
③ ㉢을 보니, 현대 국어와 달리 서로 다른 두 개의 초성 글자가 나란히 쓰였군.
④ ㉣을 보니, '놈'이 현대 국어와 다른 의미로 쓰였군.
⑤ ㉤을 보니, 현대 국어와 달리 양성 모음 뒤에 목적격 조사 '롤'이 쓰였군.

| 2018 고1 3월 학평 15번 |

〈보기〉의 ㉠~㉤에 나타난 중세 국어의 특징을 현대 국어와 비교하여 이해한 내용으로 적절하지 <u>않은</u> 것은?

┌ 보기 ┐

나·랏 :말ᄊᆞ·미 ㉠中듕國·귁·에 달·아 文문字·ᄍᆞ·와·로 서르
ᄉᆞᄆᆞᆺ·디 아·니홀·ᄊᆡ ·이런 젼·ᄎᆞ·로 ㉡어·린 百·ᄇᆡᆨ姓·셩·이 니
르·고·져 ·호ᇙ ·배 이·셔·도 ᄆᆞ·ᄎᆞᆷ:내 제 ㉢ᄠᅳ·들 시·러 펴·디 :
몯ᄒᆞᆯ ·노·미 하·니·라 ·내 ·이·ᄅᆞᆯ 爲·윙·ᄒᆞ·야 :어엿·비 너·겨
·새·로 ·스·믈여·듧 字·ᄍᆞ·ᄅᆞᆯ 밍·ᄀᆞ노·니 :사ᄅᆞᆷ:마·다 :ᄒᆡ·ᅇᅧ ·수
·비 니·겨 ·날·로 ·ᄡᅮ·메 ㉣便뼌安한·킈 ᄒᆞ·고·져 ᄒᆞᇙ ㉤ᄯᆞᄅᆞ·
미니·라

– 『훈민정음』 언해 –

[현대어 풀이]

우리나라의 말이 **중국과** 달라 한자와는 서로 통하지 아니하여서 이런 까닭으로 **어리석은** 백성이 말하고자 하는 바가 있어도 마침내 제 **뜻을** 능히 펴지 못하는 사람이 많다. 내가 이를 위하여 가엾게 여겨 새로 스물여덟 자를 만드니, 사람마다 하여금 쉽게 익혀 날마다 쓰는 데 **편하게** 하고자 할 **따름이다.**

① ㉠: 조사 '에'는 앞말이 사건의 원인이 됨을 나타낸다.

② ㉡: 현대 국어의 '어리다'와 단어의 의미가 서로 다르다.

③ ㉢: 단어의 초성에 서로 다른 두 자음자를 나란히 적었다.

④ ㉣: 현대 국어에서 사용되지 않는 자음자가 있었다.

⑤ ㉤: 한 음절의 종성을 다음 자의 초성에 옮겨 표기하였다.

---

① ㉠을 보니 현대 국어와 달리 명사형 어미 '-옴'이 사용되었군.

② ㉡을 보니 현대 국어와 달리 어두 자음군이 사용되었군.

③ ㉢을 보니 현대 국어와 달리 목적격 조사 '올'이 사용되었군.

④ ㉣을 보니 현대 국어와 마찬가지로 주체 높임 선어말 어미 '-시-'가 사용되었군.

⑤ ㉤을 보니 현대 국어와 마찬가지로 청자를 높이는 특수 어휘가 사용되었군.

| 2017 고2 9월 학평 15번 |

〈보기〉를 바탕으로 현대 국어와 중세 국어의 특징을 비교한 내용으로 적절하지 <u>않은</u> 것은? [3점]

┌ 보기 ┐

• ㉠효도홈과 공슌호몰
　(효도함과 공손함을)

• 兄(형)ㄱ ㉡ᄠᅳ디 일어시ᄂᆞᆯ ㉢聖孫(성손)ᄋᆞᆯ ㉣내시니이다
　(형의 뜻이 이루어지시매 (하늘이) 성손을 내셨습니다.)

• 世尊(세존)ㅅ 安否(안부) ㉤묻ᄌᆞᆸ고 니ᄅᆞ샤ᄃᆡ 므스므라 오시니잇고
　(세존의 안부를 여쭙고 이르시되 무슨 까닭으로 오셨습니까?)

| 2015 고3 3월 학평B 16번 |

㉠~㉤을 현대 국어와 비교한 내용으로 적절하지 <u>않은</u> 것은?

┌ 보기 ┐

[중세 국어] 　㉠부톄 目連(목련)이ᄃᆞ려 ㉡니ᄅᆞ샤ᄃᆡ
[현대 국어] 　부처가 목련에게 이르시되

[중세 국어] 　耶輸(야수)ㅣ ㉢부텻 使者(사자) 왯다 ㉣드르시고
[현대 국어] 　야수가 부처의 사자가 왔다는 말을 들으시고

[중세 국어] 　내 ᄯᆞᆯ 勝鬘(승만)이 聰明(총명)ᄒᆞ니 부텨옷 ㉤보ᅀᆞᆸ면
[현대 국어] 　내 딸 승만이 총명하니 부처만 뵈면

– 『석보상절』 –

① ㉠: 모음으로 끝나는 체언에 주격 조사 'ㅣ'가 결합했다는 점에서 현대 국어와 차이가 있다.

② ㉡: 고유어에서 두음 법칙이 적용되었다는 점에서 현대 국어와 공통적이다.

③ ㉢: 관형격 조사로 'ㅅ'이 쓰였다는 점에서 현대 국어와 차이가 있다.

④ ㉣: 주체를 높이는 선어말 어미가 쓰였다는 점에서 현대 국어와 공통적이다.

⑤ ㉤: 객체를 높이는 선어말 어미가 쓰였다는 점에서 현대 국어와 차이가 있다.

지문형 문제

| 2018 고2 6월 학평 11~12번 |

[41~42] 다음 글을 읽고 물음에 답하시오.

현대 국어와 중세 국어는 문법적으로 많은 차이가 있는데, 격 조사의 차이도 그중 하나이다. 현대 국어에서는 주격 조사로 '이/가'를, 목적격 조사로 '을/를'을, 관형격 조사로 '의'를 사용하고 있지만, 중세 국어에서는 음운 환경에 따라 주격 조사, 목적격 조사, 관형격 조사가 오늘날보다 다양하게 사용되었다.

먼저 주격 조사는 '이'만 사용하였는데, 이때 '이'는 음운 환경에 따라 그 형태가 조금씩 달랐다. 앞말이 자음으로 끝나면 '이'를 썼지만, 'ㅣ'를 제외한 모음으로 끝나면 'ㅣ'를 붙여 썼고, 'ㅣ'로 끝나면 주격 조사를 표기하지 않았다. 예를 들어, '사룸'에는 '이'가 붙고, '부톄'에는 'ㅣ'가 붙는다. 그러나 '비'와 같은 경우에는 따로 주격 조사를 붙이지 않는다.

다음으로 목적격 조사는 '올/을/롤/를'을 사용하였다. 앞말이 자음으로 끝날 경우 '올/을', 모음으로 끝날 경우 '롤/를'로 표기하였다. 또 앞말의 모음이 양성 모음이면 '올/롤'로, 음성 모음이면 '을/를'로 표기하였다. 각각의 상황을 예로 들면, '무숨'에는 '올'이, '구름'에는 '을'이, '나'에는 '롤'이, '너'에는 '를'이 붙는다.

[A]
끝으로 관형격 조사는 단어의 의미와 음운 환경에 따라 '익/의'와 'ㅅ'을 사용하였다. '익/의'는 앞에 오는 명사가 사람이나 동물일 때 사용하였는데, 앞말의 모음이 양성 모음일 때는 '익'를, 음성 모음일 때는 '의'를 사용하였다. 'ㅅ'은 앞에 오는 명사가 사람이면서 높임의 대상이거나, 사람도 아니고 동물도 아닐 때 사용하였다. 예를 들어, '눔'은 사람이고 'ㆍ(아래아)'가 양성 모음이기 때문에 '익'가 붙고, '벌'은 동물이고 'ㅓ'가 음성 모음이기 때문에 '의'가 붙는다. 반면에 '부톄'는 사람이면서 높임의 대상이기 때문에 'ㅅ'이 붙는다.

41

윗글에 대한 이해로 적절하지 <u>않은</u> 것은?

① 현대 국어의 주격 조사 중에는 중세 국어에서 사용하지 않았던 것이 있다.
② 중세 국어에는 음운 환경에 따라 주격 조사를 표기하지 않는 경우도 있었다.
③ 현대 국어보다 중세 국어에서 사용된 목적격 조사의 형태가 더 다양하였다.
④ 중세 국어에서 앞말이 모음으로 끝나면 예외 없이 주격 조사 'ㅣ'가 사용되었다.
⑤ 중세 국어에서 앞말의 모음이 양성 모음이고 자음으로 끝나면 목적격 조사로 '올'을 사용하였다.

42

[A]를 참고할 때, 〈보기〉의 ㉠과 ㉡에 들어갈 조사로 적절한 것은?

보기

[중세 국어] 거붑 + ㉠ 터리 굳고
[현대 국어] 거북의 털과 같고

[중세 국어] 하놀 + ㉡ 光明이 믄득 번ᄒ거늘
[현대 국어] 하늘의 광명이 문득 훤하거늘

	㉠	㉡
①	의	ㅅ
②	익	익
③	의	익
④	익	ㅅ
⑤	의	의

| 2017 고3 3월 학평 14~15번 |

[43~44] 다음 글을 읽고 물음에 답하시오.

15세기 국어의 모음 조화는 형태소 내부와 경계에서 비교적 잘 지켜졌다. 한 형태소 내의 모음들을 살펴보면 'ㅏ, ㅗ, ·' 등의 양성 모음은 양성 모음끼리, 'ㅓ, ㅜ, ㅡ' 등의 음성 모음은 음성 모음끼리 어울렸다. 중성 모음 'ㅣ'는 양성 모음과 어울리기도 하고, 음성 모음과 어울리기도 하였다. 또 어근과 접사가 결합하여 단어가 형성되거나 체언에 조사가 연결될 때, 용언 어간에 어미가 연결될 때에도 조사나 어미의 첫 모음은 그에 선행하는 모음과 같은 성질의 모음이 연결되었다. 예를 들어, 목적격 조사는 그에 선행하는 명사의 모음에 따라 '올/을, 롤/를' 중 하나가 선택되었고, '-운/-은', '-옴/-움', ㉠'-아/-어'와 같은 어미도 선행하는 어간의 모음에 따라 규칙적으로 선택되었다. 다만, 조사 '도', '와/과'나 어미 '-고', '-더-' 등은 모음 조화가 적용되지 않았다.

그런데 16세기부터 모음 조화는 약화되기 시작하였다. 이는 '·'의 소실과 관계가 있다. 16세기에는 둘째 음절 이하에서의 '·'가 소실되면서 주로 'ㅡ'에 합류하였다. 첫째 음절에서의 '·'는 여전히 양성 모음이었으나, 둘째 음절 이하에서는 '·' 대신 음성 모음인 'ㅡ'가 쓰인 것이다. 이러한 변화로 체언에 연결되는 '운/은', '올/을', '이/의' 등의 조사는 점차 '은', '을', '의' 등으로 통일되었고, 모음 조화를 지키던 '사슴'과 같은 단어들은 '사슴'과 같이 모음 조화를 어기는 형태가 되고 말았다.

이후 18세기에 첫째 음절에서의 '·'가 주로 'ㅏ'에 합류하면서 '·'는 완전히 소실되었고, 국어의 모음 체계는 큰 변화를 겪게 되었다. 그리고 이러한 변화는 모음 조화가 약화되는 또 다른 요인으로 작용했다.

현대 국어에서는 모음 조화가 형태소 내부와 경계에서 지켜지지 않는 경우가 많다. 다만 '촐랑촐랑', '출렁출렁'과 같은 음성 상징어에서나 ㉡일부 용언의 어간 뒤에 '-아/-어' 계열의 어미가 결합할 때 모음 조화가 이루어지는 모습을 확인할 수 있다.

43

㉠과 ㉡을 모두 확인할 수 있는 예로 적절하지 않은 것은?

	15세기 국어		현대 국어	
	용언 어간	활용형	용언 어간	활용형
①	알-	아라	알-	알아
②	먹-	머거	먹-	먹어
③	싀오-	싀와	깨우-	깨워
④	쓰-	뻐	쓰-	써
⑤	ᄀᆞ독ᄒᆞ-	ᄀᆞ독ᄒᆞ야	가득하-	가득하여

44

윗글을 읽고, 〈보기〉를 이해한 내용으로 적절하지 않은 것은?

┌ 보기 ┐

(가)

겨스레 소옴 둔 오솔 닙디 아니 ᄒᆞ고 녀르메 서늘ᄒᆞᆫ 듸 가디 아니 ᄒᆞ며 ᄒᆞᄅᆞ 뿔 두 호ᄇᆞ로써 쥭을 밍글오 소곰과 ᄂᆞᄆᆞᆯ 먹디 아니 ᄒᆞ더라

— 『내훈』(1447년)에서 —

[현대어 풀이]

겨울에 솜 든 옷을 입지 아니하고 여름에 서늘한 데 가지 아니하며 하루 쌀 두 홉으로써 죽을 만들고 소금과 나물을 먹지 아니하더라.

(나)

타락과 **초와** 장과 소금과 계ᄌᆞ ᄀᆞᄅᆞ와 **파과** 마놀과 부치와 기름과 댓무우과 외와 가지 등 여러가지 ᄂᆞᄆᆞᆯ과 돍긔 알과

— 『박통사언해』(1677년)에서 —

[현대어 풀이]

타락과 식초와 장과 소금과 겨자 가루와 파와 마늘과 부추와 기름과 당근과 오이와 가지 등 여러 가지 나물과 닭의 알과

└─────────────────────────┘

① 15세기에는 한 단어 내에서 모음 조화가 잘 지켜졌음을 (가)의 '겨슬'과 'ᄒᆞᄅᆞ'를 통해 확인할 수 있군.

② 15세기에는 체언에 목적격 조사가 결합할 때 모음 조화가 지켜졌음을 (가)의 '오솔'과 '쥭을'을 통해 확인할 수 있군.

③ 용언 어간에 '-더-'가 결합할 때에는 모음 조화가 적용되지 않았음을 (가)의 'ᄒᆞ더라'를 통해 확인할 수 있군.

④ 17세기에는 모음 조화의 약화에 따라 조사 사용에 혼란이 있었음을 (나)의 '초와'와 '파과'를 통해 확인할 수 있군.

⑤ 둘째 음절의 '·'가 'ㅡ'로 변하였음을 (가)의 'ᄂᆞᄆᆞᆯ'과 (나)의 'ᄂᆞᄆᆞᆯ'을 통해 확인할 수 있군.

VI

개념 복합

| 2021 고1 3월 학평 11~12번 |

[01~02] 다음을 읽고 물음에 답하시오.

모음은 크게 두 부류로 나눌 수 있다. 발음할 때 입술 모양이나 혀의 위치가 변하지 않는 모음을 '단모음'이라 한다. '표준어 규정'은 원칙적으로 'ㅏ, ㅐ, ㅓ, ㅔ, ㅗ, ㅚ, ㅜ, ㅟ, ㅡ, ㅣ'를 단모음으로 발음할 것을 규정하고 있다.

입술 모양이나 혀의 위치가 발음 도중에 변하는 모음은 '이중 모음'이라 하는데, 이중 모음은 홀로 쓰일 수 없는 소리인 '반모음'이 단모음과 결합한 모음이다. 예를 들어 이중 모음인 'ㅑ'의 발음은, 'ㅣ'를 짧게 발음하는 것과 유사한 소리인 반모음 '[j]' 뒤에서 'ㅏ'가 결합한 소리이다. 'ㅑ'와 마찬가지로 'ㅒ, ㅕ, ㅖ, ㅛ, ㅠ, ㅢ'의 발음은, 각각 반모음 '[j]'와 단모음 'ㅐ, ㅓ, ㅔ, ㅗ, ㅜ, ㅡ'가 결합한 소리이다. 'ㅗ'나 'ㅜ'를 짧게 발음하는 것과 유사한 반모음 '[w]'도 있는데 'ㅘ, ㅙ, ㅝ, ㅞ'의 발음은 각각 반모음 '[w]'와 단모음 'ㅏ, ㅐ, ㅓ, ㅔ'가 결합한 소리이다. 반모음이 단모음 뒤에서 결합한 소리인 'ㅢ'를 제외하고, 이중 모음의 발음은 모두 반모음이 단모음 앞에서 결합한 소리이다.

'ㅚ'와 'ㅟ'는 단모음으로 발음하는 것이 원칙이지만 현실에서 이중 모음으로 발음하는 경우가 많다. 'ㅚ'를 이중 모음으로 발음할 경우에는 반모음 '[w]'와 'ㅔ' 소리를 연속하여 발음하며, 'ㅟ'를 이중 모음으로 발음할 경우에는 반모음 '[w]'와 'ㅣ' 소리를 연속하여 발음한다. '표준어 규정'에서도 현실 발음을 고려하여 이와 같이 'ㅚ'와 'ㅟ'를 이중 모음으로 발음하는 것을 허용하고 있다.

01

윗글에 대한 이해로 적절하지 않은 것은?

① 'ㅠ'는 발음할 때 입술 모양이나 혀의 위치가 변한다.

② 'ㅐ'는 발음할 때 입술 모양이나 혀의 위치가 변하지 않는다.

③ 'ㅖ'의 발음은 반모음 '[j]' 뒤에서 단모음 'ㅔ'가 결합한 소리이다.

④ 'ㅘ'의 발음은 단모음 'ㅗ' 뒤에서 반모음 '[j]'가 결합한 소리이다.

⑤ 반모음 '[w]'는 홀로 쓰일 수 없고 단모음과 결합하여 이중 모음을 이룬다.

02

〈보기〉는 학생들의 대화이다. 윗글을 바탕으로 할 때 〈보기〉의 ㉠, ㉡에 들어갈 내용으로 적절한 것은? [3점]

> **보기**
>
> **학생 1**: '표준어 규정'에 따르면 'ㅚ'는 단모음으로 발음하는 것이 원칙이지만 이중 모음으로 발음하는 것도 허용하더라고. 그러면 '참외'는 [차뫼]로 발음하는 것이 원칙이지만, _____㉠_____ 로 발음하는 것도 허용한다고 할 수 있겠어.
>
> **학생 2**: 그래, 맞아. '표준어 규정'에서는 'ㅟ'도 이중 모음으로 발음하는 것을 허용하고 있어. 이에 따른 'ㅟ'의 이중 모음 발음은 'ㅑ, ㅐ, ㅓ, ㅖ, ㅘ, ㅙ, ㅛ, ㅝ, ㅞ, ㅠ, ㅢ'의 발음 중에 _____㉡_____ .

	㉠	㉡
①	[차뭬]	포함되어 있지 않아
②	[차뭬]	'ㅢ' 소리에 해당해
③	[차뙔]	'ㅝ' 소리에 해당해
④	[차메]	포함되어 있지 않아
⑤	[차메]	'ㅢ' 소리에 해당해

| 2020 고1 11월 학평 11~12번 |

[03~04] 다음은 수업 장면의 일부이다. 물음에 답하시오.

> **선생님:** 음운 변동은 음운이 일정한 환경에 따라 다르게 발음되는 현상입니다. 음운의 변동에는 한 음운이 다른 음운으로 바뀌는 교체, 두 음운이 하나의 음운으로 줄어드는 축약, 두 음운 중에서 어느 하나가 없어지는 탈락, 두 음운 사이에 음운이 덧붙는 첨가 등이 있습니다. [A] 예를 들어 '여덟'은 [여덜]로 발음되는데 겹받침 중 'ㅂ'이 탈락되어 음운의 개수가 줄어든 것입니다. 또한 '솜이불'은 [솜:니불]로 발음되는데 'ㄴ'이 첨가되어 음운의 개수가 늘어난 것입니다.
>
> **학생:** 그런데 저는 '너는 나보다 키가 커서 좋겠다.'라는 문장의 '커서'에서 'ㅡ'가 탈락되었다는 것을 찾기가 어려웠어요. 음운 변동 결과가 표기에 반영되었기 때문이겠죠?
>
> **선생님:** 맞아요. 그러면 음운 변동이 표기에 반영되는 경우와 표기에 반영되지 않는 경우를 용언의 활용을 예로 들어 알아봅시다. 용언 어간 끝의 모음 'ㅏ, ㅓ'가 '-아/-어'로 시작하는 어미와 결합할 때 모음 'ㅏ, ㅓ'가 탈락하는 경우, 용언 어간 끝의 모음 'ㅡ'가 '-아/-어'로 시작하는 어미와 결합하여 탈락하는 경우, 어간의 끝소리 'ㄹ'이 몇몇 어미 앞에서 탈락하는 경우는 음운 변동 결과를 표기에 반영합니다. 하지만 어간의 끝소리 'ㄴ, ㅁ' 뒤에서 어미의 첫소리가 된소리로 교체되는 경우, 어간의 끝소리 'ㅎ'이 모음으로 시작하는 어미 앞에서 탈락되는 경우는 음운 변동 결과를 표기에 반영하지 않습니다. 가령 앞에서 말한 '커서'의 경우는 음운 변동의 결과가 표기에 반영된 것이고, '낳은'을 '나은'으로 표기하지 않는 것은 음운 변동의 결과가 표기에 반영되지 않은 것입니다.
>
> **학생:** 아, 그럼 음운 변동 결과가 ㉠표기에 반영된 경우와 ㉡표기에 반영되지 않은 경우를 찾아볼게요.

03

[A]를 바탕으로 음운 변동을 이해한 내용으로 적절한 것은?

	사례	음운 변동	음운의 개수 변화
①	풀잎[풀립]	축약, 첨가	늘어남
②	흙화덕[흐콰덕]	교체, 탈락	줄어듦
③	맞춤옷[맏추몯]	축약, 탈락	줄어듦
④	옛이야기[옌:니야기]	교체, 첨가	늘어남
⑤	달맞이꽃[달마지꼳]	교체, 축약	줄어듦

04

㉠, ㉡에 해당하는 예로 적절하지 않은 것은? [3점]

① ㉠: 관객이 많으니 미리 줄을 <u>서라</u>.
　 ㉡: 돌아오는 기차표는 네 것만 <u>끊어라</u>.

② ㉠: 눈을 <u>떠</u> 보니 다음날 아침이었다.
　 ㉡: 네가 집에 빨리 <u>가서</u> 아쉬웠다.

③ ㉠: 체육 시간에는 교실 불을 <u>꺼</u> 두자.
　 ㉡: 오늘은 새 신발을 <u>신고</u> 학교에 가자.

④ ㉠: 지금 <u>마는</u> 김밥은 어머니께 드릴 점심이다.
　 ㉡: 독서로 <u>쌓은</u> 지식은 삶의 자양분이 될 것이다.

⑤ ㉠: 아버지 대신 빨래를 <u>너는</u> 모습이 보기 좋다.
　 ㉡: 가을빛을 <u>담고</u> 있는 감나무 열매를 본다.

| 2019 고3 3월 학평 11~12번 |

[05~06] 다음 글을 읽고 물음에 답하시오.

현대 국어에서는 음절의 종성에서 실제로 발음되는 소리가 제한되어 있다. ㉠음절의 종성에 마찰음, 파찰음이 오거나 파열음 중 된소리나 거센소리가 오면 모두 예사소리 'ㄱ, ㄷ, ㅂ'으로 교체되고, ㉡음절의 종성에 자음군이 올 때는 한 자음이 탈락한다. 그런데 모음으로 시작하는 형식 형태소가 뒤에 오면 앞 음절의 종성에 있던 자음이 곧바로 연음된다. 이렇게 연음되어 뒤 음절의 초성에서 소리 나는 자음은 제 음가대로 발음된다.

연음이 일어나는 조건이 갖추어지더라도 다른 현상이 일어나 제 음가대로 발음이 되지 않는 경우도 있다. 가령, ㉢'ㄷ, ㅌ'으로 끝나는 말 뒤에 'ㅣ'로 시작하는 형식 형태소가 오면 'ㄷ, ㅌ'이 'ㅈ, ㅊ'으로 변하는 구개음화가 일어난다. 또한 용언 어간 말음 'ㅎ'은 모음으로 시작하는 형식 형태소가 뒤에 오면 연음되지 않고 탈락한다. ㉣용언 어간 말음 'ㅎ' 뒤에 'ㄱ, ㄷ, ㅈ'으로 시작하는 어미가 오면 'ㅎ'과 'ㄱ, ㄷ, ㅈ'이 거센소리로 축약되는데 이를 통해 용언 어간 말음 'ㅎ'이 존재함을 간접적으로 알 수 있다.

[A] 연음과 음운 변동에 대한 지식을 활용하여 중세 국어 자료를 검토해 보면 현대 국어에서 찾아보기 어려운 형태의 단어를 발견할 수 있다. 예를 들어, 현대 국어에서는 'ㅎ'을 말음으로 가진 체언을 찾아보기 어렵다. 그러나 중세 국어 자료를 살펴보면 '돓(돌)', '나랗(나라)'와 같이 'ㅎ'을 말음으로 가진 체언을 확인할 수 있다.

중세 국어 시기에는 체언 말음 'ㅎ'이 모음으로 시작하는 조사와 결합하면 '나라히'와 같이 연음되어 나타나는 것을 확인할 수 있다. 또한 'ㅎ'을 말음으로 가진 체언이 '과', '도'와 같은 조사와 결합하면 'ㅎ'이 뒤에 오는 'ㄱ, ㄷ'과 축약되어 'ㅋ, ㅌ'으로 나타났는데, 이를 통해서 'ㅎ'의 존재를 간접적으로 확인할 수 있다. 하지만 어떤 체언이 'ㅎ'을 말음으로 가지고 있다고 하더라도, 그 체언이 단독으로 쓰이거나 관형격 조사 'ㅅ'과 결합하여 쓰였을 때는 'ㅎ'이 실현되지 않아서 'ㅎ'을 말음으로 가지지 않은 체언과 구별되지 않았다. 해당 체언이 연음이나 축약이 일어나는 자리에 쓰인 사례를 검토해야 체언 말음 'ㅎ'의 존재 여부를 알 수 있다.

05

㉠~㉣에 대한 이해로 적절한 것은?

① '한몫[한목]'을 발음할 때, ㉠이 일어난다.
② '놓기[노키]'를 발음할 때, ㉣이 일어난다.
③ '끓지[끌치]'를 발음할 때, ㉡과 ㉢이 일어난다.
④ '값할[가팔]'을 발음할 때, ㉡과 ㉣이 일어난다.
⑤ '맞힌[마친]'을 발음할 때, ㉢과 ㉣이 일어난다.

06

[A]를 참조하여 〈보기〉의 ⓐ~ⓔ를 분석한 것으로 적절한 것은?

보기

[학습 목표]
중세 국어 자료를 통해 체언 '하ᄂᆞᆶ'에 대해 탐구한다.

[중세 국어 자료]
- ⓐ하ᄂᆞᆯ히 ᄆᆞᅀᆞᄆᆞᆯ 뮈우시니 (하늘이 마음을 움직이게 하시니)
- ⓑ하ᄂᆞᆳ 光明中에 드러 (하늘의 광명 가운데에 들어)
- ⓒ하ᄂᆞᆯ 셤기ᅀᆞᆸ듯 ᄒᆞ야 (하늘 섬기듯 하여)
- ⓓ하ᄂᆞᆯ토 뮈며 (하늘도 움직이며)
- ⓔ하ᄂᆞᆯ콰 싸콰ᄅᆞᆯ 니르니라 (하늘과 땅을 이르니라)

① ⓐ에서는 연음되어 음운의 개수에 변동이 없지만, ⓓ에서는 음운 변동이 일어나 음운의 개수가 줄어들었음을 알 수 있다.
② ⓑ에서는 'ㅎ'이 다른 음운으로 교체되었음을 알 수 있고, ⓒ에서는 'ㅎ'이 실현되지 않았다.
③ ⓑ에서는 체언 말음 'ㅎ'의 존재를 알 수 있지만, ⓓ에서는 체언 말음 'ㅎ'의 존재를 알 수 없다.
④ ⓑ와 ⓒ에서 동일한 체언이 단독으로 쓰일 때, 서로 다른 형태로도 실현되었음을 알 수 있다.
⑤ ⓓ와 ⓔ에서 체언에 현대 국어에 존재하지 않는 조사 '토', '콰'가 결합했음을 알 수 있다.

| 2018 고3 3월 학평 11~12번 |

[07~08] 다음을 읽고 물음에 답하시오.

국어에는 발음을 자연스럽게 하는 상황에서 어떠한 자음 두 개를 연달아 발음하는 것이 어려워 발생하는 음운 변동들이 있다. 가령 '국'과 '물'은 따로 발음하면 제 소리대로 [국]과 [물]로 발음되지만, '국물'처럼 'ㄱ'과 'ㅁ'을 연달아 발음하게 되면 예외 없이 비음화가 일어나 'ㄱ'이 [ㅇ]으로 바뀐다. 이 것은 국어에서 장애음*과 비음을 자연스럽게 연달아 발음하는 것이 어려워 일어나는 현상이다. '국화[구콰]', '좋다[조:타]'처럼 예사소리와 'ㅎ'이 거센소리로 축약되는 현상도 국어에서 연달아 발음하는 것이 어려운 자음들이 이어질 때 발생하는 음운 변동으로 볼 수 있다. 비음화와 자음 축약은 장애음 뒤에 비음이 이어질 때, 'ㅎ'의 앞이나 뒤에서 예사소리가 이어질 때와 같이 음운과 관련된 조건만으로 규칙성을 파악할 수 있다.

국어에서 일어나는 된소리되기를 살펴보면, 예사소리인 파열음 'ㅂ, ㄷ, ㄱ' 뒤에 예사소리 'ㅂ, ㄷ, ㄱ, ㅅ, ㅈ'이 연달아 발음되기 어려워, 뒤에 오는 예사소리가 반드시 된소리로 바뀐다. 예를 들면, '국밥'은 반드시 [국빱]으로 발음된다. 이와 같은 현상은 필수적으로 일어나기 때문에 [갑짜기]로 발음되는 단어를 '갑자기'로 표기하더라도 발음할 때에는 예외 없이 [갑짜기]가 된다.

한편 자음의 본래 소리대로 발음할 수 있음에도 불구하고 일어나는 된소리되기가 존재한다. '(신을) 신고'가 [신:꼬]로 발음되는 것처럼, 용언의 어간이 비음으로 끝나고 뒤에 오는 어미가 예사소리로 시작하면 예사소리가 된소리로 바뀐다. 그런데 명사인 '신고(申告)'는 [신고]로 발음되듯이, 국어의 자연스러운 발음에서 비음과 예사소리는 그대로 발음될 수도 있다. 따라서 비음 뒤의 예사소리가 된소리로 발음되는 현상의 규칙성을 파악하기 위해서는 음운과 관련된 조건뿐만 아니라 용언의 어간과 어미가 결합한다는 것과 같은 형태소와 관련된 조건까지 알아야 한다.

국어의 규칙적인 음운 변동 중에는 어떠한 자음 두 개를 연달아 발음하는 것이 어려워 발생하는 것도 있고, 자음의 본래 소리대로 발음할 수 있음에도 불구하고 발생하는 것도 있다. 이와 같은 음운 변동이 일어난 발음들은 모두 표준 발음으로 인정된다.

* 장애음: 구강 통로가 폐쇄되거나 마찰이 생겨서 나는 소리. 일반적으로 장애의 정도가 큰 파열음, 마찰음, 파찰음을 이름.

07

윗글을 바탕으로 〈보기〉를 탐구한 결과로 적절한 것은?

| 보기 |

• ⓐ집념[짐념]도 강하다.   • 춤을 ⓑ곧잘[곧짤] 춘다.
• 책상에 ⓒ놓고[노코] 가라.   • 음식을 ⓓ담기[담:끼]가 힘들다.
• 모기한테 ⓔ뜯긴[뜯낀] 모양이다.

① ⓐ와 ⓑ에서 이어져 있는 두 자음이 용언의 어간과 어미에 이어져 나타나면 음운 변동이 일어나지 않는다.
② ⓐ와 ⓔ에서 이어져 있는 두 자음을 제 소리대로 연달아 발음하는 것은 표준 발음으로 인정된다.
③ ⓑ와 ⓒ는 발음될 때, 음운과 관련된 조건만으로 규칙성을 파악할 수 있는 음운 변동이 일어난다.
④ ⓒ와 ⓓ는 발음될 때, 용언의 어간과 어미가 결합한다는 조건이 음운 변동을 일으키는 요인으로 작용한다.
⑤ ⓓ와 ⓔ는 발음될 때, 용언의 어간과 결합하는 어미의 첫소리가 예사소리에서 된소리로 바뀐다.

08

윗글을 바탕으로 〈보기〉의 '한글 맞춤법'을 이해한 내용으로 적절한 것은? [3점]

| 보기 |

제1항 한글 맞춤법은 표준어를 소리대로 적되, 어법에 맞도록 함을 원칙으로 한다.
제5항 한 단어 안에서 뚜렷한 까닭 없이 나는 된소리는 다음 음절의 첫소리를 된소리로 적는다.
　　　1. 두 모음 사이에서 나는 된소리 ⑩ 가끔, 어찌
　　　2. 'ㄴ, ㄹ, ㅁ, ㅇ' 받침 뒤에서 나는 된소리 ⑩ 잔뜩, 훨씬
　　　다만, 'ㄱ, ㅂ' 받침 뒤에서 나는 된소리는, 같은 음절이나 비슷한 음절이 겹쳐 나는 경우가 아니면 된소리로 적지 아니한다. ⑩ 국수, 몹시
제13항 한 단어 안에서 같은 음절이나 비슷한 음절이 겹쳐 나는 부분은 같은 글자로 적는다. (ㄱ을 취하고, ㄴ을 버림.)

ㄱ	ㄴ
딱딱	딱닥

① 두 모음 사이에 예사소리가 오면 예외 없이 된소리가 되므로 '가끔'은 표기에 된소리를 밝혀 적는다.
② 예사소리인 파열음 뒤에서 된소리되기가 일어날 때 규칙성을 찾을 수 없으므로 '몹시'는 예사소리로 적는다.
③ '딱딱'은 '딱닥'으로 적으면 표준 발음이 [딱닥]이 될 수도 있으므로 두 번째 음절 첫소리를 예사소리로 적지 않는다.
④ '국수'는 두 번째 음절 첫소리를 된소리로 적지 않더라도 표준 발음인 [국쑤]로 발음되므로 표기에 된소리를 밝혀 적지 않는다.
⑤ '잔뜩'은 비음으로 끝난 용언의 어간 뒤의 예사소리가 된소리로 변했다는 뚜렷한 까닭이 있으므로 표기에 된소리를 밝혀 적는다.

[09~10] 다음 글을 읽고 물음에 답하시오.

반모음과 관련된 대표적인 음운 현상으로 '반모음 첨가'와 '반모음화'가 있다. 현대 국어에서 반모음 첨가는 모음으로 끝나는 형태소 뒤에 모음으로 시작하는 형태소가 올 때 일어난다. 어간 '피-'에 어미 '-어'가 결합할 때 '피어'가 [피여]로 소리 나는 경우가 대표적인데 이때 어미에는 'ㅣ'계 반모음인 'ĭ'가 첨가된다. 어미 '-어'에 'ĭ'가 첨가되어 '되어[되여]', '쥐어[쥐여]'로 발음되는 경우도 마찬가지이다. 이렇게 어간이 'ㅣ, ㅚ, ㅟ'로 끝날 때 어미에 반모음 'ĭ'가 첨가되어 발음되는 경우는 표준 발음으로 인정되지만 표기할 때는 음운 변동이 일어나지 않은 형태로 해야 한다.

한편 '피어'는 [펴:]로 발음되기도 한다. '피+어→[펴:]'의 경우처럼 두 개의 단모음이 나란히 놓일 때 하나의 단모음이 반모음으로 교체되는 음운 현상을 반모음화라고 부른다. 반모음화는 반모음과 성질이 비슷한 단모음에 적용되는 것으로, [펴:]의 경우 단모음 'ㅣ'가 소리가 유사한 반모음 'ĭ'로 교체된 것이다. [펴:]와 같이 반모음화가 일어난 경우도 규범상 표준 발음으로 인정된다.

15세기 국어 자료에서도 반모음 첨가나 반모음화가 일어난 것으로 추정되는 흔적을 찾을 수 있다. 15세기에는 표음적 표기*를 지향했기 때문에 문헌의 표기 상태를 통해 당시의 음운 현상을 추론할 수 있는데, 15세기 국어 자료에서 반모음 첨가나 반모음화가 일어난 것으로 보이는 표기들이 관찰되는 것이다. 어간 '쉬-'에 어미 '-어'가 결합할 때 '쉬여'로 표기된 사례나 어간 '흐리-'에 어미 '-어'가 결합할 때 '흐리여'로 표기된 것은 반모음 첨가가 일어난 사례로 생각된다. 여기서 '쉬여'는 현대 국어의 [피여]와는 다른 음운 환경에서 반모음 첨가가 일어난 것인데, 15세기에는 'ㅟ' 표기가 'ㅜ'와 'ĭ'가 결합한 이중 모음을 나타냈을 것으로 추정되기 때문이다. 'ㆎ, ㅐ, ㅔ, ㅚ, ㅢ' 표기도 'ㅟ'와 마찬가지 방식으로 이중 모음을 나타냈을 것으로 추정된다. 따라서 '쉬여'는 ㉠'ㅣ, ㅐ, ㅔ, ㅚ, ㅟ, ㅢ'가 이중 모음을 나타낸 것이라고 할 경우 반모음 'ĭ' 뒤에서 일어난 반모음 첨가의 사례인 것이다. 이와 달리 어간 '쑤미-'에 어미 '-어'가 결합할 때 '쑤며'로 표기된 경우는 현대 국어의 [펴:]처럼 ㉡어간이 'ㅣ'로 끝나는 용언에서 일어난 반모음화의 사례라고 할 수 있다. 또한 15세기 국어에서 체언 '바' 뒤에 주격 조사 '이'가 붙을 때 '배'로 표기된 사례도 반모음화로 설명할 수 있다.

*표음적 표기: 발음 형태대로 적는 표기 방식.

09

윗글에 대한 이해로 적절하지 <u>않은</u> 것은?

① 현대 국어에서 '피어'를 [펴:]로 발음하는 것은 표준 발음으로 인정된다.
② 현대 국어에서 '피어'를 [펴:]로 발음할 때는 어간의 단모음이 반모음으로 교체된다.
③ 현대 국어에서 '피어'에 반모음 첨가가 일어나도 '피여'라고 적는 것은 허용되지 않는다.
④ 15세기 국어의 'ㅚ' 표기는 단모음 'ㅗ'와 반모음 'ĭ'가 결합한 이중 모음을 나타냈을 것으로 추정된다.
⑤ 15세기 국어의 체언 '바'에 주격 조사 '이'가 붙어 '배'로 표기된 사례에서는 체언의 단모음이 반모음으로 교체되었을 것으로 추정된다.

10

〈보기〉의 ⓐ~ⓓ 중 윗글의 ㉠과 ㉡에 해당하는 사례로 적절한 것은?

| 보기 |

15세기 국어 자료 (현대어 풀이)	밑줄 친 부분의 음운 변동 과정
ⓐ내 이룰 爲윙ᄒ야 (내가 이를 위하여)	나 + 이 → 내
수빙 ⓑ니겨 (쉽게 익혀)	니기 + 어 → 니겨
빗 바다ᄋ로 ⓒ긔여 (배의 바닥으로 기어)	긔 + 어 → 긔여
따해 ⓓ디여 (땅에 거꾸러져)	디 + 어 → 디여

	㉠	㉡
①	ⓑ	ⓐ
②	ⓒ	ⓑ
③	ⓒ	ⓓ
④	ⓓ	ⓐ
⑤	ⓓ	ⓒ

| 2019 고3 7월 학평 13~14번 |

[11~12] 다음 글을 읽고 물음에 답하시오.

용언은 문장에서 사용될 때 다양한 모습으로 변화한다. 이 때 변하지 않고 고정된 부분을 어간이라고 하고, 그 뒤에 붙어서 변화하는 부분을 어미라고 한다. 어간에 다양한 어미들이 결합하는 것을 활용이라고 하는데, '씻다'처럼 활용할 때 어간이나 어미의 기본 형태가 유지되거나, '쓰다'처럼 활용할 때 기본 형태가 달라진다 해도 그 현상을 일반적인 음운 규칙으로 설명할 수 있으면 이를 규칙 활용이라고 한다.

반면 특정한 환경이나 조건에서 불규칙적으로 어간이나 어미의 형태 변화가 일어나는 것은 불규칙 활용이라고 한다. 불규칙 활용은 '싣다'와 같은 'ㄷ' 불규칙, '젓다'와 같은 'ㅅ' 불규칙, '돕다'와 같은 'ㅂ' 불규칙, '푸다'와 같은 '우' 불규칙처럼 어간이 바뀌는 경우, '하다'와 같은 '여' 불규칙처럼 어미가 바뀌는 경우, '파랗다'와 같은 'ㅎ' 불규칙처럼 어간과 어미가 모두 바뀌는 경우로 구분할 수 있다.

현대 국어에서 기본 형태가 달라지는 용언의 규칙 활용과 불규칙 활용은 중세 국어 용언의 활용과 밀접한 관련이 있다. 중세 국어에서도 단모음과 단모음이 결합할 때 하나의 모음이 탈락하는 현상이 활발하게 일어났다. 대표적으로 '쓰다'가 '뻐'처럼 활용하는 'ㅡ' 탈락이 있는데 이는 현대 국어의 'ㅡ' 탈락에 대응한다.

또한 중세 국어에서 '싣다'의 어간이 자음으로 시작하는 어미 앞에서는 '싣-', 모음으로 시작하는 어미 앞에서는 '실-'로 교체되는 현상은 현대 국어의 'ㄷ' 불규칙으로 이어진다. '돕다'와 '젓다' 역시 자음으로 시작하는 어미 앞에서는 어간의 기본 형태를 유지하지만, 그 외의 경우에는 '돌-'과 '젓-'으로 교체된다. 이러한 교체는 'ㅸ'이 'ㅏ' 또는 'ㅓ' 앞에서 반모음 'ㅗ/ㅜ[w]'로 변화하거나 'ㆍ' 또는 'ㅡ'와 결합하여 'ㅗ' 또는 'ㅜ'로 바뀌어 현대 국어에서 'ㅂ' 불규칙으로 나타난다. 그리고 'ㅿ'은 소실되어 현대 국어에서 'ㅅ' 불규칙으로 나타난다. 또한 어간이거나 어간의 일부인 'ㅎ-'에 모음으로 시작하는 어미가 결합할 때 어미가 '-아'가 아닌 '-야'로 나타나는 것은 현대 국어의 '여' 불규칙으로 이어진다.

11

〈보기〉는 윗글을 바탕으로 용언의 활용에 대해 탐구한 내용이다. ㉠~㉢에 들어갈 말로 적절한 것은?

┌─ 보기 ─────────────────────────────
[탐구 과제]
　다음 자료를 보고, 용언의 활용 양상을 탐구해 보자.

[탐구 자료]
　따르다: 따르- + -고 → 따르고 / 따르- + -어 → 따라
　푸르다: 푸르- + -고 → 푸르고 / 푸르- + -어 → 푸르러
　묻다[問]: 묻- + -고 → 묻고 / 묻- + -어 → 물어
　묻다[埋]: 묻- + -고 → 묻고 / 묻- + -어 → 묻어

[탐구 결과]
　'따르다'는 (㉠)처럼 'ㅡ'가 모음으로 시작하는 어미 앞에서 탈락하는 규칙 활용을 하는 반면, '푸르다'는 (㉡)에서 '따르다'와 다른 활용 양상을 보인다는 점에서 불규칙 활용을 한다. 또한 '묻다[問]'는 (㉢)에서 '묻다[埋]'와 다른 활용 양상을 보인다는 점에서 불규칙 활용을 한다.
└────────────────────────────────

	㉠	㉡	㉢
①	잠그다	어간	어미
②	다다르다	어간	어미
③	부르다	어미	어간
④	들르다	어미	어간
⑤	머무르다	어미	어간

12

윗글을 바탕으로 〈보기〉를 이해한 내용으로 적절하지 <u>않은</u> 것은?

[3점]

┌─ 보기 ─────────────────────────────
(가) 중세 국어	(나) 현대 국어
• 부텻 德을 놀애 지서	부처의 덕(德)을 노래로 지어
• 人生 즐거본 뜨디	인생(人生) 즐거운 뜻이
• 一方이 변ㅎ야	일방(一方)이 변하여
└────────────────────────────────

① (가)의 '지서'는 '짓다'의 어간이 모음으로 시작하는 어미 앞에서 '짓-'으로 교체되는 현상을 보여 주는군.

② (가)의 '즐거본'은 '즐겁다'의 어간이 모음으로 시작하는 어미 앞에서 '즐겇-'으로 교체되는 현상을 보여 주는군.

③ (가)의 '지서'가 (나)에서 '지어'로 나타나는 것은 'ㅿ'이 소실된 결과이군.

④ (가)의 '즐거본'이 (나)에서 '즐거운'으로 나타나는 것은 'ㅸ'이 탈락한 결과이군.

⑤ (가)의 '변ㅎ야'와 (나)의 '변하여'는 모두 활용을 할 때 어미의 기본 형태가 달라진 것이군.

[13~14] 다음 글을 읽고 물음에 답하시오.

> (1) 영수는 서울에서/서울에 산다.
>
> (2) 민수는 방에서/ *방에 공부하고 있다.
>
> (3) 학교에서 체육 대회를 열었다.
>
> (1)에서는 '에'와 '에서'를 다 쓸 수 있는데, 왜 (2)에서는 '에서'를 쓰고 '에'는 쓸 수 없을까? 또 왜 (3)에서는 '에서'를 주격 조사로 쓸 수 있을까?
>
> '에'와 '에서'는 모두 '장소'를 의미하는 말에 붙지만, (1)에서 '서울'은 '에'가 붙어 위치를 나타내는 [지점]의 의미가 되고, '에서'가 붙어 행위를 하거나 일이 발생하는 [공간]의 의미가 된다. 즉, 똑같은 장소라도 지점으로 인식되면 '에'를 쓰고, 공간으로 인식되면 '에서'를 쓴다. (2)에서 '방에'를 쓸 수 없는 이유는 '공부'라는 행위를 하는 장소인 '방'은 지점이 아니라 공간의 의미를 가져야 하기 때문이다. 이렇듯 '에'와 '에서'의 쓰임이 구분되는 것은 '에서'의 중세 국어 형태인 '에셔'의 형성 과정에 기인한다.
>
> 중세 국어에서는 부사격 조사 '애/에/예, 이/의'와 '이시다(현대 국어 '있다')'의 활용형인 '이셔'가 결합된 말들이 줄어서 '애셔/에셔/예셔, 이셔/의셔'가 되었다. 그런데 이들은 본래 '이시다'를 포함하므로, 그 의미상 어떤 공간 속에 있음을 전제한다. 따라서 '애셔/에셔/예셔, 이셔/의셔' 앞의 명사는 공간으로 인식되었다. 그런데 이렇게 새로운 형태가 만들어졌지만 중세 국어에서는 현대 국어와 달리 이 새로운 형태가 쓰일 자리에 '애/에/예, 이/의'가 쓰이는 경우가 많았다. 이는 '애/에/예, 이/의'가 현대 국어의 '에'와 '에서'의 쓰임을 모두 지니고 있었음을 의미한다.
>
> 한편, '애셔/에셔/예셔, 이셔/의셔' 앞의 명사가 어떤 구성원으로 이루어진 공간이나 집단을 나타내면, 그 공간이나 집단 속에 있는 구성원의 행위를 그 공간이나 집단의 행위로 표현하는 것이 가능해진다. 그에 따라 중세 국어에서 '애셔/에셔/예셔, 이셔/의셔'가 주격 조사로도 쓰인 경우가 있다. 이들은 현대 국어의 '에서'로 이어지는데 (3)과 같은 예에서 그러한 쓰임을 확인할 수 있다.
>
> 현대 국어의 '에서'가 주격 조사로 쓰일 때에는 '에서' 앞에 공간이나 집단을 나타내는 명사가 오고 유정 명사는 올 수 없다. 부사격 조사 '에'에 '서'가 붙은 '에서'가 주격 조사로 쓰인 것처럼 부사격 조사 '께'에 '서'가 붙은 '께서'도 주격 조사로 쓰인다. '께서'의 중세 국어 형태인 부사격 조사 '끠셔' 역시 '끠'와 '셔'가 결합하여 형성되었는데, 근대 국어를 거치면서 주격 조사로 변화하여 현대 국어의 '께서'로 이어졌다. 중세 국어의 '에셔', 현대 국어의 '에서'와 달리 중세 국어의 '끠셔', 현대 국어의 '께서'는 높임의 유정 명사 뒤에 나타난다.

13

윗글의 내용과 일치하는 것은?

① 중세 국어에서 '에' 앞의 명사는 공간의 의미를 나타낼 수 있었다.

② 현대 국어에서 '에' 앞에 붙을 수 있는 명사는 '에서' 앞에 붙을 수 없다.

③ 중세 국어의 '애/에/예'는 '이/의'와 달리 주격 조사로 쓰일 수 있었다.

④ 현대 국어 '에서'의 중세 국어 형태인 '에셔'에서 '셔'는 지점의 의미를 나타냈다.

⑤ 중세 국어 '에셔'가 주격 조사로 쓰일 수 있었던 이유는 '에셔' 앞에 유정 명사가 오기 때문이다.

14

윗글을 바탕으로 〈보기〉를 이해한 내용으로 적절하지 않은 것은?

> **보기**
>
> **현대 국어의 예**
> ㉠ 그 지역에서 공룡 화석이 발견되었다.
> ㉡ 정부에서 홍수 대책안을 발표하였다.
> ㉢ 할머니께서 저녁 늦게 식사를 하셨다.
>
> **중세 국어의 예**
> ㉣ 一物이라도 그위예셔 다 아ᅀᅩ몰 슬노라
>   (물건 하나라도 관청에서 다 빼앗음을 슬퍼하노라.)
> ㉤ 부텨끠셔 十二部經이 나시고
>   (부처님으로부터 12부의 경전이 나오고)

① ㉠: 공간을 의미하는 '그 지역'에 주격 조사 '에서'가 붙었군.

② ㉡: 집단을 의미하는 '정부'에 주격 조사 '에서'가 붙었군.

③ ㉢: 높임의 유정 명사인 '할머니'에 주격 조사 '께서'가 붙었군.

④ ㉣: '그위예셔'는 '그위'에 주격 조사 '예셔'가 붙었군.

⑤ ㉤: 높임의 유정 명사인 '부텨'에 부사격 조사 '끠셔'가 붙었군.

| 2019 고3 6월 모평 11~12번 |

[15~16] 다음 글을 읽고 물음에 답하시오.

현대 국어에서 '-(으)ㅁ'이나 '-이'가 결합된 단어들 중에 형태는 같으나 품사가 다른 경우가 있다. 예를 들어 명사 '걸음'과 동사의 명사형 '걸음', 명사 '높이'와 부사 '높이'가 그러하다. 이는 용언에 결합하는 명사 파생 접미사 '-(으)ㅁ'과 명사형 전성 어미 '-(으)ㅁ'의 형태가 같고, '높다' 등의 일부 형용사에 결합하는 명사 파생 접미사 '-이'와 부사 파생 접미사 '-이'의 형태가 같기 때문이다.

[A] ┌ 이들의 품사를 구별하기 위해서는 각 단어의 다음과 같은 문법적 특징을 고려해야 한다. 명사는 서술격 조사가 결합하는 경우를 제외하고는 서술어로 쓰일 수 없고, 관형어의 수식을 받는다. 반면 ㉠동사나 형용사는 명사형이라 하더라도 문장이나 절에서 서술어로 쓰이고, 부사어의 수식을 받는다. 그리고 부사는 격 조사와 결합할 수 없고 다른 부사어나 서술어 등을 수식한다.

한편 이들 '-(으)ㅁ'과 '-이'가 중세 국어에서는 그 쓰임에 따라 형태가 다르기 때문에 일반적으로 그 형태만으로 품사를 구별할 수 있다. 현대 국어의 두 가지 '-(으)ㅁ'은 중세 국어의 명사 파생 접미사 '-(ᄋ/으)ㅁ'과 명사형 전성 어미 '-옴/움'에 각각 대응한다. 이러한 구별은 '흔 거름 나소 거룸(한 걸음 나아가도록 걸음)'에서 확인된다. '걷-'과 달리, 마지막 음절의 모음이 양성 모음인 어근이나 용언 어간에는 모음 조화에 따라 '-(ᄋ)ㅁ'과 '-옴'이 각각 결합한다.

앞서 말한 현대 국어의 두 가지 '-이' 역시 중세 국어의 명사 파생 접미사 '-ᄋᆡ/의'와 부사 파생 접미사 '-이'에 각각 대응한다. 이러한 구별은 '나못 노ᄑᆡ(나무의 높이)'와 '노피 ᄂᆞᆫ 져비(높이 나는 제비)'에서 확인된다. '높-'과 달리, 마지막 음절의 모음이 음성 모음인 어근에는 모음 조화에 따라 명사 파생 접미사 '-의'가 결합한다. 그런데 부사 파생 접미사는 '-이' 하나여서 모음 조화에 상관없이 '-이'가 결합한다.

15

윗글을 바탕으로 추론한 내용 중 적절하지 <u>않은</u> 것은?

① '됴ᄒᆞᆫ 여름 여루미(좋은 열매 열림이)'에서 '여름'과 '여룸'의 형태를 보니, 이 둘의 품사가 다르겠군.

② '거름'과 '거룸'의 형태를 보니, '거름'은 파생 명사이고 '거룸'은 동사의 명사형이겠군.

③ '거룸'과 '노ᄑᆡ'의 모음 조화 양상을 보니, 중세 국어 '높-'에는 '-움'이 아니고 '-옴'이 결합하겠군.

④ '노ᄑᆡ'와 '노피'의 형태를 보니, '노피'는 파생 부사이고 '노ᄑᆡ'는 파생 명사이겠군.

⑤ 중세 국어의 형용사 '곧다', '굳다'가 부사 파생 접미사 '-이'와 결합할 때, 그 형태가 모음 조화에 따라 달라지지 않겠군.

16

[A]를 참고할 때, 밑줄 친 부분이 ㉠에 해당하는 예로만 묶인 것은?

① ┌ 많이 <u>앎</u>이 항상 미덕인 것은 아니다.
　 └ 그의 목소리는 격한 <u>슬픔</u>으로 떨렸다.

② ┌ 멸치 <u>볶음</u>은 맛도 좋고 건강에도 좋다.
　 └ 오빠는 몹시 <u>기쁨</u>에도 내색을 안 했다.

③ ┌ 요즘은 상품을 큰 <u>묶음</u>으로 파는 가게가 많다.
　 └ 무용수들이 군무를 <u>춤</u>과 동시에 조명이 켜졌다.

④ ┌ 어려운 이웃을 <u>도움</u>으로써 보람을 찾는 이도 있다.
　 └ 나는 그를 온전히 <u>믿음</u>에도 그 일은 맡기고 싶지 않다.

⑤ ┌ 아이가 <u>울음</u> 섞인 목소리로 빨리 오라고 소리쳤다.
　 └ 수술 뒤 친구가 밝게 <u>웃음</u>을 보니 나도 마음이 놓였다.

[17~18] 다음은 용언의 활용에 관한 탐구 활동과 자료이다. 〈대화 1〉과 〈대화 2〉는 학생의 탐구 활동이고, 〈자료〉는 학생들이 수집한 학술 자료이다. 물음에 답하시오.

〈대화 1〉

A: '(길이) 좁다'와 '(이웃을) 돕다'는 어간의 끝이 'ㅂ'으로 같잖아? 그런데 '좁다'는 '좁고', '좁아'로 활용하고 '돕다'는 '돕고', '도와'로 활용하여, 모음으로 시작하는 어미 앞에서의 활용형이 달라.

B: 그리고 보니 '(신을) 벗다'와 '(노를) 젓다'도 어간의 끝이 'ㅅ'으로 같은데, '벗다'는 '벗어'로 활용하고 '젓다'는 '저어'로 활용해서, 모음으로 시작하는 어미 앞에서의 활용형이 달라.

A: 그렇구나. 어간의 끝이 같은데도 왜 이렇게 다르게 활용하는 걸까? 우리 한번 같이 자료를 찾아보고 답을 알아볼래?

〈자료〉

현대 국어 '좁다'와 '돕다'의 15세기 중엽의 국어에서의 활용형을 보면, '좁다'는 '좁고', '조바'처럼 자음과 모음으로 시작하는 어미 앞 모두에서 어간이 '좁-'으로 나타난다. 그러나 '돕다'는 자음으로 시작하는 어미 앞에서는 '돕고'처럼 어간이 '돕-'으로, 모음으로 시작하는 어미 앞에서는 '도ᄫᅡ'처럼 어간이 '돌-'으로 나타난다. 다음으로 현대 국어 '벗다'와 '젓다'의 15세기 중엽의 국어에서의 활용형을 보면, '벗다'는 '벗고', '버서'처럼 자음과 모음으로 시작하는 어미 앞 모두에서 어간이 '벗-'으로 나타난다. 그러나 '젓다'는 자음으로 시작하는 어미 앞에서는 '젓고'처럼 어간이 '젓-'으로, 모음으로 시작하는 어미 앞에서는 '저ᅀᅥ'처럼 어간이 '젓-'으로 나타난다. 당시 국어의 음절 끝에는 'ㄱ, ㄴ, ㄷ, ㄹ, ㅁ, ㅂ, ㅅ, ㅇ'의 8개의 소리가 올 수 있었기에 '돕고'의 'ㅂ'과 '젓고'의 'ㅅ'은 각각 'ᄫ'이 'ㅂ'으로 교체되고 'ᅀ'이 'ㅅ'으로 교체된 것을 표기한 것이다. 그리고 '도ᄫᅡ'와 '저ᅀᅥ'는 'ᄫ'과 'ᅀ'이 뒤 음절의 첫소리로 연음된 것을 표기한 것이다.

그런데 'ᄫ', 'ᅀ'은 15세기와 16세기를 지나면서 소실되었다. 먼저 'ᄫ'은 15세기 중엽을 넘어서면서 '도ᄫᅡ 〉 도와', '더ᄫᅥ 〉 더워'에서와 같이 'ㅏ' 또는 'ㅓ' 앞에서는 반모음 'ㅗ/ㅜ[w]'로 바뀌었고, '도ᄫᆞ시니 〉 도오시니', '셔ᄫᅳᆯ 〉 셔울'에서와 같이 'ᆞ' 또는 'ㅡ'가 이어진 경우에는 모음과 결합하여 'ㅗ' 또는 'ㅜ'로 바뀌었으나, 음절 끝에서는 이전과 다름없이 'ㅂ'으로 나타났다. 다음으로 'ᅀ'은 16세기 중엽에 '아ᅀᆞ 〉 아ᄋᆞ', '저ᅀᅥ 〉 저어'에서와 같이 사라졌으며, 음절 끝에서는 이전과 다름없이 'ㅅ'으로 나타났다. 이런 변화를 겪은 말 중에 '셔울', '도오시니', '아ᄋᆞ'는 18~19세기를 거쳐 '서울', '도우시니', '아우'로 바뀌어 오늘날에 이르렀다.

〈대화 2〉

A: 자료를 보니 'ᄫ', 'ᅀ'이 사라지면서 '도ᄫᅡ'가 '도와'로, '저ᅀᅥ'가 '저어'로 활용형이 바뀌었네.

B: 그럼 '(고기를) 굽다'가 '구워'로 활용하고, '(밥을) 짓다'가 '지어'로 활용하는 것도 같은 거겠네!

A: 맞아. 그래서 현대 국어에서는 '굽다'하고 '짓다'가 불규칙 활용을 하게 된 거야.

17

위 탐구 활동과 자료에 대한 이해로 적절하지 <u>않은</u> 것은?

① 현대 국어의 '도와', '저어'와 같은 활용형은 어간의 형태가 달라지는 불규칙 활용에 해당하는군.

② 15세기 국어의 '도ᄫᅡ'가 현대 국어에서 '도와'로 나타나는 것은 'ᄫ'이 어간 끝에서 'ㅂ'으로 바뀐 결과이군.

③ 15세기 국어의 '저ᅀᅥ'가 현대 국어에서 '저어'로 나타나는 것은 'ᅀ'의 소실로 어간의 끝 'ᅀ'이 없어진 결과이군.

④ 15세기 국어의 '돕고'와 현대 국어의 '돕고'는, 자음으로 시작하는 어미 앞에서 어간의 모양이 달라지지 않았군.

⑤ 15세기 국어의 '젓고'와 현대 국어의 '젓고'는, 자음으로 시작하는 어미 앞에서 어간의 모양이 달라지지 않았군.

18

위 탐구 활동과 자료에 따라, 현대 국어 용언들의 15세기 중엽 이전과 17세기 초엽에서의 활용형을 바르게 추정한 것은?

		15세기 중엽 이전			17세기 초엽		
		-게	-아/ -어	-은/ -은	-게	-아/ -어	-은/ -은
①	(마음이) 곱다	곱게	고바	고븐	곱게	고와	고온
②	(선을) 긋다	긋게	그어	그은	긋게	그서	그슨
③	(자리에) 눕다	눕게	누버	누븐	눕게	누워	누은
④	(머리를) 빗다	빗게	비서	비슨	빗게	비서	비슨
⑤	(손을) 잡다	잡게	자바	자븐	잡게	자바	자븐

19

〈학습 활동〉의 (가)에 들어갈 내용으로 적절한 것은?

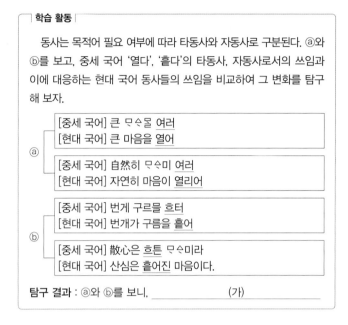

┌ 학습 활동 ┐

 동사는 목적어 필요 여부에 따라 타동사와 자동사로 구분된다. ⓐ와 ⓑ를 보고, 중세 국어 '열다', '흩다'의 타동사, 자동사로서의 쓰임과 이에 대응하는 현대 국어 동사들의 쓰임을 비교하여 그 변화를 탐구해 보자.

ⓐ
[중세 국어] 큰 ᄆᆞᅀᆞᆯ 여러
[현대 국어] 큰 마음을 열어

[중세 국어] 自然히 ᄆᆞᅀᆞ미 여러
[현대 국어] 자연히 마음이 열리어

ⓑ
[중세 국어] 번게 구르믈 흐터
[현대 국어] 번개가 구름을 흩어

[중세 국어] 散心은 흐튼 ᄆᆞᅀᆞ미라
[현대 국어] 산심은 흩어진 마음이다.

탐구 결과 : ⓐ와 ⓑ를 보니, _____ (가)

① 중세 국어 '열다', '흩다'는 타동사로만 쓰였고, 현대 국어 '열다', '흩다'도 타동사로만 쓰인다.

② 중세 국어 '열다', '흩다'는 자동사로만 쓰였고, 현대 국어 '열다', '흩다'도 자동사로만 쓰인다.

③ 중세 국어 '열다', '흩다'는 타동사 및 자동사로 쓰였고, 현대 국어 '열다', '흩다'는 타동사로만 쓰인다.

④ 중세 국어 '열다', '흩다'는 타동사 및 자동사로 쓰였고, 현대 국어 '열다', '흩다'는 자동사로만 쓰인다.

⑤ 중세 국어 '열다', '흩다'는 타동사 및 자동사로 쓰였고, 현대 국어 '열다', '흩다'도 타동사 및 자동사로 쓰인다.

20

〈학습 활동〉을 수행한 결과로 적절한 것은?

┌─ 학습 활동 ┐

　품사는 다양한 방식을 통해 문장 성분으로 실현된다. 품사가 어떻게 문장 성분으로 실현되는지 다음 밑줄 친 부분을 중심으로 알아보자.

ⓐ 빵은 동생이 간식으로 제일 좋아한다.
ⓑ 형은 아주 옛 물건만 항상 찾곤 했다.
ⓒ 나중에 어른 돼서 우리 다시 만나자.
ⓓ 친구가 내게 준 선물은 장미였다.
ⓔ 다람쥐 세 마리가 나무를 오른다.

① ⓐ: 명사가 격 조사와 결합해 목적어로 쓰였다.
② ⓑ: 부사가 관형사를 수식하는 부사어로 쓰였다.
③ ⓒ: 명사가 조사와 결합 없이 주어로 쓰였다.
④ ⓓ: 명사가 어미와 직접 결합해 서술어로 쓰였다.
⑤ ⓔ: 수사가 명사를 수식하는 관형어로 쓰였다.

21

〈보기 1〉은 중세 국어를 학습하기 위한 자료이고, 〈보기 2〉는 현대 국어사전의 일부이다. 〈보기 2〉를 참고하여 ㉠~㉤을 탐구한 내용으로 적절하지 않은 것은?

┌─ 보기 1 ┐

[중세 국어]　보살(菩薩)이 ㉠어느 나라해 ᄂ리시게 ᄒ려뇨
[현대 국어]　보살이 어느 나라에 내리시도록 하려는가?

[중세 국어]　㉡어늬 구더 병불쇄(兵不碎)ᄒ리잇고
[현대 국어]　어느 것이 굳어 군대가 부수어지지 않겠습니까?

[중세 국어]　져믄 아ᄒᆡ ㉢어느 듣ᄌᆞ보리잇고
[현대 국어]　어린 아이가 어찌 듣겠습니까?

[중세 국어]　미혹(迷惑) ㉣어느 플리
[현대 국어]　미혹한 마음을 어찌 풀겠는가?

[중세 국어]　이 두 말ᄋᆞᆯ ㉤어늘 종(從)ᄒ시려뇨
[현대 국어]　이 두 말을 어느 것을 따르시겠습니까?

┌─ 보기 2 ┐

어느 01 「관형사」
　둘 이상의 것 가운데 대상이 되는 것이 무엇인지 물을 때 쓰는 말.

어느 02 「대명사」『옛말』
　어느 것.

어느 03 「부사」『옛말』
　'어찌'의 옛말.

① 체언을 수식하는 역할을 하는 것으로 보아 ㉠은 〈보기 2〉의 '어느 01'과 품사가 같다고 할 수 있겠군.
② ㉡은 〈보기 2〉의 '어느 02'에 주어의 자격을 부여하는 조사가 결합한 것이라고 할 수 있겠군.
③ ㉢은 〈보기 2〉의 '어느 03'으로 쓰여 뒤에 오는 용언을 수식한다고 할 수 있겠군.
④ 〈보기 2〉의 '어느 01'과 '어느 03'을 참고해 보니 ㉣과 '어느 01'은 품사가 서로 다르다고 할 수 있겠군.
⑤ ㉤에 사용된 '어느'는 둘 이상의 것 가운데 대상이 되는 것이 무엇인지 물을 때 쓰는 말인 〈보기 2〉의 '어느 01'에 해당한다고 볼 수 있겠군.

| 2019 고1 3월 학평 12~13번 |

[22~23] 다음 글을 읽고 물음에 답하시오.

〈대화 1〉

'새 옷'의 '새'를 뭐라고 부르나요?

관형사요!

관형어요!

누가 맞는지, 〈자료〉를 통해 알아볼까요?

〈자료〉

　관형어는 문장을 구성하는 성분 중 하나로, 품사 가운데 명사나 대명사와 같은 체언 앞에서 그 뜻을 꾸며 주는 기능을 한다. 예를 들어 '모든 책'의 '모든'은 뒤에 오는 명사 '책'에 '빠짐이나 남김이 없이 전부의.'라는 의미를 더해 주는 관형어이다.

　다음 문장들의 밑줄 친 부분은 모두 관형어이다.

　ㄱ. 선생님의 목소리가 들린다.
　ㄴ. 마실 물이 있다.
　　맑은 물이 있다.
　ㄷ. 온갖 꽃이 활짝 피어 있다.

　ㄱ은 체언에 관형격 조사 '의'가 결합하여 관형어가 된 경우이다. '선생님의'는 명사 '선생님'에 관형격 조사 '의'가 결합하여 '목소리'를 꾸며 주고 있다. 이 경우 '선생님 목소리'와 같이 관형격 조사 없이 명사만으로도 관형어가 될 수 있다. 하지만 관형격 조사 '의'를 반드시 써야 하는 경우가 있고, '의'가 생략되면 의미가 달라지는 경우도 있다.

　ㄴ은 동사나 형용사와 같은 용언의 어간에 관형사형 어미 '-(으)ㄴ', '-(으)ㄹ' 등이 결합하여 관형어가 된 경우이다. '마실'은 동사의 어간 '마시-'에 관형사형 어미 '-ㄹ'이 결합하여 '물'을 꾸며 주고 있고, '맑은'은 형용사의 어간 '맑-'에 관형사형 어미 '-은'이 결합하여 '물'을 꾸며 주고 있다.

　ㄷ은 관형사가 관형어가 된 경우이다. 관형사는 체언 앞에서 체언의 뜻을 꾸며 주는 품사이다. 관형사 '온갖'은 명사 '꽃'을 꾸며 주며 '이런저런 여러 가지의.'라는 의미를 더해 주고 있다. 관형사는 체언과 달리 조사와 결합할 수 없으며, 용언과 달리 활용이 불가능하다는 특성이 있다.

〈대화 2〉

둘 다 맞았네요!

그럼 둘은 어떤 차이가 있죠?

'관형사는 [A]를.

'관형어'는 [B]를 기준으로 말한 거예요!

22

[A], [B]에 들어갈 말을 바르게 짝지은 것은?

	[A]	[B]
①	품사가 무엇인가	의미가 무엇인가
②	품사가 무엇인가	문장 성분이 무엇인가
③	문장 성분이 무엇인가	문장의 종류가 무엇인가
④	문장의 종류가 무엇인가	의미가 무엇인가
⑤	문장의 종류가 무엇인가	문장 성분이 무엇인가

23

윗글을 참고하여 〈보기〉를 이해한 것으로 적절하지 <u>않은</u> 것은?

보기

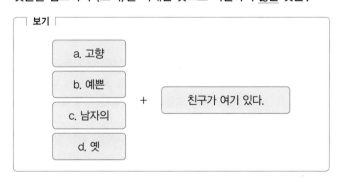

a. 고향
b. 예쁜
c. 남자의
d. 옛

+ 친구가 여기 있다.

① a~d는 모두 체언 '친구'를 꾸며 주는 역할을 한다.
② a는 조사가 없이 체언만으로 관형어가 된 경우이다.
③ b는 용언의 어간 '예쁘-'에 관형사형 어미 '-ㄴ'이 결합된 것이다.
④ c에서 관형격 조사 '의'가 생략되어도 문장의 원래 의미가 달라지지 않는다.
⑤ d는 조사가 결합할 수 없으며 활용이 불가능하다.

[24~25] 다음은 형태소 및 단어에 관한 교과서 내용과 학습 활동이다. 물음에 답하시오.

(가) 교과서 내용

　의미를 가지고 있는 가장 작은 말의 단위를 '형태소'라고 한다. 형태소는 자립성을 기준으로 명사처럼 문장에서 홀로 사용될 수 있는 '자립 형태소'와 용언의 어간이나 어미, 조사처럼 다른 형태소와 결합해야만 사용될 수 있는 '의존 형태소'로 나눌 수 있다. 그리고 의미를 기준으로 분류하면, 체언이나 용언의 어간처럼 실질적인 의미를 가진 '실질 형태소'와 조사, 어미, 접사처럼 문법적 의미를 가진 '형식 형태소'로 나눌 수 있다.

[A] ⎡ 　형태소가 의미를 가진 말의 최소 단위라면, '단어'는 의미를 가진 최소의 자립 형식이다. 그런데 '조사'는 자립성이 없는 형태소임에도 불구하고 홀로 쓰일 수 있는 말에 붙어 쉽게 분리되는 특성이 있기 때문에 단어로 인정하고 있다. 그리고 의존 명사도 자립성은 없지만 명사와 마찬가지로 꾸미는 말의 꾸밈을 받을 수 있고, 꾸미는 말과 늘 띄어 쓰며 조사가 붙어 문장 안에서 주어, 목적어 등으로 쓰이기 때문에 단어로 인정하고 있다. ⎣

(나) 학습 활동

　〈자료〉는 '용비어천가'의 일부입니다. 아래의 '옛말사전'을 활용하여 〈자료〉의 형태소와 단어에 대해 탐구해 봅시다.

> 〈자료〉
> • 불휘 기픈 남ᄀᆞᆫ ᄇᆞᄅᆞᆷ애 아니 뮐ᄊᆡ
> 　(현대어 풀이) 뿌리가 깊은 **나무는 바람에** 아니 **움직이므로**
> • 시미 기픈 므른 ᄀᆞᄆᆞ래 아니 그츨ᄊᆡ
> 　(현대어 풀이) 샘이 깊은 **물은 가뭄에** 아니 **끊어지므로**

[옛말사전]

나모	명사	'나무'의 옛말. 휴지(休止) 앞에서나 자음으로 시작하는 조사와 공동격 조사 '와' 앞에서 나타나며, 그밖에 모음으로 시작하는 조사 앞에서는 '낢'으로 나타난다.
은	조사	(끝음절의 모음이 'ㆍ, ㅏ, ㅗ'이고 받침 있는 체언류 뒤에 붙어) 은.
ᄇᆞᄅᆞᆷ	명사	'바람'의 옛말.
애	조사	(일부 체언류 뒤에 붙어) 에.
뮈다	동사	'움직이다'의 옛말.
―ㄹᄊᆡ	어미	(동사, 형용사 어간이나 어미 뒤에 붙어) ―기에. ―므로.
믈	명사	'물'의 옛말.
ᄀᆞᄆᆞᆯ	명사	'가물(=가뭄)'의 옛말.
긏다	동사	'끊어지다'의 옛말.

24

[A]를 바탕으로 〈보기〉의 ㉠~㉤에 대해 탐구한 내용으로 가장 적절한 것은?

> 보기
> • 그는 너보다 열심히 공부했다.
> 　　　　㉠
> • 나는 꽃을 받고 어찌할 바를 몰랐다.
> 　　　　　㉡　　　　　㉢
> • 네가 질문하고 싶은 것이 무엇이니?
> 　　　　　　　　㉣
> • 교실 안은 숨소리가 들릴 만큼 조용하다.
> 　　　　　　　　　　㉤

① ㉠과 ㉢은 꾸미는 말의 꾸밈을 받을 수 있는 특징이 있다.
② ㉠과 ㉣은 자립하여 쓰일 수 없으므로 단어로 인정되지 않는다.
③ ㉡과 ㉣은 조사가 붙어 문장 안에서 주어, 목적어 등으로 사용된다.
④ ㉡과 ㉤은 문장에서 홀로 사용될 수 있기 때문에 단어로 인정된다.
⑤ ㉢과 ㉤은 홀로 쓰일 수 있는 말에 붙어 쉽게 분리되는 특징이 있다.

25

(가)를 바탕으로 (나)의 학습 활동을 수행한 것으로 적절하지 않은 것은? [3점]

① '남ᄀᆞᆫ'은 실질 형태소 '나모'가 형식 형태소 '은' 앞에서 '낢'으로 나타난 것이겠군.
② 'ᄇᆞᄅᆞᆷ애'와 'ᄀᆞᄆᆞ래'는 각각 두 개의 형태소로 이루어진 말이겠군.
③ '뮐ᄊᆡ'는 의존 형태소 '뮈―'와 의존 형태소 '―ㄹᄊᆡ'로 이루어진 말이겠군.
④ '므른'의 '믈'은 의미를 가진 말의 최소 단위이면서 동시에 최소의 자립 형식이기도 하겠군.
⑤ '그츨ᄊᆡ'는 형식 형태소 '긏―'에 형식 형태소 '―ㄹᄊᆡ'가 결합한 단어이겠군.

| 2019 고3 4월 학평 11~12번 |

[26~27] 다음 글을 읽고 물음에 답하시오.

하나의 형태소가 환경에 따라 다르게 나타나기도 하는데, 그 모습들을 이형태라고 한다. 이형태가 성립하기 위해서는 하나의 형태소가 다른 모습으로 나타나더라도 그 의미가 서로 동일해야 한다. '이'와 '가'는 주어의 자격을 나타내는 조사로 그 의미가 서로 동일하다. 하지만 의미의 동일성만으로는 이형태를 구분하기 힘든 경우가 있다. 이럴 때는 각각의 형태가 상보적 분포를 보이는지 확인하면 이형태인지를 알 수 있다. 주격 조사 '이'는 자음 뒤에만 나타나고 주격 조사 '가'는 모음 뒤에만 나타나므로, 이 두 형태가 나타나는 음운 환경은 서로 겹치지 않는다. 따라서 '이'와 '가'는 상보적 분포를 보이고, 의미가 동일하기 때문에 이형태 관계에 있다. 이형태는 음운 환경에 따라 다른 모습으로 나타나는 경우가 많은데 이를 음운론적 이형태라고 한다. '막았다'의 '-았-'과 '먹었다'의 '-었-'은 앞말 모음의 성질이 양성인지 음성인지에 따라 형태가 결정되므로 음운론적 이형태이다. 이와 달리 음운론적으로 설명할 수 없는 예외적인 환경에서 나타나는 이형태를 형태론적 이형태라고 한다. '하였다'의 '-였-'은 '하-'라는 특정 형태소와 어울려서 음운론적으로 설명할 수 없는 경우이므로, '-였-'은 '-았- / -었-'과 형태론적 이형태의 관계에 있다.

이형태는 중세 국어에서도 나타났는데 현대 국어와 차이점을 보이기도 했다. 현대 국어에서 부사격 조사 '에'는 이형태가 존재하지 않는다. 하지만 중세 국어에서는 앞말 모음의 성질에 따라 이형태가 존재했다. 앞말의 모음이 양성 모음일 때는 '애'가, 음성 모음일 때는 '에'가, 단모음 '이' 또는 반모음 'ㅣ'일 때는 '예'가 사용되었다.

26

윗글을 바탕으로 〈보기〉의 자료를 탐구한 내용으로 적절하지 **않은** 것은? [3점]

┌ 보기 ┐
- 이 사과는 민수한테 주는 선물이다.
  　　　ㄱ　　　ㄴ
- 네 일은 네가 알아서 하여라.
  　　　ㄷ　　　　ㄹ
- 영수야 내 손을 꼭 잡아라.
  　ㅁ　　　　　　ㅂ
- 영숙아 민수에게 책을 주어라.
  　ㅅ　　ㅇ　　　　ㅈ

① ㄱ은 모음 뒤에만 나타나고 ㄷ은 자음 뒤에만 나타나기 때문에 서로가 나타나는 음운 환경이 겹치지 않겠군.
② ㄴ과 ㅇ은 상보적 분포를 보이지 않으므로 이형태의 관계가 아니라고 할 수 있겠군.
③ ㄹ은 ㅂ, ㅈ과 비교했을 때, 특정 형태소와 어울려서 음운론적으로 설명할 수 없는 이형태라고 볼 수 있겠군.
④ ㅁ과 ㅅ은 손아랫사람을 부를 때 쓰는 호격 조사로 형태론적 이형태의 관계이겠군.
⑤ ㅂ과 ㅈ은 앞말 모음의 성질에 따라 형태가 결정되겠군.

27

윗글을 참고할 때, 〈보기〉의 ⓐ~ⓓ에 들어갈 말로 적절한 것은?

┌ 보기 ┐
- **탐구 자료**
  [중세 국어] 狄人(적인)ㅅ 서리(ⓐ) 가샤
  [현대 국어] 오랑캐들의 사이에 가시어

  [중세 국어] 世尊(세존)이 象頭山(상두산)(ⓑ) 가샤
  [현대 국어] 세존께서 상두산에 가시어

  [중세 국어] 九泉(구천)(ⓒ) 가려 하시니
  [현대 국어] 저승에 가려 하시니

- **탐구 내용**
  ⓐ~ⓒ는 부사격 조사로, 앞말 모음의 성질에 따라 상보적 분포를 보인다. 따라서 ⓐ~ⓒ는 (ⓓ) 이형태의 관계라고 할 수 있다.

	ⓐ	ⓑ	ⓒ	ⓓ
①	예	애	에	음운론적
②	예	에	애	형태론적
③	애	에	예	음운론적
④	애	예	에	형태론적
⑤	에	애	예	음운론적

[28~29] 다음 글을 읽고 물음에 답하시오.

여러 형태소로 이루어진 단어나 여러 단어들로 이루어진 문장은 그 구조를 명확히 파악하기 어렵다. 가령, '민물고기'가 합성어인지 파생어인지를 판별하기 어렵고 "언니가 찾던 책이 여기 있구나."와 같은 문장에서 주어가 무엇인지를 파악하기 쉽지 않다. 이처럼 복잡한 단어나 문장의 구조를 명확히 파악하기 위한 효과적인 방법으로 직접 구성 요소 분석이 있다.

직접 구성 요소란 어떤 말을 직접 이루고 있는 두 부분으로 나누었을 때 나오는 두 요소이다. 위의 '민물고기'에서는 '민물'과 '고기'가 직접 구성 요소가 된다. 이 분석은 '민물'에 대해서도 더 적용할 수 있다. 이렇게 직접 구성 요소를 분석해 보면 한 단어에 합성과 파생 과정이 모두 있는 '민물고기'는 파생어가 아닌 합성어임을 알 수 있다.

직접 구성 요소 분석 시에는 특히 두 가지를 고려해야 한다. 첫째, 직접 구성 요소로 분석되는 말이 실제로 존재하는가 하는 점이다. 가령, '살얼음'은 '살-'과 '얼음'으로 분석해야 하는데, 만약 '살얼-'과 '-음'으로 분석하면 '살얼다'가 존재하지 않으므로 잘못된 분석이 된다. 둘째, 직접 구성 요소들과 그 전체 구성의 의미가 서로 통하는가 하는 점이다. '벽돌집'을 직접 구성 요소로 나누면 '벽돌'과 '집'이 분석된다. 이를 '벽'과 '돌집'으로 나누면 '벽돌로 만든 집'이라는 의미를 갖지 못한다.

긴 문장도 직접 구성 요소 분석을 통해 그 구조를 알 수 있다. 일반적으로 문장에는 주어와 서술어가 나타나므로, 문장의 직접 구성 요소는 주어와 서술어가 된다. 그런데 서술어는 홀로 나오기도 하지만 주어 이외의 필수 성분과 결합하여 나오는 경우도 있다. 따라서 "내 동생은 엄마의 칭찬을 많이 받았다."는 첫 분석 층위에서 주어 '내 동생은'과 '엄마의 칭찬을 많이 받았다'로 그 직접 구성 요소가 분석된다. 또 '엄마의 칭찬을 많이 받았다'는 한 층위 아래에서 '엄마의 칭찬을'과 '많이 받았다'로 나뉜다. 또한 '내 동생'의 직접 구성 요소는 '내'와 '동생'인데, 이처럼 꾸미는 말과 꾸밈을 받는 말이 인접하면 그 두 요소는 바로 위 층위의 말을 이루는 직접 구성 요소가 된다. 이렇게 직접 구성 요소를 분석해 보면 "언니가 찾던 책이 여기 있구나."에서 '언니가'는 관형사절 속에 포함된 주어일 뿐이며 문장 전체의 주어, 즉 가장 위 층위에 있는 직접 구성 요소는 '언니가 찾던 책이'임을 알 수 있다.

28

〈보기〉는 윗글을 바탕으로 진행된 학습 활동이다. ⓐ~ⓔ에 대한 이해로 적절한 것은?

┌ 보기 ┐

학생: '민물고기'에 있는 접두사 '민-'은 '민물고기'의 직접 구성 요소가 아니라, '민물'을 직접 구성 요소로 분석할 때 나오는 것이군요. 이제 왜 '민물고기'가 파생어가 아니라 합성어인지 알겠어요.

선생님: 직접 구성 요소 분석에 대해 잘 이해했구나. 그럼 아래의 단어들도 분석해 보자.

> ⓐ 나들이옷   ⓑ 눈웃음   ⓒ 드높이다
> ⓓ 집집이   ⓔ 놀이터

① ⓐ는 그 직접 구성 요소 중 하나가 합성어인 합성어이다.
② ⓑ는 그 직접 구성 요소 중 하나가 파생어인 합성어이다.
③ ⓒ는 그 직접 구성 요소 중 하나가 합성어인 파생어이다.
④ ⓓ는 그 직접 구성 요소 중 하나가 파생어인 파생어이다.
⑤ ⓔ는 그 직접 구성 요소 중 하나가 합성어인 파생어이다.

29

윗글의 관점에서 〈보기〉의 ㉠~㉤을 분석한 것으로 옳지 <u>않은</u> 것은?

┌ 보기 ┐

㉠ 지희는 목소리가 곱다.
㉡ 소포가 도착했다고 들었다.
㉢ 동수가 미애에게 선물을 주었다.
㉣ 그가 익명의 기부자임이 밝혀졌다.
㉤ 인생은 짧고 예술은 길다는 말은 명언이다.

① ㉠은 '지희는'과 '목소리가 곱다'로 분석되겠군.
② ㉡은 '소포가'와 '도착했다고 들었다'로 분석되겠군.
③ ㉢은 '동수가'와 '미애에게 선물을 주었다'로 분석되겠군.
④ ㉣은 '그가 익명의 기부자임이'와 '밝혀졌다'로 분석되겠군.
⑤ ㉤은 '인생은 짧고 예술은 길다는 말은'과 '명언이다'로 분석되겠군.

[30~31] 다음 글을 읽고 물음에 답하시오.

단어를 이루는 형태소 중에 실질적인 의미를 나타내는 중심 부분을 어근이라고 하는데, 어근이 두 개 이상 결합한 단어를 합성어라고 한다.

[A] 합성어는 형성 방법과 종류가 매우 다양하다. 그중 국어의 일반적인 단어 배열법에 따라 어근을 결합한 합성어를 통사적 합성어라 하고, 그렇지 않은 것을 비통사적 합성어라고 한다. 예를 들어, 명사와 명사가 결합한 '논밭', 용언의 관형사형과 명사가 결합한 '굳은살', 용언의 연결형과 용언의 어간이 결합한 '스며들다' 등은 국어 문장에서 흔히 나타나는 배열법으로서 통사적 합성어에 해당한다. 반면에 용언의 어간이 명사에 직접 결합한 '덮밥', 용언의 어간과 어간이 연결 어미 없이 결합한 '오르내리다' 등은 국어의 문장 구성 방식에 없는 단어 배열법으로 비통사적 합성어에 해당한다.

이러한 단어 합성법은 중세 국어에서도 찾아볼 수 있다. 명사와 명사가 결합한 '바ᄂ실(바느실)', 용언의 관형사형과 명사가 결합한 '져므니(젊은이)', 용언의 연결형과 용언의 어간이 결합한 '니러셔다(일어서다)' 같은 통사적 합성어와 '빌먹다(빌어먹다)'와 같이 용언의 어간과 어간이 연결 어미 없이 결합한 비통사적 합성어가 그러한 예이다.

한편 중세 국어에서 '뛰다'와 '놀다'의 합성어 형태로는 비통사적으로 결합한 '뛰놀다' 하나만 확인되고 있는데 현대 국어에는 비통사적 합성어인 '뛰놀다'와 통사적 합성어인 '뛰어놀다'의 두 가지 합성어 형태가 모두 쓰이는 것을 확인할 수 있다. 이와 반대로 현대 국어에는 하나의 합성어 형태로만 쓰이는 단어가 중세 국어에는 두 가지 합성어 형태로 모두 쓰였던 경우도 찾아볼 수 있다.

30

[A]를 바탕으로 다음 단어를 분석한 것으로 적절하지 <u>않은</u> 것은?

	단어	결합 방식	합성어의 종류
①	어깨동무	명사 + 명사	통사적 합성어
②	건널목	용언의 관형사형 + 명사	통사적 합성어
③	보살피다	용언의 연결형 + 용언의 어간	통사적 합성어
④	여닫다	용언의 어간 + 용언의 어간	비통사적 합성어
⑤	검버섯	용언의 어간 + 명사	비통사적 합성어

31

윗글을 바탕으로 〈보기〉의 자료에 나타난 중세 국어의 합성어를 탐구한 내용으로 적절하지 <u>않은</u> 것은? [3점]

보기

(가) 賈誼이 슬허 **눈므를** 내요ᄃᆡ 『번역 소학』
[현대 국어] 가속이 슬퍼 눈물을 흘리되

(나) ᄒᆞᆰ기 어울워 **즌ᄒᆞᆰ글** 밍ᄀ라 『능엄경언해』
[현대 국어] 흙에 어울러 진흙을 만들어

(다) 그듸 가아 **아라듣게** 니르라 『석보상절』
[현대 국어] 그대가 가서 알아듣게 말하라.

(라) 그지업슨 소리 世界예 **솟나디** 몯ᄒᆞ면 『월인석보』
[현대 국어] 끝이 없는 소리가 세계에 솟아나지 못하면

(마) 따햐셔 **소사나신** … 菩薩 摩訶薩이 『석보상절』
[현대 국어] 땅에서 솟아나신 … 보살 마가살이

① (가)의 '눈믈'은 현대 국어의 '눈물'과 같이 통사적 합성어로 볼 수 있겠군.
② (나)의 '즌ᄒᆞᆰ'은 현대 국어의 '진흙'과 달리 비통사적 합성어로 볼 수 있겠군.
③ (다)의 '아라듣다'는 현대 국어의 '알아듣다'와 같이 통사적 합성어로 볼 수 있겠군.
④ (라)의 '솟나다'는 현대 국어의 '솟아나다'와 달리 비통사적 합성어로 볼 수 있겠군.
⑤ (라), (마)를 보니 현대 국어의 '솟아나다'는 중세 국어에서 두 가지 합성어의 형태로 모두 쓰였다고 볼 수 있겠군.

[32~33] 다음을 읽고 물음에 답하시오.

[대화]

학생 A : '볍씨'는 '벼'와 '씨'가 결합한 말이잖아? 그런데 왜 '벼씨'가 아니라 '볍씨'야?

학생 B : 그러고 보니 '살'과 '고기'가 결합한 말도 'ㄱ'이 'ㅋ'으로 바뀌어서 '살코기'로 쓰이고 있어.

학생 A : 그렇구나. 왜 두 말이 어울릴 적에 'ㅂ' 소리나 'ㅎ' 소리가 덧나는 경우가 있는 것일까?

[자료]

현대 국어와 달리 15세기 국어에서는 어두에 두 개 이상의 서로 다른 자음, 즉 어두 자음군이 올 수 있었다. 그러한 자음군 중 맨 앞의 'ㅂ'은 당시에는 실제로 발음되었을 것으로 추정된다. 이 'ㅂ'은 훗날 탈락하였으나 과거에 만들어진 복합어 속에 그 흔적이 남아 있는 경우가 있다. 가령, 현대 국어의 '벼 + 씨 → 볍씨'에서 'ㅂ'이 생겨나는 이유는 'ᄡᅵ〉씨'의 변화와 관련이 있다. 15세기에는 'ᄡᅵ'의 어두에 'ㅂ'이 있었는데, 당시 '벼 + ᄡᅵ → 벼ᄡᅵ'가 만들어진 후 나중에 'ᄡᅵ'의 어두에 있는 'ㅂ'이 앞 형태소의 받침 자리로 가서 붙어 '볍씨'와 같은 어형이 생성되었다. 'ᄡᅵ〉씨'에서 보듯이 훗날 단일어에서는 'ㅂ'이 탈락하였다. 그러나 ㉠복합어 속에서는 'ㅂ'이 탈락되지 않고 그대로 남아 있는 경우가 현대 국어에서 확인된다.

15세기 국어에는 체언 종성에 'ㅎ'을 가진 단어들이 존재했는데, 이를 'ㅎ' 종성 체언이라고 한다. 이 'ㅎ' 역시 훗날 탈락하였으나 과거에 만들어진 단어 속에 그 흔적이 남아 있는 경우가 있다. 대표적인 'ㅎ' 종성 체언이었던 '슬ㅎ'을 살펴보자. 'ㅎ' 종성 체언은 단독형으로 쓰일 때는 'ㅎ'이 실현되지 않았으나 '슬ㅎ + 이 → 슬히'처럼 모음으로 시작하는 말 앞에서는 연음이 되어 나타났다. 현대 국어의 '살 + 고기 → 살코기'에서 'ㄱ'이 'ㅋ'으로 바뀌는 이유 역시 '슬ㅎ〉살'의 변화와 관련이 있다. 'ㅎ' 종성 체언은 'ㄱ, ㄷ, ㅂ'으로 시작하는 말과 결합할 때 'ㅎ' 종성이 뒤에 오는 'ㄱ, ㄷ, ㅂ'과 결합하여 'ㅋ, ㅌ, ㅍ'으로 축약되어 나타났다. 즉 '슬ㅎ'이 '고기'와 결합한 말이 만들어질 때 'ㅎ'이 'ㄱ'과 결합하여 축약되었으므로 '살코기'와 같은 어형이 생성된 것이다. 현대 국어에서 단일어의 'ㅎ' 종성은 대체로 소멸하였으나 '살코기' 외에도 ㉡복합어 속에서 'ㅎ'이 탈락하지 않고 그대로 남아 있는 경우가 더 있다.

32

위 '대화'와 '자료'에 대한 이해로 적절하지 않은 것은?

① 15세기 국어에서 'ᄡᅵ'의 어두에 있는 'ㅂ'은 실제로 발음이 되었을 것으로 추정되는군.

② 15세기 어두 자음군 중 맨 앞의 'ㅂ'은 단일어에서 훗날 탈락하였군.

③ 15세기 국어의 'ㅎ' 종성 체언은 모음으로 시작하는 말 앞에서는 'ㅎ'이 실현되지 않았겠군.

④ 현대 국어에는 어두에 두 개 이상의 서로 다른 자음이 오는 말이 존재하지 않는군.

⑤ 현대 국어의 '살코기'에서 'ㅋ'은 'ㅎ' 종성 체언의 흔적이 단어에 남아 있는 것이군.

33

㉠, ㉡에 해당하는 예만을 〈보기〉에서 골라 바르게 묶은 것은?

보기

a. 휩쓸다: '휘-'와 '쓸다'가 결합한 말인데, '쓸다'는 옛말 '쁠다'에서 온 말이다.

b. 햅쌀: '해-'와 '쌀'이 결합한 말인데, '쌀'은 옛말 'ᄡᆞᆯ'에서 온 말이다.

c. 수꿩: '수-'와 '꿩'이 결합한 말인데, '수'는 옛말에서 'ㅎ'을 종성으로 가지고 있었다.

d. 안팎: '안'과 '밖'이 결합한 말인데, '안'은 옛말에서 'ㅎ'을 종성으로 가지고 있었다.

e. 들뜨다: '들다'와 '뜨다'가 결합한 말인데, '뜨다'는 옛말 '쁘다'에서 온 말이다.

	㉠	㉡
①	a, b	c
②	a, e	c
③	a, b	d
④	b, e	d
⑤	a, b, e	c, d

| 2019 수능 12~13번 |

[34~35] 다음 글을 읽고 물음에 답하시오.

국어사적 사실이 현대 국어의 일관되지 않은 현상을 이해하는 데 도움이 되는 경우가 많다. 예를 들어 'ㄹ'로 끝나는 명사 '발', '솔', '이틀'이 ㉠'발가락', ㉡'소나무', ㉢'이튿날'과 같은 합성어들에서는 받침 'ㄹ'의 모습이 일관되지 않는데, 이를 이해하기 위해서는 이들 단어의 옛 모습을 알아야 한다.

'소나무'에서는 '발가락'에서와는 달리 받침 'ㄹ'이 탈락하였고, '이튿날'에서는 받침이 'ㄹ'이 아닌 'ㄷ'이다. 모두 'ㄹ' 받침의 명사가 결합한 합성어인데 왜 이러한 차이를 보이는 것일까? 현대 국어에는 받침 'ㄹ'이 'ㄷ'으로 바뀌거나, 명사와 명사가 결합할 때 'ㄹ'이 탈락하는 규칙이 없기 때문에 이러한 차이는 현대 국어의 규칙만으로는 설명할 수 없다.

'발가락'은 중세 국어에서 부분 '밠 가락'으로 나타난다. 중세 국어에서 'ㅅ'은 관형격 조사로 사용되었으므로 '밠 가락'은 구로 파악된다. 이는 '밠 엄지 가락(엄지발가락)'과 같은 예를 통해 잘 알 수 있다. 이후 'ㅅ'은 점차 관형격 조사의 기능을 잃고 합성어 내부의 사이시옷으로만 흔적이 남았는데, 이에 따라 중세 국어 '밠 가락'은 현대 국어 '발가락[발까락]'이 되었다.

[A]
'소나무'는 중세 국어에서 명사 '솔'에 '나무'의 옛말인 '나모'가 결합하고 'ㄹ'이 탈락한 합성어 '소나모'로 나타난다. 중세 국어에서는 현대 국어와 달리 명사와 명사가 결합하여 합성어가 될 때 'ㄴ, ㄷ, ㅅ, ㅈ' 등으로 시작하는 명사 앞에서 받침 'ㄹ'이 탈락하는 규칙이 있었기 때문에 '솔'의 'ㄹ'이 탈락하였다.

'이튿날'은 중세 국어에서 자립 명사 '이틀'과 '날' 사이에 관형격 조사 'ㅅ'이 결합한 '이틄 날'로 많이 나타나는데, 이 'ㅅ'은 '이틄 밤', '이틄 길'에서의 'ㅅ'과 같은 것이다. 중세 국어에서 '이틄 날'은 '이틋 날'로도 나타났는데, 근대 국어로 오면서는 'ㄹ'이 탈락한 합성어 '이틋날'로 굳어지게 되었다. 이와 함께 'ㅅ'이 관형격 조사의 기능을 잃어 가고, 받침 'ㅅ'과 'ㄷ'의 발음이 구분되지 않게 되었다. 이에 따라 「한글 맞춤법」에서는 '이튿날'의 표기와 관련하여 "끝소리가 'ㄹ'인 말과 딴 말이 어울릴 적에 'ㄹ' 소리가 'ㄷ' 소리로 나는 것"으로 보아 이를 '이튿날'로 적도록 했다. 그러나 이때의 'ㄷ'은 'ㄹ'이 변한 것으로 설명되지 않으므로 중세 국어 '믌 사룸'에서 온 '뭇사람'에서처럼 'ㅅ'으로 적는 것이 국어의 변화 과정을 고려한 관점에 부합한다고 할 수 있다.

34

윗글을 참고할 때, ㉠~㉢과 같이 이러한 차이를 보이는 예를 〈보기〉에서 각각 하나씩 찾아 그 순서대로 제시한 것은?

┌─ 보기 ┐

무술(물 + 술)	쌀가루(쌀 + 가루)
낟알(낟 + 알)	솔방울(솔 + 방울)
섣달(설 + 달)	푸나무(풀 + 나무)

① 솔방울, 무술, 낟알
② 솔방울, 푸나무, 섣달
③ 푸나무, 무술, 섣달
④ 쌀가루, 푸나무, 낟알
⑤ 쌀가루, 솔방울, 섣달

35

[A]를 바탕으로 〈보기〉의 '자료'를 탐구한 내용으로 적절하지 않은 것은? [3점]

┌─ 보기 ┐

[탐구 주제]
• '숟가락'은 '젓가락'과 달리 왜 첫 글자의 받침이 'ㄷ'일까?

[자료]

중세 국어의 예
• 술 자보며 져 노느니(숟가락 잡으며 젓가락 놓으니)
• 숤 귿(숟가락의 끝), 졋 가락 귿(젓가락 끝), 수져(수저)
• 물(무리), 믌 사룸(뭇사람, 여러 사람)

근대 국어의 예	현대 국어의 예
• 숫가락 장ㅅ(숟가락 장사) • 뭇사룸(뭇사람)	• *술로 밥을 뜨다 • 숟가락으로 밥을 뜨다 • 밥 한 술

※ '*'는 문법에 맞지 않음을 나타냄.

① 중세 국어 '술'과 '져'는 중세 국어 '이틀'처럼 자립 명사라는 점에서 현대 국어 '술'과는 차이가 있군.
② 중세 국어 '술'과 '져'의 결합에서 'ㄹ'이 탈락한 합성어가 현대 국어 '수저'로 이어졌군.
③ 중세 국어 '술'과 '져'는 명사를 수식할 때, 중세 국어 '이틀'이나 '물'과 같이 모두 관형격 조사 'ㅅ'이 결합할 수 있었군.
④ 근대 국어 '숫가락'이 현대 국어에 와서 '숟가락'으로 적히는 것은, 국어의 변화 과정을 고려한 관점에 부합하지 않는다는 점에서 '이튿날'의 경우와 같군.
⑤ 현대 국어 '숟가락'과 '뭇사람'의 첫 글자 받침이 다른 이유는 중세 국어 '숤'과 '믌'이 현대 국어로 오면서 'ㄹ'이 탈락한 후 남은 'ㅅ'의 발음이 서로 달랐기 때문이군.

[36~37] 다음 글을 읽고 물음에 답하시오.

국어의 단어들은 ㉠어근과 어근이 결합해 만들어지기도 하고 어근과 파생 접사가 결합해 만들어지기도 한다. 어근과 파생 접사가 결합한 단어는 ㉡파생 접사가 어근의 앞에 결합한 것도 있고, ㉢파생 접사가 어근의 뒤에 결합한 것도 있다. 어근이 용언 어간이나 체언일 때, 그 뒤에 결합한 파생 접사는 어미나 조사와 혼동될 수도 있다. 그러나 파생 접사는 주로 새로운 단어를 만든다는 점에서 차이가 있다. 이에 비해 ㉣어미는 용언 어간과 결합해 용언이 문장 성분이 될 수 있도록 해 주고, ㉤조사는 체언과 결합해 체언이 문장 성분임을 나타내 줄 뿐 새로운 단어를 만들지는 않는다. 이 점에서 어미와 조사는 파생 접사와 분명하게 구별된다.

이러한 일반적인 상황과는 달리, 용언 어간에 어미가 결합한 형태나, 체언에 조사가 결합한 형태가 시간이 지나면서 새로운 단어가 된 경우도 있다. 먼저 용언의 활용형이 역사적으로 굳어져 새로운 단어가 된 예가 있다. 부사 '하지만'은 '하다'의 어간에 어미 '-지만'이 결합했던 것이었는데, 시간이 지나면서 굳어져 새로운 단어가 되었다. 다음으로 체언에 조사가 결합한 형태가 역사적으로 굳어져 새로운 단어가 된 예도 있다. 명사 '아기'에 호격 조사 '아'가 결합했던 형태인 '아가'가 시간이 지나면서 새로운 단어가 되었다.

[A] ┌ 또 다른 예로 미지칭의 인칭 대명사에, 의문문을 만드는 보조사 '고/구'가 결합한 형태가 굳어져 새로운 인칭 대명사가 된 경우를 들 수 있다. '이는 엇던 사룸고 (이는 어떤 사람인가?)'에서 볼 수 있듯이 중세 국어에서 보조사 '고/구'는 문장에 '엇던', '므슴', '어느' 등과 같은 의문사가 있을 때, 체언 또는 의문사 그 자체에 결합해 의문문을 만들었다. 이와 같은 방식의 의문문 구성은 근대 국어를 거쳐 현대 국어의 일부 방언에까지 지속되고 있다.

36

다음 문장에서 ㉠~㉤에 해당하는 예를 찾아 이를 설명한 내용으로 적절하지 <u>않은</u> 것은?

> 아기장수가 맨손으로 산 위에 쌓인 바위를 깨뜨리는 모습이 멋졌다.

① '아기장수가'의 '아기장수'는 ㉠에 해당하는 예로, 어근 '아기'와 어근 '장수'가 결합했다.
② '맨손으로'의 '맨손'은 ㉡에 해당하는 예로, 파생 접사 '맨-'이 어근 '손' 앞에 결합했다.
③ '쌓인'의 어간은 ㉢에 해당하는 예로, 파생 접사 '-이-'가 어근 '쌓-' 뒤에 결합했다.
④ '깨뜨리는'은 ㉣에 해당하는 예로, 어미 '-리는'이 용언 어간 '깨뜨-'와 결합했다.
⑤ '모습이'는 ㉤에 해당하는 예로, 조사 '이'가 체언 '모습'과 결합했다.

37

[A]를 바탕으로 〈보기〉의 '자료'를 탐구한 '탐구 내용'으로 적절하지 <u>않은</u> 것은? [3점]

> **┌ 보기 ┐**
>
> **[탐구 목표]**
> 현대 국어의 인칭 대명사 '누구'의 형성에 대해 이해한다.
>
> **[자료]**
> **(가) 중세 국어: 15세기 국어**
> • 누를 니ᄅ더뇨 (누구를 이르던가?)
> • 네 스승 이 누고 (네 스승이 누구인가?)
> • ᄂᆞᆷ은 누구 (남은 누구인가?)
> **(나) 근대 국어**
> • 이 벗은 누고고 (이 벗은 누구인가?)
> • 저 ᄒᆞᆫ 벗은 누구고 (저 한 벗은 누구인가?)
> **(다) 현대 국어**
> • 누구를 찾으세요?
> • 누구에게 말했어요?
>
> ┌─────────────────────┐
> │ **[탐구 내용]** │
> │ │
> └─────────────────────┘
>
> **[탐구 결과]**
> 미지칭의 인칭 대명사에 의문문을 만드는 보조사 '고/구'가 결합했던 형태인 '누고', '누구'는 시간이 지나면서 점점 굳어져 새로운 단어가 되었는데, 오늘날에는 '누구'만 남게 되었다.

① (가)에서 미지칭의 인칭 대명사의 형태는 '누', '누고', '누구'이다.
② (나)에서 미지칭의 인칭 대명사의 형태는 '누고', '누구'이다.
③ (다)에서 미지칭의 인칭 대명사의 형태는 '누구'이다.
④ (가)에서 (나)로의 변화를 보니, '누고', '누구'는 체언과 보조사가 결합한 형태였다가 새로운 단어가 되었다.
⑤ (나)에서 (다)로의 변화를 보니, 현대 국어에서는 미지칭의 인칭 대명사로 '누고'는 쓰이지 않고 '누구'만이 쓰이고 있다.

| 2020 고3 7월 학평 12~13번 |

[38~39] 다음 글을 읽고 물음에 답하시오.

관형어는 체언을 수식하는 문장 성분으로 관형사나 체언이 그대로 관형어가 되기도 하며, 체언에 관형격 조사 '의'가 결합된 형태나 용언의 관형사형으로도 나타난다. 또한 관형절도 관형어의 기능을 한다. 관형어는 필수적인 성분은 아니지만 수식을 받는 체언이 의존 명사이면 그 앞에 반드시 관형어가 와야 한다. 한편 관형격 조사 '의'는 앞과 뒤의 체언을 의미상으로 어떤 관계에 놓이도록 연결하는 역할을 한다. 예를 들어 '조국 통일의 위업'은 앞 체언과 뒤 체언이 ㉠'의미상 동격'의 관계, '나의 옷'은 '소유주 – 대상'의 관계, '우리의 각오'는 ㉡'주체 – 행동'의 관계, '조카의 아들'은 '사회적ㆍ친족적' 관계로 연결된 것이다.

중세 국어의 관형어도 현대 국어와 같은 방식으로 실현되는 경우가 많았다. 하지만 현대 국어에서는 자주 나타나지 않거나 현대 국어의 관형어와 구별되는 특이한 현상도 있었다.

(가) 사ㄹㆍ미 몸 (사람의 몸)

(나) 불휘 기픈 남ㄱ (뿌리가 깊은 나무는)

(다) 前生앳 이리 (전생에서의 일이)

(라) 아비의 便安히 안존 둘 (아비가 편안히 앉은 것을)

(가)에는 관형격 조사 '이'의 결합에 의한, (나)에는 관형사형 어미 '(ㅇ/으)ㄴ'이 붙어서 만들어진 관형절에 의한 관형어가 나타난다. 이와 달리 (다)의 '前生앳'은 '체언+부사격 조사'로 이루어진 부사어에 관형격 조사 'ㅅ'이 붙어 관형어가 된 경우이다. (라)의 '아비의'는 '아비가'로 해석되는데, '안존'의 의미상 주어인 '아비'에 주격 조사가 붙지 않고 관형격 조사 '의'가 붙은 것으로 안긴문장의 의미상 주어가 관형격 형태로 나타나는 경우에 해당한다. (다)와 (라) 같은 용법들은 현대 국어에도 일부 남아 있다.

38

윗글을 참고할 때, ㉠, ㉡에 해당하는 예끼리 묶인 것으로 적절한 것은?

	㉠	㉡
①	너의 부탁	친구의 자동차
②	자기 합리화의 함정	친구의 사전
③	회장의 칭호	영희의 오빠
④	은호의 아버지	친구의 졸업
⑤	질투의 감정	국민의 단결

39

윗글을 바탕으로 〈보기〉의 밑줄 친 관형어를 탐구한 내용으로 적절하지 않은 것은? [3점]

┌─ **보기** ─────────────────────

〈중세 국어의 예〉

ⓐ <u>부텻</u> 것 도ᄌᆨ혼 罪   (부처의 것을 도둑질한 죄)

ⓑ <u>시미 기픈</u> 므른   (샘이 깊은 물은)

〈현대 국어의 예〉

ⓒ <u>어머니의 낡은</u> 지갑은

ⓓ <u>저자와의</u> 대화

────────────────────────

① ⓐ의 '부텻'은 의존 명사 앞에 쓰여 생략할 수가 없군.

② ⓑ의 '시미 기픈'은 현대 국어와 같은 관형사형 어미가 쓰인 것이군.

③ ⓐ의 '부텻'은 체언에 관형격 조사가 결합한 형태가, ⓑ의 '시미 기픈'은 관형절이 관형어의 기능을 하고 있군.

④ ⓒ의 '어머니의'는 관형절의 의미상 주어가 관형격으로 실현된 것으로 중세 국어의 용법과 관련이 있는 표현이군.

⑤ ⓓ의 '저자와의'는 부사어 뒤에 관형격 조사가 붙어 관형어가 된 것으로 중세 국어에서도 찾을 수 있는 용법이군.

[40~41] 다음 글을 읽고 물음에 답하시오.

다른 문장 속에 들어가 하나의 문장 성분처럼 쓰이는 문장을 안긴문장이라고 하며, 이 안긴문장을 포함한 문장을 안은 문장이라고 한다. 안긴문장에는 명사절, 관형절, 부사절, 서술절, 인용절이 있는데, 이 가운데 명사절은 서술어로 쓰인 용언의 어간에 명사형 어미 '-(으)ㅁ', '-기'가 붙어 만들어진다. 명사형 어미는 안긴문장에서 서술어로 쓰이는 용언이 서술 기능을 그대로 유지하면서 명사처럼 기능하도록 용언의 문법적인 기능을 바꾼다.

ㄱ. <u>그것이 사실임</u>이 틀림없다.
ㄴ. 나는 <u>그것이 사실이기</u>를 바란다.

명사절은 문장에서 주어, 목적어, 부사어 등 다양한 문장 성분으로 쓰이는데, 위의 예문에서 ㄱ의 명사절은 주어의 기능을 하고, ㄴ의 명사절은 목적어의 기능을 한다.

한편 중세 국어에서도 다양한 명사형 어미가 사용되어 만들어진 명사절이 문장에서 여러 가지 문장 성분으로 쓰였다. 중세에 사용된 명사형 어미로는 '-옴/움'과 '-기', '-디' 등이 있었다. 이 가운데 '-옴'과 '-움'은 모음 조화에 따라 양성 모음 뒤에서는 '-옴'이, 음성 모음 뒤에서는 '-움'이 쓰였다.

40

윗글을 참고할 때, ㉠~㉣ 중 명사절이 동일한 문장 성분으로 사용된 것끼리 묶인 것은?

┌─ **보기** ─────────────────────────┐

㉠ 농부들은 비가 오기를 기다린다.
㉡ 지금은 집에 가기에 이른 시간이다.
㉢ 그는 1년 후에 돌아가기로 결심했다.
㉣ 어린 아이들은 병원에 가기 싫어한다.

└──────────────────────────────┘

① ㉠, ㉡ / ㉢, ㉣
② ㉠, ㉢ / ㉡, ㉣
③ ㉠, ㉣ / ㉡, ㉢
④ ㉠ / ㉡, ㉢, ㉣
⑤ ㉠ / ㉡, ㉢ / ㉣

41

윗글을 참고할 때, ⓐ~ⓔ 중 명사절이 포함되어 있지 <u>않은</u> 것은? **[3점]**

┌─ **보기** ─────────────────────────┐

ⓐ 날로 뿌메 뼌한킈 ᄒᆞ고져
  (나날이 씀에 편하게 하고자)
ⓑ 구르믜 츅츅기 둡둣 ᄒᆞ시니라
  (구름이 축축하게 덮듯 하시니라)
ⓒ 부모ᄅᆞᆯ 현뎌케 홈이 효도의 ᄆᆞ춤이니라
  (부모를 드러나게 함이 효도의 끝이니라)
ⓓ 본향(本鄕)애 도라옴만 ᄀᆞ디 몯ᄒᆞ니라
  (본향에 돌아옴만 같지 못하니라)
ⓔ 내 겨지비라 가져 가디 어려불씨
  (내가 계집이라 가져가기 어려우니)

└──────────────────────────────┘

① ⓐ   ② ⓑ   ③ ⓒ   ④ ⓓ   ⑤ ⓔ

| 2019 고3 10월 학평 12~13번 |

[42~43] 다음 글을 읽고 물음에 답하시오.

관형사형 어미는 용언의 어간에 붙어 용언이 관형사와 같은 기능을 수행하게 하는 어미이다. 현대 국어에서 관형사형 어미는 '-(으)ㄴ', '-는', '-(으)ㄹ' 등으로, 이들이 용언의 어간에 붙으면 관형절이 만들어진다. 일반적으로 관형절은 '관계 관형절'과 '동격 관형절'로 분류된다. 수식을 받는 체언이 관형절 속의 한 성분으로 쓰일 수 있으면 관계 관형절이고, 그렇지 않으면 동격 관형절이다. 한편 동격 관형절은 관형절이 만들어지는 과정에서 원래 문장의 종결 어미가 그대로 유지되는 관형절과, 그렇지 않은 관형절로 다시 나눌 수 있다.

중세 국어에서도 현대 국어에서처럼 관형절을 관계 관형절과 동격 관형절로 구분할 수 있다. 중세 국어의 대표적인 관형사형 어미는 '-(ᄋ/으)ㄴ'과 '-(ᄋ/으)ㄹ'로, 각각 과거 시제와 미래 시제를 나타내는 것과 관련된다. 또한 관형절에서 현재 시제는 동사의 경우 '-ㄴ' 앞에 선어말 어미 '-ᄂᆞ-'를 붙여 나타냈다. 예컨대 '八婇女의 기론 찻므리 모ᄌᆞ랄씨(팔채녀가 길은 찻물이 모자라므로)'에서 '八婇女의 기론'은 사건시가 발화시보다 앞서는 시제가 나타난 관계 관형절이고, '주글 싸ᄅᆞ미어니(죽을 사람이니)'에서 '주글'은 발화시가 사건시보다 앞서는 시제가 나타난 관계 관형절이다. 그리고 '本來 求ᄒᆞ논 ᄆᆞᅀᆞᆷ 업다이다(본래 구하는 마음 없었습니다)'에서 '本來 求ᄒᆞ논'은 발화시와 사건시가 일치하는 시제가 나타난 동격 관형절이다.

한편 중세 국어에서는 현대 국어에서와 달리 '-ㄴ'이 명사절을 이끄는 경우도 있었다. 곧 '-ㄴ'이 붙은 절 뒤에 절의 수식을 받는 체언이 없는 상태로, '그딋 혼 조초(그대 한 것 좇아)'에서 '그딋 혼'을 예로 들 수 있다. '혼'[ᄒᆞ-+-오-+-ㄴ]에서 선어말 어미 뒤에 쓰인 '-ㄴ'은 '~ㄴ 것' 정도로 해석된다. 더불어 '威化 振旅ᄒᆞ시ᄂᆞ로(위화도에서 군대를 돌이키신 것으로)'에서처럼 명사절을 이끄는 '-ㄴ' 뒤에 조사가 붙은 경우도 있었다. 'ᄒᆞ시ᄂᆞ로'[ᄒᆞ-+-시-+-ㄴ+ᄋᆞ로]는 '-ㄴ' 바로 뒤에 부사격 조사가 붙어 있는 예이다.

42

윗글을 바탕으로 a~c를 탐구한 내용으로 적절하지 <u>않은</u> 것은?

> a. 福이라 호눌[ᄒᆞ-+-오-+-ㄴ + 올] 나ᅀᆞ라
>   (복이라 한 것을 바치러)
> b. 智慧 너비 비췰[비취-+-ㄹ] 느지오
>   (지혜가 널리 비칠 조짐이오)
> c. 法 즐기논[즑-+-이-+-ᄂᆞ-+-ㄴ] ᄆᆞᅀᆞ미 잇던댄
>   (법 즐기는 마음이 있더라면)

① a의 '호눌'에서 조사가 어미 '-ㄴ' 바로 뒤에 붙어 있음을 확인할 수 있군.
② a의 '호눌'에서 '-ㄴ'은 '~ㄴ 것'으로 해석되며 명사절을 이끄는 기능을 하고 있음을 확인할 수 있군.
③ b의 '비췰'에서 '-ㄹ'을 통해 발화시가 사건시보다 앞서는 시제가 나타나 있음을 확인할 수 있군.
④ b와 c에서 관형절의 수식을 받는 체언이 절 뒤에 드러나 있음을 확인할 수 있군.
⑤ b와 c에 있는 관형절은 수식을 받는 체언이 관형절 속에서 한 성분으로 쓰일 수 있는 특징이 있음을 확인할 수 있군.

43

윗글을 근거로 〈보기〉의 ㉠~㉣을 바르게 분류한 것은?

┌ 보기 ┐

[탐구 자료]
• ㉠힘찬 함성이 운동장에 울려 퍼졌다.
• 누나는 ㉡자동차가 전복된 기억을 떠올렸다.
• 나는 ㉢형이 조사한 자료를 보고서에 인용했다.
• ㉣내가 그 일을 한다는 사실은 확실히 변함없다.

[탐구 과정]

```
┌─────────────────────────┐  아니요
│ 동격 관형절에 해당합니까? │────────▶ [A]
└─────────────────────────┘
            │ 예
            ▼
┌───────────────────────────────────┐  아니요
│ 관형절이 만들어지는 과정에서 원래   │────────▶ [B]
│ 문장의 종결 어미가 그대로 유지됩니까? │
└───────────────────────────────────┘
            │ 예
            ▼
          [C]
```

	[A]	[B]	[C]
①	㉠	㉡	㉢, ㉣
②	㉠	㉡, ㉢	㉣
③	㉢	㉠, ㉣	㉡
④	㉠, ㉢	㉡	㉣
⑤	㉠, ㉢	㉣	㉡

[44~45] 다음 글을 읽고 물음에 답하시오.

문장은 주어와 서술어 관계가 한 번 나타나는 홑문장과 두 번 이상 나타나는 겹문장으로 나뉘는데, 겹문장에는 이어진 문장과 안은문장이 있다.

이어진문장은 둘 이상의 문장이 연결 어미에 의해 대등하게 혹은 종속적으로 결합된 문장을 말한다. 대등하게 이어진 문장은 앞뒤 문장이 '나열', '대조' 등의 대등한 의미 관계를 가지며, '-고', '-지만' 등의 연결 어미에 의해 이어진다. 종속적으로 이어진 문장은 앞 문장이 뒤 문장의 원인, 조건, 목적 등의 의미를 가지며, '-아서/-어서', '-(으)면', '-(으)러' 등의 연결 어미에 의해 이어진다.

[A] ┌ 한 문장이 하나의 성분처럼 기능하는 다른 문장을 안고 있을 때 그것을 안은문장이라 하고, 이때 하나의 성분처럼 기능하는 문장을 안긴문장이라 한다. 안긴문장에는 명사절, 관형절, 부사절, 서술절, 인용절이 있다. 명사절은 '-(으)ㅁ', '-기'가 붙어 만들어지며 문장 안에서 조사와 결합하여 주어, 목적어, 부사어와 같은 다양한 기능을 한다. 관형절은 '-(으)ㄴ', '-는', '-(으)ㄹ' 등이 붙어 뒤의 체언을 꾸민다. 부사어처럼 용언을 수식하는 기능을 하는 부사절은 '-이', '-게', '-도록' 등이 결합하여 이루어진다. 그리고 절 전체가 서술어의 기능을 하는 서술절은 다른 절들과 달리 특별한 표지(標識)가 붙지 않는다. 끝으로 다른 사람의 말이나 자신의 생각 등을 인용한 것을 인용절이라고 하는데, 문장을 그대로 인용하는 직접 인용절에는 '라고'나 '하고'와 같은 조사가, 말하는 사람의 표현으로 바꾸어 인용하는 간접 인용절에는 '고'와 같은 조사가 쓰인다. 한편 안은문장의 한 요소가 안은문장의 요소와 동일한 경우 생략될 수 있으며, 하나의 안긴문장 └ 안에 또 다른 문장이 안기기도 한다.

중세 국어의 문법 자료에서도 겹문장이 확인된다. 이어진 문장은 현대 국어와 마찬가지로 둘 이상의 문장이 연결 어미에 의해 결합되는데, 현대 국어에 사용되지 않는 어미가 붙어 성립되기도 하였다. 안은문장의 경우 명사절이 '-옴/-움'이나 '-디', '-기'에 기대어 나타났으며, 관형절은 '-(으)ㄴ' 외에 'ㅅ'에 기대어 나타나는 경우가 있었다. 그리고 부사절은 현대 국어와 유사한 방식으로 나타났으며, 인용절이나 서술절은 조사나 어미와 같은 표지 없이 나타났다.

44

[A]를 바탕으로 〈보기〉를 이해한 내용으로 적절하지 않은 것은?
[3점]

┌ **보기** ┐
ㄱ. 잘 다져진 음식은 아이가 먹기에 알맞다.
ㄴ. 나는 그가 소리도 없이 사라졌음을 알았다.
ㄷ. 운동장을 달리는 나에게 그가 발밑을 조심하라고 외쳤다.
└─────┘

① ㄱ은 ㄴ과 달리, 명사절에 조사가 붙어 부사어로 기능하고 있다.
② ㄴ은 ㄱ과 달리, 부사절이 사용되어 용언을 수식하고 있다.
③ ㄷ은 ㄴ과 달리, 다른 사람의 말을 말하는 사람의 표현으로 바꾸어 인용한 절이 있다.
④ ㄱ과 ㄷ은 모두 체언을 수식하는 안긴문장의 주어가 생략되어 있다.
⑤ ㄴ과 ㄷ은 모두 하나의 안긴문장 안에 또 다른 문장이 안겨 있다.

45

윗글을 바탕으로 〈보기〉를 탐구한 내용으로 적절하지 않은 것은?

┌ **보기** ┐
(가) [중세] 무술히 멀면 乞食ᄒ디 어렵고
[현대어 풀이] 마을이 멀면 걸식하기 어렵고   – 『석보상절』 –

(나) [중세] 이 東山ᄋᆞᆫ 남기 됴홀씨 노니논 짜히라
[현대어 풀이] 이 동산은 나무가 좋으므로 내가 노니는 땅이다.
          – 『석보상절』 –

(다) [중세] 불휘 기픈 남ᄀᆞᆫ ᄇᆞᄅᆞ매 아니 뮐씨 곶 됴코 여름 하ᄂᆞ니
[현대어 풀이] 뿌리가 깊은 나무는 바람에 아니 흔들리므로 꽃이 좋고 열매가 많으니   – 『용비어천가』 –
└─────┘

① (가)의 '乞食ᄒ디'를 보니 중세 국어에서는 현대 국어와 달리 명사절을 만들 때 '-디'가 사용되었군.
② (나)의 '남기 됴홀씨'가 '이 東山ᄋᆞᆫ'의 서술어로서 기능하는 것을 보니 중세 국어에서도 서술절이 사용되었음을 알 수 있군.
③ (다)의 '곶 됴코'를 보니 중세 국어에서도 대등하게 이어진 문장을 만들 때 '-고'를 사용하였음을 짐작할 수 있군.
④ (가)의 '무술히 멀면'과 (다)의 '불휘 기픈'을 보니 '-(으)ㄴ'이 붙어 관형절이 되었음을 짐작할 수 있군.
⑤ (나)의 '됴홀씨'와 (다)의 '뮐씨'를 보니 현대 국어와 형태는 다르지만 문장을 종속적으로 연결해 주는 표지가 사용되었군.

| 2021 고2 6월 학평 11~12번 |

[46~47] 다음은 수업 장면의 일부이다. 물음에 답하시오.

의문문은 일반적으로 화자가 청자에게 질문하여 대답을 요구하는 문장이다. 의문문은 상대 높임에 따라 다양한 의문형 종결 어미로 표현되며, 의문사가 함께 나타나기도 한다. 의문문의 가장 대표적인 유형이 판정 의문문과 설명 의문문이다.

판정 의문문은 화자의 질문에 대하여 긍정이나 부정의 대답을 요구하는 의문문이다. 판정 의문문이 부정문일 때는 질문하는 사람에 긍정적이면 '응/예/네'로, 부정적이면 '아니(요)'로 대답한다. 판정 의문문 중 화자가 이미 알고 있거나 믿고 있는 사실에 대하여 청자의 동의를 구하거나 확인을 할 때는 어미 '-지' 또는 '-지 않-'을 활용한다. 예를 들어, 청자가 밥을 먹은 것을 확인하기 위해, "밥은 먹었지?" 또는 "밥은 먹었지 않니?"라는 의문문을 쓸 수 있다. 한편 "너는 학교에 갔니 안 갔니?"처럼 선택을 요구하는 의문문도 가부의 답변을 요구한다는 점에서 판정 의문문에 포함한다.

설명 의문문은 주로 의문사가 사용되어 그 의문사가 가리키는 내용에 대하여 청자가 구체적으로 설명해 주기를 요구하는 의문문이다. 의문사에는 '누구, 무엇, 어디, 언제' 등의 의문 대명사, '몇, 어떤'과 같은 의문 관형사, '왜, 어찌'와 같은 의문 부사, '어떠하다, 어찌하다'와 같은 의문 용언 등이 있다. 예를 들어, "어디 가니?"의 경우, "학교 가요."와 같은 대답을 요구하면 설명 의문문이다. 의문 대명사가 포함된 의문문의 경우, 상황에 따라 판정 의문문으로 사용되기도 한다. 이때의 의문 대명사는 정해지지 아니한 사람, 물건, 방향, 장소 따위를 가리키는 부정칭 대명사로 볼 수 있다. 앞의 "어디 가니?"의 경우, "예." 또는 "아니요."의 대답을 요구하면 판정 의문문이 되며, 이때의 '어디'는 부정칭 대명사로 사용된 것이다.

한편, 중세 국어에서는 현대 국어에서와 달리 보조사를 사용해서도 의문문을 만들 수 있었다. 즉, 의문사나 '-녀', '-뇨'와 같은 종결 어미 외에도 '가'와 '고'와 같은 보조사를 이용하여 의문문을 만들었다.

46

윗글을 바탕으로 〈보기〉를 탐구한 내용으로 적절하지 않은 것은?

> **보기**
>
> • 일찍 등교한 친구끼리 교실에서
> A: 왜 이리 힘이 없어. ㉠아침 못 먹었어?
> B: 응. ㉡너도 못 먹었지? 매점 가서 해결하자.
> • 함께 하교하는 친구끼리 버스 안에서
> A: ㉢너 오늘 저녁에 무엇을 하니?
> B: 아니. ㉣넌 무엇을 하니?
> • 친구끼리 길을 걸으면서
> A: ㉤아까부터 왜 자꾸 웃기만 하는 거야?
> B: 어제 본 영화가 자꾸 생각이 나서.

① ㉠: 청자의 반응으로 보아 청자에게 긍정이나 부정의 대답을 요구하는 것으로 볼 수 있다.

② ㉡: 자신이 믿고 있는 사실을 청자에게 확인하려는 것으로 볼 수 있다.

③ ㉢: 이어지는 대답에 따르면 의문사가 가리키는 내용을 설명해 달라는 의도를 드러낸 것으로 볼 수 있다.

④ ㉣: 청자가 긍정이나 부정의 대답을 하면 의문사를 부정칭 대명사로 사용한 것으로 볼 수 있다.

⑤ ㉤: 청자의 반응으로 보아 화자는 의문의 초점에 대해 구체적인 설명을 요청하는 것으로 볼 수 있다.

47

윗글을 참고하여 〈보기〉의 중세 국어를 이해한 내용으로 가장 적절한 것은? [3점]

[48~49] 다음을 읽고 물음에 답하시오.

> **보기**
>
> **[탐구 과제]** 다음에 제시된 사례들을 바탕으로 중세 국어의 의문문에 대해 알아보자.
>
> ㄱ. 이 ᄯᆞ리 너희 죵가
>   [현대 국어] 이 딸이 너희의 종인가?
>
> ㄴ. 이 大施主(대시주)의 功德(공덕)이 하녀 져그녀
>   [현대 국어] 이 대시주의 공덕이 많으냐 적으냐?
>
> ㄷ. 이 엇던 光名(광명)고
>   [현대 국어] 이것이 어떤 광명인가?
>
> ㄹ. 太子(태자)ㅣ 이제 어듸 잇ᄂᆞ뇨
>   [현대 국어] 태자는 지금 어디 있느냐?
>
> **[탐구 결과]** 'ㄱ'과 'ㄴ'은 판정 의문문에, 'ㄷ'과 'ㄹ'은 설명 의문문에 해당한다.

① 판정 의문문과 달리 설명 의문문에서는 종결 어미를 활용하였다.

② 긍정이나 부정의 대답을 요구할 때 사용하는 의문사가 따로있었다.

③ 판정 의문문을 만들 때는 보조사와 종결 어미를 동시에 사용하였다.

④ 판정 의문문에 사용되는 보조사와 종결 어미의 형태가 설명 의문문과 달랐다.

⑤ 의문사를 포함한 의문문이 청자에게 선택을 요청하는 의문문으로 쓰이기도 했다.

> 중세 국어에서는 주체나 객체로 표현되는 인물이 신분이나 지위가 높은 경우, 대개 그 인물을 직접적으로 높여 표현하였다. 그런데 어떤 때에는 현대 국어의 간접 높임에서처럼 높임의 대상이 되는 인물의 신체 부분, 소유물, 생각 등을 높임으로써 실제 높여야 할 인물을 간접적으로 높이기도 하였다.
>
> ⑴ 太子(태자)ㅣ 東門(동문) 밧긔 나가시니
>   (태자께서 동문 밖에 나가시니)
> ⑵ 부텻 누니 비록 볼ᄀᆞ시나
>   (부처의 눈이 비록 밝으시나)
>
> ⑴의 '-시-'와 ⑵의 '-ᄋᆞ시-'는 모두 현대 국어의 '-(으)시-'처럼 주체를 높이기 위한 선어말 어미이다. 그러나 ⑴과 ⑵에 쓰인 '-(ᄋᆞ)시-'의 쓰임에는 차이가 있다. 즉 ⑴에서는 주체인 '太子(태자)'를 직접적으로 높이고 있지만, ⑵에서는 '부텨'의 신체 부분인 '눈'을 주체 높임 선어말 어미를 통해 높임으로써 실제 높이고자 하는 대상인 '부텨'를 간접적으로 높이고 있다.
>
> 한편 현대 국어에서는 객체 높임을 나타내기 위해 주로 '모시다', '뵙다' 등의 특수 어휘를 활용하지만 중세 국어에서는 주로 객체 높임 선어말 어미를 활용하였다.
>
> ⑶ 너희 스승을 보ᅀᆞᆸ고져 ᄒᆞ노니
>   (너희 스승을 뵙고자 하나니)
> ⑷ 부텻 教化(교화)를 돕ᅀᆞᆸ고
>   (부처의 교화를 돕고)
>
> ⑶의 '-ᅀᆞᆸ-'과 ⑷의 '-ᅀᆞᆸ-'은 중세 국어의 객체 높임 선어말 어미이다. ⑶과 ⑷는 모두 객체 높임 선어말 어미를 통해 객체에 해당하는 인물을 높이고 있다는 공통점이 있지만, 그 인물을 직접적으로 높이느냐 간접적으로 높이느냐에 차이가 있다. 즉 ⑶에서 '-ᅀᆞᆸ-'은 객체인 '스승'을 직접적으로 높이는 데 비해, ⑷에서 '-ᅀᆞᆸ-'은 '教化(교화)'를 높임으로써 실제 높이고자 하는 대상인 '부텨'를 간접적으로 높이고 있다.

48

윗글을 바탕으로 하여 〈보기〉의 ㄱ~ㅁ을 이해한 내용으로 적절하지 않은 것은?

┌ 보기 ┐

ㄱ. 王(왕)ㅅ 일후믄 濕波(습파)ㅣ러시니
   (왕의 이름은 습파ㅣ이시더니)

ㄴ. 님긊 恩私(은사)롤 갑숩고져
   (임금의 은사를 갚고자)

ㄷ. 龍王(용왕)이 世尊(세존)올 보숩고
   (용왕이 세존을 뵙고)

ㄹ. 太子(태자)ㅣ 講堂(강당)애 모도시니
   (태자께서 강당에 모으시니)

ㅁ. 諸佛(제불)을 供養(공양)ㅎ숩게 ㅎ쇼셔
   (제불을 공양하게 하소서)

① ㄱ에서는 '-시-'를 통해 '일훔'을 높임으로써 '王(왕)'을 간접적으로 높이고 있군.

② ㄴ에서는 '-숩-'을 통해 '恩私(은사)'를 높임으로써 '님금'을 간접적으로 높이고 있군.

③ ㄷ에서는 '-숩-'을 통해 '世尊(세존)'을 높임으로써 '龍王(용왕)'을 간접적으로 높이고 있군.

④ ㄹ에서는 '-시-'를 통해 '太子(태자)'를 직접적으로 높이고 있군.

⑤ ㅁ에서는 '-숩-'을 통해 '諸佛(제불)'을 직접적으로 높이고 있군.

49

다음은 윗글과 관련된 [활동]과 이를 수행하는 학생들의 대화이다. '학생 2'의 분류 기준으로 가장 적절한 것은?

┌ 활동 ┐

문맥을 고려하여 ⓐ~ⓓ에 사용된 '높임 표현'을 기준을 세워 분류하시오.

• 우리 할아버지의 치아는 여전히 ⓐ튼튼하시다.
• 언니가 고모님을 공손하게 안방으로 ⓑ모시다.
• 아버지께서는 저녁거리를 사러 장에 ⓒ가시다.
• 형님께서 부르신 그분의 생각이 ⓓ타당하시다.

┌──────┐

학생 1: 나는 'ⓑ, ⓒ', 'ⓐ, ⓓ'의 두 부류로 나누어 봤어.
학생 2: 나는 'ⓑ'와 'ⓐ, ⓒ, ⓓ'의 두 부류로 나누어 봤어.

① 소유물을 높인 표현이 사용되는가의 여부

② 높임 대상을 직접적으로 높이는가의 여부

③ 객체에 해당하는 인물을 높이는가의 여부

④ 신체 부분을 높인 표현이 사용되는가의 여부

⑤ 객체 높임 선어말 어미가 활용되는가의 여부

| 2017 고3 4월 학평 14~15번 |

[50~51] 다음 글을 읽고 물음에 답하시오.

화자가 어떤 대상에 대하여 높임의 태도를 나타내는 문법 기능을 높임법이라 한다. 높임법은 높임이나 낮춤의 대상이 누구냐에 따라 주체 높임법, 객체 높임법, 상대 높임법으로 나누어진다.

주체 높임법은 화자가 문장의 주어인 서술의 주체에 대하여 높임의 태도를 나타내는 방법이다. 현대 국어에서는 선어말 어미 '-시-'를 통해 높임이 실현되는 것이 가장 일반적인 형태이지만, '주무시다'와 같은 특수한 어휘나 조사 '께서'에 의해 주체 높임법이 실현되기도 한다. 중세 국어의 경우에도 주로 '-시-'와 특수한 어휘가 사용된다는 점에서 현대 국어와 유사하다.

객체 높임법은 문장의 목적어나 부사어가 지시하는 대상, 곧 서술의 객체에 대하여 높임의 태도를 나타내는 방법이다. 현대 국어에서는 '드리다'와 같은 특수한 어휘나 조사 '께' 등을 통해 실현된다. 중세 국어의 경우에는 대표적으로 객체 높임 선어말 어미 '-ᄉᆞᆸ-'을 통해 객체 높임이 실현되었으며, '-ᄉᆞᆸ-'은 앞뒤의 음운적 환경에 따라 '-ᄉᆞᆸ-, -ᄌᆞᆸ-, -ᄉᆞᄫ-, -ᅀᆞᄫ-, -ᄌᆞᄫ-'으로 실현되기도 하였다. 또한 현대 국어와 같이 특수한 어휘들이 사용되어 객체 높임이 실현되기도 하였다.

상대 높임법은 화자가 청자인 상대방에 대하여 높이거나 낮추어 말하는 법을 일컫는다. 현대 국어에서 상대 높임법은 종결 표현에 의해 실현된다. 중세 국어의 경우에는 종결 표현이나 상대 높임 선어말 어미 '-이-, -잇-' 등을 통해 실현되었다.

50

윗글을 바탕으로 〈보기〉를 이해한 내용으로 적절하지 않은 것은?

보기

- 仁義之兵(인의지병)을 遼左(요좌)ㅣ ㉠깃ᄉᆞᄫᆞ니
  [현대어 풀이] 인의의 군대를 요동 사람들이 기뻐하니
- 聖孫(성손)이 ㉡一怒(일노)ᄒᆞ시니 六百年(육백년) 天下(천하)ㅣ 洛陽(낙양)애 ㉢올ᄆᆞ니이다
  [현대어 풀이] 성손(무왕)이 한번 노하시니 육백 년의 천하가 낙양으로 옮아간 것입니다.
- 聖宗(성종)ᄋᆞᆯ ㉣뫼셔 九泉(구천)에 가려 하시니
  [현대어 풀이] 성스러운 어른을 모시고 저승에 가려 하시니
- 하ᄂᆞᆯ히 駙馬(부마) 달애샤 두 孔雀(공작)일 ㉤그리시니이다
  [현대어 풀이] 하늘이 부마를 달래시어 두 공작을 그리신 것입니다.

– 『용비어천가(龍飛御天歌)』 –

① ㉠은 현대 국어와는 달리, 선어말 어미 '-ᄉᆞᄫ-'을 사용하여 목적어가 지시하는 대상을 높이고 있다고 할 수 있다.
② ㉡은 현대 국어와 마찬가지로 선어말 어미 '-시-'를 사용하여 '聖孫(성손)'을 높이고 있다고 할 수 있다.
③ ㉢은 현대 국어와는 달리, 청자를 높이기 위해 '-이-'라는 선어말 어미가 사용되었다고 할 수 있다.
④ ㉣은 현대 국어와 마찬가지로 서술의 주체를 높이기 위해 특수한 어휘가 사용된 것이라고 할 수 있다.
⑤ ㉤은 선어말 어미 '-시-'와 '-이-'를 사용하여 각각 문장의 주체와 청자인 상대방을 모두 높이고 있다고 할 수 있다.

51

윗글과 〈보기 1〉을 바탕으로 〈보기 2〉에서 사용된 높임의 양상을 바르게 분석하여 제시한 것은?

보기 1

주체 높임에는 서술의 주체를 직접 높이는 직접 높임과, 높여야 할 대상의 신체 부분, 개인적 소유물 등을 높임으로써 해당 인물을 높이는 간접 높임이 있다.

보기 2

아버지는 허리가 아프셔서 한영이가 아버지 대신 할아버지를 뵙고 왔습니다.

	주체 높임		객체 높임	상대 높임
	직접 높임	간접 높임		
①	×	○	○	높임
②	×	○	×	낮춤
③	○	×	○	높임
④	×	○	×	낮춤
⑤	○	×	○	낮춤

| 2017 고2 11월 학평 14~15번 |

[52~53] 다음 글을 읽고 물음에 답하시오.

시제란 발화시를 기준으로 사건시의 선후 관계에 따라 과거, 현재, 미래를 구분하는 문법 범주를 가리킨다. 이때 발화시는 말하는 시점을, 사건시는 사건이 일어나는 시점을 말한다.

과거 시제는 일반적으로 사건시가 발화시에 선행하는 시간 표현으로 규정되는데, 선어말 어미 '-았-/-었-'과 관형사형 어미 '-(으)ㄴ' 등을 통해 실현된다. 그리고 '어제', '옛날'과 같은 시간 부사어와 결합하여 그 의미가 구체화되기도 한다. 현재와 단절된 상황이나 먼 과거는 '-았었-/-었었-'을 통해 표현되기도 한다. 과거 시제 선어말 어미 중 '-더-'는 발화자가 과거에 경험한 일을 회상할 때 쓰이는데, 주어가 1인칭인 경우 쓰임에 제약이 따르기도 한다. '-았-/-었-'이 사용되었다고 해도 경우에 따라 사건시가 발화시와 일치하는 현재의 일이나 사건시가 발화시 이후인 미래의 일을 표시하는 데에도 쓰일 수 있다.

현재 시제는 일반적으로 사건시와 발화시가 일치하는 시간 표현이다. 동사의 경우 선어말 어미 '-는-/-ㄴ-'을 통해, 형용사와 서술격 조사의 경우에는 선어말 어미 없이 현재 시제를 표현한다. 또한 관형사형 어미 '-는', '-(으)ㄴ'을 통해서도 현재 시제를 표현할 수 있으며, '지금'과 같은 시간 부사어와 결합하여 그 의미가 구체화되기도 한다. 현재 시제가 사용된 표현은 보편적인 사실과 미래에 예정된 일을 나타낼 때에도 사용된다.

미래 시제는 사건시가 발화시 이후인 시간 표현이다. 이를 표현하는 선어말 어미로는 보편적으로 '-겠-'이 사용되며, '-(으)리-'가 사용되어 예스러운 의미를 나타내기도 한다. 그리고 관형사형 어미로는 '-(으)ㄹ'이 사용된다. 미래 시제는 '내일'과 같은 시간 부사어와 결합하여 의미가 구체화되기도 한다.

중세 국어도 과거, 현재, 미래의 삼분 체계를 가진다는 점에서 현대 국어와 동일하다. 다만 이를 표현하는 방식에 있어서는 차이가 있었다. 중세 국어에서 동사의 경우, 과거 시제는 선어말 어미 없이 표현하거나 선어말 어미 '-더-'를 사용하여 표현하였다. 중세에는 '-더-'가 현대 국어와는 달리 모든 인칭에 두루 쓰였으며, 1인칭 주어와 함께 쓰이는 경우에는 '-다-'로 나타났다. 현재 시제는 선어말 어미 '-ㄴ-/-ㄴ-'을 써서 표현하였으며, 이는 보편적인 사실을 나타내기도 한다. 미래 시제는 '-리-'를 써서 표현하였다.

52

다음은 현대 국어의 시제에 대한 탐구 활동지의 일부이다. 윗글을 바탕으로 할 때 ㉮에 들어갈 내용으로 적절하지 <u>않은</u> 것은? [3점]

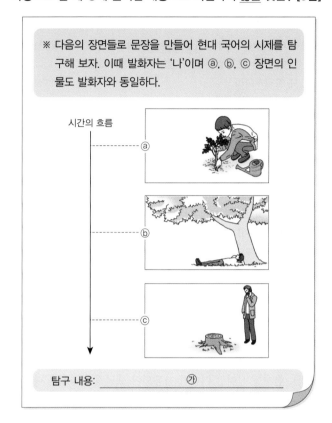

※ 다음의 장면들로 문장을 만들어 현대 국어의 시제를 탐구해 보자. 이때 발화자는 '나'이며 ⓐ, ⓑ, ⓒ 장면의 인물도 발화자와 동일하다.

시간의 흐름 ···· ⓐ
···· ⓑ
···· ⓒ

탐구 내용: _____ ㉮

① ⓐ에서 발화시와 사건시가 동일하다면, 선어말 어미 '-는-'을 사용하여 '나는 묘목을 심는다.'와 같이 표현할 수 있다.

② ⓐ에서 사건시가 발화시 이후인 ⓑ를 나타내고자 한다면, 선어말 어미 '-겠-'을 사용하여 '묘목이 자라면 나무 아래에서 잘 수 있겠지.'와 같이 표현할 수 있다.

③ ⓐ를 시간적으로 거리가 먼 ⓒ에서 발화한다면, 선어말 어미 '-었었-'을 사용하여 '나는 묘목을 심었었지.'와 같이 표현할 수 있다.

④ ⓒ에서 ⓑ를 회상하여 발화할 때 '나는 나무 아래에서 자더라.'와 같은 표현이 어색한 것은 선어말 어미 '-더-'의 사용에 제약이 따르기 때문이다.

⑤ ⓒ에서 발화시보다 사건시가 선행할 때 선어말 어미 '-았-'을 사용하여 '이제 나무 아래에서 낮잠은 다 잤다.'와 같이 표현할 수 있다.

53

윗글을 바탕으로 〈보기〉의 밑줄 친 부분에 나타난 중세 국어의 특징을 이해한 내용으로 적절하지 <u>않은</u> 것은?

┌─ 보기 ─────────────────────────────────┐
(가) 주거미 닐오딕 "내 ᄒᆞ마 명종(命終)호라"   『월인석보』
　　[현대어 풀이] 주검이 말하기를. "내가 이미 죽었다."

(나) 내 롱담ᄒᆞ다라   『석보상절』
　　[현대어 풀이] 내가 농담하였다.

(다) 네 이제 ᄯᅩ 묻ᄂᆞ다   『월인석보』
　　[현대어 풀이] 네가 이제 또 묻는다.

(라) 하놀히며 사룸 사ᄂᆞ 싸홀 다 뫼호아 세계(世界)라 ᄒᆞᄂᆞ니라
　　　　　　　　　　　　　　　　　　　　　　　　　『월인석보』
　　[현대어 풀이] 하늘이며 사람 사는 땅을 다 모아서 세계라 한다.

(마) 내 이제 분명(分明)히 너ᄃᆞ려 닐오리라   『석보상절』
　　[현대어 풀이] 내가 이제 분명히 너에게 말하겠다.
└──────────────────────────────────────┘

① (가): 시제를 나타내는 선어말 어미 없이 과거의 의미를 나타내고 있군.

② (나): 주어가 1인칭이므로 선어말 어미 '-다-'를 사용하여 과거의 의미를 나타내고 있군.

③ (다): 선어말 어미 '-ᄂᆞ-'를 통해 현재의 의미를 나타내고 있군.

④ (라): 현재형 선어말 어미가 사용되어 보편적인 사실을 나타내고 있군.

⑤ (마): 오늘날 사용되지 않는 선어말 어미를 통해 미래의 의미를 나타내고 있군.

[54~55] 다음 글을 읽고 물음에 답하시오.

　국어에서는 시간을 언어적으로 표현한 것을 시간 표현이라고 한다. 시간 표현에는 시제와 동작상이 있는데, 시제는 말하는 시점인 발화시를 기준으로 어떤 동작이나 상태가 일어난 시점인 사건시와의 관계를 과거, 현재, 미래와 같은 시간으로 나타내는 문법 요소이다.

　동작상은 시간의 흐름 속에서 동작이 일어나는 양상을 표현하는 문법 요소이다. 일반적으로 동작상은 '-고 있다', '-아/어 있다' 등과 같이 보조적 연결 어미와 보조 용언의 결합으로 실현된다. 또한 '-(으)면서', '-고서' 등과 같은 연결 어미를 통해서 실현되기도 한다. 동작상은 어떤 사건이 특정 시간의 흐름 속에서 계속 이어지고 있음을 나타내는 진행상과, 어떤 사건이 끝났거나 끝난 후의 결과가 지속되고 있음을 나타내는 완료상으로 구분할 수 있다.

　그런데 '그가 넥타이를 매고 있다.'라는 문장에서처럼 진행상을 나타내는 대표적인 표현이 완료상으로도 해석되는 경우가 있다. 이 문장은 그가 넥타이를 매는 중이라는 진행상으로 해석할 수도 있지만, 넥타이를 맨 채로 있다는 완료상으로 해석할 수도 있다. 이와 같이 신체에 무언가를 접촉하는 행위 중 어느 정도 시간의 폭을 요구하는 동사에, '-고 있다'가 쓰이면 중의적인 의미를 가지게 된다.

　중세 국어에서도 '-아/어 잇다' 등과 같이 보조적 연결 어미와 보조 용언의 결합이나, '-(으)며셔', '-고셔' 등과 같은 연결 어미를 통해 동작상이 실현되었음을 확인할 수 있다. 한편 중세 국어의 '-아/어 잇다'는 현대 국어의 '-아/어 있다'와 달리 진행상을 실현할 때와 완료상을 실현할 때 모두 사용되었다. 그리고 어간과 결합하는 보조적 연결 어미 '-아'는 'ᄒᆞ-' 뒤에서 '-야'의 형태로 바뀌어 나타났다.

54

윗글을 바탕으로 〈보기〉를 탐구한 내용으로 적절하지 <u>않은</u> 것은?

[3점]

┌─ 보기 ┐

ㄱ. 동생이 책을 읽고 있다.
ㄴ. 꽃이 아름답게 피어 있다.
ㄷ. 나는 노래를 부르면서 걸었다.
ㄹ. 그는 빨간 티셔츠를 입고 있다.
ㅁ. 나는 밥을 먹고서 집을 나섰다.

└────────┘

① ㄱ은 사건시와 발화시가 일치하는 시제가 나타나며, '-고 있다'를 통해 사건이 계속 이어지고 있음을 표현하고 있다.

② ㄴ은 어떤 사건이 끝난 후의 결과가 지속되고 있음을 나타내는 완료상이 실현되어 있다.

③ ㄷ은 연결 어미를 통해 시간의 흐름 속에서 사건이 완료되었음을 표현하고 있다.

④ ㄹ은 진행상으로 해석할 수도 있지만, 완료상으로도 해석할 수 있다.

⑤ ㅁ은 사건시가 발화시보다 앞서는 시제가 나타나며, '-고서'를 통해 사건이 끝났음을 나타내는 동작상을 표현하고 있다.

55

윗글을 참고하여 〈보기〉를 이해한 내용으로 적절하지 <u>않은</u> 것은?

┌─ 보기 ┐

[중세 국어 자료]

ㄱ. 고즈기 안자 잇거늘
  [현대어] 꼿꼿하게 앉아 있거늘

ㄴ. 서늘ᄒᆞᆫ ᄃᆡ 쉬며셔 자더니
  [현대어] 서늘한 곳에서 쉬면서 잤는데

ㄷ. 누늘 長常(장상) 쌀아 잇더라
  [현대어] 눈을 항상 쳐다보고 있었다.

ㄹ. ᄣᆡ 무든 옷 닙고 시름ᄒᆞ야 잇더니
  [현대어] 때 묻은 옷을 입고 걱정하고 있더니

ㅁ. 문 닫고셔 오직 닐오ᄃᆡ
  [현대어] 문을 닫고서 오직 이르되

└────────┘

① ㄱ에는 '-아 잇다'가 활용된 형태로 완료상이 표현되어 있음을 확인할 수 있겠군.

② ㄴ에는 연결 어미가 사용되어 동작상이 표현되어 있음을 확인할 수 있겠군.

③ ㄷ에는 '-아 잇다'의 활용된 형태가 현대 국어의 '-아 있다'와 달리 진행의 의미로 표현되어 있음을 확인할 수 있겠군.

④ ㄷ과 ㄹ을 비교해 보니 보조적 연결 어미 '-아'가 'ㅎ-' 뒤에서는 '-야'의 형태로 나타나 있음을 확인할 수 있겠군.

⑤ ㄹ과 ㅁ에서는 보조적 연결 어미와 보조 용언이 결합된 형태로 동작상이 표현되어 있음을 확인할 수 있겠군.

[56~57] 다음을 읽고 물음에 답하시오.

현대 국어의 시간 표현 중 하나는 선어말 어미를 활용하는 것이다. 동사는 어간에 선어말 어미 '-는-/-ㄴ-'을 결합하여 현재 시제를 표현하는데, 동사의 어간 말음이 자음인 경우에는 '-는-'이, 모음인 경우에는 '-ㄴ-'이 결합한다. 이와 달리 형용사와 '이다'는 어간에 선어말 어미가 결합하지 않고 현재 시제를 표현할 수 있다. 동사와 형용사, 그리고 '이다'는 어간에 선어말 어미 '-았-/-었-'을 결합하여 과거 시제를 표현하는데, 어간 '하-' 다음에는 선어말 어미 '-였-'을 결합하여 과거 시제를 표현한다. 동사와 형용사, 그리고 '이다'는 어간에 선어말 어미 '-겠-'을 결합하여 미래 시제를 표현하는데, 추측이나 의지 등의 의미를 나타내기도 한다.

중세 국어의 시간 표현은 ㉠용언의 어간에 선어말 어미를 결합하여 나타내는 경우와 ㉡용언의 어간에 선어말 어미를 결합하지 않고 나타내는 경우가 있었다. 이를 살펴보면, 동사는 어간에 선어말 어미 '-ᄂ-'를 결합하여 현재 시제를 표현하였고, 형용사는 어간에 선어말 어미를 결합하지 않고 현재 시제를 표현하였다. 또한 동사는 어간에 선어말 어미를 결합하지 않고 과거 시제를 표현하기도 했고, 회상의 의미가 있는 선어말 어미 '-더-'를 결합하여 과거 시제를 표현하기도 했다. 형용사도 선어말 어미 '-더-'를 통해 과거 시제를 표현하였다. 또한 동사와 형용사는 추측의 의미가 있는 선어말 어미 '-리-'를 어간에 결합하여 미래 시제를 표현하였다.

56

윗글을 바탕으로 〈보기〉를 탐구한 내용으로 적절하지 <u>않은</u> 것은?

┌ **보기** ┐
- 동생이 지금 밥을 ⓐ먹는다.
- 우리 아기가 무럭무럭 ⓑ자란다.
- 이곳에 따뜻한 난로가 ⓒ놓였다.
- 신랑, 신부가 ⓓ입장하겠습니다.
- 나는 어젯밤에 무서운 꿈을 ⓔ꿨다.
└─────────────────────────┘

① ⓐ는 동사의 어간 다음에 현재 시제 선어말 어미로 '-는-'이 사용된 예에 해당한다.

② ⓑ는 동사의 어간 다음에 현재 시제 선어말 어미로 '-ㄴ-'이 사용된 예에 해당한다.

③ ⓒ는 동사의 어간 다음에 과거 시제 선어말 어미로 '-였-'이 사용된 예에 해당한다.

④ ⓓ는 동사의 어간 다음에 미래 시제 선어말 어미로 '-겠-'이 사용된 예에 해당한다.

⑤ ⓔ는 동사의 어간 다음에 과거 시제 선어말 어미로 '-었-'이 사용된 예에 해당한다.

57

〈보기〉에서 ㉠과 ㉡에 해당하는 예를 찾아 바르게 짝지은 것은?

┌ **보기** ┐
- 너도 ᄯᅩ 이 ⓐ곧ᄒᆞ다
  (너도 또 이와 같다.)
- 네 이제 ᄯᅩ ⓑ묻ᄂ다
  (네가 이제 또 묻는다.)
- 五百 도즈기 … ⓒ도죽ᄒᆞ더니
  (오백 도적이 … 도둑질하더니)
- 이 智慧 업슨 比丘ㅣ 어드러셔 ⓓ오뇨
  (이 지혜 없는 비구가 어디에서 왔느냐?)
- 이 善女人이 … 다시 나디 ⓔ아니ᄒᆞ리니
  (이 선여인이 … 다시 나지 아니할 것이니)
└─────────────────────────┘

	㉠	㉡
①	ⓑ, ⓒ	ⓐ, ⓓ, ⓔ
②	ⓐ, ⓔ	ⓑ, ⓒ, ⓓ
③	ⓓ, ⓔ	ⓐ, ⓑ, ⓒ
④	ⓐ, ⓒ, ⓓ	ⓑ, ⓔ
⑤	ⓑ, ⓒ, ⓔ	ⓐ, ⓓ

| 2017 고3 10월 학평 14~15번 |

[58~59] 다음 글을 읽고 물음에 답하시오.

현대 국어에서 사동 표현은 주동문의 동사나 형용사 어근에 사동 접미사 '-이-, -히-, -리-, -기-, -우-, -구-, -추-'가 붙거나, '-게 하다'에 의해 만들어진다.

서술어가 형용사나 자동사인 주동문을 사동문으로 바꿀 때, 주동문의 주어가 사동문의 목적어가 되며 사동문의 주어가 새로 도입된다. 이는 주동문 (ㄱ)과 사동문 (ㄴ)을 살펴보면 알 수 있는데, 서술어의 자릿수에도 변화가 일어난다.

(ㄱ) 얼음이 녹는다.

(ㄴ) 아이들이 얼음을 녹인다.

한편 서술어가 타동사인 주동문을 사동문으로 바꿀 때, 주동문의 주어는 사동문의 부사어가 되고 주동문의 목적어는 그대로 사동문의 목적어가 되며 사동문의 주어가 새로 도입된다. 이는 주동문 (ㄷ)과 사동문 (ㄹ)을 살펴보면 알 수 있는데, 서술어의 자릿수에도 변화가 일어난다.

(ㄷ) 영희가 책을 읽었다.

(ㄹ) 선생님께서 영희에게 책을 읽히셨다.

한편 주동문의 동사나 형용사 어근에 사동 접미사가 붙은 사동사에 의한 사동을 단형 사동이라 하고, '-게 하다'에 의한 사동을 장형 사동이라 한다. 사동을 일으키는 주체가 사동 행위를 받는 대상의 행위에 함께 참여하는 의미를 표현하는 경우를 직접 사동이라 하고 그렇지 않은 경우를 간접 사동이라 하는데, 단형 사동은 맥락에 따라 직접 사동과 간접 사동의 두 가지 의미를 모두 표현할 수 있으나 장형 사동은 간접 사동의 해석만을 허용한다.

15세기 국어에서 사동 범주는 주동문의 동사나 형용사 어근에 사동 접미사 '-이-, -히-, -기-, -오-/-우-, -호-/-후-, -ᄋᆞ-/-으-'가 붙어서 만들어지거나 현대 국어의 '-게 하다'에 해당하는 '-게 ᄒᆞ다'에 의해 만들어졌다.

58

윗글을 바탕으로 〈보기〉의 ㉠~㉣을 탐구한 내용으로 적절하지 않은 것은?

┌ **보기** ┐

㉠ 얼음 위에서 팽이가 돈다.
㉡ 지원이가 그 일을 맡았다.
㉢ 엄마가 아이에게 우유를 먹였다.
㉣ 엄마가 아이에게 우유를 먹게 하였다.

└─────────────┘

① ㉠을 '아이들이'를 주어로 삼는 단형 사동문으로 바꿀 때, ㉠의 주어는 목적어로 바뀔 것이다.

② ㉠을 '아이들이'를 주어로 삼는 단형 사동문으로 바꿀 때, 서술어의 자릿수가 한 자리에서 두 자리로 바뀔 것이다.

③ ㉡을 '선생님께서'를 주어로 삼는 단형 사동문으로 바꿀 때, ㉡의 주어는 부사어로 바뀔 것이다.

④ ㉡을 '선생님께서'를 주어로 삼는 단형 사동문으로 바꿀 때, 서술어의 자릿수가 두 자리에서 세 자리로 바뀔 것이다.

⑤ ㉣은 ㉢과 달리 직접 사동과 간접 사동의 의미 모두로 해석될 수 있을 것이다.

59

윗글을 바탕으로 〈보기〉의 ㉠~㉤을 이해한 내용으로 적절하지 않은 것은? [3점]

┌ **보기** ┐

• [15세기 국어] ᄀᆞᄅᆞ매 비 업거늘 ㉠얼우시고
  [현대 국어] 강에 배가 없으므로 (강물을) 얼리시고

• [15세기 국어] 묵수믈 ㉡일케 ᄒᆞ야뇨
  [현대 국어] 목숨을 잃게 하였는가

• [15세기 국어] 比됴란 노피 ㉢안치시고
  [현대 국어] 비구는 높이 앉히시고

• [15세기 국어] 나랏 小民을 ㉣사ᄅᆞ시리잇가
  [현대 국어] 나라의 백성들을 살리시겠습니까

• [15세기 국어] 투구 아니 ㉤밧기시면
  [현대 국어] 투구를 아니 벗기시면

└─────────────┘

① ㉠은 동일한 어근에 결합하는 사동 접미사가 15세기 국어와 현대 국어에서 다른 경우가 있음을 보여 주는군.

② ㉡은 현대 국어의 '-게 하다'에 해당하는 15세기 국어의 '-게 ᄒᆞ다'가 쓰인 모습을 보여 주는군.

③ ㉢은 15세기 국어에서 어근과 사동 접미사가 결합된 형태를 소리 나는 대로 적었다는 점에서 현대 국어와는 다른 양상을 보여 주는군.

④ ㉣은 현대 국어에서 쓰이지 않는 사동 접미사가 15세기 국어에서 쓰인 양상을 보여 주는군.

⑤ ㉤은 15세기 국어와 현대 국어에서 어근 형태가 달라짐에 따라 어근에 결합하는 사동 접미사가 달라진 양상을 보여 주는군.

[60~61] 다음을 읽고 물음에 답하시오.

사동 표현은 주어가 남에게 동작을 하도록 시키는 뜻을 나타내는 것으로, 파생적 사동과 통사적 사동으로 구분될 수 있다. 우선 파생적 사동은 사동 접사 '-이-, -히-, -리-, -기-, -우-, -구-, -추-' 등이 붙어 만들어지는데, '높이다', '좁히다', '울리다', '옮기다', '비우다' 등이 그 예이다. 다만 일부 용언은 사동 접사의 결합에 제약이 있기도 하다. 예컨대 '(회사에) 다니다', '(손을) 만지다'와 같이 어간이 'ㅣ'로 끝나는 동사, '(형과) 만나다', '(원수와) 맞서다'와 같이 특정한 상대 등을 필수적으로 요구하는 동사, '(돈을) 주다'와 같이 주거나 받는 뜻을 가진 동사 등은 대개 사동 접사가 결합되지 못한다. 한편 사동 표현은 '먹게 하다', '잡게 하다'와 같이 '-게 하다'에 의해 만들어지기도 하는데 이를 통사적 사동이라 한다.

15세기 국어에서도 사동 표현이 쓰였다. 우선 파생적 사동은 주로 '-이-, -히-, -기-, -오/우-, -호/후-, -ᄋᆞ/으-' 등이 붙어 만들어졌다. 다만 '걷다'와 같은 ㄷ 불규칙 용언에 '-이-'가 결합될 때에는 어간 '걷-'의 받침 'ㄷ'이 'ㄹ'로 바뀌어 '걸이다'[걸리다]로 쓰였다. 한편 현대 국어의 '-게 하다'에 해당하는 통사적 사동도 있었다. 이때 보조적 연결 어미는 '-게/긔'가 주로 쓰였는데, 모음이나 자음 'ㄹ'로 끝나는 어간 뒤, 혹은 '이다'의 '이-' 뒤에서는 '-에/의'로도 쓰였다. '얻게 ᄒᆞ다'[얻게 하다]는 '얻-'에 '-게 ᄒᆞ다'가 결합된 통사적 사동의 예이다.

60

윗글을 바탕으로 할 때, 〈보기〉에서 적절한 것만을 있는 대로 고른 것은?

┌ 보기 ┐

ㄱ. '(선물을) 받다', '(시간이) 늦다'는 모두 파생적 사동이 불가능한 동사이다.

ㄴ. '(넋을) 기리다'와 달리 '(연을) 날리다'는 사동 접사가 붙어 만들어진 동사이다.

ㄷ. '(공을) 던지다'와 달리 '(추위를) 견디다'는 어간이 'ㅣ'로 끝나기 때문에 사동 접사가 결합되지 못한다.

ㄹ. '(적과) 싸우다', '(동생과) 닮다'는 모두 특정한 상대 등을 필수적으로 요구하는 동사이기 때문에 사동 접사가 결합되지 못한다.

① ㄱ, ㄴ   ② ㄱ, ㄷ   ③ ㄴ, ㄹ

④ ㄱ, ㄷ, ㄹ   ⑤ ㄴ, ㄷ, ㄹ

61

〈보기〉의 사동 표현에서 ⓐ~ⓓ를 탐구해 얻은 결과로 적절하지 않은 것은?

┌ 보기 ┐

• 사ᄅᆞ물 ⓐ알의(알- + -의) ᄒᆞ는 거시라
[사람을 알게 하는 것이라]

• 風流를 ⓑ들이(듣- + -이-)ᅀᆞᆸ더니
[풍류를 들리더니]

• ᄒᆡ마다 數千人을 ⓒ사ᄅᆞ(살- + -ᄋᆞ-)니
[해마다 수천 인을 살리니]

• 서르 빡 ⓓ마촐씨니(맞- + -호- + -ㄹ씨니)
[서로 짝 맞출 것이니]

① ⓐ에서는 'ㄹ'로 끝나는 어간 뒤에 보조적 연결 어미 '-의'가 결합되었군.

② ⓑ에서는 사동 접사가 결합될 때 어간 받침 'ㄷ'이 'ㄹ'로 바뀌었군.

③ ⓑ를 통사적 사동으로 바꾸어 표현하면 '드데 ᄒᆞ'로 나타낼 수 있겠군.

④ ⓒ는 '-ᄋᆞ-'가, ⓓ는 '-호-'가 동사 어간에 결합하여 만들어진 파생적 사동이겠군.

⑤ ⓒ, ⓓ에는 현대 국어에서 사용되지 않는 형태의 사동 접사가 결합되었군.

[62~63] 다음 글을 읽고 물음에 답하시오.

부정하는 내용을 문법적으로 실현한 문장을 부정문이라고 한다. 부정문은 의미에 따라 '안' 부정문과 '못' 부정문으로, 길이에 따라 '짧은 부정문'과 '긴 부정문'으로 나누기도 한다. 한편 명령문과 청유문의 부정에는 '말다' 부정문이 쓰이고, '말다' 부정문은 '긴 부정문'만 가능하다.

'안' 부정문은 부정 부사 '안(아니)'으로 실현되는 짧은 부정문과 부정의 용언 구성 '-지 않다(아니하다)'로 실현되는 긴 부정문이 있고, 객관적 사실을 부정하는 '단순 부정'과 동작 주체의 의도를 부정하는 '의도 부정'이 있다. '안' 부정문의 서술어가 동사이고 주어가 의지를 가질 수 있는 동작 주체인 경우에 '단순 부정'과 '의도 부정'의 해석이 모두 가능하다. 하지만 서술어가 형용사이거나 주어가 의지를 가질 수 없는 경우에는 대개 '단순 부정'으로 해석한다.

'못' 부정문은 부정 부사 '못'으로 실현되는 짧은 부정문과 부정의 용언 구성 '-지 못하다'로 실현되는 긴 부정문이 있다. 일반적으로 '못' 부정문은 동작 주체의 능력 부족을 드러내는 부정문이므로, 동작 주체의 능력으로는 어쩔 수 없는 심리적 상태를 나타내는 서술어는 '못' 부정문에 쓰이기 어렵다. 한편 '못' 부정문은 일반적으로 서술어가 형용사인 경우에는 성립할 수 없지만, '긴 부정문'에 한하여 '화자의 기대하는 기준에 이르지 못함'의 뜻을 나타내는 경우에는 쓰이기도 한다. 나아가 '못' 부정문은 화자의 능력을 부정하는 의미에서 발전하여 완곡한 거절, 또는 강한 거부와 같은 화자의 심리적 태도를 반영하기도 한다.

'말다' 부정문은 명령문 및 청유문에서 부정의 용언 구성 '-지 말다'로 실현된다. 형용사는 대부분 명령문이나 청유문의 서술어로 쓰일 수 없기 때문에 '말다' 부정문은 서술어가 형용사인 경우에는 성립하지 않는다. 하지만 문장의 서술어가 형용사라도 기원이나 희망을 나타낼 때는 '말다' 부정문이 쓰이기도 한다.

62

윗글을 바탕으로 〈보기〉를 이해한 내용으로 적절하지 <u>않은</u> 것은? [3점]

| 보기 |

태영: 새로 배정받은 ㉠동아리실이 그리 넓지 못해 고민이야. 우리가 쓰던 ㉡물품이 전부 안 들어가겠는데?

수진: 그 정도는 아닐 거야. 일단 물품을 옮겨 보자. 내일 어때?

태영: 미안하지만 ㉢나는 내일 못 와. 이번 휴일에는 집에서 좀 쉬고 싶어.

수진: ㉣나도 별로 안 내키는데, 다른 친구들은 내일 시간이 괜찮다고 하더라.

태영: 그래? 그럼 나도 와서 도울게. 그나저나 ㉤내일은 제발 덥지만 마라.

① ㉠의 '못' 부정문은 형용사인 서술어에 '긴 부정문' 형태로 실현되어 화자가 기대하는 기준에 이르지 못한다는 의미를 나타내고 있군.

② ㉡의 '안' 부정문은 주어가 의지를 가질 수 있는 동작 주체인 경우이기 때문에 '단순 부정'과 '의도 부정'으로 모두 해석이 가능하겠군.

③ ㉢의 '못' 부정문은 완곡한 거절이라는 화자의 심리적 태도를 나타내고 있군.

④ ㉣의 서술어는 동작 주체의 능력으로는 어쩔 수 없는 심리적 상태를 나타내기 때문에 '못' 부정문에 사용될 수 없겠군.

⑤ ㉤의 '말다' 부정문은 형용사인 서술어에 '긴 부정문' 형태로 실현되어 화자의 기원이나 희망의 의미를 나타내고 있군.

63

다음은 수업의 일부이다. 윗글을 바탕으로 @~@에 대해 이해한 내용으로 적절하지 <u>않은</u> 것은?

선생님: 중세 국어의 부정문은 현대 국어와 큰 차이가 없었습니다. 제시한 예문들을 현대 국어와 비교하여 이해해 봅시다.

[중세 국어] 世尊이 @아니 오실씨
[현대 국어] 세존이 아니 오시므로

[중세 국어] 닐웨사 ⓑ머디 아니ᄒ다.
[현대 국어] 이레야 멀지 아니하다.

[중세 국어] 부텨를 몯 맛나며 法을 ⓒ몯 드르며
[현대 국어] 부처를 못 만나며 법을 못 들으며

[중세 국어] 이 ᄠᅳ들 @닛디 마ᄅ쇼셔.
[현대 국어] 이 뜻을 잊지 마십시오.

① @를 보니 중세 국어에서도 현대 국어의 '안' 부정문에 해당하는 부정문이 사용되었음을 알 수 있군.

② ⓑ를 보니 현대 국어에서처럼 중세 국어에서도 '단순 부정'에 해당하는 부정문이 사용되었음을 알 수 있군.

③ ⓒ를 보니 현대 국어에서처럼 중세 국어에서도 동작 주체의 의도를 부정하는 부정문이 사용되었음을 알 수 있군.

④ @를 보니 현대 국어에서처럼 중세 국어에서도 명령문을 부정하는 부정문이 사용되었음을 알 수 있군.

⑤ @와 @를 보니 중세 국어에서도 현대 국어의 '짧은 부정문'과 '긴 부정문'에 해당하는 부정문이 사용되었음을 알 수 있군.

| 2021 고2 3월 학평 13번 |

한글 맞춤법과 중세 국어 자료를 함께 참고하여 탐구한 결과로 적절하지 <u>않은</u> 것은? [3점]

한글 맞춤법	【제31항】 두 말이 어울릴 적에 'ㅎ' 소리가 덧나는 것은 소리대로 적는다. • 수캐(○) / 수개(×) • 살코기(○) / 살고기(×)
관련 자료	중세 국어에서는 '숳ㅎ', '암ㅎ[雌]', '수ㅎ[雄]', '안ㅎ[內]', '나라ㅎ' 등의 'ㅎ 종성 체언'이 있었다. 'ㅎ 종성 체언'은 단독형으로 쓰일 때에는 'ㅎ'이 나타나지 않지만, 아래와 같은 경우 'ㅎ'이 나타나기도 하였다. <table><tr><td>'ㅎ'이 나타나는 경우</td><td>예</td></tr><tr><td>모음으로 시작하는 말과 결합하는 경우 'ㅎ'을 이어 적음.</td><td>하놀ㅎ+이 → 하놀히(하늘이)</td></tr><tr><td>자음 'ㄱ, ㄷ, ㅂ'으로 시작하는 말과 결합하는 경우 'ㅋ, ㅌ, ㅍ'이 됨.</td><td>고ㅎ+기리 → 고키리(코끼리)</td></tr></table> 현대 국어에서는 몇 개의 복합어에서만 'ㅎ 종성 체언'의 흔적이 남아 있는데, '수캐', '살코기', '암평아리' 등이 그에 해당한다.

① '안팎'은 'ㅎ 종성 체언'인 '안ㅎ'에 '밖'이 결합한 흔적이 남아 있는 경우이겠군.

② '수캐'는 'ㅎ'이 'ㄱ'과 어울려 'ㅋ'으로 되는 거센소리되기가 이루어진 것이겠군.

③ '살코기'의 '살'은 중세 국어에서 단독으로 쓰일 경우 '숳ㅎ'의 형태로 사용되었겠군.

④ '나라'는 중세 국어에서 조사 '이'와 결합하는 경우 '나라히'의 형태로 사용되었겠군.

⑤ '암평아리'는 중세 국어에서 'ㅎ 종성 체언' '암ㅎ'에 '병아리'가 결합한 흔적일 수 있겠군.

| 2019 고1 11월 학평 11~12번 |

[65~66] 다음 글을 읽고 물음에 답하시오.

[A]
현대 국어의 표기는 '표준어를 소리대로 적되, 어법에 맞도록 함을 원칙으로 한다.'라는 한글 맞춤법 규정을 따른다. 표준어를 소리대로 적는다는 것은 표준어를 발음 나는 대로 적는 표음주의를, 어법에 맞도록 한다는 것은 각 형태소의 본 모양을 밝혀 적는 표의주의를 채택한 것이다. 그런데 일반적인 활용 규칙에서 어긋나는 경우, 합성어나 파생어를 구성함에 있어서 구성 요소가 본뜻에서 멀어진 경우 등에는 표음주의가 채택된다.

이러한 표기 원칙이 제정되기 전 국어의 표기 방식은 이어 적기, 끊어 적기, 거듭 적기 등의 다양한 방식으로 나타났다. 자음으로 끝나는 체언이 모음으로 시작되는 조사를 만나거나 자음으로 끝나는 용언의 어간이나 어근이 모음으로 시작되는 어미나 접사를 만날 때, 이어 적기는 앞 형태소의 끝소리를 뒤 형태소의 첫소리로 옮겨 적는 방식이고, 끊어 적기는 실제 발음과는 달리 형태소의 본 모양을 밝혀서 끊어 적는 방식이다. 그리고 거듭 적기는 앞 형태소의 끝소리를 뒤 형태소의 첫소리에도 다시 적는 표기 방식으로, '말씀+이'를 '말씀미'와 같은 방식으로 적는 것이다. 한편 'ㅋ, ㅌ, ㅍ'을 'ㄱ, ㄷ, ㅂ'과 'ㅎ'으로 나누어 표기하는 방식인 재음소화 표기가 나타나기도 했는데, '깊이'를 '깁히'와 같이 적는 경우를 예로 들 수 있다.

65

〈보기〉는 '한글 맞춤법'의 일부를 정리한 학습지이다. [A]를 바탕으로 〈보기〉의 ㉠~㉤을 이해한 내용으로 적절하지 <u>않은</u> 것은? [3점]

> **보기**
>
> **제15항** 용언의 어간과 어미는 구별하여 적는다.
> ⑩ ㉠먹고, ㉡좋아
> [붙임] 두 개의 용언이 어울려 한 개의 용언이 될 적에, 앞말의 본뜻이 유지되고 있는 것은 그 원형을 밝히어 적고, 그 본뜻에서 멀어진 것은 밝히어 적지 아니한다.
> (1) 앞말의 본뜻이 유지되고 있는 것 ⑩ 돌아가다
> (2) 본뜻에서 멀어진 것 ⑩ ㉢사라지다, 쓰러지다
>
> **제18항** 다음과 같은 용언들은 어미가 바뀔 경우, 그 어간이나 어미가 원칙에 벗어나면 벗어나는 대로 적는다.
> 1. 어간의 끝 'ㅂ'이 'ㅜ'로 바뀔 적 ⑩ ㉣쉽다, 맵다
> 2. 어간의 끝음절 '르'의 'ㅡ'가 줄고, 그 뒤에 오는 어미 '-아/-어'가 '-라/-러'로 바뀔 적 ⑩ ㉤가르다, 부르다

① ㉠은 단어의 기본형인 '먹다'와 마찬가지로 표의주의 방식을 채택하고 있군.
② ㉡은 어간과 어미를 구별하여 형태소의 본 모양을 밝혀 적는 방식으로 표기하고 있군.
③ ㉢은 합성어를 구성함에 있어서 앞말이 본뜻에서 멀어져 발음 나는 대로 적는 방식을 채택하고 있군.
④ ㉣은 활용할 때, '쉽고'와 같은 표의주의 표기와 '쉬우니'와 같은 표음주의 표기를 모두 확인할 수 있군.
⑤ ㉤은 활용할 때, '갈라'와 같이 일반적인 활용 규칙에서 어긋난 경우에는 표의주의 방식으로 표기하고 있군.

66

윗글을 바탕으로 〈보기〉의 ⓐ~ⓖ를 탐구한 내용으로 적절하지 <u>않은</u> 것은?

> **보기**
>
> • 머리셔 브라매 ⓐ노피 하늘해 다핫고 갓가이셔 보니 아ᅀᆞ라히 하놀햇 ⓑ므레 줌겻ᄂᆞ니
> (멀리서 바람에 높이 하늘에 닿았고 가까이서 보니 아스라이 하늘의 물에 잠겼나니)
> – 『번역박통사』 –
>
> • 고경명은 광쥐 ⓒ사ᄅᆞ미니 임진왜난의 의병을 슈챵ᄒᆞ야 금산 ⓓ도적글 티다가 패ᄒᆞ여
> (고경명은 광주 사람이니 임진왜란에 의병을 이끌어 금산 도적을 치다가 패하여)
> – 『동국신속삼강행실도』 –
>
> • ⓔ븕은 긔운이 하놀을 쮜노더니 이랑이 소리를 ⓕ놉히 ᄒᆞ야 나를 불러 저긔 믈 밋츨 보라 웨거눌 급히 눈을 ⓖ드러 보니
> (붉은 기운이 하늘을 뛰놀더니 이랑이 소리를 높이 하여 나를 불러 저기 물 밑을 보라 외치거늘 급히 눈을 들어 보니)
> – 『의유당관북유람일기』 –

① ⓐ는 이어 적기를 하고 있는 반면 ⓕ는 거듭 적기를 하고 있군.
② ⓑ는 앞 형태소의 끝소리를 뒤 형태소의 첫소리로 옮겨 적고 있군.
③ ⓒ는 체언과 조사가 결합할 때 형태소의 본 모양을 밝혀서 끊어 적고 있군.
④ ⓓ는 앞 형태소의 끝소리를 뒤 형태소의 첫소리에도 다시 적고 있군.
⑤ ⓔ와 ⓖ는 용언의 어간이 모음으로 시작하는 어미를 만날 때 표기하는 방식이 서로 다르군.

[67~68] 다음 글을 읽고 물음에 답하시오.

담화는 하나 이상의 발화나 문장으로 이루어진다. 담화가 그 내용 면에서 완결성을 갖추기 위해서는 담화를 이루는 발화나 문장들이 일관된 주제 속에 내용상 유기적인 관련을 맺고 있어야 한다. 이때 각 발화나 문장 간의 관련성을 보여 주는 형식적 장치가 필요하다. 이러한 장치에는 지시, 대용, 접속 표현이 있다.

우선 지시 표현은 담화 장면을 구성하는 화자, 청자, 사물, 시간, 장소 등의 요소를 직접 가리키는 표현이다. 그리고 대용 표현은 담화에서 언급된 말, 혹은 뒤에서 언급될 말을 대신하는 표현이다. 대표적인 지시 표현으로는 '이, 그, 저' 등이 있다. 이들이 담화에서 언급되는 말을 대신할 때는 대용 표현이 된다. 가령 친구가 든 꽃을 보면서 화자가 "이 꽃 예쁘네."라고 말했다면, '꽃'을 직접 가리키는 '이'는 지시 표현이다. 그러나 화자가 "그런데 지난번 꽃도 예쁘던데, 그때 그거는 어디서 샀어?"라고 발화를 곧장 이어 간다면 이때의 '그거'는 앞선 발화의 '지난번 꽃'이라는 말을 대신하는 대용 표현이다. 끝으로 접속 표현은 문장과 문장, 발화와 발화를 연결해 주는 표현으로, '그리고' 등과 같은 접속 부사가 대표적인 예이다. 앞서 언급된 두 번째 발화의 '그런데'도 앞의 발화를 뒤의 발화와 이어 주는 접속 표현에 속한다.

한편, 담화 전개 과정에서 화자는 청자 및 맥락을 고려하면서 발화나 문장을 통해 자신의 의도를 효과적으로 구현한다. 이때 여러 문법 요소가 활용된다. 가령 화자는 "아버지! 진지 드세요."라는 발화에서 '드세요'의 '드시-'를 통해 문장의 주체인 '아버지'를, 종결 어미 '-어요'를 통해 청자인 '아버지'를 높이고 있다. 이와 같이 화자는 특정 어휘나 조사, 어미 등을 사용하여 어떤 대상에 대해 높이거나 낮추는 태도를 드러낸다. 아울러 위의 '드세요'의 '-어요'는 화자가 청자에게 어떠한 행동을 요구하고 있음도 보여 준다. 즉, 종결 어미는 청자에게 답변을 요구하거나, 어떠한 사실을 새롭게 알게 되었다는 점을 두드러지게 나타내는 등 화자의 의도를 구현할 때도 쓰인다. 화자, 청자 및 맥락이 발화나 문장에서 문법 요소와 맺고 있는 관련성은 ㉠"할아버지께서 마침 방에 계셨구나! 과일 좀 드리고 오렴."과 같이 연속된 발화로 이루어진 담화에서 더욱 다양하게 나타날 수 있다.

67

윗글을 바탕으로 〈보기〉의 ⓐ~ⓕ에 대해 설명한 내용으로 적절하지 **않은** 것은?

| 보기 |

(두 친구가 만나서 주말 나들이 장소를 정하는 상황)
선희: 우리, 이번 주말 나들이 장소로 어디가 좋을까?
영선: (딴생각을 하다가) ⓐ지금 저녁 먹으러 가자.
선희: 그게 뭔 소리야? 주말 나들이로 어디 갈 거냐고.
영선: (머쓱해하며) 아, 그럼 놀이동산 갈까?
선희: 음, ⓑ거기 말고, (사진을 보여 주며) ⓒ여기는 어때?
영선: ⓓ거기? 해수욕장은 아직 좀 춥잖아. ⓔ그리고 너무 멀잖아. (선희를 바라보며) 아, 작년에 같이 갔던 수목원은 어때?
선희: 그래, ⓕ거기가 좋겠다. 그럼, 토요일에 보자. 안녕.

① ⓐ는 '주말 나들이 장소 정하기'라는 내용에 부합하지 않아서 담화의 완결성을 떨어뜨리고 있다.
② ⓑ는 '영선'이 발화한 '놀이동산'을 대신하는 대용 표현이다.
③ ⓒ, ⓓ는 발화 간의 관련성을 높이는 형식적 장치로서 형태가 다른 표현이지만 동일한 장소를 나타내고 있다.
④ ⓔ는 '해수욕장은 아직 좀 춥잖아.'와 '너무 멀잖아.'를 대등하게 이어 주는 접속 표현이다.
⑤ ⓕ는 '작년에 같이 갔던 수목원'을 직접 가리키는 지시 표현이다.

68

㉠에 대한 이해로 적절하지 **않은** 것은?

① '할아버지께서'의 '께서'를 통해 화자가 문장의 주체인 '할아버지'를 높이고 있다.
② '계셨구나'의 '계시-'를 통해 화자가 문장의 주체인 '할아버지'를 높이고 있다.
③ '계셨구나'의 '-구나'를 통해 화자가 문장의 주체인 '할아버지'에 관한 사실을 새롭게 알게 되었음을 부각하고 있다.
④ '드리고'의 '드리-'를 통해 화자가 문장의 주체인 '할아버지'를 높이고 있다.
⑤ '오렴'의 '-렴'을 통해 화자가 청자에게 어떠한 행동을 요구하고 있다.

69

| 2018 고1 3월 학평 14번 |

〈보기〉에 제시된 국어사전의 정보를 탐구한 내용으로 적절하지 <u>않</u>은 것은?

┌ 보기 ┐

없다 [업ː따] 〔없어, 없으니, 없는〕

　　　　형 사람, 동물, 물체 따위가 실제로 존재하지 않는 상태이다.

　　　　¶ 각이 진 원은 없다.

있다 [읻따] 〔있어, 있으니, 있는〕

　　(1) 동 【…에】 사람이나 동물이 어느 곳에서 떠나거나 벗어나지 아니하고 머물다. ¶ 그는 학교에 있다.

　　(2) 형 사람, 동물, 물체 따위가 실제로 존재하는 상태이다.

　　　　¶ 날지 못하는 새도 있다.

① ‘없다’는 장음 부호(ː)를 표시하여 어간이 긴소리로 발음된다는 것을 나타내고 있군.

② ‘있다’는 하나의 표제어 아래에 두 가지의 뜻을 제시한 것으로 보아 다의어라고 할 수 있군.

③ ‘있다 (1)’은 주어 외에 필수적으로 갖추어야 하는 문장 성분에 대한 정보를 나타내고 있군.

④ ‘없다’와 ‘있다 (2)’는 품사가 서로 같고, 의미상 반의 관계에 있음을 알 수 있군.

⑤ ‘없다’와 ‘있다’는 모두 활용할 때 어간의 형태가 불규칙적으로 변하는 단어에 해당하는군.

70

| 2016 고1 9월 학평 14번 |

다음은 단어 학습을 위해 활용한 사전의 일부분이다. 탐구 결과로 적절하지 <u>않</u>은 것은?

끌다 [끌ː-] 동

1 【…을】

　　㉠ 바닥에 댄 채로 잡아당기다.

　　　　¶ 의자를 끄는 소리가 시끄럽다.

　　㉡ 시간이나 일을 늦추거나 미루다.

　　　　¶ 시간을 끌지 말고 하렴.

2 【…에서 …을】

　　어느 곳에서 원하는 곳에 이르도록 전선 따위를 늘이다.

　　¶ 옆집에서 전기를 끌어 쓴다.

① ‘끌다’의 첫음절은 장음으로 발음되는군.

② ‘끌다’는 여러 가지 의미를 지니고 있는 다의어이군.

③ ‘끌다**1**-㉡’의 유의어로는 ‘지연하다’가 가능하겠군.

④ ‘끌다**2**’의 용례로 ‘주방에서 수도를 끌어 물을 받았다.’를 추가할 수 있겠군.

⑤ ‘끌다**1**’은 ‘끌다**2**’와 달리 문장 구조상 부사어를 필요로 하는군.

71

| 2019 고2 3월 학평 15번 |

〈보기〉는 '사전 활용하기' 학습 활동을 위한 자료이다. 이에 대한 이해로 적절하지 <u>않은</u> 것은? [3점]

┌ 보기 ┐

그치다 「동사」

「1」【(…을)】 계속되던 일이나 움직임이 멈추거나 끝나다. 또는 그렇게 하다.
¶ 비가 그치다. / 울음을 그치다.

「2」【…에】【…으로】 더 이상의 진전이 없이 어떤 상태에 머무르다.
¶ 출석률이 절반 정도에 그쳤다. / 예감이 예감으로 그치지 않고 현실이 되는 경우가 있다.

멈추다 「동사」

[1]「1」 사물의 움직임이나 동작이 그치다.
¶ 시계가 멈추다. / 울음소리가 멈추다.

「2」 비나 눈 따위가 그치다.
¶ 멈추었던 비가 다시 내리기 시작했다.

[2]【…을】 사물의 움직임이나 동작을 그치게 하다.
¶ 기계를 멈추다. / 발걸음을 멈추다.

① '그치다「1」'의 문형 정보와 용례를 보니, '그치다「1」'은 자동사로도 쓰일 수 있고 타동사로도 쓰일 수 있군.

② '그치다「2」'의 문형 정보와 용례를 보니, '그치다「2」'는 부사어를 반드시 필요로 하는군.

③ '멈추다[2]'의 용례로 '차가 경적을 울리며 멈추다.'를 추가할 수 있겠군.

④ '그치다'와 '멈추다'는 두 가지 이상의 의미를 지니고 있는 다의어이군.

⑤ '그치다「1」'과 '멈추다'의 뜻풀이와 용례를 보니, 두 단어는 유의 관계에 있군.

72

| 2017 고2 11월 학평 12번 |

〈보기〉는 '사전 활용하기' 학습 활동을 위한 자료이다. 이에 대해 탐구한 내용으로 적절하지 <u>않은</u> 것은?

┌ 보기 ┐

물리다¹
┌ 동사 ┐
【…에/에게】
다시 대하기 싫을 만큼 몹시 싫증이 나다. ¶ 세 끼 꼬박 국수를 먹어서 이젠 국수에 물렸다.

물리다²
┌ 동사 ┐
[1]【…에/에게 …을】
「1」 '물다² [1]「2」'의 피동사. ¶ 사나운 개에게 팔을 물리다.
「2」 '물다² [1]「3」'의 피동사. ¶ 어젯밤 모기에게 코를 물렸다.
[2]【…에게】
'물다² [1]「4」'의 피동사. ¶ 그놈들에게 잘못 물렸다가는 큰일 치른다.

물리다³
┌ 동사 ┐
[1]【…을】
「1」 '무르다² [1]「1」'의 사동사. ¶ 친구는 새로 구입한 책을 모두 물렸다.
[2]【…을 …으로】
「1」 _____㉠_____ ¶ 약속 날짜를 이틀 뒤로 물리다.

① 물리다¹, 물리다², 물리다³은 서로 동음이의 관계이군.

② 물리다², 물리다³은 각각 다의어임을 알 수 있군.

③ 물리다¹의 용례로 '버스가 고장이 나 승객들이 차표를 도로 물리는 소동이 있었다.'를 추가할 수 있군.

④ 물리다²[1]은 물리다¹에 비해 서술어가 요구하는 필수적 문장 성분이 더 많다고 할 수 있군.

⑤ 물리다³의 ㉠에는 '정해진 시기를 뒤로 늦추다.'가 들어갈 수 있겠군.

73

| 2016 고3 10월 학평 15번 |

〈보기〉는 사전 자료의 일부분이다. 이에 대한 이해로 가장 적절한 것은?

> **보기**
>
> **크다** [커, 크니]
> [Ⅰ] 형용사
> 사람이나 사물의 외형적 길이, 넓이, 높이, 부피 따위가 보통 정도를 넘다. ⑩ 키가 크다.
> [Ⅱ] 동사
> 동식물이 몸의 길이가 자라다.
> ⑩ 날씨가 건조하면 나무가 크지 못한다.
>
> **키우다** 【…을】 [키우어(키워), 키우니]
> 크다 [Ⅱ]의 사동사

① '크다'[Ⅰ]과 '크다'[Ⅱ]는 별도의 품사로 기술된 걸 보니 동음이의어이겠군.
② '크다'[Ⅰ]과 '크다'[Ⅱ]의 반의어로는 모두 '작다'가 가능하겠군.
③ '크다'[Ⅰ]의 용례로 '키가 몰라보게 컸구나.'를 추가할 수 있겠군.
④ '크다'[Ⅱ]는 사동사로 바뀌면 서술어의 자릿수가 하나 늘어나는군.
⑤ '크다'와 '키우다'는 모두 어미 '-어'가 결합하면 어간 끝의 모음이 탈락하는군.

74

| 2016 고2 6월 학평 11번 |

〈보기〉에 제시된 국어사전 정보를 완성한다고 할 때, ㉠~㉫에 대한 설명으로 적절하지 않은 것은?

> **보기**
>
> **그르다**01
> [Ⅰ]「 ㉠ 」
>   어떤 일이 사리에 맞지 아니한 면이 있다.
>   ¶ 행실이 그르다. / 그른 일은 하지 말아야 한다.
> [Ⅱ]「동사」
>   「1」(㉡) 어떤 일이나 형편이 잘못되다.
>   ¶ 대세는 벌써 그른 지 오래다. / 이번 일도 이미 글렀다.
>   「2」어떤 상태나 조건이 좋지 아니하게 되다.
>   ¶ 이 환자는 회생하기에 그른 것으로 보인다.
>
> **바르다**03 「형용사」
> 「1」겉으로 보기에 비뚤어지거나 굽은 데가 없다. ⑫ 굽다
>   ¶ 선을 바르게 긋다.
> 「2」말이나 행동 따위가 사회적인 규범이나 사리에 어긋나지 아니하고 들어맞다. ¶ 그는 생각이 바른 사람이다.
> 「3」 ㉢ ¶ 묻는 말에 바르게 대답해라.
> 「4」그늘이 지지 아니하고 햇볕이 잘 들다. ¶ 양지 바른 곳
>
> **옳다**01 [올타] 「형용사」
> 「1」사리에 맞고 바르다. ¶ 옳은 판단 ⑫ ㉣
> 「2」격식에 맞아 탓하거나 흠잡을 데가 없다. ¶ 옳은 상차림
> 「3」차라리 더 낫다. ¶ ㉤

① ㉠에 들어갈 말은 '형용사'이다.
② ㉡에 들어갈 문형 정보는 '흔히 현재 시제에 쓰여'이다.
③ ㉢에는 '사실과 어긋남이 없다.'를 넣을 수 있다.
④ ㉣에 들어갈 말은 '그르다01[Ⅰ]'이다.
⑤ ㉤에는 '변명하느니 말을 않는 게 옳다.'를 넣을 수 있다.

75

〈보기〉는 '사전 활용하기' 학습 활동을 위한 자료이다. 이에 대한 이해로 적절하지 <u>않은</u> 것은?

┌─ 보기 ┐

재다¹ 「동사」

【…을】【 -ㄴ지를】

① 자, 저울 따위의 계기를 이용하여 길이, 너비, 높이, 깊이, 무게, 온도, 속도 따위의 정도를 알아보다.

 ¶ 온도계로 기온을 재다.

② 여러모로 따져 보고 헤아리다.

 ¶ 일을 너무 재다가는 아무것도 못한다.

재다² 「형용사」

① 동작이 재빠르다.

 ¶ ＿＿＿＿＿＿＿＿＿＿＿＿＿＿＿

② 참을성이 모자라 입놀림이 가볍다.

 ¶ 입이 재다.

① 재다¹과 재다²는 모두 다의어이다.

② 재다¹과 재다²는 서로 동음이의 관계이다.

③ 재다¹은 재다²와 달리 문장 구조상 목적어를 필요로 한다.

④ 재다¹-② 의 용례로 '길이가 얼마나 되는지를 재어 보아라.'를 추가할 수 있다.

⑤ 재다²-① 의 용례로 '발걸음이 재다.'를 들 수 있다.

76

다음은 단어 학습을 위해 활용한 사전의 일부분이다. 탐구 결과로 적절하지 <u>않은</u> 것은?

┌─────────────────┐

무르다² 「동사」

① 【…을】

 ㉠ 사거나 바꾼 물건을 원래 임자에게 도로 주고 돈이나 물건을 되찾다.

 ¶ 흠 있는 책을 돈으로 물렀다.

 ㉡ 이미 행한 일을 그 전의 상태로 돌리다.

 ¶ 한 수만 물러 주게.

② 【…으로】 있던 자리에서 뒤로 옮기다.

 ¶ 가운데 앉지 말고 뒤로 물러 벽 쪽으로 붙어 앉으렴.

무르다³ 「형용사」

㉠ 여리고 단단하지 않다.

 ¶ 무른 살

㉡ 마음이 여리거나 힘이 약하다.

 ¶ 성질이 무르다.

└─────────────────┘

① 무르다²와 무르다³은 서로 동음이의 관계에 있군.

② 무르다²는 여러 가지 의미를 지니고 있는 다의어이군.

③ 무르다²의 ①-㉠의 유의어로 '빼다'가 가능하겠군.

④ 무르다²는 무르다³과 달리 주어 이외의 문장 성분을 필요로 하는군.

⑤ 무르다³의 ㉡의 용례로 '그는 마음이 물러서 모진 소리를 못한다.'를 추가할 수 있겠군.

77

| 2017 고2 3월 학평 15번 |

〈보기〉는 '뿐'에 대한 남북한의 사전 풀이이다. 이를 탐구한 내용으로 적절하지 <u>않은</u> 것은?

┌─ 보기 ┌

(가) 표준국어대사전(남한)

뿐⁰¹ 「의존 명사」

(1) (어미 '–을' 뒤에 쓰여) 다만 어떠하거나 어찌할 따름이라는 뜻을 나타내는 말.
¶ 소문으로만 들었을 뿐이네.
(2) ('–다 뿐이지' 구성으로 쓰여) 오직 그렇게 하거나 그러하다는 것을 나타내는 말.
¶ 시간만 보냈다 뿐이지 한 일은 없다.

뿐⁰² 「조사」 (체언이나 부사어 뒤에 붙어) '그것만이고 더는 없음' 또는 '오직 그렇게 하거나 그러하다는 것'을 나타내는 보조사.
¶ 이제 믿을 것은 오직 실력뿐이다.

(나) 조선말대사전(북한)

뿐 「불완전명사*」

(1) (체언아래에 쓰이여) 그것만이고 더는 없다는 뜻.
| 소식을 듣고 기뻐한것은 나뿐이 아니였다.
(2) (용언아래에 쓰이여) 다만 어떠하거나 어찌할따름이라는 뜻.
| 우리는 감격의 눈물을 삼켰을뿐이였다.

* **불완전명사**: 북한에서 '의존 명사'를 가리키는 말.

① (가)의 '뿐⁰¹'은 (나)의 '뿐'과 달리 앞에 오는 말과 띄어서 쓰이는군.

② (가)의 '뿐⁰¹'과 (나)의 '뿐'은 모두 두 가지의 뜻을 가진 단어이군.

③ '내가 가진 것은 이것뿐이다.'에서 '뿐'은 (가)의 '뿐⁰²', (나)의 '뿐' (1)의 뜻에 해당하는군.

④ (가)에서는 (나)에서와 달리 체언 뒤의 '뿐'과 용언 뒤의 '뿐'을 서로 다른 표제어로 등재하고 있군.

⑤ (나)에서는 (가)에서와 달리 '뿐'을 다른 말에 기대어 쓰이지 않고 자립하여 쓰일 수 있는 말로 보고 있군.

78

| 2016 고2 3월 학평 14번 |

다음은 '사전 활용하기' 학습 활동을 위한 자료이다. 이에 대한 이해로 적절하지 <u>않은</u> 것은?

┌─ 자료 ┌

우연 명 아무런 인과 관계가 없이 뜻하지 아니하게 일어난 일.
¶ 우연의 일치
「반」 필연01.

우연-적 관 명 아무런 인과 관계 없이 뜻하지 아니하게 일어나는. 또는 그런 것.
¶ 우연적 만남 / 우연적 사건 ‖ 우연적으로 일어난 일

우연-하다 형 어떤 일이 뜻하지 아니하게 저절로 이루어져 공교롭다.
¶ 친구를 우연하게 만났다.

우연-히 부 어떤 일이 뜻하지 아니하게 저절로 이루어져 공교롭게.
¶ 동생의 비상금을 우연히 발견하였다.

① '우연'의 뜻풀이와 반의어를 보니, '우연적'의 반의어로 '필연적'이 존재할 수 있겠군.

② '우연적'의 품사 정보와 뜻풀이를 보니, '그들의 만남은 우연적이었다.'의 '우연적'은 관형사에 해당하겠군.

③ '우연하다'의 품사 정보와 뜻풀이를 보니, '우연하다'의 용례로 '우연한 계기'를 추가할 수 있겠군.

④ '우연'과 '우연하다'의 표제어 및 뜻풀이를 보니, '우연하다'는 '우연'에 '하다'가 결합한 복합어로군.

⑤ '우연하다'와 '우연히'의 뜻풀이 및 용례를 보니, '친구를 우연하게 만났다.'의 '우연하게'는 '우연히'로 교체하여 쓸 수 있겠군.

79

〈보기〉에 제시된 '선생님'의 질문에 대한 답으로 적절하지 <u>않은</u> 것은?

┌ 보기 ┐

선생님: 남북한의 사전을 탐구하는 활동을 하고자 합니다. (가)와 (나)의 자료를 비교해 볼까요?

(가) 표준국어대사전

┌───┐
대로¹ 「의존 명사」
(1) 어떤 모양이나 상태와 같이. ¶ 본 대로.
(2) (어미 '-는' 뒤에 쓰여) 어떤 상태나 행동이 나타나는 그 즉시. ¶ 집에 도착하는 대로 전화해라.
(3) (어미 '-는' 뒤에 쓰여) 어떤 상태나 행동이 나타나는 족족. ¶ 틈나는 대로 찾아 보다.

대로¹⁰ 「조사」 (체언 뒤에 붙어)
(1) 앞에 오는 말에 근거하거나 달라짐이 없음을 나타내는 보조사. ¶ 처벌하려면 법대로 해라.
(2) 따로따로 구별됨을 나타내는 보조사. ¶ 큰 것은 큰 것대로 따로 모아 두다.
└───┘

(나) 조선말대사전

┌───┐
대로⁶ [명](불완전*)
(1) (앞에 오는 단어가 뜻하는것과) 다름없이. ∥ 명령대로 집행하다.
(2) (앞에 오는 단어가 나타내는 대상이나 현상과) 같은 모양대로. ∣ 책이 그가 펼쳐놓은대로 있었다.
(3) 앞에 온 단어가 나타나는 행동이나 상태가 일어나는족족. ∥ 생각나는대로 적다.
(4) 《서로 구별되게 따로따로》의 뜻을 나타낸다. ∣ 우리는 우리대로 그들은 그들대로 초소는 달랐다.
└───┘

* **불완전**: 의존 명사를 뜻하는 말.

① 용례를 보니 (가)의 '대로¹⁰'과 (나)의 '대로⁶'은 앞말에 붙여 사용되었습니다.
② 뜻풀이와 용례를 보니 (가)의 '대로¹⁰-(1)'은 (나)의 '대로⁶-(4)'와 쓰임이 유사합니다.
③ 품사 정보를 보니 (가)의 '대로¹', '대로¹⁰'과 (나)의 '대로⁶'은 문장의 첫머리에 쓰일 수 없는 말입니다.
④ 뜻풀이를 보니 (가)의 '대로¹', '대로¹⁰'과 (나)의 '대로⁶'은 하나의 표제어에 두 가지 이상의 뜻이 있는 말입니다.
⑤ 뜻풀이와 용례를 보니 '너는 너대로 나는 나대로 길을 가다.'의 '대로'는 (가)에서는 조사이지만, (나)에서는 명사입니다.

80

〈보기 1〉은 '사전 활용하기' 학습 활동을 위한 자료이다. 〈보기 1〉을 바탕으로 〈보기 2〉의 ㉠~㉯을 이해한 내용으로 적절하지 <u>않은</u> 것은?

┌ 보기 1 ┐

한⁰¹ 관
  [1] (일부 단위를 나타내는 말 앞에 쓰여) 그 수량이 하나임을 나타내는 말.
  [2] '어떤'의 뜻을 나타내는 말.
  [3] '같은'의 뜻을 나타내는 말.
  [4] (수량을 나타내는 말 앞에 쓰여) '대략'의 뜻을 나타내는 말.

한⁰² 명
  [1] ('-는 한이 있더라도' 또는 '-는 한이 있어도' 구성으로 쓰여) 어떤 일을 위하여 희생하거나 무릅써야 할 극단적 상황을 나타내는 말.
  [2] (주로 '-는 한' 구성으로 쓰여) 조건의 뜻을 나타내는 말.

┌ 보기 2 ┐

결승점을 ㉠한 200미터 앞두고 달리고 있다. ㉡한 이불을 덮고 자며 훈련했던 동료 선수들의 응원 속에 나는 온 힘을 다해 ㉢한걸음씩 내딛고 있다. 쓰러지는 ㉣한이 있더라도 힘이 남아 있는 ㉤한 포기는 하지 말라고 외치던 ㉯한 친구의 말을 떠올리며 나는 힘을 낸다.

① ㉠은 '한⁰¹ [4]'의 뜻으로, ㉡은 '한⁰¹ [3]'의 뜻으로 쓰였겠군.
② 뒤에 오는 체언을 수식한다는 점에서 ㉠과 ㉯의 품사는 모두 관형사이겠군.
③ ㉡과 ㉣은 서로 동음이의 관계이겠군.
④ ㉢의 '한'은 '한⁰¹ [1]'의 의미를 가지므로 '한∨걸음'으로 띄어 써야겠군.
⑤ '옛날 강원도의 한 마을에 효자가 살고 있었다.'의 '한'은 ㉯과 같은 의미로 쓰였겠군.

81

| 2019 고3 4월 학평 15번 |

〈보기 1〉은 '사전 활용하기' 학습을 위한 자료이다. 이를 바탕으로 〈보기 2〉의 ㉠~㉤에 대해 탐구한 내용으로 적절하지 <u>않은</u> 것은?

┌ 보기 1 ┐

지1 「의존 명사」
 (어미 '-은' 뒤에 쓰여) 어떤 일이 있었던 때로부터 지금까지의 동안을 나타내는 말.

-지2 「어미」
 「1」 (용언의 어간이나 어미 '-으시-', '-었-' 뒤에 붙어) 그 움직임이나 상태를 부정하거나 금지하려 할 때 쓰이는 연결 어미. '않다', '못하다', '말다' 따위가 뒤따른다.
 「2」 상반되는 사실을 서로 대조적으로 나타내는 연결 어미.

-지3 「어미」
 ('이다'의 어간, 용언 어간이나 어미 '-으시-', '-었-', '-겠-' 뒤에 붙어) 어떤 사실을 긍정적으로 서술하거나 묻거나 명령하거나 제안하는 따위의 뜻을 나타내는 종결 어미. 서술, 의문, 명령, 제안 따위로 두루 쓰인다.

┌ 보기 2 ┐

• 내일은 비가 오겠지?
　　　　　　　 ㉠
• 눈길을 걸은 지도 꽤 오래되었지.
　　　　 ㉡　　　　　　 ㉢
• 친구 사이는 대등한 관계이지 종속 관계가 아니다.
　　　　　　　　　　　　　 ㉣
• 이곳에 쓰레기를 버리지 마시오.
　　　　　　　　 ㉤

① ㉠은 어떤 움직임이나 상태를 부정하거나 금지하려 할 때 쓰이는 〈보기 1〉의 '-지2 「1」'에 해당하겠군.
② ㉡은 어떤 일이 있었던 때부터 지금까지를 의미하는 것으로 보아 〈보기 1〉의 '지1'에 해당하겠군.
③ ㉢은 '-었-' 뒤에 붙어 쓰인 종결 어미에 해당하므로 〈보기 1〉의 '-지3'에 해당하겠군.
④ ㉣은 상반되는 사실을 서로 대조적으로 연결하는 것으로 보아 〈보기 1〉의 '-지2 「2」'에 해당하겠군.
⑤ ㉤은 용언의 어간과 결합하고 '마시오'가 뒤따르는 것으로 보아 〈보기 1〉의 '-지2 「1」'에 해당하겠군.

82

| 2018 고3 4월 학평 13번 |

〈보기 1〉은 '사전 활용하기' 학습 활동을 위한 자료이다. 이를 바탕으로 〈보기 2〉의 ㉠~㉤을 탐구한 내용으로 적절하지 <u>않은</u> 것은?

┌ 보기 1 ┐

1. **밖** 「명사」
 「1」 어떤 선이나 금을 넘어선 쪽. ¶ 이 선 밖으로 나가시오.
 「2」 겉이 되는 쪽. 또는 그런 부분. ¶ 옷장 안은 깨끗했으나, 밖은 긁힌 자국으로 엉망이었다.
 「3」 일정한 한도나 범위에 들지 않는 나머지 다른 부분이나 일. ¶ 예상 밖으로 일이 복잡해졌다.

2. **밖에** 「조사」
 (주로 체언이나 명사형 어미 뒤에 붙어) '그것 말고는', '그것 이외에는', '기꺼이 받아들이는', '피할 수 없는'의 뜻을 나타내는 보조사. ¶ 공부밖에 모르는 학생

3. **뜻밖-에** 「부사」
 생각이나 기대 또는 예상과 달리. ≒ 의외로.
 ¶ 아버지께 여행을 가겠다고 조심스럽게 말씀드렸는데 뜻밖에도 흔쾌히 허락하셨다.

┌ 보기 2 ┐

　출입문 ㉠밖 복도는 시끌시끌하다. 이런 생기를 느낄 수 있는 날도 ㉡며칠 밖에 남지 않았다. 졸업이 가까워지면 후련할 줄 알았는데 ㉢뜻밖에도 아쉬움이 더 크다. 추억이 많으니 그럴 ㉣수밖에 없는 것 같다. 하지만 졸업 후 주어질 ㉤기대 밖의 선물 같은 시간들을 그려 보며 남은 시간을 잘 마무리해야겠다.

① ㉠은 〈보기 1〉의 1 「1」의 의미로 쓰인 것이군.
② ㉡은 〈보기 1〉의 2가 사용되었으므로 '며칠'과 '밖에'를 붙여 써야겠군.
③ ㉢은 〈보기 1〉의 3이 사용되었으므로 '의외로'라고 바꿔 쓸 수 있겠군.
④ ㉣은 〈보기 1〉의 1 「2」의 의미이므로 '수'와 '밖에'를 띄어 써야겠군.
⑤ ㉤은 〈보기 1〉의 1 「3」의 용례로 추가할 수 있겠군.

83

| 2016 고3 7월 학평 14번 |

다음은 '사전 활용하기' 학습 활동을 위한 자료이다. 이에 대해 탐구한 내용으로 적절하지 않은 것은?

이르다¹ 〔이르러, 이르니〕 동 【…에】

① 어떤 장소나 시간에 닿다. ¶ 목적지에 이르다.

② 어떤 정도나 범위에 미치다. ¶ 결론에 이르다.

이르다² 〔일러, 이르니〕 동

① 【…에게 …을】【…에게 -고】 무엇이라고 말하다.

¶ 나는 아이들에게 내가 알고 있는 것을 모두 일러 주었다.‖ 아이들에게 주의하라고 이르다.

② 【…을 -고】 어떤 대상을 무엇이라고 이름 붙이거나 가리켜 말하다. ¶ 이를 도루묵이라 이른다.

이르다³ 〔일러, 이르니〕 형 【…보다】【-기에】

대중이나 기준을 잡은 때보다 앞서거나 빠르다.

¶ 그는 여느 때보다 이르게 학교에 도착했다.‖ 아직 포기하기엔 이르다.

---

① '이르다¹①'과 '이르다¹②'의 유의어로 '다다르다'가 있겠군.

② '이르다¹'과 '이르다²'와 '이르다³'은 서로 동음이의 관계이겠군.

③ '이르다¹'은 규칙 활용을 하지만 '이르다²'와 '이르다³'은 불규칙 활용을 하겠군.

④ '이르다¹'과 '이르다²'는 움직임을 나타내는 단어이고, '이르다³'은 성질 혹은 상태를 나타내는 단어이겠군.

⑤ '이르다³'의 용례로 '올해는 예년보다 첫눈이 이른 감이 있다.'를 추가할 수 있겠군.

84

| 2015 고3 10월 학평A 14번 |

〈보기〉의 국어사전 자료를 탐구한 내용으로 적절하지 않은 것은?

보기

배¹ [배] 명

「1」 사람이나 동물의 몸에서 위장, 창자, 콩팥 따위의 내장이 들어 있는 곳으로 가슴과 엉덩이 사이의 부위.

¶ 배가 나오다.

「2」 긴 물건 가운데의 볼록한 부분.

¶ 배가 부른 마대 자루.

배² [배] 명

사람이나 짐 따위를 싣고 물 위로 떠다니도록 나무나 쇠 따위로 만든 물건.

¶ 배를 띄우다.

배³(倍) [배:] 명

(주로 고유어 수 뒤에 쓰여) 일정한 수나 양이 그 수만큼 거듭됨을 이르는 말.

¶ 힘이 세 배나 들다.

---

① '배¹'은 하나의 표제어 아래 여러 뜻을 지니고 있으므로 다의어라고 볼 수 있겠군.

② '배¹'의 「2」의 용례로는 '배가 불룩한 돌기둥'을 들 수 있군.

③ '배²'를 활용한 속담으로 '사공이 많으면 배가 산으로 간다'를 들 수 있군.

④ '배³'은 소리의 길이에 의해 '배¹', '배²'와 의미가 변별될 수 있겠군.

⑤ '배¹', '배²', '배³'은 모두 의미적 연관성이 있으므로 사전에 각각 등재하는군.

85

| 2015 고3 7월 학평B 12번 |

〈보기〉는 국어사전의 일부이다. 이를 탐구한 것으로 적절하지 <u>않은</u> 것은?

┌─ 보기 ┐

번(番)

　 Ⅰ 　 ⑦ 　

　차례로 숙직이나 당직을 하는 일. ¶ 번을 서다.

　 Ⅱ 　의존 명사

　① 일의 　 ⓒ 　 을/를 나타내는 말. ¶ 둘째 번.

　② 일의 횟수를 세는 단위. ¶ 여러 번.

한-번(-番)

　 Ⅰ 　명사

((주로 '한번은' 꼴로 쓰여)) 지난 어느 때나 기회.

¶ 한번은 그런 일도 있었지.

　 Ⅱ 　부사

　① ((주로 '-어 보다' 구성과 함께 쓰여)) 어떤 일을 시험 삼아 시도함을 나타내는 말. ¶ 한번 해 보다. / 한번 먹어 보다.

　② 기회 있는 어떤 때에. ¶ 우리 집에 한번 놀러 오세요. / 　 ⓒ 　 / 한번 찾아뵐게요.

　③ ((　 ⓔ 　 바로 뒤에 쓰여)) 어떤 행동이나 상태를 강조하는 뜻을 나타내는 말. ¶ 춤 한번 잘 춘다. / 공 한번 잘 찬다.

① ⑦, ⓔ에 들어갈 말은 모두 '명사'이겠군.

② ⓒ에 들어갈 말은 '차례'이겠군.

③ ⓒ에는 '시간 날 때 낚시나 한번 갑시다.'를 넣을 수 있겠군.

④ '한-번 Ⅰ'과 달리 '한-번 Ⅱ'는 문장에서 자립하여 쓰일 수 없겠군.

⑤ '난 제주도에 한 번 가 봤어.'에서 '번'은 '번 Ⅱ-②'의 뜻으로 쓰였겠군.

86

| 2016 고3 6월 모평B 13번 |

다음은 '사전 활용하기' 학습 활동을 위한 자료이다. 이에 대해 탐구한 내용으로 적절하지 <u>않은</u> 것은?

굳다 〔굳어, 굳으니, 굳는〕

　 Ⅰ 동

　⑦ 무른 물질이 단단하게 되다. ¶ 시멘트가 굳다.

　ⓒ 근육이나 뼈마디가 뻣뻣하게 되다. ¶ 허리가 굳다.

　 Ⅱ 형 흔들리거나 바뀌지 아니할 만큼 힘이나 뜻이 강하다.

¶ 굳은 결심. / 성을 굳게 지키다.

　 반의어 　 Ⅰ ⑦ 녹다 1 ⓒ

녹다 〔녹아, 녹으니, 녹는〕 동

　 1 ⑦ 얼음이나 얼음같이 매우 차가운 것이 열을 받아 액체가 되다. ¶ 얼음이 녹다. / 눈이 녹다.

　ⓒ 고체가 열기나 습기로 말미암아 제 모습을 갖고 있지 못하고 물러지거나 물처럼 되다. ¶ 엿이 녹다.

　 2 【…에】

　⑦ 결정체(結晶體) 따위가 액체 속에서 풀어져 섞이다. ¶ 소금이 물에 녹다.

　ⓒ 어떤 물체나 현상 따위에 스며들거나 동화되다. ¶ 우리 정서에 녹아 든 외국 문화.

　 반의어 　 1 ⓒ 굳다 Ⅰ ⑦

① '굳다'는 '녹다'와 달리 두 개의 품사로 쓰인다.

② '시멘트가 굳다.'의 '굳다'와 '엿이 녹다.'의 '녹다'는 반의 관계이다.

③ '굳다 Ⅱ'의 용례로 '마음을 굳게 닫다.'를 추가할 수 있다.

④ '녹다 2 ⓒ'의 용례로 '글에는 글쓴이의 생각이 녹아 있다.'를 추가할 수 있다.

⑤ '초콜릿이 순식간에 녹았다.'의 '녹다'는 '녹다 2 ⑦'에 해당하므로 주어 외에도 다른 문장 성분을 필요로 한다.

87

| 2016 수능B 14번 |

다음은 '사전 활용하기' 학습 활동을 위한 자료이다. 이에 대한 이해로 적절하지 **않은** 것은?

같이 [가치]

1 부

① 둘 이상의 사람이나 사물이 함께.
¶ 친구와 **같이** 사업을 하다.

② 어떤 상황이나 행동 따위와 다름이 없이.
¶ 예상한 바와 **같이** 주가가 크게 떨어졌다.

2 조

① '앞말이 보이는 전형적인 어떤 특징처럼'의 뜻을 나타내는 격 조사.
¶ **얼음장같이** 차가운 방바닥

② 앞말이 나타내는 그때를 강조하는 격 조사.
¶ **새벽같이** 떠나다

같이-하다 [가치—] 동 【(…과)…을】
① 경험이나 생활 따위를 얼마 동안 더불어 하다.
= 함께하다①.
¶ 친구와 침식을 **같이하다**. / 평생을 **같이한** 부부.

② 서로 어떤 뜻이나 행동 따위를 동일하게 가지다.
= 함께하다②.
¶ 그와 의견을 **같이하다**. / 견해를 **같이하다**.

---

① '같이'의 품사 정보와 뜻풀이를 보니, '같이'는 부사로도 쓰이고 부사격 조사로도 쓰이는 말이로군.

② '같이'의 뜻풀이와 용례를 보니, '같이**2**①'의 용례로 '매일같이 지하철을 타다.'를 추가할 수 있겠군.

③ '같이'와 '같이하다'의 표제어 및 뜻풀이를 보니, '같이하다'는 '같이'에 '하다'가 결합한 복합어로군.

④ '같이하다'의 문형 정보 및 용례를 보니, '같이하다'는 두 자리 서술어로도 쓰일 수 있고, 세 자리 서술어로도 쓰일 수 있군.

⑤ '같이하다'의 뜻풀이와 용례를 보니, '평생을 같이한 부부.'의 '같이한'은 '함께한'으로 교체하여 쓸 수 있겠군.

88

| 2021 고1 3월 학평 14번 |

〈보기 1〉은 국어사전의 일부이고, 〈보기 2〉는 원고지에 쓴 글을 고친 것이다. 〈보기 1〉을 바탕으로 〈보기 2〉의 ㉠~㉢을 이해한 내용으로 적절하지 **않은** 것은?

보기 1

드리다 [드리다] 동 〔드리어(드려), 드리니〕
【…에 / 에게 …을】
[1] '주다'의 높임말.
[2] 윗사람에게 그 사람을 높여 말이나, 인사, 부탁, 약속, 축하 따위를 하다.

들이다 [드리다] 동 〔들이어(들여), 들이니〕
[1]【…을 …에】 밖에서 속이나 안으로 향해 가게 하거나 오게 하다.
[2]【…에 / 에게 …을】 어떤 일에 돈, 시간, 노력, 물자 따위를 쓰다.

보기 2

새해 첫날 아침, 친구들과 함께 선생님 댁을 방문했다. 선생님께서는 사랑방에 ㉠들이면서 매우 기뻐하셨다. 우리는(우리를) 함께 세배를 하고 선생님께 감사의 마음을 담은 편지를 ㉡드려(들여) 선생님을 흐뭇하게 했다. 정성을 ㉢드려(들여) 쓴 편지였다.

---

① ㉠은 '들이다'[1]의 의미로 사용되었군.

② ㉠을 포함한 문장에 '우리를'을 넣어야 하는 이유는 필요한 문장 성분이 빠졌기 때문이군.

③ ㉡과 '할머니께 말씀을 드리다.'의 '드리다'는 모두 '드리다'[1]의 의미로 사용되었군.

④ ㉢은 '들이다'[2]의 의미로 사용되었기 때문에 '들여'라고 고쳐 써야 하는군.

⑤ ㉠과 ㉡은 사전에서 각각의 표제어 아래 제시된 여러 의미 중 하나로 풀이되는군.

실전
모의고사

2021 고3 4월 학평 35~36번

[01~02] 다음 글을 읽고 물음에 답하시오.

용언의 어간에 여러 어미가 번갈아 결합하는 현상을 용언의 활용이라 한다. 어간은 용언이 활용할 때 변하지 않는 부분을 가리키고, 어미는 어간 뒤에 결합하여 여러 가지 문법적 의미를 더해 주는 요소를 가리킨다. 어미는 그것이 나타나는 자리에 따라 어말 어미와 선어말 어미로 나눌 수 있다. 어말 어미는 용언의 맨 뒤에 오는 어미이고, 선어말 어미는 어말 어미 앞에 나타나는 어미이다. 가령, "나는 물건을 들었다."라는 문장에서 '들었다'는 어간 '들-'에 선어말 어미 '-었-'과 어말 어미 '-다'가 결합된 용언이다. 어간과 어미의 결합 관계를 기호화하여 어간을 X, 선어말 어미를 Y, 어말 어미를 Z 라고 할 때, 어간에 하나의 어미만 결합된 용언은 ㉠X+Z로 표현될 수 있고, 어간에 둘 이상의 어미가 결합된 용언은 ㉡X+Y+Z 혹은 ㉢$X+Y_1+Y_2+Z$ 등으로 표현될 수 있다.

어말 어미는 문법적 기능에 따라 종결 어미, 연결 어미, 전성 어미로 나뉜다. 종결 어미는 문장의 끝에 위치하여 한 문장을 끝맺는 기능을 하며, 대화의 상대방을 높이거나 낮추는 문법적 기능을 하기도 한다. 연결 어미는 두 문장을 나열, 대조 등의 의미 관계로 이어 주는 ⓐ대등적 연결 어미, 앞 문장이 뒤 문장의 원인, 조건 등과 같은 의미를 가지도록 이어 주는 ⓑ종속적 연결 어미, 본용언과 보조 용언을 이어 주는 ⓒ보조적 연결 어미로 나눌 수 있다. 전성 어미는 용언이 서술성을 유지하면서 다른 품사처럼 기능하게 하는 것으로, 명사형 전성 어미, 관형사형 전성 어미 등으로 나눌 수 있다. 한편 선어말 어미는 문장의 주체를 높이거나 문장의 시제를 표현하는 것과 같은 문법적 기능을 한다.

01

윗글을 바탕으로 〈보기〉의 밑줄 친 부분을 이해한 내용으로 적절하지 않은 것은? [3점]

| 보기 |

선생님: 다음 주에 있을 전국 학생 토론 대회 준비는 마쳤니?
라온: 아직이요. 내일까지는 반드시 끝내겠습니다.
해람: 사실 이번 주제는 저희들끼리 준비하기 너무 어려워요.
선생님: 방금 교무실로 들어가신 선생님께 조언을 구해 보렴.
라온: 창가 쪽에 서 계신 분 말씀이죠?
해람: 아, 수업 종이 울렸네. 다음 시간에 다시 오자.

① '끝내겠습니다'는 ㉡에 속하며, 이때 Z는 대화의 상대방을 높이는 기능을 하고 있군.
② '준비하기'는 ㉠에 속하며, 이때 Z는 용언을 명사처럼 기능하게 하고 있군.
③ '들어가신'은 ㉡에 속하며, 이때 Y는 문장의 주체를 높이는 기능을 하고 있군.
④ '계신'은 ㉠에 속하며, 이때 Z는 용언을 관형사처럼 기능하게 하고 있군.
⑤ '울렸네'는 ㉢에 속하며, 이때 Y_2는 과거 시제를 표현하는 기능을 하고 있군.

02

〈보기〉의 ㉮~㉺를 윗글의 ⓐ~ⓒ로 바르게 분류한 것은?

| 보기 |

- 원숭이가 바나나를 먹고 있다.
  ㉮
- 김이 습기를 먹어 눅눅해졌다.
  ㉯
- 형은 빵을 먹고 동생은 과자를 먹었다.
  ㉰
- 우리는 상대편에게 한 골을 먹고 당황했다.
  ㉱
- 그는 경기가 시작되기도 전에 겁을 먹어 버렸다.
  ㉲

	ⓐ	ⓑ	ⓒ
①	㉰, ㉱	㉯, ㉲	㉮
②	㉰, ㉱	㉯	㉮, ㉲
③	㉰	㉮, ㉱	㉯, ㉲
④	㉰	㉯, ㉱	㉮, ㉲
⑤	㉱	㉰, ㉲	㉮, ㉯

03

다음의 @에 해당하는 것을 ㉠~㉣ 중에서 바르게 고른 것은?

원격 수업에서 활용하기 위해 우리말 음성을 한글로 변환하는 프로그램이 개발되고 있다. 아래는 이 프로그램의 개발자가 쓴 일지의 일부이다.

• **프로그램의 원리**

　사용자가 한글 맞춤법에 맞게 표기된 자료를 표준 발음법에 따라 발음하면, 프로그램은 그 발음에 나타난 음운 변동 현상을 분석해 본래의 표기된 자료로 출력한다.

• **확인된 문제**

　프로그램이 입력된 발음을 본래의 자료로 출력하지 못한 사례가 확인되었다. 아래의 잘못 출력된 사례에서 한글 맞춤법에 맞게 표기된 자료와 출력된 자료를 대조해 ㉠교체, ㉡탈락, ㉢첨가, ㉣축약 중 @프로그램이 분석하지 못한 음운 변동 현상이 무엇인지 알아봐야겠다.

표기된 자료	표준 발음	출력된 자료
끊어지다	[끄너지다]	끄너지다
없애다	[업:쌔다]	업쌔다
피붙이	[피부치]	피부치
웃어른	[우더른]	우더른
암탉	[암탁]	암탁

---

① ㉠, ㉡　② ㉠, ㉣　③ ㉡, ㉢　④ ㉡, ㉣　⑤ ㉢, ㉣

04

〈보기〉는 학생들이 작성한 탐구 보고서의 일부이다. [가]에 들어갈 내용으로 적절한 것은?

> **보기**
>
> • **탐구 개요**
>
> 　학생들은 형태가 동일한 두 형태소가 하나는 어근, 하나는 접사로 사용되는 경우 이를 구분할 때 어려움을 겪는 경향이 있다. 그래서 우리 반 학생들을 대상으로 관련 사례에 대한 반응을 조사한 후 이를 토대로 결과를 분석하고 추가 예시 자료를 제시하여 학생들의 이해를 돕고자 한다.
>
> • **사례**　　　　　　　• **학생들의 반응**
>
> 1. 마당 한가운데 꽃이 폈다.
> 　　　　㉠
> 2. 그가 이 책의 지은이이다.
> 　　　　　　　㉡
> 3. 커다란 알밤을 주웠다.
> 　　　　㉢
>
>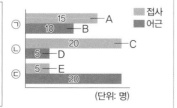
>
> (단위: 명)
>
> • **결과 분석 및 추가 예시 자료 제시**
>
> [가]

① '사례 1'에 대해 ㉠을 잘못 알고 있는 학생들이 더 많다. 이에 따라 'A 집단'의 이해를 돕기 위해 ㉠이 쓰인 예로 '한번'을 제시한다.

② '사례 1'에 대해 ㉠을 잘못 알고 있는 학생들이 더 적다. 이에 따라 'B 집단'의 이해를 돕기 위해 ㉠이 쓰인 예로 '한복판'을 제시한다.

③ '사례 2'에 대해 ㉡을 잘못 알고 있는 학생들이 더 많다. 이에 따라 'C 집단'의 이해를 돕기 위해 ㉡이 쓰인 예로 '먹이'를 제시한다.

④ '사례 2'에 대해 ㉡을 잘못 알고 있는 학생들이 더 적다. 이에 따라 'D 집단'의 이해를 돕기 위해 ㉡이 쓰인 예로 '미닫이'를 제시한다.

⑤ '사례 3'에 대해 ㉢을 잘못 알고 있는 학생들이 더 적다. 이에 따라 'E 집단'의 이해를 돕기 위해 ㉢이 쓰인 예로 '알사탕'을 제시한다.

05

〈보기〉에 나타난 중세 국어의 특징을 탐구한 내용으로 적절하지 않은 것은?

> **보기**
>
> 불휘 기픈 남ᄀᆞᆫ ᄇᆞᄅᆞ매 아니 뮐ᄊᆡ 곶 됴코 여름 하ᄂᆞ니
> 시미 기픈 므른 ᄀᆞ므래 아니 그츨ᄊᆡ 내히 이러 바ᄅᆞ래 가ᄂᆞ니
>
> [현대어 풀이]
>
> 　뿌리가 깊은 나무는 바람에 아니 움직이므로 꽃이 좋고 열매가 많으니.
> 　샘이 깊은 물은 가뭄에 아니 그치므로 내(川)가 이루어져 바다에 가느니.
>
> － 『용비어천가(龍飛御天歌)』〈제2장〉 －

① '불휘'와 '시미'를 보니, '이' 모음으로 끝난 체언 뒤에 동일한 형태의 주격 조사가 사용되었음을 알 수 있군.

② 'ᄇᆞᄅᆞ매'와 'ᄀᆞ므래'를 보니, '애'가 현대 국어의 부사격 조사와 같은 기능으로 사용되었음을 알 수 있군.

③ '하ᄂᆞ니'를 보니, '하다'가 현대 국어와 다른 의미로 쓰였음을 알 수 있군.

④ '므른'과 '바ᄅᆞ래'를 보니, 앞 형태소의 끝소리를 다음 형태소의 첫소리로 옮겨 적는 방식이 사용되었음을 알 수 있군.

⑤ '내히'를 보니, 체언이 모음으로 시작하는 조사와 결합할 때 체언의 끝소리 'ㅎ'이 연음되어 나타나는 경우가 있었음을 알 수 있군.

[06~07] 다음 글을 읽고 물음에 답하시오.

[A]
'나의 살던 고향'은 '내가 살던 고향'과 같은 의미로 '나'에 관형격 조사 '의'가 결합하여 '살던'의 의미상 주어를 나타내는 특이한 구조이다. 이처럼 관형격 조사 '의'가 주격 조사처럼 해석되는 경우가 중세 국어에서도 확인된다. 예를 들어, '聖人의(聖人+의) ᄀᆞᄅ치샨 法[성인의 가르치신 법]'의 경우, '聖人'은 관형격 조사 '의'와 결합하고 있지만 후행하는 용언인 'ᄀᆞᄅ치샨'의 의미상 주어로 기능하고 있다. 그런데 이러한 '의'는 중세 국어 관형격 조사 결합 원칙의 예외에 해당한다. 중세 국어의 관형격 조사는 평칭의 유정 체언에는 모음 조화에 따라 '이/의'가, 무정 체언 또는 존칭의 유정 체언에는 'ㅅ'이 결합하는 원칙이 있었는데, 'ㅅ'이 쓰일 자리에 '의'가 쓰였기 때문이다.

중세 국어 격조사 결합 원칙의 또 다른 예외는 부사격 조사에서도 확인된다. 시간이나 장소를 나타내는 부사격 조사는 결합하는 선행 체언의 끝음절을 기준으로, 모음 조화에 따라 '나종애'(나종+애), '므레'(믈+에)에서처럼 '애/에'가 쓰인다. 단, 끝음절이 모음 '이'나 반모음 'ㅣ'로 끝날 때에는 ㉠'뉘예'(뉘+예)에서처럼 '예'가 쓰였다. 그런데 '애/에/예'가 쓰일 위치에 부사격 조사인 '이/의'가 쓰이는 경우도 있다. 이러한 예외는 '봄', '나조ㅎ'[저녁], ㉡'우ㅎ'[위], '밑' 등의 일부 특수한 체언들에서 확인된다. 가령, '나조ㅎ'에는 '이'가 결합하여 ㉢'나조희'(나조ㅎ+이)로, '밑'에는 '의'가 결합하여 '미틔'(밑+의)로 나타났다.

중세 국어의 부사격 조사 가운데 관형격 조사가 그 구성 성분으로 분석되는 독특한 경우도 있다. 가령, '이그에'는 관형격 조사 '이'에 '그에'가 결합된 형태이고 'ㅅ긔' 역시 관형격 조사 'ㅅ'에 '긔'가 결합된 부사격 조사다. 이들은 ㉣'ᄂᆞ믹그에'(ᄂᆞᆷ+이그에)나 '어마닚긔'(어마님+ㅅ긔)와 같이 사용되었는데 평칭의 유정 명사 'ᄂᆞᆷ'에는 '이그에'가, 존칭의 유정 명사 '어마님'에는 'ㅅ긔'가 쓰인다. 중세 국어의 '이그에'와 'ㅅ긔'는 각각 현대 국어의 '에게'와 ㉤'께'로 이어진다.

06

윗글의 ㉠~㉤을 이해한 내용으로 적절하지 않은 것은?

① ㉠은 부사격 조사 '예'와 결합하는 선행 체언의 끝음절에서 반모음 'ㅣ'가 확인된다.

② ㉡에 시간이나 장소를 나타내는 부사격 조사가 결합하면 '우희'가 된다.

③ ㉢은 현대 국어로 '저녁의'로 해석되어 관형격 조사의 쓰임이 확인된다.

④ ㉣의 '이그에'에서는 관형격 조사 '이'가 분석된다.

⑤ ㉤이 현대 국어에서 존칭 체언에 사용되는 것은 중세 국어 관형격 조사 'ㅅ'과 관련된다.

07

[A]를 바탕으로 〈자료〉를 탐구한 내용으로 적절한 것은? [3점]

┌ **자료** ┐

ⓐ 수픐(수플+ㅅ) 神靈이 길헤 나아
   [현대어 풀이: 수풀의 신령이 길에 나와]

ⓑ ᄂᆞ믹(ᄂᆞᆷ+이) 말 드러ᅀᅡ 알 씨라
   [현대어 풀이: 남의 말 들어야 아는 것이다]

ⓒ 世界ㅅ(世界+ㅅ) 일올 보샤
   [현대어 풀이: 세계의 일을 보시어]

ⓓ 이 사ᄅᆞ믹(사ᄅᆞᆷ+이) 잇ᄂᆞᆫ 方面을
   [현대어 풀이: 이 사람의 있는 방면을]

ⓔ 孔子의(孔子+의) 기티신 글워리라
   [현대어 풀이: 공자의 남기신 글이다]

① ⓐ: '神靈(신령)'이 존칭의 유정 명사이므로 '수플'에 'ㅅ'이 결합한 것이군.

② ⓑ: 'ᄂᆞᆷ'이 유정 명사이고 끝음절 모음이 음성 모음이므로 '익'가 결합한 것이군.

③ ⓒ: '世界(세계)ㅅ'이 '보샤'의 의미상 주어이고, 'ㅅ'은 예외적 결합이군.

④ ⓓ: '이 사ᄅᆞ믹'가 '잇ᄂᆞᆫ'의 의미상 주어이고, '익'는 예외적 결합이군.

⑤ ⓔ: '孔子(공자)의'가 '기티신'의 의미상 주어이고, '의'는 예외적 결합이군.

〈학습 활동〉의 ㉠~㉢에 들어갈 예문으로 적절한 것은?

┌ 학습 활동 ┐

〈보기〉의 조건이 실현된 예문을 만들어 보자.

┌ 보기 ┐

ⓐ 현재 시제만 쓰일 것.
ⓑ 서술어의 자릿수가 둘일 것.
ⓒ 안긴문장이 부사어로 기능할 것.

실현 조건	예문
ⓐ, ⓑ	㉠
ⓐ, ⓒ	㉡
ⓑ, ⓒ	㉢

① ㉠: 그 집 마당에는 감나무 한 그루가 자란다.
② ㉠: 선생님께서는 여전히 학교 근처에 사시는지요?
③ ㉡: 산중에 있으므로 여기는 도시보다 조용합니다.
④ ㉡: 오늘부터 아침으로 과일만 먹기로 마음먹었니?
⑤ ㉢: 오래전 큰아버지께 받은 책에 곰팡이가 슬었어.

〈보기〉의 ㉠~㉺에 대한 이해로 적절한 것은?

┌ 보기 ┐

(희철, 민수, 기영이 ○○ 서점 근처에서 만난 상황)

희철: 얘들아, 잘 지냈어? 3일 만에 보니 반갑다.

민수: 동해안으로 체험 학습 다녀왔다며? ㉠내일은 도서관에 가서 발표 준비하자. 기영인 어떻게 생각해?

기영: ㉡네 말대로 하는 게 좋겠다. 그럼 정수도 부를까?

희철: 그러자. ㉢저기 저 ○○ 서점에서 오전 10시에 만나서 다 같이 도서관으로 가자. ㉣정수한테 전할 때 서점 위치 링크도 보내 줘. 전에도 헤맸잖아.

민수: 이제 아냐. ㉤어제 나랑 저기서 만났는데 잘 ㉥왔어.

희철: 그렇구나. 어제 잘 ㉦왔었구나.

민수: 아, 기영아! ㉧우리는 회의 가야 돼. ㉨네가 ㉩우리 셋을 대표해서 정수에게 연락을 좀 해 줘.

① ㉠은 ㉤과 달리 발화 시점과 관계없이 언제인지가 정해진다.
② ㉢은 ㉡과 달리 지시 표현이 이전 발화를 직접 가리킨다.
③ ㉣은 ㉩과 달리 담화 참여자에 따라 지시 대상이 달라진다.
④ ㉥은 ㉦과 달리 화자가 있던 장소로의 이동을 나타낸다.
⑤ ㉧은 ㉩과 달리 담화에 참여한 모든 사람들을 가리킨다.

〈보기〉의 ㉮, ㉯에 들어갈 수 있는 단어로 적절한 것은?

┌ 보기 ┐

선생님: 지난 시간에 음운의 변동 가운데 ⓐ음절의 끝소리 규칙, ⓑ자음군 단순화, ⓒ된소리되기를 학습했는데요. 이번 시간에는 음운 변동의 적용 유무를 기준으로 단어를 분류하는 활동을 진행해 볼게요. 그럼, 표준 발음을 고려해서 다음 단어들을 분류해 보죠.

분류 전	ⓐ	ⓑ	ⓒ	분류 후
넓디넓다, 높푸르다, 늦깎이, 닭갈비, 쑥대밭, 앞장서다, 읊다, 있다, 짓밟다, 흙빛	○	○	○	㉮
	○	×	○	㉯
	○	×	×	
	×	○	○	

○: 해당 음운 변동이 일어난 것.
×: 해당 음운 변동이 일어나지 않은 것.

	㉮	㉯
①	짓밟다	늦깎이
②	넓디넓다	있다
③	읊다	높푸르다
④	흙빛	쑥대밭
⑤	닭갈비	앞장서다

▶ 정답과 해설 100쪽

2022 고3 6월 모평 35~36번

[01~02] 다음 글을 읽고 물음에 답하시오.

한글 맞춤법 제15항과 제18항은 용언이 활용할 때의 표기 원칙을 규정하고 있다. 제15항은 '웃다, 웃고, 웃으니'처럼 규칙적으로 활용하는 용언의 표기 원칙을, 제18항은 '긋다, 그어, 그으니'처럼 ⊙불규칙적으로 활용하는 용언의 표기 원칙을 밝히고 있다. 한글 맞춤법의 이러한 내용들은 국어사전의 활용 의 표기에 반영되어 있다. 아래는 국어사전의 일부를 간추려 제시한 것이다.

> **웃다**
> 발음 [욷ː따]
> 활용 웃어[우ː서], 웃으니[우ː스니], 웃는[운ː는]

> **긋다**
> 발음 [귿ː따]
> 활용 그어[그어], 그으니[그으니], 긋는[근ː는]

동사 '웃다'와 '긋다'의 활용 에서 각각 '웃다'와 '긋다'의 활용형과 그 표준 발음을 확인할 수 있다. 활용 에 제시되어 있는 정보, 즉 '활용 정보'를 통하여 ⊙활용 양상이 동일한 용언들을 알아볼 수 있다. 예를 들어 규칙 활용 용언 중 동사 '벗다'는 '벗어, 벗으니, 벗는'처럼 활용하므로 '웃다'와 활용 양상이 동일하고, 불규칙 활용 용언 중 '짓다'는 '지어, 지으니, 짓는'처럼 활용하므로 '긋다'와 활용 양상이 동일하다.

[A] 한편 용언이 활용할 때 음운 변동이 나타나는 경우에는 그 결과가 활용형의 표기에 반영되기도 한다. 예를 들어 '자다'의 활용 정보는 '자[자], 자니[자니]'처럼 제시되는데 이때의 활용형 '자'는 '자다'의 어간 '자-'가 어미 '-아'와 결합할 때 동일 모음의 탈락이 일어나 '자'로 실현된 결과가 활용형의 표기에 반영된 것이다. 이와는 달리 '좋다'는 '좋아[조ː아], 좋으니[조ː으니]'가 활용 정보에 제시되는데 이는 음운 변동의 결과가 활용형의 표기에 반영되지 않은 것이다. 즉 활용 정보에 나타나는 활용형 '자'와 '좋아'의 표기는 한글 맞춤법의 원리에 따른 것임을 확인할 수 있다.

01

⊙과 ⓒ을 모두 만족하는 용언의 짝으로 적절한 것은?

① 구르다 – 잠그다
② 흐르다 – 푸르다
③ 뒤집다 – 껴입다
④ 붙잡다 – 정답다
⑤ 캐묻다 – 엿듣다

02

[A]를 바탕으로 〈보기〉의 ⓐ~ⓔ의 밑줄 친 부분을 이해한 내용으로 적절하지 않은 것은?

> **보기**
>
> **국어사전의 표제어와 활용 정보**
>
> ⓐ **서다** 활용 서, 서니 …
> ⓑ **끄다** 활용 꺼, 끄니 …
> ⓒ **풀다** 활용 풀어, 푸니 …
> ⓓ **쌓다** 활용 쌓아, 쌓으니, 쌓는 …
> ⓔ **믿다** 활용 믿어, 믿으니, 믿는 …

① ⓐ: 탈락이 나타나고 그 결과가 표기에 반영되었다.
② ⓑ: 탈락이 나타나고 그 결과가 표기에 반영되었다.
③ ⓒ: 탈락이 나타나고 그 결과가 표기에 반영되었다.
④ ⓓ: 교체가 나타나지만 그 결과가 표기에 반영되지 않았다.
⑤ ⓔ: 교체가 나타나지만 그 결과가 표기에 반영되지 않았다.

03

〈학습 활동〉을 수행한 결과로 적절한 것은? [3점]

학습 활동

아래 그림에 따라 [자료]의 ㉮~㉲를 분류할 때, ⓒ에 해당하는 것만을 있는 대로 찾아보자.

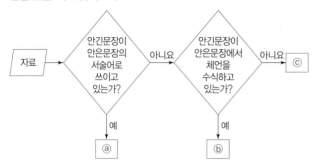

[자료]

㉮ 노래를 부르기가 쉽지가 않다.
㉯ 마당에 아무도 모르게 꽃이 피었다.
㉰ 나는 동생이 오기 전에 학교에 갔다.
㉱ 내 동생은 누구보다 마음씨가 착하다.

① ㉮
② ㉮, ㉯
③ ㉰, ㉱
④ ㉮, ㉯, ㉰
⑤ ㉯, ㉰, ㉱

04

〈보기〉의 ㉠~㉅에 대한 이해로 적절하지 <u>않은</u> 것은?

보기

(같은 동아리에 소속된 후배 부원 둘과 선배 부원의 대화 장면)

선배: ㉠학교에서 열린 회의는 잘 끝났니?

후배 1: 네. 조금 전에 끝났어요.

선배: 수고했어. ㉡학교에서 우리 동아리 활동 지원 예산안에 대해 뭐라고 해?

후배 2: 지난번에 저희가 선배님과 함께 제안했던 예산안은 수용하기 힘들다고 했어요.

선배: ㉢우리가 제안한 예산안이 그렇게 무리한 건 아니었을 텐데.

후배 1: 그런데 학교에서는 ㉣자신의 형편을 감안해 달라는 동아리가 한둘이 아니라면서, ㉤우리의 제안을 수용하기 쉽지 않다고 했어요.

선배: ㉥서로 만족할 만한 결과를 얻기가 쉽지 않겠구나. 고생했어. 지도 선생님께 말씀드려 볼게.

후배 2: 네. 그럼 ㉅저희도 그렇게 알고 있을게요.

① ㉠과 ㉡은 문장 성분이 서로 다르군.
② ㉢에는 화자와 청자가 모두 포함되어 있군.
③ ㉣은 뒤에 있는 '동아리'를 가리키는 말이군.
④ ㉥은 ㉡의 '학교'와 ㉤의 '우리'를 모두 포함해서 가리키는 말이군.
⑤ ㉅은 화자가 청자와 자신을 모두 낮추기 위해 쓰는 말이군.

05

〈보기〉를 바탕으로 할 때, ㉠~ⓒ에 해당하는 단어가 사용된 예로 적절한 것은?

보기

선생님: 신체 관련 어휘는 ㉠신체 부위를 나타내는 중심적 의미가 ㉡주변적 의미로 확장될 수 있어요. 이때 ⓒ소리는 같지만 중심적 의미가 다른 단어와 잘 구분해야 합니다. 그럼 아래에서 이러한 의미 관계를 확인해 봅시다.

코¹
• 포유류의 얼굴 중앙에 튀어나온 부분.
• 콧구멍에서 흘러나오는 액체.
코²
• 그물이나 뜨개질한 물건의 눈마다의 매듭.

① ㉠: 맑은 코가 옷에 묻어 휴지로 닦았다.
② ㉠: 어부가 쳐 놓은 어망의 코가 끊어졌다.
③ ㉡: 코끼리는 긴 코를 자유자재로 사용한다.
④ ㉡: 동생이 갑자기 코를 다쳐서 병원에 갔다.
⑤ ⓒ: 어머니께서 목도리를 한 코씩 떠 나가셨다.

[06~07] 다음 글을 읽고 물음에 답하시오.

합성 명사는 직접 구성 요소가 모두 어근인 명사이다. 합성 명사의 어근은 복합어일 수도 있는데 '갈비찜'을 그 예로 들 수 있다. '갈비찜'의 직접 구성 요소는 '갈비'와 '찜'이다. 그런데 '갈비찜'을 형태소 단위까지 분석하면 '갈비', '찌-', '-ㅁ'이라는 형태소를 확인할 수 있다. 이처럼 합성 명사 내부에 복합어가 있을 때, ㉠합성 명사를 형태소 단위까지 분석하면 합성 명사의 내부 구조를 세밀히 알 수 있다.

다의어에서 기본이 되는 의미를 중심적 의미라 하고, 중심적 의미로부터 확장된 의미를 주변적 의미라 한다. 만약 단어가 하나의 의미만을 가지고 그 의미가 다른 의미로 확장되지 않았다면, 그 하나의 의미를 중심적 의미로 볼 수 있다. 합성 명사의 두 어근에도 ⓐ중심적 의미나 ⓑ주변적 의미가 나타날 수 있다. 그런데 자립적으로 쓰일 때에는 하나의 의미만을 가지고 있어 사전에서 뜻풀이가 하나밖에 없는 단어가 합성 명사의 어근으로 쓰일 때 주변적 의미를 새롭게 가지게 되는 경우도 있다. 가령 '매섭게 노려보는 눈'을 뜻하는 합성 명사 **'도끼눈'**은 '도끼'와 '눈'으로 분석되는데, '매섭거나 날카로운 것'이라는 '도끼'의 주변적 의미는 '도끼'가 자립적으로 쓰일 때 가지고 있던 의미라고 보기 어렵다.

합성 명사의 어근이 중심적 의미를 나타내든 주변적 의미를 나타내든, 그 어근은 합성 명사 내부에서 나타나는 위치가 대체로 자유롭다. 이는 '비바람', '이슬비'에서 중심적 의미를 나타내는 '비'의 위치와 **'벼락공부', '물벼락'**에서 주변적 의미를 나타내는 '벼락'의 위치를 통해 알 수 있다. 그런데 주변적 의미를 나타내는 어근 중 일부는 합성 명사 내부의 특정 위치에서 주로 관찰된다. 가령 '아주 달게 자는 잠'을 뜻하는 **'꿀잠'**에는 '편안하거나 기분 좋은 것'이라는 '꿀'의 주변적 의미가 나타나는데, '꿀'의 이러한 의미는 합성 명사의 선행 어근에서 주로 관찰된다. 그리고 '넓게 깔린 구름'을 뜻하는 **'구름바다'**에는 '무엇이 넓게 많이 모여 있는 곳'이라는 '바다'의 주변적 의미가 나타나는데, 이러한 '바다'는 합성 명사의 후행 어근에서 주로 관찰된다.

06

㉠에 따를 때, 〈보기〉에 제시된 ㉮~㉭ 중 그 내부 구조가 동일한 단어끼리 묶은 것은?

보기
○ 동생은 오늘 ㉮새우볶음을 많이 먹었다.
○ 우리는 결코 ㉯집안싸움을 하지 않겠다.
○ 요즘 농촌은 ㉰논밭갈이에 여념이 없다.
○ 우리 마을은 ㉱탈춤놀이가 참 유명하다.

① ㉮, ㉯   ② ㉯, ㉰   ③ ㉰, ㉱
④ ㉮, ㉯, ㉱   ⑤ ㉮, ㉰, ㉱

07

윗글의 ⓐ, ⓑ와 연관 지어 〈자료〉에 제시된 합성 명사를 탐구한 내용으로 적절한 것은?

자료	
합성 명사	뜻
칼잠	옆으로 누워 불편하게 자는 잠
머리글	책의 첫 부분에 내용이나 목적을 간략히 적은 글
일벌레	일을 지나치게 열심히 하는 사람
입꼬리	입의 양쪽 구석
꼬마전구	조그마한 전구

① '칼잠'과 '구름바다'는 ⓐ를 나타내는 어근의 위치가 같군.
② '머리글'과 '물벼락'은 ⓐ를 나타내는 어근의 위치가 같군.
③ '일벌레'와 '벼락공부'는 ⓑ를 나타내는 어근의 위치가 같군.
④ '입꼬리'와 '도끼눈'은 ⓑ를 나타내는 어근의 위치가 다르군.
⑤ '꼬마전구'와 '꿀잠'은 ⓑ를 나타내는 어근의 위치가 다르군.

08

〈학습 활동〉을 수행한 결과로 적절하지 <u>않은</u> 것은?

┌─ 학습 활동 ─────────────────────────────┐

다음은 중세 국어의 문자 및 표기와 관련된 내용이다. 〈자료〉에서 ⓐ
~ⓔ를 확인할 수 있는 예를 모두 골라 묶어 보자.

┌─────────────────────────────────────┐
│ ⓐ 乃냉終즁ㄱ소리ᄂᆞᆫ 다시 첫소리ᄅᆞᆯ 쓰ᄂᆞ니라 │
│   [종성 글자는 따로 만들지 않고 다시 초성 글자를 사용한다] │
│ ⓑ ㅇᄅᆞᆯ 입시울쏘리 아래 니어 쓰면 입시울 가ᄇᆡ야ᄫᆞᆫ 소리ᄃᆞ외 │
│   ᄂᆞ니라 │
│   [ㅇ을 순음 글자 아래 이어 쓰면 순경음 글자가 된다] │
│ ⓒ 첫소리ᄅᆞᆯ 어울워 ᄡᅳ디면 ᄀᆞᆲ바 쓰라 乃냉終즁ㄱ소리도 ᄒᆞᆫ가 │
│   지라 │
│   [초성 글자를 합하여 사용하려면 옆으로 나란히 쓰라 종성 글 │
│   자도 마찬가지이다] │
│ ⓓ ·와 ㅡ와 ㅗ와 ㅜ와 ㅛ와 ㅠ와란 첫소리 아래 브텨 쓰고 │
│   [·, ㅡ, ㅗ, ㅜ, ㅛ, ㅠ'는 초성 글자 아래에 붙여 쓰고] │
│ ⓔ ㅣ와 ㅏ와 ㅓ와 ㅑ와 ㅕ와란 올ᄒᆞᆫ녀긔 브텨 쓰라 │
│   [ㅣ, ㅏ, ㅓ, ㅑ, ㅕ'는 초성 글자 오른쪽에 붙여 쓰라] │
└─────────────────────────────────────┘

┌─────────────────────────────────────┐
│   〈자료〉 ᄢᅴ니, ᄇᆞᆮ, 사ᄫᅵ, 스ᄀᆞᄫᆞᆯ, ᄣᅡ, ᄒᆞᆰ │
└─────────────────────────────────────┘

① ⓐ : ᄇᆞᆮ, ᄣᅡ, ᄒᆞᆰ 　　② ⓑ : 사ᄫᅵ, 스ᄀᆞᄫᆞᆯ

③ ⓒ : ᄢᅴ니, ᄣᅡ, ᄒᆞᆰ 　　④ ⓓ : ᄇᆞᆮ, 스ᄀᆞᄫᆞᆯ, ᄒᆞᆰ

⑤ ⓔ : ᄢᅴ니, 사ᄫᅵ, ᄣᅡ

09

다음은 된소리되기와 관련한 수업의 일부이다. [A]에 들어갈 말로
적절하지 <u>않은</u> 것은? [3점]

┌─────────────────────────────────────┐
│ **선생님**: 오늘은 표준 발음을 대상으로 용언의 활용에서 나타나는 된 │
│   소리되기를 알아봅시다. '(신발을) 신고[신ː꼬]'처럼 용언의 활용에 │
│   서는 마지막 소리가 'ㄴ, ㅁ'인 어간 뒤에 처음 소리가 'ㄱ, ㄷ, ㅅ, │
│   ㅈ'인 어미가 결합하면 어미의 처음 소리가 된소리로 바뀌어요. │
│ **학생**: 아, 그렇군요. 그런데 선생님, 국어에서 'ㄱ, ㄷ, ㅅ, ㅈ'이 'ㄴ, │
│   ㅁ' 뒤에 이어지면 항상 된소리로 바뀌나요? │
│ **선생님**: 항상 그런 것은 아니에요. 표준 발음에서는 용언 어간에 │
│   피·사동 접사가 결합하거나 어미끼리 결합하거나 체언과 조사가 │
│   결합하는 경우에는 된소리되기가 일어나지 않아요. 그리고 '먼지 │
│   [먼지]'처럼 하나의 형태소 안에서 'ㄴ, ㅁ' 뒤에 'ㄱ, ㄷ, ㅅ, ㅈ'이 │
│   있는 경우에도 된소리되기가 일어나지 않아요. 그럼 다음 ⓐ~ⓔ │
│   의 밑줄 친 말에서 'ㄴ'이나 'ㅁ' 뒤의 소리가 된소리로 바뀌지 않 │
│   는 이유를 설명해 볼까요? │
│ ┌───────────────────────────────┐ │
│ │ ⓐ 피로를 푼다[푼다]   ⓑ 더운 여름도[여름도] │ │
│ │ ⓒ 대문을 잠가[잠가]   ⓓ 품에 안겨라[안겨라] │ │
│ │ ⓔ 학교가 큰지[큰지] │ │
│ └───────────────────────────────┘ │
│ **학생**: 그 이유는 [A] 때문입니다. │
│ **선생님**: 네, 맞아요. │
└─────────────────────────────────────┘

① ⓐ의 'ㄴ'과 'ㄷ'이 모두 어미에 속해 있는 소리이기

② ⓑ의 'ㅁ'과 'ㄷ'이 체언과 조사가 결합하면서 이어진 소리이기

③ ⓒ의 'ㅁ'과 'ㄱ'이 모두 하나의 형태소 안에 속해 있는 소리이기

④ ⓓ의 'ㄴ'과 'ㄱ'이 어미끼리 결합하면서 이어진 소리이기

⑤ ⓔ의 'ㄴ'과 'ㅈ'이 어간과 어미가 결합하면서 이어진 소리가
   아니기

10

㉠~㉣의 문장 성분과 문장 구조에 대한 설명으로 적절한 것은?

┌─────────────────────────────────────┐
│ ㉠ 나는 내 친구가 보낸 책을 제시간에 받기를 바란다. │
│ ㉡ 나는 테니스 배우기가 재미있다고 친구에게 말했다. │
│ ㉢ 이 식당은 우리 가족이 점심을 먹은 식당이 아니다. │
│ ㉣ 그녀는 아름다운 관광지를 신이 닳도록 돌아다녔다. │
└─────────────────────────────────────┘

① ㉠에는 필수적 부사어가 생략된 안긴문장이 있고, ㉡에는 주
   어가 생략된 안긴문장이 있다.

② ㉠과 ㉡에는 모두, 주어 기능을 하는 명사절이 있다.

③ ㉠과 ㉢에는 모두, 주어가 생략된 안긴문장이 있다.

④ ㉢에는 보어 기능을 하는 안긴문장이 있고, ㉣에는 부사어 기
   능을 하는 안긴문장이 있다.

⑤ ㉢과 ㉣에는 모두, 목적어가 생략된 관형사절이 있다.

▶ 정답과 해설 102쪽

2021 고3 7월 학평 35~36번

[01~02] 다음 글을 읽고 물음에 답하시오.

단어를 공통된 성질에 따라 분류한 것을 '품사'라고 하는데, 품사는 형태, 기능, 의미에 따라 분류할 수 있다. 그중 단어 부류가 가지는 공통 의미에 따라 분류하면 대상의 이름을 나타내는 명사, 명사를 대신하여 가리키는 대명사, 대상의 수량이나 순서를 나타내는 수사, 대상의 동작이나 작용을 나타내는 동사, 대상의 성질이나 상태를 나타내는 형용사, 주로 체언을 수식하는 관형사, 주로 용언이나 문장을 수식하는 부사, 주로 체언에 붙어 문법적 관계를 표시하거나 특별한 의미를 더하는 조사, 말하는 이의 놀람, 느낌, 부름 등을 나타내는 감탄사로 구분된다.

단어는 일반적으로 하나의 품사로 사용되지만 어떤 단어는 두 가지 이상의 문법적 성질을 가지고 있어 여러 가지의 품사로 쓰이는 경우가 있다. 이를 '품사 통용'이라고 한다. '같이'의 경우, '같이 가다'에서는 부사로, '소같이 일만 하다'에서는 조사로 쓰이고 있다. 품사 통용은 중세 국어에도 있었는데, 현대 국어의 품사 통용과 같은 양상으로 나타나기도 하고 다른 양상으로 나타나기도 했다. 그리고 현대 국어에서 하나의 품사로 쓰이는 단어가 중세 국어에서는 품사 통용이 나타나기도 했다. 예를 들어 현대 국어에서 관형사로만 쓰이는 '어느'를 살펴보자.

(ㄱ) 어느 뉘 請ᄒᆞ니(어느 누가 청한 것입니까?)
(ㄴ) 迷惑 어느 플리(미혹한 마음을 어찌 풀 것인가?)
(ㄷ) 이 두 말을 어늘 從ᄒᆞ시려뇨
   (이 두 말을 어느 것을 따르시겠습니까?)

중세 국어에서 '어느'는 (ㄱ)에서는 체언을 수식하는 관형사로, (ㄴ)에서는 용언을 수식하는 부사로 쓰였다. (ㄷ)에서 '어늘'은 '어느'에 조사가 결합된 형태로 여기에서 '어느'는 명사를 대신하여 가리키는 대명사로 쓰였다. 현대 국어에서 관형사로만 쓰이는 '어느'가 중세 국어에서는 관형사, 부사, 대명사로 두루 쓰인 것이다.

01

윗글을 바탕으로 〈보기〉에 대해 이해한 내용으로 적절하지 않은 것은?

| 보기 |

ㄱ. 과연 두 사람이 만날 수 있을까?
ㄴ. 합격 소식을 듣고 그가 활짝 웃었다.
ㄷ. 학생, 아무리 바쁘더라도 식사는 해야지.

① ㄱ의 '과연'은 문장 전체를 수식하는 부사이군.
② ㄱ의 '두'는 대상의 수량을 나타내는 수사이군.
③ ㄴ의 '웃었다'는 대상의 동작을 나타내는 동사이군.
④ ㄷ의 '학생'은 대상의 이름을 나타내는 명사이군.
⑤ ㄷ의 '는'은 체언에 붙어 특별한 의미를 더하는 조사이군.

02

윗글을 바탕으로 〈보기〉의 자료를 탐구한 내용으로 적절하지 않은 것은? [3점]

| 보기 |

선생님: (가)에서 '이'는 두 개의 품사로, '새'는 하나의 품사로 쓰이고 있습니다. (가), (나)를 통해 '이'와 '새'의 현대 국어에서의 품사를 알아보고 중세 국어와 비교해 봅시다.

[자료]
(가) 현대 국어
 • 이보다 더 좋을 수는 없다. / 이 사과는 맛있다.
 • 새 학기가 되다.
(나) 중세 국어
 • 내 이룰 爲ᄒᆞ야(내가 이를 위하여)
   내 이 도ᄂᆞᆯ 가져가(내가 이 돈을 가져가서)
 • 새 구스리 나며(새 구슬이 나며)
   이 나래 새룰 맛보고(이날에 새것을 맛보고)
   새 出家ᄒᆞᆫ 사ᄅᆞ미니(새로 출가한 사람이니)

① 현대 국어에서 '이'는 대명사로도 관형사로도 쓰이고 있군.
② 현대 국어에서 '이'의 품사 통용은 중세 국어 '이'의 품사 통용과 같은 양상으로 나타나는군.
③ 중세 국어에서 '새'는 대명사로도 부사로도 쓰였군.
④ 중세 국어에서 '새'는 현대 국어의 '새'와 동일한 품사로도 쓰였군.
⑤ 중세 국어에서 '새'는 다양한 품사로 두루 쓰였지만 현대 국어에서 '새'는 품사 통용이 나타나지 않는군.

03

〈보기〉를 바탕으로 음운 변동에 대해 이해한 내용으로 적절하지 <u>않</u>은 것은?

┌ 보기 ┐

한 음운이 다른 음운과 만날 때 환경에 따라 다른 음운으로 바뀌어서 소리 나는 현상을 음운 변동이라고 한다. 음운 변동은 그 양상에 따라 교체, 축약, 탈락, 첨가로 나눌 수 있다. 이러한 음운 변동은 한 단어에서 두 가지 이상이 함께 나타나기도 한다.

① '물약[물략]'에서는 첨가와 교체의 음운 변동이 일어난다.
② '읊는[음는]'에서는 탈락과 교체의 음운 변동이 일어난다.
③ '값하다[가파다]'에서는 탈락과 축약의 음운 변동이 일어난다.
④ '급행요금[그팽뇨금]'에서는 탈락과 축약과 첨가의 음운 변동이 일어난다.
⑤ '넓죽하다[넙쭈카다]'에서는 탈락과 교체와 축약의 음운 변동이 일어난다.

04

〈보기〉를 참고할 때, 밑줄 친 단어의 활용이 적절하지 <u>않</u>은 것은?

┌ 보기 ┐

'다양한 기능을 갖은 물건이다.'에서 '갖은'은 '가진'을 잘못 쓴 예이다. '갖다'는 본말 '가지다'의 준말로, '갖다'와 '가지다'는 모두 표준어이다. 그런데 '갖다'는 '갖고', '갖지만'과 같이 활용할 수 있지만 '갖아', '갖으며'와 같이 활용할 수는 없는데, 이는 모음으로 시작하는 어미가 연결될 때에는 준말의 활용형을 인정하지 않기 때문이다. '내디디다/내딛다, 서투르다/서툴다, 머무르다/머물다, 서두르다/서둘다, 건드리다/건들다' 등도 모음으로 시작하는 어미 앞에서는 본말의 활용형만 쓴다.

① 그녀는 새로운 삶에 첫발을 <u>내딛었다</u>.
② 아저씨가 농사일에 <u>서투른</u> 줄 몰랐다.
③ 우리는 여기에 <u>머물면서</u> 쉴 생각이다.
④ <u>서두르지</u> 않으면 출발 시간에 늦겠다.
⑤ 조금만 <u>건드려도</u> 방울 소리가 잘 난다.

05

〈보기〉의 ㉠에 들어갈 예로 적절한 것은?

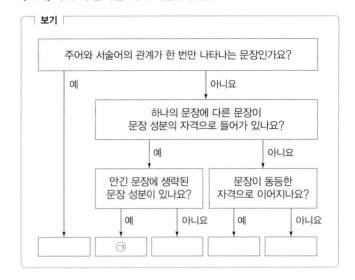

① 아버지가 만든 책꽂이가 제일 멋지다.
② 어머니는 그 일이 끝나기를 기다렸다.
③ 그녀는 지난주에 고향 집으로 떠났다.
④ 창밖에는 비가 내리고 바람이 불었다.
⑤ 형은 개를 좋아하지만 나는 싫어한다.

[06~07] 다음 글을 읽고 물음에 답하시오.

국어에서는 명사가 동사나 형용사와 차례대로 결합하여 '손잡다'와 같은 합성 동사나 '쓸모없다'와 같은 합성 형용사가 만들어질 수 있다. 합성 동사와 합성 형용사를 묶어 합성 용언이라고 한다. 합성 용언은 크게 구성적 측면과 의미적 측면에서 분류할 수 있다.

먼저 구성적 측면에서 합성 용언은 그 구성 요소들이 맺는 문법적 관계에 따라 분류할 수 있다. 예를 들어 '쓸 만한 가치가 없다.'를 뜻하는 ㉠'쓸모없다'는 명사 '쓸모'와 형용사 '없다'가 주어와 서술어의 관계를 보여 주고, '손을 마주 잡다.'를 뜻하는 ㉡'손잡다'는 명사 '손'과 동사 '잡다'가 목적어와 서술어의 관계를 보여 준다. 그리고 '남에게 드러내어 뽐낼 만한 거리로 하다.'를 뜻하는 ㉢'자랑삼다'는 명사 '자랑'과 동사 '삼다'가 부사어와 서술어의 관계를 보여 준다.

한편 의미적 측면에서 합성 용언은 그 구성 요소의 의미를 그대로 유지하는 경우와 구성 요소의 의미를 벗어나 새로운 의미를 획득한 경우로 분류할 수 있다. 가령 '쓸모없다'는 구성 요소인 '쓸모'와 '없다'의 의미를 그대로 유지한다. 반면 '주름 잡다'는 구성 요소인 '주름'과 '잡다'의 의미를 벗어나 '모든 일을 자기가 하고 싶은 대로 처리하다.'라는 새로운 의미를 획득한 경우이다. '주름잡다'의 이와 같은 의미가 구성 요소의 의미를 벗어나 새롭게 획득되었다는 사실은, '나는 바지에 주름 잡는 일이 너무 어렵다.'의 '주름 잡는'의 의미를 고려하면 더욱 분명히 드러난다.

그런데 구성 요소의 의미를 벗어나 새로운 의미를 획득한 합성 용언 중에는 필수 부사어를 요구하는 경우가 있다. 예를 들어 '불타다'가 '나는 지금 학구열에 불타고 있다.'에서와 같이 '의욕이나 정열 따위가 끓어오르다.'라는 새로운 의미를 획득한 경우에는 '학구열에'라는 필수 부사어를 요구한다. 이러한 사실은 '불타다'가 '장작이 지금 불타고 있다.'에서와 같이 구성 요소의 의미를 그대로 유지하는 경우에는 필수 부사어를 요구하지 않는다는 점과 비교할 때 더 분명해진다.

06

윗글을 읽고 이해한 내용으로 적절하지 않은 것은?

① '나는 시장에서 책가방을 값싸게 샀다.'의 '값싸게'는 구성적 측면에서 ㉠과 동일한 유형의 합성 용언이겠군.

② '나는 눈부신 태양 아래에 서 있었다.'의 '눈부신'은 구성적 측면에서 ㉠과 동일한 유형의 합성 용언이겠군.

③ '누나는 나를 보자마자 뒤돌아 앉았다.'의 '뒤돌아'는 구성적 측면에서 ㉡과 동일한 유형의 합성 용언이겠군.

④ '언니는 밤새워 숙제를 다 마무리했다.'의 '밤새워'는 구성적 측면에서 ㉡과 동일한 유형의 합성 용언이겠군.

⑤ '큰형은 앞서서 골목을 걷기 시작했다.'의 '앞서서'는 구성적 측면에서 ㉢과 동일한 유형의 합성 용언이겠군.

07

윗글을 바탕으로 <보기>의 ⓐ~ⓔ를 탐구한 내용으로 적절한 것은?

┌─ **보기** ─────────────────────
○ 그는 학문에 대한 깨달음에 ⓐ목말라 있다.
○ 그는 이 과자를 간식으로 ⓑ점찍어 두었다.
○ 그녀는 요즘 야식과 ⓒ담쌓고 지내고 있다.
○ 그녀는 노래 실력이 아직 ⓓ녹슬지 않았다.
○ 그녀는 최신 이론에 마침내 ⓔ눈뜨게 됐다.
└────────────────────────────

① ⓐ: 구성 요소의 의미를 그대로 유지하고 필수 부사어를 요구한다.

② ⓑ: 구성 요소의 의미를 그대로 유지하고 필수 부사어를 요구하지 않는다.

③ ⓒ: 구성 요소의 의미를 벗어나 새로운 의미를 획득했고 필수 부사어를 요구한다.

④ ⓓ: 구성 요소의 의미를 벗어나 새로운 의미를 획득했고 필수 부사어를 요구한다.

⑤ ⓔ: 구성 요소의 의미를 벗어나 새로운 의미를 획득했고 필수 부사어를 요구하지 않는다.

〈보기〉의 ⓐ~ⓔ에 대한 이해로 적절한 것은? [3점]

> **보기**
>
> 국어의 어미는 용언 어간에 붙어 여러 가지 문법적인 기능을 수행한다. 어미는 선어말 어미와 어말 어미로 나누어진다. 선어말 어미는 용언 어간과 어말 어미 사이에 들어가는 것으로 시제나 높임과 같은 문법적 의미를 나타낸다. 선어말 어미는 하나 혹은 둘 이상이 쓰일 수도 있고 아예 쓰이지 않을 수도 있다. 한편 어말 어미에는 종결 어미, 연결 어미, 전성 어미가 있다. 어말 어미는 선어말 어미와 달리하나만 붙고, 반드시 있어야 한다.
>
> ---
>
> ○ 머무시는 동안 ⓐ즐거우셨길 바랍니다.
> ○ 이 부분에서 물이 ⓑ샜을 가능성이 높다.
> ○ ⓒ번거로우시겠지만 서류를 챙겨 주세요.
> ○ 시원한 식혜를 먹고 갈증이 싹 ⓓ가셨겠구나.
> ○ 항구에 ⓔ다다른 배는 새로운 항해를 준비했다.

① ⓐ: 선어말 어미 두 개와 연결 어미가 사용되었다.
② ⓑ: 선어말 어미 없이 전성 어미가 사용되었다.
③ ⓒ: 선어말 어미 세 개와 연결 어미가 사용되었다.
④ ⓓ: 선어말 어미 두 개와 종결 어미가 사용되었다.
⑤ ⓔ: 선어말 어미 한 개와 전성 어미가 사용되었다.

〈보기〉의 ㉠, ㉡에 해당하는 예끼리 묶인 것으로 적절한 것은?

> **보기**
>
> 국어의 부정에는 '안'이나 '-지 않다'를 사용하는 '의지 부정'과 '못'이나 '-지 못하다'를 사용하는 '능력 부정'이 있다고 알려져 있다. 그러나 '안'이나 '-지 않다'가 사용된 부정문이 주어의 의지와 무관한 '단순 부정'을 나타내는 경우도 많다. ㉠형용사가 서술어로 쓰이면 '안'이나 '-지 않다'는 단순 부정을 나타낸다. 형용사가 나타내는 성질이나 상태에는 주어의 의지가 작용할 수 없기 때문이다. ㉡동사가 서술어로 쓰이는 경우에도 주어가 의지를 가지지 못하는 무정물이면 '안'이나 '-지 않다'가 단순 부정을 나타낸다. 또한 동사가 서술어로 쓰이고 주어가 유정물이더라도 '나는 깜빡 잊고 약을 안 먹었다.'에서와 같이 '안'이 단순 부정을 나타낼 수 있다.

① ㉠: 옛날엔 통신 기술이 발달하지 않았다.
   ㉡: 주문한 옷이 아직도 도착하지 않았다.
② ㉠: 이 문제집은 별로 어렵지 않더라.
   ㉡: 저는 이 은혜를 잊지 않겠습니다.
③ ㉠: 나는 그 이야기가 궁금하지 않아.
   ㉡: 동생이 오늘 우산을 안 가져갔어.
④ ㉠: 내 얘기에 고모는 놀라지 않았다.
   ㉡: 이 물질은 전기가 통하지 않는다.
⑤ ㉠: 밤바다가 그리 고요하지는 않네.
   ㉡: 아주 오래간만에 비가 안 온다.

[A]에 들어갈 말로 적절한 것은?

> **학생:** 선생님, 표준 발음법 제18항을 보다가 궁금한 점이 생겼어요. 이 조항에서 'ㄱ, ㄷ, ㅂ' 옆의 괄호 안에 다른 받침들이 포함된 것은 무엇을 나타내나요?
>
> ---
>
> **제18항** 받침 'ㄱ(ㄲ, ㅋ, ㄳ, ㄺ), ㄷ(ㅅ, ㅆ, ㅈ, ㅊ, ㅌ, ㅎ), ㅂ(ㅍ, ㄼ, ㄿ, ㅄ)'은 'ㄴ, ㅁ' 앞에서 [ㅇ, ㄴ, ㅁ]으로 발음한다.
>
> ---
>
> **선생님:** 좋은 질문이에요. 그건 받침이 'ㄱ, ㄷ, ㅂ'이 아니더라도, 음운 변동의 결과로 그 발음이 [ㄱ, ㄷ, ㅂ]으로 바뀌면 비음화 현상이 적용될 수 있다는 사실을 나타낸 거예요.
> **학생:** 아, 그렇다면 _____[A]_____ 비음화 현상이 적용된 거네요?
> **선생님:** 네, 맞아요.

① '밖만[방만]'은 자음군 단순화가 적용된 후
② '폭넓다[퐁널따]'는 자음군 단순화가 적용된 후
③ '값만[감만]'은 음절의 끝소리 규칙이 적용된 후
④ '겉늙다[건늑따]'는 음절의 끝소리 규칙이 적용된 후
⑤ '호박잎[호방닙]'은 음절의 끝소리 규칙이 적용된 후

MEMO

고등 국어 문법 실전 477제

빠작으로 내신과 수능을
한발 앞서 준비하세요.

빠른시작
빠작

고등 국어
문법 실전
477제

정답과
해설

동아출판

정답과 해설

[빠른 정답]

I 음운

음운 체계   012~013쪽

01 ①	02 ①	03 ③	04 ①	05 ③
06 ④				

음운 변동   014~032쪽

07 ⑤	08 ①	09 ③	10 ④	11 ⑤
12 ④	13 ③	14 ③	15 ①	16 ①
17 ①	18 ④	19 ③	20 ①	21 ①
22 ⑤	23 ②	24 ④	25 ①	26 ⑤
27 ③	28 ①	29 ⑤	30 ①	31 ①
32 ⑤	33 ④	34 ①	35 ⑤	36 ⑤
37 ④	38 ③	39 ⑤	40 ①	41 ④
42 ③	43 ④	44 ②	45 ①	46 ②
47 ②	48 ①	49 ⑤	50 ②	51 ④
52 ③	53 ②	54 ②	55 ②	56 ④
57 ④	58 ⑤	59 ①	60 ⑤	61 ③
62 ③	63 ⑤	64 ③	65 ①	

II 단어

단어의 분류   038~047쪽

01 ④	02 ③	03 ①	04 ①	05 ③
06 ⑤	07 ⑤	08 ①	09 ②	10 ④
11 ②	12 ④	13 ④	14 ②	15 ①
16 ②	17 ③	18 ④	19 ③	20 ⑤
21 ④	22 ①	23 ②	24 ①	25 ⑤
26 ⑤	27 ②			

단어의 짜임   048~062쪽

28 ②	29 ①	30 ③	31 ④	32 ④
33 ⑤	34 ④	35 ①	36 ④	37 ③
38 ④	39 ②	40 ⑤	41 ①	42 ⑤
43 ④	44 ⑤	45 ④	46 ②	47 ④
48 ①	49 ③	50 ④	51 ④	52 ②

53 ②	54 ①	55 ③	56 ④	57 ④
58 ④	59 ④	60 ③	61 ②	62 ①
63 ①	64 ⑤			

단어의 의미   063~068쪽

65 ④	66 ③	67 ③	68 ①	69 ②
70 ①	71 ④	72 ①	73 ④	74 ①
75 ③	76 ①	77 ④	78 ②	79 ⑤
80 ②				

III 문장

문장 성분   074~079쪽

01 ②	02 ④	03 ①	04 ⑤	05 ②
06 ③	07 ①	08 ③	09 ②	10 ①
11 ⑤	12 ④	13 ④	14 ③	15 ②

문장의 짜임   080~088쪽

16 ②	17 ⑤	18 ①	19 ②	20 ④
21 ②	22 ③	23 ③	24 ①	25 ④
26 ②	27 ②	28 ⑤	29 ④	30 ②
31 ①	32 ③	33 ⑤	34 ①	35 ①
36 ②	37 ④	38 ⑤	39 ①	40 ④
41 ⑤	42 ①			

문법 요소   089~108쪽

43 ⑤	44 ①	45 ⑤	46 ③	47 ③
48 ①	49 ②	50 ②	51 ④	52 ①
53 ④	54 ①	55 ⑤	56 ③	57 ④
58 ③	59 ②	60 ③	61 ③	62 ②
63 ④	64 ②	65 ②	66 ③	67 ⑤
68 ④	69 ①	70 ②	71 ④	72 ③
73 ①	74 ②	75 ⑤	76 ①	77 ④
78 ①	79 ①	80 ①	81 ④	82 ①
83 ①	84 ⑤	85 ①	86 ③	87 ⑤
88 ⑤	89 ④	90 ③	91 ②	92 ④
93 ②	94 ③	95 ④	96 ⑤	97 ③
98 ②	99 ③	100 ⑤		

Ⅳ 국어 생활

국어의 규범
116~138쪽

01 ③	02 ⑤	03 ①	04 ①	05 ①
06 ⑤	07 ④	08 ④	09 ④	10 ②
11 ⑤	12 ①	13 ⑤	14 ①	15 ⑤
16 ③	17 ②	18 ②	19 ①	20 ②
21 ①	22 ③	23 ②	24 ⑤	25 ②
26 ④	27 ⑤	28 ①	29 ④	30 ④
31 ④	32 ④	33 ②	34 ③	35 ③
36 ①	37 ②	38 ①	39 ⑤	40 ①
41 ①	42 ⑤	43 ③	44 ⑤	45 ③
46 ④	47 ⑤	48 ②	49 ③	50 ②
51 ①	52 ④	53 ①	54 ①	55 ⑤
56 ⑤	57 ③	58 ②	59 ③	60 ③

담화
139~142쪽

61 ④	62 ④	63 ③	64 ②	65 ③
66 ①	67 ⑤	68 ③	69 ⑤	70 ②

Ⅴ 국어의 역사

국어의 역사
146~162쪽

01 ③	02 ①	03 ②	04 ②	05 ③
06 ③	07 ①	08 ①	09 ③	10 ④
11 ①	12 ④	13 ①	14 ①	15 ②
16 ③	17 ④	18 ③	19 ①	20 ①
21 ④	22 ⑤	23 ④	24 ②	25 ④
26 ②	27 ③	28 ⑤	29 ①	30 ⑤
31 ①	32 ⑤	33 ⑤	34 ⑤	35 ⑤
36 ②	37 ⑤	38 ①	39 ⑤	40 ②
41 ④	42 ①	43 ⑤	44 ④	

Ⅵ 개념 복합

개념 복합
164~210쪽

01 ④	02 ①	03 ④	04 ②	05 ②
06 ①	07 ③	08 ④	09 ⑤	10 ②
11 ④	12 ④	13 ①	14 ①	15 ④
16 ④	17 ②	18 ①	19 ③	20 ②

21 ⑤	22 ②	23 ④	24 ③	25 ⑤
26 ④	27 ①	28 ②	29 ②	30 ③
31 ②	32 ③	33 ③	34 ②	35 ⑤
36 ④	37 ①	38 ⑤	39 ③	40 ③
41 ②	42 ⑤	43 ④	44 ⑤	45 ④
46 ③	47 ④	48 ⑤	49 ③	50 ④
51 ①	52 ⑤	53 ⑤	54 ⑤	55 ⑤
56 ③	57 ⑤	58 ⑤	59 ⑤	60 ③
61 ③	62 ②	63 ③	64 ③	65 ⑤
66 ①	67 ⑤	68 ④	69 ⑤	70 ⑤
71 ③	72 ③	73 ④	74 ②	75 ④
76 ③	77 ⑤	78 ②	79 ②	80 ②
81 ①	82 ④	83 ③	84 ⑤	85 ④
86 ⑤	87 ②	88 ③		

실전 모의고사

모의고사 1회
212~215쪽

01 ⑤	02 ④	03 ①	04 ②	05 ①
06 ③	07 ⑤	08 ②	09 ④	10 ④

모의고사 2회
216~219쪽

01 ⑤	02 ④	03 ②	04 ⑤	05 ⑤
06 ②	07 ④	08 ①	09 ④	10 ①

모의고사 3회
220~223쪽

01 ②	02 ③	03 ④	04 ①	05 ①
06 ③	07 ③	08 ④	09 ⑤	10 ④

I 음운

01 |출제 의도| 음절의 개념 및 특성 이해   답 ①

〈자료〉의 ㄴ과 ㄹ의 예를 보면, 초성에는 최대 한 개의 자음이 온다는 것을 확인할 수 있다. ㄴ에서 '끼'의 'ㄲ'과 ㄹ에서 '딸'의 'ㄸ'은 된소리로서 하나의 음운(자음)이다.

▼ 왜 오답?
② ㄱ~ㄹ의 예를 통해 중성에 올 수 있는 음운은 모음인 것을 확인할 수 있다.
③ ㄷ과 ㄹ의 예를 통해 종성에 올 수 있는 음운이 자음인 것을 확인할 수 있다.
④ ㄱ은 초성과 종성 없이 중성으로만 이루어진 음절의 예이고, ㄴ은 종성이 없는 음절의 예이며, ㄷ은 초성이 없는 음절의 예임을 확인할 수 있다.
⑤ ㄱ~ㄹ의 예를 통해 모든 음절에는 중성이 있어야 한다는 것을 확인할 수 있다.

02 |출제 의도| 자음의 특징 이해   답 ①

탐구 자료에서 'ㅁ'은 비음이자 울림소리라고 하였고, 'ㅃ'은 파열음이자 안울림소리라고 하였다. 따라서 'ㅃ'이 'ㅁ'보다 강하게 파열되며 나는 소리임을 알 수 있다.

▼ 왜 오답?
② 'ㅁ'은 울림소리이기 때문에 안울림소리인 'ㅃ'과 달리 목청을 울리면서 소리를 내게 된다.
③ 'ㅁ'은 비음이기 때문에 파열음인 'ㅃ'과 달리 코로 공기를 내보내면서 소리를 내게 된다.
④ 'ㅁ'과 'ㅃ'은 모두 두 입술 사이에서 나는 소리이다.
⑤ 'ㅁ'과 'ㅃ'은 모두 자음이므로 발음할 때 공기의 흐름이 방해를 받으며 소리가 난다.

03 |출제 의도| 단모음 체계의 이해   답 ③

〈보기〉에 제시된 승리 조건을 보면, 첫 번째는 입천장의 중간점을 기준으로 혀의 가장 높은 부분을 앞쪽에 둔 상태로 발음하는 것이므로 전설 모음이 이에 해당한다. 두 번째는 입술을 평평하게(둥글지 않게) 해서 발음하는 것이므로 평순 모음이며, 세 번째는 입을 조금 벌리고 혀가 입천장에 닿을 만큼 높은 상태로 발음하는 것이므로 고모음이 이에 해당한다. 이와 같은 승리 조건 세 가지를 모두 만족하는, 즉 전설 모음이면서, 평순 모음이고, 고모음인 것은 'ㅣ'이다.

▼ 왜 오답?
① 'ㅔ'는 전설 모음, 평순 모음, 중모음에 해당한다.
② 'ㅜ'는 후설 모음, 원순 모음, 고모음에 해당한다.
④ 'ㅟ'는 전설 모음, 원순 모음, 고모음에 해당한다.
⑤ 'ㅏ'는 후설 모음, 평순 모음, 저모음에 해당한다.

04 |출제 의도| 모음의 종류에 따른 발음 이해   답 ①

제시된 단모음 체계표를 참고하면, 'ㅐ'는 '전설·평순·저모음'이고, 'ㅔ'는 '전설·평순·중모음'이므로, 혀의 전후 위치와 입술 모양은 같지만 혀의 높낮이(입을 벌리는 정도)에 차이가 있음을 알 수 있다. 따라서 'ㅐ'를 발음할 때는 'ㅔ'보다 입을 더 크게 벌려 혀의 높이를 낮추어 발음해야 한다.

▼ 왜 오답?
② 'ㅐ'와 'ㅔ'는 모두 평순 모음이므로 입술을 평평하게 해야 한다.
③ 'ㅐ'는 저모음이고 'ㅔ'는 중모음이므로 'ㅐ'를 발음할 때는 입을 더 벌려 혀의 위치를 낮춰야 한다.
④ 'ㅐ'와 'ㅔ'는 모두 전설 모음이므로 둘 다 혀의 최고점이 앞쪽에 있다.
⑤ 'ㅐ'와 'ㅔ'는 모두 단모음이므로 이중 모음과 달리 발음할 때 입술이나 혀의 위치가 고정되어 움직이지 않는다.

05 |출제 의도| 음운의 개념과 단모음 체계의 이해   답 ③

[A]에서 최소 대립쌍을 찾아 추출한 음운은, '쉬리 – 소리'에서 'ㅟ, ㅗ', '마루 – 머루'에서 'ㅏ, ㅓ', '구실 – 구슬'에서 'ㅣ, ㅡ'로 총 6개의 모음이다. [B]의 단모음 체계표에 따르면 'ㅟ'는 전설, 원순, 고모음, 'ㅗ'는 후설, 원순, 중모음, 'ㅏ'는 후설, 평순, 저모음, 'ㅓ'는 후설, 평순, 중모음, 'ㅣ'는 전설, 평순, 고모음, 'ㅡ'는 후설, 평순, 고모음에 해당한다. 따라서 평순 모음으로 분류되는 음운은 'ㅏ, ㅓ, ㅣ, ㅡ'로 총 4개이다.

▼ 왜 오답?
① 'ㅟ, ㅗ, ㅏ, ㅓ, ㅣ, ㅡ' 중 전설 모음은 'ㅟ, ㅣ' 2개이다.
② 'ㅟ, ㅗ, ㅏ, ㅓ, ㅣ, ㅡ' 중 중모음은 'ㅗ, ㅓ' 2개이다.
④ 'ㅟ, ㅗ, ㅏ, ㅓ, ㅣ, ㅡ' 중 고모음은 'ㅟ, ㅣ, ㅡ' 3개이다.
⑤ 'ㅟ, ㅗ, ㅏ, ㅓ, ㅣ, ㅡ' 중 후설 모음은 'ㅗ, ㅏ, ㅓ, ㅡ' 4개이다.

06 |출제 의도| 단모음의 변별적 자질 비교   답 ④

'ㅔ'는 [−후설성], [−고설성], [−저설성], [−원순성]과 같은 변별적 자질의 특성을 지니고, 'ㅗ'는 [+후설성], [−고설성], [−저설성], [+원순성]과 같은 변별적 자질의 특성을 지닌다. 따라서 'ㅔ'와 'ㅗ'는 [고설성]과 [저설성]을 나타내는 변별적 자질의 특성이 동일하다.

▼ 왜 오답?
① 'ㅡ'는 후설 모음이므로 [+후설성]으로 표시하고, 'ㅣ'는 전설 모음이므로 [−후설성]으로 표시한다.
② 'ㅏ'는 저모음이므로 [+저설성]이고 'ㅓ'는 중모음이므로 [−저설성]이므로, 'ㅏ'와 'ㅓ'는 [저설성]을 나타내는 변별적 자질의 특성이 서로 다르다.
③ 'ㅚ'는 [−후설성], [−고설성], [−저설성], [+원순성]이고, 'ㅜ'는 [+후설성], [+고설성], [−저설성], [+원순성]이다. 따라서 'ㅚ'와 'ㅜ'의 동일한 변별적 자질의 특성은 [−저설성]과 [+원순성]이다.
⑤ 'ㅐ'와 'ㅟ'는 모두 전설 모음으로 [후설성]을 나타내는 변별적 자질의 특성은 [−후설성]으로 동일하게 표시되지만, 'ㅐ'는 저모음이므로 [−고설성], 'ㅟ'는 고모음이므로 [+고설성]으로 표시되므로 [고설성]을 나타내는 변별적 자질의 특성에서는 차이를 보인다.

07 ⑤	08 ①	09 ③	10 ④	11 ⑤
12 ④	13 ③	14 ③	15 ①	16 ①
17 ①	18 ④	19 ③	20 ①	21 ①
22 ⑤	23 ②	24 ④	25 ①	26 ⑤
27 ③	28 ①	29 ⑤	30 ①	31 ①
32 ⑤	33 ④	34 ①	35 ⑤	36 ⑤
37 ④	38 ③	39 ⑤	40 ①	41 ④
42 ③	43 ④	44 ②	45 ①	46 ②
47 ②	48 ①	49 ⑤	50 ②	51 ④
52 ③	53 ②	54 ①	55 ②	56 ④
57 ④	58 ⑤	59 ①	60 ⑤	61 ③
62 ③	63 ⑤	64 ③	65 ①	

07 |출제 의도| 음운 동화의 양상 이해 　　　　　　　 답 ⑤

'활동 1'과 '활동 2'의 내용에 따르면 뒤의 음운이 앞의 음운의 영향을 받아 동화되는 단어는 '000100'으로 표시할 수 있는데, 이러한 음운 변동을 순행 동화라고 한다. 반면 앞의 음운이 뒤의 음운의 영향을 받아 동화되는 단어는 첫음절의 끝소리에 변동이 있으므로 '001000'으로 표시할 수 있을 것이고, 이러한 음운 변동은 역행 동화임을 알 수 있다. '잡념[잠념]'은 첫음절 '잡'의 끝소리 'ㅂ'이 'ㅁ'으로 바뀌었기 때문에 '001000'으로 표시할 수 있으므로 역행 동화에 해당한다.

▼ 왜 오답?

① '국민[궁민]'은 앞의 음운이 동화되어 '001000'으로 표시할 수 있으므로 역행 동화이다.

② '글눈[글룬]'은 뒤의 음운이 동화되어 '000100'으로 표시할 수 있으므로 순행 동화이다.

③ '명랑[명낭]'은 뒤의 음운이 동화되어 '000100'으로 표시할 수 있으므로 순행 동화이다.

④ '신랑[실랑]'은 앞의 음운이 동화되어 '001000'으로 표시할 수 있으므로 역행 동화이다.

도전 ↑ 등급

> **완전 동화와 부분 동화**
> • 완전 동화: 피동화음이 동화음과 완전히 일치되게 변하는 동화
> 　예 밥물 → 밤물
> • 부분 동화(불완전 동화): 피동화음이 동화음과 비슷한 소리로 변하는 동화 예 국물 → 궁물
> * 동화음: 피동화음에 영향을 주어 동화를 일으키는 음운
> * 피동화음: 동화음에 의해 변화를 입어 동화음과 같거나 비슷하게 변하는 음운

08 |출제 의도| 음운 동화의 양상 이해 　　　　　　　 답 ①

'종로[종노]'를 발음할 때는, 뒤의 유음 'ㄹ'이 앞의 비음 'ㅇ'의 영향을 받아 비음 'ㄴ'으로 동화되는 순행 동화 현상이 나타난다.

▼ 왜 오답?

② '작년[장년]'을 발음할 때는, 앞의 파열음 'ㄱ'이 뒤의 비음 'ㄴ'의 영향을 받아 비음 'ㅇ'으로 동화되는 역행 동화 현상이 나타난다.

③ '신라[실라]'는 앞의 비음 'ㄴ'이 뒤의 유음 'ㄹ'의 영향을 받아 유음 'ㄹ'로 동화되는 역행 동화 현상이 나타난다.

④ '밥물[밤물]'은 앞의 파열음 'ㅂ'이 뒤의 비음 'ㅁ'의 영향을 받아 비음 'ㅁ'으로 동화되는 역행 동화 현상이 나타난다.

⑤ '국민[궁민]'은 앞의 파열음 'ㄱ'이 뒤의 비음 'ㅁ'의 영향을 받아 비음 'ㅇ'으로 동화되는 역행 동화 현상이 나타난다.

09 |출제 의도| 음운 동화의 이해 　　　　　　　 답 ③

㉠은 바뀌게 되는 음운(A)이 영향을 준 음운(C)의 앞에서 바뀌므로 역행 동화이고 ㉡은 바뀌게 되는 음운(A)이 영향을 준 음운(C)의 뒤에서 바뀌므로 순행 동화이다. '작년[장년]'은 앞의 음운 'ㄱ'이 뒤의 비음 'ㄴ'의 영향으로 'ㄴ' 앞에서 비음 'ㅇ'으로 바뀌는 역행 동화이므로 ㉠의 예에 해당한다. 한편, '칼날[칼랄]'은 뒤의 음운 'ㄴ'이 앞의 유음 'ㄹ'의 영향으로 'ㄹ' 뒤에서 유음 'ㄹ'로 바뀌는 순행 동화이므로 ㉡의 예에 해당한다.

▼ 왜 오답?

① '겹눈[겸눈]'은 앞의 음운 'ㅂ'이 뒤의 비음 'ㄴ' 앞에서 비음 'ㅁ'으로 바뀌는 역행 동화이므로 ㉠의 예에 해당하지만, '맨입[맨닙]'은 순행 동화가 아닌 'ㄴ' 첨가가 나타나므로 ㉡의 예에 해당하지 않는다.

② '실내[실래]'는 뒤의 음운 'ㄴ'이 앞의 유음 'ㄹ' 뒤에서 유음 'ㄹ'으로 바뀌는 순행 동화이므로 ㉠이 아닌 ㉡의 예에 해당한다. '국물[궁물]'은 앞의 음운 'ㄱ'이 뒤의 비음 'ㅁ' 앞에서 비음 'ㅇ'으로 바뀌는 역행 동화이므로 ㉡이 아닌 ㉠의 예에 해당한다.

④ '백마[뱅마]'는 앞의 음운 'ㄱ'이 뒤의 비음 'ㅁ' 앞에서 비음 'ㅇ'으로 바뀌는 역행 동화이므로 ㉠의 예에 해당하지만, '잡히다[자피다]'는 순행 동화가 아닌 음운 축약이 나타나므로 ㉡의 예에 해당하지 않는다.

⑤ '끓이다[끄리다]'는 역행 동화가 아닌 음운 탈락이 나타나므로 ㉠의 예에 해당하지 않는다. '물놀이[물로리]'는 뒤의 음운 'ㄴ'이 앞의 유음 'ㄹ' 뒤에서 유음 'ㄹ'로 바뀌는 순행 동화이므로 ㉡의 예에 해당한다.

10 |출제 의도| 음운 동화의 이해 　　　　　　　 답 ④

동화에 해당하는 음운 변동으로는, 조음 위치는 바뀌지 않고 조음 방법만 바뀌는 비음화와 유음화, 조음 위치와 조음 방법이 모두 바뀌는 구개음화가 있다. '뽑느라[뽐느라]'는 파열음 'ㅂ'이 콧소리(비음) 'ㄴ'의 영향을 받아 'ㄴ'과 조음 방법이 같은 콧소리(비음) 'ㅁ'으로 바뀌어 발음되는 비음화 현상이 나타나므로 ㉣은 동화에 해당한다.

▼ 왜 오답?

① '듣고[듣꼬]'는 예사소리 'ㄱ'이 예사소리 'ㄷ' 뒤에서 된소리 'ㄲ'으로 교체되는 된소리되기 현상이 나타난다. 교체된 'ㄲ'과 'ㄷ'의 조음 위치는 서로 다르므로 ㉠은 동화에 해당하지 않는다.

② '놓고[노코]'는 음운 'ㅎ'과 예사소리 'ㄱ'이 결합하여 거센소리 'ㅋ'으로 축약되는 거센소리되기가 나타나므로 ㉡은 동화에 해당하지 않는다.

③ '훑네[훌레]'는 자음군 단순화에 의해 'ㅌ'이 탈락한 이후 뒤의 비음 'ㄴ'이 유음 'ㄹ'로 교체되는 유음화가 나타난다. 하지만, 비음 'ㄴ'이 유음화될 때 영향을 받은 음운은 'ㅌ'이 아닌 자음군 단순화 이후 남은 'ㄹ'이므로, 'ㄴ'이 'ㅌ'의 영향을 받아 'ㄹ'로 바뀌었다는 설명은 적절하지 않다.

⑤ '넓더라[널떠라]'는 예사소리 'ㄷ'이 받침 'ㄼ' 뒤에서 'ㄸ'으로 경음화(된소리되기)되고 자음군 단순화에 의해 'ㅂ'이 탈락하여 발음되므로 ㉤은 동화에 해당하지 않는다.

11 |출제 의도| 음운 교체의 이해 　　　　　　　 답 ⑤

'땀받이[땀바지]'는 앞말의 끝소리 'ㄷ'이 연음되어 뒷말의 가운뎃소리 'ㅣ'와 만나는 상황(㉡)에서 앞의 음운 'ㄷ'이 'ㅈ'으로 변한 경우(ⓐ)에 해

당하므로, 두 음운이 모두 변한 경우(ⓒ)라는 설명은 적절하지 않다.

왜 오답?

① '마천루[마철루]'는 앞말의 끝소리 'ㄴ'과 뒷말의 첫소리 'ㄹ'이 만나는 상황(㉠)에서 앞의 음운 'ㄴ'이 'ㄹ'로 변한 경우(ⓐ)에 해당한다.

② '목덜미[목떨미]'는 앞말의 끝소리 'ㄱ'과 뒷말의 첫소리 'ㄷ'이 만나는 상황(㉠)에서 뒤의 음운인 'ㄷ'이 'ㄸ'으로 변한 경우(ⓑ)에 해당한다.

③ '박람회[방남회]'는 앞말의 끝소리 'ㄱ'과 뒷말의 첫소리 'ㄹ'이 만나는 상황(㉠)에서 앞의 음운 'ㄱ'이 'ㅇ'으로, 뒤의 음운 'ㄹ'이 'ㄴ'으로 변한 경우(ⓒ)에 해당한다.

④ '쇠붙이[쇠부치]'는 앞말의 끝소리 'ㅌ'이 연음되어 뒷말의 가운뎃소리 'ㅣ'와 만나는 상황(㉡)에서 앞의 음운 'ㅌ'이 'ㅊ'으로 변한 경우(ⓐ)에 해당한다.

---

12 |출제 의도| 구개음화의 이해   답 ④

〈보기 1〉에서 구개음화에 대해 설명한 내용으로 볼 때 ㉣의 '묻-'은 받침이 'ㄷ'인 형태소이고, '-히-'는 접미사로 형식 형태소이므로, '묻히고'는 [무치고]로 소리 난다. 이는 'ㄷ'과 'ㅎ'이 결합하여 이루어진 [ㅌ]이 [ㅊ]으로 발음되는 것이므로 적절한 설명이다.

왜 오답?

① '붙인'은 어근 '붙-'에 형식 형태소인 접미사 '-이-'와 관형사형 어미 '-ㄴ'이 결합한 단어이다. 따라서 '붙-'의 받침 'ㅌ'이 모음 'ㅣ'와 만나 구개음 [ㅊ]이 되는 구개음화가 일어나 '붙인'은 [부친]으로 발음된다.

② '낱낱이'는 '낱'의 받침 'ㅌ'이 모음 'ㅣ'로 시작하는 형식 형태소와 만나 구개음 [ㅊ]이 되는 구개음화가 일어나 [난ː나치]로 발음된다.

③ '밭이랑'의 '이랑'은 '논이나 밭을 갈아 골을 타서 두두룩하게 흙을 쌓아 만든 곳.'을 뜻하는 명사이므로 실질 형태소이다. 구개음화는 형식 형태소와 만날 때 일어나는데 '이랑'은 실질 형태소이므로 구개음화가 일어나지 않아 [반니랑]으로 발음된다.

⑤ '홑이불'의 '이불'은 실질 형태소이므로 구개음화가 일어나지 않아 [혼니불]로 발음된다.

---

13 |출제 의도| 구개음화의 이해   답 ③

현대의 구개음화는 교체 현상의 한 가지로, 끝소리가 'ㄷ, ㅌ'인 형태소가 모음 'ㅣ'나 반모음 'ǐ'로 시작되는 형식 형태소와 만나면 그것이 각각 구개음 [ㅈ], [ㅊ]으로 발음되는 현상을 말한다. ㉢의 '굳히다[구치다]'와 '닫히다[다치다]'는 받침 'ㄷ'이 형식 형태소 '-히-'의 'ㅎ'과 결합하여 'ㅌ'이 된 후 모음 'ㅣ'와 만나 [ㅊ]으로 발음되는 구개음화에 해당한다.

왜 오답?

① ㉠의 '맏이[마지]'와 '같이[가치]'를 보면 끝소리가 'ㄷ'과 'ㅌ'일 때 모음 'ㅣ'로 시작하는 형식 형태소와 만나 구개음화가 일어남을 알 수 있다.

② ㉡의 '밭이[바치]'는 끝소리 'ㅌ'이 모음 'ㅣ'로 시작하는 형식 형태소와 만나서 구개음화가 일어나지만, '밭을[바틀]'의 경우는 끝소리 'ㅌ'이 모음 'ㅡ'와 만나기 때문에 구개음화가 일어나지 않는다. 이를 통해 'ㅌ'이 특정한 모음(모음 'ㅣ'로 시작되는 형식 형태소)과 만날 때 구개음화가 일어난다는 것을 알 수 있다.

④ ㉣의 '밑이[미치]'는 끝소리 'ㅌ'이 형식 형태소 '이'와 만나 구개음화가 일어나지만, '끝인사[끄딘사]'는 끝소리 'ㅌ'에 실질 형태소 '인사'가 이어져서 구개음화가 일어나지 않는다. 이를 통해 'ㅌ' 뒤에 실질 형태소가 올 때는 구개음화가 일어나지 않는다는 것을 알 수 있다.

⑤ ㉤의 '해돋이[해도지]'는 끝소리 'ㄷ'이 모음 'ㅣ'로 시작하는 형식 형태소와 만나 구개음화가 일어나지만, '견디다[견디다]'를 보면 하나의 형

태소 '견디-' 내부에서 'ㄷ'과 'ㅣ'가 만나는 경우에는 구개음화가 일어나지 않는다는 것을 알 수 있다.

---

14 |출제 의도| 구개음화의 이해   답 ③

'밭'은 활용 정보에 제시된 '밭이[바치]'를 통해 '밭'의 받침 'ㅌ'이 모음 'ㅣ'와 결합할 때 구개음화가 일어나는 것을 확인할 수 있지만, '낯'의 활용 정보에 제시된 '낯이[나치]'는 '낯'의 받침 'ㅊ'이 연음될 때의 발음에 대한 정보이므로 구개음화가 일어나는 것은 확인할 수 없다.

왜 오답?

① '낯'의 발음 정보에 받침 'ㅊ'이 [ㄷ]으로 교체된 [낟]으로 제시되어 있는 것을 통해 음절의 끝소리 규칙이 일어나는 것을 확인할 수 있다.

② '흙'의 발음 정보에 겹받침 'ㄺ' 중 'ㄹ'이 탈락된 [흑]으로 제시되어 있는 것을 통해 자음군 단순화가 일어나는 것을 확인할 수 있다.

④ '밭'과 '흙'은 활용 정보에 연음될 때의 발음인 밭을[바틀]과 흙이[흘기]가 각각 제시되어 있다.

⑤ '낯', '밭', '흙'은 활용 정보에 비음화가 일어났을 때의 발음인 낯만[난만], 밭만[반만], 흙만[흥만]이 각각 제시되어 있다.

도전 1등급

	연음과 절음에 관련된 표준 발음법 규정
연음	• 표준 발음법 제13항: 홑받침이나 쌍받침이 모음으로 시작된 조사나 어미, 접미사와 결합되는 경우에는, 제 음가대로 뒤 음절 첫소리로 옮겨 발음한다. 예 깎아[까까], 옷이[오시], 앞으로[아프로] • 표준 발음법 제14항: 겹받침이 모음으로 시작된 조사나 어미, 접미사와 결합되는 경우에는, 뒤엣것만을 뒤 음절 첫소리로 옮겨 발음한다.(이 경우, 'ㅅ'은 된소리로 발음함.) 예 넋이[넉씨], 앉아[안자], 젊어[절머]
절음	• 표준 발음법 제15항: 받침 뒤에 모음 'ㅏ, ㅓ, ㅗ, ㅜ, ㅟ'들로 시작되는 실질 형태소가 연결되는 경우에는, 대표음으로 바꾸어서 뒤 음절 첫소리로 옮겨 발음한다. 예 밭 아래[바다래], 늪 앞[느밥], 헛웃음[허두슴]

---

15 |출제 의도| 비음화와 유음화의 이해   답 ①

'달님[달림]'은 뒤의 음운 'ㄴ'이 앞의 음운 'ㄹ'의 영향을 받아 유음 'ㄹ'로 조음 방법이 바뀐 유음화의 사례이다.

왜 오답?

③, ④ '공론[공논]'은 뒤의 음운 'ㄹ'이 앞의 음운 'ㅇ'의 영향을 받아 비음 'ㄴ'으로 조음 방법이 바뀐 비음화의 사례이다.

⑤ '논리[놀리]'는 앞의 음운 'ㄴ'이 뒤의 음운 'ㄹ'의 영향을 받아 유음 'ㄹ'로 조음 방법이 바뀐 유음화의 사례이다. 비음화와 유음화는 모두 조음 위치는 바뀌지 않고 조음 방법만 바뀌는 음운 변동 현상이다.

---

16 |출제 의도| 비음화의 이해   답 ①

〈보기〉의 ㉠에서는 음절의 끝소리 규칙 이후에 비음화가 일어나는 경우를, ㉡에서는 자음군 단순화 이후에 비음화가 일어나는 경우를 설명하고 있다. '깎는[깡는]'은 끝소리 'ㄲ'이 음절의 끝소리 규칙에 따라 'ㄱ'으로 교체된 후 뒤의 음운 'ㄴ'의 영향으로 'ㄱ'이 비음 'ㅇ'으로 교체되는 비음화가 나타난다. '흙만[흥만]'은 겹받침 'ㄺ' 중 'ㄱ'만 발음되는 자음군 단순화를 겪은 후에 'ㄱ'이 뒤의 음운 'ㅁ'의 영향으로 비음 'ㅇ'으로 교체되는 비음화가 나타난다.

왜 오답?

② '끝물[끈물]'은 끝소리 'ㅌ'이 음절의 끝소리 규칙에 따라 'ㄷ'으로 교체된 후, 뒤의 음운 'ㅁ'의 영향으로 'ㄷ'이 비음 'ㄴ'으로 교체되는 비음화가 나타난다. 하지만 '앉자[안짜]'는 경음화에 의해 'ㅈ'이 'ㅉ'으로 교체된 후 겹받침 'ㄵ' 중 'ㄴ'만 발음되는 자음군 단순화가 나타난다.

③ '듣는[든는]'은 끝소리 'ㄷ'이 이미 대표음이므로 음절의 끝소리 규칙은 적용되지 않고, 뒤의 음운 'ㄴ'의 영향으로 'ㄷ'이 비음 'ㄴ'으로 교체되는 비음화만 나타난다. '읊는[음는]'은 자음군 단순화에 의해 'ㄹ'은 탈락하고 음절의 끝소리 규칙이 적용되어 'ㅍ'이 'ㅂ'으로 발음된다. 이후 'ㅂ'이 뒤의 음운 'ㄴ'의 영향으로 비음 'ㅁ'으로 교체되는 비음화가 나타난다.

④ '숯내[순내]'는 끝소리 'ㅊ'이 음절의 끝소리 규칙에 따라 'ㄷ'으로 교체된 후, 'ㄷ'이 뒤의 음운 'ㄴ'의 영향으로 비음 'ㄴ'으로 교체되는 비음화가 일어난다. 하지만 '닳은[다른]'은 자음군 단순화가 일어나는 것이 아니라 'ㅎ'으로 끝나는 어간이 모음으로 시작하는 형식 형태소와 결합하면 'ㅎ'이 탈락하는 'ㅎ' 탈락 현상이 일어난다. 따라서 겹받침 'ㅀ' 중 'ㅎ'이 탈락하고 'ㄹ'은 연음되어 발음된다.

⑤ '앞마당[암마당]'은 끝소리 'ㅍ'이 음절의 끝소리 규칙에 따라 'ㅂ'으로 교체된 후, 뒤의 음운 'ㅁ'의 영향으로 비음 'ㅁ'으로 교체되는 비음화가 일어난다. 하지만 '값이[갑씨]'는 명사 '값'에 모음으로 시작하는 형식 형태소 '-이'가 결합하여 연음된 'ㅅ'이 'ㅆ'으로 발음되는 경음화가 나타난다.

---

17 |출제 의도| 비음화와 유음화의 이해 · 답 ①

㉠ 역행적 유음화는 앞의 음운 'ㄴ'이 뒤의 음운 'ㄹ'에 동화되어 유음 'ㄹ'로 교체되는 것이고, ㉡ 'ㄹ'의 비음화는 'ㄹ'과 'ㄴ'이 연쇄적으로 발음되어 역행적 유음화가 일어날 조건이 충족된 상황에서 'ㄹ'이 'ㄴ'으로 비음화되는 것이다. '산란기[살:란기]'는 앞의 음운 'ㄴ'이 뒤의 음운 'ㄹ'에 의해 유음화되므로 ㉠에 해당하고, '표현력[표현녁]'은 역행적 유음화의 조건에서 'ㄹ'이 'ㄴ'으로 비음화되므로 ㉡에 해당한다.

왜 오답?

② '줄넘기[줄럼끼]'는 뒤의 음운 'ㄴ'이 앞의 음운 'ㄹ'에 동화되어 유음 'ㄹ'로 교체되므로 순행적 유음화에 해당하고, '입원료[이붠뇨]'는 역행적 유음화의 조건에서 'ㄹ'이 'ㄴ'으로 발음되는 비음화가 일어나므로 'ㄹ'의 비음화에 해당한다.

③ '결단력[결딴녁]'과 '생산량[생산냥]'은 모두 역행적 유음화의 조건에서 'ㄹ'이 'ㄴ'으로 발음되는 비음화가 일어나므로 'ㄹ'의 비음화에 해당한다.

④ '의견란[의:견난]'과 '향신료[향신뇨]'는 모두 역행적 유음화의 조건에서 'ㄹ'이 'ㄴ'으로 발음되는 비음화가 일어나므로 'ㄹ'의 비음화에 해당한다.

⑤ '대관령[대:괄령]'은 앞의 음운 'ㄴ'이 뒤의 음운 'ㄹ'에 동화되어 유음화가 일어나므로 역행적 유음화에 해당하고, '물난리[물랄리]'는 역행적 유음화와 순행적 유음화가 모두 일어난다.

---

18 |출제 의도| 음운 변동의 유형 이해 · 답 ④

'낱낱이[난:나치]'는 음절의 끝소리 규칙, 비음화, 구개음화가 일어나 모두 3회의 교체가 일어난다. 이때 'ㅌ'이 'ㄴ'으로 발음될 때에는 음절의 끝소리 규칙에 따라 'ㅌ'이 'ㄷ'으로 교체된 후 비음화가 일어나 'ㄴ'으로 교체되므로 2회의 음운 교체가 일어난다. '첫여름[천녀름]'은 음절의 끝소리 규칙, 비음화, 'ㄴ' 첨가가 일어나 모두 2회의 교체와 1회의 첨가가 일어나고, 이 중 'ㅅ'이 'ㄴ'으로 발음될 때에는 'ㅅ'이 음절의 끝소리 규칙에 따라 'ㄷ'으로 교체된 후 비음화가 일어나 다시 'ㄴ'으로 교체되므로 2회의 음운 교체가 일어난다.

왜 오답?

① '낱낱이[난:나치]'는 음운 첨가 없이 교체만 일어나며, '첫여름[천녀름]'은 음운 교체와 첨가가 일어난다.

② '넋두리[넉뚜리]'는 탈락과 교체가 일어나며 '입학식[이팍씩]'은 축약과 교체가 일어나므로 둘에서 공통적으로 나타나는 음운 변동은 교체이다.

③ '입학식[이팍씩]'에서 발음된 'ㅍ'은 음운 축약에 의한 것이지만, '낱낱이[난:나치]'에서 발음된 'ㅊ'은 구개음화에 의한 음운 교체의 결과이다.

⑤ '넋두리[넉뚜리]'의 'ㄳ'이 'ㄱ'으로 발음될 때 일어나는 음운 변동은 탈락 1회이고, 입학식[이팍씩]의 'ㅅ'이 'ㅆ'으로 발음될 때 일어나는 음운 변동은 교체 1회이므로 둘의 음운 변동 횟수는 같다.

---

19 |출제 의도| 음운 변동의 이해 · 답 ③

〈보기〉의 ㉠~㉤의 밑줄 친 부분에서 일어나는 음운 변동을 살펴보면, ㉠의 '옮겨서[옴겨서]'는 자음군 단순화, ㉡의 '굳이[구지]'는 구개음화, ㉢의 '입문하여[임문하여]'는 비음화, ㉣의 '더듬지[더듬찌]'는 된소리되기, ㉤의 '듬직한[듬지칸]'은 거센소리되기이다. ③의 '집문서[짐문서]'와 '맏누이[만누이]'는 모두 ㉢의 '입문하여[임문하여]'와 동일하게 비음화가 일어난다.

왜 오답?

① '굶기다[굼기다]'는 자음군 단순화가 일어나지만, '급하다[그파다]'는 거센소리되기가 일어나므로 ㉠의 자음군 단순화의 예로 적절하지 않다.

② '미닫이[미:다지]'는 구개음화가 일어나지만, '뻗대다[뻗때다]'는 된소리되기가 일어나므로 ㉡의 구개음화의 예로 적절하지 않다.

④ '껴안다[껴안따]'는 된소리되기가 일어나지만, '꿈같이[꿈가치]'는 구개음화가 일어나므로 ㉣의 된소리되기의 예로 적절하지 않다.

⑤ '굽히다[구피다]'는 거센소리되기가 일어나지만, '한여음[한녀름]'은 'ㄴ' 첨가 현상이 일어나므로 ㉤의 거센소리되기의 예로 적절하지 않다.

---

20 |출제 의도| 음운 변동의 이해 · 답 ①

'깎다[깍따]'는 끝소리 'ㄲ'이 음운 'ㄱ'으로 교체되는 음절의 끝소리 규칙이 나타난 후에, 'ㄱ'에 이어지는 'ㄷ'이 음운 'ㄸ'으로 교체되는 된소리되기가 나타난다. 두 번의 음운 변동 모두 교체에 해당하므로 '깎다[깍따]'는 음운 변동의 유형들 중 한 가지 유형만 나타나는 경우로 적절하다.

왜 오답?

② '막일[망닐]'은 '일'의 초성에 음운 'ㄴ'이 첨가된 후, '막'의 끝소리 'ㄱ'이 첨가된 음운 'ㄴ'에 동화되어 비음 'ㅇ'으로 교체되는 비음화가 나타난다. 따라서 첨가와 교체가 일어난다.

③ '색연필[생년필]'은 '연'의 초성에 음운 'ㄴ'이 첨가된 후, '색'의 끝소리 'ㄱ'이 첨가된 음운 'ㄴ'에 동화되어 비음 'ㅇ'으로 교체되는 비음화가 나타난다. 따라서 첨가와 교체가 일어난다.

④ '값하다[가파다]'는 '값'의 'ㅅ'이 자음군 단순화에 의해 탈락하고, 남은 'ㅂ'이 뒤 음운 'ㅎ'과 만나 'ㅍ'으로 축약되는 거센소리되기가 나타난다. 따라서 탈락과 축약이 나타난다.

⑤ '설익다[설릭따]'는 '익'의 초성에 음운 'ㄴ'이 첨가된 후, 첨가된 'ㄴ'이 앞 음운 'ㄹ'에 동화되어 유음 'ㄹ'로 교체되는 유음화가 나타난다. 또한 '익'의 종성 'ㄱ'에 이어지는 'ㄷ'이 음운 'ㄸ'으로 교체되는 된소리되기가 일어난다. 따라서 첨가와 교체가 일어난다.

---

21 |출제 의도| 음운 탈락의 원리 이해 · 답 ①

㉠에는 자음군 단순화가 일어날 때, 끝소리에 위치한 두 자음 중 뒤에 있는 자음이 탈락하여 앞에 있는 자음만 발음되는 단어의 예가 들어가야 한다. '값[갑]'과 '넋[넉]'은 음절 끝소리에 위치한 두 자음 중 뒤에 있는 자음 'ㅅ'이 탈락하여 앞에 있는 자음만 발음되는 경우이다.

②, ③, ④, ⑤ '닭[닥]'은 음절 끝소리에 위치한 두 자음 중 앞에 있는 자음이 탈락하여 뒤에 있는 자음만 발음되는 경우이다. 마찬가지로 '삶[삼ː]'도 끝소리에 위치한 두 자음 중 앞에 있는 자음이 탈락하여 뒤에 있는 자음만 발음되는 경우이다.

도전 ❶등급

자음군 단순화 발음 예시

• 겹받침 중 앞에 있는 자음이 발음되는 경우

표기	발음	예시
ㄳ	[ㄱ]	예 삯[삭], 몫[목]
ㄵ, ㄶ	[ㄴ]	예 앉지[안찌], 끊는[끈는]
ㄺ, ㄽ, ㅀ	[ㄹ]	예 외곬[외골/웨골], 핥는[할른], 잃고[일코]
ㅄ	[ㅂ]	예 값[갑], 없다[업ː따]
ㄼ	원칙 [ㄹ]	예 얇다[얄ː따], 넓은[널븐], 여덟[여덜]
	예외 [ㅂ]	– '밟–'은 뒤에 자음이 오면 'ㄹ'이 탈락함. 예 밟고[밥ː꼬], 밟지[밥ː찌] – '넓죽하다, 넓둥글다, 넓적하다'는 'ㄹ'이 탈락함. 예 넓죽하다[넙쭈카다], 넓둥글다[넙뚱글다], 넓적하다[넙쩌카다]

• 겹받침 중 뒤에 있는 자음이 발음되는 경우

표기	발음	예시
ㄻ	[ㅁ]	예 삶[삼ː], 젊다[점ː따]
ㄿ	[ㅂ]	예 읊조리다[읍쪼리다]
ㄺ	원칙 [ㄱ]	예 닭[닥], 흙[흑], 삵[삭]
	예외 [ㄹ]	뒤에 'ㄱ'으로 시작하는 어미가 올 때에는 예외적으로 'ㄱ'이 탈락함. 예 맑고[말꼬], 읽고[일꼬]

22 | 출제 의도 | 음운 변동의 이해   답 ⑤

'옷 한 벌[오탄벌]'이 발음될 때에는 '옷'의 'ㅅ'이 음절의 끝소리 규칙에 따라 'ㄷ'으로 교체된 후, 'ㄷ'이 'ㅎ'과 결합하여 'ㅌ'으로 축약되는 현상이 일어난다.

23 | 출제 의도 | 음운 변동의 이해   답 ②

'색연필[생년필]'의 음운 변동 양상은 우선 [색년필]과 같이 'ㄴ'이 첨가되고, 첨가된 'ㄴ'의 영향으로 끝소리 'ㄱ'이 비음 'ㅇ'으로 교체되어 [생년필]로 바뀌므로 첨가와 교체가 한 번씩 일어나 ㉴로 이동하게 된다. 그 결과 음운의 수가 한 개 늘어남을 확인할 수 있다.

24 | 출제 의도 | 음운 변동의 이해   답 ④

〈보기〉의 '잡일'은 음운 'ㄴ'이 첨가되어 [잡닐]로, 첨가된 'ㄴ'의 영향으로 끝소리 'ㅂ'이 비음 'ㅁ'으로 교체되어 [잠닐]로 발음된다. '색연필'도 '잡일[잠닐]'과 마찬가지로 음절 '연'에 첨가된 'ㄴ'의 영향으로 끝소리 'ㄱ'이 비음 'ㅇ'으로 교체되어 [생년필]로 발음된다.

① '법학'은 음절 끝소리 'ㅂ'이 뒤 음운 'ㅎ'과 만나 'ㅍ'으로 축약되어 [버팍]으로 발음된다.

② '담요'는 음절 '요'에 'ㄴ'이 첨가되어 [담뇨]로 발음되며 교체는 일어나

지 않는다.

③ '국론'은 비음화가 일어나 'ㄹ'이 'ㄴ'으로 교체되고, 교체된 'ㄴ'으로 인해 'ㄱ'이 'ㅇ'으로 바뀌어 [궁논]으로 발음되며 첨가는 일어나지 않는다.

⑤ '한여름'은 음절 '여'에 'ㄴ'이 첨가되어 [한녀름]으로 발음되며 교체는 일어나지 않는다.

25 | 출제 의도 | 음운 변동의 이해   답 ①

〈보기〉의 '물약'이 [물략]이 되는 과정에서는 먼저, 앞말이 자음으로 끝나고 뒷말의 첫음절이 모음 'ㅣ, ㅑ, ㅕ, ㅛ, ㅠ'로 시작하는 경우에 뒷말의 초성 자리에 'ㄴ'이 첨가되는 'ㄴ' 첨가가 나타나고, 이후 첨가된 'ㄴ'이 앞말의 끝소리인 유음 'ㄹ'의 영향으로 유음 'ㄹ'로 교체되는 유음화를 거쳐 [물략]으로 발음된다. 따라서 (ㄱ)에는 '첨가', (ㄴ)에는 '교체'가 들어가야 한다.

도전 ❶등급

'ㄴ' 첨가와 사잇소리 현상으로서의 'ㄴ' 첨가의 차이점

'ㄴ'이 첨가되는 위치	'ㄴ' 첨가: 'ㄴ'이 뒷말의 초성에 첨가됨. 예 맨입[맨닙], 색연필[색년필 → 생년필]
	사잇소리 현상: 'ㄴ'이 앞말의 종성에 첨가됨. 예 잇몸[읻몸 → 인몸].
'ㄴ'이 첨가되는 음운 환경	'ㄴ' 첨가: 앞말이 자음으로 끝나고 뒷말이 'ㅣ'나 반모음 'ĭ'로 시작해야 함. 예 솜이불[솜ː니불], 늦여름[늗여름 → 는녀름]
	사잇소리 현상: 앞말이 모음으로 끝나고 뒷말이 'ㄴ, ㅁ'으로 시작해야 함. 예 코 + 날 → 콧날[콛날 → 콘날]

26 | 출제 의도 | 음운 변동의 이해   답 ⑤

'꽃이슬[꼰니슬]'은 '이슬'이 실질 형태소이므로 '꽃'의 끝소리 'ㅊ'이 연음되지 않고 음절의 끝소리 규칙에 따라 'ㄷ'으로 교체된다. '이슬'은 앞말 '꽃'이 자음으로 끝나고 모음 'ㅣ'로 시작하는 경우이므로 첫소리에 'ㄴ'이 첨가된다. 교체된 'ㄷ'은 첨가된 'ㄴ'에 의해 비음 'ㄴ'으로 교체되어 '꽃이슬'은 [꼰니슬]로 발음된다. '솜이불'은 '이불'이 실질 형태소이므로 'ㅁ'이 연음되지 않고, 앞말 '솜'이 자음으로 끝나고 모음 'ㅣ'로 시작하는 경우이므로 뒷말 첫소리에 'ㄴ'이 첨가되어 [솜ː니불]로 발음된다. 따라서 ㉡은 ⓒ '꽃이슬'과 ⓓ '솜이불'에서 공통적으로 '첨가'가 일어나 발음된 것이다.

①, ③ '굳히다[구치다]'는 끝소리 'ㄷ'과 첫소리 'ㅎ'이 축약된 'ㅌ'이 모음 'ㅣ'와 만나 구개음 'ㅊ'으로 교체되는 구개음화가 일어난다. '훑이다[훌치다]'는 겹받침 'ㄾ' 중 'ㅌ'이 이어지는 모음 'ㅣ'와 만나 구개음 'ㅊ'으로 교체되는 구개음화가 일어난다. 따라서 ㉠은 ⓐ '굳히다'와 ⓑ '훑이다'에서 공통적으로 '교체'가 일어나 발음된 것이다.

② ㉡의 ⓓ '솜이불[솜ː니불]'은 '축약'이 아닌 '첨가'가 일어나 발음된 것이다.

④ ㉡의 ⓒ '꽃이슬[꼰니슬]'과 ⓓ '솜이불[솜ː니불]'은 공통적으로 '교체'가 아닌, '첨가'가 일어나 발음된 것이다.

27 | 출제 의도 | 음운 변동의 이해   답 ③

〈보기〉의 '불여우'가 [불녀우]가 되는 과정을 보면, 앞말이 자음으로 끝나고 뒷말의 첫음절이 모음 'ㅣ, ㅑ, ㅕ, ㅛ, ㅠ'로 시작하는 경우에 뒷말의 초성 자리에 'ㄴ'이 첨가되는 'ㄴ' 첨가가 일어나고, 이후 첨가된 'ㄴ'이 앞말

의 끝소리인 유음 'ㄹ'의 영향으로 'ㄹ'로 교체되는 유음화를 거쳐 [불려우]로 발음된다. 따라서 ㉠은 ⓑ '첨가', ㉡은 ⓐ '교체'이다.

28 |출제 의도| 음운 변동의 이해　　　　　　　　답 ①
'맨입'은 앞말이 자음으로 끝나고 뒷말의 첫음절이 모음 'ㅣ' 또는 반모음 'ㅣ̆'로 시작하는 경우이므로 뒷말의 초성 자리에 'ㄴ'이 첨가되어 [맨닙]으로 발음된다. 따라서 ⓐ는 'ㄴ' 첨가이다. '국민'은 끝소리 'ㄱ'이 뒤의 음운 'ㅁ'의 영향으로 비음 'ㅇ'으로 교체되는 비음화가 일어나 [궁민]으로 발음된다. 따라서 ⓑ는 비음화이다. 음운 변동 ⓐ와 ⓑ가 모두 일어나는 단어는 '막일'이다. '막일'은 'ㄴ' 첨가가 일어나 [막닐]로, 그리고 비음화가 일어나 [망닐]로 발음된다.

◀◀ 왜 오답?
② '담요'는 'ㄴ'이 첨가되어 [담:뇨]로 발음되며 비음화는 일어나지 않는다.
③ '낙엽'은 끝소리 'ㄱ'이 연음되어 [나겹]으로 발음될 뿐, 음운 변동은 일어나지 않는다. 연음은 교체, 첨가, 탈락, 축약 등의 음운 변동이 나타나지 않으므로 음운 변동에 해당하지 않는다.
④ '곡물[공물]'은 끝소리 'ㄱ'이 뒤의 음운 'ㅁ'의 영향으로 비음 'ㅇ'으로 교체되는 비음화만 일어나며 첨가는 일어나지 않는다.
⑤ '강약'은 [강약] 또는 [강냑]으로 발음되는데, [강약]으로 발음될 경우에는 음운 변동이 일어나지 않고, [강냑]으로 발음될 경우에는 'ㄴ' 첨가만 일어나며 비음화는 일어나지 않는다.

29 |출제 의도| 음운 변동의 이해　　　　　　　　답 ⑤
'ㄴ' 첨가는 앞말이 자음으로 끝나고 뒷말이 모음 'ㅣ' 또는 반모음 'ㅣ̆'로 시작하는 경우에 뒷말의 초성 자리에 'ㄴ'이 첨가되는 음운 변동 현상이다. '논일[논닐]'은 'ㄴ'으로 끝나는 형태소와 모음 'ㅣ'로 시작하는 형태소가 결합하여 없던 음운 'ㄴ'이 추가되어 [논닐]로 발음되므로 'ㄴ' 첨가에 해당한다.

◀◀ 왜 오답?
① '줍고[줍꼬]'는 'ㅂ'의 영향을 받아 'ㄱ'이 'ㄲ'으로 바뀌는 된소리되기 현상이 나타나므로 교체에 해당한다. 'ㄲ'은 하나의 음운으로, 'ㄱ'에 'ㄱ'이 추가되어 만들어진 음운이 아니다.
② '넓은[너:븐]'은 어간의 끝소리 'ㅎ'이 모음으로 시작하는 어미와 만날 때 탈락하는 'ㅎ' 탈락 현상이 나타나므로 탈락에 해당한다.
③ '먹는[멍는]'은 'ㄱ'이 'ㄴ'의 영향을 받아 비음 'ㅇ'으로 바뀌는 비음화 현상이 나타나므로 교체에 해당한다.
④ '쌓지[싸치]'는 끝소리 'ㅎ'이 뒤 음운 'ㅈ'과 결합하여 'ㅊ'이 되는 거센소리되기 현상이 나타나므로 축약에 해당한다.

30 |출제 의도| 음운 변동의 이해　　　　　　　　답 ①
'국물'은 '국'의 끝소리 'ㄱ'이 뒤 음운 'ㅁ'의 영향으로 비음 'ㅇ'으로 바뀌어 [궁물]로 발음된다. 음운 'ㄱ'이 다른 음운 'ㅇ'으로 바뀌는 현상이 일어나므로 '국물[궁물]'에서 일어난 음운 변동은 '교체'이다. '몫'은 겹받침 'ㄳ' 중 'ㅅ'이 없어져 [목]으로 발음된다. 있던 음운 'ㅅ'이 없어지는 현상이 일어나므로 '몫[목]'에서 일어난 음운 변동은 '탈락'이다.

31 |출제 의도| 음운 변동의 이해　　　　　　　　답 ①
'읽느라'에서는 어간의 겹받침 'ㄺ' 중 자음군 단순화에 따라 'ㄹ'이 탈락하고, 남은 'ㄱ'이 뒤의 'ㄴ'의 영향을 받아 비음 'ㅇ'으로 교체되는 비음화가 일어나서 [잉느라]로 발음된다.

◀◀ 왜 오답?
② '훑고서'가 [훌꼬서]로 발음될 때는 된소리되기가 일어나 'ㄱ'이 'ㄲ'으

로 교체되고, 어간의 겹받침 'ㄾ' 중 자음군 단순화에 따라 'ㅌ'이 탈락된다. 따라서 ㉠과 ㉢이 일어난다.
③ '예삿일'이 [예산닐]로 발음될 때는 앞말이 자음으로 끝나고 뒷말이 모음 'ㅣ'로 시작하므로 '일'에 'ㄴ'이 첨가되고, 둘째 음절의 끝소리 'ㅅ'이 음절의 끝소리 규칙에 의해 'ㄷ'으로 교체된다. 이때 첨가된 'ㄴ'의 영향으로 비음화가 일어나 'ㄷ'이 'ㄴ'으로 교체된다. 따라서 ㉠과 ㉢이 일어난다.
④ '알약을'이 [알랴글]로 발음될 때는 앞말이 자음으로 끝나고 '약'이 반모음 'ㅣ̆'로 시작하므로 'ㄴ'이 첨가되고, 이 첨가된 'ㄴ'이 앞의 음운 'ㄹ'의 영향으로 유음화가 일어나 'ㄴ'이 'ㄹ'로 교체된다. [알랴글]은 [알략을]이 연음된 것인데, 연음은 변동되는 음운이 없으므로 음운 변동에 해당하지 않는다. 따라서 ㉠과 ㉢이 일어난다.
⑤ '앓았다'가 [아랃따]로 발음될 때에는 자음군 단순화에 의해 어간의 받침 중 'ㅎ'이 탈락하고, 두 번째 음절의 받침 'ㅆ'이 음절의 끝소리 규칙에 의해 'ㄷ'으로 교체되며, 이 'ㄷ'의 영향으로 된소리되기가 일어나 'ㄷ'이 'ㄸ'으로 교체된다. 그리고 [아랃따]는 [알앋따]가 연음된 것인데, 연음은 변동되는 음운이 없으므로 음운 변동에 해당하지 않는다. 따라서 ㉠과 ㉢이 일어난다.

32 |출제 의도| 음운 변동의 이해　　　　　　　　답 ⑤
ㄱ의 '솥, 잎, 동녘'이 각각 [솓], [입], [동녁]으로 발음되는 것은 음절의 끝소리 규칙이 적용된 교체의 예이다. ㄴ의 '닭, 값, 여덟'이 각각 [닥], [갑], [여덜]로 발음되는 것은 자음군 단순화가 적용된 탈락의 예이다. ㄷ의 '국화, 쌓다, 입학'이 각각 [구콰], [싸타], [이팍]으로 발음되는 것은 거센소리되기가 적용된 축약의 예이다. '핥다[할따]'는 겹받침 'ㄾ' 중 'ㅌ'이 자음군 단순화에 따라 탈락하여 'ㄹ'이 끝소리로 남고, 'ㄷ'이 'ㄸ'으로 교체되는 음운 변동이 일어나므로 ㄱ과 ㄴ의 변동이 일어난 예이다.

◀◀ 왜 오답?
① ㄱ의 '솥, 잎, 동녘'에는 음절의 끝에서 음운 'ㅌ, ㅍ, ㅋ'이 대표음 'ㄷ, ㅂ, ㄱ'으로 바뀌는 음절의 끝소리 규칙이 적용된다. '꽃' 또한 음절의 끝소리 규칙에 따라 'ㅊ'이 'ㄷ'으로 바뀌어 [꼳]으로 발음된다.
② ㄴ의 '닭, 값, 여덟'은 음절의 끝에 겹받침이 오는 단어이므로 두 개의 자음 중에서 하나의 자음이 탈락하는 자음군 단순화를 거쳐 각각 [닥], [갑], [여덜]로 발음된다. '넋' 또한 자음군 단순화에 따라 'ㅅ'이 탈락하여 [넉]으로 발음된다.
③ ㄷ의 '국화, 쌓다, 입학'은 두 음운이 만나 하나의 음운이 되는 축약이 일어난다. '놓지' 또한 'ㅎ'과 'ㅈ'이 'ㅊ'으로 축약되어 [노치]로 발음된다.
④ '첫해'는 끝소리 'ㅅ'이 음절의 끝소리 규칙에 따라 'ㄷ'으로 교체되고, 교체된 'ㄷ'이 뒤의 음운 'ㅎ'과 만나 'ㅌ'으로 축약되어 [처태]로 발음되므로 ㄱ과 ㄷ의 변동이 모두 일어난 예로 적절하다.

33 |출제 의도| 음운 변동의 이해　　　　　　　　답 ④
'맨입[맨닙]'은 앞말이 자음으로 끝나고 뒷말이 모음 'ㅣ'로 시작하는 경우이므로 뒷말의 초성 자리에 'ㄴ'이 첨가되는 음운 변동이 일어난다. 따라서 ㉠에는 'ㄴ' 첨가가 일어나는 '논일[논닐]'이 들어갈 수 있다. 한편, '설날[설·랄]'은 'ㄴ'이 앞의 음운 'ㄹ'의 영향으로 유음 'ㄹ'로 교체되는 현상이 일어나고, '좋은[조은]'은 끝소리 'ㅎ'이 탈락하는 현상이 일어난다. 따라서 ㉡에는 교체와 탈락이 함께 일어나는 '닳는[달른]'이 들어갈 수 있다. '닳는[달른]'은 자음군 단순화에 따라 'ㅎ'이 탈락하고 남은 끝소리 'ㄹ'의 영향으로 뒤의 'ㄴ'이 'ㄹ'로 교체되는 현상이 일어난다.

◀◀ 왜 오답?
① '논일[논닐]'은 첨가가 일어나는 단어이므로 ㉠에 적절하지만, '늦여름[는녀름]'은 교체와 'ㄴ' 첨가가 일어나는 단어이므로 ㉡에 적절하지

않다.

② '닳은[다른]'은 탈락이 일어나는 단어이므로 ㉠에 적절하지 않고, '닳는 [달른]'은 탈락과 교체가 일어나는 단어이므로 ㉡에 들어갈 수 있다.

③ '칼날[칼랄]'은 교체가 일어나는 단어이므로 ㉠에 적절하지 않고, '나뭇 잎[나문닙]'은 첨가와 교체가 일어나는 단어이므로 ㉡에 적절하지 않다.

⑤ '닳은[다른]'은 탈락이 일어나는 단어이므로 ㉠에 적절하지 않고, '칼날 [칼랄]'은 교체만 일어나는 단어이므로 ㉡에 적절하지 않다.

---

34 |출제 의도| 음운 변동의 이해 답 ①

'놓는[논는]'은 끝소리 'ㅎ'이 음절의 끝소리 규칙에 따라 'ㄷ'으로 교체되고, 교체된 'ㄷ'이 뒤의 'ㄴ'의 영향을 받아 'ㄴ'으로 교체되는 비음화가 일어난다. '칼날[칼랄]'은 끝소리 'ㄹ'의 영향을 받은 'ㄴ'이 'ㄹ'로 교체되는 유음화가 일어난다. 이처럼 '놓는'과 '칼날'은 모두 교체만 일어나므로 음운 변동 전후 음운의 수가 동일하다. 한편, '닳아[다라]'는 어간 '닳-'이 모음으로 시작하는 어미와 결합하여 'ㅎ'이 탈락하고, 'ㄹ'이 뒤 음절로 연음된다. '막일[망닐]'은 앞말이 자음으로 끝나고 모음 'ㅣ'로 시작하는 경우이므로 뒷말의 초성에 'ㄴ'이 첨가되며, 첨가된 'ㄴ'의 영향으로 앞말의 끝소리 'ㄱ'이 'ㅇ'으로 교체된다. 이처럼 '닳아'는 탈락, '막일'은 첨가와 교체가 일어나므로 음운 변동 전후 음운의 수가 동일하지 않다.

왜 오답?

② 〈보기〉의 네 단어에서 일어난 음운 변동은 모두 자음이 변동되는 음운 변동이다.

③ 〈보기〉의 네 단어에서 일어난 음운 변동은 모두 음운 변동의 결과가 표기에 반영되지 않는다.

④ '놓는[논는]'과 '닳아[다라]'는 앞 음절, '칼날[칼랄]'은 뒤 음절, '막일[망 닐]'은 앞 음절과 뒤 음절 모두에서 음운 변동이 일어난다.

⑤ 조음 방법이 같아지는 음운 변동은 '놓는[논는]'에서의 음절의 끝소리 규칙과 비음화, '칼날[칼랄]'에서의 유음화, '막일[망닐]'에서의 비음화이다. '닳아'에서는 탈락이 일어나므로 네 단어를 〈보기〉의 대답처럼 조음 방법이 같아지는 음운 변동이 일어났는지로 분류할 수 없다.

---

35 |출제 의도| 음운 변동의 이해 답 ⑤

(가)에서 설명한 음절의 종성에 마찰음, 파찰음이 오거나 파열음 중 거센소리나 된소리가 올 경우 모두 파열음의 예사소리로 교체되는 것은 '음절의 끝소리 규칙'에 대한 것이고, (나)에서 설명한 음절의 종성에 자음군이 올 경우 한 자음이 탈락한다는 것은 '자음군 단순화'에 대한 것이다. '읊고'는 'ㄿ'에서 'ㄹ'이 탈락((나)의 자음군 단순화)하고, 남은 'ㅍ'이 대표음 'ㅂ'으로 바뀐다(가)의 음절의 끝소리 규칙). 이후 교체된 'ㅂ'의 영향으로 첫소리 'ㄱ'이 'ㄲ'으로 교체되는 된소리되기가 일어난다.

왜 오답?

① '꽂힌[꼬친]'은 'ㅈ'과 'ㅎ'이 만나 거센소리인 'ㅊ'으로 축약되어 발음되므로 (가)에 해당하지 않는다.

② '몫이[목씨]'는 연음된 'ㅅ'이 끝소리 'ㄱ'의 영향으로 'ㅆ'으로 교체되는 된소리되기가 일어나므로 (나)에 해당하지 않는다.

③ '비웃[비옫]'은 음절의 끝소리 규칙에 따라 끝소리 'ㅅ'이 'ㄷ'으로 교체되어 발음되므로 (나)에 해당하지 않는다.

④ '않고[안코]'는 겹받침의 두 자음 중 'ㅎ'이 첫소리 'ㄱ'과 만나 거센소리 'ㅋ'으로 축약되어 발음되는 거센소리되기가 일어나므로 (가)와 (나) 모두에 해당하지 않는다.

---

36 |출제 의도| 음운 변동의 이해 답 ⑤

'올여름[올려름]'은 앞말 '올'이 자음으로 끝나고 뒷말인 '여름'이 반모음

'ㅣ'로 시작하는 경우이므로 '여름'에 'ㄴ'이 첨가되고, 첨가된 'ㄴ'이 'ㄹ'의 영향으로 유음 'ㄹ'로 교체되는 유음화가 일어나므로 두 번 이상의 음운 변동이 일어난다. 반면 '해돋이[해도지]'는 끝소리 'ㄷ'이 형식 형태소 'ㅣ'와 만나 'ㅈ'으로 교체되는 구개음화가 일어나므로, 음운 변동은 한 번만 일어난다. 따라서 ㄷ과 ㄹ은 모두 두 번 이상의 음운 변동이 일어났다는 탐구 내용은 적절하지 않다.

왜 오답?

① '신래[실라]'는 앞의 음운 'ㄴ'이 뒤의 음운 'ㄹ'의 성질을 닮아 같은 유음인 'ㄹ'로 변동된 것이고, '국물[궁물]'은 앞의 음운 'ㄱ'이 뒤의 음운 'ㅁ'의 성질을 닮아 같은 비음인 'ㅇ'으로 변동된 것이다.

② '신래[실라]'는 앞의 음운 'ㄴ'이 뒤의 음운 'ㄹ'의 영향으로 유음 'ㄹ'로 바뀌는 유음화가 일어난 것이고, '올여름[올려름]'은 첨가된 'ㄴ'이 앞의 음운 'ㄹ'의 영향으로 유음 'ㄹ'로 바뀌는 유음화가 일어난 것이다.

③ '신래[실라]'는 유음화가, '해돋이[해도지]'는 구개음화가 일어나는데, 이는 모두 교체에 해당하므로 음운의 변동이 일어나기 전과 후의 음운의 개수에는 변화가 없다.

④ '국물'은 두 형태소 '국'과 '물'이 결합할 때 비음화가 일어난 것이고, '올여름[올려름]'은 두 형태소 '올'과 '여름'이 결합할 때 'ㄴ' 첨가와 유음화가 일어난 것이다.

---

37 |출제 의도| 음운 변동의 이해 답 ④

㉠ 원래 없던 음운이 새로 생기는 것은 '첨가'이고, ㉡ 한 음운이 다른 음운으로 바뀌는 것은 '교체'이다. ㉢ 두 개의 음운 중 한 음운이 없어지는 것은 '탈락'이고, ㉣ 두 음운이 합쳐져 하나의 음운으로 바뀌는 것은 '축약'이다. '구급약[구·금냑]'은 '약'의 앞말이 자음으로 끝나고 뒷말인 '약'이 반모음 'ㅣ'로 시작하는 경우이므로 초성 자리에 'ㄴ'이 첨가되고, 첨가된 'ㄴ'에 따라 앞말의 끝소리 'ㅂ'이 'ㅁ'으로 교체되는 비음화가 일어난다. '물엿[물렫]' 또한 '엿'의 초성 자리에 'ㄴ'이 첨가되고, 첨가된 'ㄴ'은 앞말의 끝소리인 'ㄹ'에 따라 'ㄹ'로 교체되는 유음화가 일어나며, '엿'의 끝소리 'ㅅ'은 음절의 끝소리 규칙에 따라 'ㄷ'으로 교체된다. 따라서 '구급약'과 '물엿' 모두에서 첨가와 교체가 일어나는 것을 확인할 수 있다.

왜 오답?

① '한여름[한녀름]'은 'ㄴ' 첨가가 일어나지만, '설날[설·랄]'은 유음화에 의한 교체만 일어난다.

② '놓아[노아]'는 'ㅎ' 탈락이 일어나지만, '없을[업·쓸]'은 연음과 된소리되기에 의한 교체만 일어난다.

③ '앉히다[안치다]'는 축약이 일어나지만, '끓이다[끄리다]'는 연음과 탈락만 일어난다.

⑤ '읊조리다[읍쪼리다]'는 음절의 끝소리 규칙과 된소리되기에 의한 교체와 자음군 단순화에 의한 탈락이 일어나지만, '꼿꼿하다[꼳꾸타다]'는 음절의 끝소리 규칙에 의한 교체와 축약만 일어난다.

---

38 |출제 의도| 음운 변동의 이해 답 ③

'맛없다'는 '맛'의 끝소리 'ㅅ'이 음절의 끝소리 규칙으로 'ㄷ'으로 교체된 후 연음되고, '없'의 겹받침 중 'ㅅ'이 자음군 단순화로 탈락한 후 'ㅂ'이 남고, '다'의 첫소리 'ㄷ'이 'ㄸ'으로 교체되는 된소리되기가 일어나 [마덥따]로 발음된다. 따라서 '맛없다[마덥따]'에서는 교체와 탈락(ⓐ)의 음운 변동이 일어나는 것을 확인할 수 있다.

'영업용'은 '용'의 앞말이 자음으로 끝나고 뒷말인 '용'이 반모음 'ㅣ'로 시작하므로 첫소리에 'ㄴ'이 첨가되고, 첨가된 'ㄴ'의 영향으로 앞의 음운 'ㅂ'이 'ㅁ'으로 교체되는 비음화가 일어나 [영엄농]으로 발음된다. 따라서 '영업용[영엄농]'에서는 교체와 첨가(ⓒ)의 음운 변동이 일어나는 것을 확

인할 수 있다.

'깨끗하다'는 '끗'의 끝소리 'ㅅ'이 음절의 끝소리 규칙에 따라 'ㄷ'으로 교체되고, 교체된 'ㄷ'과 '하'의 첫소리 'ㅎ'이 'ㅌ'으로 축약되는 거센소리되기가 일어나 [깨끄타다]로 발음된다. 따라서 '깨끗하다[깨끄타다]'에서는 교체와 축약(ⓑ)의 음운 변동이 일어나는 것을 확인할 수 있다.

'급행열차'는 '급'의 끝소리 'ㅂ'과 '행'의 첫소리 'ㅎ'이 만나 'ㅍ'으로 축약되는 거센소리되기가 일어나고, '열'의 앞말이 자음으로 끝나고 뒷말인 '열'이 반모음 'ㅣ'로 시작하므로 첫소리에 'ㄴ'이 첨가되어 [그팽녈차]로 발음된다. 따라서 '급행열차[그팽녈차]'에서는 축약과 첨가(ⓓ)의 음운 변동이 일어나는 것을 확인할 수 있다.

39 |출제 의도| 음운 변동의 이해   답 ⑤

'밭일[반닐]'은 끝소리 'ㅌ'이 음절의 끝소리 규칙에 따라 'ㄷ'으로 교체되고, '일'의 첫소리에 'ㄴ'이 첨가되며, 교체된 'ㄷ'은 첨가된 'ㄴ'의 영향으로 'ㄴ'으로 교체되는 비음화가 일어난다. '훑는[훌른]'은 자음군 단순화에 따라 겹받침 'ㄾ' 중 'ㅌ'이 탈락하여 'ㄹ'이 남고, 'ㄹ'의 영향으로 '는'의 첫소리 'ㄴ'이 'ㄹ'로 교체되는 유음화가 일어난다. '같이[가치]'는 끝소리 'ㅌ'이 모음 'ㅣ'를 만나 구개음 'ㅊ'으로 교체되는 구개음화가 일어난다. 따라서 '밭일', '훑는', '같이'에 공통적으로 일어난 음운 변동은 교체이다. 탈락은 '훑는'에서만 일어난다.

❦ 왜 오답?
① '밭일[반닐]'의 끝소리 'ㅌ'은 음절 끝에서 발음될 수 있는 'ㄱ, ㄴ, ㄷ, ㄹ, ㅁ, ㅂ, ㅇ'에 해당하지 않는 음운이므로, 음절의 끝소리 규칙에 따라 음절 끝에 올 수 있는 자음 'ㄷ'으로 교체된다.
② '밭일[반닐]'은 'ㄴ'이 첨가되고 '훑는[훌른]'은 자음군 단순화에 의해 'ㅌ'이 탈락하므로 음운의 개수에 변화가 생긴다.
③ '밭일[반닐]'은 실질 형태소 '밭'과 실질 형태소 '일'이 결합할 때 음운 변동이 일어나고, '같이[가치]'는 실질 형태소 '같-'과 형식 형태소 '-이'가 결합할 때 음운 변동이 일어난다.
④ '훑는[훌른]'의 'ㄴ'은 겹받침의 자음 'ㄹ'의 영향으로 'ㄹ'로 교체되고, '같이[가치]'의 'ㅌ'은 모음 'ㅣ'의 영향으로 'ㅊ'로 교체된다.

40 |출제 의도| 음운 변동의 이해   답 ①

'잘 입다'를 각각 단독으로 발음하면 '잘'은 음운 변동이 일어나지 않고, '입다[입따]'는 'ㄷ'이 'ㄸ'으로 교체되는 된소리되기가 일어난다. 그러나 '잘 입다'를 이어서 한 마디로 발음하면 기존의 된소리되기에 더하여 '입'에 'ㄴ'이 첨가되고 첨가된 'ㄴ'이 앞의 음운 'ㄹ'의 영향을 받아 'ㄹ'로 교체되는 유음화가 일어나 [잘립따]로 발음된다. 한편 '값 매기다'를 각각 단독으로 발음하면 '값'은 자음군 단순화에 따라 'ㅅ'이 탈락하여 '갑'으로 발음되고, '매기다'는 음운 변동이 일어나지 않는다. 그러나 '값 매기다'를 이어서 한 마디로 발음하면 기존의 자음군 단순화에 더하여 '값[갑]'의 끝소리 'ㅂ'이 '매'의 'ㅁ'의 영향으로 'ㅁ'으로 교체되는 비음화가 일어나 [감매기다]로 발음된다. 따라서 '잘 입다[잘립따]'와 '값 매기다[감매기다]'에 공통적으로 일어나는 음운 변동의 유형은 교체이며, 이러한 유형의 적절한 예는 '책 넣는다[챙넌는다]'이다. '책 넣는다'는 '책'의 끝소리 'ㄱ'이 이어지는 첫소리 'ㄴ'의 영향을 받아 비음 'ㅇ'으로 교체되고 '넣'의 끝소리 'ㅎ'이 음절의 끝소리 규칙에 따라 'ㄷ'으로 교체된 후 'ㄷ'이 '는'의 첫소리 'ㄴ'의 영향으로 'ㄴ'으로 교체되는 비음화가 일어나 [챙넌는다]로 발음된다.

❦ 왜 오답?
② '좋은 약[조ː은냑]'은 어간 '좋-'이 모음으로 시작하는 어미 '-은'과 결합하여 끝소리 'ㅎ'이 탈락하고 '약'에 'ㄴ'이 첨가된다.
③ '잘한 일[잘한닐]'은 '일'의 앞말이 자음으로 끝나고 뒷말인 '일'이 모음

'ㅣ'로 시작하므로 'ㄴ'이 첨가된다.
④ 공통적인 음운 변동의 유형은 교체이므로 첨가는 적절하지 않다. '슬픈 얘기[슬픈내기]'는 '얘'의 앞말이 자음으로 끝나고 뒷말인 '얘'가 반모음 'ㅣ'로 시작하므로 'ㄴ'이 첨가된다.
⑤ 공통적인 음운 변동의 유형은 교체이므로 첨가는 적절하지 않다. '먼 옛날[먼ː녠날]'은 '옛'의 앞말이 자음으로 끝나고 뒷말인 '옛'이 반모음 'ㅣ'로 시작하므로 'ㄴ'이 첨가되고, '옛'의 끝소리 'ㅅ'이 음절의 끝소리 규칙에 따라 'ㄷ'으로 교체된 후 '날'의 첫소리 'ㄴ'의 영향을 받아 'ㄴ'으로 교체되는 비음화가 일어난다.

41 |출제 의도| 음운 변동의 이해   답 ④

'집안일[지반닐]'은 '일'의 앞말이 자음으로 끝나고 뒷말인 '일'이 모음 'ㅣ'로 시작하므로 '일'의 첫소리에 'ㄴ'이 첨가된다. '좋은[조ː은]'은 어간 '좋-'이 모음으로 시작하는 어미 '-은'과 결합하여 끝소리 'ㅎ'이 탈락한다. '않고[안코]'는 겹받침 'ㄶ' 중 'ㅎ'이 뒤의 음운 'ㄱ'과 만나 'ㅋ'이 되는 거센소리되기가 일어난다. '같이[가치]'는 끝소리 'ㅌ'이 모음 'ㅣ'를 만나 구개음 'ㅊ'으로 교체되는 구개음화가 일어난다. '난로[날ː로]'는 끝소리 'ㄴ'이 뒤의 음운 'ㄹ'의 영향으로 'ㄹ'로 교체되는 유음화가 일어난다. '옮는[옴ː는]'은 자음군 단순화로 겹받침 'ㄻ' 중 'ㄹ'이 탈락하고 'ㅁ'이 남는다. 〈보기 1〉에서 A는 음운의 수에 변화가 생기지 않아야 하므로 교체에 해당하는 ⓔ '같이[가치]'와 ⓑ '난로[날ː로]'가 들어가는 것이 적절하다. B는 음운의 수가 줄지 않아야 하므로 첨가에 해당하는 ㉠ '집안일[지반닐]'이 들어가는 것이 적절하다. C는 새로운 음운이 없어야 하므로 탈락에 해당하는 ㉡ '좋은[조ː은]'과 ⓗ '옮는[옴ː는]'이 들어가는 것이 적절하다. D는 축약이 일어나 새로운 음운이 생긴 ㉢ '않고[안코]'가 들어가는 것이 적절하다.

42 |출제 의도| 음운 변동의 이해   답 ③

'밟힌[발핀]'은 겹받침 'ㄼ' 중 'ㅂ'이 'ㅎ'과 결합하여 'ㅍ'으로 축약되는 거센소리되기가 일어난다. '숱한[수탄]'은 끝소리 'ㅌ'이 음절의 끝소리 규칙에 따라 'ㄷ'으로 교체되고, 교체된 'ㄷ'이 'ㅎ'과 결합하여 'ㅌ'으로 축약되는 거센소리되기가 일어난다. 따라서 ⓑ '밟힌[발핀]'과 ⓒ '숱한[수탄]' 모두 음운 변동 중 축약이 일어나 전체 음운의 개수가 줄어든다.

❦ 왜 오답?
① ⓐ '밭일[반닐]'은 '밭'의 끝소리 'ㅌ'이 음절의 끝소리 규칙에 따라 'ㄷ'으로 교체되고, '일'의 앞말이 자음으로 끝나고 뒷말인 '일'이 모음 'ㅣ'로 시작하므로 '일'의 첫소리에 'ㄴ'이 첨가된다. 첨가된 'ㄴ'의 영향으로 앞의 음운 'ㄷ(ㅌ이 교체된)'이 'ㄴ'으로 교체되는 비음화가 일어나므로, '밭일[반닐]'은 앞말의 종성이 뒷말의 초성과 조음 방법이 같아지는 비음화가 일어난다.
② ⓐ '밭일[반닐]'은 '일'이 실질 형태소이기 때문에 구개음화가 일어나지 않는 것은 맞지만, 'ㅌ'이 연음되는 것은 아니다. 'ㅌ'은 음절의 끝소리 규칙에 따라 'ㄷ'으로 교체되고 '일'의 첫소리에 첨가된 'ㄴ'의 영향으로 'ㄴ'으로 교체된다.
④ ⓑ '밟힌[발핀]'은 교체가 아닌 축약만 일어나며, ⓓ '굳혔다[구첟따]'는 축약과 교체(구개음화, 음절의 끝소리 규칙, 된소리되기)가 일어난다.
⑤ ⓓ '굳혔다[구첟따]'는 끝소리 'ㄷ'이 'ㅎ'과 결합하여 'ㅌ'으로 축약되는 거센소리되기가 일어난 후에 반모음 'ㅣ'를 만나 'ㅊ'으로 구개음화된다. 그리고 '혔'의 끝소리 'ㅆ'이 음절의 끝소리 규칙에 따라 'ㄷ'으로 교체되고, 교체된 'ㄷ'의 영향으로 '다'의 첫소리 'ㄷ'이 'ㄸ'으로 발음되는 된소리되기가 일어난다. 하지만 ⓒ '숱한[수탄]'은 'ㅌ'이 음절의 끝소리 규칙에 따라 'ㄷ'으로 교체되고 'ㄷ'과 'ㅎ'이 결합하여 'ㅌ'으로 축약되는 거센소리되기만 일어나고, 구개음화는 일어나지 않는다.

용언의 활용형에서의 '져, 쪄, 쳐'의 발음

표준 발음법 제5항에 따르면, 'ㅑ, ㅒ, ㅕ, ㅖ, ㅘ, ㅙ, ㅛ, ㅝ, ㅞ, ㅠ, ㅢ'는 이중 모음으로 발음해야 하지만, 용언의 활용형에 나타나는 '져, 쪄, 쳐'는 [저, 쩌, 처]로 발음함.

ⓔ 가지어 → 가져[가저], 다치어 → 다쳐[다처], 찌어 → 쪄[쩌]

43 |출제 의도| **음운 변동의 이해** 답 ④

㉠ '풀잎[풀립]'은 앞말이 자음으로 끝나고 뒷말이 모음 'ㅣ'로 시작하므로 '잎'의 첫소리에 'ㄴ'이 첨가되고, 첨가된 'ㄴ'이 앞의 음운 'ㄹ'의 영향으로 'ㄹ'로 교체되는 유음화가 일어나며, 끝소리 'ㅍ'은 음절의 끝소리 규칙에 따라 'ㅂ'으로 교체되어 발음된다. ㉡ '읊네[음네]'는 겹받침 'ㄿ' 중 'ㄹ'이 자음군 단순화로 인해 탈락하고, 남은 'ㅍ'이 음절의 끝소리 규칙에 따라 'ㅂ'으로 바뀐다. 그리고 'ㅂ'은 뒤의 음운 'ㄴ'의 영향으로 비음화가 일어나 'ㅁ'으로 발음된다. 한편, ㉢ '벼훑이[벼훌치]'는 겹받침 'ㄾ' 중 'ㅌ'이 모음 'ㅣ'를 만나 구개음 'ㅊ'으로 교체되는 구개음화가 일어난다. 따라서 ㉠ '풀잎[풀립]'은 'ㄴ' 첨가가 일어나 음운의 개수가 늘어나지만, ㉢ '벼훑이[벼훌치]'는 구개음화에 의한 음운 교체만 일어나므로 음운의 개수가 변하지 않는다.

▶ 왜 오답?

① ㉠ '풀잎[풀립]'은 'ㄴ' 첨가, 유음화, 음절의 끝소리 규칙이, ㉡ '읊네[음네]'는 자음군 단순화, 음절의 끝소리 규칙, 비음화가 일어난다.

② ㉠ '풀잎[풀립]'에서 일어난 유음화와 ㉡ '읊네[음네]'에서 일어난 비음화는 인접한 자음과 조음 방법이 같아지는 음운 변동이다.

③ ㉠ '풀잎[풀립]'에서 첨가된 음운은 'ㄴ'이고, ㉡ '읊네[음네]'에서 탈락된 음운은 'ㄹ'이다.

⑤ ㉠ '풀잎[풀립]'은 첨가된 'ㄴ'이 끝소리 'ㄹ'로 인해 'ㄹ'로 교체되는 유음화가 일어나고, ㉢ '벼훑이[벼훌치]'는 'ㅌ'이 모음 'ㅣ'로 인해 'ㅊ'으로 교체되는 구개음화가 일어난다.

44 |출제 의도| **음운 변동의 이해** 답 ②

'옷하고[오타고]'는 끝소리 'ㅅ'이 음절의 끝소리 규칙에 따라 'ㄷ'으로 교체되고, 교체된 'ㄷ'이 'ㅎ'과 만나 'ㅌ'으로 축약되는 거센소리되기가 일어난다. '홑이불[혼니불]'은 앞말이 자음으로 끝나고 뒷말이 모음 'ㅣ'로 시작하므로 '이'의 첫소리에 'ㄴ'이 첨가되고, 끝소리 'ㅌ'이 음절의 끝소리 규칙에 따라 'ㄷ'으로 교체되며, 교체된 'ㄷ'이 '이불'의 첫소리에 첨가된 'ㄴ'의 영향을 받아 'ㄴ'으로 교체되는 비음화가 일어난다. 따라서 '옷하고[오타고]'는 교체와 축약이, '홑이불[혼니불]'은 교체와 첨가가 일어난다.

45 |출제 의도| **음운 변동의 이해** 답 ①

'흙하고[흐카고]'는 자음군 단순화에 따라 겹받침 'ㄺ' 중 'ㄹ'이 탈락하고 'ㄱ'이 남는다. 이후 남은 'ㄱ'이 'ㅎ'과 만나 'ㅋ'으로 축약되는 거센소리되기가 일어나므로 탈락과 축약이 일어나 음운의 개수가 두 개 줄어든다.

▶ 왜 오답?

② '저녁연기[저녕년기]'는 '연기'의 첫소리에 'ㄴ'이 첨가되고, 첨가된 'ㄴ'의 영향으로 앞의 음운 'ㄱ'이 'ㅇ'으로 교체된다. 따라서 첨가와 교체가 일어나 음운의 개수가 한 개 늘어난다.

③ '부엌문[부엉문]'과 '볶는[봉는]'은 음절의 끝소리 규칙에 따라 각각 'ㅋ'과 'ㄲ'이 'ㄱ'으로 교체가 한 번 일어나고, 교체된 음운 'ㄱ'이 뒤의 음운의 영향으로 비음화되어 'ㅇ'으로 한 번 더 교체된다. 따라서 교체가 총 두 번 일어나 음운의 개수는 변하지 않는다.

④ '엊지[언찌]'와 '묽고[물꼬]'는 겹받침의 마지막 음운의 영향으로 두 번째 음절의 첫소리가 된소리로 교체되고, 자음군 단순화에 따라 겹받침의 마지막 음운이 탈락한다. 따라서 교체와 탈락이 일어나 음운의 개수가 각각 한 개씩 줄어든다.

⑤ '넓네[널레]'와 '밝는[방는]'은 자음군 단순화에 따라 겹받침 중 한 음운이 탈락하고 '넓네[널레]'는 앞의 음운 'ㄹ'에 의해 뒤의 음운 'ㄴ'이 'ㄹ'로, '밝는[방는]'은 뒤의 음운 'ㄴ'에 의해 앞의 음운 'ㄱ'이 'ㅇ'으로 교체된다. 따라서 탈락과 교체가 일어나 음운의 개수가 각각 한 개씩 줄어든다.

음운 변동에 따른 음운 개수의 변화 양상

음운 변동	음운 개수 변화 양상
교체	음운 개수에 변화가 일어나지 않음. ⓔ 신라[실라] → 'ㄴ'이 'ㄹ'의 영향으로 'ㄹ'로 교체되었으나, 음운의 개수는 동일함.
탈락	음운 개수가 한 개 줄어듦. ⓔ 넓다[널따] → 'ㄼ'에서 'ㅂ'이 탈락하여 음운의 개수가 한 개 줄어듦.
첨가	음운 개수가 한 개 늘어남. ⓔ 맨입[맨닙] → '입'에 'ㄴ'이 첨가되어 음운의 개수가 한 개 늘어남.
축약	음운 개수가 한 개 줄어듦. ⓔ 맏형[마텽] → 'ㄷ'과 'ㅎ'이 만나 'ㅌ'으로 축약되어 음운의 개수가 한 개 줄어듦.

46 |출제 의도| **음운 변동의 이해** 답 ②

'안팎을'을 발음할 때는 '안팎'에 이어지는 조사 '을'이 모음으로 시작하는 형식 형태소이므로 연음 법칙에 따라 '팎'의 끝소리 'ㄲ'을 그대로 뒷말의 첫소리로 옮겨 [안파꼴]로 발음해야 한다. 그런데 [안파글]은 음절의 끝소리 규칙을 적용하여 'ㄲ'을 'ㄱ'으로 바꾼 뒤에 연음을 하였기 때문에 부정확한 발음을 하게 된 것이다.

▶ 왜 오답?

① '찰흙이'는 '찰흙'에 모음으로 시작하는 형식 형태소인 조사 '이'가 결합했으므로 자음군 단순화를 적용하지 않고 겹받침의 'ㄱ'을 연음하여 [찰흘기]로 발음해야 하는데, 자음군 단순화를 적용하고 연음하였기 때문에 [찰흐기]로 잘못 발음한 것이다.

③ '넋이'는 '넋'에 모음으로 시작하는 형식 형태소인 조사 '이'가 결합했으므로 자음군 단순화를 적용하지 않고 겹받침의 'ㅅ'을 연음하여 발음해야 하며, 이때 연음된 'ㅅ'은 앞 자음인 'ㄱ'의 영향으로 된소리되기가 일어나 'ㅆ'으로 교체되어 [넉씨]로 발음해야 한다. 그런데 자음군 단순화를 적용하고 연음을 했기 때문에 [너기]로 잘못 발음한 것이다.

④ '끝을'은 '끝'에 모음으로 시작하는 형식 형태소인 조사 '을'이 결합했으므로 '끝'의 끝소리 'ㅌ'을 그대로 뒷말의 첫소리로 연음하여 [끄틀]로 발음해야 한다. 구개음화는 끝소리 'ㄷ, ㅌ'이 형식 형태소인 단모음 'ㅣ'나 반모음 'ㅣ'와 만날 때 일어나는 음운 변동인데 '끝을'은 이러한 조건에 해당하지 않음에도 끝소리 'ㅌ'을 구개음 'ㅊ'으로 바꾸었기 때문에 [끄츨]로 잘못 발음한 것이다.

⑤ '숲에'는 '숲'에 모음으로 시작하는 형식 형태소인 조사 '에'가 결합했으므로 '숲'의 끝소리 'ㅍ'을 그대로 뒷말의 첫소리로 연음하여 [수페]로 발음해야 하는데, '숲'에 음절의 끝소리 규칙을 적용하여 끝소리 'ㅍ'을 'ㅂ'으로 교체한 후 연음했기 때문에 [수베]로 잘못 발음한 것이다.

47 |출제 의도| 음운 변동의 이해 답 ②

'흙일[흥닐]'은 '흙'에 결합하는 '일'이 실질 형태소이기 때문에 연음이 아닌 자음군 단순화가 일어나고, '일'에는 'ㄴ'이 첨가된다. 즉, 자음군 단순화로 'ㄹ'이 탈락하고 남은 'ㄱ'이 '일'에 첨가된 'ㄴ'의 영향으로 'ㅇ'으로 교체되는 비음화가 일어난다. '닳는[달른]'은 자음군 단순화로 'ㅎ'이 탈락하고 남은 'ㄹ'에 의해 '는'의 첫소리 'ㄴ'이 'ㄹ'로 교체되는 유음화가 일어난다. '발야구[발랴구]'는 '야'에 'ㄴ'이 첨가되고 첨가된 'ㄴ'이 앞의 음운 'ㄹ'의 영향으로 'ㄹ'로 교체되는 유음화가 일어난다. 따라서 ㉠~㉢에서 공통적으로 일어난 음운 변동은 교체이며, 첨가는 ㉠과 ㉢에서만 일어난다.

▶ 왜 오답?

① '흙일[흥닐]'은 자음군 단순화, 'ㄴ' 첨가, 비음화가 일어나 3회, '닳는[달른]'은 자음군 단순화와 유음화가 일어나 2회, '발야구[발랴구]'는 'ㄴ' 첨가와 유음화가 일어나 2회의 음운 변동이 일어난다.

③ '흙일[흥닐]'은 탈락(-1), 첨가(+1), 교체(0)가 일어나기 때문에 음운의 개수에 변화가 없다. '닳는[달른]'은 탈락과 교체가 한 번씩 일어나 음운의 개수가 하나 줄고, '발야구[발랴구]'는 첨가와 교체가 한 번씩 일어나 음운의 개수가 하나 늘어난다.

④ '닳는[달른]'은 탈락과 교체가 일어나고, '발야구[발랴구]'는 첨가와 교체가 일어나므로 음운 변동의 횟수는 같다.

⑤ '발야구[발랴구]'와 '흙일[흥닐]'에서 첨가된 음운은 모두 'ㄴ'이다.

48 |출제 의도| 음운 변동의 이해 답 ①

㉠ '긁는'과 ㉡ '짧네'가 각각 비표준 발음인 [글른]과 표준 발음인 [짤레]로 발음되기 위해서는 자음군 단순화로 [글는]과 [짤네]가 된 이후 유음화가 일어나야 하며, 표준 발음인 [긍는]과 비표준 발음인 [짬네]로 발음되기 위해서는 자음군 단순화로 [극는]과 [짭네]가 된 이후 비음화가 일어나야 한다. 또한, ㉢ '끊기고'와 ㉣ '뚫지'의 표준 발음이 [끈키고]와 [뚤치]인 것은 겹받침 중 'ㅎ'이 다음 음절의 첫소리와 결합하여 거센소리되기가 일어나기 때문이다.

49 |출제 의도| 음운 변동의 이해 답 ⑤

'긁고[글꼬]'는 겹받침 'ㄺ' 중 'ㄱ'의 영향으로 '고'의 첫소리 'ㄱ'이 'ㄲ'으로 교체되는 된소리되기가 일어난 후 겹받침의 'ㄱ'이 탈락하는 자음군 단순화가 일어난다. '잃지[일치]'는 앞 음운 'ㅎ'과 다음 음운 'ㅈ'이 만나 'ㅊ'으로 축약되는 음운 변동이 일어나는데 '긁고[글꼬]'는 된소리되기와 자음군 단순화만 일어나고 축약은 일어나지 않으므로 적절하지 않다.

▶ 왜 오답?

① '맑네[망네]'는 음절 끝에 둘 이상의 자음이 오지 못하기 때문에 일어나는 자음군 단순화로 'ㄹ'이 탈락하고, 남은 'ㄱ'이 뒤 음절의 첫소리 'ㄴ'의 영향을 받아 'ㅇ'으로 교체되는 비음화가 일어난다. '값도[갑또]' 역시 자음군 단순화로 'ㅅ'이 탈락하고, 남은 'ㅂ'의 영향으로 'ㄷ'이 'ㄸ'으로 교체되는 된소리되기가 일어나는 것을 확인할 수 있다.

② '맑네[망네]'는 자음군 단순화 이후 남은 'ㄱ'이 'ㅇ'으로 비음화되고 '꽃말[꼰말]'은 끝소리 'ㅊ'이 음절의 끝소리 규칙에 따라 'ㄷ'으로 교체된 이후 'ㄴ'으로 비음화된다. '입니[임니]' 또한 끝소리 'ㅂ'이 'ㄴ'에 의해 'ㅁ'으로 비음화되므로 세 단어 모두 인접하는 자음과 조음 방법이 같아진 음운 변동이 일어나는 것을 확인할 수 있다.

③ '낮일[난닐]'은 끝소리 'ㅈ'이 음절의 끝소리 규칙에 따라 'ㄷ'으로 교체된 후, '일'에 첨가된 'ㄴ'의 영향으로 'ㄷ'이 'ㄴ'으로 교체되는 비음화가 일어난다. '물약[물략]' 또한 '약'에 첨가되는 'ㄴ'이 끝소리 'ㄹ'의 영향을 받아 'ㄹ'로 교체되는 유음화가 일어나므로 둘 다 자음이 교체되는 음운 변동이 일어나는 것을 확인할 수 있다.

④ '낮일[난닐]'은 음절의 끝소리 규칙과 'ㄴ' 첨가, 그리고 비음화가 일어나고, '꽃말[꼰말]'은 음절의 끝소리 규칙과 비음화가 일어난다. '팥죽[판쭉]' 또한 끝소리 'ㅌ'이 음절의 끝소리 규칙에 따라 'ㄷ'으로 교체된 후, 교체된 'ㄷ'의 영향으로 '죽'의 'ㅈ'이 'ㅉ'으로 교체되는 된소리되기가 일어난다. 따라서 세 단어 모두 음절 끝에 올 수 있는 자음이 제한되어 있기 때문에 일어나는 음운 변동인 음절의 끝소리 규칙이 일어나는 것을 확인할 수 있다.

50 |출제 의도| 음운 변동의 이해 답 ②

㉡ '흙까지'는 자음군 단순화로 겹받침 'ㄺ' 중 'ㄹ'이 탈락하여 [흑까지]로 발음된다. '값싸다'와 '닭똥'도 자음군 단순화로 겹받침 중 한 자음이 탈락하여 각각 [갑싸다]와 [닥똥]으로 발음된다.

▶ 왜 오답?

① ㉠ '밥하고[바파고]'는 끝소리 'ㅂ'이 'ㅎ'과 결합하여 'ㅍ'이 되는 거센소리되기가 일어난다. '먹히다[머키다]'도 끝소리 'ㄱ'이 'ㅎ'과 결합하여 'ㅋ'이 되는 거센소리되기가 일어나지만, '목걸이[목꺼리]'는 '목'의 끝소리 'ㄱ' 뒤에서 '걸'의 첫소리 'ㄱ'이 'ㄲ'으로 교체되는 된소리되기가 일어난다.

③ ㉢ '잡고[잡꼬]'는 끝소리 'ㅂ' 뒤에서 첫소리 'ㄱ'이 'ㄲ'으로 교체되는 된소리되기가 일어난다. '굳세다[굳쎄다]'도 끝소리 'ㄷ' 뒤에서 첫소리 'ㅅ'이 'ㅆ'으로 교체되는 된소리되기가 일어나지만, '솜이불[솜:니불]'은 '이'의 첫소리에 'ㄴ'이 첨가되는 현상이 일어난다.

④ ㉣ '듣는대[든는다]'는 끝소리 'ㄷ'이 뒤 음절의 첫소리 'ㄴ'의 영향을 받아 'ㄴ'으로 교체되는 비음화가 일어난다. '겁내다[검내다]'도 끝소리 'ㅂ'이 뒤 음절의 첫소리 'ㄴ'의 영향을 받아 'ㅁ'으로 교체되는 비음화가 일어나지만, '맨입[맨닙]'은 '입'의 첫소리에 'ㄴ'이 첨가되는 현상이 일어난다.

⑤ ㉤ '칼날[칼랄]'은 끝소리 'ㄹ'의 영향으로 뒤 음절의 첫소리 'ㄴ'이 'ㄹ'로 교체되는 유음화가 일어난다. '설날[설:랄]'도 끝소리 'ㄹ'의 영향으로 뒤 음절의 첫소리 'ㄴ'이 'ㄹ'로 교체되는 유음화가 일어나지만, '잡히다[자피다]'는 끝소리 'ㅂ'이 'ㅎ'과 결합하여 'ㅍ'이 되는 거센소리되기가 일어난다.

51 |출제 의도| 음운 변동과 음절의 유형 이해 답 ④

'국물[궁물]'에서의 [궁]은 끝소리 'ㄱ'이 첫소리 'ㅁ'의 영향으로 비음 'ㅇ'으로 교체된 결과이고, 음절 유형은 '자음+모음+자음'이므로 단일어인 '국[국]'의 음절 유형과 같다.

▶ 왜 오답?

① '밥상[밥쌍]'에서의 [쌍]은 첨가가 아닌 된소리되기에 의한 교체의 결과이고, 음절 유형은 '자음+모음+자음'으로 단일어인 '상[상]'의 음절 유형과 같다.

② '집일[짐닐]'에서의 [닐]은 교체가 아닌 'ㄴ'이 첨가된 결과이고, 음절 유형은 '자음+모음+자음'이다. 단일어인 '일[일]'의 음절 유형은 '모음+자음'이므로 음절 유형이 다르다.

③ '의복함[의보캄]'에서의 [캄]은 축약의 결과이고, 음절 유형은 '자음+모음+자음'으로 단일어인 '함[함]'의 음절 유형과 같다.

⑤ '화살[화살]'에서의 [화]는 탈락의 결과이고, 음절 유형은 '자음+모음'으로 단일어인 '활[활]'의 음절 유형인 '자음+모음+자음'과 다르다.

52 |출제 의도| 음운 변동의 이해 답 ③

㉢과 ㉣은 모두 음절의 끝소리 규칙이 일어나는 단어들로, '숯도[숟또]'와 '옷고름[옫꼬름]'은 끝소리 'ㅊ'과 'ㅅ'이 'ㄷ'으로 교체되고, '닭는[당는]'과

'부엌문[부엉문]'은 끝소리 'ㄲ'과 'ㅋ'이 'ㄱ'으로 교체된다. '깊대[깁따]' 역시 음절 끝에서 발음되는 자음이 7개로 제한되는 현상인 음절의 끝소리 규칙이 적용되어 끝소리 'ㅍ'이 'ㅂ'으로 교체된다.

왜 오답?

① 'ㅎ'과 다른 음운이 결합하여 한 음운으로 축약되는 현상이 일어나는 것은 ㉠의 '옳지[올치]'와 '좁히다[조피다]'에 해당하는 설명이다. ㉡의 '끊어[끄너]'와 '쌓이다[싸이다]'에서는 'ㅎ' 탈락 현상이 일어난다.

② 앞 음절의 종성에 따라 뒤 음절의 초성이 된소리로 되는 현상인 된소리되기가 일어나는 것은 ㉢의 '숯도[숟또]'와 '옷고름[옫꼬름]', ㉤의 '읽지[익찌]'와 '훑거나[훌꺼나]'이다. ㉠의 '옳지[올치]'와 '좁히다[조피다]'에서는 된소리되기 현상이 일어나지 않는다.

④ ㉣ '닦는[당는]'과 '부엌문[부엉문]'은 음절의 끝소리 규칙 이후에 교체된 끝소리가 비음화되는 현상이 일어나며, '겉모양[건모양]' 역시 음절의 끝소리 규칙 이후에 교체된 끝소리가 비음화된다. 세 단어에서 일어난 비음화는 앞 음절의 종성이 뒤 음절의 초성과 조음 위치가 같아지는 현상이 아니라 조음 방법이 같아지는 현상이다.

⑤ 받침 자음의 일부가 탈락하는 현상인 자음군 단순화가 일어나는 것은 ㉤의 '읽지[익찌]', '훑거나[훌꺼나]'와 '앉고[안꼬]'이다. ㉣의 '닦는[당는]'과 '부엌문[부엉문]'에서는 끝소리가 음절의 끝소리 규칙에 따라 대표음으로 교체된 후 비음화 현상이 일어난다.

53 |출제 의도| 음운 변동의 이해 답 ②
㉡ '서울역'은 '역'에 'ㄴ'이 첨가되고, 첨가된 'ㄴ'이 끝소리 'ㄹ'의 영향으로 'ㄹ'로 교체되는 비음화가 일어나 [서울력]으로 발음되므로 첨가와 교체가 한 번씩 일어난다고 설명해야 한다.

왜 오답?

① ㉠ '읽는'은 자음군 단순화로 'ㄹ'이 탈락하고, 남아 있는 끝소리 'ㄱ'이 첫소리 'ㄴ'의 영향으로 비음화되므로 [잉는]으로 발음된다.

③ ㉢ '복잡한'은 끝소리 'ㄱ' 뒤에서 첫소리 'ㅈ'이 'ㅉ'으로 교체되는 된소리되기가 일어나고, 끝소리 'ㅂ'과 첫소리 'ㅎ'이 결합하여 'ㅍ'으로 축약되는 거센소리되기가 일어나 [복짜판]으로 발음된다.

④ ㉣ '깊숙이'는 음절의 끝소리 규칙에 따라 끝소리 'ㅍ'이 'ㅂ'으로 교체되고, 교체된 끝소리 'ㅂ' 뒤에서 첫소리 'ㅅ'이 'ㅆ'으로 교체되는 된소리되기가 일어나 [깁쑤기]로 발음된다.

⑤ ㉤ '읊다가'는 자음군 단순화로 'ㄿ'에서 'ㄹ'이 탈락하여 'ㅍ'만 남고, 이 'ㅍ'이 음절의 끝소리 규칙에 따라 'ㅂ'으로 교체된다. 그리고 교체된 'ㅂ' 뒤에서 첫소리 'ㄷ'이 'ㄸ'으로 교체되는 된소리되기가 일어난다.

54 |출제 의도| 음운 변동의 이해 답 ②
㉡ '대관령'은 'ㄴ'이 'ㄹ' 앞에서 'ㄹ'의 영향을 받아 'ㄹ'로 교체되는 유음화가 일어나 [대:괄령]으로 발음한다.

왜 오답?

① ㉠ '한여름'은 앞말이 자음으로 끝나고 뒷말이 반모음 'ㅣ'로 시작하므로, 'ㄴ' 소리를 첨가하여 [한녀름]으로 발음한다.

③ ㉢ '좋은'은 받침 'ㅎ'이 모음과 모음 사이에서 탈락하여 [조은]으로 발음한다.

④ ㉣ '욕망'은 'ㄱ'이 비음 앞에서 'ㅇ'으로 교체되는 비음화가 일어나 [용망]으로 발음한다.

⑤ ㉤ '그렇게'는 'ㅎ'과 'ㄱ'이 만나 'ㅋ'으로 축약되는 거센소리되기가 일어나 [그러케]로 발음한다.

55 |출제 의도| 음운 변동의 이해 답 ②
〈보기〉의 '오-'와 '-아'가 [와]로 발음되는 것은 단모음과 단모음의 결합

에서, 앞의 단모음이 반모음으로 교체되어 이중 모음으로 발음되는 음운 변동 현상이다. 이와 같은 사례로는 어간 '살피-'와 어미 '-어'가 결합할 때 단모음 'ㅣ'가 반모음인 'ㅣ'로 교체되어 이중 모음 'ㅕ'로 발음되는 '살피-+-어[살펴]'가 적절하다.

왜 오답?

① '뛰-+-어[뛰여]'는 어미의 단모음 'ㅓ'에 반모음인 'ㅣ'가 첨가되어 이중 모음 'ㅕ'로 발음되는 현상이다.

③ '치르-+-어[치러]'는 어간의 모음 'ㅡ'가 탈락되는 현상이다.

④ '끼-+-어[끼여]'는 어미의 단모음 'ㅓ'에 반모음인 'ㅣ'가 첨가되어 이중 모음 'ㅕ'로 발음되는 현상이다.

⑤ '자-+-아서[자서]'는 어간의 단모음 'ㅏ'가 어미의 단모음 'ㅏ'와 결합할 때 그중 한 모음이 탈락하는 현상이다.

56 |출제 의도| 음운 변동의 이해 답 ④
'커서'는 어간 '크-'가 모음으로 시작하는 어미 '-어서'를 만나면서 모음 'ㅡ'가 탈락한 경우로 ㉡ '탈락'과 ㉣ '모음에서 일어나는 경우'에 해당한다.

왜 오답?

① '싫다[실타]'는 어간 '싫-'의 겹받침 'ㅀ' 중 'ㅎ'이 이어지는 어미 '-다'의 첫소리 'ㄷ'과 만나 'ㅌ'이 되므로 ㉠ '축약' 현상이 일어난다. 'ㅎ'과 'ㄷ'이 'ㅌ'으로 축약되는 현상을 거센소리되기라 하며 이는 ㉢ '자음에서 일어나는 경우'에 해당한다.

② '좋아요[조아요]'는 어간 '좋-'의 끝소리 'ㅎ'이 모음으로 시작하는 어미 '-아'와 만나면서 ㉡ '탈락'하는 현상이 일어난다. 탈락한 'ㅎ'은 자음이므로 ㉢ '자음에서 일어나는 경우'에 해당한다.

③ '우는'은 어간 '울-'이 어미 '-는'과 만나면서 'ㄹ'이 ㉡ '탈락'하는 현상이 일어난다.

⑤ '나눴다'는 어간 '나누-'의 단모음 'ㅜ'가 어미 '-었'의 단모음 'ㅓ'와 만나 반모음 'ㅜ'로 교체되어 이중 모음 'ㅝ'가 되는 현상이 일어난다. 이는 단모음이 반모음으로 교체되는 현상이다.

도전 ⬆등급

반모음화(교체)

반모음화는 '단모음+단모음'이 이중 모음이 될 때, 하나의 단모음이 반모음으로 교체되는 현상임.

예 그리어 〉그려(이중 모음 'ㅕ'=반모음 'ㅣ[j]'+단모음 'ㅓ')
　　가두어 〉가둬(이중 모음 'ㅝ'=반모음 'ㅜ[w]'+단모음 'ㅓ')

이전에는 이러한 현상을 '모음 축약'으로 보는 견해가 있었으나, '모음 축약'은 '사이 → 새', '누이다 → 뉘다'와 같이 '단모음+단모음'이 하나의 단모음이 될 때의 현상으로 보는 것이 적절함. 21학년도 9월 모의평가에 출제된 내용으로 볼 때, ⑤의 예와 같은 경우는 '교체'로 보는 것이 적절함.

57 |출제 의도| 음운 변동의 이해 답 ④
'[견뎌서]'는 어간 '견디-'와 어미 '-어서'가 결합할 때 어간의 단모음 'ㅣ'가 반모음 'j'로 교체되어 단모음 'ㅓ'와 함께 이중 모음 'ㅕ(j+ㅓ)'로 발음되므로 ㉮의 예로 적절하다.

왜 오답?

① 어간 '뛰-'와 어미 '-어'가 결합해 [뛰여]로 발음될 때에는 어미 '어'에 반모음 'j'가 첨가되는 현상이 일어난다.

② 어간 '차-'와 어미 '-아도'가 결합해 [차도]로 발음될 때에는 단모음 'ㅏ'가 탈락되는 현상이 일어난다.

③ 어간 '잠그-'와 어미 '-아'가 결합해 [잠가]로 발음될 때에는 어간의 단모음 'ㅡ'가 탈락되는 현상이 일어난다.

⑤ 어간 '키우-'와 어미 '-어라'가 결합해 [키워라]로 발음될 때에는 단모음 'ㅜ'가 반모음 'w'로 교체되는 현상이 일어난다.

[58~59] 음운 동화

지문 해설: 이 글에서는 음운의 동화에 대한 개념을 시작으로 대표적인 동화 현상인 비음화, 유음화, 구개음화를 예를 들어 설명하고 있다. 먼저 비음화와 유음화의 개념을 설명한 후 자음 체계표를 통해 비음화와 유음화의 결과 인접한 두 음운의 조음 방식이 같아진다고 설명하고 있다. 구개음화의 경우에는 개념을 먼저 설명한 후, 조음 위치와 조음 방식의 변화 그리고 구개음화가 일어날 때 혀의 위치를 나타내는 그림을 통해 구개음화가 일어나는 이유 등을 구체적으로 제시하고 있다. 마지막으로 각 음운 동화의 유사점과 동화 현상의 의의를 설명하고 있다.

주제: 음운 동화의 개념과 의의

58 |출제 의도| 음운 동화의 이해   답 ⑤

3문단에 제시되어 있는 것처럼 구개음화는 끝소리 'ㄷ, ㅌ'이 모음 'ㅣ'로 시작되는 조사나 접미사 앞에서 구개음 'ㅈ, ㅊ'으로 발음되는 현상이다. 교체되는 음운은 모음 'ㅣ'와 결합하는 끝소리 'ㄷ, ㅌ'뿐이며, 모음의 소리는 교체되지 않는다.

❤️ 왜 오답?

① 1문단의 내용을 통해 음운의 동화는 인접한 두 음운 중 어느 한쪽 또는 양쪽이 서로 비슷하거나 같은 소리로 바뀌는 현상임을 확인할 수 있다.

② 마지막 문단에서 '성격이 비슷하거나 같은 소리가 연속되면 발음할 때 힘이 덜 들게 되므로 발음의 경제성이 높아진다.'라고 설명하였다. 이처럼 음운의 동화로 조음 위치나 조음 방식이 같거나 비슷하게 바뀌면 발음할 때 힘이 덜 들게 되므로 발음의 경제성이 높아진다.

③ 3문단에서 구개음화는 끝소리 'ㄷ, ㅌ'이 모음 'ㅣ'로 시작되는 조사나 접미사 앞에서 'ㅈ, ㅊ'으로 발음되는 현상이라고 하였다. 2문단에서 비음화는 'ㅂ, ㄷ, ㄱ'이 'ㅁ, ㄴ' 앞에서 'ㅁ, ㄴ, ㅇ'으로 바뀌어 소리 나는 현상이고, 유음화는 'ㄴ'이 'ㄹ'의 앞이나 뒤에서 'ㄹ'로 발음되는 현상이라고 하였으므로, 구개음화와는 달리 비음화와 유음화는 인접한 두 자음 사이에서 일어나는 현상임을 확인할 수 있다.

④ 구개음화는 끝소리 'ㄷ, ㅌ'이 모음 'ㅣ'로 시작되는 조사나 접미사 앞에서 구개음 'ㅈ, ㅊ'으로 발음되는 현상이므로 자음으로 시작되는 조사나 접미사 앞에서는 일어나지 않는다.

59 |출제 의도| 음운 동화의 사례 이해   답 ①

'밥물[밤물]'은 끝소리 'ㅂ'이 뒤의 비음 'ㅁ'의 영향으로 비음 'ㅁ'으로 교체되는 비음화가 일어나는데 이는 조음 방식이 바뀐 것이다.

❤️ 왜 오답?

② '밥물[밤물]'은 'ㅂ'이 비음 'ㅁ'으로 교체되므로 유음화가 아닌 비음화의 예이다.

③, ④ '신라[실라]'는 끝소리 'ㄴ'이 뒤의 유음 'ㄹ'의 영향으로 유음 'ㄹ'로 교체되는 유음화의 예이며 조음 방식이 바뀐 것이다.

⑤ '굳이[구지]'는 끝소리 'ㄷ'이 모음 'ㅣ'로 시작되는 형식 형태소 앞에서 구개음 'ㅈ'으로 교체되는 구개음화가 일어난 것으로 조음 방식과 조음 위치가 모두 바뀐 것이다.

[60~61] 구개음화

지문 해설: 이 글에서는 동화 현상의 하나인 구개음화에 대해 설명하고

있다. 우선 구개음화를 피동화음의 종류에 따라 'ㄷ-구개음화'와 'ㄱ-구개음화'로 나누어 제시하고 있는데, 'ㄷ-구개음화'는 음운 변동이 일어나는 과정에 따라 끝소리 'ㄷ, ㅌ'이 모음 'ㅣ'로 시작하는 조사나 접사와 같은 형식 형태소와 결합하는 경우와, 끝소리 'ㄷ'이 접사 '-히-'와 결합하는 경우의 두 가지로 나누어 볼 수 있음을 언급하고 있다. 'ㄱ-구개음화'는 과거에 구개음화가 형태소 내부에서도 일어날 수 있었음을 보여 주는 것임을 설명하고, 과거에 구개음화가 일어났을 법하지만 그렇지 않은 단어들이 있는데, 이런 단어들은 'ㄷ' 뒤에 오는 모음이 원래 'ㅣ'가 아닌 다른 모음이었다는 공통점이 있음을 밝히고 있다. 마지막으로 과거에 일어났던 구개음화를 잘못 교정한 예로 '딤치(원래 형태) – 짐치(구개음화 이후) – 김치(잘못 교정)'를 제시하고 있다.

주제: 구개음화의 개념과 유형

60 |출제 의도| 구개음화의 이해   답 ⑤

2문단에서 현대 국어에서 표준 발음으로 인정되는 구개음화는 음절 끝소리 'ㄷ, ㅌ'이 단모음 'ㅣ'로 시작하는 조사나 접사와 같은 형식 형태소와 결합하여 'ㅈ, ㅊ'으로 변하는 경우와, 음절 끝소리 'ㄷ'이 접사 '-히-'와 결합하여 'ㅌ'이 되고, 이것이 구개음 'ㅊ'으로 되는 경우라고 하였다. 그런데 '끝인사'는 끝소리 'ㅌ' 뒤에 결합하는 '인사'가 형식 형태소가 아닌 실질 형태소이기 때문에 [끄친사]가 아닌 [끄딘사]로 발음한다.

❤️ 왜 오답?

① '같이'를 [가치]로 발음하는 이유는 피동화음인 끝소리 'ㅌ'이 동화음인 모음 'ㅣ'에 동화되어 'ㄷ-구개음화'가 일어나기 때문이다.

② '많지만'을 [만치만]으로 발음하는 이유는 동화음이 반모음 'ǐ'인 경우이기 때문이 아니라, 겹받침 중 'ㅎ'이 첫소리 'ㅈ'과 결합하여 'ㅊ'으로 축약되는 거센소리되기가 일어나기 때문이다.

③ '맏이'를 [마디]로 발음하지 않는 이유는 끝소리 'ㄷ'이 구개음화를 일으키는 동화음인 모음 'ㅣ'에 의해 구개음 'ㅈ'으로 동화되어 [마지]로 발음되기 때문이다.

④ '곁으로'를 [겨츠로]로 발음하지 않는 이유는 구개음화를 일으키는 동화음 'ㅣ'가 없기 때문에 끝소리 'ㅌ'이 연음되어 [겨트로]로 발음되기 때문이다.

61 |출제 의도| 현대 국어 시기 이전 구개음화 현상 이해   답 ③

과거 문헌상에서도 알 수 있듯이 '김치'에서 '치'의 첫소리는 본래 자음 'ㅊ'이며, 이는 구개음화가 일어나는 피동화음인 'ㄷ, ㅌ'이 아니기 때문에 구개음화가 일어나지 않는 것이다. 따라서 '김치'의 '치'에서 구개음화가 일어나지 않은 것이 '치'의 모음이 본래 'ㅣ'였기 때문이라는 내용은 적절하지 않다.

❤️ 왜 오답?

① '딤치'가 '짐치'로 변하는 과정에서 일어난 구개음화는 피동화음이 'ㄷ, ㅌ, ㄸ'인 경우이므로 'ㄷ-구개음화'에 해당한다.

② 3문단에서 과거에는 구개음화가 형태소 내부에서도 일어날 수 있었다고 하였는데, '딤치'의 '딤'이 '짐치'의 '짐'으로 변한 것이므로, '딤치'가 '짐치'로 변하는 과정에서 일어난 구개음화는 형태소 내부에서 일어난 것으로 볼 수 있다.

④ 구개음화가 일어난 형태를 원래 형태로 교정하고자 하는 과정에서 언중이 '짐치'를 'ㄱ-구개음화'가 일어난 형태라고 잘못 생각했기 때문에 '짐치'를 '김치'로 교정한 것이다.

⑤ 'ㄷ' 뒤에 오는 모음이 원래 'ㅣ'가 아닌 다른 모음인 단어들에서는 과거에 구개음화가 일어나지 않고 남아 있으므로, '김치'의 본래 형태가 '딤치'였고 형태소 내부에서의 'ㄷ-구개음화'가 사라진 후에 'ㅢ'가 'ㅣ'로 변화했다면 구개음화는 일어나지 않았을 것임을 짐작할 수 있다.

지문 해설: 이 글에서는 한 음운이 일정한 환경에 따라 다르게 발음되는 현상인 음운 변동에 대해 설명하고 있다. 먼저 비음화를 'ㄱ, ㄷ, ㅂ'이 비음 'ㄴ, ㅁ'의 영향을 받아 비음화되는 경우와 'ㄹ'의 비음화로 나누어 예를 들어 설명하고 있다. 거센소리되기는 'ㄱ, ㄷ, ㅂ, ㅈ'이 'ㅎ'과 합쳐져 거센소리인 'ㅋ, ㅌ, ㅍ, ㅊ'으로 발음되는 현상이며 음운의 개수가 줄어드는 음운 변동임을 설명하고 있고, 모음 탈락은 두 모음이 이어질 때 그중 한 모음이 탈락하는 현상임을 동음 탈락과 'ㅡ' 탈락의 예를 들어 설명하고 있다. 음절의 끝소리 규칙은 음절의 끝에서 발음되는 자음이 'ㄱ, ㄴ, ㄷ, ㄹ, ㅁ, ㅂ, ㅇ'뿐이므로 그 이외의 자음이 음절의 끝에 오면 앞에 제시된 자음 중 하나로 발음해야 함을 예를 들어 설명하고 있고, 마지막으로 음운 변동은 한 단어 안에서 여러 차례 일어날 수 있음을 언급하고 있다.

주제: 음운 변동의 여러 가지 유형과 예

62 |출제 의도| 음운 변동의 이해   답 ③

ⓐ에는 음운 변동의 결과 음운의 개수는 달라지지만 음운은 탈락하지 않는 거센소리되기가 일어나는 단어가 들어가야 하고, ⓑ에는 음운 변동의 결과 음운의 개수가 달라지지 않고 비슷한 소리로 바뀌는 비음화가 일어나는 단어가 들어가야 한다. '맏형[마텽]'은 끝소리 'ㄷ'이 'ㅎ'과 결합하여 'ㅌ'이 되는 거센소리되기가 일어나기 때문에 ⓐ에 들어갈 수 있고, '식물[싱물]'은 끝소리 'ㄱ'이 'ㅁ'에 동화되어 'ㅇ'으로 교체되는 비음화가 일어나므로 ⓑ에 들어갈 수 있다.

《 왜 오답?

① '창밖[창박]'은 끝소리 'ㄲ'이 음절의 끝소리 규칙의 영향으로 'ㄱ'으로 교체되어 음운의 개수에 변화가 없으므로 ⓐ에 적절하지 않고, '능력[능녁]'은 첫소리 'ㄹ'이 끝소리 'ㅇ'의 영향으로 'ㄴ'으로 교체되는 비음화가 일어나므로 ⓑ에 적절하다.

② '놓다[노타]'는 끝소리 'ㅎ'이 'ㄷ'과 결합하여 'ㅌ'이 되는 거센소리되기가 일어나 ⓐ에 적절하지만, '다섯[다섣]'은 끝소리 'ㅅ'이 음절의 끝소리 규칙에 따라 'ㄷ'으로 교체되어 음운의 개수는 동일하지만 다른 음운의 영향을 받아 비슷하거나 같은 소리로 바뀐 것이 아니므로 ⓑ에 적절하지 않다.

④ '쓰-+-어[써]'는 어간의 모음 'ㅡ'가 탈락하는 현상이 나타나므로 ⓐ에 적절하지 않고, '법학[버팍]'은 끝소리 'ㅂ'이 'ㅎ'과 결합하여 'ㅍ'으로 축약되는 거센소리되기가 일어나므로 ⓑ가 아닌 ⓐ에 들어가야 한다.

⑤ '타-+-아라[타라]'는 어간과 어미에 같은 모음이 연속되어 'ㅏ'가 탈락하는 현상이 일어나므로 ⓐ에 적절하지 않고, '집념[짐념]'은 끝소리 'ㅂ'이 첫소리 'ㄴ'의 영향을 받아 'ㅁ'으로 교체되는 비음화가 일어나므로 ⓑ에 적절하다.

63 |출제 의도| 음운 변동의 이해   답 ⑤

㉠은 음운 변동이 한 단어 안에서 여러 차례 일어나는 경우이다. '섞는[성는]'은 끝소리 'ㄲ'이 음절의 끝소리 규칙에 따라 'ㄱ'으로 교체되고, 교체된 'ㄱ'이 첫소리 'ㄴ'의 영향을 받아 'ㅇ'으로 교체되는 비음화가 일어나므로 두 번의 음운 변동이 나타난다.

《 왜 오답?

① '굽히지[구피지]'는 어간의 끝소리 'ㅂ'이 접사 '-히-'의 'ㅎ'과 결합하여 'ㅍ'이 되는 거센소리되기만 일어난다.

② '작년[장년]'은 끝소리 'ㄱ'이 'ㄴ'의 영향으로 'ㅇ'으로 교체되는 비음화만 일어난다.

③ '않고[안코]'는 겹받침 중 'ㅎ'이 첫소리 'ㄱ'과 결합하여 'ㅋ'이 되는 거센소리되기만 일어난다.

④ '장미꽃[장미꼳]'은 끝소리 'ㅊ'이 음절의 끝소리 규칙에 따라 'ㄷ'으로 교체되는 현상만 일어난다.

지문 해설: (가) 표준 발음법 5장에서는 '음의 동화'에 대해 설명하고 있는데, 동화는 교체에 속하는 음운 변동으로 대표적인 동화에는 비음화, 유음화가 있음을 밝히고 있다. 동화를 일으키는 음운을 동화음, 동화음의 영향을 받는 음운을 피동화음이라 하는데, 동화의 방향에 따라 동화음이 피동화음에 선행하는 동화와 동화음이 피동화음에 후행하는 동화로 나눌 수 있고, 동화의 정도에 따라 피동화음이 동화음과 완전히 같아지는 동화와 피동화음이 동화음의 조음 위치나 조음 방법과 같은 일부 특성만 닮는 동화로 나눌 수 있음을 설명하고 있다. (나) 국어의 로마자 표기는 국어의 표준 발음법에 따라 적는 것을 원칙으로 하므로 발음할 때의 음운 변화를 고려하여 표기해야 함을 밝히고 있다. 국어의 모음과 자음에 각각 대응하는 로마자를 표기 일람으로 제시하고 있으며, 'ㄱ, ㄷ, ㅂ, ㄹ'을 표기할 때 참고해야 할 사항과 그 외 표기상의 유의점을 소개하고 있다.

주제: 음운 동화와 국어의 로마자 표기의 이해

64 |출제 의도| 음운 변동과 국어의 로마자 표기 이해   답 ③

'별내'는 초성 위치에서만 유음화가 일어나 [별래]로 발음되며, 'ㄹ'이 연속되므로 종성의 'ㄹ'과 초성의 'ㄹ'을 'll'로 적어 'Byeollae'로 표기해야 한다.

《 왜 오답?

① '대관령'은 종성 위치에서만 유음화가 일어나 [대:괄령]으로 발음된다. 이를 로마자로 표기할 때는 'ㄱ, ㄷ, ㅂ'은 모음 앞에서는 'g, d, b'로 적어야 한다는 것과 장음의 표기는 따로 하지 않는다는 것을 고려하여 'Daegwallyeong'으로 표기해야 한다.

② '백마'는 종성 위치에서만 비음화가 일어나 [뱅마]로 발음되므로 'Baengma'로 표기해야 한다.

④ '삽목묘'는 첫 음절과 두 번째 음절의 종성 위치에서 비음화가 일어나 [삼몽묘]로 발음되므로 'sammongmyo'로 표기해야 한다.

⑤ '물난리'는 초성 위치와 종성 위치에서 유음화가 일어나 [물랄리]로 발음된다. 이를 로마자로 표기할 때는 'ㄹ'이 연속되므로 종성의 'ㄹ'과 초성의 'ㄹ'을 'll'로 적어 'mullalli'로 표기해야 한다.

65 |출제 의도| 동화의 양상 이해   답 ①

㉠은 동화를 일으키는 음운이 동화음의 영향을 받는 피동화음의 뒤에 있는 동화이므로 역행 동화를 뜻한다. ㉡은 피동화음이 동화음과 완전히 같아지는 동화이므로 앞 음절이 뒤 음절의 영향을 받아 뒤 음절과 같아지는 단어를 골라야 한다. '곤란[골:란]'과 '입문[임문]'은 앞 음절의 끝소리가 뒤 음절의 첫소리의 영향을 받으므로 동화음이 피동화음에 후행하는 동화이며, 피동화음이 동화음과 완전히 같아지는 동화가 일어나므로, ㉠과 ㉡이 모두 일어나는 단어에 해당한다.

《 왜 오답?

②, ③ '국민[궁민]'과 '읍내[음내]'는 앞 음절의 끝소리가 뒤 음절의 첫소리에 의해 동화되어 동화음이 피동화음에 후행하는 동화이지만, 피동화음이 동화음과 완전히 같아지는 동화가 아닌 조음 방법을 닮는 동화에 해당한다.

④, ⑤ '칼날[칼랄]'은 피동화음이 동화음과 완전히 같아지는 동화이지만, 뒤 음절의 첫소리가 앞 음절의 끝소리에 의해 동화되므로 동화음이 피동화음에 선행하는 동화에 해당한다.

II 단어

단어의 분류
038~047쪽

01 ④	02 ③	03 ①	04 ①	05 ③
06 ⑤	07 ⑤	08 ①	09 ②	10 ④
11 ②	12 ④	13 ④	14 ②	15 ①
16 ②	17 ③	18 ④	19 ③	20 ⑤
21 ④	22 ①	23 ②	24 ①	25 ⑤
26 ⑤	27 ②			

01 |출제 의도| 단어의 분류 이해　　　　　　　　　답 ④

ⓒ에 따라 품사를 분류하면 '아홉'은 수량이나 순서를 나타내는 수사이
고, '학생'은 사물의 이름을 나타내는 명사이므로 '아홉'과 '학생'은 같은
품사가 아니다. 그러나 ⓒ을 기준으로 분류하면 '아홉'과 '학생'은 함께 체
언으로 분류할 수 있다.

❚❚ 왜 오답?

① ㉠에 따라 분류할 때 '불변어'는 형태가 고정되어 변하지 않는 단어이
고, '가변어'는 형태가 변하는 단어이다. 가변어는 어간과 어미로 나뉘
는데, 어떤 어미가 붙는지에 따라 그 형태가 변화하여 활용한다. '착실
한'은 형용사이고, '이다'는 서술격 조사로 활용하는 단어이므로 형태
가 바뀌는 가변어에 해당한다.

② ⓒ에 따라 분류하면 '열'은 수량이나 순서를 나타내는 수사이고, '학생'
은 사물의 이름을 나타내는 명사이므로 둘 다 체언에 해당한다.

③ ⓒ에 따라 분류하면 '은'은 보조사이고 '이다'는 서술격 조사이므로 둘
다 관계언에 해당한다. 관계언은 체언과 같이 자립성이 있는 말 뒤에
붙어 다른 말과의 문법적인 관계를 나타내거나 특수한 의미를 더하는
역할을 하는 단어로, 조사가 이에 해당한다.

⑤ ⓒ에 따라 분류하면 '매우'는 용언을 수식하는 부사로, 뒤에 오는 '착실
한'을 수식하고 있다. '착실한'은 형용사로, 사람이나 사물 따위의 상태
나 성질을 나타낸다.

02 |출제 의도| 단어의 분류 이해　　　　　　　　　답 ③

'두'는 뒤에 오는 명사 '팔'을 수식하는 관형사의 기능을 하고 있으나, '하
나'는 뒤에 오는 조사 '를'과 결합한 수사로서 목적어의 기능을 하고 있다.
따라서 '두'만 문장 안에서 수식의 기능을 하고 '하나'는 수식의 기능을 하
지 않는다. 수식의 기능을 하는 '수식언'에는 체언을 수식하는 관형사와
용언이나 문장 전체를 수식하는 부사가 있다.

❚❚ 왜 오답?

① '도'와 '만'은 관계언(조사)이므로 형태가 변하지 않는 불변어에 해당
한다.

② '이루었다(이루다)'와 '그린(그리다)'은 동사이므로 형태가 변하는 가변
어에 해당한다.

④ '나무'와 '꽃'은 명사이므로 사물의 이름을 나타낸다.

⑤ '넓게(넓다)'와 '희미하다'는 형용사이므로 대상의 성질이나 상태를 나
타낸다.

도전 ❶등급

수사와 수 관형사의 구분

수사와 수 관형사는 뒤에 오는 단어와의 띄어쓰기나, 조사와의 결합 가
능 여부에 따라 구분할 수 있음.

〈한글 맞춤법 규정〉

[제1장 제2항] 문장의 각 단어는 띄어 씀을 원칙으로 한다.

　📝 예 '두 팔' [관형사+체언(명사, 대명사, 수사)]
　　　→ '팔'은 명사로, 관형사 '두'와 띄어 씀. 관형사 '두'는 조사와 결합
　　　　이 불가능함.

[제5장 제41항] 조사는 그 앞말에 붙여 쓴다.

　📝 예 '하나를' [체언(명사, 대명사, 수사)+조사]
　　　→ '를'은 조사로, 수사 '하나'에 붙여 씀. 수사 '하나'는 조사와 결합
　　　　이 가능함.

03 |출제 의도| 단어의 품사 이해　　　　　　　　　답 ①

ㄱ의 '그곳'은 처소를 가리키는 지시 대명사에 해당하나, ㄴ의 '그'는 뒤에
오는 명사 '사람'을 수식하는 지시 관형사에 해당한다.

❚❚ 왜 오답?

② ㄱ의 '아주'는 뒤에 오는 용언(형용사) '쉽게'의 뜻을 한정하는 부사에
해당하고, ㄴ의 '잘'은 뒤에 오는 용언(동사) '잤다고'의 뜻을 한정하는
부사에 해당한다.

③ ㄱ의 '구울'은 동사 '굽다'의 어간 '굽-'에 어미 '-(으)ㄹ'이 결합할 때
'ㅂ'이 반모음 'ㅗ/ㅜ'로 변하는 'ㅂ' 불규칙 용언에 해당하고, ㄷ의 '지
어'는 동사 '짓다'의 어간 '짓-'에 어미 '-어'가 결합할 때 'ㅅ'이 탈락하
는 'ㅅ' 불규칙 용언에 해당한다.

④ ㄱ의 '쉽게'는 형용사 '쉽다'의 활용형이고, ㄷ의 '멋진'은 형용사 '멋지
다'의 활용형으로, 모두 대상의 성질이나 상태를 나타낸다.

⑤ ㄴ의 '가'는 체언(대명사) '자기'와 결합한 주격 조사이고, ㄷ의 '에서'는
체언(명사) '식당'과 결합한 부사격 조사로서 앞말과 다른 말과의 문법
적 관계를 나타낸다.

04 |출제 의도| 자립 명사와 의존 명사의 쓰임 이해　　　　답 ①

'군데'는 '낱낱의 곳을 세는 단위.'를 의미하는 명사로, '한 군데', '여러 군
데'와 같이 항상 관형어의 수식을 받아야 쓰일 수 있는 의존 명사이다. 따
라서 자립 명사가 단위를 나타내는 경우의 예에 해당하지 않는다.

❚❚ 왜 오답?

② '그릇'은 '음식이나 물건 따위를 담는 기구.'를 의미하는 명사로, '그릇
이 깨지다.', '그릇을 씻다.'와 같이 자립적으로 쓰일 수 있다. 그런데
'밥 두 그릇'에서는 수량을 표현하는 말 '두' 뒤에서 밥을 세는 단위를
나타내고 있으므로, ㉠의 예에 해당한다.

③ '덩어리'는 '크게 뭉쳐서 이루어진 것.'을 의미하는 명사로, '덩어리가
크다.', '덩어리가 지다.'와 같이 자립적으로 쓰일 수 있다. 그런데 '수
박 세 덩어리'에서는 수량을 표현하는 말 '세' 뒤에서 수박을 세는 단
위를 나타내고 있으므로 , ㉠의 예에 해당한다.

④ '숟가락'은 '밥이나 국물 따위를 떠먹는 기구.'를 의미하는 명사로, '숟
가락으로 먹다.', '숟가락을 놓다.'와 같이 자립적으로 쓰일 수 있다. 그
런데 '밥을 몇 숟가락'에서는 수량을 표현하는 말 '몇' 뒤에서 밥을 세
는 단위를 나타내고 있으므로, ㉠의 예에 해당한다.

⑤ '발자국'은 '발로 밟은 자리에 남는 모양.'을 의미하는 명사로, '발자국
이 남다.', '발자국을 따라가다.'와 같이 자립적으로 쓰일 수 있다. 그런
데 '서너 발자국'에서는 수량을 표현하는 말 '서너' 뒤에서 발자국을
세는 단위를 나타내고 있으므로, ㉠의 예에 해당한다.

05 |출제 의도| **보조사의 쓰임 이해** 답 ③

'나는 개와 고양이를 좋아한다.'에서 '와'는 명사 '개'와 명사 '고양이'를 같은 자격으로 이어 주는 접속 조사로, '와'를 통해 '개와 고양이'라는 하나의 명사구를 형성하고 있다.

▸▸ 왜 오답?

① '새소리만'에서 '만'은 '다른 것으로부터 제한하여 어느 것을 한정함.'의 뜻을 더해 주는 보조사로, 들리는 소리가 새소리뿐이었다는 의미를 더해 주고 있다.

② '한 달도'에서 '도'는 '이미 어떤 것이 포함되고 그 위에 더함.'의 뜻을 더해 주는 보조사로, 기일이 얼마 남지 않았다는 의미를 더해 주고 있다.

④ '할아버지께서는'에서 '는'은 강조의 뜻을 더해 주는 보조사로, 신문을 본 사람이 할아버지임을 강조하는 의미를 더해 주고 있다.

⑤ '가족밖에'에서 '밖에'는 '그것 말고는', '그것 이외에는'의 뜻을 더해 주는 보조사로, 그가 가족만을 위해 살았다는 의미를 더해 주고 있다.

06 |출제 의도| **격 조사와 보조사의 쓰임 이해** 답 ⑤

'아이처럼'에서 '처럼'은 부사격 조사로, '모양이 서로 비슷하거나 같음.'을 나타내는 격 조사이므로 보조사의 예로 적절하지 않다.

▸▸ 왜 오답?

① '국수라도'는 체언 '국수'에 '썩 좋은 것은 아니나 그런대로 괜찮음.'의 뜻을 더해 주는 보조사 '라도'가 결합한 것이다.

② '영어야'는 체언 '영어'에 '강조'의 뜻을 더해 주는 보조사 '야'가 결합한 것이다.

③ '먹어는'은 동사 '먹다'의 활용형 '먹어'에 '대조나 강조'의 뜻을 더해 주는 보조사 '는'이 결합한 것이다.

④ '빨리만'은 부사 '빨리'에 '강조'의 뜻을 더해 주는 보조사 '만'이 결합한 것이다.

07 |출제 의도| **조사의 특성 이해** 답 ⑤

격 조사는 주로 체언 뒤에 결합하여 앞말이 다른 말에 대하여 갖는 일정한 자격을 나타내는 조사이며, 보조사는 앞말에 특별한 뜻을 더해 주는 조사이다. 〈보기〉에서 '빵만으로'에는 보조사 '만'과 격 조사 '으로'가 쓰였는데, 보조사가 격 조사 앞에 붙어 있으므로 보조사는 격 조사와 결합할 때 격 조사 뒤에만 붙을 수 있다는 내용은 적절하지 않다.

▸▸ 왜 오답?

① '민수가'와 '운동을'에는 각각 주격 조사 '가'와 목적격 조사 '을'이 사용되었는데, 이들 대신 보조사 '는'과 '은'으로 바꾸어도 문장이 성립하므로 격 조사 자리에 보조사가 올 수 있다는 내용은 적절하다.

② '국수'는 문장에서 목적어로 쓰였는데, 이때 목적격 조사 '를'이 생략되어도 문장이 성립하므로, 격 조사는 담화 상황에 따라 생략할 수도 있다는 내용은 적절하다.

③ '형'은 받침이 있기 때문에 조사로 '는'이 아닌 '은'이 사용되었고, '나'는 받침이 없기 때문에 조사로 '은'이 아닌 '는'이 사용되었으므로 앞에 오는 말의 받침 유무에 따라 조사를 선택하기도 한다는 내용은 적절하다.

④ '어서요'는 뒤에 오는 동사 '읽어'를 수식하는 부사 '어서'에 청자에게 존대의 뜻을 나타내는 보조사 '요'가 붙은 것이므로 보조사는 체언뿐 아니라 부사 뒤에도 붙을 수 있다는 내용은 적절하다.

08 |출제 의도| **조사의 특성 이해** 답 ①

'그는 낯선 사람과 잘 사귄다.'에서 '과'는 '그'가 상대로 하는 대상이 '낯선

사람'임을 나타내므로 ㉠이 아닌 **1**-③의 예에 해당한다.

▸▸ 왜 오답?

② '형님과'에서 '과'는 '그'가 고향에 다녀온 일을 '형님'과 함께 했음을 나타내므로 ㉡에 넣기에 적절하다.

③ '그는 거대한 폭력 조직과 맞섰다.'에서 '과'는 '폭력 조직' 뒤에 붙어 '그'가 상대로 하는 대상이 '폭력 조직'임을 나타내는 격 조사로 쓰였으므로 ㉢에 격 조사가 들어가는 것은 적절하다.

④ 접속 조사 '과' 대신 '이랑'이 들어가도 '닭이랑 오리는 동물이다. / 책이랑 연필을 가져와라.'처럼 문장이 성립한다. '이랑'은 '하고'와 함께 '과'와 같은 접속 조사로서 유의어 관계에 있으므로 ㉣에 '이랑'이 들어가는 것은 적절하다.

⑤ '바다와 산 / 산과 바다'를 통해 받침이 없는 체언 뒤에 '와'가 쓰이는 것을 확인할 수 있으므로 ㉤에 '와'가 들어가는 것은 적절하다.

09 |출제 의도| **용언의 활용 이해** 답 ②

'묻다'가 '땅에 묻다.', '비밀을 묻다.'처럼 '물건을 흙이나 다른 물건 속에 넣어 보이지 않게 쌓아 덮다.', '일을 드러내지 아니하고 속 깊이 숨기어 감추다.'라는 뜻일 때에는 '묻고', '묻어', '묻으니'와 같이 규칙 활용을 한다. 이와 달리 '묻다'가 '길을 묻다.'처럼 '무엇을 밝히거나 알아내기 위하여 상대편의 대답이나 설명을 요구하는 내용으로 말하다.'라는 뜻일 때에는 '묻고', '물어', '물으니'와 같이 어간의 'ㄷ'이 모음 어미 앞에서 'ㄹ'로 변하는 'ㄷ' 불규칙 활용을 한다. 그런데 ②의 '묻어'는 '일을 드러내지 아니하고 속 깊이 숨기어 감추다.'라는 뜻이므로 ㉠의 예로 적절하지 않다.

▸▸ 왜 오답?

① '퍼'는 어간 '푸-'에 어미 '-어'가 결합할 때 어간의 자음 'ㅍ'은 남고, 모음 'ㅜ'가 탈락한 것으로, '우' 불규칙 용언에 해당한다.

③ '들으면서'는 어간 '듣-'에 어미 '-으면서'가 결합할 때 어간의 받침 'ㄷ'이 'ㄹ'로 변한 것으로, 'ㄷ' 불규칙 용언에 해당한다.

④ '도와'는 어간 '돕-'에 어미 '-아'가 결합할 때 어간 끝 'ㅂ'이 반모음 'ㅗ/ㅜ'로 변한 것으로, 'ㅂ' 불규칙 용언에 해당한다.

⑤ '올라'는 어간 '오르-'에 어미 '-아'가 결합할 때 어간 '르'가 'ㄹㄹ'로 변한 것으로, '르' 불규칙 용언에 해당한다.

10 |출제 의도| **용언의 활용 이해** 답 ④

'치르다'는 '치르-' + '-어' → '치러'와 같이 어간 '치르-'가 모음으로 시작하는 어미와 결합할 때에는 '_'가 탈락한다. 이는 〈보기〉에서 설명한 활용 중 어간이 바뀌어도 일반적인 음운 규칙으로 설명할 수 있는 경우이므로, '치러'는 '규칙 활용'에 해당한다. 반면, '흐르다'는 '흐르-' + '-어' → '흘러'와 같이 어간의 '르'가 '-아/어' 앞에서 'ㄹㄹ'로 바뀐다. 이는 〈보기〉에서 설명한 활용 중 어간의 기본 형태가 바뀌는 것을 일반적인 음운 규칙으로 설명할 수 없는 경우이므로, '흘러'는 '불규칙 활용'에 해당한다. '흘러'와 같은 불규칙 활용을 '르' 불규칙이라고 하는데 이는 ㉠ 어간이 바뀌는 경우에 해당한다.

▸▸ 왜 오답?

① '솟다'는 '솟고, 솟지, 솟으면, 솟아'와 같이 규칙 활용을 한다. 그러나 '낫다'는 '낫고, 낫지, 나으면, 나아'와 같이 어간 '낫-'에 모음 어미가 결합할 때 어간의 받침 'ㅅ'이 탈락한 형태로 활용한다. 이와 같은 불규칙 활용을 'ㅅ' 불규칙 활용이라 하고, ㉠ 어간이 바뀌는 경우에 해당한다.

② '얻다'는 '얻고, 얻지, 얻으면, 얻어'와 같이 규칙 활용을 한다. 그러나 '엿듣다'는 '엿듣고, 엿듣지, 엿들으면, 엿들어'와 같이 어간 '엿듣-'에 모음 어미가 결합할 때 어간의 받침 'ㄷ'이 'ㄹ'로 교체된 형태로 활용

한다. 이와 같은 불규칙 활용을 'ㄷ' 불규칙 활용이라 하고, ⊙ 어간이 바뀌는 경우에 해당한다.
③ '먹다'는 '먹고, 먹지, 먹으면, 먹어'와 같이 규칙 활용을 한다. 그러나 '하다'는 '하고, 하지, 하면, 하여'와 같이 어간 '하-'에 모음 어미 '-아'가 결합할 때 어미 '-아'가 '-여'로 교체된 형태로 활용한다. 이와 같은 불규칙 활용을 '여' 불규칙 활용이라 하고, ⓛ 어미가 바뀌는 경우에 해당한다.
⑤ '수놓다'는 '수놓고, 수놓지, 수놓으면, 수놓아'와 같이 규칙 활용을 한다. 그러나 '파랗다'는 '파랗고, 파랗지, 파래'와 같이 'ㅎ'으로 끝나는 어간 뒤에 모음 어미 '-아/어'가 결합할 때 어간의 'ㅎ'이 없어지고, 어미의 '-아/어'도 '-애/에'로 교체된 형태로 활용한다. 이와 같은 불규칙 활용을 'ㅎ' 불규칙 활용이라 하고, ⓒ 어간과 어미가 모두 바뀌는 경우에 해당한다.

11 |출제 의도| 용언의 활용 이해   답 ②
'걸러서'는 어간 '거르-'에 어미 '-어서'가 결합한 형태로, 어간 '르-'가 'ㄹㄹ'로 바뀌는 '르' 불규칙 용언에 해당한다. 반면, '푸르러'는 어간 '푸르-'에 어미 '-어'가 결합한 형태로, 어미 '-어'가 '-러'로 바뀌는 '러' 불규칙 용언에 해당하므로 ⓑ와 같은 활용의 예로 적절하지 않다.

왜 오답?
① '담가'는 어간 '담그-'에 어미 '-아'가 결합할 때 어간의 'ㅡ'가 탈락하고, '예뻐도' 역시 어간 '예쁘-'에 어미 '-어도'가 결합할 때 어간의 'ㅡ'가 탈락한다. 'ㅡ' 탈락은 예외 없이 적용되는 규칙 활용에 해당한다.
③ '간'은 어간 '갈-'에 어미 '-(으)ㄴ'이 결합할 때 어간의 'ㄹ'이 탈락하고, '사니'는 어간 '살-'에 어미 '-니'가 결합할 때 어간의 'ㄹ'이 탈락한다. 'ㄹ' 탈락은 예외 없이 적용되는 규칙 활용에 해당한다.
④ '하얬던'은 어간 '하얗-'에 어미 '-았던'이 결합할 때 '얗'과 어미 '-았'이 모두 변하여 '얬'으로 실현된 'ㅎ' 불규칙 용언에 해당한다. '동그래' 또한 어간 '동그랗-'에 어미 '-아'가 결합할 때 '랗'과 어미 '-아'가 모두 변하여 '래'로 실현된 'ㅎ' 불규칙 용언에 해당한다.
⑤ '저어'는 어간 '젓-'에 어미 '-어'가 결합할 때 어간의 'ㅅ'이 탈락하는 'ㅅ' 불규칙 용언에 해당한다. '그은' 또한 어간 '긋-'에 어미 '-은'이 결합할 때 어간의 'ㅅ'이 탈락하는 'ㅅ' 불규칙 용언에 해당한다.

12 |출제 의도| 용언의 활용 이해   답 ④
〈보기 1〉에서는 규칙 활용과 불규칙 활용을 구분한 뒤, 불규칙 활용은 어간이 불규칙적으로 바뀌는 경우, 어미가 불규칙적으로 바뀌는 경우, 어간과 어미가 모두 불규칙적으로 바뀌는 경우로 구분한다고 하였다. 〈보기 2〉의 '물었다'는 활용할 때 '묻고, 묻으니, 묻어서'와 같이 어간과 어미의 기본 형태가 바뀌지 않는 규칙 활용에 해당한다. '일러'는 '이르고, 이르니, 일러'와 같이 어간 '이르-'에 모음 어미 '-어'가 결합할 때 어간 '르'가 모음 어미 앞에서 'ㄹㄹ'로 바뀌는 '르' 불규칙 용언에 해당한다. '이르러'는 '이르고, 이르니, 이르러'와 같이 어간 '이르-'에 모음 어미 '-어'가 결합할 때 어미가 바뀌는 '러' 불규칙 용언에 해당한다. '우러러'는 '우러르고, 우러르니, 우러러'와 같이 어간 '우러르-'에 모음 어미 '-어'가 결합할 때 어간 'ㅡ'가 탈락한다. 'ㅡ' 탈락은 해당하는 모든 단어가 예외 없이 'ㅡ'가 탈락하여 일반적인 음운 규칙으로 설명할 수 있으므로 규칙 활용에 해당한다. '파래'는 '파랗고, 파래'와 같이 어간 '파랗-'에 모음 어미 '-아'가 결합할 때 어간과 어미가 모두 바뀌는 'ㅎ' 불규칙 용언에 해당한다. 따라서 '물었다'와 '우러러'는 ⊙ 규칙 활용에 해당하고, '일러'는 ⓛ 어간이 불규칙적으로 바뀌는 경우에 해당하며, '이르러'는 ⓒ 어미가 불규칙적으로 바뀌는 경우에, '파래'는 ⓡ 어간과 어미가 모두 불규칙적으로 바뀌는 경우에 해당한다.

13 |출제 의도| 부사의 쓰임 이해   답 ④
ㄹ에서 부사 '아주'는 성분 부사로, 뒤에 오는 관형사 '새'를 수식하고 있으므로 적절하다.

왜 오답?
① ㄱ에서 '매우'는 용언 '달린다'가 아니라 바로 뒤에 오는 부사 '빨리'를 수식하고 있다.
② ㄴ에서 '설마'는 체언(대명사) '나' 또는 체언(명사) '옷'이 아닌 문장 전체를 수식하는 문장 부사이다.
③ ㄷ에서 '바로'는 뒤에 오는 체언 '옆'을 수식하고 있다. 또한 이 문장에서 '바로' 외에 부사에 해당되는 단어는 없다.
⑤ ㅁ에서 '과연'은 문장 전체를 수식하는 문장 부사이다. '정말'은 뒤에 오는 용언 '뛰어나군'을 수식하는 성분 부사이다.

14 |출제 의도| 품사의 특징 이해   답 ②
ⓐ의 '이'는 뒤에 오는 체언(명사) '사과'를 수식하고, ⓑ의 '그'는 뒤에 오는 체언(명사) '책'을 수식하므로 ⊙ 관형사에 해당한다. ⓒ의 '여기'는 뒤에 오는 주격 조사 '가'와 결합하였는데, 조사는 앞말에 붙여 쓰며 주로 체언과 결합하므로 '여기'는 체언이며 장소를 나타내는 ⓛ 대명사라는 것을 확인할 수 있다. ⓓ의 '이리'는 뒤에 오는 용언(동사) '오게'를 수식하고, ⓔ의 '그리'는 뒤에 오는 용언(동사) '보내겠습니다'를 수식하므로 ⓒ 부사에 해당한다.

15 |출제 의도| 품사의 특징 이해   답 ①
'수사'는 사물의 수량이나 순서를 나타내는 체언으로, 조사와 결합하여 쓰인다. 반면 '수 관형사'는 수량이나 순서를 나타내면서, 단위를 나타내는 의존 명사와 함께 쓰이며, 이때 '수 관형사'와 의존 명사는 띄어 쓴다. ⊙의 '칠'은 뒤에 오는 단위성 의존 명사 '개월'을 수식하는 수 관형사이며 띄어 쓴다. 이에 반해 '육에 일을 더하면 칠이다.'에서 '칠'은 수량을 나타내는 수사이므로 뒤에 오는 조사 '이다'와 붙여 쓴다. ㉮의 '다섯'은 뒤에 오는 단위성 의존 명사 '판'을 수식하는 수 관형사이며, ㉯의 '팔' 또한 뒤에 오는 단위성 의존 명사 '년'을 수식하는 수 관형사이다. 그러나 ㉰의 '하나'는 뒤에 동작 대상의 수량이나 동작의 순서를 나타내는 격 조사 '를'이 생략된 형태로 쓰인 수사이다. 이런 경우 '하나를'처럼 생략된 격 조사를 떠올려 결합해 보면 알 수 있다. ㉱의 '셋째' 역시 뒤에 지위나 신분 또는 자격을 나타내는 격 조사 '로'가 붙은 형태이므로 수사이다.

도전 ❶등급

> **조사의 생략**
> • 조사의 생략은 일반적으로 보조사가 아닌 격 조사에서 나타나며, 특히 주격, 목적격, 관형격에서 많이 나타남.
> • 문어보다는 구어에서, 긴 문장보다는 짧은 문장에서 조사의 생략이 많이 나타남.
> **예** 빨리 일어나 밥(을) 먹어라.
>   → '밥' 뒤의 목적격 조사 '을'이 생략됨.
>   저거(가) 누구(의) 물건이냐?
>   → '저거' 뒤의 주격 조사 '가'와 '누구' 뒤의 관형격 조사 '의'가 생략됨.

16 |출제 의도| 품사와 문장 성분의 차이 이해   답 ②
⊙~ⓡ을 문장 성분으로 분류할 경우, ⊙ '새로운'은 '글'을 수식하고, ⓛ '새' 또한 '글'을 수식하고 있어 둘 다 체언(명사)을 수식하는 관형어임을 알 수 있다. 그리고 ⓒ '빠르게'는 '달린다'를 수식하고, ⓡ '빨리' 또한 '달린다'를 수식하고 있어 둘 다 용언(동사)을 수식하는 부사어임을 알 수 있

다. 따라서 '관형어 ㉠, ㉡ / 부사어 ㉢, ㉣'과 같이 분류할 수 있다. ㉠~㉣을 품사로 분류할 경우, ㉠ '새로운'은 '새롭다'에서 '새롭고, 새로운' 등으로, ㉢ '빠르게'는 '빠르다'에서 '빠르고, 빠른' 등으로 활용하는 형용사이다. 그리고 ㉡ '새'는 명사 '글'을 수식하는 관형사이며, ㉣ '빨리'는 용언(동사) '달린다'를 수식하는 부사이다. 따라서 '형용사 ㉠, ㉢ / 관형사 ㉡ / 부사 ㉣'과 같이 분류할 수 있다.

17 | 출제 의도 | 품사 및 시간 표현 이해 답 ③

〈학습 활동〉에서 관형사형 어미의 형태는 시제(과거/현재/미래) 및 단어의 품사(동사/형용사)에 의해 결정된다고 하였다. ⓓ의 '남은'은 동사 '남다'의 어간 '남-'에 과거를 나타내는 관형사형 어미 '-(으)ㄴ'이 결합된 형태로 ㉡에 해당한다. ⓕ의 '찬'은 동사 '차다'의 어간 '차-'에 과거를 나타내는 관형사형 어미 '-(으)ㄴ'이 결합된 형태로 역시 ㉡에 해당한다.

❝ 왜 오답?

① ⓐ의 '뜬'은 동사 '뜨다'의 어간 '뜨-'에 과거를 나타내는 관형사형 어미 '-(으)ㄴ'이 결합된 형태이므로 ㉡에 해당한다.

② ⓑ의 '부르던'은 동사 '부르다'의 어간 '부르-'에 과거를 나타내는 관형사형 어미 '-던'이 결합된 형태이다. ⓒ '푸르던'은 형용사 '푸르다'의 어간 '푸르-'에 과거를 나타내는 관형사형 어미 '-던'이 결합된 형태이므로, ⓒ '푸르던'만 ㉢에 해당한다.

④ ⓔ의 '읽는'은 동사 '읽다'의 어간 '읽-'에 현재를 나타내는 관형사형 어미 '-는'이 결합된 형태이다.

⑤ ⓖ의 '빠른'은 형용사 '빠르다'의 어간 '빠르-'에 현재를 나타내는 관형사형 어미 '-(으)ㄴ'이 결합된 형태이므로 ㉠에 해당한다.

[18~19] 품사의 분류와 품사 통용 _____

지문 해설: 이 글에서는 품사의 분류와 품사 통용에 대하여 설명하고 있다. 품사는 공통된 성질을 가진 단어들을 모아 갈래 지어 놓은 것인데, 품사를 형태에 따라 분류하면 가변어와 불변어로, 기능에 따라 분류하면 체언, 용언, 수식언, 관계언, 독립언으로, 의미에 따라 분류하면 명사, 대명사, 수사, 동사, 형용사, 관형사, 부사, 조사, 감탄사로 나뉨을 알려 주고 있다. 또한 단어는 일반적으로 하나의 품사로 사용되지만 둘 이상의 품사로 사용되는 경우도 있는데, '잘못'처럼 명사와 부사로 쓰이는 경우, '만큼'처럼 명사와 조사로 쓰이는 경우를 예와 함께 보여 주고 있다. 이 밖에도 부사와 조사로 쓰이는 경우, 수사와 관형사로 쓰이는 경우가 있음을 언급하고 있다.

주제: 품사의 개념과 분류 기준 및 품사 통용의 예

18 | 출제 의도 | 품사의 특징 이해 답 ④

ⓐ에서 조사는 '어떤 일이나 상태 따위에 관련되는 범위의 끝임'을 나타내는 보조사 '까지', '강조의 뜻'을 나타내는 보조사 '는', '동작이 미친 직접적 대상'을 나타내는 목적격 조사 '을', '이미 어떤 것이 포함되고 그 위에 더함의 뜻'을 나타내는 보조사 '도'까지 모두 4개이다. ⓑ에서 조사는 '그 대상을 높임과 동시에 그 대상이 문장의 주어임'을 나타내는 주격 조사 '께서', '어떤 물건의 재료나 원료'를 나타내는 부사격 조사 '로', '동작이 미친 직접적 대상'을 나타내는 목적격 조사 '를'까지 모두 3개이다. 따라서 ⓐ에서 조사는 4개이고, ⓑ에서 조사는 3개이므로 ⓐ와 ⓑ의 조사가 각각 3개씩이라는 내용은 적절하지 않다.

❝ 왜 오답?

① ⓐ에서 '아무'는 '어떤 사람을 특별히 정하지 않고 이르는 인칭 대명사'로 체언에 속한다. '아무'는 보조사 '도'와 결합하여 주어로 쓰이고 있으며, 서술어 '모르고 있다'와 호응하고 있다.

② ⓑ에서 '온갖'은 '이런저런 여러 가지의'라는 의미의 관형사로서, 뒤에 오는 명사(체언) '재료'를 수식하는 수식언으로 쓰이고 있다.

③ ⓒ에서 '네'는 '윗사람의 부름에 대답하거나 묻는 말에 긍정하여 대답할 때 쓰는 말'로 응답을 나타내는 감탄사이다.

⑤ ⓐ에서는 동사 '모르고'와 동사 '있다'가 가변어이므로 2개이고, ⓑ에서도 형용사 '곱게'와 동사 '빚으셨다'가 가변어이므로 2개이다.

19 | 출제 의도 | 품사의 통용 이해 답 ③

'식구 모두가 여행을 떠났다.'에서 '모두'는 '일정한 수효나 양을 기준으로 하여 빠짐이나 넘침이 없는 전체.'를 의미하는 것으로, 뒤에 오는 주격 조사 '가'와 결합하여 문장에서 주어의 기능을 하는 체언(명사)이다. '그릇에 담긴 소금을 모두 쏟았다.'에서 '모두'는 '일정한 수효나 양을 빠짐없이 다.'를 의미하는 것으로, 뒤에 오는 용언(동사) '쏟았다'를 수식하는 기능을 하는 수식언(부사)이다. 따라서 ㉠ '명사와 부사로 쓰인 것'의 예로 적절하다.

❝ 왜 오답?

① '둘에 다섯을 더하면 일곱이다.'에서 '일곱'은 수사로, 뒤에 오는 서술격 조사 '이다'와 결합하여 쓰이고 있다. '여기에 사과 일곱 개가 있다.'에서 '일곱'은 관형사로, 뒤에 오는 단위성 의존 명사 '개'를 수식하고 있다. 따라서 수사와 관형사로 쓰인 경우에 해당한다.

② '너 커서 무엇이 되고 싶니?'에서 '커서'는 '사람이 자라서 어른이 되다.'의 의미를 가진 동사이다. '가구가 커서 방에 들어가지 않는다.'에서 '커서'는 '사람이나 사물의 외형적 길이, 넓이, 높이, 부피 따위가 보통 정도를 넘다.'의 의미를 가진 형용사이다. 따라서 동사와 형용사로 쓰인 경우에 해당한다.

④ '나를 처벌하려면 법대로 해라.'에서 '대로'는 명사 '법'과 결합하여, '앞에 오는 말에 근거하거나 달라짐이 없음.'을 나타내는 보조사로 쓰이고 있다. '큰 것은 큰 것대로 따로 모아 두다.'에서 '대로'는 의존 명사 '것'과 결합하여, '따로따로 구별됨.'을 나타내는 보조사로 쓰이고 있다. 따라서 둘 다 보조사로 쓰인 경우에 해당한다.

⑤ '모두 같이 학교에 갑시다.'에서 '같이'는 '둘 이상의 사람이나 사물이 함께.'의 의미를 가진 부사로, 뒤에 오는 동사 '갑시다'를 수식하고 있다. '얼음장같이 차가운 방바닥이 생각난다.'에서 '같이'는 명사 '얼음장'과 결합하여, '체언의 뒤에 붙어, 앞말이 보이는 전형적인 어떤 특징처럼'의 의미를 나타내는 부사격 조사로 쓰이고 있다. 따라서 부사와 조사로 쓰인 경우에 해당한다.

도전❶등급

품사 통용		
명사, 조사 통용	먹을 만큼 먹었다.(명사) 너만큼 먹었다.(조사)	체언 뒤에는 조사가 결합함.
명사, 관형사 통용	영수는 인간적으로 판단했다.(명사) 그것은 인간적 판단이다.(관형사)	
명사, 부사 통용	우리 모두가 함께 했다.(명사) 우리가 모두 나갔다.(부사)	
명사, 감탄사 통용	모두가 만세를 외쳤다.(명사) 만세! 이제 해방이다.(감탄사)	
수사, 관형사 통용	다섯에서 둘을 빼라.(수사) 다섯 사람이 왔다.(관형사)	

[20~21] 품사 분류의 기준 및 동사와 형용사의 구별 _____

지문 해설: 이 글에서는 품사의 분류 기준과, 동사와 형용사의 구별 방법

에 대하여 설명하고 있다. 우선 단어를 공통된 성질에 따라 분류한 것이 '품사'임을 밝히고, 분류 기준으로는 '형태, 기능, 의미'를 제시하고 있다. 이를 통해 개별 품사를 ⊙ 불변어, 명사, ⓒ 가변어, 동사 ⓒ 불변어, 수사 ⓔ 불변어, 조사 ⓜ 불변어, 관형사 등으로 분류할 수 있음을 알려 주고 있다. 그리고 품사의 분류가 어려운 동사와 형용사의 구분 방법을 알려 주기 위하여 '밝다'를 예로 들어 설명하고 있다. 마지막으로 '있다'와 '없다'의 경우에는 의미에 따라 동사와 형용사로 분류해야 하는데, 그 이유는 형용사 '있다'와 '없다'가 관형사형 어미 '-는'과 결합할 수 있기 때문임을 밝히고 있다.

주제: 품사 분류의 일반적인 기준 및 동사와 형용사의 구별 방법

20 |출제 의도| 품사의 특징 이해   답 ⑤

'즐거운'은 '마음에 거슬림이 없이 흐뭇하고 기쁘다.'라는 뜻을 나타내는 형용사 '즐겁다'의 어간 '즐겁-'에 관형사형 어미 '-ㄴ'이 결합한 형태이다. 형용사는 활용을 하는 가변어이며 사물의 성질이나 상태를 나타낸다.

왜 오답?

① 활용하지 않는 불변어에 속하며 사물의 이름을 나타내는 말은 명사이다. 〈보기〉의 문장에서 ⊙에 해당하는 명사는 '옛날', '사진', '기억'이다.

② 활용하고 사물의 동작이나 작용을 나타내는 말은 동사이다. 〈보기〉의 문장에서 ⓒ에 해당하는 동사는 '보니'와 '떠올랐다'이다. '보니'는 '보다'의 어간 '보-'에 어미 '-니'가 결합한 형태이고, '떠올랐다'는 '떠오르다'의 어간 '떠오르-'에 어미 '-았다'가 결합한 형태이다.

③ 활용하지 않으며 수량이나 순서를 나타내는 말은 수사이다. 〈보기〉의 문장에서 ⓒ에 해당하는 수사는 '하나'이다. 수사는 체언이므로 격 조사 '가'와 결합하여 쓰였다.

④ 활용하지 않으며 앞말에 붙어 앞말과 다른 말의 문법적 관계를 나타내거나 특수한 의미를 덧붙이는 말은 조사이다. 〈보기〉의 문장에서 ⓔ에 해당하는 조사는 '을'과 '가'이다. '을'은 목적격 조사로 명사 '사진' 뒤에 결합하여 목적어를 나타내고, '가'는 주격 조사로 수사 '하나' 뒤에 결합하여 주어를 나타낸다.

21 |출제 의도| 품사의 특징 이해   답 ④

[A]에서 단어의 품사를 분류할 때 분류가 쉽지 않은 것들도 있다고 설명했는데, 동사와 형용사의 구별이 그렇다고 하였다. 특히 '있다'의 경우는 품사를 분류할 때 더욱 주의해야 하는데, '존재', '소유'와 같이 상태의 의미를 나타내면 형용사이고, '한 장소에 머묾'의 의미를 나타내면 동사이기 때문이다. 이를 통해 〈보기〉의 '나에게는 돈이 있다.'에서 '있다'와 '나에게는 돈이 없다.'에서 '없다'는 '소유'라는 상태를 나타내므로 형용사임을 알 수 있다. 또한 [A]에서 형용사는 관형사형 어미 '-는'과 결합하여 쓰이지 않지만, 형용사의 '있다'는 관형사의 어미 '-는'과 결합한다고 하였고, 이는 '있다'의 반의어인 형용사 '없다'도 마찬가지라고 하였으므로, 〈보기〉의 '돈이 있는 사람', '돈이 없는 사람'에서 '있다'와 '없다'는 관형사형 어미 '-는'과 결합하고 있어도 형용사임을 알 수 있다.

왜 오답?

① 동사 '먹다'에는 '먹는다'와 같이 선어말 어미 '-는-'이 결합할 수 있는 것과 달리 형용사 '예쁘다'에는 선어말 어미 '-ㄴ-'이 결합할 수 없음을 알 수 있다.

② 동사의 활용형 '먹어라', '먹자'와 달리 형용사는 명령형 '예뻐라'와 청유형 '예쁘자'로는 활용이 불가능하다. 이를 통해 형용사에는 명령형이나 청유형 어미가 결합할 수 없음을 알 수 있다.

③ 동사의 활용형 '먹으려고', '먹으러'는 자연스럽지만, 형용사에 어미 '-려고', '-러'가 결합한 '예쁘려고', '예쁘러'는 부자연스럽다. 이를 통해 형용사에는 의도나 목적을 나타내는 연결 어미가 결합할 수 없음을

⑤ '나무가 크다.'와 '머리카락이 길다.'에서 '크다'와 '길다'는 성질이나 상태를 나타내는 형용사로, 현재형 어미의 결합 없이 현재 시제를 나타내고 있고, '나무가 쑥쑥 큰다.'와 '머리카락이 잘 긴다.'에서 '크다'와 '길다'는 상태의 변화를 나타내는 동사로, 선어말 어미 '-ㄴ-'과 결합하여 현재 시제를 나타내고 있다. 이를 통해 '크다'와 '길다'는 형용사와 동사로 모두 쓰이고 있음을 알 수 있다.

[22~23] 의존 명사의 제약과 품사 통용

지문 해설: 이 글에서는 명사를 자립 명사와 의존 명사로 나눈 뒤 의존 명사의 개념과 특징을 설명하고 있다. 의존 명사는 '선행어 제약'과 '후행어 제약'이 있는데, 이를 예문을 통해 밝히고 있다. '선행어 제약'은 앞에 오는 관형어에 특정 어미만 결합할 수 있고, '후행어 제약'은 뒤에 오는 조사가 특정되어 있는 모습을 보이는데, 이와 달리 '것'은 격 조사의 제약 없이 두루 사용되며, 의존 명사의 선행어 제약이나 후행어 제약을 판단할 때는 의존 명사가 쓰일 수 있는 다양한 예를 고려해야 함을 알려 주고 있다. 마지막으로 하나의 형태가 여러 개의 품사로 쓰이는 것을 품사 통용이라 하는데, 예를 통해 '만큼'이 의존 명사와 조사로 모두 쓰일 수 있음을 보여 주고 있다.

주제: 의존 명사의 선행어 제약과 후행어 제약 및 품사 통용

22 |출제 의도| 의존 명사와 조사의 품사 통용 이해   답 ①

①에서 '노력한 만큼'의 '만큼'은 앞에 있는 관형어 '노력한'의 수식을 받는 의존 명사이므로 앞말과 띄어 써야 한다. 따라서 판단 결과는 'ㅇ'가 되어야 한다.

왜 오답?

② '만큼' 앞에 체언(명사) '형'이 있으므로 여기에서 '만큼'은 체언 뒤에 붙는 조사이고, 앞말과 붙여 써야 한다. 따라서 판단 결과 '×'는 적절하다.

③ '만큼'이 동사 '모르다'의 어간 '모르-'에 관형사형 어미 '-았던'이 결합한 관형어 '몰랐던'의 수식을 받는 의존 명사이므로 앞말과 띄어 써야 한다. 따라서 판단 결과 'ㅇ'는 적절하다.

④ '만큼'이 동사 '바라다'의 어간 '바라-'에 관형사형 어미 '-ㄹ'이 결합한 관형어 '바랄'의 수식을 받는 의존 명사이므로 앞말과 띄어 써야 한다. 따라서 판단 결과 'ㅇ'는 적절하다.

⑤ '만큼'이 체언(명사) '고향' 뒤에 있으므로 조사이고, 앞말과 붙여 써야 한다. 따라서 판단 결과 'ㅇ'는 적절하다.

23 |출제 의도| 의존 명사의 선행어 및 후행어 제약 이해   답 ②

ㄴ의 '받을 만도'에서 의존 명사 '만'을 수식하는 다른 관형사형 어미를 결합해 보면 *'받던 만도', *'받은 만도', *'받는 만도'와 같이 문법에 맞지 않으므로, ㄴ의 '만'은 관형사형 어미 '-(으)ㄹ'만 올 수 있어 선행어 제약이 있음을 알 수 있다.

왜 오답?

① ㄱ의 의존 명사 '바'는 '어찌할 바가 없다.'(주격 조사), '원하는 바이다.'(서술격 조사)와 같이 목적격 조사 '를' 이외에 다른 조사와도 결합할 수 있음을 알 수 있다.

③ ㄷ의 의존 명사 '무렵'은 '해 질 무렵에 떠나다.'(부사격 조사), '해 질 무렵을 기다리다.'(목적격 조사)와 같이 서술격 조사 '이다' 이외에 다른 조사와도 결합할 수 있음을 알 수 있다.

④ ㄹ의 의존 명사 '리'는 *'동생이 할 리를 모르다.', *'동생이 할 리이다.'와 같이 다른 조사와 결합할 경우 문법에 맞지 않으므로 ㄹ의 '리'는 주격 조사와만 결합할 수 있어 후행어 제약이 있음을 알 수 있다.

⑤ ㅁ의 의존 명사 '채'는 *'살던 채로', *'사는 채로', *'살 채로'와 같이 다른 관형사형 어미와 결합할 경우 문법에 맞지 않으므로, ㅁ의 '채'는 관형사형 어미 '-(으)ㄴ'만 결합할 수 있어 선행어 제약이 있음을 알 수 있다.

[24~25] 조사의 종류와 특징

지문 해설: 이 글에서는 조사의 개념과 함께 조사의 종류에 따른 특징을 설명하고 있다. 조사는 체언이나 부사, 어미 따위에 붙어 그 말과 다른 말과의 문법적 관계를 표시하거나 그 말의 뜻을 도와주는 품사로, 그 기능과 의미에 따라 격 조사, 보조사, 접속 조사로 분류된다고 하였다. 격 조사는 앞에 오는 체언이 문장 안에서 일정한 자격을 가지도록 해 주는 것으로 주격 조사, 목적격 조사, 관형격 조사, 보격 조사, 부사격 조사, 호격 조사, 서술격 조사가 있고, 보조사는 체언, 부사, 활용 어미 따위에 붙어서 어떤 특별한 의미를 더해 주는 구실을 하는 것으로 '은/는', '도', '만', '까지', '마저', '조차', '부터' 따위가 있으며, 접속 조사는 둘 이상의 단어나 구 따위를 같은 자격으로 이어 주는 구실을 하는 것으로 접속 조사에는 '와/과', '하고', '(이)나', '(이)랑' 등이 있음을 예와 함께 설명하고 있다. 마지막으로 동일한 형태의 조사가 문장에서 서로 다른 기능을 하기도 함을 언급하고 있다.

주제: 조사의 개념과 조사의 종류에 따른 특징

24 |출제 의도| 조사의 종류와 특징 이해   답 ①

㉠의 '이'는 체언(명사) '인물'에 붙어 보어의 자격을 갖게 하는 보격 조사로, '인물이'는 '아니다'의 앞에 쓰여 주어인 '그'가 '보통 인물'이 아니라는 의미를 보충하는 역할을 한다.

▼ 왜 오답?

② ㉡의 '이니'는 체언(명사) '날'에 붙은 서술격 조사 '이다'의 활용형이다. 서술격 조사 '이다'는 동사나 형용사처럼 활용하는 특징을 가진 가변 어미이다.

③ ㉢의 '도'는 용언(동사) '올랐구나'를 수식하는 부사 '많이'에 붙어 놀라움이나 감탄, 실망 따위의 감정을 강조하는 데 쓰이는 보조사이다.

④ ㉣의 '의'는 체언(명사) '동생'에 붙어 '동생의'가 관형어의 자격을 갖게 하는 관형격 조사이다. 관형어 '동생의'는 뒤의 체언(명사) '간식'을 수식하는 역할을 한다.

⑤ ㉤의 '랑'은 체언(명사) '구두'와 체언(명사) '모자'를 같은 자격으로 이어 주는 역할을 하는 접속 조사이다.

25 |출제 의도| 조사의 기능 이해   답 ⑤

'너는 부산에서 몇 시에 출발할 예정이냐?'에서 '에서'는 명사 '부산' 뒤에 붙어 출발점의 뜻을 갖는 부사격 조사로 쓰였고, '우리 학교에서 올해도 우승을 차지했다.'에서 '에서'는 단체를 나타내는 명사 '학교' 뒤에 붙어 앞말이 주어임을 나타내는 주격 조사로 쓰였다.

▼ 왜 오답?

① '방이 깨끗하지가 않다.'에서 '가'는 본용언 '깨끗하지'의 보조적 연결 어미 '-지' 뒤에 붙어 앞말을 강조하는 보조사로 쓰였고, '친구마저 미덥지가 못하다.'에서 '가' 역시 본용언 '미덥지'의 보조적 연결 어미 '-지' 뒤에 붙어 앞말을 강조하는 보조사로 쓰였다.

② '그녀는 장미를 좋아한다.'에서 '를'은 명사 '장미' 뒤에 붙어 '장미를'이 목적어임을 나타내는 목적격 조사로 쓰였고, '그는 도서관에서 잡지를 읽었다.'에서 '를'도 명사 '잡지' 뒤에 붙어 '잡지를'이 목적어임을 나타내는 목적격 조사로 쓰였다.

③ '그는 요란한 소리에 잠을 깼다.'에서 '에'는 명사 '소리'에 붙어 '소리에'가 부사어임을 나타내는 부사격 조사로 쓰였고, '그까짓 일에 너무

마음 상하지 마라.'에서 '에'도 명사 '일'에 붙어 '일에'가 부사어임을 나타내는 부사격 조사로 쓰였다.

④ '친구들과 어울려 늦게까지 놀았다.'에서 '과'는 '친구들'에 붙어 '친구들과'가 부사어임을 나타내는 부사격 조사로 쓰였고, '그는 다섯 살 아래의 여성과 결혼했다.'에서 '과' 역시 '여성'에 붙어 '여성과'가 부사어임을 나타내는 부사격 조사로 쓰였다.

[26~27] 본용언과 보조 용언

지문 해설: 이 글에서는 문장의 주체를 서술하는 기능을 하는 용언의 종류와 특징에 대하여 설명하고 있다. 용언은 홀로 쓰이는 본용언과, 홀로 쓰이지 않고 본용언 뒤에서 본용언에 특수한 의미를 더해 주는 보조 용언으로 나뉘는데, '불이 꺼져 간다.'와 같은 예문을 통해 본용언과 보조 용언의 특징을 보여 주고 있다. 보조 용언의 경우 보조 동사와 보조 형용사로 구분되는데, 보조 용언의 품사는 일반적으로 앞에 오는 본용언의 품사에 따른다고 하였다. 또한 본용언과 보조 용언이 연결될 때는 본용언의 어간에 보조적 연결 어미가 결합되는데, 보통 두 용언이 연결되는 경우가 많지만, '본용언+본용언+보조 용언', '본용언+보조 용언+본용언', '본용언+보조 용언+보조 용언'과 같이 의미의 추가를 위해 세 용언이 연결되는 경우도 있음을 언급하고 있다.

주제: 용언의 종류와 그에 따른 특징

26 |출제 의도| 보조 동사와 보조 형용사의 이해   답 ⑤

2문단에서 보조 용언 '않다'는 앞에 오는 본용언의 품사에 따르고, 보조 용언 '보다'는 어떤 일을 경험한다는 의미를 나타내는 경우에는 보조 동사이고, 앞말이 뜻하는 행동이나 상태에 대한 걱정이라는 의미를 나타내는 경우에는 보조 형용사로 쓰인다고 하였다. 또한 보조 용언 '하다'는 앞말의 행동이나 상태에 대한 바람이라는 의미를 나타내는 경우에는 보조 동사로 쓰인다고 하였다. ⓐ의 보조 용언 '않겠다'는 앞에 오는 본용언 '쉽다'의 품사가 형용사이므로 보조 형용사이고, ⓑ의 보조 용언 '봐'는 앞말 '야단맞다'에 대한 걱정이라는 의미를 나타내므로 보조 형용사이다. ⓒ의 보조 용언 '않았다'는 앞에 오는 본용언 '가다'의 품사가 동사이므로 보조 동사이고, ⓓ의 보조 용언 '한다'는 앞에 오는 본용언 '성실하다'에 대한 바람이라는 의미를 나타내므로 보조 동사이며, ⓔ의 보조 용언 '보지'는 어떤 일을 경험한다는 의미를 나타내므로 보조 동사이다. 따라서 ⓐ, ⓑ는 보조 형용사, ⓒ, ⓓ, ⓔ는 보조 동사로 분류하는 것이 적절하다.

27 |출제 의도| 본용언과 보조 용언의 연결 이해   답 ②

Ⓑ의 '먹어 치우고 일어났다'는 ㉡ 본용언, 보조 용언, 본용언의 순서로 연결된 경우에 해당한다. 여기에서 '치우고'는 '앞말이 뜻하는 행동을 쉽고 빠르게 해 버림.'을 나타내는 보조 용언이다.

▼ 왜 오답?

① Ⓐ의 '던져서 베어 버렸다'는 ㉠ 본용언, 본용언, 보조 용언의 순서로 연결된 경우에 해당한다. 여기서 '버렸다'는 '앞말이 나타내는 행동이 이미 끝났음.'을 나타내는 보조 용언이다.

③ Ⓒ의 '깨어 있어 행복했다'는 ㉢ 본용언, 보조 용언, 본용언의 순서로 연결된 경우에 해당한다. 여기서 '있어'는 '앞말이 뜻하는 행동이나 변화가 끝난 상태가 지속됨.'을 나타내는 보조 용언이다.

④ Ⓓ의 '앉아 있게 생겼다'는 ㉣ 본용언, 보조 용언, 보조 용언의 순서로 연결된 경우에 해당한다. 여기서 '생겼다'는 '일의 상태가 부정적인 어떤 지경에 이르게 됨.'을 나타내는 보조 용언이다.

⑤ Ⓔ의 '먹고 싶게 되었다'는 ㉤ 본용언, 보조 용언, 보조 용언의 순서로 연결된 경우에 해당한다. 여기서 '싶게'는 '앞말이 뜻하는 행동을 하고자 하는 마음이나 욕구를 갖고 있음.'을 나타내는 보조 용언이고, '되었다'는 '어떤 상황이나 사태에 이르게 됨.'을 나타내는 보조 용언이다.

28 ②	29 ①	30 ③	31 ④	32 ④
33 ⑤	34 ④	35 ①	36 ④	37 ③
38 ③	39 ④	40 ⑤	41 ①	42 ⑤
43 ②	44 ⑤	45 ③	46 ②	47 ④
48 ①	49 ③	50 ④	51 ④	52 ②
53 ②	54 ①	55 ③	56 ④	57 ④
58 ④	59 ④	60 ③	61 ②	62 ①
63 ①	64 ⑤			

28 |출제 의도| 형태소 분석 이해   답 ②

명사 '경찰'은 홀로 쓰일 수 있고 실질적 의미도 있는 자립 형태소이자 실질 형태소이므로, ㉠에는 '예'가 들어가는 것이 적절하다. 조사 '을'은 홀로 쓰일 수 없고 실질적 의미도 없는 의존 형태소이자 형식 형태소이므로, ㉡에는 '아니요'가 들어가는 것이 적절하다. 동사의 어간 '잡−'은 홀로 쓰일 수는 없지만 실질적 의미가 있는 의존 형태소이자 실질 형태소이므로, ㉢에는 '예'가 들어가는 것이 적절하다. 그 밖에 명사 '도둑'은 홀로 쓰일 수 있고 실질적 의미도 있는 자립 형태소이자 실질 형태소이고, 조사 '이', 선어말 어미 '−았−', 어말 어미 '−다'는 모두 홀로 쓰일 수도 없고 실질적 의미도 없는 의존 형태소이자 형식 형태소에 해당한다.

29 |출제 의도| 형태소 분석 이해   답 ①

㉠에서 홀로 쓰일 수 있는 자립 형태소는 '하늘'과 '매우'로, 모두 4개가 아닌 2개이다. 〈보기〉의 설명에 따라 ㉠의 문장을 형태소 분석하면 다음과 같다.

하늘	이	매우	높−	−고	푸르−	−다
명사	조사	부사	어간	어미	어간	어미
실질	형식	실질	실질	형식	실질	형식
자립	의존	자립	의존	의존	의존	의존

왜 오답?

② 형식 형태소는 '이', '−고', '−다'이며 모두 3개이다.

③ 의존 형태소는 '이', '높−', '−고', '푸르−', '−다'이며 모두 5개이다.

④ 실질 형태소이면서 의존 형태소는 '높−', '푸르−'이며 모두 2개이다.

⑤ 실질 형태소이면서 자립 형태소는 '하늘', '매우'이며 모두 2개이다.

30 |출제 의도| 형태소의 특징 이해   답 ③

〈보기〉의 조사 '은, 는'과 동사 '듣다'의 어간 '듣−', '들−' 그리고 어미 '−았−', '−었−'은 모두 다른 말에 기대어서만 쓰일 수 있는 의존 형태소에 해당한다. 그리고 '은/는'은 앞말이 자음으로 끝나느냐, 모음으로 끝나느냐(받침이 있느냐, 없느냐)에 따라 형태가 바뀌는데, 자음 뒤에는 '은', 모음 뒤에는 '는'이 결합한다. '듣다'의 어간 '듣−/들−'은 뒤에 자음으로 시작되는 어미가 오느냐, 모음으로 시작되는 어미가 오느냐에 따라 형태가 바뀌는데, 자음으로 시작할 때는 '듣−'으로, 모음으로 시작할 때는 '들−'로 나타난다. 어미 '−았−', '−었−'은 어간 모음이 양성 모음이냐, 음성 모음이냐에 따라 형태가 바뀌는데, 양성 모음 뒤에는 '−았−', 음성 모음 뒤에는 '−었−'이 결합한다. 따라서 〈보기〉의 밑줄 친 말들은 모두 '반드시 다른 말과 결합하여 쓰이고 음운 환경에 따라 그 형태가 바뀐다.'는 것을 알 수 있다.

왜 오답?

① 단어의 자격을 가지는 것은 조사 '은, 는'만 해당한다. 용언에 해당하는 '듣다', '잡다', '놓아주다'의 활용형인 '듣지', '들어라', '잡았지만', '놓아주었다'는 어간과 어미가 결합하여 한 단어를 이루므로, 어간 '듣−', '들−'과 어미 '−았−', '−었−'은 단어의 자격을 갖지 못한다.

② 어간과 어미는 단어의 자격을 갖지 못하며, 조사 '은', '는'과 어미 '−았−', '−었−'은 문법적 의미를 나타내는 형식 형태소이지만 어간 '듣−/들−'은 실질 형태소이다.

④ 음운 환경에 따라 형태가 바뀌는 것은 맞지만 어간 '듣−/들−'은 실질 형태소이다.

⑤ 모두 다른 말에 기대어 사용되는 의존 형태소인 것은 맞지만 어간 '듣−/들−'은 실질 형태소이다.

31 |출제 의도| 형태소의 특징 이해   답 ④

형태소는 다음 표의 내용과 같이 자립성 유무에 따라 자립 형태소와 의존 형태소로 나뉘고, 실질적 의미 유무에 따라 실질 형태소와 형식 형태소로 나뉜다.

자립성 유무	자립 형태소	체언, 수식언, 독립언
	의존 형태소	조사, 접사, 용언의 어간과 어미
실질적 의미 유무	실질 형태소	체언, 수식언, 독립언, 용언의 어간
	형식 형태소	조사, 접사, 용언의 어미

㉠의 '묻−'과 '물−'은 용언의 어간으로 의존 형태소이자 실질 형태소에 해당한다. 이때 두 어간은 자음으로 시작하는 어미 앞에서는 '묻−'으로, 모음으로 시작하는 어미 앞에서는 '물−'로 그 형태가 다르게 나타난다. ㉡의 '−었−'과 '−았−'은 용언의 어미로 의존 형태소이자 형식 형태소에 해당한다. 이때 두 어미는 어간의 모음이 음성 모음일 경우 '−었−'으로, 양성 모음일 경우 '−았−'으로 그 형태가 다르게 나타난다. ㉢의 '는'과 '은'은 조사로 의존 형태소이자 형식 형태소에 해당한다. 이때 두 조사는 앞말이 모음으로 끝날 경우 '는'으로, 앞말이 자음으로 끝날 경우 '은'으로 그 형태가 다르게 나타난다. 따라서 ㉠~㉢의 공통점은 음운 환경에 따라 그 형태가 바뀐다는 것이고, 차이점은 ㉠은 실질적 의미를 가진 실질 형태소이지만, ㉡, ㉢은 문법적 의미만을 가진 형식 형태소라는 것이다.

왜 오답?

① ㉠만 실질적 의미를 나타낸다는 내용은 적절하지만, 단어의 자격을 가지는 것은 조사인 ㉢에만 해당하므로, ㉠~㉢이 모두 단어의 자격을 가진다는 내용은 적절하지 않다.

② ㉢만 단어의 자격을 가진다는 내용은 적절하지만, 문법적 의미를 나타내는 것은 어미인 ㉡과 조사인 ㉢에만 해당하므로, ㉠~㉢이 모두 문법적 의미를 나타낸다는 내용은 적절하지 않다.

③ ㉡, ㉢만 문법적 의미를 나타낸다는 내용은 적절하지만, 조사인 ㉢은 단어의 자격을 가지므로, ㉠~㉢이 모두 단어의 자격을 갖지 못한다는 내용은 적절하지 않다.

⑤ ㉠~㉢ 모두 반드시 다른 말과 결합하여 쓰인다는 내용은 적절하지만, ㉠ 또한 음운 환경에 따라 그 형태가 바뀌므로, ㉡, ㉢만 음운 환경에 따라 그 형태가 바뀐다는 내용은 적절하지 않다.

32 |출제 의도| 어간과 어근의 특성 이해   답 ④

용언이 활용할 때 형태 변화의 여부에 따라 어간과 어미로 구분할 수 있고, 단어를 형성할 때 실질적 의미의 유무에 따라 어근과 접사로 구분할 수 있다. 파생어 '줄이다'는 기본형이 '줄다'로, 어간 '줄이−'가 동사 어근 '줄−'과 사동 접사 '−이−'로 이루어져 있고, 합성어 '힘들다'는 어간 '힘들-'이 명사 어근 '힘'과 동사 어근 '들-'로 이루어져 있으며, 합성어 '오가다'는 어간 '오가-'가 동사 어근 '오-'와 동사 어근 '가-'로 이루어져 있다. 따라서 ㉠에는 '줄-', ㉡에는 '힘', '들-', ㉢에는 '오-', '가-'가 들어가는 것이 적절하다.

어간과 어근

어간	용언이 활용할 때 변하지 않는 부분
어미	용언이 활용할 때 변하는 부분
어근	단어를 형성할 때 실질적인 의미를 나타내는 중심 부분
접사	단어를 형성할 때 어근이나 단어에 붙어 새로운 단어를 구성하는 부분

◉ 단일어 '솟다'의 경우: 어간: 솟-, 어근: 솟-
  파생어 '치솟다'의 경우: 어간: 치솟-, 어근: 솟-
  합성어 '샘솟다'의 경우: 어간: 샘솟-, 어근: 샘, 솟-
  → 용언이 단일어일 경우 어간과 어근이 일치하지만, 파생어나 합성어의 경우 어간과 어근은 일치하지 않음.

---

33 |출제 의도| 어미의 특성 이해 답 ⑤

'흰 눈이 내립니다.'의 '흰'에서 형용사 어간 '희-' 뒤에 '-ㄴ'이 쓰인 것을 확인할 수 있다. '-ㄴ'은 현재의 상태를 나타내는 관형사형 어미이므로 '-ㄴ' ②의 예문으로 추가할 수 있다.

❝ 왜 오답?

① '간다'를 '가-+-ㄴ-+-다'로 분석하면 '-ㄴ-'은 종결 어미 '-다' 앞에 붙는 것을 확인할 수 있다. 그러나 '짠'은 '짜-+-ㄴ'으로, '유명한'은 '유명하-+-ㄴ'으로 분석할 수 있으므로 '-ㄴ'은 다른 어미 앞에 붙을 수 없다는 것을 확인할 수 있다.

② '-ㄴ-'은 '-(으)시-'가 들어간 '가시다'와 결합하면 '가신다'가 되므로 '-(으)시-' 뒤에 붙을 수 있고, '-ㄴ' 또한 '짜시-'와 결합하면 '짜신', '유명하시-'와 결합하면 '유명하신'이 되므로 '-(으)시-' 뒤에 붙을 수 있는 것을 확인할 수 있다.

③ '-ㄴ-'은 '간다'에서 어간 '가-'에 붙어 서술어로 쓰임을 알 수 있다. 그러나 '-ㄴ'은 '짠'의 어간 '짜-'에 붙어 체언 '옷'을 수식하고, '유명한'의 어간 '유명하-'에 붙어 체언 '성악가'를 수식하여 관형어로 쓰임을 확인할 수 있다.

④ '-ㄴ-'은 받침 없는 어간 '가-' 뒤에 붙어 '간다'와 같이 현재 시제를 나타낸다. '-ㄴ'은 어간 '짜-' 뒤에 붙어 '짠'과 같이 과거 시제를 나타내기도 하고, '어간 '유명하-' 뒤에 붙어 '유명한'과 같이 현재 시제를 나타내기도 함을 확인할 수 있다.

---

34 |출제 의도| 어미와 접사의 특성 이해 답 ④

'믿었음이'에서 '-음¹' 뒤에 주격 조사 '이'가 올 수 있음을 확인할 수 있고, '믿음을'에서 '-음²' 뒤에 목적격 조사 '을'이 올 수 있는 것을 확인할 수 있다. 따라서 '-음¹'과 '-음²' 모두 뒤에 격 조사가 올 수 있다.

❝ 왜 오답?

① '-음¹'의 뜻풀이를 보면 어미 '-었-', '-겠-' 뒤에 붙는다고 하였는데, '믿었음'에서 '-음'이 과거 시제 선어말 어미 '-었-' 뒤에 쓰인 것을 확인할 수 있다.

② '-음¹'은 뜻풀이에서 '명사 구실을 하게 하는 어미'라고 하였다. 어미는 해당 용언이 문장 안에서 다양한 문장 성분으로 쓰이게 하는 것으로 품사를 바꿀 수는 없다. '믿었음'은 동사 '믿다'의 어간 '믿-'에 과거 시

제 선어말 어미 '-었-'이 결합한 뒤 명사형 어미 '-음¹'이 결합한 것으로, 용언의 활용형이므로 품사는 그대로 유지된다.

③ '-음²'가 붙은 체언 '믿음'은 체언 '나'에 관형격 조사 '의'가 결합한 관형어 '나의'의 수식을 받고 있다. 또한 '한 묶음'에서 '-음²'가 붙은 체언 '묶음'이 관형어 '한'의 수식을 받고 있는 것을 확인할 수 있다.

⑤ '-음²'는 뜻풀이에서 품사를 명사로 바꾼다고 하였는데, 동사 '믿다'는 명사 '믿음'으로 동사 '묶다'는 명사 '묶음'으로 바뀐다. 이와 달리 '-음¹'의 '(그는) 그 말을 믿었음'과 '그의 판단이 옳음'에서처럼 '-음¹'이 붙은 '믿었음'과 '옳음'이 주어와 호응하여 문장 안에서 명사절로 쓰임을 확인할 수 있다.

명사형 어미와 명사 파생 접사

명사형 어미	용언의 어간과 결합	'-(으)ㅁ', '-기'	• 서술 기능 ○ • 부사어의 수식
명사 파생 접사	어근과 결합	'-이', '-음', '-기'	• 서술 기능 ✕ • 관형어의 수식

---

35 |출제 의도| 어미와 접사의 특성 이해 답 ①

〈보기〉에 따르면 표제어인 '젊음'은 형용사 어근 '젊-'에 명사를 만드는 접미사 '-음'이 결합한 파생 명사이기 때문에 관형어의 꾸밈을 받는다고 하였다. 반면 표제어가 아닌 '늚음'은 어간 '늚-'에 명사형 어미 '-음'이 결합한 동사로 서술성이 유지되며 부사어의 꾸밈을 받는다고 하였다. ①의 '수줍음'은 어근 '수줍-'에 명사 파생 접미사 '-음'이 결합한 명사이므로 관형어 '그녀의'의 꾸밈을 받는다. 따라서 명사 '수줍음'은 '젊음'과 같이 사전의 표제어가 되는 것임을 알 수 있다.

❝ 왜 오답?

② '없음'은 어간 '없-'에 명사형 어미 '-음'이 결합한 형용사로, 부사어 '전혀'의 꾸밈을 받고, '돈이 없다.'처럼 서술성을 유지한다. 따라서 '없음'은 형용사 '없다'의 활용형이므로 사전에 등재되지 않는다.

③ '먹음'은 어간 '먹-'에 명사형 어미 '-음'이 결합한 동사로, 부사어 '많이'의 꾸밈을 받고, '그녀가 먹다.'처럼 서술성을 유지한다. 따라서 '먹음'은 동사 '먹다'의 활용형이므로 사전에 등재되지 않는다.

④ '많음'은 형용사 어간 '많-'에 명사형 어미 '-음'이 결합된 형용사로, 부사어 '남들보다'의 꾸밈을 받고, '경력이 많다.'처럼 서술성을 유지한다. 따라서 '많음'은 형용사 '많다'의 활용형이므로 사전에 등재되지 않는다.

⑤ '걸음'은 동사 어간 '걷-'에 명사형 어미 '-음'이 결합된 동사로, 부사어 '빨리'의 꾸밈을 받고, '내가 걷다.'처럼 서술성을 유지한다. 따라서 '걸음'은 동사 '걷다'의 활용형이므로 사전에 등재되지 않는다.

파생 명사와 용언의 명사형

그가 멋진 춤을 멋지게 춤.
　　　　　　㉠　　　　㉡

㉠ 명사 '춤'(파생어)	㉡ 동사 '춤'(단일어)
동사 '추다'의 어근 '추'에 명사 파생 접사 '-ㅁ'이 결합함.	동사 '추다'의 어간 '추-'에 명사형 어미 '-ㅁ'이 결합함.
• 서술성이 없음. • 관형어 '멋진'의 수식을 받음. ('멋지-'에 관형사형 어미 '-ㄴ'이 결합함.) • 품사가 바뀜.(동사 → 명사)	• 서술성이 있음. • 부사어 '멋지게'의 수식을 받음. ('멋지-'에 부사형 어미 '-게'가 결합함.) • 품사가 바뀌지 않음.(동사)

36 |출제 의도| 어미와 접사의 특성 이해   답 ④

〈보기〉를 근거로 판단하면, ㉠ '살기'는 동사의 어간 '살–'에 ⓐ 명사형 어미 '–기'가 결합한 것으로, 부사어 '홀로'의 수식을 받고 서술 기능을 유지하고 있음을 알 수 있다. ㉡ '잠'은 동사 어간 '자–'에 ⓐ 명사형 어미 '–(으)ㅁ'이 결합한 것으로, 부사어 '충분히'의 수식을 받고 서술 기능을 유지하고 있음을 알 수 있다. ㉢ '얼음'은 어근 '얼–'에 ⓑ 명사 파생 접미사 '–음'이 결합한 것으로, 관형어 '시원한'의 수식을 받고 있음을 확인할 수 있다. ㉣ '놀이'는 어근 '놀–'에 ⓑ 명사 파생 접미사 '–이'가 결합한 것으로, 관형어 '건전한'의 수식을 받고 있음을 확인할 수 있다. ㉤ '아름답기'는 형용사 어간 '아름답–'에 ⓐ 명사형 어미 '–기'가 결합한 것으로, 부사어 '매우'의 수식을 받고 서술 기능을 유지하고 있음을 알 수 있다. 따라서 ⓐ가 사용된 예는 ㉠, ㉡, ㉤이고, ⓑ가 사용된 예는 ㉢, ㉣이다.

37 |출제 의도| 어근과 접사의 특성 이해   답 ③

'달리기'는 실질적인 의미를 나타내는 중심이 되는 부분인 어근 '달리–'에 새로운 단어를 구성하는 부분인 명사 파생 접사 '–기'가 결합한 단어이다.

38 |출제 의도| 어근과 접사의 특성 이해   답 ③

'겹겹이'는 '(겹+겹)+–이'의 결합으로 '어근+어근+접사'의 순서로 결합하여 만들어진 것이다. 이는 합성 명사 '겹겹'에 부사 파생 접사 '–이'가 붙어 부사 '겹겹이'로 품사가 변한 경우에 해당한다.

❝ 왜 오답?

① '군것질'은 '군–+것+–질'의 결합으로 '접사+어근+접사'의 구성이다. 의존 명사 '것'에서 명사 '군것질'이 되었으므로 품사가 변하지 않았다.

② '바느질'은 '바늘+–질'의 결합으로 '어근+접사'의 구성이다. 명사 '바늘'에서 명사 '바느질'이 되었으므로 품사가 변하지 않았다.

④ '다듬이'는 '다듬–+–이'의 결합으로 '어근+접사'의 구성이다. 동사 어근 '다듬–'에 명사 파생 접사 '–이'가 붙어 명사 '다듬이'가 되었으므로 품사가 변하였다.

⑤ '헛웃음'은 '헛–+웃–+–음'의 결합으로 '접사+어근+접사'의 구성이다. 이는 동사 '웃다'에서 명사 '웃음'으로 품사가 바뀐 뒤 접두사 '헛–'이 결합한 것이다.

39 |출제 의도| 어근과 접사의 특성 이해   답 ④

'꾀보'는 '발표 2'의 내용에서와 같이 명사 어근 '꾀'에 '그것을 즐기거나 그 정도가 심한 사람'의 뜻을 더하는 접미사 '–보'가 결합하여 의미가 더해졌다는 내용은 적절하다. 그러나 품사는 명사로 변함이 없으므로 품사가 바뀌었다는 내용은 적절하지 않다.

❝ 왜 오답?

① 접두사 '군–'은 어근 '말'과 '살'에 '쓸데없는'의 의미를 더해 준다.

② '말'과 '군말', '꾀'와 '꾀보'는 각각 다른 단어이다.

③ '멋쟁이'는 명사 어근 '멋'에 '그것이 나타내는 속성을 많이 가진 사람'의 뜻을 더하는 접미사 '–쟁이'가 결합한 것이고, '장난꾸러기'는 명사 어근 '장난'에 '그것이 심하거나 많은 사람'의 뜻을 더하는 접미사 '–꾸러기'가 결합한 것으로 모두 어근에 의미를 더하고 있으므로 '발표 2'의 단어에 추가할 수 있다.

⑤ '숙제하다'는 명사 어근 '숙제'에 접미사 '–하다'가 붙어 동사 '숙제하다'가 된 것이므로, 품사가 바뀐다는 내용의 '발표 3'에 추가할 수 있다.

40 |출제 의도| 파생어의 이해   답 ⑤

'수꿩'은 '수–+꿩'(접두사+명사), '숫양'은 '숫–+양'(접두사+명사)의 결합이며, 접두사 '수–/숫–'은 뒤에 오는 말의 환경에 따라 형태가 달라지므로 ㉣의 예에는 해당하지만, 모두 명사에 결합한 것으로 둘 이상의 품사에 결합하여 새로운 단어를 만드는 ㉢의 예에는 해당하지 않는다.

❝ 왜 오답?

① '군기침'은 '군–+기침'(접두사+명사), '군살'은 '군–+살'(접두사+명사)의 결합이므로 ㉠의 예에 해당한다.

② '빗나가다'는 '빗–+나가다'(접두사+동사), '빗맞다'는 '빗–+맞다'(접두사+동사)의 결합이며, 동사는 용언이므로 ㉡의 예에 해당한다.

③ '헛디디다'는 '헛–+디디다'(접두사+동사), '헛수고'는 '헛–+수고'(접두사+명사)의 결합이며, 접사 '헛–'이 동사 '디디다'와 명사 '수고' 두 품사에 결합하였으므로 ㉢의 예에 해당한다.

④ '새빨갛다'는 '새–+빨갛다'(접두사+형용사)의 결합이고, '샛노랗다'는 '샛–+노랗다'(접두사+형용사)의 결합이며, 형용사는 용언이므로 ㉡의 예에 해당한다. 그리고 접두사 '새–/샛–'은 뒤에 오는 말의 환경에 따라 형태가 달라진 것이므로 ㉣의 예에도 해당한다.

41 |출제 의도| 파생어의 이해   답 ①

〈보기〉에서 파생어는 접사에 의해 품사가 변하는 경우와 변하지 않는 경우로 나뉜다고 하였다. 부사 '더욱'에 접미사 '–이'가 결합된 '더욱이'는 '그러한 데다가 더.'의 의미로 쓰인 부사이므로 품사가 변하지 않는 경우에 해당한다.

❝ 왜 오답?

② 형용사 '넓다'에 접두사 '드–'가 결합된 '드넓다'는 형용사이므로 품사가 변하지 않는 경우에 해당한다. '드–'는 '심하게'의 뜻을 더하는 접두사이다.

③ 형용사 '넓다'의 어근 '넓–'에 접미사 '–이'가 결합된 '넓이'는 명사이므로 품사가 변하는 경우에 해당한다. 이때 '–이'는 명사 파생 접사이다.

④ 동사 '덮다'에 접두사 '뒤–'가 결합된 '뒤덮다'는 동사이므로 품사가 변하지 않는 경우에 해당한다. '뒤–'는 '몹시, 마구, 온통'의 뜻을 더하는 접두사이다.

⑤ 동사 '덮다'에 접미사 '–개'가 결합된 '덮개'는 명사이므로 품사가 변한 경우에 해당한다. '–개'는 '그러한 행위를 하는 간단한 도구'의 뜻을 더하고 명사를 만드는 접미사이다.

42 |출제 의도| 파생어의 이해   답 ⑤

〈탐구 자료〉를 통해 접미사 '–쟁이'는 '그것이 나타내는 속성을 많이 가진 사람'이나 '어떤 일을 직업으로 하는 사람이나 그런 사람을 낮잡아 이를 때 쓰이는 말'이고, 접미사 '–장이'는 '그것과 관련된 기술을 가진 기술자'를 이를 때 쓰이는 말임을 알 수 있다. ㅁ에서 '욕심쟁이'는 '욕심이 많은 사람'을 의미하므로 (1)의 예로 적절하다. 그러나 '대장쟁이'는 수공업적 방법으로 쇠를 달구어 연장 따위를 다루는 '대장일'을 하는 '기술자'를 가리키므로 '–장이'를 붙여 '대장장이'로 써야 한다. '대장장이'는 (2)가 아닌 (3)의 예에 추가할 수 있다. 또한 '중매장이'도 '결혼이 이루어지도록 중간에서 소개하는 사람'인 '중매인'을 낮잡아 이르는 말로, '–쟁이'를 붙여 '중매쟁이'로 써야 한다. 따라서 '중매쟁이'는 (3)이 아닌 (2)의 예에 추가할 수 있다.

❝ 왜 오답?

① ㄱ에서 '고집쟁이'는 명사 어근 '고집'에 '–쟁이'가, '거짓말쟁이'는 명사 어근 '거짓말'에 '–쟁이'가 결합하여 앞말의 속성을 많이 가진 사람이라는 의미를 더하고 있음을 알 수 있다.

② ㄴ에서 '노래쟁이'(가수), '그림쟁이'(화가), '땜장이', '옹기장이'는 모두 직업을 나타내는 말이다. 그러나 '땜장이', '옹기장이'는 '기술자'를 의

미하지만 '노래쟁이', '그림쟁이'는 '기술자'를 의미하지 않으므로 '기술자'를 나타낼 때는 '-장이'를 쓴다는 것을 알 수 있다.

③ ㄷ에서 '고집쟁이', '거짓말쟁이', '노래쟁이', '그림쟁이', '땜장이', '옹기장이'는 각각 명사 어근 '고집', '거짓말', '노래', '그림', '땜', '옹기'에 접미사가 붙어 새로운 단어를 만든 것임을 알 수 있다.

④ ㄹ에서 '고집쟁이', '거짓말쟁이', '노래쟁이', '그림쟁이', '땜장이', '옹기장이'는 모두 명사 어근 '고집', '거짓말', '노래', '그림', '땜', '옹기'에서 파생된 명사로 품사가 변하지 않았음을 알 수 있다.

43 |출제 의도| 파생어의 이해 답 ②

②의 '새롭게'는 접두사가 아닌, 어근 '새' 뒤에 '그러함' 또는 '그럴 만함'의 뜻을 더하는 접미사 '-롭다'가 붙어 형성된 형용사 '새롭다'의 활용형이므로, ㉠에 해당하는 예로 볼 수 없다.

❝ 왜 오답?

① '시퍼런'은 형용사 어근 '퍼렇-' 앞에 '매우 짙고 선명하게'의 뜻을 더하는 접두사 '시-'가 붙어 형성된 형용사 '시퍼렇다'의 활용형이므로 ㉠의 예에 해당한다.

③ '복된'은 명사 어근 '복' 뒤에 '그러한 상태에 있다' 또는 '그러한 속성을 풍부히 지니고 있다'의 뜻을 더하는 접미사 '-되다'가 붙어 형성된 형용사 '복되다'의 활용형이므로 ㉡의 예에 해당한다.

④ '정답게'는 명사 어근 '정' 뒤에 '성질이 있음'의 뜻을 더하는 접미사 '-답다'가 붙어 형성된 형용사 '정답다'의 활용형이므로 ㉡의 예에 해당한다.

⑤ '사랑스러운'은 명사 어근 '사랑' 뒤에 '그러한 성질이 있음'의 뜻을 더하는 접미사 '-스럽다'가 붙어 형성된 형용사 '사랑스럽다'의 활용형이므로 ㉡의 예에 해당한다.

44 |출제 의도| 파생어의 이해 답 ⑤

㉠의 '높이다'는 형용사 어근 '높-'에 사동 접사 '-이-'가 결합하여 동사 '높이다'가 된 것으로, 품사가 바뀌는 경우이므로 [A]에 해당한다. ㉡의 '깊이'는 형용사 어근 '깊-'에 부사 파생 접사 '-이'가 결합하여 명사가 아닌 부사 '깊이'가 된 것으로, 품사가 바뀌는 경우이므로 [A]에 해당한다. ㉢의 '딸꾹질'은 부사 어근 '딸꾹'에 접사 '-질'이 결합하여 명사 '딸꾹질'이 된 것으로, 품사가 바뀌는 경우이므로 [A]에 해당한다. ㉣의 '일찍이'는 부사 어근 '일찍'에 접사 '-이'가 결합하여 부사 '일찍이'가 된 것으로, 품사가 바뀌지 않은 경우이므로 [B]에 해당한다. 따라서 탐구 활동을 수행한 결과로 적절한 것은 ㉢, ㉣이다.

45 |출제 의도| 파생어의 이해 답 ③

〈보기〉에 따르면 파생어의 형성 결과 품사가 달라지는 경우(형용사 '괴롭다' → 동사 '괴롭히다')와 문장 구조가 달라지는 경우('마음이 괴롭다.' → '마음을 괴롭히다.')가 있음을 알 수 있다. ③에서 형용사 '넓다'에 사동 접사 '-히-'가 결합한 동사 '넓히다'는 품사 변화가 있고, 주동문 '방이 넓다.'에서 사동문 '방을 넓히다.'로 문장 구조가 달라지므로 ㉮의 예에 해당한다. 또한 동사 '팔다'에 피동 접사 '-리-'가 결합한 동사 '팔리다'는 품사에 변화가 없고, 능동문 '책을 팔다.'에서 피동문 '책이 팔리다.'로 문장 구조가 달라지므로 ㉯의 예에 해당한다.

❝ 왜 오답?

① 동사 '깎다'에 피동 접사 '-이-'가 결합한 동사 '깎이다'는 품사 변화가 없고, 능동문 '풀을 깎다.'에서 피동문 '풀이 깎이다.'로 문장 구조가 달라지므로 ㉯의 예에 해당한다. 또한, 동사 '밟다'에 피동 접사 '-히-'가 결합한 동사 '밟히다'는 품사 변화가 없고, 능동문 '발을 밟다.'에서 피동문 '발이 밟히다.'로 문장 구조가 달라지므로 역시 ㉯의 예에 해당

한다.

② 동사 '깎다'에 피동 접사 '-이-'가 결합한 동사 '깎이다'는 품사 변화가 없고, 능동문 '풀을 깎다.'에서 피동문 '풀이 깎이다.'로 문장 구조가 달라지므로 ㉯의 예에 해당한다. 또한, 형용사 '밝다'에 사동 접사 '-히-'가 결합한 동사 '밝히다'는 품사 변화가 있고, 주동문 '불이 밝다.'에서 사동문 '불을 밝히다.'로 문장 구조가 달라지므로 ㉮의 예에 해당한다.

④ 형용사 '넓다'에 사동 접사 '-히-'가 결합한 동사 '넓히다'는 품사 변화가 있고, 주동문 '방이 넓다.'에서 사동문 '방을 넓히다.'로 문장 구조가 달라지므로 ㉮의 예에 해당한다. 또한, 형용사 '높다'에 사동 접사 '-이-'가 결합한 동사 '높이다'는 품사 변화가 있고, 주동문 '굽이 높다.'에서 사동문 '굽을 높이다.'로 문장 구조가 달라지므로 ㉮의 예에 해당한다.

⑤ 형용사 '낮다'에 사동 접사 '-추-'가 결합한 동사 '낮추다'는 품사 변화가 있고, 주동문 '음이 낮다.'에서 사동문 '음을 낮추다.'로 문장 구조가 달라지므로 ㉮의 예에 해당한다. 또한, 동사 '밀다'에 강조의 뜻을 더하는 접사 '-치-'가 결합한 동사 '밀치다'는 품사 변화가 없고, 문장 구조 또한 '문을 밀다.'에서 '문을 밀치다.'로 변함이 없다.

46 |출제 의도| 합성어의 이해 답 ②

〈보기〉에서 합성 명사의 구성 요소 중 선행 요소는 다양한 품사의 단어이지만 후행 요소는 일반적으로 명사가 된다고 하였다. ㉡ '굵은소금'은 형용사 '굵다'의 어간 '굵-'에 관형사형 어미 '-은'이 결합한 형용사의 활용형 '굵은'에 명사 '소금'이 결합한 합성 명사이므로, ㉡이 동사의 활용형과 명사가 결합한 합성 명사라는 설명은 적절하지 않다.

❝ 왜 오답?

① ㉠ '새해'는 관형사 '새'와 명사 '해'가 결합한 합성 명사이다.

③ ㉢ '산나물'은 명사 '산'과 명사 '나물'이 결합한 합성 명사이다.

④ ㉣ '척척박사'는 부사 '척척'과 명사 '박사'가 결합한 합성 명사이다.

⑤ ㉤ '어린아이'는 형용사 '어리다'의 어간 '어리-'에 관형사형 어미 '-ㄴ'이 결합한 형용사의 활용형 '어린'과 명사 '아이'가 결합한 합성 명사이다.

47 |출제 의도| 합성어의 이해 답 ④

〈보기〉에 따르면 비통사적 합성어는 부사와 체언이 결합하거나 용언의 어간과 체언이 결합하는 것처럼 우리말의 일반적인 문장 구성 방식에 맞지 않는 형태를 말한다. ⓐ '뜨는곳'은 용언(동사) '뜨다'의 어간 '뜨-'에 관형사형 어미 '-는'이 결합한 관형사형 '뜨는'과 체언(명사) '곳'이 결합하였으므로 통사적 합성어이다. ⓑ '깜짝출연'은 부사 '깜짝'에 체언(명사) '출연'이 결합하였으므로 우리말의 문장 구성 방식에 맞지 않는 비통사적 합성어이다. ⓒ '생각그물'은 체언(명사) '생각'에 체언(명사) '그물'이 결합하였으므로 통사적 합성어이다. ⓓ '덮지붕'은 용언(동사) '덮다'의 어간 '덮-'에 체언(명사) '지붕'이 결합하였으므로 우리말의 문장 구성 방식에 맞지 않는 비통사적 합성어이다. 따라서 ㉠ 비통사적 합성어의 예로 적절한 것은 ⓑ와 ⓓ이다.

48 |출제 의도| 합성어의 이해 답 ①

'뛰노는'은 '뛰-+놀-+-는'으로 분석된다. 이때 용언의 어간 '뛰-'와 용언의 어간 '놀-'이 연결 어미 없이 결합하였으므로 비통사적 합성어에 해당한다.

❝ 왜 오답?

② '몰라볼'은 '모르-+-아+보-+-ㄹ'로 분석되는데, 용언의 어간 '모르-'와 용언의 어간 '보-'가 연결 어미 '-아'로 이어져 있으므로 통사적 합성어에 해당한다.

③ '타고난'은 '타-+-고+나-+-ㄴ'으로 분석되는데, 용언의 어간 '타-'와 용언의 어간 '나-'가 연결 어미 '-고'로 이어져 있으므로 통사적 합성어에 해당한다.

④ '지난달'은 '지나-+-ㄴ+달'로 분석되는데, 용언의 어간 '지나-'에 관형사형 어미 '-ㄴ'이 결합하여 명사 '달'을 수식하므로 통사적 합성어에 해당한다.

⑤ '굳은살'은 '굳-+-은+살'로 분석되는데, 용언의 어간 '굳-'에 관형사형 어미 '-은'이 결합하여 명사 '살'을 수식하므로 통사적 합성어에 해당한다.

49 |출제 의도| 합성어의 이해   답 ③

㉠ '이른바'는 동사 '이르다'의 어간 '이르-'에 관형사형 어미 '-ㄴ'이 결합한 '이른'과 의존 명사 '바'가 결합하여 일반적인 문장 구성 방식으로 만들어진 통사적 합성어이다. 또한 '이른바'의 품사는 부사로, 뒤 어근인 의존 명사 '바'와 품사가 일치하지 않으므로 [B]에 해당한다. ㉡ '감싼'은 동사 '감다'의 어간 '감-'과 동사 '싸다'의 어간 '싸-'가 연결 어미 없이 결합한 것으로, 일반적인 문장 구성 방식에 맞지 않는 비통사적 합성어이므로 [A]에 해당한다. ㉢ '바로잡을'은 부사 '바로'에 동사 '잡다'의 활용형 '잡을'이 결합한 것으로, 이는 일반적인 문장 구성 방식으로 만들어진 통사적 합성어이다. '바로잡다'의 품사는 동사로, 뒤 동사 어근 '잡'과 품사가 일치하므로 [C]에 해당한다. ㉣ '건널목'은 동사 '건너다'의 어간 '건너-'에 관형사형 어미 '-ㄹ'이 결합한 '건널'과 명사 '목'이 결합한 것으로, 이는 일반적인 문장 구성 방식으로 만들어진 통사적 합성어이다. '건널목'의 품사는 명사로, 뒤 명사 '목'과 품사가 일치하므로 [C]에 해당한다. 따라서 [A]에는 ㉡이, [B]에는 ㉠이, [C]에는 ㉢과 ㉣이 들어가는 것이 적절하다.

50 |출제 의도| 단어의 짜임 이해   답 ④

'나무꾼'은 명사 어근 '나무'에 '어떤 일을 전문적으로 하는 사람'의 뜻을 더하는 접미사 '-꾼'이 결합한 파생어이고, '검붉다'는 형용사 어근 '검-'과 형용사 어근 '붉-'이 결합한 합성어이다. 따라서 '검붉다'는 합성어이지만 '나무꾼'은 합성어가 아닌 파생어이므로, 둘 다 실질적인 뜻을 가진 어근끼리 결합한 합성어라는 내용은 적절하지 않다.

왜 오답?

① '치솟다'는 '위로 향하게'의 뜻을 더하는 접사 '치-'에 동사 어근 '솟-'이 결합한 것이므로 파생어이다.

② '밤하늘'은 실질적인 뜻을 가진 명사 어근 '밤'과 명사 어근 '하늘'이 결합한 것이므로 합성어이다.

③ '지우개'는 동사 어근 '지우-'에 '그러한 행위를 하는 간단한 도구'의 뜻을 가진 명사 파생 접사 '-개'가 결합한 것이므로 파생어이고, '닭고기'는 명사 어근 '닭'과 명사 어근 '고기'가 결합한 것이므로 합성어이다.

⑤ '개살구'는 '야생 상태의', '질이 떨어지는'의 뜻을 더하는 접두사 '개-'가 명사 어근 '살구'에 결합한 것이므로 파생어이고, '부채질' 또한 명사 어근 '부채'에 '그 도구를 가지고 하는 일'의 뜻을 더하는 접미사 '-질'이 결합한 것이므로 파생어이다.

51 |출제 의도| 단어의 짜임 이해   답 ④

㉣의 '긁도구'는 '긁-+도구'로, 동사 '긁다'의 어근 '긁-'과 명사 '도구'가 결합한 합성어이다. '밀도구' 또한 '밀-+도구'로, 동사 '밀다'의 어근 '밀-'과 명사 '도구'가 결합한 합성어이다. 따라서 두 단어 모두 어근이 관형사형 어미 없이 체언(명사)과 결합한 비통사적 합성어에 해당한다.

왜 오답?

① ㉠ '오이칼'은 '오이+칼'이므로 명사 어근과 명사 어근이 결합한 합성어이다. '껍질칼'도 '껍질+칼'이므로 명사 어근과 명사 어근이 결합한 합성어이다. 이는 일반적 문장 구성 방식으로 통사적 합성어에 해당한다.

② ㉡ '갉작갉작칼'은 '갉작갉작+칼'이므로 부사 어근과 명사 어근이 결합한 합성어이다. '사각사각칼'도 '사각사각+칼'이므로 부사 어근과 명사 어근이 결합한 합성어이다. 이처럼 부사가 체언(명사)를 수식하는 것은 일반적 문장 구성 방식이 아니므로 비통사적 합성어에 해당한다.

③ ㉢ '까개'는 '까-+-개'이므로 동사 '까다'의 어근 '까-'와 '그러한 행위를 하는 간단한 도구'의 뜻을 더하는 접미사 '-개'가 결합한 파생어에 해당한다. '깎개' 또한 '깎-+-개'이므로 동사 '깎다'의 어근 '깎-'과 접미사 '-개'가 결합한 파생어에 해당한다.

⑤ ㉤ '박박이'는 '박박+-이'이므로 부사 어근 '박박'과 접사 '-이'가 결합한 파생어에 해당한다. '쓱쓱이' 또한 '쓱쓱+-이'이므로 부사 어근 '쓱쓱'과 접사 '-이'가 결합한 파생어에 해당한다.

52 |출제 의도| 단어의 짜임 이해   답 ②

'떠넘기면'의 어간은 '떠넘기-'이고, 어미는 '-면'이다. 이때 어간 '떠넘기-'는 어근 '뜨-(어간이나 어근인 '뜨-'에 모음으로 시작하는 어미 '-어'가 결합하면서 어간의 'ㅡ'가 탈락하여 '떠-'가 됨)'와 어근 '넘기-'로 분석되어 직접 구성 요소가 먼저 어근과 어근으로 분석되므로 ㉡을 충족한다. 또한 '넘기-'는 어근 '넘-'과 접사 '-기-'로 나뉘므로 어간 '떠넘기-'는 '떠-', '넘-', '-기-'와 같이 어간이 3개 이상의 구성 요소로 이루어져 있어 ㉠도 충족한다.

왜 오답?

① '내리쳤다(내리치었다)'의 어간은 '내리치-'이고 어미는 '-었-+-다'이다. 이때 어간 '내리치-'는 어근 '내리-'와 어근 '치-'로 분석되어 직접 구성 요소가 먼저 어근과 어근으로 분석되므로 ㉡을 충족한다. 그런데 어간 '내리치-'의 어근 '내리-'가 '내-'와 '-리-'로 다시 나뉘지 않으므로 어간이 2개의 구성 요소로 이루어져 있어 ㉠은 충족하지 못한다.

③ '헛돌았다'의 어간은 '헛돌-'이고 어미는 '-았-+-다'이다. 이때 어간 '헛돌-'은 접사 '헛-'과 어근 '돌-'로 분석되므로 직접 구성 요소가 먼저 어근과 어근으로 분석되지 않아 ㉡을 충족하지 못한다. 또한 어간이 2개의 구성 요소로 이루어져 있어 ㉠도 충족하지 못한다.

④ '오간다'의 어간은 '오가-'이고 어미는 '-ㄴ-+-다'이다. 이때 어간 '오가-'는 어근 '오-'와 어근 '가-'로 분석되어 직접 구성 요소가 먼저 어근과 어근으로 분석되므로 ㉡을 충족한다. 그러나 어간이 2개의 구성 요소로 이루어져 있어 ㉠은 충족하지 못한다.

⑤ '짓밟혀도'의 어간은 '짓밟히-'이고 어미는 '-어도'이다. 이때 어간 '짓밟히-'는 어근 '짓밟-'과 접사 '-히-'로 분석되므로 직접 구성 요소가 먼저 어근과 어근으로 분석되지 않아 ㉡을 충족하지 못한다. 그러나 어간 '짓밟히-'는 접사 '짓-', 어근 '밟-', 접사 '-히-'로 분석되므로 어간이 3개 이상의 구성 요소로 이루어져 있어 ㉠은 충족한다.

[53~54] 어간과 어근 및 단어의 짜임

지문 해설: 이 글에서는 어간과 어근의 개념을 설명하고 있다. 어간은 용언 등이 활용될 때 쓰이는 개념으로 형태가 변하지 않는 부분이 어간, 변하는 부분이 어미이고, 어근은 단어의 구성에서 쓰이는 개념으로 실질적 의미를 나타내는 부분이 어근, 특정한 의미나 기능을 더해 주는 부분이 접사임을 예를 통해 알려 주고 있다. 또한, 용언을 어간과 접사로 분석할 때는 형태가 변하지 않는 어간만을 대상으로 하는데, 어간과 어미, 어근과 접사의 관계를 표를 통해 보여 주고 있다. 한편 단어는 하나의 어근으

로 구성된 경우나 어근에 접사가 결합한 경우 이외에 두 개 이상의 어근이 결합하여 만들어지기도 함을 예와 함께 제시하고 있다.
주제: 어간과 어근의 개념과 단어의 짜임

---

53 |출제 의도| 어간과 어근의 이해　　　　　답 ②
2문단에서 어간은 용언 등이 활용될 때 사용하는 개념으로, 형태가 변하지 않는 부분을 어간, 형태가 변하는 부분을 어미라고 하였다. 따라서 〈보기〉의 '높다'는 어간 '높-'과 어미 '-다'로 분석되고, 어간은 활용할 때 형태가 변하지 않는 부분이므로 ㉠에 들어갈 말은 '형태가 변하지 않는다.'이다. 3문단에서 어근은 단어를 구성할 때 사용하는 개념으로 실질적 의미를 나타내는 부분을 어근, 앞이나 뒤에 결합하여 특정한 의미를 더해 주는 부분을 접사라고 하였다. 따라서 〈보기〉의 '높다'에서 '높-'은 단어를 구성할 때 실질적 의미를 나타내는 부분이므로 ㉡에 들어갈 말은 '실질적 의미를 나타낸다.'이다.

---

54 |출제 의도| 단어의 짜임 이해　　　　　답 ①
'휘감다'는 어간 '휘감-'과 어미 '-다'로 분석되며, 어간 '휘감-'은 어근 '감-' 앞에 '마구' 또는 '매우 심하게'의 뜻을 더하는 접두사 '휘-'가 결합된 것이므로 b에 들어가야 한다.

❝ 왜 오답?
② '자라다'는 어간 '자라-'와 어미 '-다'로 분석되며, 어간 '자라-'는 어근 '자라-'로만 이루어져 어간과 어근이 일치하므로 a에 들어갈 수 있다.
③ '먹히다'는 어간 '먹히-'와 어미 '-다'로 분석되며, 어간 '먹히-'는 어근 '먹-' 뒤에 피동 접사 '-히-'가 결합된 것이므로 b에 들어갈 수 있다.
④ '치솟다'는 어간 '치솟-'과 어미 '-다'로 분석되며, 어간 '치솟-'은 어근 '솟-' 앞에 '위로 향하게' 또는 '위로 올려'의 뜻을 더하는 접두사 '치-'가 결합된 것이므로 b에 들어갈 수 있다.
⑤ '검붉다'는 어간 '검붉-'과 어미 '-다'로 분석되며, 어간 '검붉-'은 어근 '검-'과 어근 '붉-'이 결합한 것이므로 c에 들어갈 수 있다.

[55~56] 동사나 형용사에 결합하는 접미사

지문 해설: 이 글에서는 동사나 형용사에 붙어 새로운 단어를 형성하는 접미사의 다양한 문법적 특징에 대해 설명하고 있다. 접미사는 첫째, 동사나 형용사에 붙어 새로운 어간을 형성하고, 둘째, 동사나 형용사의 어근에 붙어 품사를 바꾸기도 하는데 이때는 서술어로 기능하지 못하며, 셋째, 동사나 형용사에 붙어 사동의 의미를 더하기도 하고, 넷째, 타동사에 붙어 피동의 의미를 더하기도 함을 예와 함께 제시하고 있다. 한편 하나의 접미사가 모든 동사나 형용사에 자유롭게 결합하는 것은 아니며, 어근과 접미사 사이에는 다른 형태소가 끼어들 수 없음을 설명하고 있다.
주제: 동사나 형용사에 결합하는 접미사의 다양한 문법적 특징

---

55 |출제 의도| 단어의 형성 이해　　　　　답 ③
2문단의 둘째 특징에서 '먹이'나 '넓이'와 같이 동사나 형용사의 어근에 붙어 품사를 바꾸기도 하는데, 이때 '먹-'과 '넓-'은 서술어로 기능하지 못한다고 하였다. 이와 마찬가지로 ⓒ에서 '놀이'는 동사 어근 '놀-'에 명사 파생 접사 '-이'가 결합하여 명사가 된 것이므로, '놀이' 속의 '놀-'이 서술어로 기능하지 못한다는 내용은 적절하다.

❝ 왜 오답?
① ⓐ에서 '비워'는 어간 '비우-'와 어미 '-어'가 결합한 것이고, '시간이 빈다.'의 '비다'는 어간 '비-'와 어미 '-다'가 결합한 것이므로, '비워'와 '비다'는 어간이 서로 다르다.
② ⓑ에서 '높이'는 형용사 어근 '높-'과 부사 파생 접사 '-이'가 결합한 것으로, 뒤에 오는 용언 '나는'을 수식하는 부사이다.

---

④ ⓓ에서 '끓였다'는 어간 '끓이-'와 어미 '-었다'가 결합한 것이고, 어간 '끓이-'는 동사 어근 '끓-'에 사동 접사 '-이-'가 결합한 것이다. 그런데 접미사 '-이-'는 '잡다(*잡이다)', '읽다(*읽이다)'와는 결합할 수 없으므로 모든 동사에 자유롭게 결합할 수 있는 것은 아니다.
⑤ ⓔ에서 '오시기'는 동사 어간 '오-'에 주체 높임 선어말 어미 '-시-'와 명사형 어미 '-기'가 결합한 것이다. 즉, '-기'는 접미사가 아니므로 '오시기'는 동사 '오다'의 활용형이며, 이때 품사는 변하지 않으므로 동사이다.

---

56 |출제 의도| 피동사와 사동사의 이해　　　　　답 ④
④의 '숨겼다'는 동사 '숨다'의 어근 '숨-'에 사동 접사 '-기-'가 결합하여 사동의 의미가 더해진 예이므로 ㉠에 해당한다. 그리고 ⓛ '감겼다'는 동사 '감다'의 어근 '감-'에 피동 접사 '-기-'가 결합하여 피동의 의미가 더해진 예이므로 ㉡에 해당한다.

❝ 왜 오답?
① '울렸다'는 동사 '울다'의 어근 '울-'에 사동 접사 '-리-'가 결합하여 사동의 의미가 더해진 예이므로 ㉠에 해당한다. '돌렸다'도 동사 '돌다'의 어근 '돌-'에 사동 접사 '-리-'가 결합하여 사동의 의미가 더해진 예이므로 ㉠에 해당한다.
② '놓인다'는 동사 '놓다'의 어근 '놓-'에 피동 접사 '-이-'가 결합하여 피동의 의미가 더해진 예이므로 ㉡에 해당한다. '남겼다'는 동사 '남다'의 어근 '남-'에 사동 접사 '-기-'가 결합하여 사동의 의미가 더해진 예이므로 ㉠에 해당한다.
③ '눌렸다'는 동사 '누르다'의 어근 '누르-'에 피동 접사 '-리-'가 결합하여 피동의 의미가 더해진 예이므로 ㉡에 해당한다. '찢겼다'도 동사 '찢다'의 어근 '찢-'에 피동 접사 '-기-'가 결합하여 피동의 의미가 더해진 예이므로 ㉡에 해당한다.
⑤ '날렸다'는 동사 '날다'의 어근 '날-'에 사동 접사 '-리-'가 결합하여 사동의 의미가 더해진 예이므로 ㉠에 해당한다. '맡겼다'는 동사 '맡다'의 어근 '맡-'에 사동 접사 '-기-'가 결합하여 사동의 의미가 더해진 예이므로 ㉠에 해당한다.

[57~58] 접사의 종류와 특징

지문 해설: 이 글에서는 어근과 어간, 파생 접사와 굴절 접사의 특징에 대해 설명하고 있다. 어근은 파생이나 합성 등 조어 과정에 참여하는 요소 중 의미상 중심이 되는 부분이고, 어간은 용언의 활용에서 중심이 되는 줄기 부분으로 어미에 선행함을 알려 주고 있다. 다음으로 이러한 어근이나 어간에 결합하는 접사는 특정한 의미나 기능을 부여하며 문장에서 단독으로 쓰이지 않는데, 기능에 따라 단어 파생에 기여하는 파생 접사와 활용할 때 어간에 결합하여 문법적 기능을 표시하는 굴절 접사로 나뉨을 설명하고 있다. 굴절 접사는 '어미'에 해당으로 일반적으로 접사는 파생 접사를 가리키는데, 파생 접사는 굴절 접사와 달리 새로운 단어를 만들어 내기도 하고, 이때 어근의 품사를 바꾸기도 함을 예와 함께 제시하고 있다. 또한 파생 접사가 어근과 결합할 때 어근의 뜻을 일부 제한하는 것을 한정적 접사라 하고, 어근의 품사를 바꾸는 것을 지배적 접사라고 함을 언급하고 있다.
주제: 파생 접사와 굴절 접사의 특징과 지배적 접사와 한정적 접사의 구별

---

57 |출제 의도| 파생 접사와 어미 이해　　　　　답 ④
'깊이'는 형용사 어근 '깊-'에 부사 파생 접사 '-이'가 결합한 부사로, 뒤에 오는 용언 '깨닫게'를 수식하고 있다. '-이'는 어근과 결합하여 새로운 단어를 만들었고 품사를 바꾸었으므로, 문법적 기능을 표시하는 굴절 접사(어미)가 아니라 새로운 단어를 만드는 파생 접사이다.

① '드높은'은 형용사 '높다'의 어근 '높-' 앞에 '심하게, 높이'라는 뜻을 더해 주는 파생 접사 '드-'가 결합하여 새로운 단어가 만들어진 것이므로 '드-'는 ㉠의 예에 해당한다.

② '말썽꾸러기'는 명사 '말썽'에 '그것이 심하거나 많은 사람'의 뜻을 더해 주는 접미사 '-꾸러기'가 결합하여 새로운 단어가 만들어진 것이므로 '-꾸러기'는 ㉠에 해당하며, '말썽꾸러기'와 '말썽'은 별개의 단어이다.

③ '되었다'는 동사 '되다'의 어간 '되-'에 과거 시제 선어말 어미 '-었'이 결합한 것으로, '-었-'은 문법적 기능을 표시하므로 '-었'은 ㉡의 예에 해당한다.

⑤ '흐르고'는 동사 '흐르다'의 어간 '흐르-'에 보조적 연결 어미 '-고'가 결합한 것으로, '-고'가 문법적인 기능을 표시하므로 ㉡의 예에 해당하고 기본형인 '흐르다'만 사전에 표제어로 등재될 수 있다.

58 | 출제 의도 | 한정적 접사와 지배적 접사 이해   답 ④

'높다랗다'는 형용사 '높다'의 어근 '높-'에 '그 정도가 꽤 뚜렷함'의 뜻을 더하는 접미사 '-다랗다'가 결합한 형용사이다. 따라서 '-다랗다'는 품사를 바꾸지 않는 한정적 접사이므로 ㉮의 예에 해당하지 않는다.

① '행복하였다'는 명사 어근 '행복'에 형용사 파생 접미사 '하다'가 결합한 형용사이다. 따라서 어근의 품사가 명사에서 형용사로 바뀌었으므로 '-하다'는 품사를 바꾸는 지배적 접사의 예에 해당한다.

② '찰랑거린다'는 부사 어근 '찰랑'에 '그런 상태가 잇따라 계속됨'의 뜻을 더하는 접미사 '-거리다'가 결합한 동사이다. 따라서 어근의 품사가 부사에서 동사로 바뀌었으므로 '-거리다'는 품사를 바꾸는 지배적 접사의 예에 해당한다.

③ '좁혔다'는 형용사 어근 '좁-'에 사동 접미사 '-히-'가 결합한 동사이다. 따라서 어근의 품사가 형용사에서 동사로 바뀌었으므로 '-히-'는 품사를 바꾸는 지배적 접사의 예에 해당한다.

⑤ '자랑스럽다'는 명사 어근 '자랑'에 '그러한 성질이 있음'의 뜻을 더하는 접미사 '-스럽다'가 결합한 형용사이다. 따라서 어근의 품사가 명사에서 형용사로 바뀌었으므로 '-스럽다'는 품사를 바꾸는 지배적 접사의 예에 해당한다.

[59~60] 단어의 의미 형성 및 구성 방식

지문 해설: 이 글에서는 단어에 담긴 언중의 인식과 시대상, 단어의 구성 방식에 대해 설명하고 있다. 우선 유길준의 『서유견문』(1895)에 쓰인 '원어기(遠語機)'라는 말은 오늘날의 '전화기(電話機)'에 해당하는데, 이를 통해 대상을 어떻게 인식하느냐에 따라 그것을 표현하는 단어가 달라지기도 함을 보여 주고 있다. 또한 개화기 사전에 등장하는 '소젖메쥬(소젖메주)'는 '치즈(cheese)'에 대응하는 단어인데, 이를 통해 새롭게 유입된 대상을 '메주'라는 일상의 단어를 통해 대상을 인식했음을 보여 주고 있다. 한편 『가례언해』(1632)의 '총각(總角)'은 현재 의미는 변화하였지만 당시의 관습을 짐작할 수 있게 해 주는 단어이며, '부대찌개' 역시 시대의 흔적을 담고 있는 단어임을 알려 주고 있다. 한편 『한불자전』(1880)에 이전 시기에는 볼 수 없었던 '두길보기'와 '산돌이'가 등장하는데, 이를 통해 단어가 구성되는 방식을 알 수 있으며 예전에도 오늘날과 같이 다양한 방식으로 단어를 만들어 생각을 표현했음을 보여 주고 있다.

주제: 단어에 담긴 대상의 인식과 시대상 및 단어의 다양한 구성 방식

59 | 출제 의도 | 단어의 구성 방식 이해   답 ④

'새해맞이'는 '새+해+-맞이'로 분석되는데, 관형사 '새'가 후행하는 명사 '해'를 수식하고 있으므로 ㉠을 충족한다. 또한 '-맞이'는 '어떠한 날이나 일, 사람, 사물 따위를 맞는다'라는 뜻을 더하는 접미사로, '새해맞이'는 '새해를 맞이하는 일'이라는 의미를 나타내므로 단어의 구성 요소들이 의미상 목적어('새해를')와 서술어('맞이하다')의 관계를 이루어 ㉡을 충족한다. '한몫하다'는 '한+몫+-하다'로 분석되는데, 관형사 '한'이 후행 명사 '몫'을 수식하고 있으므로 ㉠을 충족한다. 또한 '-하다'는 동사를 만드는 접사로 '한몫하다'는 '한몫을 하다'라는 의미를 나타내므로, 단어의 구성 요소들이 의미상 목적어('한몫을')와 서술어('하다')의 관계를 이루어 ㉡을 충족한다.

'두말없이'는 '두+말+없이'로 분석되는데, 수 관형사 '두'가 후행하는 명사 '말'을 수식하고 있어 ㉠은 충족하지만 '없이'는 부사이므로 '두말없이'는 '두말이 없다'라는 의미를 나타내어 의미상 주어('두말이')와 서술어('없다')의 관계를 이루어 ㉡은 충족하지 못한다. '숨은그림찾기'는 '숨+-은+그림+찾-+-기'로 분석되는데, 관형사가 아닌 동사 어간 '숨-'이 관형사형 어미 '-은'과 결합하여 후행하는 명사 '그림'을 수식하고 있어 ㉠은 충족하지 못한다. '찾기'는 동사 어간 '찾-'에 명사형 어미 '-기'가 결합한 것이므로 '숨은그림찾기'는 '숨은그림을 찾다'라는 의미를 나타내어 목적어('숨은그림을')와 서술어('찾다')의 관계를 이루어 ㉡은 충족한다.

60 | 출제 의도 | 단어의 의미 형성 이해   답 ③

〈보기〉의 '수세미'는 그릇을 닦을 때 쓰였던 특정 식물을 지칭하는 기존의 단어에 공장에서 만든 '설거지 도구'라는 새로운 의미가 더해진 사례이다. 그러나 '총각'은 기존의 의미가 사라지고 '결혼하지 않은 성년 남자'로 의미가 변한 사례이므로 '수세미'는 '총각'과 유사하지 않다.

① 일상의 단어였던 '연지'라는 단어를 사용해 '립스틱'을 '입술연지'로 표현한 것은 '치즈'를 '소젖메쥬'로 표현한 것과 유사하다.

② '변사'는 무성 영화가 상영되던 시대의 흔적을 담고 있는 단어임을 알 수 있다.

④ '혁대'의 순화어인 '가죽띠'는 '가죽으로 만든 띠'라는 뜻이고, '허리띠'는 '허리에 매는 띠'라는 뜻이므로 대상에 대한 다른 인식이 반영되었음을 확인할 수 있다.

⑤ '양반'은 조선 시대 사대부를 이르는 말이었다는 점에서 조선 시대 계급 사회의 모습을 알 수 있으므로 시대의 흔적을 담고 있는 단어임을 알 수 있다.

[61~62] 단어 형성 원리에 대한 수업 대화

지문 해설: 이 글에서는 '새 단어의 형성 원리'로 실생활에서 자주 사용되는 합성 명사의 형성 방식에 대해 대화를 나누고 있다. 합성 명사를 형성하는 방식에는 명사와 명사의 결합, 용언의 활용형과 명사의 결합, 관형사와 명사의 결합이 있으며, 그 예를 함께 제시하고 있다. 또한 '인강', '컴시인' 등과 같이 요즘 자주 쓰는 말은 앞에서 언급한 단어의 형성 방식과는 차이가 있음을 언급하고 있다.

주제: 합성 명사의 형성 방식

61 | 출제 의도 | 단어의 형성 원리 이해   답 ②

ㄷ의 '사대'는 '사범'과 '대학'에서 첫 음절만 따서 형성된 경우로, '인강'(인터넷+강의)의 형성 방식과 동일하다. ㅁ의 '비빔냉면'은 동사 '비비다'의 어간 '비비-'에 명사형 어미 '-ㅁ'이 결합한 용언의 활용형 '비빔'과 명사 '냉면'이 결합한 것이다. 이는 동사 '건너다'의 어간 '건너-'에 관형사형 어미 '-ㄹ'이 결합한 용언의 활용형 '건널'과 명사 '목'이 결합한 '건널목', 동사 '노리다'의 어간 '노리-'에 명사형 어미 '-ㅁ'이 결합한 용언의

활용형 '노림'에 명사 '수'가 결합한 '노림수', 동사 '섞다'의 어간 '섞-'에 연결 어미 '-어'가 결합한 용언의 활용형 '섞어'에 명사 '찌개'가 결합한 '섞어찌개'와 형성 방식이 동일하다.

▼ 왜 오답?
ㄱ '샘'은 명사 '선생'의 둘째 음절 '생'의 일부 음운 'ㅅ'과 'ㅐ', 접사 '-님'의 일부 음운 'ㅁ'이 결합된 것으로, 앞말과 뒷말의 일부 음절을 딴 방식에 해당하지 않는다.
ㄴ '개살구'는 '야생 상태의' 또는 '질이 떨어지는'의 의미를 나타내는 접두사 '개-'와 명사 '살구'가 결합한 파생 명사로, 합성 명사의 사례에 해당하지 않는다.
ㄹ '점잔'은 '점잖은 태도'의 의미를 나타내는 명사로, 합성 명사의 사례에 해당하지 않는다.

62 |출제 의도| 단어의 형성 원리와 품사 이해   답 ①
합성 명사 '잘못'은 부사 '잘'과 부사 '못'이 결합한 것인데, 명사가 아닌 품사들로만 이루어진 합성 명사이므로 ㉠의 예에 해당한다. '잘못'은 '잘못 가르치다.'와 같이 부사로도 쓰이는데, 이 문장에서 '잘못'은 명사로, 뒤의 조사 '은'과 결합하여 쓰이고 있다.

▼ 왜 오답?
② '새것'은 합성 명사로, 관형사 '새'와 의존 명사 '것'이 결합한 말이다.
③ '요사이'는 합성 명사로, 관형사 '요'와 명사 '사이'가 결합한 말이다.
④ '오늘날'은 합성 명사로, 명사 '오늘'과 명사 '날'이 결합한 말이다.
⑤ '갈림길'은 합성 명사로, 동사 '갈리다'의 어간 '갈리-'에 명사형 어미 '-ㅁ'이 결합한 용언의 활용형 '갈림'과 명사 '길'이 결합한 말이다.

[63~64] 합성어의 분류
지문 해설: 이 글에서는 합성어를 '어근들의 결합 방식'과 '어근들 간의 의미 관계'에 따라 분류하여 설명하고 있다. 먼저 결합 방식이 일반적인 문장 구성 방식과 같으면 통사적 합성어, 그렇지 않으면 비통사적 합성어인데, 통사적 합성어에는 둘 이상의 용언이 연결 어미로 이어지는 것, 용언의 관형사형이 명사를 수식하는 것, 주어나 목적어 뒤에 서술어가 결합하는 것, 명사나 관형사가 명사를 수식하는 것, 부사가 용언을 수식하는 것 등이 있음을 알려 주고 있다. 다음으로 의미 관계에 따라 두 어근의 의미가 동등한 관계를 보이는 대등 합성어와 선행 어근이 후행 어근을 의미상 수식하는 종속 합성어가 있고, 의미 관계를 따지기 힘든 융합 합성어도 있음을 예를 들어 설명하고 있다. 그런데 여러 의미를 가지는 합성어는 그 의미에 따라 서로 다른 합성어의 유형에 속하는 경우가 있으므로, 합성어의 유형 판단이 어려울 경우에는 어근 간의 의미 관계, 그중에서도 상하 관계를 살펴보는 것이 도움이 될 수 있음을 언급하고 있다.
주제: 어근의 결합 방식과 어근들 간의 의미 관계에 따른 합성어의 분류

63 |출제 의도| 어근의 결합 방식 이해   답 ①
'먹고살다'는 용언의 어간 '먹-'과 용언의 어간 '살-'이 연결 어미 '-고'로 연결된 것이므로, 둘 이상의 용언이 연결 어미로 이어지는 것, 즉 ㉠의 예에 해당하는 통사적 합성어이다. '새색시'는 관형사 '새'가 명사 '색시'를 수식하므로 명사나 관형사가 명사를 수식하는 통사적 합성어, 즉 ㉡의 예에

해당한다.
▼ 왜 오답?
② '뛰놀다'는 용언의 어간 '뛰-'가 연결 어미 없이 용언의 어간 '놀-'과 결합한 비통사적 합성어이므로 ㉠의 예에 해당하지 않는다. '먹거리'는 용언의 어간 '먹-'이 관형사형 어미 없이 의존 명사 '거리'와 결합한 비통사적 합성어이므로 ㉡의 예에 해당하지 않는다.
③ '갈라서다'는 용언의 어간 '가르-'와 용언의 어간 '서-'가 연결 어미 '-아'에 의해 결합한 것으로 ㉠의 예에 해당하는 통사적 합성어이다. '척척박사'는 부사 '척척'이 명사 '박사'를 수식하는 비통사적 합성어이므로 ㉡의 예에 해당하지 않는다.
④ '걸어오다'는 용언의 어간 '걷-'과 용언의 어간 '오-'가 연결 어미 '-어'에 의해 결합한 것으로 ㉠의 예에 해당하는 통사적 합성어이다. '큰아버지'는 용언의 어간 '크-'에 관형사형 어미 '-ㄴ'이 결합한 용언의 관형사형 '큰'이 명사 '아버지'를 수식하는 통사적 합성어이므로 ㉡의 예에는 해당하지 않는다.
⑤ '빛나다'는 주어 '빛' 뒤에 서술어 '나다'가 결합한 통사적 합성어이므로 ㉠의 예에는 해당하지 않는다. '돌다리'는 명사 '돌'이 명사 '다리'를 수식하는 것으로 명사가 명사를 수식하고 있으므로 ㉡의 예에 해당하는 통사적 합성어이다.

64 |출제 의도| 합성어의 분류 이해   답 ⑤
ⓔ의 '날아갔다'는 동사 어근 '날다'와 동사 어근 '가다'가 결합한 합성어로 '공중으로 날면서 가다.'라는 의미를 나타낸다. 이처럼 두 어근의 의미만으로도 그 의미를 파악할 수 있고, '날아가다'는 의미상 '가다'의 하위 요소가 될 수 있으므로 하의어에 해당한다. 또한 '날아가다'는 '날다'가 의미상 '가다'를 수식하므로 종속 합성어라고 할 수 있다.
① ⓐ의 '막내딸'은 명사 어근 '막내'와 명사 어근 '딸'이 결합한 합성어로, '맨 나중에 낳은 딸'이라는 의미를 나타낸다. 이처럼 두 어근의 의미만으로도 그 의미를 파악할 수 있으나, '막내딸'은 의미상 '딸'에 포함되므로 '딸'의 하의어이다. 또한 '막내딸'은 '막내'가 의미상 '딸'을 수식하므로 종속 합성어라고도 할 수 있다.
② ⓑ의 '손발'은 명사 어근 '손'과 명사 어근 '발'이 결합한 합성어로, '손과 발을 아울러 이르는 말.'이라는 의미를 나타낸다. 이처럼 두 어근의 의미만으로도 그 의미를 파악할 수 있으며, 두 어근의 의미가 동등한 관계를 보이므로 대등 합성어에 해당한다. 또한 '손발'에서 '손'은 의미상 '발'의 하위 요소가 될 수 없으므로 상하 관계를 맺지 않아 '손발'은 '발'의 하의어라고 할 수 없다.
③ ⓒ의 '밤낮'은 명사 어근 '밤'과 명사 어근 '낮'이 결합한 합성어로, '밤과 낮을 아울러 이르는 말.'이라는 의미를 나타낸다. 이처럼 어근들의 의미만으로 그 의미를 파악할 수 있으며, 두 어근의 의미가 동등한 관계를 보이므로 대등 합성어에 해당한다.
④ ⓓ의 '잡아먹는'은 동사 어근 '잡다'와 동사 어근 '먹다'가 결합한 합성어로 '경비, 시간, 자재, 노력 따위를 낭비하다.'라는 의미를 나타낸다. 이는 두 어근들의 의미만으로 의미를 파악하기 어려워, 합성어를 구성하는 어근들 간의 의미 관계를 따지기 힘든 융합 합성어에 해당한다. 또한 '잡아먹다'는 '낭비하다'라는 새로운 의미를 나타내므로 의미상 '먹다'에 포함되지 않아 하의어라 할 수 없다.

65 ④	66 ③	67 ③	68 ①	69 ③
70 ①	71 ④	72 ①	73 ④	74 ①
75 ③	76 ①	77 ④	78 ②	79 ⑤
80 ②

65 |출제 의도| **단어의 의미 이해**　　　　　　　　　답 ④

ㄷ의 '에누리'는 물건값을 흥정하는 상황에서 상품을 싸게 구매하려는 소비자가 한 말이므로, '값을 내리는 일'이라는 의미로 파악할 수 있다.

🖎 왜 오답?

① ㄱ의 '주책'은 '다른 사람의 말에 쉽게 흔들리는'이라는 부분을 통해 '일정하게 자리 잡은 주장이나 판단력'이 없다는 의미로 쓰였음을 알 수 있다.

② ㄴ의 '주책'은 '뜬금없이 그런 말을 하다'라는 부분을 통해 '일정한 줏대가 없이 되는 대로 하는 짓'이라는 부정적인 의미로 쓰였음을 알 수 있다.

③ ㄴ의 '주책이다'는 '주책없다'와 마찬가지로 '일정한 줏대가 없이 되는 대로 하는 짓'이라는 의미로 쓰였으므로 둘은 바꿔 쓸 수 있다.

⑤ ㄹ의 '에누리'는 장사를 하는 가게의 입장에서 쓰인 것으로, '적게 팔고도 많은 이윤을 남긴다.'를 통해 '값을 내리는 일'이 없다는 의미로 쓰였음을 알 수 있다.

66 |출제 의도| **고유어와 한자어의 의미 이해**　　　　답 ③

(다)의 한자어 어휘들은 (가) 고유어 '고치다'의 세분화된 의미들로, 모두 다른 의미를 가진 다른 단어들이다. 따라서 '제도를 고치다'를 '제도를 개혁하다'로는 바꾸어 쓸 수 있지만, '제도를 치료하다'로는 바꾸어 쓸 수 없다. 그러므로 (다)의 어휘들끼리는 문장에서 서로 바꿔 쓸 수 없다.

🖎 왜 오답?

① (가)의 '고치다'는 (나)에서처럼 목적어를 달리하여 (다)에 제시된 여러 가지 의미로 사용되는 것을 확인할 수 있다.

② (나)에서 '고치다'의 목적어에 무엇이 오느냐에 따라 의미가 (다)에 제시된 의미로 제한되어 해석되는 것을 확인할 수 있다.

④ (다)의 어휘를 '고치다'로 바꾸면 (나)의 문장에서처럼 모두 문장이 성립되는 것을 확인할 수 있으므로 (다)는 (가)로 바꿔 쓸 수 있다.

⑤ (다)의 한자어 어휘들은 고유어 '고치다'의 세분화된 의미로 쓰인다는 것을 확인할 수 있다.

67 |출제 의도| **유의어의 의미 이해**　　　　　　　답 ③

'그는 이번 일을 성사시키려는 마음을 보였다.'에서 '이번 일을 성사시키려는 마음'은 '어떠한 일을 이루고자 하는 마음'을 의미하는 것으로, 〈보기 1〉의 유의어 중 '의지'에 해당한다.

🖎 왜 오답?

① ㉠은 '타고난 마음씨'를 의미하는 것으로, 〈보기 1〉의 '심성'으로 대체하면 '그는 심성이 곱고 바르다.'가 되므로 적절하다.

② ㉡은 '어떤 것에 마음이 끌려 주의를 기울임'을 의미하는 것으로, 〈보기 1〉의 '관심'으로 바꾸면 '아이가 공부에는 관심이 없고 노는 데만 정신이 팔렸다.'가 되므로 적절하다.

④ ㉣은 '대상 · 환경 따위에 따라 마음에 절로 생기며 한동안 지속되는 감정'을 의미하는 것으로, 〈보기 1〉의 '기분'으로 바꾸면 '그는 친구의 냉담한 태도에 기분이 상했다.'가 되므로 적절하다.

⑤ ㉤은 '마음이 향하는 바. 또는 무엇을 하려는 생각'을 의미하는 것으로, 〈보기 1〉의 '의향'으로 바꾸면 '나를 만날 의향이 있으면 여기로 와.'가 되므로 적절하다.

도전 1 등급

단어의 의미 관계

유의 관계	말소리는 다르지만 의미가 서로 비슷한 관계	예 가운데 – 중앙 – 복판
반의 관계	둘 이상의 단어가 짝을 이루어 대립하는 관계	예 남자 – 여자
상하 관계	한쪽이 의미상 다른 쪽을 포함하거나 다른 쪽에 포함되는 관계	예 동물 – 개 – 진돗개
동음이의 관계	소리는 같으나 뜻이 다른 관계	예 배(신체 일부) – 배(과일) – 배(운송 수단)
다의 관계	한 단어가 두 가지 이상의 의미를 지닌 관계	예 머리(1.신체 일부, 2. 머리카락, 3. 두뇌)

68 |출제 의도| **반의어의 의미 이해**　　　　　　답 ①

〈보기〉에서 단어는 문맥에 따라 여러 가지 뜻을 갖는데, 이에 따라 여러 개의 반의어를 가질 수 있다고 하였다. '외투를 벗다.'에서 '벗다'는 '사람이 자기 몸 또는 몸의 일부에 착용한 물건을 몸에서 떼어 내다.'라는 의미로 쓰였으며, 이의 반의어는 '옷을 몸에 꿰거나 두르다.'라는 의미의 '입다'이다. 이에 따라 (가)에 들어갈 예문은 '쓰다'의 반의어인데, '쓰다'에는 '사람이 죄나 누명 따위를 가지거나 입게 되다.'라는 의미가 있으므로, 이의 반의어로는 '누명이나 치욕 따위를 씻다.'라는 의미의 '벗다'가 쓰인 '누명을 벗다.'가 적절하다. '배낭을 벗다.'에서 '벗다'는 '메거나 진 배낭이나 가방 따위를 몸에서 내려놓다.'라는 의미로 쓰였으므로, 반의어는 '어깨에 걸치거나 올려놓다.'라는 의미의 '메다'가 적절하다.

🖎 왜 오답?

② '안경을 벗다.'에서 '벗다'는 '사람이 자기 몸 또는 몸의 일부에 착용한 물건을 몸에서 떼어 내다.'라는 의미이므로, 반의어는 '얼굴에 어떤 물건을 걸거나 덮어쓰다.'라는 의미의 '쓰다'가 될 수 있다. 그러나 (나)에 '끼다'가 들어가면 '배낭을 끼다.'라는 부적절한 문장이 되므로 반의어로 (나)에 '끼다'가 들어갈 수 없다.

③ '장갑을 벗다.'에서 '벗다'는 '자기 몸 또는 몸의 일부에 착용한 물건을 몸에서 떼어 내다.'라는 의미가 되지만, '장갑을 쓰다.'는 부적절한 문장이 된다. 이때에는 반의어로 '벌어진 사이에 무엇을 넣고 죄어서 빠지지 않게 하다.'라는 의미의 '끼다'('끼우다'의 준말)가 되어야 한다. 또한, (나)에 '차다'가 들어가면 '배낭을 차다.'라는 부적절한 문장이 되므로 반의어로 (나)에 '차다'가 들어갈 수 없다.

④ '모자를 벗다.'에서 '벗다'는 '자기 몸 또는 몸의 일부에 착용한 물건을 몸에서 떼어 내다.'라는 의미이며, 반의어로는 '얼굴에 어떤 물건을 걸거나 덮어쓰다.'라는 의미의 '쓰다'가 들어갈 수 있다. 그러나 (나)에 '걸다'가 들어가면 '배낭을 걸다.'라는 문장이 되므로 반의어로 (나)에 '걸다'가 들어갈 수 없다.

⑤ '허물을 벗다'에서 '벗다'는 '동물이 껍질, 허물, 털 따위를 갈다.'라는 의미이므로, 반의어로 '쓰다'가 될 수 없다. 또한, (나)에 '들다'가 들어가면 '배낭을 들다.'라는 문장이 되므로 반의어로 (나)에 '들다'가 들어갈 수 없다.

69 |출제 의도| **다의어의 의미 이해**　　　　　　답 ③

'그는 자신의 뿌리를 찾고자 노력한다.'에서 '뿌리'는 '사물이나 현상을 이루는 근본을 비유적으로 이르는 말.'의 뜻으로 쓰였다. 이는 '뿌리'의 중심적 의미 '식물의 밑동으로서 보통 땅속에 묻히거나 다른 물체에 박혀 수분과 양분을 빨아올리고 줄기를 지탱하는 작용을 하는 기관.'이 아닌 주변적 의미로 쓰인 것이다. 반면, '잡초가 다시 자라지 않도록 뿌리를 뽑았다.'에서 '뿌리'는 중심적 의미로 쓰인 것이다.

왜 오답?

① '천체 망원경으로 밤하늘의 별을 관찰했다.'에서 '별'은 '빛을 관측할 수 있는 천체 가운데 성운처럼 퍼지는 모양을 가진 천체를 제외한 모든 천체.'라는 뜻이므로 중심적 의미로 쓰인 것이다. 반면 '어제 물리학계의 큰 별이 졌다.'에서 '별'은 '위대한 업적을 남긴 대가를 비유적으로 이르는 말.'이므로 '별'의 주변적 의미로 쓰인 것이다.

② '천둥과 번개를 동반한 비가 내렸다.'에서 '번개'는 '구름과 구름, 구름과 대지 사이에서 공중 전기의 방전이 일어나 번쩍이는 불꽃.'이라는 뜻이므로 중심적 의미로 쓰인 것이다. 반면, '그는 도망가는 데만큼은 정말 번개야.'에서 '번개'는 '동작이 아주 빠르고 날랜 사람이나 사물을 비유적으로 이르는 말.'이라는 뜻이므로 주변적 의미로 쓰인 것이다.

④ '일출을 기다리는 우리 앞에 붉은 태양이 떠올랐다.'에서 '태양'은 '태양계의 중심이 되는 항성.'이라는 뜻이므로 중심적 의미로 쓰인 것이다. 반면, '그녀는 그가 자기 마음의 태양이라고 말했다.'에서 '태양'은 '매우 소중하거나 희망을 주는 존재를 비유적으로 이르는 말.'이라는 뜻이므로 주변적 의미로 쓰인 것이다.

⑤ '들판에는 풀잎마다 이슬이 맺혔다.'에서 '이슬'은 '공기 중의 수증기가 기온이 내려가거나 찬 물체에 부딪칠 때 엉겨서 생기는 물방울.'이라는 뜻이므로 중심적 의미로 쓰인 것이다. 반면, '그녀의 두 눈에 맺힌 이슬이 뜨겁게 흘러내렸다.'에서 '이슬'은 '눈물을 비유적으로 이르는 말.'이라는 뜻이므로 주변적 의미로 쓰인 것이다.

70 |출제 의도| 단어의 의미 이해　　　　　　　　답 ①

〈보기〉에 제시된 선생님의 설명 내용을 정리하면, '가깝다'가 본래 공간과 관련된 중심적 의미를 지니던 것이 추상화되어 주변적 의미도 지니게 되었다는 것이다. 이에 따르면 ①에서 '물은 낮은 곳으로 흐른다.'의 '낮다'는 '아래에서 위까지의 높이가 기준이 되는 대상이나 보통 정도에 미치지 못하는 상태에 있다.'라는 공간과 관련된 중심적 의미로 쓰인 것이고, '환경에 대한 관심도가 낮다.'의 '낮다'는 '품위, 능력, 품질 따위가 바라는 기준보다 못하거나 보통 정도에 미치지 못하는 상태에 있다.'라는 추상화된 주변적 의미로 쓰인 것임을 알 수 있다.

왜 오답?

② '크다'의 중심적 의미는 '사람이나 사물의 외형적 길이, 넓이, 높이, 부피 따위가 보통 정도를 넘다.'이다. '그는 성공할 가능성이 크다.'에서 '크다'는 '가능성 따위가 많다.'라는 뜻으로 주변적 의미로 쓰인 것이고, '힘든 만큼 기쁨이 큰 법이다.'에서 '크다'는 '일의 규모, 범위, 정도, 힘 따위가 대단하거나 강하다.'라는 뜻이므로 역시 주변적 의미로 쓰인 것이다.

③ '넓다'의 중심적 의미는 '면이나 바닥 따위의 면적이 크다.'이다. '두 팔을 최대한 넓게 벌렸다.'에서 '넓다'와 '도로 폭이 넓어서 좋다.'의 '넓다'는 모두 '면적(너비)이 크다.'라는 중심적 의미로 쓰인 것이다.

④ '좁다'의 중심적 의미는 '면이나 바닥 따위의 면적이 작다.'이다. '내 좁은 소견을 말씀드렸다.'와 '마음이 좁아서는 곤란하다'에서 '좁다'는 모두 '마음 쓰는 것이 너그럽지 못하나.'라는 뜻으로, 중심적 의미가 아니라 주변적 의미로 쓰인 것이다.

⑤ '작다'의 중심적 의미는 '길이, 넓이, 부피 따위가 비교 대상이나 보통보다 덜하다.'이다. '작은 힘이라도 보태고 싶다.'에서 '작다'는 '일의 규모, 범위, 정도, 중요성 따위가 비교 대상이나 보통 수준에 미치지 못

하다.'라는 뜻이므로 주변적 의미로 쓰인 것이고, '우리 학교는 운동장이 작다.'에서 '작다'는 '크기가 비교 대상이나 보통보다 덜하다.'라는 뜻이므로 중심적 의미로 쓰인 것이다.

71 |출제 의도| 단어의 의미 이해　　　　　　　　답 ④

④의 '우산을 받쳐'에서 '받치다'는 '비나 햇빛과 같은 것이 통하지 못하도록 우산이나 양산을 펴 들다.'라는 의미이다. 따라서 ㉣에는 '배경 음악이 그 장면을 잘 받쳐 주어서 전체적인 분위기가 훨씬 감동적이었다.'와 같은 예문이 들어가는 것이 적절하다.

왜 오답?

① '세금을 바치고'에서 '세금'은 '반드시 내거나 물어야 할 돈'이므로 ㉠에 들어가는 것이 적절하다.

② '설움에 받쳐서'에서 '설움'은 '화 따위의 심리적 작용'에 해당하므로 ㉡에 들어가는 것이 적절하다.

③ '쟁반에 음료수 잔을 받치고'에서 '받치다'는 '음료수 잔이라는 물건의 밑에 쟁반이라는 다른 물건을 대는 것'이므로 ㉢에 들어가는 것이 적절하다.

⑤ '멸치젓을 체에 밭쳐'에서 '체'는 '건더기와 액체가 섞인 것을 거르는 장치'이므로 ㉤에 들어가는 것이 적절하다.

72 |출제 의도| 단어의 의미 이해　　　　　　　　답 ①

①의 '껍질째'는 명사 '껍질'에 접사 '-째'가 붙어 '껍질 그대로 또는 전부'라는 의미를 나타내므로 바르게 쓰였다고 볼 수 있다.

왜 오답?

② '앉은 체로 잠이 들었다.'에서 '앉은 체'는 '앉아 있는 상태 그대로 있다'라는 의미이므로 '앉은 채'로 고쳐 써야 한다.

③ '그녀는 혼자 똑똑한 채를 한다.'에서 '똑똑한 채'는 '똑똑한 척 꾸미는 거짓 태도나 모양'의 의미이므로 '똑똑한 체'로 고쳐 써야 한다.

④ '사나운 멧돼지를 산 째로 잡았다.'에서 '산 째'는 '살아 있는 상태 그대로'라는 의미이므로 '산 채'로 고쳐 써야 한다.

⑤ '곰이 다가오자 그는 죽은 채를 했다.'에서 '죽은 채'는 '죽은 척 꾸미는 거짓 태도나 모양'이라는 의미이므로 '죽은 체'로 고쳐 써야 한다.

73 |출제 의도| 단어의 의미 이해　　　　　　　　답 ④

ㄹ의 '오랜만에 과식했더니 속이 더부룩하다.'에서 '속'은 배 속을 의미함을 알 수 있다. '배 속'은 추상적인 대상이 아닌 구체적인 대상의 내부에 해당하므로, ㄹ의 '속'이 추상적인 대상을 가리킨다는 내용은 적절하지 않다.

왜 오답?

① ㄱ에서 '속'과 '안'은 모두 '건물의 내부'라는 의미로 쓰이고 있으므로 '사물이나 영역의 내부'라는 공통 의미를 지닌 유의어로 볼 수 있다.

② ㄴ의 예문을 볼 때 '속'은 '시간' 뒤에 쓰일 수 없다. 즉, '일정한 표준이나 한계를 넘지 않은 정도'의 시간적 범위를 한정할 때는 '안'이 쓰인다는 것을 확인할 수 있다.

③ ㄷ의 예문에서 '안을 썩였다'는 부자연스러우므로, 품고 있는 마음이나 생각'을 의미할 때는 '안'이 아니라 '속'이 쓰인다는 것을 알 수 있다. '속을 썩이다.'는 관용적 표현이다.

⑤ ㅁ의 '겉으로는 태연한 척하시만 속으로는 겁을 먹었다.'에서 '겉'과 '속'이 대립하는 의미 관계에 있음을 알 수 있다. 그리고 '어제는 바깥에 나가지 않고 온종일 집 안에 있었다.'에서 '바깥'과 '안'이 대립하는 의미 관계에 있음을 알 수 있다. 따라서 '속'과 '겉', '안'과 '바깥'은 각각 반의 관계에 있다는 것을 확인할 수 있다.

74 |출제 의도| 단어의 의미 이해   답 ①

㉠에서 '긁다'의 뜻풀이가 개정 전에는 「9」까지 있었으나 개정 후 「10」이 추가된 것을 확인할 수 있다. 그러나 중심적 의미는 개정 전과 마찬가지로 「1」 손톱이나 뾰족한 기구 따위로 바닥이나 거죽을 문지르다.'이다. 따라서 다의어의 중심적 의미가 수정되었다는 설명은 적절하지 않다.

❝❝ 왜 오답?

② ㉡에서 '김밥'의 표준 발음이 개정 전에는 [김·밥]만 있었으나, 개정 후 [김·빱]이 추가로 인정되어 [김·밥/김·빱] 모두를 표준 발음으로 인정하는 것을 확인할 수 있다.

③ ㉢에서 표준어 '냄새'의 뜻풀이는 개정 전과 후 동일한 데 반해, '내음'은 개정 전에는 '냄새'의 방언으로 나와 있었으나, 개정 후에는 표준어로 등재되어 뜻풀이가 새롭게 바뀐 것을 확인할 수 있다.

④ ㉣에서 '태양계'의 뜻풀이가 개정 전 '9개의 행성'에서 개정 후 '8개의 행성'으로 변한 것으로 보아 과학적 사실이 바뀌었음을 짐작할 수 있다. 이는 '명왕성은 행성이 아니다.'라는 새로운 과학적 정보를 반영하여 뜻풀이가 일부가 바뀐 것이다.

⑤ ㉤에서 '스마트폰'이 개정 전에는 표제어로 등재되어 있지 않았으나 개정 후에는 표제어로 등재된 것으로 보아, 이전에는 없었던 '스마트폰'이라는 신문물이 등장함에 따라 표제어로 추가하여 등재한 것임을 알 수 있다.

[75~76] 상하 관계

지문 해설: 이 글에서는 단어의 의미 관계 중 상하 관계에 대해 설명하고 있다. 상하 관계는 의미상 한 단어가 다른 단어를 포함하거나 다른 단어에 포함되는 관계로, 일반적이고 포괄적 의미인 상의어와 구체적이고 한정적 의미인 하의어로 나눌 수 있음을 알려 주고 있다. 상의어와 하의어는 상대적으로 정해지며, 같은 계층에 있는 하의어들을 공하의어라 하는데 이들 사이에는 비양립 관계가 성립함을 '축구', '야구', '농구' 등과 같은 단어를 통해 보여 주고 있다. 한편 하의어들은 상의어를 의미적으로 함의하며, 하의어가 상의어보다 의미 자질을 더 많이 갖는데, 만약 한 상의어가 같은 계층의 두 단어만을 공하의어로 포함하면, 그 공하의어들은 상보적 반의 관계에 있음을 '장끼'와 '까투리'라는 단어를 통해 설명하고 있다.

주제: 상하 관계에 있는 단어들의 특성

---

75 |출제 의도| 상하 관계의 이해   답 ③

'악기'의 뜻풀이를 보면 '음악을 연주하는 데 쓰는 기구'를 '악기'라고 하였으므로, '기구'는 '악기'의 상의어이다. 그리고 악기에 속하는 '현악기', '관악기', '타악기'는 '악기'의 하의어이다. 또한 '타악기'의 뜻풀이를 보면 '타악기'에 속하는 '팀파니', '실로폰', '북', '심벌즈'가 '타악기'의 하의어이다. 그런데 3문단에서 상하 관계에서는 하의어들이 상의어의 의미를 이어받아 상의어를 의미적으로 함의한다고 하였으므로, 하의어 '악기'는 상의어 '기구'를 의미적으로 함의하고, 하의어 '북'은 상의어 '악기'를 함의한다고 볼 수 있다. 그러므로 ③의 내용은 적절하지 않다.

❝❝ 왜 오답?

① '타악기'는 '실로폰'의 상의어이므로 하의어 '실로폰'보다 일반적이고 포괄적인 의미를 지닌다.

② '타악기'의 뜻풀이를 보면 '두드려서 소리를 내는 악기'인데, 이에는 북이 속해 있으므로 '타악기'는 '북'의 상의어이다. 하의어 '북'은 상의어 '타악기'를 의미적으로 함의하므로 [두드림]이라는 의미 자질을 갖는다고 볼 수 있다.

④ 〈보기〉의 사전 내용을 통해 볼 때, '기구' – '악기' – '타악기' – '심벌즈'의 순서로 상하 관계가 성립된다. '타악기'와 '심벌즈'는 모두 상의

어 '기구'의 하의어이지만, 상의어 '기구'에 대해 같은 계층에 있지는 않으므로 공하의어에 해당하지는 않는다.

⑤ '현악기'와 '관악기'는 상의어 '악기'에 대해 같은 계층에 있는 공하의어이며, 하의어는 상의어보다 의미 자질을 더 가지므로 '현악기'와 '관악기'는 상의어 '기구'보다 의미 자질의 개수가 많다고 볼 수 있다.

---

76 |출제 의도| 상하 관계의 이해   답 ①

㉠ '비양립 관계'와 ㉡ '상보적 반의 관계'를 모두 만족시키기 위해서는 어떤 상의어가 같은 계층에 있는 두 단어만을 공하의어로 포함해야 한다. 〈보기〉의 단어들을 우선 같은 계층으로 묶어 보면 ⓐ '여름' – ⓔ '겨울' / ⓑ '북극' – ⓒ '남극' / ⓕ '개' – ⓖ '펭귄' – ⓗ '갈매기'가 된다. 특히 '북극'과 '남극'은 상의어가 '극'이고, '북극'이면서 '남극'일 수는 없으므로 비양립 관계가 성립하고, '극'은 다른 하의어 없이 '북극'과 '남극'만을 공하의어로 포함한다. 또한 '북극'과 '남극'은 반대의 의미를 나타내는 상보적 반의 관계도 성립하므로, ⓑ '북극'과 ⓒ '남극'은 ㉠과 ㉡을 모두 만족시키는 단어 쌍에 해당한다.

❝❝ 왜 오답?

② ⓐ '여름'과 ⓔ '겨울'의 상의어는 '계절'이며 '여름'과 '겨울'은 공하의어가 된다. '여름'이면서 '겨울'일 수는 없으므로 ㉠ 비양립 관계는 성립하나, '계절'에는 '봄', '가을'이라는 하의어도 존재하므로 ㉡ 상보적 반의 관계는 성립하지 않는다.

③ ⓖ '펭귄'과 ⓗ '갈매기'의 상의어를 '조류'로 본다면 '펭귄'과 '갈매기'는 공하의어가 된다. 또한 '펭귄'이면서 '갈매기'일 수는 없으므로 ㉠ 비양립 관계는 성립하나, 조류에는 '닭', '오리' 등의 하의어도 존재하므로 ㉡ 상보적 반의 관계는 성립하지 않는다.

④ ⓐ '여름'과 ⓓ '계절'은 공하의어에 해당하지 않으므로 ㉠ 비양립 관계가 성립하지 않고, ㉡ 상보적 반의 관계도 성립하지 않는다.

⑤ ⓕ '개'와 ⓗ '갈매기'의 상의어를 '동물'로 본다면 '개'와 '갈매기'는 공하의어가 된다. 또한 '개'이면서 '갈매기'일 수는 없으므로 ㉠ 비양립 관계가 성립하나, 동물에는 '펭귄', '소' 등의 하의어도 존재하므로 ㉡ 상보적 반의 관계는 성립하지 않는다.

[77~78] 등급 반의어의 특징

지문 해설: 이 글에서는 등급 반의어의 특징에 대해 설명하고 있다. 반의어는 두 단어가 서로 짝을 이루어 반대되는 뜻을 나타내는 말로, 정도나 등급에 있어 대립되는 단어 쌍을 등급 반의어라고 함을 알려 주고 있다. 등급 반의어는 나타내는 정도나 등급에 단계적인 차이를 보이며, 이로 인해 정도 부사의 수식이나 비교 표현이 가능하다고 하였다. 또한 한쪽 단어의 긍정이 다른 쪽 단어의 부정을 함의하지만 그 역은 성립하지 않고, 두 단어를 동시에 부정할 수 있는데, 이는 사람들이 인식하는 '중간 정도'가 있기 때문이라고 하였다. 마지막으로 대립 쌍 중 일부는 두 단어 중 하나가 언어적으로 더 일반적인 경향을 나타내는 의미로 쓰여 사용상의 비대칭성을 보인다고 하였는데, 이러한 등급 반의어의 다양한 특징을 '넓다/좁다'의 예를 통해 설명하고 있다.

주제: 등급 반의어의 개념과 다양한 특징

---

77 |출제 의도| 등급 반의어의 특징 이해   답 ④

④의 '영수 집은 학교에서 가깝다.'에서 '가깝다'는 '가깝다'와 '멀다'로 대립되는 단어 쌍이 있으므로 등급 반의어이다. 3문단에 제시된 등급 반의어의 둘째 특징처럼 '영수 집은 학교에서 가깝다.'에서 '가깝다'를 부정하면 '가깝지 않다'인데, 이때 '가깝지 않다'고 해서 반드시 '멀다'는 것은 아니다. 영수 집이 학교에서 가깝지도 않고 멀지도 않을 수 있기 때문이다.

따라서 '가깝다'를 부정하면 '멀다'와 의미가 동일하겠다는 내용은 적절하지 않다.

▮▮ 왜 오답?

① '좋다'는 '좋다'와 '나쁘다'로 대립되는 단어 쌍이 있으므로 등급 반의어이고, 2문단에 제시된 내용과 같이 등급 반의어는 비교 표현이 가능하므로, '올해는 사과의 품질이 더 좋다.'와 같이 쓸 수 있다는 내용은 적절하다.

② '무겁다'는 '무겁다'와 '가볍다'로 대립되는 단어 쌍이 있으므로 등급 반의어이고, 2문단에 제시된 내용과 같이 등급 반의어에 대한 생각은 사람마다 다를 수 있으므로, '여행 가방이 무겁다.'에서 사람들이 생각하는 가방의 무게는 다를 수 있다는 내용은 적절하다.

③ '멀다'는 '멀다'와 '가깝다'로 대립되는 단어 쌍이 있으므로 등급 반의어이고, 2문단에 제시된 내용과 같이 등급 반의어는 정도 부사의 수식을 받을 수 있으므로, '멀다'가 정도 부사의 수식을 받을 수 있다는 내용은 적절하다.

⑤ '뜨겁다'와 '차갑다'는 대립되는 단어 쌍으로 등급 반의어이고, 4문단에서 등급 반의어가 두 단어를 동시에 부정할 수 있는 것은 '중간 정도'에 해당하는 부분을 나타내는 별도의 말이 존재하기 때문이라고 하였는데, '미지근하다'라는 말이 있으므로 '뜨겁지도'와 '차갑지도' 사이의 중간 정도를 나타내는 말이 있다는 내용은 적절하다.

78 |출제 의도| 등급 반의어의 특징 이해   답 ②

'크다'와 '작다'는 정도나 등급에 있어서 대립되는 단어 쌍으로 등급 반의어이다. 대상의 크기에 대한 사전 지식이 없는 상태에서 '문학관'의 '크거나 작은 정도'를 물을 때 '문학관이 작아?'보다는 '문학관이 커?'와 같이 묻는 것이 일반적이다. 또한 큰 정도를 나타내는 파생 명사로 '작기'가 아닌 '크기'가 사용되므로, 두 대립 쌍 중 언어적으로 더 일반적인 경향을 나타내는 의미의 단어는 '크다'이다. '길다'와 '짧다' 역시 정도나 등급에 있어서 대립되는 단어 쌍으로 등급 반의어이다. 대상의 길이에 대한 사전 지식이 없는 상태에서 '줄'의 '길거나 짧은 정도'를 물을 때 '줄이 짧아?'보다는 '줄이 길어?'와 같이 묻는 것이 일반적이다. 또한 긴 정도를 나타내는 파생 명사로 '짧이'가 아닌 '길이'가 사용되므로 두 대립 쌍 중 언어적으로 더 일반적인 경향을 나타내는 의미의 단어는 '길다'이다.

▮▮ 왜 오답?

'오다'와 '가다'는 정도나 등급에 있어서 대립되는 단어 쌍이 아니므로 ⓐ와 ⓑ는 등급 반의어가 아니다. '오다'와 '가다'는 맞선 방향을 전제로 하여 관계나 이동의 측면에서 대립을 이루는 단어 쌍인 방향 반의어이다.

[79~80] 다의어의 중심 의미와 주변 의미 사이의 관계

지문 해설: 이 글에서는 다의어의 개념과 특징을 설명하고 있다. 다의어는 두 가지 이상의 의미를 가진 단어를 말하는데, 이때 다의어의 기본이 되는 핵심 의미를 중심 의미, 중심 의미에서 확장된 의미를 주변 의미라고 함을 밝히고 있다. 우선 다의어는 주변 의미로 사용되었을 때 문법적 제약이 나타나고, 주변 의미는 기존의 의미보다 추상성이 강화되는 경향이 있으며, 중심 의미와 주변 의미들은 서로 관련성을 갖는데, 이러한 특징들을 예와 함께 제시하고 있다. 마지막으로 다의어의 의미들이 서로 대립적 관계를 맺는 경우가 있음을 '앞'을 예로 들어 언급하고 있다.

주제: 다의어의 중심 의미와 주변 의미의 문법적, 의미적 특성

79 |출제 의도| 다의어의 특징 이해   답 ⑤

'눈'의 중심 의미는 '빛의 자극을 받아 물체를 볼 수 있는 감각 기관'이다. 그런데 '눈이 나빠져서 안경의 도수를 올렸다.'에서는 주변 의미로 확장

되어 '물체의 존재나 형상을 인식하는 눈의 능력'으로 쓰였다. 이를 통해 3문단의 내용과 같이 '눈'의 의미가 '감각 기관'이라는 구체적 의미에서 '눈의 능력'이라는 추상적 의미로 확장되었다고 볼 수 있다.

▮▮ 왜 오답?

① '별'의 중심적 의미는 '천체의 일부'이고 주변적 의미는 '군인의 계급장'이다. 1문단에서 중심 의미가 일반적으로 주변 의미보다 언어 습득 시기가 빠르다고 하였으므로 '천체의 일부'라는 의미를 먼저 배우게 될 것임을 알 수 있다.

② '앉다'의 중심 의미는 '착석하다'이고 주변 의미는 '직위나 자리를 차지하다'이다. 1문단에서 중심 의미가 일반적으로 주변 의미보다 사용 빈도가 높다고 하였으므로 '착석하다'의 의미로 쓰이는 빈도가 더 높을 것임을 알 수 있다.

③ '결론에 이르다'의 '이르다'는 '어떤 정도나 범위에 미치다.'의 의미를 지닌 동사이고, '포기하기에는 아직 이르다.'의 '이르다'는 '대중이나 기준을 잡은 때보다 앞서거나 빠르다.'의 의미를 지닌 형용사이다. 이 둘은 서로 다른 단어로 사전에 각각의 표제어로 등재되며, 동음이의어에 해당한다. 4문단에서 다의어의 중심 의미와 주변 의미가 서로 관련성을 갖는다고 했는데, 이 둘은 동음이의어이므로 중심 의미와 주변 의미의 관계로 볼 수 없음을 알 수 있다.

④ '팽이를 돌리다.'의 '돌리다'는 '물체가 일정한 축을 중심으로 원을 그리면서 움직이다'의 의미를 가진 '돌다'에 사동 접미사 '-리-'가 붙은 형태이다. 2문단에서 주변 의미로 사용되었을 때 문법적 제약이 나타나기도 한다고 하였는데, 여기서는 중심 의미로 쓰였으므로 문법적 제약이 나타나지 않는다. 그러나 '군침이 돌다.'의 '돌다'는 '눈물이나 침 따위가 생기다.'라는 주변 의미이므로 사동 접미사 '-리-'를 결합하여 '돌리다'의 형태로 쓰지 못하는 것을 알 수 있다.

80 |출제 의도| 다의어의 의미 특징 이해   답 ②

민수의 '너 빚쟁이 같다.'라는 말은 영희가 민수의 발표 자료를 받으러 온 상황에서 '빌려준 돈을 받으러 온 사람 같다.'라는 의미이다. 여기서 '빚쟁이'는 '남에게 돈을 빌려준 사람을 낮잡아 이르는 말'로 쓰였다. 반면 영희의 '근데 빚쟁이라니, 내가 언제 돈 빌린 것도 아니고……'라는 말에서는 '빚쟁이'가 '빚을 진 사람을 낮잡아 이르는 말'로 쓰였다. 따라서 '빚쟁이'가 '다의어의 의미들이 서로 대립적 관계를 맺는 경우'로 쓰였음을 알 수 있다. 그리고 영희의 '금방 문자 메시지가 왔었는데'라는 말에서 '금방'은 문자 메시지가 '왔었다'를 수식하는 것으로 보아 '말하고 있는 시점보다 바로 조금 전에'를 의미한다. 반면, 민수의 '금방 올 거야.'라는 말에서 '금방'은 '올 거야'를 수식하는 것으로 보아 '하고 있는 시점부터 바로 조금 후에'를 의미한다. 따라서 '금방' 역시 '다의어의 의미들이 서로 대립적 관계를 맺는 경우'로 쓰였음을 알 수 있다. 그러므로 '빚쟁이'와 '금방'이 ㉠의 예에 해당한다.

▮▮ 왜 오답?

뒤: 영희의 '이틀 뒤에'라는 말에서 '뒤'는 '이틀'이라는 시간을 나타내는 말의 뒤에 쓰인 것으로 보아 '시간이나 순서상으로 다음이나 나중'을 의미함을 알 수 있다. 그리고 영희의 '발표 끝난 뒤'라는 말에서 '뒤' 또한 '발표가 끝난' 시간을 나타내는 말의 뒤에 쓰인 것으로 보아 같은 의미임을 알 수 있다. 따라서 '뒤'는 ㉠의 예에 해당하지 않는다.

돈: 영희의 '돈 빌린 것도'라는 말에서 '돈'은 '빌렸다'라는 표현으로 보아 '사물의 가치를 나타내며, 상품의 교환을 매개하고, 재산 축적의 대상으로도 사용하는 물건'을 뜻한다는 것을 알 수 있다. 그리고 민수의 '돈 받으러 온'이라는 말에서 '돈' 또한 '받으러 왔다'는 표현으로 보아 같은 의미임을 알 수 있다. 따라서 '돈'은 ㉠의 예에 해당하지 않는다.

Ⅲ 문장

문장 성분
074~079쪽

01 ②	02 ④	03 ①	04 ⑤	05 ②
06 ③	07 ①	08 ③	09 ②	10 ①
11 ⑤	12 ④	13 ④	14 ③	15 ②

01 |출제 의도| 문장의 주성분 이해 　　　　　　　　　답 ②
〈보기〉에서 문장을 구성할 때 반드시 있어야 하는 주성분은 주어, 서술어, 목적어, 보어라고 하였고, 서술어 '되다, 아니다'가 필요로 하는 문장 성분 중에서 주어를 제외하고 조사 '이/가'가 붙은 것을 보어라고 하였다. 따라서 ㄴ의 서술어는 '되었다'이고, 주어는 '언니는'이며, '되었다' 앞에 있는 '대학생이'는 보어이므로 주성분에 해당한다. '올해'는 시간을 나타내는 부사어로서 '되었다'가 꼭 필요로 하는 주성분이 아니다.

₩ 왜 오답?
① ㄱ의 '찍었다'는 주어인 '동생이'의 동작을 나타내므로 서술어이다.
③ ㄱ의 '찍었다'는 동작의 대상이 필요하며, 이때 대상은 '사진'이라 할 수 있으므로 '사진을'이 목적어이다. 그러나 ㄴ의 '되었다'는 동작의 대상이 필요하지 않은 서술어이기 때문에 ㄴ에는 목적어가 없다.
④ ㄱ에서 '찍었다'의 주체는 '동생'이므로 '동생이'가 주어이고, ㄴ에서 '되었다'의 주체는 '언니'이므로 '언니는'이 주어이다. '대학생이'는 주어로 오인하기 쉬운데 이는 서술어 '되었다'가 주어 외에 필요로 하는 성분인 보어이다.
⑤ ㄱ에서 주성분은 주어(동생이), 목적어(사진을), 서술어(찍었다)이고, ㄴ에서 주성분은 주어(언니는), 보어(대학생이), 서술어(되었다)이다. 따라서 ㄱ과 ㄴ에는 주성분의 종류가 세 가지씩임을 확인할 수 있다.

02 |출제 의도| 주어의 형태와 기능 이해 　　　　　　　답 ④
ⓒ의 주어, 즉 이번 회의에 참석한 주체는 '신임 장관'이므로 주어는 '신임 장관은'이다. 이는 '신임'과 '장관'이 결합한 명사구에 조사 '은'이 붙어 이루어진 형태이다. 한편, ⓔ에서 순식간에 고물이 된 것은 '새 컴퓨터'이므로 주어는 '새 컴퓨터가'이다. 이는 '새'와 '컴퓨터'가 결합한 명사구에 조사 '가'가 붙어 이루어진 형태이다.

₩ 왜 오답?
① ㄱ의 주어인 '나도'는 '대명사+조사'의 형태이고, ㄴ의 주어인 '바깥이'는 '명사+조사'의 형태이므로 ㄱ과 ㄴ에서 주어는 모두 명사구에 조사가 붙은 형태가 아니다.
② ㄱ에서 '나도'의 '도'와 ⓒ에서 '장관은'의 '은'은 격 조사가 아닌 보조사이다. 주어는 보조사가 붙은 형태로 나타나기도 한다.
③ ㄴ에서 주어는 '바깥이'이며 서술어는 '어둡다'인데 '어둡다'는 대상의 상태를 나타내는 말이므로, ㄴ의 주어가 서술어가 나타내는 동작의 주체라고 이해한 것은 적절하지 않다.
⑤ ⓔ에서 '고물이'는 주어로 보일 수 있지만 '되다' 앞에 쓰인 보어이다. 따라서 주어가 두 번 쓰였다는 설명은 적절하지 않다.

도전 ❶등급

주어의 실현
주어는 문장에서 서술어의 주체를 나타내는 문장 성분으로 다음과 같은 경우에 실현됨.

주어의 실현	예
체언에 주격 조사 '이/가'가 결합하는 경우. 단, 주어를 높일 때는 '께서', 주어가 단체를 나타내는 명사일 때는 '에서'가 대신 쓰일 수 있음.	들판이 푸르다. 지혜가 달린다. 할머니께서 진지를 드신다. 이번 대회는 우리 학교에서 우승을 차지하였다.
하나의 구(句) 또는 절(節)에 주격 조사가 결합하는 경우	그 소년이 그림을 그렸다. 그림 그리기가 그의 취미이다.
주격 조사가 없는 경우	너 무엇을 보고 있니?
주격 조사 없이 보조사만 결합하거나, 보조사에 주격 조사가 다시 결합하는 경우	나만 그 문제를 해결할 수 있어. 나만이 그 문제를 해결할 수 있어.

03 |출제 의도| 목적어의 다양한 형태 이해 　　　　　　답 ①
'산책을'은 체언 '산책'에 목적격 조사 '을'이 결합한 형태이다. 따라서 체언+목적격 조사 '을/를'의 예에 해당하는 것이지, 체언에 특정한 의미를 더해 주는 보조사가 결합한 것의 예가 아니다.

₩ 왜 오답?
② '이사도'는 체언 '이사'에 '도'가 붙은 것이다. '도'는 '역시'라는 의미를 더해 주는 보조사이므로, 이는 ㄱ의 예에 해당한다.
③ '꽃구경'은 체언 '꽃구경'이 조사 없이 단독으로 쓰인 경우이므로 ㄴ의 예에 해당한다.
④ '배낭여행'은 체언 '배낭여행'이 조사 없이 단독으로 쓰인 경우이므로 ㄴ의 예에 해당한다.
⑤ '한길만을'은 '한길+만+을'의 구조이다. 체언 '한길'에 '단독'이라는 의미를 더해 주는 보조사 '만'과 목적격 조사 '을'이 함께 쓰인 경우이므로 이는 ㄷ의 예에 해당한다.

04 |출제 의도| 관형어의 특성 이해 　　　　　　　　　답 ⑤
'정해진', '있는', '방황했던'은 생략하면 문장이 성립되지 않지만, '온갖'의 경우는 생략하더라도 문장이 성립하므로, '온갖'이 문장에서 생략할 수 없는 필수 성분에 해당한다는 내용은 적절하지 않다.

₩ 왜 오답?
① '그', '이', '온갖'과 같은 관형사는 그대로 문장에서 관형어로 쓰인다. 단, '그'와 '이'는 대명사와 형태가 같기 때문에 다음에 오는 말을 수식하는지의 여부를 따져 보아야 한다.
② '정해진', '있는', '방황했던'은 모두 용언 '정해지다', '있다', '방황하다'의 관형사형이 관형어로 쓰인 것이다.
③ '그', '이'는 모두 지시 관형사로 앞에서 이미 언급된 것을 가리키며, 각각 뒤에 있는 말 '시기'와 '구절'을 꾸며 주는 관형어 역할을 하고 있다.
④ '나의'와 '사춘기의'는 각각 대명사인 '나'와 명사인 '사춘기'에 관형격 조사 '의'가 결합하여 관형어로 쓰이고 있다.

관형어의 실현

관형어는 체언을 꾸며 주는 문장 성분으로 다음과 같은 경우에 실현됨.

관형어의 실현	예
관형사가 그대로 관형어가 되는 경우	그는 새 옷으로 갈아입었다.
체언에 관형격 조사 '의'가 결합하는 경우	우리는 봄의 기운을 느꼈다.
관형격 조사 '의' 없이 체언과 체언이 결합하는 경우	오랜만에 고향 친구를 만났다.
용언 어간에 관형사형 전성 어미 '-ㄴ'이 결합하는 경우(관형절)	예쁜 꽃이 피었다. 우리는 그가 돌아온 사실을 알지 못했다.

05 |출제 의도| 필수적 부사어의 이해 답 ②

②의 서술어 '주다'는 '누가 누구에게 무엇인가를 주다.'와 같이 주어, 목적어, 부사어를 반드시 필요로 한다. ②에서 '나는 선물을 주었다.'라고 하면 '누구에게'가 생략되어 완전한 문장이 될 수 없다. 따라서 '철수에게'는 문장을 구성하는 데 꼭 필요한 필수적 부사어에 해당한다.

왜 오답?

① '달리다'는 주어만 있어도 문장이 성립하는 서술어이므로, '철수가 빨리 달렸다.'와 같이 '매우'가 생략되어도 문장이 성립한다.

③ '이루다'는 주어와 목적어를 필요로 하는 서술어이므로, '그녀는 꿈을 이루었다.'와 같이 '마침내'가 생략되어도 문장이 성립한다.

④ '피다'는 주어만 있어도 문장이 성립하는 서술어이므로, '정원에 장미가 피었다.'와 같이 '예쁘게'가 생략되어도 문장이 성립한다.

⑤ '방문하다'는 목적어 또는 부사어를 필요로 하는 서술어인데, '나는 할머니 댁을 방문했다.'와 같이 부사어 '오후에'가 생략되어도 문장이 성립한다.

필수적 부사어

용언의 특성에 따라 부사어를 필수적으로 요구하는 것이 있음.

'-에/에게'	넣다, 두다, 드리다, 맞다, 던지다, 다가서다, 주다 등
'와/과'	같다, 다르다, 비슷하다, 다르다, 닮다 등
'(으)로'	삼다, 변하다 등

06 |출제 의도| 부사어의 특성 이해 답 ③

③에 쓰인 부사어 '너무'는 '샀다'를 수식하는 것이 아니라 관형어 '헌'을 수식하고 있다. 부사어는 주로 용언을 꾸미지만 때로는 관형어나 다른 부사어, 문장 전체를 꾸미기도 한다.

왜 오답?

① 절은 '주어-서술어'의 구성으로 이루어진 것인데, '눈이 부시게'는 '주어-서술어'의 형태이며, '푸른'을 수식하는 부사로 쓰였다.

② '하늘에서는' 명사 '하늘'에 부사격 조사 '에서'가 결합한 부사어이며, '펑펑'은 부사로서 서술어를 수식하는 부사어로 쓰였다.

④ ㉠의 '엄마와'와 ㉡의 '취미로'는 모두 서술어를 수식하는 부사어이다. 그런데 '취미로'와 달리 '엄마와'는 문장 구성에 반드시 필요한 필수적 부사어이다. '닮다'라는 서술어는 누구와 닮았는지 그 비교 대상이 있어야 하며, 이때 '와'라는 비교 부사격 조사가 쓰인 부사어가 반드시

필요하다.

⑤ 일반적으로 보어는 '되다', '아니다' 앞에 보격 조사 '이/가'가 붙어서 나타나는 문장 성분을 의미하기 때문에 ㉡의 '재가'는 보어라고 볼 수 있다. 그리고 ㉠은 명사에 부사격 조사 '로'가 결합한 부사어이다. 그런데 둘다 서술어 '되었다'가 반드시 필요로 하는 성분이라는 점에서는 공통적이다.

07 |출제 의도| 서술어의 문형 정보 이해 답 ①

〈보기〉에서 '지내다'의 문형 정보로 【-게】를 추출한 것은 서술어 '지내다'가 반드시 필요로 하는 필수적 문장 성분인 '조용하게'와 '편하게'를 추출한 것에 따른 결과이다. 이를 선택지에 적용하면 ①의 경우 '되다'는 '어떤 재료나 성분으로 이루어지다.'라는 의미를 지니는 서술어로, '무엇이 무엇으로 되다.'와 같이 【…으로】가 반드시 필요하므로, '되다'의 문형 정보를 【…으로】로 추출하는 것은 타당하다.

왜 오답?

② '아무렇지 않게', '자연스럽게'는 생략되어도 문장이 성립되기 때문에 이들은 서술어 '넘어가다'의 필수적 문장 성분에 해당하지 않는다. 따라서 '넘어가다'의 문형 정보로 【-게】를 추출하는 것은 타당하지 않다. '넘어가다'는 '무엇이 무엇무엇에 넘어가다.'와 같이 쓰이기 때문에 '속임수에', '꾀에'가 필수적 문장 성분이므로 【…에/에게】를 '넘어가다'의 문형 정보로 추출해야 한다.

③ '옷 때문에', '한밤중에'는 생략되어도 문장이 성립되기 때문에, 이들은 '다투다'의 필수적 문장 성분에 해당하지 않는다. 따라서 '다투다'의 문형 정보로 【…에】를 추출하는 것은 타당하지 않다. '다투다'는 '누가 누구와 다투다.'와 같이 쓰이기 때문에 '언니와', '누군가와'가 필수적 문장 성분이므로 【…와/과】를 '다투다'의 문형 정보로 추출해야 한다.

④ '사은품으로', '부록으로'는 생략되어도 문장이 성립되기 때문에, 이들은 서술어 '딸리다'의 필수적 문장 성분에 해당하지 않는다. 따라서 '딸리다'의 문형 정보로 【…으로】를 추출하는 것은 타당하지 않다. '딸리다'는 '무엇이 무엇에 딸리다.'처럼 쓰이기 때문에 '가방에', '그 책에'가 필수적 문장 성분이라 할 수 있으므로 【…에/에게】를 '딸리다'의 문형 정보로 추출해야 한다.

⑤ '깨끗하게', '허옇게'는 생략되어도 문장이 성립되기 때문에, 이들은 서술어 '빠지다'의 필수적 문장 성분에 해당하지 않는다. 따라서 '빠지다'의 문형 정보로 【-게】를 추출하는 것은 타당하지 않다. '빠지다'는 '때, 빛깔 따위가 씻기거나 없어지다.'라는 뜻으로 '무엇이 어디에서 빠지다.'와 같이 사용되기 때문에 '옷에서', '청바지에서'가 필수적 문장 성분이므로 【…에서】를 '빠지다'의 문형 정보로 추출해야 한다.

08 |출제 의도| 서술어의 자릿수 이해 답 ③

㉠의 '가다'는 '누가 어디로(어디에) 가다.'와 같이 쓰이므로, 주어 '친구가'와 부사어 '서울로'를 필요로 하는 두 자리 서술어이다. ㉡의 '가다'는 '무엇이 무엇에 가다.'와 같이 쓰이므로, 주어 '구김이'와 부사어 '바지에'를 필요로 하는 두 자리 서술어이다. ㉣의 '생각하다'는 '누가 무엇을 생각하다.'와 같이 쓰이므로, 주어 '학생이'와 목적어 '진로를'을 필요로 하는 두 자리 서술어이다.

왜 오답?

㉢ '가다'는 '무엇이 가다.'와 같이 쓰이므로, 주어 '시계가'만 필요로 하는 한 자리 서술어이다.

㉤ '생각하다'는 '누가 무엇을 무엇으로 생각하다.'와 같이 쓰이므로, 주어 '우리가'와 목적어 '투표를', 부사어 '의무로'를 필요로 하는 세 자리 서술어이다.

서술어의 자릿수

문법적으로 문장이 성립하기 위해 서술어가 필수적으로 요구하는 문장 성분의 개수

종류	필요한 문장 성분	예
한 자리 서술어	주어	새가 지저귄다. 꽃이 예쁘다.
두 자리 서술어	주어, 목적어	수지가 연극을 본다.
	주어, 보어	그가 장군이 되었다. 그는 바보가 아니다.
	주어, (필수적) 부사어	동생이 학교에 입학했다. 표정이 평소와 다르다.
세 자리 서술어	주어, 목적어, (필수적) 부사어	친구가 나에게 편지를 주었다. 삼촌은 친구의 딸을 며느리로 삼았다.

09 | 출제 의도 | 서술어의 자릿수 이해 답 ②

ⓒ의 '살다'는 주어 '글이'만 필수적으로 요구하는 한 자리 서술어이다. '글이 살다.', '개성이 살다.' 등과 같이 주어만으로도 충분히 문장이 성립되기 때문에 '이 한 구절로'와 같은 부사어를 필수적으로 요구하지 않으므로 두 자리 서술어가 아니다.

왜 오답?

① ㉠의 '살다'는 '불씨가 살다.'와 같이 사용되며, 주어 '불씨가'만 필수적으로 요구하는 한 자리 서술어이다.

③ ⓒ의 '살다'는 '누가 무슨 벼슬을 살다.'와 같이 사용되며, 주어인 '그는'과 목적어인 '벼슬을'을 필수적으로 요구하는 두 자리 서술어이다.

④ ⓔ의 '놓다'는 '누가 무엇을 놓다.'와 같이 사용되며, 주어인 '그는'과 목적어인 '일손을'을 필수적으로 요구하는 두 자리 서술어이다.

⑤ ⓜ의 '놓다'는 '누가 무엇을 어디에 놓다.'와 같이 사용되며, 주어인 '형은'과 목적어인 '책을', 부사어인 '책상 위에'를 필수적으로 요구하는 세 자리 서술어이다.

서술어의 자릿수를 파악할 때 유의할 점

• 서술어가 다의어일 때는 그 의미에 따라 자릿수를 달리하는 경우가 있다.
 − 아이들이 논다.(한 자리) / 아이들이 윷을 논다.(두 자리)
 − 달이 밝다.(한 자리) / 그는 경주 지리에 밝다.(두 자리)

• 타동사는 두 자리 서술어가 일반적이지만, 세 자리 서술어인 경우도 있다.
 − 동생이 점심을 먹는다.(두 자리)
 − 엄마가 내 옷에 주머니를 달았다.(세 자리)

10 | 출제 의도 | 문장 성분 이해 답 ①

〈보기〉의 [자료] 내용을 보면, 우선 중간에 내리그은 세로줄 왼편에는 주성분인 주어, 목적어, 서술어를 배치하고, 오른편에는 부속 성분인 관형어와 부사어를 배치한 것을 확인할 수 있다. 그리고 문장 성분이 다른 곳에는 가로로 외줄을 긋고, 주어 부분과 나머지 부분을 구분할 때는 가로로 쌍줄을 그은 것 또한 확인할 수 있다. 마지막으로 조사는 앞말과의 사이에 짧은 세로줄을 그어 표시한 것도 확인할 수 있다. 이 내용을 바탕으로 '나는 그 책도 샀다.'를 분석해 보면, '나는'은 주어, '그'는 관형어, '책

도'는 목적어, '샀다'는 서술어이므로, 중간에 내리그은 세로 줄 왼편에는 '나는', '책도', '샀다'가, 오른편에는 '그'를 배치해야 한다. 그리고 문장 성분이 다른 곳에는 가로로 외줄을 긋고, 주어에 해당하는 '나는' 아래에만 가로로 쌍줄을 그어야 한다. 마지막으로 '나는'과 '책도'에는 각각 조사에 해당하는 '는'과 '도'가 쓰였으므로 두 단어 사이에 짧은 세로줄을 그어 표시해야 한다. 이를 종합할 때 '나는 그 책도 샀다.'의 구문 도해는 ①이 가장 적절하다.

11 | 출제 의도 | 문장 성분 이해 답 ⑤

ㄴ의 '삼았다'는 '누가 무엇을 무엇으로 삼았다.'와 같이 사용되므로 주어, 목적어, 부사어를 반드시 필요로 한다. 따라서 ㄴ의 '동생으로'는 서술어 '삼았다'가 반드시 필요로 하는 필수적인 성분이라 할 수 있다.

왜 오답?

① ㄱ의 '색종이를'은 '잘랐다'라는 행위의 대상이므로 목적어이고, 목적어는 필수적인 성분이다.

② ㄱ의 '꼼꼼한'과 ㄴ의 '옆집의'는 모두 관형어로서 문장에서 생략이 가능하므로 필수적이지 않은 성분이다. 관형어는 문장 안에서 뒤에 오는 체언을 수식하는 기능을 한다.

③ ㄱ의 '소윤이가'와 ㄴ의 '경민이는'은 문장 안에서 행위의 주체이므로 주어이고, 이는 필수적인 성분이다.

④ ㄱ의 '잘랐다'와 ㄴ의 '삼았다'는 문장 안에서 주체의 행위를 표현하는 기능을 하므로 서술어이고, 이는 필수적인 성분이다.

[12~13] 문장 성분의 특성과 올바른 문장

지문 해설: 이 글에서는 올바른 문장에 대해 설명하고 있다. 올바른 문장은 문장 성분이 잘 갖추어진 문장인데, 이때 문장 성분은 문장의 골격이 되는 주성분, 주성분의 내용을 수식하는 부속 성분, 다른 문장 성분과 관련이 없는 독립 성분으로 나뉘며, 주성분에는 주어, 서술어, 목적어, 보어가, 부속 성분에는 관형어와 부사어, 독립 성분에는 독립어가 있음을 밝히고 있다. 문장 성분이 제대로 갖추어지지 않으면 문장이 올바르지 않은데 이러한 경우로 첫째는 문장 성분 간의 호응이 이루어지지 않은 경우, 둘째는 반드시 필요한 문장 성분이 생략되어 있는 경우를 제시하고 있다.

주제: 문장 성분과 올바른 문장의 관계

12 | 출제 의도 | 문장 성분 이해 답 ④

'야호! 우리가 드디어 힘든 관문을 통과했어.'라는 문장은 '야호(독립어)' + '우리가(주어)' + '드디어(부사어)' + '힘든(관형어)' + '관문을(목적어)' + '통과했어(서술어)'로 분석된다. 따라서 주성분은 '우리가', '관문을', '통과했어'이고, 부속 성분은 '드디어', '힘든'이며, 독립 성분은 '야호'이므로 ④가 적절하다.

13 | 출제 의도 | 문장 성분 이해 답 ④

ⓔ '할아버지께서 입학 선물을 주셨다.'의 '잘못된 이유'는 서술어가 반드시 필요로 하는 부사어가 생략되었기 때문이다. '어제'라는 부사어가 아니라, 할아버지께서 입학 선물을 '누구에게' 주었는지에 해당하는 '~에게'가 꼭 필요한 부사어이므로 이 문장은 '할아버지께서 나에게 입학 선물을 주셨다.'와 같이 수정되어야 한다.

왜 오답?

① ㉠ '그는 친구에게 보냈다.'에는 '무엇을' 보냈는지가 생략되어 있다. 즉 서술어 '보냈다'가 반드시 필요로 하는 목적어가 생략되었으므로 잘못된 이유로 적절하다.

② ⓛ '이번 일은 결코 성공해야 한다.'에서 부사어 '결코'는 서술어 '성공해야 한다'와 호응하지 않으므로 잘못된 이유로 적절하다. '결코'는 대

체로 부정을 의미하는 서술어와 호응한다.

③ ⓒ '그의 뛰어난 점은 필기를 잘한다.'에서 주어 '그의 뛰어난 점은'은 서술어 '잘한다'와 호응하지 않으므로 잘못된 이유로 적절하다. 일반적으로 '~ 것(점)은 ~ 것(점)이다'와 같은 주술 구조가 사용된다.

⑤ ⓜ '사람들은 즐겁게 춤과 노래를 부르고 있다.'에서 목적어 '춤과 노래를'은 서술어 '부르고 있다'와 호응하지 않는데, 그 이유는 '춤'에 해당하는 서술어가 없기 때문이다. 따라서 '사람들은 즐겁게 춤을 추고 노래를 부르고 있다.'와 같이 고쳐 쓰는 것이 적절하다.

도전 ① 등급

올바른 문장 표현 – 생략된 문장 성분 채우기

주어 갖추기	우리도 언제 개통될지 모른다. ㄴ '개통될지'의 주체가 없음.	⇨ 우리도 도로가 언제 개통될지 모른다.
목적어 갖추기	그는 언제 먹을지 궁금했다. ㄴ '먹을지'의 대상이 없음.	⇨ 그는 언제 음식을 먹을지 궁금했다.
관형어 갖추기	윤희는 것이 예쁘다. ㄴ 의존 명사 앞에는 관형어가 필수적으로 요구됨.	⇨ 윤희는 웃는 것이 예쁘다.
부사어 갖추기	고모는 살았다. ㄴ '살다'는 부사어 또는 목적어를 필수적으로 요구함.	⇨ 고모는 경주에서 살았다.
서술어 갖추기	어제는 비와 바람이 많이 불었다. ㄴ 주체 '비'와 호응하는 서술어가 없음.	⇨ 어제는 비가 내리고 바람이 많이 불었다.

[14~15] 서술어의 자릿수

지문 해설: 이 글에서는 서술어에 따라 완전한 문장을 이루기 위해 필요로 하는 문장 성분의 개수인 '서술어의 자릿수'에 대해 설명하고 있다. '한 자리 서술어'는 주어만을 필요로 하고, '두 자리 서술어'는 주어 외에 목적어, 보어, 필수적 부사어 중에서 하나의 문장 성분을 더 필요로 하며, '세 자리 서술어'는 주어, 목적어, 필수적 부사어를 반드시 필요로 하는데, 이

때 필수적 부사어는 생략될 경우 불완전한 문장이 된다고 설명하고 있다. 한편 문장에서 사용되는 의미의 차이에 따라 그 자릿수를 달리하는 서술어의 예도 제시하고 있다.

주제: 서술어의 자릿수와, 문장에서 사용되는 의미의 차이에 따라 자릿수를 달리하는 서술어

14 |출제 의도| 서술어의 자릿수 이해   답 ③

ⓒ의 '듣는다'는 사전 정보에서 【…을 …으로】의 구조로 쓰인다고 하였으므로, 주어 '그들은' 이외에 목적어 '농담을'과 부사어 '진담으로'를 더 필요로 함을 알 수 있다. 따라서 주어 외에 두 개의 문장 성분을 더 필요로 한다고 이해한 것은 적절하다.

❖ 왜 오답?

① ⓐ는 【…을】이라는 문형 정보로 볼 때, 주어와 목적어를 필수적으로 요구하는 두 자리 서술어임을 알 수 있다.

② ⓑ는 【…에게 …을】이라는 문형 정보로 볼 때, 주어와 목적어, 부사어를 필수적으로 요구하는 세 자리 서술어임을 알 수 있다. 부사어 '누나에게'를 생략할 경우 불완전한 문장이 된다.

④ ⓐ는 주어와 목적어를 필요로 하는 서술어이고, ⓓ는 주어와 부사어를 필요로 하는 서술어이므로, ⓐ와 ⓓ는 필요로 하는 문장 성분이 서로 다르다.

⑤ ⓑ와 ⓓ는 사전적 의미가 서로 다른 동음이의 관계임을 알 수 있다. 그러나 ⓑ는 주어, 목적어, 부사어를 필요로 하는 세 자리 서술어이고, ⓓ는 주어, 부사어를 필요로 하는 두 자리 서술어이므로 서술어의 자릿수가 서로 다르다.

15 |출제 의도| 필수적 부사어의 이해   답 ②

①, ③, ④, ⑤의 밑줄 친 단어를 생략하였을 경우, '그 아이는 매우 생겼다.', '이 지역의 기후는 적합하다.', '나는 이 일을 함께 의논하겠다.', '작년에 부모님께서 큰 선물을 주셨다.'와 같이 의미가 불완전한 문장이 된다. 반면, ②의 '통나무로'는 '만들었다'의 재료를 의미하는 부사어로 '승윤이는 식탁을 만들었다.'와 같이 '통나무로'를 생략하여도 문장의 의미가 성립하기 때문에 '통나무로'는 필수적 부사어라 할 수 없다.

16 ②	17 ⑤	18 ①	19 ②	20 ④
21 ②	22 ③	23 ③	24 ①	25 ④
26 ②	27 ②	28 ⑤	29 ④	30 ②
31 ①	32 ③	33 ⑤	34 ①	35 ①
36 ②	37 ④	38 ⑤	39 ①	40 ④
41 ⑤	42 ①			

16 |출제 의도| 이어진문장 이해   **답 ②**

ㄱ과 ㄷ은 대등하게 이어진 문장으로, '암벽 등반은 재미있고 힘들다.', '암벽 등반은 재미있지만 힘들다.'와 같이 앞 절과 뒤 절의 순서를 바꾸어도 의미에 변화가 생기지 않는다. 그러나 ㄴ은 종속적으로 이어진 문장으로 '암벽 등반은 재미있어서 힘들다.'와 같이 앞 절과 뒤 절의 순서를 바꾸면 의미에 변화가 생긴다.

❝ **왜 오답?**

① ㄱ, ㄴ, ㄷ은 '암벽 등반은 힘들다.'와 '암벽 등반은 재미있다.'라는 두 개의 홑문장이 이어진 문장이다.

③ ㄱ, ㄴ, ㄷ에서 두 개의 홑문장의 주어가 '암벽 등반'으로 같기 때문에 뒤 절의 주어는 생략이 가능하다.

④ ㄱ과 ㄷ은 모두 대등하게 이어진 문장으로, ㄱ은 나열의 의미 관계를, ㄷ은 대조의 의미 관계를 가지고 있다.

⑤ ㄴ은 종속적으로 이어진 문장으로, 앞 절과 뒤 절이 원인의 의미 관계를 가지고 있다.

17 |출제 의도| 이어진문장 이해   **답 ⑤**

〈보기〉에서 접속 조사로 쓰인 '와/과'는 두 홑문장이 결합된 이어진문장을 만들지만, 비교의 대상이나 행위의 상대임을 나타내는 '와/과'는 서술어가 하나이면 홑문장이 된다고 하였다. ⑤의 '그 사람과 나는 오래 전부터 서로 사귀어 왔다.'에도 '와/과'가 사용되었지만, 이 문장에 쓰인 '과'는 행위의 상대임을 나타내는 부사격 조사이기 때문에 이 문장은 두 개의 홑문장, 즉 '그 사람은 오래 전부터 서로 사귀어 왔다.'와 '나는 오래 전부터 서로 사귀어 왔다.'로 분리할 수 없으므로 ⑤는 이어진문장이 아닌 홑문장이다.

❝ **왜 오답?**

① '나는 시를 좋아한다.'와 '나는 소설을 좋아한다.'로 나눌 수 있으므로 이어진문장에 해당한다.

② '그녀는 집에서 공부했다.'와 '그녀는 도서관에서 공부했다.'로 나눌 수 있으므로 이어진문장에 해당한다.

③ '고향의 산은 예전 그대로였다.'와 '고향의 하늘은 예전 그대로였다.'로 나눌 수 있으므로 이어진문장에 해당한다.

④ '성난 군중이 앞문으로 들이닥쳤다.'와 '성난 군중이 뒷문으로 들이닥쳤다.'로 나눌 수 있으므로 이어진문장에 해당한다.

18 |출제 의도| 안긴문장과 안은문장의 이해   **답 ①**

'그녀는 그가 여행을 간 사실을 몰랐다.'에서 안긴문장은 '그가 여행을 간'이고 안은문장은 '그녀는 사실을 몰랐다'이다. 이때 안긴문장이 안은문장의 체언 '사실'을 수식하고 있으므로 '그가 여행을 간'이 관형절임을 알 수 있지만, 두 문장에는 중복된 단어가 없으므로 관형절로 안긴 문장에서 생략된 문장 성분은 찾아볼 수 없다. 따라서 이 문장은 ㉠의 예로 적절하지 않다.

❝ **왜 오답?**

② 관형절 '내가 사는'에서 생략된 단어는 부사어 '마을에'이다. 이는 관형절이 수식하는 체언 '마을'과 동일하여 생략된 것이다.

③ 관형절 '책장에 있던'에서 생략된 단어는 '소설책이'이다. 이는 관형절이 수식하는 '소설책'과 중복되어 생략된 것이다.

④ 관형절 '동생이 먹을'에서 생략된 단어는 목적어 '딸기를'이다. 이는 관형절이 수식하는 체언 '딸기'와 중복되어 생략된 것이다.

⑤ 관형절 '골짜기에 흐르는'에서 생략된 단어는 '물이'이다. 이는 관형절이 수식하는 체언 '물'과 중복되어 생략된 것이다.

도전 ❶ 등급

> **안긴문장과 문장 성분의 생략**
>
> 한 문장이 절의 형태로 다른 문장에 안길 때, 안긴문장의 문장 성분 중 하나가 안은문장에도 동일하게 있으면 그 문장 성분은 안긴문장에서 생략됨.
> **예** 나는 그곳에 있는 향기가 좋았다.
> → 안긴문장 '향기가 그곳에 있다.'에서 주어 '향기가'가 안은문장의 '향기가'와 일치하여 생략됨.
> 철수가 잡은 고기가 월척이었다.
> → 안긴문장 '철수가 고기를 잡았다.'에서 목적어 '고기를'이 안은문장의 '고기'와 일치하여 생략됨.

19 |출제 의도| 안긴문장과 안은문장의 이해   **답 ②**

㉢ '철수가 산책을 한 공원은 학교 뒤에 있다.'의 안긴문장은 '철수가 산책을 한'인데, 뒤의 체언 '공원'을 수식하고 있으므로 ㉠이 ㉡에 관형절로 안긴 것을 확인할 수 있다. 또한 ㉠이 ㉡에 안기는 과정에서 부사어 '공원에서'가 생략된 것도 확인할 수 있다.

20 |출제 의도| 안긴문장과 안은문장의 이해   **답 ④**

㉣에는 '내가 늘 쉬-'가 어미 '-던'과 결합하여 관형절로 안겨 있다. '내가 늘 공원에서 쉬다.'라는 원래 문장에서 '공원에서'는 안은문장의 부사어 '공원에서'와 겹쳐 생략되었다.

❝ **왜 오답?**

① ㉠에는 '자식이 건강하-'가 명사형 전성 어미 '-기'와 결합하여 명사절로 안겨 있으며, 이 안긴문장에 생략된 문장 성분은 없다.

② ㉡에는 '연락도 없-'이 부사형 전성 어미 '-이'와 결합하여 부사절로 안겨 있으며, 이 안긴문장에 생략된 문장 성분은 없다.

③ ㉢에는 '자신의 판단이 옳았-'이 명사형 전성 어미 '-음'과 결합하여 명사절로 안겨 있으며, 이 안긴문장에 생략된 문장 성분은 없다.

⑤ ㉤에는 '아주 어렵-'이 관형사형 전성 어미 '-ㄴ'과 결합하여 관형절로 안겨 있으며, 이 안긴문장에는 '아주 어려운'의 주체인 주어 '과제가'가 생략되어 있다.

21 |출제 의도| 안긴문장과 안은문장의 이해   **답 ②**

ㄴ은 안긴문장 '사진이 벽에 걸려 있다.'와 안은문장 '나는 사진을 떠올렸다.'가 결합하여 만들어진 문장이다. 이때 안긴문장에서 공통된 체언인 '사진'이 생략된 것을 확인할 수 있으므로, ㄴ은 Ⓐ의 유형처럼 안은문장과 공통된 체언이 생략된 관형절을 안은 문장에 해당한다. 따라서 ㄴ은 안긴문장과 안은문장의 공통된 체언이 생략되지 않고 관형절이 만들어졌다는 탐구 내용은 적절하지 않다.

❝ **왜 오답?**

① ㄱ은 안긴문장 '그가 시를 지었다.'와 안은문장 '시는 감동적이었다.'가 결합하여 만들어진 문장이다. 이때 안긴문장에서 공통된 체언인 '시'가 생략되었으므로 ㄱ은 Ⓐ와 같은 유형의 관형절을 안은 문장이라는

탐구 내용은 적절하다.

③ ㄷ은 안긴문장 '그가 한국에 돌아왔다.'와 안은문장 '나는 소문을 들었다.'가 결합하여 만들어진 문장이다. 이때 안긴문장에는 생략된 문장 성분이 없고, 뒤의 체언 '소문'을 수식하고 있으므로 ㄷ은 ⑧와 같은 유형의 관형절을 안은 문장이라는 탐구 내용은 적절하다.

④ ㄹ은 안긴문장 '그 사람이 나를 속이다.'와 안은문장 '가능성은 매우 낮다'가 결합하여 만들어진 문장이다. 이때 뒤의 '가능성'을 수식하는 안긴문장이 주어와 목적어, 서술어의 필수 성분을 모두 갖추고 있으므로 ㄹ은 ⑧와 같은 유형의 관형절을 안은 문장이라는 탐구 내용은 적절하다.

⑤ ㅁ은 안긴문장 '이마에 땀이 흐르다.'와 안은문장 '나는 수건으로 땀을 닦았다.'가 결합하여 만들어진 문장이다. 이때 안긴문장에서 공통된 체언인 '땀'이 생략되었으므로 ㅁ은 ⒜와 같은 유형의 관형절을 안은 문장이라는 탐구 내용은 적절하다.

도전 ❶ 등급

	관계 관형절과 동격 관형절
관계 관형절	- 수식을 받는 체언이 관형절의 한 성분이 되는 관형절임. - 관형절 내에서 문장 성분이 생략됨. ⒠ 아름답게 핀 진달래가 매우 화사하다. → 수식을 받는 '진달래'가 관형절의 주어인데(진달래가 아름답게 피다), 안길 때 관형절 내에서 생략됨.
동격 관형절	- 수식을 받는 체언의 내용이 되는 관형절임. - 관형절 내에서 문장 성분이 생략되지 않음. ⒠ 그 친구가 우등상을 받게 된다는 소문이 돌았다. → 소문에 해당하는 내용이 관형절이고, 안길 때 관형절 내에 생략되는 문장 성분이 없음.

22 |출제 의도| **문장의 짜임 이해**   답 ③

ⓒ의 안은문장은 '동주는 별을 응시했다.'이고 안긴문장은 '별이 반짝이다.'이므로 '별을'은 안은문장의 목적어이자, 안긴문장의 주어이다.

왜 오답?

① ⓐ의 서술어 '삼았다'는 '누가 무엇을 무엇으로 삼다.'와 같이 주어, 목적어, 부사어를 필요로 하므로, ⓐ의 '삼았다'는 주어 이외에도 두 개의 문장 성분(목적어('위기를')와 부사어('좋은 기회로'))을 필수적으로 요구한다는 내용은 적절하다.

② ⓑ의 안은문장 '바다가 파랗다.'에서 주어는 '바다가'이고, 안긴문장 '눈이 부시다.'에서 주어는 '눈이'이므로, ⓑ의 '바다가'와 '눈이'는 각각 다른 서술어의 주어라는 내용은 적절하다.

④ ⓐ의 안긴문장은 '기회가 좋다.'이고, ⓒ의 안긴문장은 '별이 반짝이다.'이므로 '좋은'과 '반짝이는'은 안긴문장의 서술어라는 내용은 적절하다.

⑤ ⓑ의 '눈이 부시게'는 '파랗다'를 수식하는 부사절이고, ⓒ의 '반짝이는'은 '별'을 수식하는 관형사절이므로 '눈이 부시게'와 '반짝이는'은 수식의 기능을 한다는 설명은 적절하다.

23 |출제 의도| **문장의 짜임 이해**   답 ③

〈보기〉에서는 안긴문장을 찾아 완결된 문상으로 바꾼 후 밑줄 친 단어가 문장 성분으로서 어떠한 기능을 하는지 설명하고 있다. '나는 어제 부모님이 시키신 일을 오늘에야 다 끝냈다.'에서 안겨 있는 관형절을 완결된 문장으로 바꾸면 '어제 부모님이 일을 시키셨다.'이다. 밑줄 친 '일'은 뒤에 '을'이 붙어 목적어로 기능하므로 ⓒ에 해당하는 예라 할 수 있다. 그

러나 '두 사람이 어제 헤어진 공원이 지금 공사 중입니다.'에서 안겨 있는 관형절을 완결된 문장으로 바꾸면 '두 사람이 어제 공원에서 헤어졌다.'이다. 밑줄 친 '공원'은 뒤에 '에서'가 붙어 부사어로 기능하므로 ⓒ에 해당하는 예라고 볼 수 없다.

왜 오답?

① '어제 결혼한 그들에게 나는 미리 선물을 주었다.'에서 안겨 있는 관형절을 완결된 문장으로 바꾸면 '그들이 어제 결혼했다.'이다. 밑줄 친 '그들'은 뒤에 '이'가 붙어 주어로 기능한다. 또한 '누나를 많이 닮은 친구를 우리는 오늘도 만났다.'에서 안겨 있는 관형절을 완결된 문장으로 바꾸면 '친구가 누나를 많이 닮았다.'이다. 밑줄 친 '친구'는 뒤에 '가'가 붙어 주어로 기능한다.

② '나무로 된 탁자에 동생이 낙서를 하고 있다.'에서 안겨 있는 관형절을 완결된 문장으로 바꾸면 '탁자가 나무로 되었다.'이다. 밑줄 친 '탁자'는 뒤에 '가'가 붙어 주어로 기능한다. 또한 '그들은 시대에 뒤떨어진 생각을 여전히 하고 있다.'에서 안겨 있는 관형절을 완결된 문장으로 바꾸면 '생각이 시대에 뒤떨어지다.'이다. 밑줄 친 '생각'은 뒤에 '이'가 붙어 주어로 기능한다.

④ '친구가 나에게 준 옷이 나는 마음에 든다.'에서 안겨 있는 관형절을 완결된 문장으로 바꾸면 '친구가 나에게 옷을 주다.'이다. 밑줄 친 '옷'은 뒤에 '을'이 붙어 목적어로 기능한다. 또한 '누나는 털실로 짠 장갑도 내게 주었습니다.'에서 안겨 있는 관형절을 완결된 문장으로 바꾸면 '누나는 털실로 장갑을 짰다.'이다. 밑줄 친 '장갑'은 뒤에 '을'이 붙어 목적어로 기능한다.

⑤ '아이들이 운동장에서 공을 찬 주말을 기억해 보세요.'에서 안겨 있는 관형절을 완결된 문장으로 바꾸면 '아이들이 주말에 운동장에서 공을 찼다.'이다. 밑줄 친 '주말'은 '에'가 붙어 부사어로 기능한다. 또한 '그는 관중이 쓰레기를 남긴 경기장을 열심히 청소했다.'에서 안겨 있는 관형절을 완결된 문장으로 바꾸면 '관중이 경기장에 쓰레기를 남겼다.'이다. 밑줄 친 '경기장'은 뒤에 '에'가 붙어 부사어로 기능한다.

24 |출제 의도| **문장의 짜임 이해**   답 ①

'그가 아끼던 제자가 상을 받았음을 그녀가 알려 줬다.'에서 서술어의 기능을 하는 단어는 '알려 줬다', '받았음', '아끼던'이다. 각각에 해당하는 주어를 찾아보면, ㉠에 들어갈 말은 '그녀가', ㉡에 들어갈 말은 '제자가', ㉢에 들어갈 말은 '그가'임을 알 수 있다.

25 |출제 의도| **문장의 짜임 이해**   답 ④

명사절과 관형절이 있는 겹문장을 만들라는 것이 〈조건〉이므로 이를 충족해야 한다. 명사절은 '-(으)ㅁ'이나 '-기'를 통해 실현되므로, '-기'가 들어간 ③, ④, ⑤ 중에서 ④의 '나는 꽃이 활짝 핀 봄이 오기를 기다린다.'는 '꽃이 활짝 핀'이 '봄'을 수식하고 있으므로, 관형절이 포함되었다고 볼 수 있다. 따라서 관형절과 명사절이 모두 있는 겹문장은 ④이다.

왜 오답?

① 관형절도 없고, 명사절도 없는 이어진문장이다.

② 관형절은 있으나(꽃이 활짝 피는), 명사절이 없다.

③, ⑤ 관형절이 없고, 명사절만 있다.

26 |출제 의도| **안긴문장의 기능 이해**   답 ②

㉠ '누나가 주인임이 밝혀졌다.'에서 '누나가 주인임'은 명사절이고, 이 명사절에 주격 조사 '이'가 붙어 안은문장에서 주어의 기능을 한다. ㉡ '삼촌은 농담을 던짐으로써 분위기를 풀었다.'에서 '(삼촌이) 농담을 던짐'은 명사절이고, 이 명사절에 '(으)로써'라는 부사격 조사가 붙어 안은문장 안에

서 부사어의 기능을 한다. ⓒ '형은 동생이 고향으로 돌아오기만 기다렸다.'에서 '동생이 고향으로 돌아오기'는 명사절이고, 이 명사절에 보조사 '만'이 붙어 기다리는 대상을 나타내므로 안은문장 안에서 목적어의 기능을 한다. 따라서 ㉠~ⓒ의 안긴문장은 모두 명사절로 종류는 동일하지만 ㉠의 안긴문장은 주어, ㉡의 안긴문장은 부사어, ⓒ의 안긴문장은 목적어로 안은문장 안에서 서로 다른 기능을 한다.

27 |출제 의도| 안긴문장의 기능 이해   답 ②
〈보기〉에서 부사절은 서술어에 의미를 더해 주면서 수식하는 기능을 한다고 하였다. '이가 시리도록'은 '이가 시리다.'라는 문장에 부사형 어미 '-도록'이 결합하여 서술어 '차가웠다'를 수식하는 기능을 하기 때문에 부사절에 해당한다.

▶▶ 왜 오답?
① 밑줄 친 부분은 주격 조사 '가'가 결합하여 체언처럼 쓰였기 때문에 명사절에 해당한다.
③ 밑줄 친 부분은 조사 '고'가 붙어 '은기'라는 사람의 말을 간접 인용한 것이므로 인용절에 해당한다.
④ 밑줄 친 부분은 '마음이 따뜻하다.'에 관형사형 어미 '-ㄴ'이 결합하여 뒤에 오는 체언 '사람'을 수식하기 때문에 관형절에 해당한다. 수식한다는 점에서는 관형절과 부사절의 기능이 같지만 부사절은 서술어를 수식한다는 점이 다르다.
⑤ 밑줄 친 부분은 '우리가 어제 돌아오다.'에 관형사형 어미 '-ㄴ'이 결합하여 뒤에 오는 체언 '사실'을 수식하기 때문에 관형절에 해당한다.

28 |출제 의도| 안긴문장의 기능 이해   답 ⑤
㉰의 '성적이 많이 오르기'는 문장에서 목적어의 기능을 하는 안긴문장에 해당하지만, ㉱의 '부상을 당한'은 문장에서 관형어의 기능을 하는 안긴문장에 해당하므로 ㉱와 ㉰에 목적어의 기능을 하는 안긴문장이 있다는 설명은 적절하지 않다. 한편 절은 주어와 서술어의 관계가 나타나야 하는데, ㉲의 '장애물 달리기'는 주어와 서술어의 관계가 나타나지 않아 절이 아닌 구에 해당하므로 안긴문장으로 볼 수 없다.

▶▶ 왜 오답?
①, ② ㉮의 '그 사람이 범인임'은 주어의 기능을 하는 명사절이고, 그 속의 '그'는 '사람'을 수식하는 관형어이다.
③ ㉱의 '부상을 당한'은 '선수'를 수식하는 관형절이고, '부상을 당한'에는 주어 '선수는'이 생략되어 있다.
④ ㉰의 '성적이 많이 오르기'는 목적어의 기능을 하는 안긴문장이고, 그 속에는 '오르기'를 수식하는 부사어 '많이'가 있다. 그러나 ㉮의 안긴문장 '그 사람이 범인임' 속에는 부사어가 없다.

29 |출제 의도| 안긴문장의 기능 이해   답 ④
㉣에는 '(그가) 지금 사는'이 관형절로 '집'을 꾸미고 있고, 이 관형절에는 '집에'라는 부사어가 생략되어 있다. 또한 '계속 머무르기'라는 명사절은 조사 '를'과 결합하여 목적어로 쓰이고 있다. 그러나 부사어로 쓰인 명사절은 없으므로 ㉣에는 부사어로 쓰인 명사절이 있다는 내용은 적절하지 않다.

▶▶ 왜 오답?
① ㉠에는 '약속 시간에 늦은'이라는 관형절이 있는데, 여기에는 주어 '친구들이'가 생략되어 있고, 명사절은 이 문장에 없다.
② ㉡에는 관형절이 없고, 명사절인 '마지막 문제를 풀기'에 조사 '가'와 결합하여 주어로 쓰이고 있다.
③ ㉢에는 관형절인 '아버지께서 주신'이 있는데, 이 관형절에는 '빵을'이

라는 목적어가 생략되어 있고, 명사절은 이 문장에 없다.
⑤ ㉤에는 관형절이 없고, 명사절인 '우리가 어제 목적지에 도착했음'이 조사 '을'과 결합하여 목적어로 쓰이고 있다.

30 |출제 의도| 안긴문장의 기능 이해   답 ②
㉡에서 '그가 범인이 아니었음'이라는 명사절은 부사격 조사 '에'와 결합하여 부사어의 기능을 하고 있으므로, ㉡에 서술어의 기능을 하는 안긴문장이 있다는 설명은 적절하지 않다.

▶▶ 왜 오답?
① ㉠에서 명사절 '봄이 어서 오기'는 목적격 조사 '를'과 결합하여 목적어의 기능을 하고 있다.
③ ㉢에서 관형절 '우유를 마신'은 '아이'를 수식하는 관형어의 기능을 하고 있다.
④ ㉢의 안긴문장 '우유를 마신' 속에는 부사어가 없지만, ㉠의 안긴문장 '봄이 어서 오기' 속에는 '오기'를 수식하는 부사어 '어서'가 있다.
⑤ ㉡의 안긴문장 '그가 범인이 아니었음'에는 주어 '그가'가 드러나 있고, ㉢의 안긴문장 '우유를 마신'에는 주어 '아이가'가 생략되어 있다.

31 |출제 의도| 안긴문장의 기능 이해   답 ①
ⓐ는 내용상 인용을 한 것처럼 보이지만 인용절에 쓰이는 조사 '라고, 고'가 사용되지 않았고, 뒤의 체언 '예보'를 꾸며 주는 기능을 하고 있기 때문에 전성 어미 '-는'이 결합한 관형절에 해당한다.

▶▶ 왜 오답?
② ⓑ는 '공원이 많고 거리가 깨끗하-'에 전성 어미 '-(으)ㄴ'이 결합한 형태로 뒤에 오는 체언 '도시'를 꾸며 주고 있으므로 관형절에 해당한다.
③ ⓒ는 '바람이 거세지고 어둠이 내리-'에 명사형 전성 어미 '-기'가 결합한 명사절에 해당한다.
④ ⓓ는 명사형 전성 어미 '-음'이 결합한 명사절로, 목적격 조사 '을'과 결합하여 문장에서 주성분인 목적어로 쓰이고 있다.
⑤ ⓔ는 전성 어미 '-는'이 결합한 관형절로, 조사와의 결합 없이, '들판'을 수식하는 부속 성분인 관형어로 쓰이고 있다.

32 |출제 의도| 안긴문장의 기능 이해   답 ③
ⓒ은 '영수는 말도 없다.'와 '영수는 학교로 가 버렸다.'가 결합한 문장이다. 이때 안긴문장인 '말도 없이'는 안은문장의 서술어인 '가 버렸다'를 수식하는 부사어 기능을 한다. 따라서 안은문장의 서술어를 수식하는 것이지 부사어인 '학교로'를 수식하는 것이 아니다.

▶▶ 왜 오답?
① ㉠의 안긴문장은 '키가 매우 크다'이며, 안은문장의 주어인 '영수는'을 서술하는 서술절에 해당한다.
② ㉡의 안긴문장은 '꽃이 핀'이며, 체언인 '사실'을 수식하여 의미를 제한하는 관형절에 해당한다. 의미를 제한한다는 것은 여러 의미 중에 특정 의미로 좁게 의미를 형성한다는 것이다. 이 문장에 적용하면 그가 모르는 사실은 많을 것인데 그중 꽃이 핀 사실을 몰랐다고 제한하는 것이 그것이다.
④ ㉣의 안긴문장은 명사절인 '공원에 산책하기'이고, 주어는 '영수는'이므로 안은문장의 주어와 동일하다.
⑤ ㉤의 안긴문장은 인용절인 '빨리 오라'이고, 이는 안은문장의 주어인 '영수'의 말을 따온 것이다.

33 |출제 의도| 안긴문장의 기능 이해   답 ⑤
'영희는 동생이 산 빵을 먹었다.'는 관형절인 '동생이 (빵을) 산'을 안은 문

장이고, '그는 우리가 돌아온 사실을 모른다.'는 관형절인 '우리가 돌아온'을 안은 문장이다. 이때, '동생이 (빵을) 산'에서 '빵을'은 안은문장의 '빵을'과 겹치므로 생략되었지만, '우리가 돌아온'은 생략된 문장 성분이 없다.

♥️ 왜 오답?

① ㉠은 목적격 조사 '를'이 결합하여 안은문장에서 목적어로 쓰이고 있다.

② ㉡은 부사격 조사 '에'가 결합하여 안은문장에서 '바쁘다'를 수식하고 있다.

③ ㉢에서 '동생이 산'은 '빵'을 수식하는데 안은문장의 '빵'은 목적격 조사 '을'이 붙어 목적어의 역할을 하고 있다.

④ ㉡에서 밥을 먹기에 바쁜 주체는 '친구'이고, 안은문장의 주어도 '친구'이므로 ㉡의 주어와 안은문장의 주어가 같다. 반면 ㉣의 주어는 '우리가'인데 안은문장의 주어는 '그는'이므로 ㉣의 주어와 안은문장의 주어는 서로 다르다.

---

34 |출제 의도| 안긴문장의 기능 이해   답 ①

㉠에서 안긴문장은 '내가 빌린'이라는 관형절이다. ㉠에서 '내 친구의 것이다'는 '내 친구의 것'이라는 구에 '이다'라는 서술격 조사가 붙은 것이다. 이는 주어인 '자전거는'을 서술하고 있으나 주어와 서술어의 관계가 나타나지 않으므로 안긴문장이라 볼 수 없다. 반면 ㉢에서 '손가락이 길다'는 '손가락'이라는 주어와 '길다'라는 서술어를 갖추고 있으면서 문장 전체의 주어인 '영수는'을 서술하고 있으므로 서술어의 기능을 하는 안긴문장에 해당한다. 따라서 ㉠, ㉢에는 모두 서술어의 기능을 하는 안긴문장이 있다는 설명은 적절하지 않다.

♥️ 왜 오답?

② ㉠의 '내가 빌린'은 주어와 서술어의 관계가 나타나므로 안긴문장의 요건에 해당하고 다음에 이어지는 체언 '자전거'를 수식하고 있다. ㉣의 '마을에 사는'은 주어인 '사람들이'가 생략된 관형절로 다음에 이어지는 체언 '사람들'을 수식하고 있다.

③ ㉡의 안긴 문장은 '공연이 시작되기'인데, 이 문장에는 부사어가 없다. 반면 ㉢의 안긴 문장은 두 개인데, '피아노를 잘 치는'에서 '잘'은 부사어에 해당하며, 또 다른 안긴문장인 '손가락이 누구보다 길다'에서 '누구보다'도 부사어에 해당한다.

④ ㉡의 '공연이 시작되기'는 체언인 '전'을 꾸며 주므로 관형어의 기능을 하는 안긴문장으로 볼 수 있다. 한편, ㉣의 '파수꾼이 마을에 사는 사람들을 속였음'은 명사절로 안긴문장으로, 조사 '이'와 결합하여 문장 전체에서 주어의 기능을 하고 있다.

⑤ ㉢의 '피아노를 잘 치는'은 피아노를 잘 치는 주체인 주어 '영수가' 생략되어 있는 안긴문장이다. 또한 ㉣의 '마을에 사는'은 마을에 사는 주체인 주어 '사람들이'가 생략되어 있는 안긴문장이다.

도전 🔼 등급

> ### 안긴문장의 문장 성분
> 안긴문장에 조사가 붙어 안은문장 속에서 다양한 문장 성분으로 사용됨.
>
> | | |
> |---|---|
> | 주어 | 안긴문장에 '이/가'가 붙어 안은문장에서 주어의 역할을 함.
📖 그가 음악에 소질이 있다는 것이 친구들에게 알려졌다. |
> | 목적어 | 안긴문장에 '을/를'이 붙어 안은문장에서 목적어의 역할을 함.
📖 어린이들은 눈이 오기를 기다린다. |
> | 서술어 | 서술절은 절 자체가 안은문장에서 서술어의 역할을 함.
📖 코끼리는 코가 길다. |

---

35 |출제 의도| 안긴문장의 기능 이해   답 ①

㉠이 서술어인 문장은 '주기적으로 운동하기가 건강의 첫걸음이다.'이고,

주어는 '주기적으로 운동하기가'이다. '주기적으로 운동하—'에 명사형 전성 어미 '—기'가 결합한 명사절이 주격 조사 '가'와 함께 쓰여 문장 전체에서 주어 기능을 하고 있다.

♥️ 왜 오답?

② ㉡이 서술어인 문장은 '그것을 꾸준하게 실천하(다)'인데, 이 문장에는 명사절이 존재하지 않으므로 명사절이 목적어의 기능을 하고 있다는 설명은 적절하지 않다.

③ ㉢이 서술어인 문장은 '그것을 꾸준하게 실천하기 원하(다)'인데, 이 문장에서 '그것을 꾸준하게 실천하—'에 명사형 전성 어미 '—기'가 결합한 명사절이 목적어 기능을 하고 있다. 따라서 명사절이 부사어 기능을 하고 있다는 설명은 적절하지 않다.

④ ㉣이 서술어인 문장은 '(계획 세우기가) 제대로 되(다)'인데, 여기에서는 '계획(을) 세우—'에 명사형 전성 어미 '—기'가 결합한 명사절이 생략된 채로 주어 기능을 하고 있다. 따라서 명사절이 보어 기능을 하고 있다는 설명은 적절하지 않다.

⑤ ㉤이 서술어인 문장은 '제대로 된 계획 세우기가 선행되어야 해(다)'인데, 여기에서는 '제대로 된 계획 세우—'에 명사형 전성 어미 '—기'가 결합한 명사절이 주격 조사 '가'와 함께 쓰여 주어의 기능을 하고 있다. 따라서 명사절이 관형어 기능을 하고 있다는 설명은 적절하지 않다.

도전 🔼 등급

> ### 명사절의 개념과 형성
> 명사형 전성 어미 '—(으)ㅁ'이나 '—기'가 결합하여 문장에서 주어, 목적어, 보어, 부사어의 기능을 하는 절을 명사절이라고 함.
>
> ### 명사절의 특징
> 문장에서 관형절은 이어지는 체언을 꾸미는 관형어의 역할을, 부사절은 용언을 꾸미는 부사어의 역할을, 서술절은 문장 전체의 서술어 역할을 하는데 명사절은 어떤 격 조사가 붙느냐에 따라 역할이 달라짐. 즉 명사절에 주격 조사가 붙으면 주어의 역할을, 목적격 조사가 붙으면 목적어의 역할을, 부사격 조사가 붙으면 부사어의 역할을 함. 간혹 조사 없이 관형어의 역할을 하기도 함.
> 📖 그녀가 상을 탔음이 밝혀졌다.(주어)
>   사람들은 비가 내리기를 기다리고 있었다.(목적어)
>   시간이 집에 가기에 아직 이르다.(부사어)
>   우리는 공연이 시작되기 전에 극장에 도착했어.(관형어)

---

36 |출제 의도| 안긴문장의 기능 이해   답 ②

㉢에는 관형어의 기능을 하는 '피곤해하던'과 부사어의 기능을 하는 '엄마가 모르게'가 안겨 있고, ㉣에는 관형어의 기능을 하는 '그가 시장에서 산'과 서술어의 기능을 하는 '값이 비싸다'가 안겨 있다. 따라서 ㉢과 ㉣ 모두에 서술어의 기능을 하는 안긴문장이 있다는 설명은 적절하지 않다.

♥️ 왜 오답?

① ㉠의 '따뜻한'은 '봄'을 수식하는 관형절로 주어가 생략된 채 안겨 있고, ㉡의 '내가 만난'은 '친구'를 수식하는 관형절로 안겨 있다.

③ ㉠의 명사절은 '봄이 빨리 오기'이고, ㉡의 서술절은 '마음이 정말 착하다'인데 이 속에는 각각 '빨리'와 '정말'이라는 부사어가 포함되어 있다.

④ ㉠의 안긴문장인 '따뜻한'에는 '봄이'라는 주어가 생략되어 있고, ㉣의 안긴문장인 '그가 시장에서 산'에는 '배추를'이라는 목적어가 생략되어 있다.

⑤ ㉢의 '엄마가 모르게'는 서술어 '잔다'를 수식하는 부사어의 기능을 하는 안긴문장이고, ㉣의 '그가 시장에서 산'은 주어 '배추'를 수식하는 관형어의 기능을 하는 안긴문장이다.

37 |출제 의도| 겹문장의 특징 이해 답 ④

(나)에서 '눈이 내린'은 전체 문장 '마을은 고요했다.'의 '마을'을 수식하므로 관형어의 기능을 하고, (다)에서 '그가 왔음'은 조사 '을'과 결합하여 전체 문장 '나는 몰랐다.'에서 목적어 기능을 한다. 따라서 (나)와 (다) 모두 절이 전체 문장의 한 성분으로 안겨 있다.

❦ 왜 오답?

① ㉠은 ㉡에 대하여 '조건'의 의미를 갖기 때문에 '꽃이 피면 봄이 온다.'와 같이 절의 위치를 바꾸면 문장의 의미가 달라진다.

② ㉢은 ㉣의 주어인 '마을은'을 꾸며 주는 역할을 하는 관형절이다.

③ ㉤은 명사절로 조사 '을'과 결합하여 목적어의 역할을 한다. 문장의 주성분인 목적어가 생략될 경우 전체 문장의 의미가 불완전해진다.

⑤ (가)는 '봄이 오다.'와 '꽃이 핀다.'가, (나)는 '눈이 내렸다.'와 '마을은 고요했다.'가, (다)는 '나는 몰랐다.'와 '그가 왔다.'가 결합한 겹문장이므로, (가), (나), (다)는 모두 '주어+서술어' 관계가 두 번 나타나는 겹문장이다.

38 |출제 의도| 문장의 짜임 이해 답 ⑤

ㄴ의 안긴문장은 '지훈이가 성실하고 눈이 크다.'인데, 이 문장에는 목적어가 없다.

❦ 왜 오답?

① ㄱ에서 전체 문장의 서술어 역할을 하는 것은 서술절인 '눈이 크다'이고, ㄴ에서 전체 문장의 서술어 역할을 하는 것은 '알고 있었다'이다.

② ㄱ은 '눈이 크다'라는 서술절이 안겨 있으므로 겹문장이다.

③ ㄴ에서 '성실하고'의 주어는 '지훈이가'이고, '크다'의 주어는 '눈이'이다.

④ ㄴ의 안긴문장 '지훈이가 성실하고 눈이 크다.'는 앞뒤 절이 대등하게 이어져 있다.

39 |출제 의도| 문장의 짜임 이해 답 ①

㉠은 '날씨가 춥다.'가 관형절로 안겨 '날씨'를 꾸며 주므로 관형절을 안은 문장이지 '명사절을 안은 문장'이 아니다.

❦ 왜 오답?

② ㉡은 '동생은 얼음을 먹었다.'가 '얼음을 먹는'과 같이 관형절로 안겨 뒤에 있는 '동생'을 꾸며 주므로 관형절을 안은 문장에 해당한다.

③ ㉢은 '동생은 추위와 상관없다.'가 '추위와 상관없이'와 같이 부사절로 안겨 뒤에 있는 '먹었다'를 꾸며 주므로 부사절을 안은 문장에 해당한다.

④ ㉣은 '날씨가 춥다.'가 '날씨가 춥다고'와 같이 간접 인용을 나타내는 '-고'가 붙어 간접 인용절로 안겼으므로 인용절을 안은 문장에 해당한다.

⑤ ㉤은 '형은 물을 마셨다.'와 '동생은 얼음을 먹었다.'가 연결 어미 '-지만'을 통해 이어졌으므로 대등하게 이어진 문장에 해당한다.

40 |출제 의도| 문장의 짜임 이해 답 ④

㉣은 '날이 추워지다.'와 '방한 용품이 필요하다.'가 조건의 의미를 갖는 종속적 연결 어미 '-면'을 통해 이어져 있으므로 대등하게 이어진 문장이 아닌 종속적으로 이어진 문장에 해당한다.

❦ 왜 오답?

① ㉠은 '우리와 함께 일하기'가 명사절로서 안은문장에서 목적격 조사 '를'과 결합하여 목적어의 역할을 하고 있다.

② ㉡은 '후각이 훨씬 예민하다'가 서술절로서 안은문장의 주어인 '개'의

상태를 나타내고 있다. 따라서 안은문장에서 서술어의 역할을 하고 있음을 알 수 있다.

③ ㉢은 '그가 우리를 도와 준'이 관형절로서 다음에 이어지는 체언 '일'을 꾸며 주고 있다. 따라서 안은문장에서 명사 '일'을 꾸며 주는 관형어의 역할을 하고 있음을 알 수 있다.

⑤ ㉤은 주어('관객들이')와 서술어('메웠다')의 관계가 한 번만 나타나므로 홑문장에 해당한다.

[41~42] 서술어의 자릿수와 문장의 짜임

지문 해설: 이 글에서는 서술어의 자릿수와 문장의 짜임에 따른 문장의 종류를 설명하고 있다. 우선 서술어는 그 성격에 따라 필요로 하는 문장 성분의 개수가 다른데 이를 '서술어의 자릿수'라고 하며, 한 자리 서술어, 두 자리 서술어, 세 자리 서술어가 있음을 밝히고 있다. 이어서 문장은 주어와 서술어의 관계가 한 번만 나타나는 홑문장과, 주어와 서술어의 관계가 두 번 이상 나타나는 겹문장으로 나뉘는데, 이때 겹문장은 다시 이어진문장과 안은문장으로 나뉜다고 하였다. 이어진문장은 연결 어미에 의하여 앞 절과 뒤 절의 의미가 대등하게 이어진 문장과 종속적으로 이어진 문장으로 나누며, 안은문장은 하나의 문장 성분처럼 기능하는 절(안긴문장)을 포함한 문장으로, 안은문장에는 명사절, 관형절, 부사절, 서술절, 인용절이 있음을 설명하고 있다.

주제: 서술어의 자릿수와 문장의 짜임에 따른 문장의 종류

41 |출제 의도| 서술어의 자릿수 이해 답 ⑤

'여겼다'의 기본형 '여기다'는 '누가 무엇을 무엇으로 여기다.'와 같이 주어(그는), 목적어(직업을), 부사어(천직으로)를 필수적으로 요구하는 세 자리 서술어이므로 ㉠에 해당하는 예이다.

❦ 왜 오답?

① '되었다'의 기본형 '되다'는 '무엇이 무엇이 되다.'처럼 주어(계절이), 보어(가을이)를 필수적으로 요구하는 두 자리 서술어이다.

② '닮았다'의 기본형 '닮다'는 '무엇이 무엇과 닮다.'처럼 주어(오빠는), 부사어(아빠와)를 필수적으로 요구하는 두 자리 서술어이다.

③ '피었다'의 기본형 '피다'는 '무엇이 피다.'처럼 주어(장미꽃이)만을 필수적으로 요구하는 한 자리 서술어이다.

④ '고치셨다'의 기본형 '고치다'는 '누가 무엇을 고치다.'처럼 주어(아버지께서), 목적어(집을)를 필수적으로 요구하는 두 자리 서술어이다.

42 |출제 의도| 문장의 짜임 이해 답 ①

ㄱ에서 안긴문장은 서술어의 기능을 하는 서술절로, '마음이 넓다'이다. 안은문장의 주어는 '누나는'이고, 안긴문장의 주어는 '마음이'이므로 안은문장과 안긴문장의 주어는 동일하지 않다.

❦ 왜 오답?

② ㄴ에서 주어는 '배는'이고, 서술어는 '갔다'이다. 주어와 서술의 관계가 한 번만 나타나므로 홑문장이다.

③ ㄷ에서 안은문장은 '나는 책을 읽었다.'이고, 안긴문장은 '형이 (책을) 준'이다. 안긴문장의 목적어 '책을'이 안은문장의 목적어와 중복되므로 생략되었다.

④ ㄷ에서 안긴문장 '형이 준'이 뒤에 있는 '책'을 수식하므로 관형어의 기능을 하고, ㄹ에서는 안긴문장 '그가 학생임'이 목적격 조사 '을'과 결합하여 목적어의 기능을 하고 있다.

⑤ ㅁ은 '바람도 잠잠하다.'와 '하늘도 푸르다.'라는 문장이 '-고'라는 연결 어미를 통해 '나열'의 의미 관계를 가지는, 대등하게 이어진 문장이다.

43 ⑤	44 ①	45 ⑤	46 ③	47 ③
48 ①	49 ②	50 ②	51 ④	52 ①
53 ④	54 ①	55 ⑤	56 ③	57 ④
58 ③	59 ②	60 ③	61 ③	62 ②
63 ④	64 ②	65 ②	66 ③	67 ⑤
68 ④	69 ①	70 ②	71 ④	72 ②
73 ①	74 ②	75 ⑤	76 ①	77 ④
78 ①	79 ①	80 ①	81 ④	82 ①
83 ①	84 ⑤	85 ①	86 ③	87 ⑤
88 ⑤	89 ④	90 ③	91 ②	92 ④
93 ②	94 ③	95 ④	96 ⑤	97 ③
98 ②	99 ③	100 ⑤		

43 | 출제 의도 | 문장의 종결 표현 이해   답 ⑤

⑤의 '어디 보자.'는 특정 청자를 염두에 두고 하는 발화가 아니며, 청자에게 무엇을 요청하는 것도 아니다. 이어지는 B의 발화 '거기서 혼자 뭐 해요.'를 통해서도 '어디 보자.'는 화자 혼자서 무엇인가를 하는 상황에서 하는 혼잣말임을 알 수 있다.

❛❛ 왜 오답?

① 의문문을 통해 화자가 청자에게 여기에서 잠깐 기다리는 것을 함께할 것을 요청하고 있다.
② 청유문을 통해 화자가 청자에게 다친 곳을 보여 줄 것을 요청하고 있다.
③ 청유문을 통해 화자가 청자에게 자신이 먼저 내릴 수 있게 비켜 달라고 요청하고 있다.
④ 의문문을 통해 화자가 청자에게 모자를 벗어 줄 것을 요청하고 있다.

도전 ❶ 등급

의문문의 다양한 의미

의문문은 화자가 청자에게 질문하여 그 대답을 요구하는 것이 일반적이지만, 때에 따라 다른 의미로 사용되기도 함.

의문문의 형식	의미
내일이 시험인데, 너 아직도 게임 하고 있니?	게임을 그만하라는 명령의 의미를 담고 있음.
내가 대학에 합격하면 얼마나 좋을까?	화자의 느낌을 표현하는 감탄의 의미를 담고 있음.
내가 너한테 밥 한 번 못 사 주겠니?	사 줄 수 있다는 긍정의 의미를 담고 있음.
맙소사, 그가 왔다고?	놀라움의 의미를 담고 있음.

44 | 출제 의도 | 높임 표현 이해   답 ①

높임 표현은 화자와 청자의 관계는 물론, 발신자와 수신자의 관계, 사회 문화적 상하 관계, 이야기 장면과 같이 담화 상황에 따라 사용 여부가 달라진다. ㉠과 같이 문장의 주체가 높임의 대상인 선생님이 된다면 "어제 선생님께서 경희에게 선물을 주시는 것을 보았어."가 되므로 주격 조사 '가'를 '께서'로 고쳐 말해야 한다.

❛❛ 왜 오답?

② ㉠이 높임의 대상인 '선생님'으로 바뀌어도 부사어에 쓰인 조사 '에게'는 '께'로 고쳐 말할 필요가 없다.
③ ㉡이 높임의 대상인 '선생님'으로 바뀔 경우에는 '영희가 선생님께 선물을 드리는 것을 보았어.'와 같이 고쳐 말해야 한다.
④ ㉡이 높임의 대상인 '선생님'으로 바뀌더라도 서술어 '보았어'의 주어는 화자인 '나'이므로, '보았어'를 '보셨어'로 고쳐 말할 필요가 없다. 즉 내가 본 것이지 내가 보신 것은 아니기 때문에 '보셨어'라고 한다면 화자인 자기 자신을 높이는 표현이 되므로 이 상황에서는 적절하지 않다.
⑤ ㉡이 높임의 대상인 '선생님'으로 바뀌더라도 '보았어'를 '보셨습니다'로 고쳐 말할 필요가 없다. '보았습니다'는 대화 상대방(듣는 이)을 높이는 표현이기 때문이다.

45 | 출제 의도 | 높임 표현 이해   답 ⑤

ⓔ는 문장의 주체인 '할머니'를 높이는 표현이므로 주체 높임에 해당한다.

❛❛ 왜 오답?

① 선물을 드릴 대상인 '할머니'를 높여 '드릴'이라고 표현하였으므로 객체 높임에 해당한다.
② 목적어가 나타내는 대상인 '할머니'를 높여 '뵙고'라고 표현하였으므로 객체 높임에 해당한다.
③ 목적어가 나타내는 대상인 '할머니'를 높여 '모시고'라고 표현하였으므로 객체 높임에 해당한다.
④ 인사를 드리는 대상인 '큰아버지'를 높여 '큰아버지께'라고 표현하였으므로 객체 높임에 해당한다.

도전 ❶ 등급

주체와 객체의 대상

주체	문장의 서술어가 나타내는 동작이나 상태의 주체를 일컬음. = 문장의 주어 예 할아버지께서 집에 오셨다.
객체	문장에서 서술어의 행위가 미치는 대상을 일컬음. = 목적어, 부사어 예 동생이 할아버지를 모시고 집에 왔다.

46 | 출제 의도 | 높임 표현 이해   답 ③

〈보기 2〉에서는 조사 '께서'를 사용하여 '어머니께서는'과 같이 표현함으로써 문장의 주체인 '어머니'를 높이고 있다. 또한 '가셨다'는 '가-+-시-+-었-+-다'로 분석할 수 있는데, 여기에서는 선어말 어미 '-시-'를 사용함으로써 문장의 주체인 '어머니'를 높이고 있다. 하지만 주체 높임을 실현하기 위해 특수 어휘를 사용한 부분은 나타나지 않는다. 또한 '모시다'라는 특수 어휘를 사용함으로써 문장의 객체인 '할머니'를 높이고 있으나, 객체 높임을 실현하기 위해 조사를 사용한 부분은 나타나지 않는다.

47 | 출제 의도 | 높임 표현 이해   답 ③

㉡에서 '말씀'은 '부모님'의 말씀을 의미하므로 그 말을 한 서술의 주체인 '부모님'을 높이는 특수 어휘에 해당한다. 서술의 객체인 '할머니'를 높이는 특수 어휘는 '모시고'이다.

❛❛ 왜 오답?

① '-어라'는 화자보다 낮은 청자에게 쓰는 종결 어미이므로 대화 상대인 '채윤'을 낮추고 있다는 설명은 적절하다.
② 물을 가져다 주는 대상(객체)은 '할아버지'이므로 부사격 조사 '께'를

사용하여 '할아버지'를 높이고 있다는 설명은 적절하다.
④ ⓛ은 선생님께 하는 말이므로 종결 어미 '-습니다'를 사용하여 대화 상대(청자)인 선생님을 높이고 있다는 설명은 적절하다.
⑤ ⓛ에서 말씀을 한 주체는 '부모님'이므로 주격 조사 '께서'와 선어말 어미 '-시-'를 사용하여 서술의 주체인 '부모님'을 높이고 있다는 설명은 적절하다.

48 |출제 의도| 높임 표현 이해   답 ①
〈보기〉에서 ㄱ은 부사격 조사 '께'와 서술어 '드리다'를 통해 선물을 드리는 대상(객체)인 '할아버지'를 높이고 있다. ㄴ은 주격 조사 '께서'와 서술어 '계시다'를 통해 집에 계신 주체인 '할아버지'를 높이고 있다. ㄷ은 주격 조사 '께서'와 서술어 '가시다'를 통해 할아버지를 모시고 집에 가신 주체인 '어머니'를 높이고 있고, 서술어 '모시다'를 통해 대상(객체)인 '할아버지'를 높이고 있다. 따라서 [A]에는 객체 높임법만 사용된 문장인 ㄱ이, [B]에는 주체 높임법만 사용된 문장인 ㄴ이, [C]에는 객체 높임법과 주체 높임법이 모두 사용된 문장인 ㄷ이 들어가는 것이 적절하다.

49 |출제 의도| 높임 표현 이해   답 ②
'제가 할머니를 모시고 왔습니다.'에서는 문장의 종결 어미 '-습니다'를 통해 상대를 높이는 상대 높임법을 실현하고 있다. 또한 특수 어휘 '모시고'를 통해 객체에 해당하는 '할머니'를 높이는 객체 높임법도 실현하고 있다.

?? 왜 오답?
① 종결 어미 '-어요'를 사용하여 청자, 즉 상대를 높인 것은 확인할 수 있으나, 다른 높임 표현은 드러나 있지 않다.
③ 조사 '께'와 특수 어휘 '드려'를 사용하여 손수건을 드려야 할 대상(객체)인 '할아버지'를 높이고 있다. 그러나 종결 어미 '-어'를 사용하여 상대를 낮추어 표현하고 있다.
④ 종결 어미 '죠'는 '-지요'의 줄임말로 이를 사용하여 상대를 높였음을 확인할 수 있다. 그러나 선어말 어미 '-시-'는 객체를 높이는 것이 아닌 주체를 높이는 것이다.
⑤ 종결 어미 '-어'를 사용하여 상대를 낮추고 있으며, 조사 '께서'와 선어말 어미 '-시-'를 통해 주체인 '어머니'를 높이고 있다.

50 |출제 의도| 높임 표현 이해   답 ②
〈보기 2〉의 문장에서는 조사 '께서'와 선어말 어미 '-시-'를 사용하여 문장의 주체인 '아버지'를 높이는 주체 높임이 실현되고 있다. 또한 특수 어휘 '모시고'를 사용하여 객체인 '할머니'를 높이는 객체 높임도 실현되고 있다. 그러나 청자인 '영희'에게는 종결 어미 '어'를 사용하여 낮추고 있다.

51 |출제 의도| 높임 표현 이해   답 ④
ⓛ에서 '선생님'은 주체가 아니라 말을 듣는 청자이므로 상대이다. ⓛ의 주체는 '제(나)'이다.

?? 왜 오답?
① 책을 읽는 주체인 '할머니'에 주격 조사로 '께서'를 붙이고, '있다' 대신 '계시다'를 사용하여 주체 높임을 실현하고 있다.
② 선물을 받는 대상(객체)인 '어머니'를 높이기 위해 '에게'의 의미를 지닌 격 조사 '께'를 사용하고, '주다'의 의미를 지닌 특수 어휘 '드리다'를 사용하여 객체 높임을 실현하고 있다.
③ 병원에 가는 주체인 '할아버지'에 주격 조사 '께서'를 붙이고, 서술어 '가-'에 선어말 어미 '-시-'를 붙여 주체 높임을 실현하고 있다.
⑤ ⓛ은 청자인 '아버지'를 높이기 위해 종결 어미 '-습니다'를 사용하여 상대 높임을 실현하고 있다.

도전 **1**등급

특수 어휘에 의한 높임
특수한 어휘를 사용하여 주체를 높이거나 객체를 높임.

주체 높임 특수 어휘	진지(밥), 댁(집), 춘추/연세(나이), 치아(이), 약주(술), 계시다(있다), 주무시다(자다), 잡수시다(먹다) 등 예 할아버지께서는 댁에 머물고 계신다. 　　할머니께서 진지를 잡수신다.
객체 높임 특수 어휘	드리다(주다), 뵙다(보다), 여쭈다(묻다) 등 예 동생이 아버지께 과일을 가져다 드렸다. 　　내일 숙제가 무엇인지 선생님께 여쭤 보았다.

52 |출제 의도| 시간 표현 이해   답 ①
'나는 이번 시험에 합격하고야 말겠다.'는 이번 시험에 합격하겠다는 '나'의 의지가 드러난 표현이다.

?? 왜 오답?
②, ③은 가능성의 의미로, ④, ⑤는 추측의 의미로 쓰였다.

53 |출제 의도| 시간 표현 이해   답 ④
ㄹ의 '작년만 해도 이곳에는 나무가 적었었다.'라는 말은 작년에는 나무가 적었지만 지금은 아니라는 말로 해석할 수 있다. 따라서 '적었었다'는 '적다'에 선어말 어미 '-었었-'이 결합된 말로, 이는 현재까지 지속되는 과거의 상황이 아닌 현재와는 다른 과거의 상황을 나타낸다.

?? 왜 오답?
① '어제'는 과거를 나타내는 시간 부사어이다.
② '춥더라'에 사용된 선어말 어미 '-더-'는 과거의 경험을 회상하는 의미를 갖는다.
③ '본'은 동사 '보다'의 어간에 관형사형 어미 '-(으)ㄴ'이 결합한 것으로, 과거의 상황을 나타낸다.
⑤ '잤네'는 과거 시제 선어말 어미 '-았-'이 결합된 것이지만, 이 예문에서는 과거에 '잤다'는 사실을 말하는 것이 아니라 오늘은 자기 힘들 것이라는 미래의 상황을 나타내기 위해 쓰인 것이다.

도전 **1**등급

'-았/었-'의 중첩형 '-았었/었었-'
• 일반적으로 '-았었/었었-'이 사용되면 과거 사태와의 단절감을 강조함으로써 과거와 현재 사이의 상황 변화를 함축함.
　예 어제 친구들이 집에 왔다.
　　→ 친구들이 집에 왔던 단순 과거를 나타냄.
　　어제 친구들이 집에 왔었다.
　　→ 친구들이 집에 왔었는데 지금은 모두 떠나고 없다는 상황 변화를 나타냄.
• '-았었/었었-'이 단순히 과거 사태를 강조하여 확인하는 기능만 하기도 함.('-았/었-'으로 바꾸어 써도 의미가 같음.)
　예 나는 지난주에 김밥을 먹었었다.
　　→ 지난주에 김밥을 먹었던 과거의 사태를 강조하여 나타냄.

54 |출제 의도| 시간 표현 이해   답 ①
(가)와 (나)의 앞 절과 뒤 절의 사건들은 모두 과거에 일어난 사건들이다. 그런데 (나)의 앞 절에는 과거 시제 선어말 어미 '-었-(끓이었다가)'이 사용된 반면에 (가)의 앞 절에는 어간 '먹-'에 바로 어미 '-다가'가 결합하였다. 즉, (가)에는 현재 시제 선어말 어미가 나타나 있지 않다.

▼ 왜 오답?

② (가)와 (다)의 앞 절에는 과거 시제 선어말 어미가 나타나지 않지만, 뒤 절은 과거 시제 선어말 어미가 사용된 과거 시제이므로 앞 절의 사건 역시 과거에 일어났음을 알 수 있다.

③ (가)와 (라)는 모두 과거에 일어난 일을 언급하고 있지만, 앞 절에는 과거 시제 선어말 어미 '-았-/-었-'이 나타나지 않는다.

④ (나)에서는 찌개를 끓이는 행위가 끝난 다음 찌개를 식히는 행위가, (다)에서는 종이를 접는 행위가 끝난 다음 종이를 주머니에 넣는 행위가 일어났다.

⑤ (다)에서는 주머니에 종이를 넣은 원인이 종이를 접었기 때문이라고 볼 수 없지만, (라)에서는 문을 쾅 닫았기 때문에 동생이 잠을 깬 사건의 인과 관계를 '-아서/-어서'가 나타내 주고 있다.

---

55 | 출제 의도 | 시간 표현 이해 답 ⑤

'내가 어제 마신 약은 생각보다 안 쓰더라.'의 '-더-'는 '쓰다'와 함께 사용되었다. 이것은 본인만이 직접 느껴 알 수 있는 감각을 표현하는 형용사(쓰다)가 서술어일 때, 평서문에 1인칭 주어(내가)와 함께 쓰인 경우라고 볼 수 있으므로 ⓒ의 예에 해당한다.

▼ 왜 오답?

① '아까 수첩을 보니 다음 주에 약속이 있더라.'의 '-더-'는 다음 주에 약속이 있다는 미래의 일을 표현하는 데 쓰였다. 따라서 새삼스럽게 알게 된 내용(다음 주 약속)이 미래의 일이지만, 그것을 알게 된 시점(아까)이 과거인 경우이므로 ㉠의 예로 적절하다.

② '나는 그의 합격이 놀랍더라.'의 '-더-'는 '놀라다'와 함께 쓰였다. 이것은 본인만이 직접 느껴 알 수 있는 감정을 표현하는 형용사(놀랍다)가 서술어일 때, 평서문에 1인칭 주어(나는)와 함께 쓰인 경우로 볼 수 있으므로 ㉡의 예로 적절하다.

③ '영수야, 넌 내가 그리 말했는데도 안 믿더냐?'의 –더–는 '믿다'의 의문형과 함께 쓰였다. 따라서 의문문에서 2인칭 주어(넌)와 함께 쓰인 경우로 볼 수 있으므로 ㉢의 예로 적절하다.

④ '기어이 우승한 그날, 우리 어찌 아니 기쁘더냐?'의 '-더-'는 '기쁘다'의 의문형에 쓰였는데 이것은 궁금한 것을 묻는 의문문이 아닌 수사 의문문이다. 따라서 수사 의문문에 1인칭 주어(우리)와 함께 쓰인 경우로 볼 수 있으므로 ㉣의 예로 적절하다.

도전 ①등급

> **과거 시제 선어말 어미 '-더-'**
> • 말하는 이가 스스로 경험한 것이어야 쓸 수 있음.
> **예** 이번 여름은 정말 덥더라.
> • 말하는 이가 직접 들어서 알게 된 사태를 나타낼 때 쓸 수 있음.
> **예** 그 식당은 한식이 맛있다더라.
> • '-더-'는 인칭의 제약이 있어 말하는 이가 자신의 관찰을 통해 지각한 내용을 떠올리며 말할 때 쓰이므로 1인칭 주어를 쓰지 않지만, 자신을 객관화하여 관찰할 수 있는 상황에서나, 자신의 심리나 감각을 말할 때는 1인칭 주어를 쓸 수 있음.
> **예** 너는 어제 열심히 공부하더라.
> → 화자 자신이 관찰한 것으로 1인칭 주어를 쓸 수 없음.
> 그 장면을 보니 나는 슬퍼서 눈물이 나더라.
> → 자기의 심리나 감각을 말하는 것이므로 1인칭 주어 '나'를 쓸 수 있음.

---

56 | 출제 의도 | 시간 표현 이해 답 ③

선어말 어미 '-겠-'은 동사, 형용사, 서술격 조사 등 여러 가지 품사와 어울려 미래 시제를 나타낸다. 또한 주체의 의지를 나타내는 기능이나 화자

의 추측을 나타내는 기능을 하기도 한다. ㉢에서의 '-겠-'은 '그 친구가 음식을 다 먹었겠느냐'는 것으로, 주체의 의지를 나타내는 것이 아니라 화자의 추측을 나타내는 것으로 볼 수 있다. 따라서 ㉢의 '-겠-'이 주체의 의지를 나타낸다는 설명은 적절하지 않다.

▼ 왜 오답?

① '심다'에 과거 시제 선어말 어미(ⓐ) '-었-'이 쓰여 과거임을 나타내고, '심다'에 '-구나!'라는 감탄형 종결 어미가(ⓑ) 쓰여 감탄의 의미를 드러내고 있다.

② '청소하는'은 동사 어간 '청소하-'에 '-는'이 쓰인 것으로, '-는'은 현재 시제를 나타내면서 동시에 뒤의 '아이'를 수식하는 관형사형 전성 어미이다. 관형사형 전성 어미는 어말 어미에 해당하므로 ⓑ로 쓰였다고 볼 수 있다.

④ '읽은'은 동사 어간 '읽-'에 '-은'이 쓰인 것으로, 이는 과거 시제를 나타내면서 뒤의 '책'을 수식하는 관형사형 전성 어미로 볼 수 있다.

⑤ 바람이 불 것이라는 의미를 담은 '불겠지만'은 동사 어간 '불-'에 '-겠-'이 쓰여 추측의 의미를 나타내는데, 어간 '불-'과 어미 '-지만' 사이에 쓰였으므로 선어말 어미에 해당한다. 한편 '-지만'은 앞 절과 뒤의 절을 대등하게 연결해 주는 역할을 하는 연결 어미이다.

---

57 | 출제 의도 | 시간 표현 이해 답 ④

보조 용언을 구성하는 '-고 있-'이 '어떤 동작이 진행되고 있음'(ⓐ)의 의미를 나타내는지, '어떤 상태가 지속되고 있음'(ⓑ)의 의미를 나타내는지, '두 의미로 모두 해석이 가능한 때'(ⓒ)인지 파악해야 한다. 문맥적 상황이 충분하게 주어지지 않았다면 ④의 '안경을 벗고 있다.'는 '동작이 진행되고 있음'과 '상태가 지속되고 있음'의 의미로 해석하는 것이 모두 가능하다. 그러나 '안경을 잃어버린 뒤의 상황'이라는 A의 발화와 눈이 아주 나쁘지 않다는 B의 발화에 의해 문맥적 상황이 주어졌으므로, 해당 문장은 안경을 쓰지 않은 상태로 있어도 괜찮다는 의미만 나타낸다고 볼 수 있어 ⓑ의 예에 해당한다.

▼ 왜 오답?

① '형은 양치질을 하고 있는 중이었어요.'로 교체하여도 의미가 유지되므로 ⓐ의 예로 적절하다.

② '오빠는 지금 날 오해하고 있는 중인 것 같아.'로 교체하면 문장이 다소 자연스럽지 않고, 오히려 오해를 하고 있는 상태가 지속되고 있음을 나타내기 때문에 ⓑ의 예로 적절하다.

③ '아, 나 그거 이미 알고 있는 중이야.'로 교체하면 문장이 다소 자연스럽지 않고, 오히려 생신임을 아는 상태가 지속되고 있음을 나타내기 때문에 ⓑ의 예로 적절하다.

⑤ 해당 문맥에서 '넥타이를 매고 있네.'는 '넥타이를 매는 동작이 진행되고 있다는 의미'로도 해석이 가능하고, '넥타이를 매고 난 후의 상태가 지속되고 있다는 의미'로도 해석이 가능하기 때문에 두 가지 의미로 모두 해석이 가능한 ⓒ의 예로 적절하다.

---

58 | 출제 의도 | 피동 표현 이해 답 ③

문맥을 통해 볼 때 '안겼다'는 친구가 버스에서 자기의 짐까지 나에게 '안게 한 것'이기 때문에 피동 표현이 아닌 사동 표현으로 볼 수 있다. '안겼다'는 누구에게 안김을 당하는 피동 표현과 사동 표현이 형태적으로 같기 때문에 문맥적 의미를 잘 고려해야 한다.

▼ 왜 오답?

① '풀렸다'는 '모르거나 복잡한 문제 따위가 밝혀지거나 해결되다.'라는 의미로, 문제가 '풀려진' 것이기 때문에 피동 표현이 실현된 것으로 볼 수 있다.

② '읽혔다'는 '글에 담긴 뜻이 헤아려져 이해되다.'라는 의미로, 그의 글이 나에게 아름답게 '읽혀진' 것이기 때문에 피동 표현이 실현된 것으로 볼 수 있다.

④ '깎였다'는 '풀이나 털 따위가 잘리다.'라는 의미로, 잔디가 '깎여진' 것이기 때문에 피동 표현이 실현된 것으로 볼 수 있다.

⑤ '이용되다'는 '대상이 필요에 따라 이롭게 쓰이다.'라는 의미로, 학교 운동장이 주차장으로 '이용된' 것이기 때문에 피동 표현이 실현된 것으로 볼 수 있다.

59 |출제 의도| 피동 표현 이해   답 ②

'만지다'는 피동 접미사 '-이-, -히-, -리-, -기-'를 붙여서 짧은 피동 표현을 만들지 못하는 동사이다. '*만지이다', '*만지히다'와 같이 짧은 피동이 만들어지지도 않고 만져짐을 당하는 의미로도 해석되지 않는다.

❝ 왜 오답?

① '끊었다'는 피동 접미사 '-기-'를 붙여 '낚싯줄이 물고기에 의해 끊겼다.'와 같이 짧은 피동을 만들 수 있다.

③ '불렀다'는 동사의 어근에 피동 접미사 '-이-'를 붙여 '동생의 이름이 민수에 의해 불렸다.'와 같이 짧은 피동을 만들 수 있다.

④ '묻었다'는 동사의 어근에 피동 접미사 '-히-'를 붙여 '도토리가 다람쥐에 의해 땅에 묻혔다.'와 같이 짧은 피동을 만들 수 있다.

⑤ '담았다'는 동사의 어근에 피동 접미사 '-기-'를 붙여 '음식이 요리사에 의해 접시에 담겼다.'와 같이 짧은 피동을 만들 수 있다.

60 |출제 의도| 피동 표현 이해   답 ③

'돕다'는 뜻 자체가 남을 돕는 능동의 뜻으로만 사용되고, '돕다'에 접미사 '-이-, -히-, -리-, -기-'를 붙여도 피동의 뜻을 나타내는 단어를 만들 수 없으므로 ㉠ 피동사로 파생되지 않는 동사의 예에 해당한다. 또한 '동생이 부모님께 칭찬을 들었다.'의 서술어 '들었다'는 '들렸다(들-+-리-+-었-+-다)'와 같이 피동사가 존재하지만, 이를 파생적 피동문으로 바꿀 경우 '칭찬이 부모님에 의해 동생에게 들렸다.'와 같이 어색한 문장이 되므로, ㉡ 능동문의 서술어로 쓰인 동사의 피동사가 존재함에도 불구하고 파생적 피동문으로 바꿀 수 없는 문장의 예에 해당한다.

❝ 왜 오답?

① '주다'는 '주다'에 접미사 '-이-, -히-, -리-, -기-'를 붙여도 피동의 뜻을 나타내는 단어를 만들 수 없으므로 ㉠의 예에 해당한다. 그러나 '고양이가 쥐를 잡았다.'의 '잡았다'는 '잡혔다(잡-+-히-+-었-+-다)'와 같이 피동사가 존재하고, '쥐가 고양이에게 잡혔다.'와 같이 파생적 피동문으로 바꿀 수 있으므로 ㉡의 예에는 해당하지 않는다.

② '먹다'는 '먹이다'와 같이 접미사 '-이-'를 붙여 피동의 뜻을 나타내는 단어를 만들 수 있으므로 ㉠의 예에 해당하지 않는다. 그러나 '사람들이 열심히 풀을 뽑았다.'의 '뽑았다'는 '뽑혔다(뽑-+-히-+-었-+-다)'와 같이 피동사가 존재하지만, 이를 파생적 피동문으로 바꿀 경우 '풀이 사람들에게 열심히 뽑혔다.'와 같이 어색한 문장이 되므로 ㉡의 예에 해당한다.

④ '만나다'는 '만나다'에 접미사 '-이-, -히-, -리-, -기-'를 붙여도 피동의 뜻을 나타내는 단어를 만들 수 없으므로 ㉠의 예에 해당한다. 그러나 '학생들이 벽화를 멋지게 그렸다.'는 '벽화가 학생들에 의해 멋지게 그려졌다.'와 같이 통사적 피동문으로만 바꿀 수 있으므로 ㉡의 예에 해당하지 않는다.

⑤ '나누다'는 '나뉘다(나누-+-이-+-다)'와 같이 접미사 '-이-'를 붙여 피동의 뜻을 나타내는 단어를 만들 수 있으므로 ㉠의 예에 해당하지 않는다. 그러나 '누나가 일부러 문을 세게 닫았다.'의 '닫았다'는 '닫혔다(닫-+-히-+-었-+-다)'와 같이 피동사가 존재하지만, 이를 파생적 피동문으로 바꿀 경우 '문이 누나에 의해 일부러 세게 닫혔다.'와 같이 어색한 문장이 되므로 ㉡의 예에 해당한다.

도전 ❶등급

피동사로 파생되지 않는 동사의 종류

수여 동사	주다, 받다, 드리다, 바치다 등
수혜 동사	얻다, 잃다, 찾다, 돕다, 사다 등
지각 동사	알다, 배우다, 바라다, 느끼다 등
대칭 동사	만나다, 닮다, 싸우다 등
'-하다'가 붙은 동사	좋아하다, 슬퍼하다, 사랑하다, 공부하다, 좋아하다 등

61 |출제 의도| 능동·피동 표현 이해   답 ③

㉡의 능동문 '두 학생이 참새 네 마리를 잡았다.'는 '두 학생이 함께 참새 네 마리를 잡았다.'와 '두 학생이 각각 참새 네 마리를 잡았다.'라는 두 가지 의미로 해석되지만, 피동문은 '두 학생이 함께 참새 네 마리를 잡았다.'라는 의미로만 해석된다. 반면 ㉢의 경우는 능동문과 피동문 모두 중의성이 없어 여러 가지로 해석되지 않는다.

❝ 왜 오답?

① ㉠의 능동문에서는 '눈이 세상을 덮는 동작'이 잘 드러나는 것에 비해, 피동문에서는 주어인 '온 세상'의 동작성이 잘 드러나지 않는다.

② ㉠의 능동문의 주어 '눈이'가 피동문에서는 '눈에'라는 부사어로 바뀌었고, ㉡의 능동문의 주어 '두 학생이'는 피동문에서 '두 학생에게'라는 부사어로 바뀌었다.

④ '날린다'는 목적어를 가지지 않는 자동사인 '날다'에서 파생된 것이다. ㉢은 자동사이지만 피동문을 만들 수 있는 예외적인 경우를 보여 주는 사례이다.

⑤ '날씨'가 바뀌는 것과 같은 자연 현상은 문장의 의미 자체가 상황 의존성을 가지므로 동작성을 표현하기 어려워 이에 대응하는 능동문을 상정하기가 어렵다.

도전 ❶등급

피동문에 해당하는 능동문이 없는 경우

대개 자연적 발생이나 변화를 표현하는 문장이 그러함.

피동문	능동문
구름이 걷혔다.	*X가 구름을 걷었다.
옷이 못에 걸렸다.	*못이 옷을 걸었다.
병우가 꾸중을 들었다.	*꾸중이 영수에게 들리었다.
그는 선거에서 여당 후보에게 밀렸다.	*여당 후보가 선거에서 그를 밀었다.

62 |출제 의도| 사동 표현 이해   답 ②

㉠ '물통에 물이 가득 찼다.'는 '○○가 물통에 물을 가득 채웠다.', '○○가 물통에 물을 가득 차게 했다.'와 같이 파생적 사동문과 통사적 사동문으로 모두 바꿀 수 있다. 따라서 사동문으로 바꿀 수 있고, 파생적 사동문으로도 바꿀 수 있으므로 ㉠은 [B]에 해당하는 사례이다. ㉡ '그는 한여름에 더위를 먹었다.'는 '○○가 그에게 한여름에 더위를 먹였다.', '○○가 그에게 한여름에 더위를 먹게 했다.'와 같이 파생적 사동문과 통사적 사동

문으로 바꿀 경우 둘 다 의미가 어색해져 사동문으로 바꿀 수 없으므로 ⓒ은 [A]에 해당하는 사례이다. ⓒ '아이가 방바닥에 흩어진 구슬을 모았다.'는 '○○가 아이에게 방바닥에 흩어진 구슬을 모으게 했다.'와 같이 통사적 사동문으로는 바꿀 수 있으나, 서술어로 쓰인 용언 '모으–'에 사동 접미사를 붙여 파생적 사동문으로는 바꿀 수 없으므로 ⓒ은 [C]에 해당하는 사례이다.

63 |출제 의도| 사동 표현 이해   답 ④
ⓔ '선생님께서 철수에게 책을 읽히셨다.'는 '읽다'에 사동 접사 '–히–'가 결합한 것으로 접사에 의한 사동 표현에 해당하며 '선생님께서 철수가 책을 스스로 읽도록 지시하는' 간접 사동의 의미로 해석된다. 또한, '선생님께서 철수에게 책을 읽게 하셨다.'와 같이 '읽다'에 '–게 하다'가 결합한 통사적 사동으로 바꿀 경우 역시 간접 사동의 의미로 해석된다. 따라서 접사에 의한 사동 표현이 직접 사동의 의미로 해석된다는 설명은 적절하지 않다.

▼ 왜 오답?
① ⓐ의 '낮춘다'는 '낮다'라는 형용사에 사동 접사 '–추–'가 결합된 사동사이다.
② ⓑ에서 주동문의 서술어 '입었다'는 주어와 목적어를 요구하는 두 자리 서술어이지만, 사동문의 서술어 '입히었다'는 주어와 목적어, 그리고 부사어를 요구하는 세 자리 서술어이다.
③ ⓒ은 '이삿짐이 방으로 옮다.'와 같이 주동문으로 바꿀 수 없다.
⑤ ⓓ에서 서술어 '웃는다'가 자동사이므로 주동문의 주어 '아기가'는 사동문에서 목적어로 문장 성분이 바뀌었고, 서술어 '졌다'는 타동사이므로 주동문의 주어 '철수가'는 사동문에서 부사어로 문장 성분이 바뀌었다.

64 |출제 의도| 피동 · 사동 표현 이해   답 ②
ⓒ의 '녹였다'는 다른 존재에게 동작을 하게 하는 사동사이고, 주어(아이들이)와 목적어(얼음을)를 필요로 하는 두 자리 서술어이다. ⓒ의 '보았다'는 주어(사람들은)와 목적어(산을)를 필요로 하는 두 자리 서술어이다. 따라서 ⓒ은 사동문이며, ⓒ과 서술어 자릿수가 같다는 내용은 적절하다.

▼ 왜 오답?
① ⓐ의 '녹았다'는 주어만 필요로 하는 한 자리 서술어이고, 사동 접사나 피동 접사가 쓰이지 않아 사동문이나 피동문으로 볼 수 없다. ⓔ의 '보였다'는 '보이게 되다'의 의미를 지닌 피동사이고, 주어만 필요로 하는 한 자리 서술어이다. 따라서 ⓐ, ⓔ 모두 한 자리 서술어로 서술어의 자릿수는 동일하나, ⓐ이 피동문이 아니기 때문에 적절하지 않다.
③ ⓒ의 '녹였다'는 사동사이고 주어와 목적어를 필요로 하는 두 자리 서술어이다. ⓔ의 '보였다'는 주어만 필요로 하는 한 자리 서술어로, ⓒ, ⓔ이 서술어의 자릿수가 서로 다른 것은 맞지만, ⓒ이 피동문이 아니기 때문에 적절하지 않다.
④ ⓔ의 '보였다'는 피동사이고 주어만 필요로 하는 한 자리 서술어이다. ⓒ의 '녹였다'는 사동사이고 주어와 목적어를 필요로 하는 두 자리 서술어이다. 따라서 ⓒ이 사동문이고 ⓔ, ⓒ의 서술어 자릿수가 같다는 내용은 적절하지 않다.
⑤ ⓔ의 '보였다'는 피동사이고 주어만 필요로 하는 한 자리 서술어이다. ⓒ의 '보았다'는 사동문이나 피동문이 아니고, 주어와 목적어를 필요로 하는 두 자리 서술어이다. 따라서 ⓔ, ⓒ은 서술어의 자릿수가 서로 다른 것은 맞지만, ⓔ이 사동문이라는 내용은 적절하지 않다.

65 |출제 의도| 피동 · 사동 표현 이해   답 ②
능동문인 ⓒ '나는 그림을 보았다.'가 피동문인 ⓒ '그림이 나에게 보였

다.'로 바뀔 때, ⓒ의 목적어 '그림을'이 ⓒ의 주어 '그림이'로 바뀌었으므로, ⓒ과 ⓒ에서 능동문의 목적어가 피동문에서도 목적어가 된다는 내용은 적절하지 않다.

▼ 왜 오답?
① 능동문 ⓐ의 주어 '언니가'는 피동문인 ⓐ에서 부사어 '언니에게'로 바뀌었으므로 적절하다.
③ 주동문 ⓒ이 사동문인 ⓓ로 바뀔 때 '형이'라는 새로운 주어가 생겼으므로 적절하다.
④ 피동문 ⓐ의 피동사 '안겼다'와 사동문 ⓑ의 사동사 '안겼다'의 형태가 같으므로 적절하다.
⑤ 사동문 ⓑ에서 '안겼다'는 '–기–'라는 접사에 의해, 사동문 ⓓ에서 '보게 했다'는 '–게 하다'에 의해 사동문이 만들어진 것이므로 적절하다.

66 |출제 의도| 피동 · 사동 표현 이해   답 ③
ㄱ의 '안겼다'는 '누가 누구에게 안기다.'와 같이 쓰이므로, 서술어가 필요로 하는 문장 성분의 개수가 주어와 부사어로 2개이다. 그러나 ㄷ의 '보였다'는 '무엇이 보이다'와 같이 서술어가 필요로 하는 문장 성분의 개수가 주어 1개이므로, ㄱ과 ㄷ은 서술어가 필요로 하는 문장 성분의 개수가 서로 같다는 내용은 적절하지 않다.

▼ 왜 오답?
① ㄱ을 능동문으로 바꾸면 '엄마가 아기를 안았다.'이고, 서술어 '안았다'가 필요로 하는 문장 성분의 개수는 주어와 목적어로 2개이므로 적절하다.
② ㄴ의 주동문은 '엄마가 아기를 안았다.'이고, 서술어가 필요로 하는 문장 성분의 개수는 주어와 목적어로 2개이므로 적절하다.
④ ㄴ의 주동문은 '엄마가 아기를 안았다.'이고, 서술어가 필요로 하는 문장 성분의 개수는 주어와 목적어로 2개이다. ㄹ의 주동문은 '학생들이 사진첩을 보았다.'이고, 서술어가 필요로 하는 문장 성분의 개수는 주어와 목적어로 2개이므로 적절하다.
⑤ ㄷ에서 '보였다'라는 서술어가 필요로 하는 문장 성분의 개수는 '무엇이 보이다.'와 같이 주어 1개이다. ㄹ의 서술어는 ㄷ과 같은 '보였다'이지만 사동문이기 때문에 누구에게 보여 주었다는 의미를 지니므로 '누가 무엇을 누구에게 보이다.'와 같이 쓰여 서술어가 필요로 하는 문장 성분의 개수가 주어, 부사어, 목적어로 3개이므로 적절하다.

67 |출제 의도| 피동 · 사동 표현 이해   답 ⑤
⑤에서 ⓐ의 '쓸리다'는 '눈이 빗자루에 의해 쓸려진 것'이므로 '쓸다²①'의 피동사에 해당하고, ⓒ의 '쓸리다'는 '동생에게 거실을 쓸게 한 것'이므로 '쓸다²①'의 사동사에 해당한다. 따라서 ⓐ과 ⓒ은 각각 피동문과 사동문의 예로 적절하다.

▼ 왜 오답?
① ⓐ의 '갈리다'는 임원이 새 친구로 바뀐 것이기 때문에 피동사이고, ⓒ의 '갈리다'는 텃밭을 갈게 한 것이기 때문에 사동사이다. 그런데 ⓐ의 '갈리다'는 '갈다②'의 의미에 해당하지만, ⓒ의 '갈리다'는 '쟁기나 트랙터 따위의 농기구나 농기계로 땅을 파서 뒤집다.'라는 의미를 지니는 '갈다'에 해당하는 것으로 [학습 활동]에 나타나 있지 않으므로 적절하지 않다.
② ⓐ과 ⓒ의 '깎이다'는 둘 다 '깎여진 것'으로 '깎다③'의 의미에 해당하는 피동사이므로 적절하지 않다.
③ ⓐ과 ⓒ의 '묻히다'는 둘 다 '묻게 한 것'으로 '묻다①'의 의미에 해당하는 사동사이므로 적절하지 않다.
④ ⓒ의 '물리다'는 '물다²②'의 의미에 해당하는 피동사이지만, ⓐ의 '물리다'는 '입 속에 넣어 두다.'라는 의미를 지니는 '물다'에 해당하는 사

동사로 [학습 활동]에 나타나 있지 않으므로 적절하지 않다.

68 |출제 의도| 부정 표현 이해   답 ④

'다행히 소풍을 가는 날 비가 내리지 않았다.'는 '-지 아니하다'를 사용한 긴 부정 표현이고, 비가 내리지 않은 단순한 사실을 부정하고 있으므로 ㉠과 ㉡이 모두 적용된 예로 적절하다.

왜 오답?

① '못'을 사용한 짧은 부정 표현이며, 단순한 사실 부정에 해당하므로 ㉠의 예로 적절하지 않다.

② '안'을 사용한 짧은 부정 표현이며, 의지 부정에 해당하므로 ㉠과 ㉡의 예로 적절하지 않다.

③ '-지 못하다'를 사용한 긴 부정 표현이지만, 능력 부정에 해당하므로 ㉡의 예로 적절하지 않다.

⑤ '-지 아니하다'를 사용한 긴 부정 표현이지만, 의지 부정에 해당하므로 ㉡의 예로 적절하지 않다.

69 |출제 의도| 부정 표현 이해   답 ①

㉠의 '못하다'는 '앞말이 뜻하는 행동이나 상태가 극에 달해 그것을 더 이상 유지할 수 없음을 나타내는 말.'이므로, '지루하다 못해 졸리다.'에서 '못해'는 지루함의 상태에 미치지 않음을 의미하는 것이 아니라 지루함의 상태가 극에 달해 지루함을 넘어 졸린 상태에 이른 것을 뜻한다. 따라서 앞말인 '지루하다'의 상태에 미치지 아니함을 나타내었다는 내용도, 뒷말인 '졸리다'를 부정하기도 한다는 내용도 모두 적절하지 않다.

왜 오답?

② 부정 표현 중에서 능력 부정을 표현하는 '못' 부정문은 부정 부사 '못'을 활용하거나 부정을 뜻하는 용언 '못하다'에 의해 실현된다. ㉡에서는 '자전거를 탄다.'의 부정문으로 '못 탄다'와 '타지 못한다' 모두가 가능하다는 것을 보여 주고 있다.

③ ㉢은 명령문인데 '안' 부정문과 '못' 부정문으로 표현하면 문장이 부자연스럽다는 것을 알 수 있다. 이를 통해 명령문의 부정 표현에서는 '안' 부정과 '못' 부정이 아닌 '말다' 부정을 사용하는 것이 자연스럽다는 것을 알 수 있다.

④ ㉣의 서술어 '넉넉하다'는 형용사인데 이를 부정하기 위한 예시에서 부정 부사인 '못'을 사용한 부정 표현은 부자연스럽기 때문에 비문법이라는 표시가 있고, '-지 못하다'의 부정 용언을 사용한 부정 표현에는 이 표시가 없다. 따라서 서술어가 형용사인 경우에는 부정 부사 대신 부정 용언을 사용하는 것이 자연스럽다는 것을 알 수 있다.

⑤ ㉤에서 '분명히'는 '했다', '하지 않았다' 모두와 호응을 하지만 '결코'는 '하지 않았다'와만 호응을 한다. 이를 통해 '결코'와 같은 부사는 반드시 부정 표현과 함께 쓰임을 알 수 있다.

도전 ↑ 등급

'말다' 부정문

동사의 어간에 '-지 말다'가 결합된 형태(장형 부정)로 실현되는 '말다' 부정문은 일반적으로 금지의 의미를 지니며 명령문이나 청유문의 부정 표현에 주로 사용함.
> 예 이번 주에는 치킨을 먹지 마라.(명령문)
> 이번 주에는 치킨을 먹지 말자.(청유문)

'말다' 부정문은 서술어가 형용사인 경우에는 쓰이지 않지만, 예외적으로 '기원'의 의미를 담고 있을 때에는 사용이 가능함.
> 예 이제 귀엽지 마라.(×)
> 내일은 제발 춥지만 마라.(○)

70 |출제 의도| 부정 표현 이해   답 ②

ㄴ은 행동 주체의 의지를 부정하는 것이 아닌 '해가 비치다.'라는 객관적 사실을 부정하는 표현이다. 그리고 '여기에는 이제 해가 비치지 않는다.'와 같이 '긴 부정문'으로 쓸 수도 있고, '여기에는 이제 해가 안 비친다.'와 같이 '짧은 부정문'으로도 쓸 수 있다.

왜 오답?

① ㄱ에서 수학 공부를 하지 않았다는 것은 할 수 있는데 행동 주체의 '의지'로 하지 않았다는 의미이고, 문제를 못 풀었다는 것은 문제를 풀 수 있는 '능력'이 없었다는 의미이다.

③ ㄷ은 명령문인데 '안' 부정문과 '못' 부정문은 모두 부자연스럽기 때문에 비문법적인 표현이다. 그러나 '말다' 부정문은 표현이 자연스러우므로 명령문의 부정 표현에는 '안' 부정과 '못' 부정이 아닌 '말다' 부정을 사용함을 알 수 있다.

④ ㄹ에서 '결코'는 '안 했다'와만 호응을 하므로 '결코'와 같은 부사는 반드시 부정 표현과 함께 쓰여야 함을 알 수 있다.

⑤ ㅁ에서 형용사 '깨끗하다'에 대한 부정은 '안' 부정문만 사용되며, '못' 부정문은 사용될 수 없음을 알 수 있다.

71 |출제 의도| 부정 표현 이해   답 ④

㉠에는 긴 부정문이 들어가야 하므로 '-지 않다'나 '-지 못하다'의 형식이 쓰여야 하는데, 단순 부정문이 들어가야 하므로 능력 부정이나 의지 부정도 제외해야 한다. '나무가 많아 여기는 낮에도 볕이 잘 들지 않는다.'는 '-지 않다'가 쓰여 보조 용언을 사용하는 긴 부정문임을 알 수 있다. 그리고 주체인 '볕'의 의지와 무관하게 긍정문을 단순히 부정하는 단순 부정임을 알 수 있다.

왜 오답?

① '올해는 장마철에도 비가 많이 안 왔다.'는 단순 부정이지만, 부정 부사 '안'이 쓰인 짧은 부정문이므로 ㉠에 들어갈 예로 적절하지 않다.

② '환기를 하기 위해 창문을 닫지 않았다.'는 '-지 않다'가 쓰인 보조 용언을 사용한 긴 부정문이지만, 단순 부정이 아닌 주체의 의지를 부정하는 의지 부정문이므로 ㉠에 들어갈 예로 적절하지 않다.

③ '심한 어지럼증으로 몸을 잘 가누지 못했다.'는 '-지 못하다'가 쓰인 보조 용언을 사용한 긴 부정문이지만, 주체의 능력을 부정하는 능력 부정문이므로 ㉠에 들어갈 예로 적절하지 않다.

⑤ '충치 때문에 탄산음료는 당분간 못 마시게 되었다.'는 부정 부사 '못'이 쓰인 짧은 부정문이고, 주체의 능력을 부정하는 능력 부정문이므로 ㉠에 들어갈 예로 적절하지 않다.

72 |출제 의도| 인용 표현 이해   답 ③

㉡의 직접 인용문에서는 '계시다'를 사용하여 주체 높임 표현이 실현되었지만, 간접 인용문에서는 '계시다'가 '있다'로 바뀌어 주체 높임 표현이 사라졌으며 객체 높임도 실현되지 않았다.

왜 오답?

① 직접 인용문에 쓰인 조사 '라고'가 간접 인용문에서는 '고'로 달라진 것을 확인할 수 있다.

② 직접 인용문의 시간 표현인 '내일'이 간접 인용문에서는 '오늘'로 달라진 것을 확인할 수 있다.

④ 직접 인용문의 '나'라는 1인칭이, 간접 인용문에서는 '자기'로 바뀌었음을 확인할 수 있다. '자기'는 앞에 나온 명사나 대명사를 다시 지칭할 때 쓰는 3인칭 대명사이다.

⑤ 직접 인용문의 지시 표현 '이곳'이 간접 인용문에서는 '그곳'으로 달라졌음을 확인할 수 있다.

73 |출제 의도| 인용 표현 이해 답 ①

〈보기〉의 첫 번째 직접 인용 발화는 어제 말한 것이므로, 발화 시점이 오늘인 간접 인용으로 바꿀 때에는 시점을 '어제'가 아닌 '오늘'로 바꾸어야 한다. 그리고 직접 인용에 사용된 '계십시오'는 아들이 말하는 이를 높이기 위해 사용한 높임 표현인데, 이를 그대로 사용하면 말하는 이가 자신을 높이게 되어 어색한 높임 표현이 되므로 '있-'으로 서술어를 바꾸고, 명령문을 간접 인용할 때에는 동사의 어간에 '고'를 붙여야 하므로 '있으라고'로 바꾸어야 한다. 따라서 ⓐ에는 '오늘'이, ⓑ에는 '있으라고'가 들어가는 것이 적절하다. 〈보기〉의 두 번째 직접 인용 발화와 간접 인용 발화의 말하는 이는 동일인인 언니이므로, 직접 인용에서의 '나'는 간접 인용할 때 주어인 '언니'를 다시 가리키는 재귀 대명사 '자기'로 바꾸어야 한다. 그리고 직접 인용의 명령형 '남겨라'는 간접 인용할 때 동사의 어간에 '-(으)라고'를 붙여야 하므로 '남기라고'로 바꾸어야 한다. 따라서 ⓒ에는 '자기의'가, ⓓ에는 '남기라고'가 들어가는 것이 적절하다.

도전 1등급

직접 인용과 간접 인용의 표현 차이

차이	직접 인용	간접 인용
시제 변경	그는 어제 "내일 비가 오겠소."라고 했다.	그는 어제 오늘 비가 오겠다고 했다.
대명사 변경	수정이는 "제가 가겠습니다."라고 했다.	수정이는 자기가 가겠다고 했다.
지시어 변경	그는 "여기가 이렇게 변할 줄 몰랐어."라고 했다.	그는 거기가 그렇게 변할 줄 몰랐다고 했다.
감탄 삭제	사장은 "아, 너무 덥다!"라고 소리쳤다.	사장은 너무 덥다고 소리쳤다.

74 |출제 의도| 중의적 표현 이해 답 ②

'형은 나보다 어머니를 더 좋아한다.'는 '형은 나와 어머니 중에서 어머니를 더 좋아한다.(좋아하는 대상으로서 '나 〈 어머니')'와 '내가 어머니를 좋아하는 것보다 형이 어머니를 더 좋아한다.(좋아하는 정도로서 '나 〈 형')'의 두 가지로 해석되므로 중의문의 예로 적절하다.

75 |출제 의도| 중의적 표현 이해 답 ⑤

ⓜ은 지훈이가 웃으면서 소민이를 맞이했는지, 소민이가 웃으면서 들어왔는지가 모호하기 때문에 명확하게 해석하기 어렵다. 따라서 '웃으면서'의 주체가 '지훈이'인지 '지훈이와 소민이'인지가 모호하기 때문에 명확하게 해석하기 어렵다는 내용은 적절하지 않다.

① '손이 크다'는 관용적으로 '씀씀이가 후하고 크다.'의 뜻도 있기 때문에 ⓐ은 경준이의 신체 중 손이 큰 것인지, 경준이의 씀씀이가 큰 것인지 명확하지 않다.

② ⓑ에서 '신고 있다'는 효정이가 구두를 신고 있는 도중인지, 구두를 신고 있는 상태인지 명확하지 않다.

③ ⓒ에서 '아름다운'은 그녀를 수식하는 것인지 어머니를 수식하는 것인지 명확하지 않다.

④ ⓓ에서 '사과와 귤 두 개'는 어머니께서 나에게 주신 것이 사과 하나와 귤 하나인지, 사과와 귤이 각각 두 개인지, 사과 하나와 귤 두 개인지 명확하지 않다.

76 |출제 의도| 중의적 표현 이해 답 ①

①은 '귀여운'이 수식하는 말이 '동생'인지, 아니면 '동생의 강아지'인지 불

분명하다. 따라서 수식하는 말의 수식 범위가 불분명하여 중의적으로 해석되는 문장의 예로 적절하다.

왜 오답?

② '좋아한다'의 비교 대상이 '나'인지 '등산'인지, 아니면 좋아하는 정도가 '나'보다 더 큰 것인지 불분명하기 때문에 중의적으로 해석된다.

③ '신고 계신다'가 신고 있는 도중을 나타내는 것인지, 신고 있는 상태를 나타내는 것인지 불분명하기 때문에 중의적으로 해석된다.

④ '나'와 '그녀'가 결혼한 것인지, '나'와 '그녀'가 각각 다른 사람과 결혼한 것인지 불분명하기 때문에 중의적으로 해석된다.

⑤ '사과'와 '귤'이 각각 하나씩 두 개인지, '사과'와 '귤'이 각각 두 개인지, 사과 하나와 귤 두 개인지 불분명하기 때문에 중의적으로 해석된다.

77 |출제 의도| 중의적 표현 이해 답 ④

ㄱ의 '친구가 모두 오지 않았다.'는 '친구 중 일부가 오지 않았다.'라는 의미와 '친구가 한 명도 오지 않았다.'라는 의미 두 가지로 해석된다. 이를 해소하기 위해서는 '모두'를 '아무도'나 '일부' 등의 단어로 교체하거나, '친구가 모두 오지는 않았다.'와 같이 본용언 뒤에 보조사 '는'을 사용하는 방법이 있다. ㄴ은 '울면서'의 주체가 '그'인지 '그녀'인지 명확하지 않다. 이를 해소하기 위해서는 '그가 떠나는 그녀를 울면서 안아 주었다.'와 같이 어순을 바꾸어야 한다. 보조사 '는'을 사용하는 방법을 통해서는 중의성을 해소할 수 없다.

왜 오답?

① ㄱ '모두 오지 않았다.'에서 '모두'와 '않았다'를 함께 사용하여 '전체가 오지 않은 것'인지 대부분은 왔는데 일부가 오지 않아 '모두 온 것은 아닌 것'인지 불분명하여 중의성이 생겼다.

② ㄴ '울면서'의 주체가 '그'인지 '그녀'인지 불분명하여 중의성이 생겼다.

③ ㄷ '사랑스러운'의 수식을 받는 대상이 '그녀'인지 '그녀의 강아지'인지 불분명하여 중의성이 생겼다.

⑤ ㄴ은 '그가 떠나는 그녀를 울면서 안아 주었다.'로 어순을 바꾸면 우는 주체가 '그'임이 명확해지면서 중의성이 해소된다. ㄷ도 '나는 그녀의 사랑스러운 강아지를 보았다.'로 어순을 바꾸면 사랑스러운이 수식하는 대상이 강아지로 명확해져 중의성이 해소된다.

78 |출제 의도| 중의적 표현 이해 답 ①

㉠은 부정 표현의 범위가 특정되지 않아서 문장에 중의성이 생긴 경우이다. '다 오지 않았다.'는 '모두 오지 않았다.'라는 의미와 대부분 왔는데 '일부만 오지 않았다.'라는 의미 두 가지로 해석된다. 이는 '않았다'를 '못했다'로 바꾸어도 중의성을 해소할 수 없다. 오히려 ㉠을 학생들이 한 명도 오지 않았다는 의미로 수정하려면 '교실에 학생들이 아무도 오지 않았다.'와 같이 일부 단어를 교체해야 한다.

왜 오답?

② 현규가 숙희의 남편이 되었다는 의미로 수정하려면 '현규는 숙희와 어제 결혼하였다.'와 같이 표현하여 그 의미를 한정할 수 있다.

③ 그림 속 인물이 선생님이라는 의미로 수정하려면 '선생님의'를 '선생님을 그린'으로 교체하여 '이것은 선생님을 그린 그림이다.'와 같이 표현하면 그 의미를 한정할 수 있다.

④ 과일 세 개 중 사과 두 개라는 의미로 수정하려면 '귤과 사과 두 개'를 '귤 한 개와 사과 두 개'로 바꾸어 '아버지께서 귤 한 개와 사과 두 개를 가져오셨다.'와 같이 표현하면 그 의미를 한정할 수 있다.

⑤ 표정이 밝은 사람은 그녀라는 의미로 수정하려면 '그녀는 환영하는 사람들에게 밝은 표정으로 인사했다.'와 같이 어순을 바꾸어 표현하면 그 의미를 한정할 수 있다.

문장의 중의성과 그 해소 방법

• 귀여운 철수의 동생을 만났다.
  귀여운 사람이 '철수'일 수도 있고, '철수의 동생'일 수도 있음.
  [중의성 해소 방법]
  → [반점 사용하기] 귀여운, 철수의 동생을 만났다.
  → [수식어의 위치 조정하기] 철수의 귀여운 동생을 만났다.

• 형은 어떤 사람이든지 만나고 싶어 한다.
  형이 특별히 사람을 가리지 않고 어떤 사람이든지 만나고 싶어 한다는 의미일 수도 있고, 또 누구나 형을 만나고 싶어 한다는 의미일 수도 있음.
  [중의성 해소 방법]
  → [격 조사 사용하기] 형이 어떤 사람이든지 만나고 싶어 한다.
  → [수식어의 위치 조정 및 격 조사 사용하기] 어떤 사람이든지 형을 만나고 싶어 한다.

• 나는 철수와 영희를 만났다.
  내가 '철수와 영희'를 만났을 수도 있고[→이때 '와'는 접속 조사임.], '나와 철수'가 '영희'를 만났을 수도 있음.[→이때 '와'는 공동격 조사임].
  [중의성 해소 방법]
  → [격 조사 사용하기] 나와 철수는 영희를 만났다.
  → [반점 사용하기] 나는, 철수와 영희를 만났다.
  → [단어 넣기] 나는 철수와 영희 두 사람을 만났다.

• 내 동생은 나보다 만화 영화를 더 좋아한다.
  '내 동생은 나와 만화 영화를 다 좋아하는데, 그중에서 만화 영화를 더 좋아한다.'라는 뜻일 수도 있고, '나와 동생이 모두 만화 영화를 좋아하는데, 나보다 동생이 더 만화 영화를 좋아한다.'라는 의미일 수도 있음.
  [중의성 해소 방법]
  → [의미 명확하게 하기] 내 동생은 내가 만화 영화를 좋아하는 것보다 더 만화 영화를 좋아한다.
  → [의미 명확하게 하기] 내 동생은 나를 좋아하는 것보다 만화 영화를 더 좋아한다.

79 |출제 의도| 올바른 문장 표현 이해 답 ①

'그녀는 학교에서 회장이 되었다.'에서 '회장이'는 서술어 '되었다'가 반드시 필요로 하는 보어로, ㉠에서 추가한 문장 성분은 주어가 아니다. '되다/아니다' 앞에 조사 '이'가 붙는 문장 성분은 주어가 아닌 보어이다.

❝ 왜 오답?
② '그'와 '나' 둘 중에 누가 낚시를 더 좋아하는지, '그'가 '나'보다 낚시를 더 좋아하는지 분명하지 않기 때문에 '그는 내가 낚시를 좋아하는 것보다 더 낚시를 좋아한다.'와 같이 의미가 분명하도록 수정하였다.
③ 주어인 '우리 집의 특징은'과 서술어 '넓다'가 호응하지 않으므로 서술어를 '~는 것이다'와 같이 호응하도록 수정하였다.
④ 환경은 '개선시켜야' 할 대상이 아니라 우리가 환경을 '개선해야' 하는 것이므로 불필요한 사동 표현을 주동 표현으로 수정하였다.
⑤ '조용히'와 조용하고 엄숙함을 뜻하는 '정숙'의 의미가 중복되기 때문에 '조용히'를 삭제하였다.

80 |출제 의도| 올바른 문장 표현 이해 답 ①

'나는 형과 누나가 추천한 영화를 보았다.'라는 문장은 추천의 대상이 '누나'인지 '형과 누나'인지 불분명하다. 따라서 '누나가 추천한 영화를 형과 내가 본 것'을 나타내려면 '나와 형은 누나가 추천한 영화를 보았다.'로, '형과 누나가 추천한 영화를 내가 본 것'을 나타내려면 '나는, 형과 누나가 추천한 영화를 보았다.'로 수정해야 한다. 이 문장에 '집에서'를 넣는다고 해서 중의성이 해소되는 것은 아니다.

❝ 왜 오답?
② ㉡ '재론(再論)'의 '재(再)'에 '다시'라는 뜻이 있기 때문에 '다시'를 삭제한 것은 적절하다.
③ ㉢ 친구는 '소개시키는' 것이 아니므로 '소개해'로 수정한 것은 적절하다.
④ ㉣ 구름은 '내리는 것'이 아니므로 '구름이 끼고'로 수정한 것은 적절하다.
⑤ ㉤ '아메리카노'는 높임의 대상이 아니므로 '아메리카노 나왔습니다.'로 수정한 것은 적절하다.

81 |출제 의도| 올바른 문장 표현 이해 답 ④

(가)는 주어 '지원이의 꿈은'과 서술어 '되고 싶다'가 호응하지 않고 있으므로 '지원이의 꿈은 국어 교사가 되는 것이다.'와 같이 수정한 것이다.
(나)는 '이용하면서' 앞에 '자연을'이라는 목적어가 생략되어 있기 때문에 꼭 필요한 문장 성분을 추가하여 '인간은 한편으로는 자연에 순응하면서, 다른 한편으로는 자연을 이용하면서 살아왔다.'와 같이 수정한 것이다.
(다)는 '형이' 만나고 싶어 하는 것인지, '형을' 만나고 싶어 하는 것인지가 분명하지 않아 중의성을 띠고 있기 때문에 '어떤 사람이든지 형을 만나고 싶어 한다.'와 같이 수정한 것이다.

올바른 문장 표현 – 호응 관계

• 주어 – 서술어의 호응
  예 국어학은 국어의 특징을 연구한다.
  → '국어학'에 대해 정의하는 문장인데 주어인 '국어학'과 서술어 '연구한다.'가 호응하지 않으므로, '국어학은 국어의 특징을 연구하는 학문이다.'로 수정하는 것이 자연스러움.
• 목적어 – 서술어의 호응
  예 건강을 위해 주중에는 자전거를, 주말에는 산에 오른다.
  → 목적어 '자전거를'에 호응하는 서술어가 없으므로, '건강을 위해 주중에는 자전거를 타고, 주말에는 산에 오른다.'로 수정하는 것이 자연스러움.
• 부사어 – 서술어의 호응
  예 학생은 모름지기 열심히 공부한다.
  → 부사어 '모름지기'는 '해야 한다'와 함께 쓰이므로, '학생은 모름지기 열심히 공부해야 한다.'로 수정하는 것이 자연스러움.

82 |출제 의도| 올바른 문장 표현 이해 답 ①

㉠의 '주다'는 부사어와 목적어를 필수적으로 요구하는 세 자리 서술어이므로 부사어 '우리에게'를 추가하여 수정한 것이다. 그런데 수정한 이유를 보면 목적어가 없기 때문이라고 되어 있는데, '주셨다'가 요구하는 목적어 '세뱃돈을'은 이미 제시되어 있기 때문에 이는 적절하지 않다.

❝ 왜 오답?
② '믿겨지다'는 '믿다'에 피동 접사 '-기-'와 '-어지다'라는 피동 표현을 모두 사용한 이중 피동 표현이므로, ㉡의 수정 이유로 이중 피동 표현을 사용하였다는 내용은 적절하다.
③ '춤'에 해당하는 서술어 '추고'가 빠져 있었으므로, ㉢의 수정 이유로 목적어의 하나인 '춤'과 호응하는 서술어가 없다는 내용은 적절하다.
④ 직접 인용을 나타내는 조사는 '라고'이고, 간접 인용을 나타내는 조사는 '고'이므로, ㉣의 수정 이유로 조사가 잘못 사용되었다는 내용은 적절하다.
⑤ '온정'은 '따뜻한 사랑이나 인정.'이라는 뜻의 단어로 '온정' 앞에 있는 '따뜻한'과 의미가 중복되므로, ㉤의 수정 이유로 의미가 중복된 표현을 사용하였다는 내용은 적절하다.

83 |출제 의도| 올바른 문장 표현 이해 답 ①

㉠에서 '상의하다'는 '어떤 일을 서로 의논하다.'라는 의미를 지닌 서술어로, 의논의 대상이 되는 부사어를 필요로 하므로 '약사께'가 아니라 부사격 조사 '와'가 결합한 '약사와'로 수정하는 것이 적절하다.

왜 오답?

② ㉡의 '여간'은 부정의 의미를 나타내는 말과 함께 쓰이기 때문에 부정표현을 넣어 수정한 것은 적절하다.

③ ㉢의 '～ 장점은'은 '～하다'가 아닌 '～ 것이다.'와 호응하기 때문에 '～ 것이다.'를 넣어 수정한 것은 적절하다.

④ ㉣은 사과랑 배를 각각 두 개 먹었다는 것인지, 사과 하나, 배 하나를 먹은 것인지 중의적으로 해석되기 때문에 수량을 명확하게 넣어 수정한 것은 적절하다.

⑤ ㉤의 '아름다운'이 수식하는 것이 '은영이'인지 '은영이의 목소리'인지 중의적으로 해석되기 때문에 어순을 바꾸어 수식의 범위를 '목소리'로 한정하여 수정한 것은 적절하다.

도전 ❶등급

> **특정 부사어가 특정 서술어와 호응하는 경우**
>
> • 과연 ～할까   • 만일 ～한다면
> • 비록 ～ㄹ지라도   • 설마 ～ㄹ까
> • 아마 ～ㄹ 것이다   • 차마 ～ 없다
> • 결코 ～ 않다   • 모름지기 ～ 해야 한다
>
> **부정문에만 쓰이는 부사**
>
> '결코', '전혀', '조금도', '도무지', '여간', '차마'와 같은 부사어는 부정문에서만 쓰임.
> **예** 그것은 <u>결코</u> 우연한 일이 아니었다.
> 그는 이 일에 <u>전혀</u> 도움이 되지 않는다.
> 남아 있는 음식이 <u>조금도</u> 없었다.
> 그 사람과는 <u>도무지</u> 말이 안 통한다.
> 시험에 합격한다는 게 <u>여간</u> 어려운 일이 아니다.
> <u>차마</u> 거절할 수가 없었다.

84 |출제 의도| 올바른 문장 표현 이해 답 ⑤

㉤은 '남에게 고통을 주다.'와 '남의 마음을 상하게 하다.'라는 문장이 이어질 때 뒤 절의 '남의'라는 문장 성분이 생략되었기 때문에 수정한 경우이다. 따라서 문장 사이의 접속 표현이 어색해서라는 이유는 적절하지 않다.

왜 오답?

① ㉠에서 '-던지'의 '-더-'는 과거 회상을 나타내는 선어말 어미이고, 어미 '-든지'는 나열된 동작이나 상태, 대상들 중에서 어느 것이든 선택될 수 있음을 나타내는 연결 어미이다. 그런데 ㉠에서는 '가는 것'과 '가지 않는 것'을 선택하라고 말하고 있으므로, 어미의 쓰임이 적절하지 않아서 고쳤다는 내용은 적절하다.

② ㉡에서 '이르다'는 '대중이나 기준을 잡은 때보다 앞서거나 빠르다.'라는 뜻으로, 속도를 나타낼 때 사용하면 표현이 어색해진다. 기차의 속도를 나타낼 때에는 '어떤 동작을 하는 데 걸리는 시간이 짧다.'라는 의미를 나타내는 '빠르다'를 사용하는 것이 적절하다.

③ ㉢은 주어 '내가 하고 싶은 말은'과 '최선을 다해라'라는 서술어가 호응하지 않아 문장이 어색하므로 서술어를 '최선을 다하라는 것이다'와 같이 수정하는 것이 적절하다.

④ ㉣에서 '한결같이'의 수식의 대상이 '어려운 이웃'인지 '돕는'인지 분명하지 않아 중의적으로 해석되므로 '한결같이'의 위치를 바꾸어 의미를 명확하게 하는 것이 적절하다.

85 |출제 의도| 올바른 문장 표현 이해 답 ①

'모름지기'는 '～ 해야 한다'와 호응하므로, ①은 '고등학생이라면 모름지기 그 정도는 다 할 줄 알아야 한다.'와 같이 수정하는 것이 적절하다. 그러나 〈보기〉에 문장 성분 간의 호응 문제는 '문법적으로 바르지 않은 문장 유형'으로 제시되어 있지 않으므로 해당하는 것이 없다.

왜 오답?

② '나온다면'의 앞 절과 뒤 절의 내용이 맞지 않아 연결이 어색하므로 '예상치 못한 결과가 나오더라도 실망할 필요가 없다.'와 같이 수정하는 것이 적절하다. 따라서 ②는 〈보기〉 중 '연결 어미가 의미에 맞게 사용되지 않은 경우'에 해당한다.

③ '운영되어지다'는 이중 피동 표현에 속하기 때문에 '그 복지 시설은 지금 민간에 위탁 운영되고 있다.'와 같이 수정하는 것이 적절하다. 따라서 ③은 〈보기〉 중 '피동 표현이 중복되어 과도한 피동이 된 경우'에 해당한다.

④ '텔레비전'은 듣는 것이 아니므로 '특별한 일이 없을 때는 텔레비전을 보거나 라디오를 듣는다.'와 같이 수정하는 것이 적절하다. 따라서 ④는 〈보기〉 중 '목적어에 대응하는 서술어가 잘못 생략된 경우'에 해당한다.

⑤ '어머니'에게 '외할머니'는 높임의 대상이므로, 서술어 '드린'에 맞추어 높임의 격 조사 '께'를 사용하여 '이것은 어머니가 외할머니께 생신 선물로 드린 것이다.'와 같이 수정하는 것이 적절하다. 따라서 ⑤는 〈보기〉 중 '높임 표현이 적절하게 사용되지 않은 경우'에 해당한다.

86 |출제 의도| 올바른 문장 표현 이해 답 ③

ㄷ의 '아파서'가 '만약'과 호응하지 않아 잘못된 문장이 되었으므로, '아파서'를 '아프니'가 아닌 '아프면'으로 바꾸어야 한다.

왜 오답?

① ㄱ의 '전혀'는 뒤에 부정의 서술어와 호응하므로 노래를 싫어한다는 의미를 살리려면 '전혀'를 '매우'로 바꿔야 한다.

② ㄴ의 '일조량은 키우기에 적합하다'에는 키우기에 적합한 대상, 즉 목적어가 없으므로 '농작물을'과 같은 말을 넣어야 한다.

④ ㄹ의 '순응하기도 한다'에는 무엇에 순응하는지 부사어가 들어가야 하므로 '순응하기도' 앞에 '운명에'를 추가해야 한다.

⑤ ㅁ의 '용감한 영호의 아버지'는 용감한 사람이 영호인지 영호의 아버지인지 명확하지 않아 중의적으로 해석되므로 '용감한'을 '아버지는'의 앞으로 옮겨야 한다.

87 |출제 의도| 올바른 문장 표현 이해 답 ⑤

'인사 발령이 나서 가게 되었다.'에서 '가다'는 '직책이나 자리를 옮기다.'라는 의미로, 필수적 부사어 '…(으)로' / '…에/에게'를 요구한다. 따라서 '인사 발령이 나서 총무과로 가게 되었다.'와 같이 수정해야 한다. 부사어 '급히'는 서술어를 수식하는 역할을 할 뿐 필수적 부사어는 아니므로 '급히'를 넣는다고 해도 여전히 잘못된 문장 표현이 된다.

왜 오답?

① '그는 마음먹은 일은 절대로 하고 만다.'는 부사어 '절대로'와 서술어 '하고 만다'가 호응하지 않고 있다. '절대로'는 뒤에 오는 용언을 부정하는 문맥에서 사용되므로, 이 문장에서는 뒤에 오는 용언을 긍정하는 부사어로 바꾸어 '반드시'로 고쳐 쓰는 것이 적절하다.

② '알맞는 답을 고르시오.'에서 '알맞는'은 기본형이 형용사 '알맞다'인데 어간 '알맞-'에 동사에만 결합할 수 있는 관형사형 전성 어미 '-는'이 결합하였으므로 잘못된 표현이다. 형용사에는 관형사형 전성 어미로

'-은'이 결합하므로 '알맞은'으로 고쳐 쓰는 것이 적절하다.

③ '이 사람의 장점은 노래를 잘한다는 것이 장점이다.'는 어휘 '장점'이 중복 사용된 문장이다. 따라서 '이 사람의 장점은 노래를 잘한다는 것이다.'와 같이 고쳐 쓰는 것이 적절하다.

④ '철수가 어제 집에 오지 않습니다.'는 시간 부사어 '어제'가 서술어 '않습니다'와 호응하지 않는 문장이다. 따라서 '어제'라는 시제에 맞도록 서술어 '않습니다'에 과거 시제 선어말 어미 '-았-'을 넣어 '철수가 어제 집에 오지 않았습니다.'와 같이 고쳐 쓰는 것이 적절하다.

88 |출제 의도| 올바른 문장 표현 이해   답 ⑤
'착한 너의 후배를 나한테 빨리 소개해 주었으면 좋겠다.'는 수식 대상이 불분명하여 중의성이 드러난 문장이다. '착한'이 '너'를 수식하여 '너가 착하다.'로 해석되기도 하고, '너의 후배'를 수식하여 '너의 후배가 착하다.'로 해석되기도 하기 때문이다. 이 문장에서 불필요하게 중복된 의미는 나타나지 않으므로 ⑩의 사례라고 보기 어렵다. ⑩에 해당하는 불필요한 의미 중복의 사례에는 '미리 예상하다, 따뜻한 온정, 다시 재론하다'와 같은 것들이 있다.

▶▶ 왜 오답?

① 주어 '내가 하고 싶은 말'과 서술어 '배려해서 행동하자'가 호응하지 않으므로 ㉠의 사례에 해당한다. 이 문장은 '내가 하고 싶은 말은 다른 사람을 배려해서 행동하자는 것이다.' 정도로 고치는 것이 적절하다.

② '비단'은 '다만', '오직'의 뜻으로 쓰이는 말인데 주로 부정하는 말 앞에서 사용되는 부사어이므로 ㉡의 사례에 해당한다. 이 문장은 '새벽에 잠을 깬 사람은 비단 나뿐이 아니었다.' 정도로 고치는 것이 적절하다.

③ 서술어인 '두었다'가 필요로 하는 부사어가 생략되어 의미가 제대로 전달되지 않는 문장이므로 ㉢의 사례에 해당한다. 이 문장은 '나는 집에 오자마자 들고 있던 가방을 소파 위에 두었다.' 정도로 고치는 것이 적절하다.

④ '짐'은 '싣는' 것이지 '태우는' 것이 아니기 때문에 '짐'에 대한 서술어 '싣다'가 부적절하게 생략된 경우이므로 ㉣의 사례에 해당한다. 이 문장은 '새로 산 자동차에 짐을 싣고 동생을 태워 여행을 떠났다.' 정도로 고치는 것이 적절하다.

도전 ❶등급

의미 중복 사례

의미의 중복은 순우리말과 한자어가 함께 어울려 쓰이는 경우에 많이 발생함.
- 미리 예견하다
- 서로 상충하다
- 과반수를 넘다
- 물에 침수되다
- 계속 속출하다
- 전부 매진되다
- 역전앞
- 함성 소리
- 남은 여생
- 모래사장
- 하얀 백발
- 떨어지는 낙엽

89 |출제 의도| 올바른 문장 표현 이해   답 ④
'윤서가 아침에 여행에서 돌아왔다는 것을 민수는 말했다.'는 '윤서가 여행에서 돌아온 시점'이 '아침'이라는 것을 의미하므로, 원래 표현하려는 의미와 거리가 멀다. '돌아온 사실을 말한 시점이 아침임.'을 표현하기 위해서는 '민수는 윤서가 여행에서 돌아왔다는 사실을 아침에 말했다.'와 같이 수정하는 것이 적절하다.

▶▶ 왜 오답?

① '현우는 새로 산 옷을 입고 있다.'는 현우가 새로 산 옷을 입은 상태가 지속되고 있다는 의미도 포함하기 때문에, '옷을 입는 동작이 진행 중

임.'만을 나타내고자 할 때는 '현우는 새로 산 옷을 입고 있는 중이다.'와 같이 수정하는 것이 적절하다.

② '영철이는 지수보다 야구 경기를 더 좋아한다.'는 영철이는 지수와 야구 경기 둘 중에서 야구 경기를 더 좋아한다는 의미와, 지수가 야구 경기를 좋아하는 것보다 영철이가 야구 경기를 더 좋아한다는 의미를 모두 가지고 있다. 따라서 '영철이가 더 좋아하는 것은 지수가 아니라 야구 경기임.'을 표현하기 위해서는 '영철이는 지수를 좋아하는 것보다 야구 경기를 더 좋아한다.'와 같이 수정하는 것이 적절하다.

③ '친구들이 약속 장소에 다 나오지 않았다.'는 모두 나오지 않았다는 의미와 친구들이 일부만 참석했다는 의미를 모두 가지고 있다. 따라서 '일부만 참석함.'이라는 것을 표현하고자 할 때는 '친구들이 약속 장소에 다는 나오지 않았다.'와 같이 수정하는 것이 적절하다.

⑤ '그는 내게 장미와 튤립 두 송이를 주었다.'는 장미 한 송이와 튤립 한 송이를 주었다는 의미와 장미 두 송이와 튤립 두 송이를 주었다는 의미를 모두 가지고 있다. 따라서 '받은 꽃의 개수가 세 송이임.'을 표현하기 위해서는 '그는 내게 장미 한 송이와 튤립 두 송이를 주었다.'와 같이 수정하는 것이 적절하다.

90 |출제 의도| 올바른 문장 표현 이해   답 ③
〈자료〉에서 수정 전후의 문장을 비교해 보면 두 가지가 달라졌는데, 첫째는 '비록 초보일수록'이 '비록 초보일지라도'로 수정되었고, 둘째는 '그려서 작성할 수 있다'가 '그려서 문서를 작성할 수 있다'로 수정되었다. 첫째는 '비록'이라는 부사어와 연결 어미 '-ㄹ지라도'의 호응을 고려한 결과라 할 수 있고, 후자는 '작성하다'의 목적어 '문서를'이 누락되었기 때문에 이를 첨가한 것으로 볼 수 있다. 따라서 〈자료〉의 문장을 수정할 때 부사어와 연결 어미의 호응(㉡)과 목적어의 누락(㉢)이 고려되었다고 볼 수 있다.

91 |출제 의도| 올바른 문장 표현 이해   답 ②
②에서는 문법적으로 잘못된 요소가 확인되지 않는다.

▶▶ 왜 오답?

① '그는 ~ 이론을 발전해'라는 부분에서 주어와 서술어가 호응하지 않으므로, 주어와 호응하도록 서술어 '발전해'를 '발전시켜'로 바꾸어 '그는 자기가 창안한 사회 이론을 더욱 발전시켜 사회 문제의 해결에 기여하고자 하였다.' 정도로 수정하는 것이 적절하다.

③ '생산 기술의 발달'과 '큰 변화를 겪었다'의 연결이 어색하므로 이를 각각 나누어 서술해야 할 필요성이 있다. 따라서 '유럽은 18세가 후반부터 약 100년 동안 생산 기술이 발달하였고, 그에 따라 사회 조직의 큰 변화를 겪었다.' 정도로 수정하는 것이 적절하다.

④ '요점은'과 '알아야 한다'가 호응하지 않으므로 주어와 호응하도록 서술어 '알아야 한다'를 '알아야 한다는 것이다'로 바꾸어 '이 책의 저자가 독자에게 말하려는 요점은 모름지기 사람은 남을 위하여 자기를 희생할 줄도 알아야 한다는 것이다.' 정도로 수정하는 것이 적절하다.

⑤ '이름의 혼동'과 '줄거리를 잘 기억하지 못했다'의 연결이 어색하므로 '이름의 혼동'과 '줄거리를 잘 기억하지 못했다는 것'을 각각 나누어 서술해야 할 필요성이 있다. 따라서 '그의 작품들은 엇비슷해서 학생들이 작품 이름을 혼동하거나 각 작품의 이야기 줄거리를 잘 기억하지 못했다.' 정도로 수정하는 것이 적절하다.

92 |출제 의도| 올바른 문장 표현 이해   답 ④
〈보기 2〉에서 수정 전후의 문장을 살펴보면 바뀐 부분은 모두 세 군데이

다. 첫째로 '참여하려는'이 '참여한'으로 바뀌었는데 이는 문장이 담고 있는 내용이 과거 일이기 때문에 과거 시제를 나타내는 어미를 사용한 것으로 ⓒ을 반영하여 수정한 것이다. 둘째로 '각 지역에'가 '각 지역의'로 바뀌었는데 이것은 '각 지역' 뒤에 오는 '청소년들을' 꾸며 주는 문장 성분은 관형어이어야 하므로 부사격 조사 '에'를 관형격 조사 '의'로 바꾼 것이다. 즉, 조사가 잘못 결합된 것을 바르게 고친 것으로 ⓛ을 반영하여 수정한 것이다. 셋째로 '답사함으로써' 앞에 '유적지를'이 첨가되었는데 '답사하다'는 누가 어디를 답사하는지 밝혀 주어야 하는 두 자리 서술어이기 때문에 필수 성분인 목적어가 첨가된 것이므로 ⓘ을 반영하여 수정한 것이다.

[93~94] 높임 표현

지문 해설: 이 글에서는 국어에서의 높임 표현을 높임의 대상에 따라 주체 높임, 상대 높임, 객체 높임으로 나누어 설명하고 있다. 주체 높임은 서술의 주체를 높이는 방법으로 선어말 어미 '-(으)시-'를 사용하며 주격 조사 '께서'와 '계시다' 등의 특수 어휘를 사용하기도 하는데, 이러한 주체 높임에는 주체를 직접 높이는 직접 높임과, 주체의 신체 일부, 소유물, 가족 등을 높이는 간접 높임이 있음을 알려 주고 있다. 또한 상대 높임은 말하는 이가 듣는 이를 높이거나 낮추어 말하는 방법으로 주로 종결 표현을 통해 실현되며, 격식을 차리는 자리나 공식적인 상황에서 사용되는 격식체와 격식을 덜 차리거나 사적인 상황에서 사용되는 비격식체로 나뉜다는 것을 설명하고 있다. 마지막으로 객체 높임은 목적어나 부사어가 지시하는 서술의 객체를 높이는 것으로, '모시다'와 같은 특수 어휘, 부사격 조사 '께'를 사용하여 나타냄을 알려 주고 있다.

주제: 높임 표현의 종류와 실현 방법

93 |출제 의도| 높임 표현 이해   답 ②

3문단에 따르면 간접 높임은 주체의 신체 일부, 소유물, 가족 등을 높임으로써 주체를 간접적으로 높이는 것인데, ②에서는 '교수님'의 소유물인 '책'을 높임으로써 높여야 할 대상인 '교수님'을 간접적으로 높이고 있으므로 ⓘ의 예로 적절하다.

❝ 왜 오답?

① '아버지께서 요리를 하셨다.'는 주격 조사인 '께서'와 선어말 어미 '-시-'를 사용하여 높여야 할 대상인 '아버지'를 직접 높이고 있다.

③ '어머니께서 음악회에 가셨다.'는 주격 조사인 '께서'와 선어말 어미 '-시-'를 사용하여 높여야 할 대상인 '어머니'를 직접 높이고 있다.

④ '선생님께서 우리의 이름을 부르신다.'는 주격 조사인 '께서'와 선어말 어미 '-시-'를 사용하여 높여야 할 대상인 '선생님'을 직접 높이고 있다.

⑤ '할아버지께서는 마을 이장이 되셨다.'는 주격 조사인 '께서'와 선어말 어미 '-시-'를 사용하여 높여야 할 대상인 '할아버지'를 직접 높이고 있다.

94 |출제 의도| 높임 표현 이해   답 ③

6문단에 따르면 객체 높임은 '모시다', '여쭈다' 등과 같은 특수 어휘를 통해 실현되며, 부사격 조사 '에게' 대신 '께'를 사용하기도 하는데, ⓒ에서는 특수 어휘 '뵙다'를 사용하여 서술의 객체(목적어)인 '선생님'을 높이고 있으므로 ⓒ에는 객체 높임이 실현되었음을 알 수 있다.

❝ 왜 오답?

① 3문단에서 주체 높임을 실현하기 위해서는 선어말 어미 '-(으)시-'를 사용하고, 주격 조사 '이/가' 대신 '께서'를 쓰기도 하며, '계시다', '주무시다' 등과 같은 특수 어휘를 사용하기도 한다고 하였는데, ⓐ에서는 주격 조사 '께서'와 선어말 어미 '-시-'를 사용하여 서술의 주체인 '선생님'을 높이고 있으므로 탐구 내용으로 적절하다.

② 6문단에서 객체 높임은 '모시다', '여쭈다' 등과 같은 특수 어휘를 통해 실현되며, 부사격 조사 '에게' 대신 '께'를 사용하기도 한다고 하였는데, ⓑ에서는 특수 어휘 '드리기(드리다)'와 부사격 조사 '께'를 사용하여 서술의 객체(부사어)인 '선생님'을 높이고 있으므로 탐구 내용으로 적절하다.

④ 4문단에서 상대 높임은 말하는 이가 듣는 이를 높이거나 낮추어 말하는 방법으로, 주로 종결 표현을 통해 실현된다고 하였는데, ⓓ에서는 말하는 이(화자)인 '지수'가 듣는 사람(청자)인 '선생님'을 높이기 위해 '준비했어요'라는 상대 높임의 해요체 종결 표현을 사용하고 있으므로 탐구 내용으로 적절하다.

⑤ 지문에 제시된 〈표〉와 5문단에 따르면 '합니다'와 같은 하십시오체는 격식체로서 격식을 차리는 자리나 공식적인 상황에서 주로 사용하는데, ⓔ에서는 말하는 이(화자)인 '지수'가 수업 중 발표 상황이라는 공식적인 상황에서 말하고 있기 때문에 격식체인 하십시오체를 사용하고 있으므로 탐구 내용으로 적절하다.

[95~96] 시간 표현

지문 해설: 이 글에서는 국어에서의 시간 표현에 대하여 설명하고 있다. 국어에서의 시간 표현은 발화시보다 사건시가 앞서는 과거, 발화시와 사건시가 일치하는 현재, 발화시보다 사건시가 나중인 미래로 구분되는데, 시제는 선어말 어미(-았/었-, -는-, -겠- 등), 관형사형 어미(-던, -는, -(으)ㄹ 등), 시간 부사어(어제, 오늘, 내일 등) 등을 통해 실현됨을 표를 통해 보여 주고 있다. 또한 '-았/었-'은 과거 시제에 주로 쓰이지만 과거의 상태가 현재까지 지속되는 경우, 미래의 상황을 표현하는 경우에 쓰이기도 한다는 것을 예로 보여 줌으로써 시간을 표현하는 문법 요소가 항상 특정한 시제를 표현하는 것은 아님을 알려 주고 있다.

주제: 시간 표현의 종류와 특징

95 |출제 의도| 시간 표현 이해   답 ④

ⓑ는 시간 부사 '어제'와 선어말 어미 '-았-'을 사용하여 영주가 영화를 본 사건시보다 말을 하는 발화시가 나중임을 나타내는 과거 시제를 표현하고 있다.

❝ 왜 오답?

① ⓐ의 '잔다'에는 현재 시제 선어말 어미 '-ㄴ-'이 쓰였다. 이는 발화시와 사건시가 일치하는 현재 시제임을 나타낸다.

② ⓐ에서 관형사형 어미는 찾을 수 없다. 관형사형 어미와 결합한 동사나 형용사는 뒤에 오는 명사 등을 수식해야 한다.

③ ⓑ는 시간 부사 '어제'와, '봤다'에 쓰인 과거 시제 선어말 어미 '-았-'을 통해 사건시가 발화시보다 앞서는 과거 시제임을 알 수 있다.

⑤ ⓒ는 '내리겠습니다'에 미래 시제 선어말 어미 '-겠-'이 쓰였고, '곧'이라는 시간 부사가 쓰였으므로 발화시보다 사건시가 나중인 미래 시제를 나타내고 있다.

96 |출제 의도| 시간 표현 이해   답 ⑤

3문단과 4문단에서 선어말 어미 '-았-/-었-'은 주로 과거 시제를 표현하지만 반드시 그런 것은 아니라고 하였다. ⑤를 보면 문맥상 '어머니께 혼나는 일'은 아직 실현되지 않은 미래에 벌어질 일이므로 ⓘ의 사례로 적절하다.

왜 오답?

①, ②, ④ '-았-/-었-'이 과거 시제를 표현한 것이다.

③ '-았-/-었-'이 '과거에 이루어진 어떤 상태가 현재까지 지속되는 경우'에 쓰인 것으로 볼 수 있다.

> **도전 ❶등급**
>
> **선어말 어미 '-았-/-었-'**
>
> '-았-/-었-'은 과거 시제 선어말 어미이지만, 항상 과거 표현에만 쓰이는 것은 아님.
> - 발화시와 사건시가 일치하는 현재에 쓰임.
>   - 예 그는 지금 의자에 앉았다.
> - 완결된 상황의 지속을 나타낼 때에 쓰임.
>   - 예 그녀는 아빠를 닮았다.
> - 미래의 일에 확신을 나타내는 경우에 쓰임.(이때에는 반어적 표현법이 됨.)
>   - 예 너 이제 학교에는 다 갔다.

[97~98] 높임 표현과 피동 표현

지문 해설: 이 글에서는 원활한 의사소통을 위한 문법 요소 중 높임 표현과 피동 표현에 대하여 설명하고 있다. 높임 표현은 주체 높임, 상대 높임, 객체 높임으로 구분되는데, 주체 높임은 서술어의 주체를 높이는 것으로, 일반적으로 선어말 어미 '-(으)시-'가 붙어서 실현되지만 '주무시다' 등의 특수 어휘, 조사 '께서'로 실현되기도 하며, 이러한 주체 높임에는 높이려는 대상의 신체 일부분, 소유물, 생각 등을 높이는 간접 높임도 있음을 알려 주고 있다. 또한 객체 높임은 목적어나 부사어가 지시하는 대상인 서술어의 객체를 높이는 방식으로, '드리다' 등의 특수 어휘나 조사 '께'로 실현됨을 알려 주고 있다. 상대 높임은 청자를 높이거나 낮추는 방식으로 보통 종결 어미를 통해 실현됨을 예를 들어 설명하고 있다. 한편 피동 표현은 주어가 다른 주체에 의해 동작이나 행위를 당하는 것을 의미하고, 반대로 주어가 동작이나 행위를 하는 것을 능동이라고 하는데, 서로의 표현으로 바꾸면 문장 성분에 변화가 일어남을 설명하고 있다. 피동 표현은 능동의 동사에 피동 접사가 붙거나 동사 어간에 '-어/아지다', '-게 되다' 등이 붙거나 명사 뒤에 '되다'가 붙어서 실현되기도 하는데, 피동 표현이 실현되면 동작이나 행위를 당한 대상이 강조되는 효과가 있으나 이중 피동은 잘못된 표현이므로 주의해야 함을 당부하고 있다.

주제: 높임 표현과 피동 표현의 종류와 실현 방법

97 |출제 의도| 높임 표현 이해　　　　　　　　　**답 ③**

ㄷ은 화자인 '형'이 조사 '께서'와 특수한 어휘 '계시다'를 사용하여 주체인 '할아버지'를 높이고 있으므로 적절하지 않다. '계시다'의 '-시-'를 선어말 어미로 착각할 수 있지만, 만약 '계시다'의 '-시-'가 선어말 어미라면 '계다'라는 용언이 있어야 하는데 '계다'라는 용언은 존재하지 않는다.

왜 오답?

① ㄱ은 화자인 '회장'이 학급 회의라는 공적인 상황에서 종결 어미 '하십시오체'를 사용하여 청자(상대)인 '학급 친구들'을 높이고 있으므로 적절하다.

② ㄴ은 화자인 '언니'가 특수한 어휘 '뵙다'를 사용하여 객체인 '할머니'를 높이고 있으므로 적절하다.

④ ㄹ은 화자인 '학생'이 선어말 어미 '-시-'를 사용하여 '선생님'의 소유물인 '옷'을 높임으로써 높여야 할 대상인 '선생님'을 간접적으로 높이고 있으므로 적절하다.

⑤ ㅁ은 화자인 '아들'이 조사 '께'를 사용하여 객체인 '아버지'를 높이고 있으므로 적절하다.

> **도전 ❶등급**
>
> **'계시다'와 '있으시다'**
>
> 높임을 나타내는 특수 어휘인 '계시다'는 말하는 이가 주체를 직접 높일 때 사용하고, '있다'에 선어말 어미 '-(으)시-'가 붙은 '있으시다'는 높이려는 대상의 신체 일부나 소유물, 생각 등을 높여 주체를 간접 높일 때 사용함.
> - 예 선생님께서 교실에 계시다.
>   → 주체인 '선생님'을 직접 높임.
>   선생님께서는 다른 생각이 있으시다.
>   → '생각'을 높여 주체인 '선생님'을 간접 높임.

98 |출제 의도| 피동 표현 이해　　　　　　　　　**답 ②**

'버려지는'은 어간 '버리-'에 어미 '-어지다'가 결합하여 실현된 피동 표현이다. '버리-'의 '-리-'를 피동 접미사로 생각할 수 있는데, 만약 그렇다면 '버다'라는 용언이 있어야 하는데 '버다'라는 말은 없으므로 '버리다'는 피동 표현이 아니다.

왜 오답?

① ㉠ '담긴'은 동사 어근 '담-'에 피동 접사 '-기-'가 결합하여 실현된 피동 표현이므로 적절하다.

③ ㉢ '구조되는'은 명사 '구조' 뒤에 '-되다'가 결합하여 주어 '강아지들'이 '구조' 행위를 당하는 것을 표현하고 있으므로 적절하다.

④ ㉣ '쓰인다고'가 '쓴다고'와 같이 능동 표현으로 바뀔 경우 '쓰인다고'의 주어인 '성금이'는 목적어 '성금을'로 바뀌므로 적절하다.

⑤ [A]에 따르면, 피동 표현은 동작이나 행위를 당하는 대상이 주어로 나타나므로 동작이나 행위를 당한 대상이 강조되는 효과가 있다고 하였으므로, ㉤ '열린다는데'와 같이 표현하면 행사를 여는 주체보다 '유기견 보호 행사'가 주어로서 강조되는 효과가 있음을 알 수 있다.

[99~100] 중의성과 중의성 해소 방안

지문 해설: 이 글에서는 중의성의 세 가지 양상에 대해 설명하고 있다. 중의성의 양상 중 첫째는 어휘적 중의성으로, 다의어나 동음이의어에 의해 문장이 중의적으로 해석되는 경우인데 '손이 크다.' 등이 이에 해당한다. 둘째는 구조적 중의성으로, 어떤 문장이 둘 이상의 통사적 관계를 가진 문장 구조로 분석되어 중의적으로 해석되는 것인데 '수식 관계', '접속 구문', '비교 구문' 등을 통해 실현되며 '예쁜 민지의 목소리가 들린다.' 등이 이에 해당한다. 셋째는 '작용역의 중의성'으로 작용역이란 '어떠한 단어의 의미가 다른 단어의 의미에 영향을 미치는 범위'를 뜻하는데, 이러한 작용역이 다르게 해석되면 중의성이 발생한다. '작용역의 중의성'은 '부정 표현'이나 '수량 표현' 등을 통해 실현되는데 '포수 세 명이 사슴 한 마리를 잡았다.' 등이 그 예에 해당한다. 이러한 중의적 표현은 광고나 유머 등에서 의도적으로 사용되는 경우도 있으나 의사소통에 방해되기 때문에 사용하지 않는 것이 바람직하며, 쉼표 사용이나 어순을 바꾸거나 단어를 추가해서 중의성을 해소할 수 있음을 알려 주고 있다.

주제: 중의성이 나타나는 환경 및 중의성 해소 방안

99 |출제 의도| 중의적 표현 이해　　　　　　　　　**답 ③**

본문의 둘째 '구조적 중의성'에 대한 내용에 따르면 '수식 관계'에 따른 구조적 중의성은 하나의 수식어(예쁜)가 둘 이상의 피수식어(민지, 목소리)를 수식하는 상황에서 발생한다고 하였으므로, 둘 이상의 수식어가 하나의 피수식어를 수식할 때 구조적 중의성이 발생한다는 내용은 적절하지 않다.

① 마지막 문단의 내용을 통해 광고나 유머 등에서 의도적으로 중의적 표현을 사용하는 경우도 있음을 확인할 수 있다.

② 동음이의어인 '차'의 경우에는 '車'와 '茶'의 한자어 표기를 병행하여 동음이의어에 따른 중의성을 해소할 수 있다.

④ (3ㄴ)의 예를 설명한 내용을 통해 '수량 표현'에 따라 중의성이 나타날 수 있음을 확인할 수 있다.

⑤ (2ㄷ)의 예를 설명한 내용을 통해 특정 부분이 행위의 주체도 될 수 있고 행위의 대상도 될 수 있을 때 중의성이 생긴다는 것을 알 수 있다.

100 | 출제 의도 | 중의적 표현 이해　　　　　　　　답 ⑤

ⓜ은 단어를 추가하여 중의성을 해소해야 한다. '학생들이 컴퓨터 한 대를 사용한다.'는 '한 대의 컴퓨터를 학생들이 함께 사용한다.'는 의미도 되고, '학생들이 각각 컴퓨터 한 대씩을 사용한다.'는 의미도 되기 때문에 중의성이 발생한다. 이때, ⑤와 같이 '모든'을 '학생들이' 앞에 추가하여 '모든 학생들이 컴퓨터 한 대를 사용한다.'라고 고치는 것은 여전히 '한 대의 컴퓨터를 (모든) 학생들이 함께 사용한다.'는 의미와 '(모든) 학생들이 각각 컴퓨터 한 대씩을 사용한다.'는 의미로 해석되어 중의성이 해소되지 않는다.

① '길이 없다.'에서 '길'은 다의어이므로 '(사람이나 차들이 다니는) 도로가 없다.'나 '해결할 방법이 없다.' 등 여러 가지로 해석되므로 중의성이 나타난다. 따라서 '길'을 '도로'로 바꾸면 중의성을 해소할 수 있다.

② '착한 주희의 동생을 만났다.'에서 '착한'은 '주희'와 '동생'을 모두 수식할 수 있어 중의성이 나타난다. 즉 '착한'의 주체가 동생인지, 주희인지에 따라 '착한 주희'의 동생을 만난 것인지, 주희의 '착한 동생'을 만난 것인지 중의적으로 해석된다. 따라서 '착한'과 '주희의'의 어순을 바꾸면, '착한'이 '동생'만 수식하기 때문에 중의성을 해소할 수 있다.

③ '나는 영호와 민주를 보았다.'는 '나와 영호'가 함께 '민주'를 보았다는 의미도 되지만, '나'가 '영호와 민주' 두 명을 보았다는 의미도 된다. 이를 해소하기 위해서 '나는' 뒤에 쉼표(문장 부호)를 사용하면, '나'가 '영호와 민주' 두 명을 만났다는 의미가 되어 중의성을 해소할 수 있다.

④ '회원들이 다 오지 않았다.'는 '회원들이 한 명도 오지 않았다.'는 의미도 되지만, '회원들 중 일부만 왔다.'는 의미도 된다. 그런데 '회원들이 다는 오지 않았다.'처럼 보조사 '는'을 추가하면, '회원들 중 일부만 왔다.'는 의미가 되므로 중의성을 해소할 수 있다.

Ⅳ 국어 생활

국어의 규범

116~138쪽

01 ③	02 ⑤	03 ①	04 ①	05 ①
06 ⑤	07 ④	08 ④	09 ④	10 ②
11 ⑤	12 ①	13 ①	14 ①	15 ⑤
16 ③	17 ②	18 ②	19 ①	20 ②
21 ①	22 ③	23 ②	24 ⑤	25 ②
26 ④	27 ⑤	28 ①	29 ④	30 ④
31 ④	32 ④	33 ②	34 ③	35 ③
36 ①	37 ②	38 ①	39 ⑤	40 ①
41 ①	42 ④	43 ③	44 ⑤	45 ③
46 ④	47 ⑤	48 ②	49 ⑤	50 ②
51 ①	52 ④	53 ①	54 ①	55 ⑤
56 ⑤	57 ③	58 ②	59 ③	60 ③

01 |출제 의도| 이중 모음의 표준 발음 이해 답 ③

ⓒ '희망'의 '희'는 자음 'ㅎ'이 첫소리이다. 〈보기 1〉의 표준 발음법 제5항 다만 3에 따르면 '희'의 'ㅢ'는 [ㅣ]로 발음하므로 [히망]이 표준 발음이다.

⚑ 왜 오답?

① ㉠의 '가져야'는 용언 '가지다'의 활용형이므로, 표준 발음법 제5항 다만 1과 같이 [가져야]로 발음한다.

② ㉡의 '협의'에서 '의'는 제5항 다만 4의 단어의 첫음절 이외의 '의'에 해당하므로 [ㅣ]로 발음할 수 있다.

④ 제5항 다만 2에 따르면 '예, 례' 이외의 'ㅖ'는 [ㅔ]로도 발음하므로 ㉢의 '지혜'는 [지혜]로도 발음할 수 있다.

⑤ ㉤의 '의'는 제5항 다만 4의 조사 '의'에 해당하므로 [ㅔ]로 발음하는 것이 허용된다.

02 |출제 의도| 이중 모음의 표준 발음 이해 답 ⑤

ⓒ의 'ㅢ'는 조사이므로 단모음으로 발음될 경우 [ㅔ]로 발음되고, ㉢의 'ㅢ'는 단어의 첫음절이 아니므로 단모음으로 발음될 경우 [ㅣ]로 발음되므로, ㉡과 ㉢이 동일한 소리로 발음된다는 내용은 적절하지 않다.

⚑ 왜 오답?

① ㉠은 단어의 첫음절이어서 이중 모음으로만 발음해야 하므로 Ⓐ에 들어갈 말로 적절하다.

② ㉡은 조사이기 때문에 단모음 [ㅔ]로 발음하는 것도 허용하므로 Ⓐ에 들어갈 말로 적절하다.

③ ㉢은 단어의 첫음절이 아니기 때문에 [ㅣ]로 발음하는 것도 허용하므로 Ⓐ에 들어갈 말로 적절하다.

④ ㉠의 'ㅢ'는 [ㅢ]로 발음하고, ㉡의 'ㅢ'는 조사이므로 [ㅢ]로도 발음할 수 있고 [ㅔ]로 발음하는 것도 허용하므로 서로 다른 소리로 발음하는 것이 가능하므로 Ⓐ에 들어갈 말로 적절하다.

03 |출제 의도| 연음의 표준 발음 이해 답 ①

'깎아'는 쌍받침이 모음으로 시작되는 어미 '-아'와 결합되는 경우이므로, 제13항에 따라 제 음가대로 뒤 음절 첫소리로 옮겨 [까까]로 발음해야 한다.

⚑ 왜 오답?

② '읊어'는 겹받침이 모음으로 시작되는 어미 '-어'와 결합되는 경우이므로, 제14항에 따라 뒤엣것만을 뒤 음절 첫소리로 옮겨 [을퍼]로 발음해야 한다.

③ '여덟을'은 겹받침이 모음으로 시작되는 조사 '을'과 결합되는 경우이므로, 제14항에 따라 뒤엣것만을 뒤 음절 첫소리로 옮겨 [여덜블]로 발음해야 한다.

④ '덮이다'는 홑받침이 모음으로 시작되는 어미 '-이다'와 결합되는 경우이므로, 제13항에 따라 제 음가대로 뒤 음절 첫소리로 옮겨 [더피다]로 발음해야 한다.

⑤ '부엌이'는 홑받침이 모음으로 시작되는 조사 '이'와 결합되는 경우이므로, 제13항에 따라 제 음가대로 뒤 음절 첫소리로 옮겨 [부어키]로 발음해야 한다.

04 |출제 의도| 연음의 표준 발음 이해 답 ①

딸은 '빛이[비지]'로 발음해야 하는데 [비시]로 발음하여 엄마가 '빗이[비시]'로 잘못 이해하였다. 이는 앞말의 받침을 다음 음절의 첫소리로 옮겨 발음해야 하는데 딸이 잘못 발음하였기 때문에 발생한 것이다.

⚑ 왜 오답?

② 울림소리는 모음 전체와 자음 'ㄴ', 'ㄹ', 'ㅁ', 'ㅇ'이고, 안울림소리는 울림소리 외의 자음을 가리키는데, 제시된 상황과는 관계가 없다.

③ '빛'과 '빗'에는 된소리나 거센소리가 일어나지 않는다.

④ '빛'과 '빗'은 모두 짧은소리이다.

⑤ '빛'과 '빗'은 모두 단모음과 결합되어 있다.

05 |출제 의도| 연음의 표준 발음 이해 답 ①

'밭은소리'는 용언 '밭다'의 활용형인 '밭은'과 명사인 '소리'가 결합하여 만들어진 단어이다. 이때 어미 '-은'이 형식 형태소이므로, 〈보기〉의 내용과 같이 곧바로 연음이 일어나 '밭은'은 [바튼]으로 발음한다. 따라서 '밭은소리'는 [바튼소리]로 발음한다.

⚑ 왜 오답?

② '낱으로'에서 '으로'는 조사로 형식 형태소에 해당하여 [나트로]로 발음하고, '낱알'에서 '알'은 어근으로 실질 형태소에 해당하므로 음절의 끝소리 규칙이 먼저 적용되어 [나달]로 발음한다.

③ '앞어금니'에서 '어금니'는 어근으로 실질 형태소에 해당하므로, '앞'에 음절의 끝소리 규칙을 먼저 적용한 후 연음하여 [아버금니]로 발음한다.

④ '겉웃음'에서 '웃-'은 어근으로 실질 형태소에 해당하고, '-음'은 접사로 형식 형태소에 해당하므로 '겉웃음'은 [거두슴]으로 발음한다.

⑤ '밭을'에서 '을'은 조사로 형식 형태소에 해당하므로 곧바로 연음하여 [바틀]로 발음한다.

06 |출제 의도| 겹받침의 표준 발음 이해 답 ⑤

'닭하고'의 '닭'은 겹받침 'ㄺ'이 자음 앞에서 [ㄱ]으로 발음되므로 ⓑ에 따라 [닥]으로 발음하며, 이후 '하고'가 결합하면서 ⓔ에 따라 'ㄱ'과 'ㅎ'을 합쳐서 [ㅋ]로 발음해야 한다. 따라서 ⑤는 '닭하고'가 소리 날 때 적용된 내용과 발음이 모두 바르게 제시된 것이다.

⚑ 왜 오답?

① '여덟이'는 '여덟'의 겹받침이 모음으로 시작된 조사 '이'와 결합되는 경우이기 때문에 ⓐ에 따라 겹받침의 뒤엣것만을 뒤 음절 첫소리로 옮겨 [여덜비]로 발음해야 한다.

② '몫을'은 '몫'의 겹받침이 모음으로 시작된 조사 '을'과 결합되는 경우이기 때문에 ⓐ의 사례에 해당한다. 그런데 ⓐ에서 'ㅅ'은 [ㅆ]로 발음

한다고 하였으므로 [목슬]이 아니라 [목쓸]로 발음해야 한다.

③ '흙만'의 '흙'은 겹받침 'ㄹㄱ'이 자음 앞에서 [ㄱ]으로 발음되므로 ⓑ에 따라 [흑]으로 발음하며, 이후 '만'이 결합하면서 ⓒ에 따라 [흑만]이 아닌 [흥만]으로 발음해야 한다.

④ '값까지'의 '값'은 겹받침 'ㅄ'이 자음 앞에서 [ㅂ]으로 발음되므로 ⓑ에 따라 [갑]으로 발음한다. 그런데 ⓓ는 [ㅂ] 뒤에 'ㄱ, ㄷ, ㅂ, ㅅ, ㅈ'이 연결되는 경우를 설명하고 있다. '값까지'는 'ㅄ' 뒤에 연결되는 자음이 'ㄲ'이므로 '값까지'의 발음은 ⓓ의 적용을 받지 않는다.

07 |출제 의도| 겹받침의 표준 발음 이해　　　　　답 ④
〈보기〉의 제14항에서 겹받침이 모음으로 시작된 조사나 어미, 접미사와 결합되는 경우에는 뒤엣것만을 뒤 음절 첫소리로 옮겨 발음한다고 하였다. 그런데 이 경우 'ㅅ'은 된소리로 발음한다고 하였으므로 '값이'는 [갑씨]로 발음해야 한다.

❝ 왜 오답?
① 제10항의 겹받침 'ㄼ'은 자음 앞에서 [ㄹ]로 발음한다는 규정에 따라 '넓지'는 [널찌]로 발음해야 한다.
② 제11항의 겹받침 'ㄻ'은 자음 앞에서 [ㅁ]으로 발음한다는 규정에 따라 '옮겨'는 [옴겨]로 발음해야 한다.
③ '읽고'의 '읽'은 용언 '읽다'의 어간에 해당하므로 제11항의 용언의 어간 말음 'ㄹㄱ'은 'ㄱ' 앞에서 [ㄹ]로 발음한다는 규정에 따라 [일꼬]로 발음해야 한다.
⑤ 제14항의 겹받침이 모음으로 시작된 어미와 결합되는 경우에는 뒤엣것만을 뒤 음절 첫소리로 옮겨 발음한다는 규정에 따라 '훑어'는 [훌터]로 발음해야 한다.

08 |출제 의도| 겹받침의 표준 발음 이해　　　　　답 ④
'밝기[발끼]'는 받침 'ㄹㄱ'이 자음으로 시작된 접미사인 '-기'와 결합되는 경우이므로 ⓔ의 사례로 볼 수 없다. 용언 '밝다'의 어간 말음 'ㄹㄱ'은 'ㄱ' 앞에 있으므로 이에 따라 [ㄹ]로 발음하는데, 이는 ⓔ이 아닌 ⓛ의 예에 해당한다.

❝ 왜 오답?
① '밝다[박따]'는 'ㄹㄱ'을 자음인 'ㄷ' 앞에서 [ㄱ]으로 발음한 것이므로 ⓖ의 예에 해당한다.
② '밝게[발께]'는 용언의 어간 말음 'ㄹㄱ'을 'ㄱ' 앞에서 [ㄹ]로 발음한 것이므로 ⓛ의 예에 해당한다.
③ '밝혔다[발켠따]'는 'ㄹㄱ'이 뒤 음절 첫소리인 'ㅎ'과 결합되는 경우로, 'ㄱ'과 'ㅎ'을 합쳐서 [ㅋ]으로 발음한 것이므로 ⓒ의 예에 해당한다.
⑤ '밝는다[방는다]'는 'ㄹㄱ'을 'ㄴ' 앞에서 [ㅇ]으로 발음한 것이므로, ⓜ의 예에 해당한다.

09 |출제 의도| 된소리되기의 표준 발음 이해　　　　　답 ④
'앉을수록'을 [안즐쑤록]으로 발음하는 것은 '-(으)ㄹ'으로 시작되는 어미인 '-ㄹ수록'의 '-ㄹ' 뒤에 연결되는 'ㅅ'을 [ㅆ]로 발음하는 것이므로 ⓔ에 따른 것이다. '기댈 곳이'를 [기댈꼬시]로 발음하는 것 또한 관형사형 '-(으)ㄹ' 뒤에 연결되는 'ㄱ'을 [ㄲ]으로 발음하는 것이므로 이 또한 ⓔ에 따른 것이다. 따라서 ⓛ은 해당 사항이 없으므로 ④는 적절하지 않다.

❝ 왜 오답?
① '국밥'을 [국빱]으로 발음하는 것은 앞말의 받침 'ㄱ' 뒤에 연결되는 'ㅂ'을 [ㅃ]으로 발음하는 것이므로 ⓖ에 따른 것이다. '삶고'를 [삼ː꼬]로 발음하는 것은 어간 받침 'ㅁ(ㄻ)' 뒤에 결합되는 어미의 첫소리 'ㄱ'을 [ㄲ]으로 발음하는 것이므로 ⓛ에 따른 것이다.

② '꽃다발'을 [꼰따발]로 발음하는 것은 앞말의 받침 'ㄷ(ㅊ)' 뒤에 연결되는 'ㄷ'을 [ㄸ]으로 발음하는 것이므로 ⓖ에 따른 것이다. '핥지만'을 [할찌만]으로 발음하는 것은 어간 받침 'ㄾ' 뒤에 결합되는 어미의 첫소리 'ㅈ'을 [ㅉ]으로 발음하는 것이므로 ⓒ에 따른 것이다.
③ '읊조리다'를 [읍쪼리다]로 발음하는 것은 앞말의 받침 'ㅂ(ㄿ)' 뒤에 연결되는 'ㅈ'을 [ㅉ]으로 발음하는 것이므로 ⓖ에 따른 것이다. '먹을지언정'은 어간 '먹-'과 어미 '-을지언정'으로 나눌 수 있는데, 이것을 [머글찌언정]으로 발음하는 것은 '-(으)ㄹ'으로 시작되는 어미인 '-ㄹ지언정'의 '-ㄹ' 뒤에 연결되는 'ㅈ'을 [ㅉ]으로 발음하는 것이므로 ⓔ에 따른 것이다.
⑤ '훑다'를 [훌따]로 발음하는 것은 어간 받침 'ㄾ' 뒤에 결합되는 어미의 첫소리 'ㄷ'을 [ㄸ]으로 발음하는 것이므로 ⓒ에 따른 것이다. '떠날지라도'는 어미 '-ㄹ지라도'의 '-ㄹ' 뒤에 연결되는 'ㅈ'을 [ㅉ]으로 발음하는 것이므로 ⓔ에 따른 것이다.

10 |출제 의도| 된소리되기의 표준 발음 이해　　　　　답 ②
표준 발음법 제23항에서 받침 'ㄷ' 뒤에 연결되는 'ㄷ'은 된소리로 발음한다고 하였으므로 '뻗대도'는 [뻗때도]로 발음해야 한다. 따라서 [뻗대도]로 발음한 ⓛ은 적절하지 않다.

❝ 왜 오답?
① 표준 발음법 제23항에 따르면 받침 'ㄱ' 뒤에 연결되는 'ㅂ'은 된소리로 발음해야 하므로 '국밥'을 [국빱]으로 발음한 것은 적절하다.
③ 표준 발음법 제24항에 따르면 어간 받침 'ㄴ' 뒤에 결합되는 어미의 첫소리 'ㄷ'은 된소리로 발음해야 하므로 '껴안다'를 [껴안따]로 발음한 것은 적절하다.
④ 표준 발음법 제24항에 따르면 어간 받침 'ㅁ' 뒤에 결합되는 어미의 첫소리 'ㄱ'은 된소리로 발음해야 하므로 '삼고'를 [삼ː꼬]로 발음한 것은 적절하다.
⑤ 표준 발음법 제26항에 따르면 한자어에서, 'ㄹ' 받침 뒤에 연결되는 'ㄷ'은 된소리로 발음해야 하므로 '갈등(葛藤)'을 [갈뜽]으로 발음한 것은 적절하다. 하지만 '결과(結果)'는 한자어이지만 'ㄹ' 받침 뒤에 연결되는 자음이 'ㄱ'이므로 이 규정에 해당되지 않아 [결과]로 발음한다.

11 |출제 의도| 된소리되기의 표준 발음 이해　　　　　답 ⑤
'사랑할수록'은 '사랑하다'의 어간 '사랑하'에 '-(으)ㄹ'로 시작되는 어미 '-ㄹ수록'이 결합한 경우이므로 제27항 [붙임]의 내용에 따라 [사랑할쑤록]이라고 발음해야 한다.

❝ 왜 오답?
① 제23항에서 'ㄷ(ㅊ)' 뒤에 연결되는 'ㄷ'은 된소리로 발음한다고 하였으므로 '꽃다발'을 [꼰따발]로 발음한 것은 적절하다.
② 제24항에서 어간 받침 'ㄴ' 뒤에 결합되는 어미의 첫소리 'ㄱ'은 된소리로 발음한다고 하였으므로 어간 '껴안-' 뒤에 어미 '-고'가 결합된 '껴안고'를 [껴안꼬]로 발음한 것은 적절하다.
③ '옮기다'에서 '-기-'는 사동의 접미사이므로 제24항의 다만 규정에 따라 된소리로 발음하지 않아야 하므로 '옮기다'를 [옴기다]로 발음한 것은 적절하다.
④ 제27항에서 관형사형 '-(으)ㄹ' 뒤에 연결되는 'ㄷ'은 된소리로 발음한다고 하였으므로 관형사형 '-(으)ㄹ' 뒤에 'ㄷ'이 연결된 '갈 데가'를 [갈떼가]로 발음한 것은 적절하다.

12 |출제 의도| 된소리되기의 표준 발음 이해　　　　　답 ①
제23항에서 받침 'ㄷ(ㅅ)' 뒤에 연결되는 'ㄱ'은 된소리로 발음한다고 하였는데, '옷고름'은 '옷[옫]'의 받침 'ㄷ(ㅅ)' 뒤에 'ㄱ'이 연결되고 있으므로

'ㄱ'을 된소리로 발음해야 한다. 따라서 ㉠의 사례로 볼 수 있다. 한편, 제24항에서 어간 받침 'ㅁ(ㄻ)' 뒤에 결합되는 어미의 첫소리 'ㄱ'은 된소리로 발음한다고 하였는데, '젊고'는 어간 '젊–'의 받침 'ㅁ(ㄻ)' 뒤에 'ㄱ'이 결합되고 있으므로 어미의 첫소리 'ㄱ'을 된소리로 발음해야 한다. 따라서 ㉡의 사례로 볼 수 있다.

왜 오답?

② '문고리'는 〈보기〉에 제시된 〈표준 발음법〉으로는 된소리되기가 나타나는 이유를 설명할 수 없다. '감고'는 어간 받침 'ㅁ' 뒤에 결합되는 어미 '–고'의 첫소리 'ㄱ'을 된소리로 발음한 경우이므로, 제24항이 적용되는 ㉡의 사례로 볼 수 있다.

③ '갈등[갈뜽]'은 〈보기〉에 제시된 〈표준 발음법〉으로는 된소리되기가 나타나는 이유를 설명할 수 없다. '앉다'는 어간 받침 'ㄴ(ㄵ)' 뒤에 결합되는 어미 '–다'의 첫소리 'ㄷ'을 된소리로 발음한 경우이므로, 제24항이 적용되는 ㉡의 사례로 볼 수 있다.

④ '덮개'는 '덮[덥]'의 받침 'ㅂ(ㅍ)' 뒤에 연결되는 'ㄱ'을 된소리로 발음한 경우이므로, 제23항이 적용되는 ㉠의 사례로 볼 수 있다. 그러나 '언짢게[언짠케]'는 된소리되기가 나타나는 사례로 볼 수 없다.

⑤ '술잔[술짠]'은 〈보기〉에 제시된 〈표준 발음법〉으로는 된소리되기가 나타나는 이유를 설명할 수 없다. '더듬지'는 어간 받침 'ㅁ' 뒤에 결합되는 어미 '–지'의 첫소리 'ㅈ'을 된소리로 발음한 경우이므로, 제24항이 적용되는 ㉡의 사례로 볼 수 있다.

13 |출제 의도| 된소리되기의 표준 발음 이해 답 ⑤

'여덟과 아홉'에서 '여덟과'는 명사 '여덟'과 조사 '과'가 결합한 것이다. 제25항은 용언 어간 받침 'ㄼ, ㄾ' 뒤에 결합되는 어미의 첫소리 'ㄱ, ㄷ, ㅅ, ㅈ'에 관한 것이므로 ⑤의 '여덟과'와는 관계가 없다. 참고로 '여덟과'는 [여덜꽈]가 아니라 [여덜과]로 발음해야 한다.

왜 오답?

① '국밥'은 받침 'ㄱ' 뒤에 'ㅂ'이 연결된 것이므로 제23항에 따라 [국빱]으로 발음하는 것이 적절하다.

② '닭장'은 받침 'ㄱ(ㄺ)' 뒤에 'ㅈ'이 연결된 것이므로 제23항에 따라 [닥짱]으로 발음하는 것이 적절하다.

③ '앉도록'은 어간 받침 'ㄴ(ㄵ)' 뒤에 어미의 첫소리 'ㄷ'이 결합된 것이므로 제24항에 따라 [안또록]으로 발음하는 것이 적절하다.

④ '신기다'는 '신다'에 사동 접미사 '–기–'가 결합된 것이므로 제24항의 다만 조항에 따라 [신기다]로 발음하는 것이 적절하다.

14 |출제 의도| 된소리되기의 표준 발음 이해 답 ①

'늦게[늗께]'는 〈보기〉의 ㉠에서 받침 'ㄷ(ㅈ)' 뒤에 연결되는 'ㄱ'을 된소리로 발음하는 예에 해당한다. 그리고 '얹다[언따]'는 〈보기〉의 ㉡에서 어간 받침 'ㄴ(ㄵ)' 뒤에 결합되는 어미의 첫소리 'ㄷ'을 된소리로 발음하는 예에 해당한다.

왜 오답?

② '옆집[엽찝]'은 받침 'ㅂ(ㅍ)' 뒤에 'ㅈ'이 연결되어 된소리로 발음하므로 ㉠의 예에 해당한다. '있고[읻꼬]' 또한 받침 'ㄷ(ㅆ)' 뒤에 'ㄱ'이 연결되어 된소리로 발음하므로 ㉠의 예에 해당한다.

③ '국수[국쑤]'는 받침 'ㄱ' 뒤에 'ㅅ'이 연결되어 된소리로 발음하므로 ㉠의 예에 해당한다. '늙대[늑때]' 또한 받침 'ㄱ(ㄺ)' 뒤에 'ㄷ'이 연결되어 된소리로 발음하므로 ㉠의 예에 해당한다.

④ '묶어[무꺼]'는 연음이 된 것으로 〈보기〉의 규정과는 관계가 없다. '껴안다[껴안따]'는 어간 '껴안–'의 받침 'ㄴ' 뒤에 결합되는 어미 '–다'의 첫소리 'ㄷ'을 된소리로 발음하므로 ㉡의 예에 해당한다.

⑤ '앉다[안따]'는 어간 '앉–'의 받침 'ㄴ(ㄵ)' 뒤에 결합되는 어미 '–다'의 첫소리 'ㄷ'을 된소리로 발음하므로 ㉡의 예에 해당한다. '머금대[머금따]' 또한 어간 '머금–'의 받침 'ㅁ' 뒤에 결합되는 어미 '–다'의 첫소리 'ㄷ'을 된소리로 발음하므로 ㉡의 예에 해당한다.

15 |출제 의도| 된소리되기의 표준 발음 이해 답 ⑤

'얹지만'을 [언찌만]으로 발음하는 것은 어간 받침 'ㄴ(ㄵ)' 뒤에 결합되는 어미의 첫소리 'ㅈ'을 된소리 [ㅉ]으로 발음한 것이므로 ㉠에 따른 것이다. '앉을수록'은 어간 '앉–'에 어미 '–을수록'이 결합된 것인데, 이것을 [안즐쑤록]으로 발음하는 것은 '–(으)ㄹ'로 시작되는 어미인 '–을수록'의 '–을' 뒤에 연결되는 'ㅅ'을 된소리 [ㅆ]으로 발음한 것이므로 ㉢에 따른 것이다.

왜 오답?

① '품을 적에'를 [푸믈쩌게]로 발음하는 것은 관형사형 '–(으)ㄹ' 뒤에 연결되는 'ㅈ'을 된소리 [ㅉ]으로 발음한 것이므로 ㉢에 따른 것이다. '삼고'를 [삼ː꼬]로 발음하는 것은 어간 받침 'ㅁ' 뒤에 결합되는 어미의 첫소리 'ㄱ'을 된소리 [ㄲ]으로 발음한 것이므로 ㉠에 따른 것이다.

② '넓거든'을 [널꺼든]으로 발음하는 것은 어간 받침 'ㄼ' 뒤에 결합되는 어미의 첫소리 'ㄱ'을 된소리 [ㄲ]으로 발음한 것이므로 ㉡에 따른 것이다. 한편, '얇을지라도'는 어간 '얇–'과 어미 '–을지라도'의 결합으로 볼 수 있는데, 이것을 [얄블찌라도]로 발음하는 것은 '–을'로 시작되는 어미인 '–을지라도'의 '–을' 뒤에 연결되는 'ㅈ'을 된소리 [ㅉ]으로 발음한 것이므로 ㉢에 따른 것이다.

③ '신겠네요'를 [신ː껜네요]로 발음하는 것은 어간 받침 'ㄴ' 뒤에 결합되는 어미의 첫소리 'ㄱ'을 된소리 [ㄲ]으로 발음한 것이므로 ㉠에 따른 것이다. 그리고 '밟지도'를 [밥ː찌도]로 발음하는 것은 어간 받침 'ㄼ' 뒤에 결합되는 어미의 첫소리 'ㅈ'을 된소리 [ㅉ]으로 발음한 것이므로 ㉡에 따른 것이다.

④ '비웃을지언정'은 어간 '비웃–'과 어미 '–을지언정'의 결합으로 볼 수 있는데, 이것을 [비우슬찌언정]으로 발음하는 것은 '–(으)ㄹ'로 시작되는 어미인 '–을지언정'의 '–을' 뒤에 연결되는 'ㅈ'을 된소리 [ㅉ]으로 발음한 것이므로 ㉢에 따른 것이다. 그리고 '훑던'을 [훌떤]으로 발음하는 것은 어간 받침 'ㄾ' 뒤에 결합되는 어미의 첫소리 'ㄷ'을 된소리 [ㄸ]으로 발음한 것이므로 ㉡에 따른 것이다.

16 |출제 의도| 표준 발음법 이해 답 ③

'꽃망울'에서 받침 'ㄷ(ㅊ)'은 'ㅁ' 앞에서 [ㄴ]으로 발음하므로 [꼰망울]로 발음된다. 따라서 제18항이 적용된 것은 맞지만, 제23항은 적용되지 않는다.

왜 오답?

① '앞마당'은 받침 'ㅂ(ㅍ)'이 'ㅁ' 앞에서 [ㅁ]으로 발음한다는 제18항이 적용되어 [암마당]으로 발음된다.

② '늦가을'은 받침 'ㄷ(ㅈ)' 뒤에 연결되는 'ㄱ'은 된소리로 발음한다는 제23항이 적용되어 [늗까을]로 발음된다.

④ '맞먹다'에서 '맞'의 받침 'ㄷ(ㅈ)'은 'ㅁ' 앞에서 [ㄴ]으로 발음하며, '먹'의 받침 'ㄱ' 뒤에 연결되는 'ㄷ'은 [ㄸ]으로 발음하므로, '맞먹다'는 제18항과 제23항이 모두 적용되어 [만먹따]로 발음된다.

⑤ '홑낚시'에서 '홑'의 받침 'ㄷ(ㅌ)'은 'ㄴ' 앞에서 [ㄴ]으로 발음하며, '낚'의 받침 'ㄱ(ㄲ)' 뒤에 연결되는 'ㅅ'은 된소리 [ㅆ]으로 발음하므로, '홑낚시'는 제18항과 제23항이 모두 적용되어 [혼낙씨]로 발음된다.

17 |출제 의도| 표준 발음법 이해 답 ②

'내복+약'은 합성어이며, 앞 단어의 끝이 자음 'ㄱ'이고 뒤 단어의 첫음절은 '야'이므로 [ㄴ] 소리가 첨가된다. 즉, '내복+약'은 ⓑ에 따라 [내:복냑]과 같이 [ㄴ] 소리가 첨가된 후, '복'의 받침소리 [ㄱ]이 첨가된 [ㄴ] 소리 앞에 있으므로 ⓒ에 따라 [ㅇ]으로 발음되어 [내:봉냑]으로 발음된다.

왜 오답?

① '눈+요기'는 ⓑ에 따라 [ㄴ] 소리가 첨가되어 [눈뇨기]로 발음된다.

③ '색+연필'은 ⓑ에 따라 [색년필]과 같이 [ㄴ] 소리가 첨가되고, ⓒ에 따라 '색'의 받침소리 [ㄱ]이 첨가된 [ㄴ]의 영향으로 [ㅇ]으로 발음되어 [생년필]로 발음된다.

④ '들+일'은 ⓑ에 따라 [들:닐]과 같이 [ㄴ] 소리가 첨가되고, 첨가된 [ㄴ] 소리가 ⓓ에 따라 '들'의 받침소리 [ㄹ] 뒤에서 [ㄹ]로 발음되어 [들:릴]로 발음된다.

⑤ '칼+날'은 [ㄴ] 소리가 첨가된 것이 아니라 원래의 [ㄴ] 소리가 앞 음절의 [ㄹ] 소리의 영향을 받아 [칼랄]로 발음되는 것이므로, 수업 장면에서 대화한 내용 중에는 적용할 것이 없다.

도전 ①등급

'ㄴ' 첨가 이후에 일어날 수 있는 음운 현상

비음화	'ㄴ'이 첨가된 후, 앞말의 받침 'ㄱ, ㄷ, ㅂ'이 'ㄴ'의 영향을 받아 'ㄴ, ㅇ, ㅁ'으로 바뀌어 발음되는 비음화를 일으키는 경우 ⓐ 색연필[색년필] → [생년필] 꽃잎[꼳닙] → [꼰닙]
유음화	'ㄴ'이 첨가된 후, 앞말의 받침 'ㄹ'의 영향을 받아 'ㄴ'이 'ㄹ'로 바뀌어 발음되는 유음화를 일으키는 경우 ⓐ 솔잎[솔닙] → [솔립] 휘발유[휘발뉴] → [휘발류]

---

18 |출제 의도| **표준 발음법 이해**   답 ②

'물약'은 '물+약'인 합성어로, 앞 단어의 끝이 자음 'ㄹ'이고 뒤 단어의 첫 음절이 '야'이므로 'ㄴ'이 첨가되는데, 'ㄹ' 받침 뒤에 첨가되는 'ㄴ' 음은 [ㄹ]로 발음한다고 했으므로 [물략]으로 발음해야 한다. 따라서 '물약'의 적용 내용은 ⓓ이고 올바른 발음은 [물략]이다.

왜 오답?

① '색연필'은 '색+연필'인 합성어로, 앞 단어의 끝이 자음 'ㄱ'이고 뒤 단어의 첫음절이 '여'이므로 ⓐ가 적용되어 '연'을 [년]으로 발음하고, '색'의 받침 'ㄱ'이 'ㄴ' 앞에서 [ㅇ]으로 발음되는 ⓑ가 적용되어 '색'을 [생]으로 발음하여 [생년필]로 발음한다.

③ '잡는다'는 '잡'의 받침 'ㅂ'이 '는'의 'ㄴ' 앞에서 [ㅁ]으로 발음되는 ⓑ가 적용되어 [잠는다]로 발음한다.

④ '강릉'은 받침 'ㅇ' 뒤에 연결되는 'ㄹ'을 [ㄴ]으로 발음하는 ⓒ가 적용되어 [강능]으로 발음한다.

⑤ '물난리'의 '난'은 앞뒤에 'ㄹ'이 이어지므로 ⓓ가 적용되어 [물랄리]로 발음한다.

도전 ①등급

표준 발음법 제29항의 다만 규정

• 다음과 같은 발음은 'ㄴ' 음을 첨가하여 발음하되, 표기대로 발음할 수 있다.
  ⓐ 이죽이죽[이중니죽/이주기죽]   검열[검:녈/거:멸]
     야금야금[야금냐금/야그먀금]   금융[금늉/그뮹]

• 다음과 같은 낱말에서는 'ㄴ(ㄹ)' 음을 첨가하여 발음하지 않는다.
  ⓐ 6·25[유기오]   3·1절[사밀쩔]
     송별연[송:벼련]   등용문[등용문]

→ 'ㄴ'의 첨가는 항상 적용되지 않기 때문에 '이죽이죽'과 같이 'ㄴ'이 첨가되는 것과 첨가되지 않는 것 모두 표준 발음으로 인정하는 경우와, '송별연, 등용문'과 같이 'ㄴ'이 첨가되는 것을 표준 발음으로 인정하지 않는 경우를 별도로 언급한 것임. 이 외에도 다음과 같은 경우에 'ㄴ' 첨가가 일어나지 않음.

접두사가 결합한 경우	몰인정, 불일치 등
합성어의 경우	독약, 그림일기 등
구 구성의 경우	작품 이름, 아침 인사 등
한자 계열의 접미사가 결합한 경우	한국인, 경축일 등

---

19 |출제 의도| **표준 발음법 이해**   답 ①

'심리[심니]'는 받침 'ㅁ' 뒤에 연결되는 'ㄹ'을 'ㄴ'으로 발음한 것이므로 제19항에 해당하는 사례이다. '두통약[두통냑]'은 '두통'과 '약'의 합성어로서 앞 단어의 끝이 자음 'ㅇ'이고, 뒤 단어의 첫음절이 '야'이므로 'ㄴ' 음을 첨가하여 [두통냑]으로 발음한 것이므로 제29항에 해당하는 사례이다.

왜 오답?

② '점령[점녕]'은 받침 'ㅁ' 뒤에 연결되는 'ㄹ'을 'ㄴ'으로 발음한 것이고, '상록수[상녹쑤]'는 받침 'ㅇ' 뒤에 연결되는 'ㄹ'을 'ㄴ'으로 발음한 것이므로 둘 다 제19항의 사례에 해당한다.

③ '콩엿[콩녇]'은 '콩'과 '엿'의 합성어로, 앞 단어의 끝이 자음 'ㅇ'이고 뒤 단어의 첫음절이 '여'이므로 'ㄴ'을 첨가하여 발음한 것이고, '한여름[한녀름]'은 '한-'과 '여름'이 합쳐진 파생어로, 접두사의 끝이 자음 'ㄴ'이고 뒤 단어의 첫음절이 '여'이므로 'ㄴ'을 첨가하여 발음한 것이므로 둘 다 제29항의 사례에 해당한다.

④ '국물[궁물]'은 〈보기〉에 제시되어 있지 않은 비음화의 사례이다. '눈요기[눈뇨기]'는 '눈'과 '요기'의 합성어로, 앞 단어의 끝이 자음 'ㄴ'이고 뒤 단어의 첫음절이 '요'이므로 'ㄴ'을 첨가하여 발음한 것이므로 제29항의 사례에 해당한다.

⑤ '종로[종노]'는 받침 'ㅇ' 뒤에 연결되는 'ㄹ'을 [ㄴ]으로 발음한 것이므로 제19항의 사례에 해당한다. '물난리[물랄리]'는 〈보기〉에 제시되어 있지 않은 유음화의 사례이다.

---

20 |출제 의도| **표준 발음법 이해**   답 ②

'옷깃'은 명사 '옷'과 명사 '깃'이 결합하여 만들어진 합성 명사로, [온낃]으로 발음되어 둘째 어근의 첫소리 'ㄱ'이 된소리 'ㄲ'으로 바뀌는 현상이 나타난다. 하지만 이때 나타나는 현상은 받침 'ㄱ(ㄲ, ㅋ, ㄳ, ㄺ), ㄷ(ㅅ, ㅆ, ㅈ, ㅊ, ㅌ), ㅂ(ㅍ, ㄼ, ㄿ, ㅄ)' 뒤에 연결되는 'ㄱ, ㄷ, ㅂ, ㅅ, ㅈ'이 된소리인 [ㄲ, ㄸ, ㅃ, ㅆ, ㅉ]으로 각각 발음되는 된소리되기에 해당한다. 이는 〈보기〉의 ㉠에서 설명한 앞 어근의 끝소리가 울림소리이고 뒤 어근의 첫소리가 안울림 예사소리이면 뒤의 예사소리가 된소리로 바뀌는 사잇소리 현상과는 다르므로 ㉠의 예로 볼 수 없다.

왜 오답?

① '빨랫돌'은 '빨래'와 '돌'이 결합하여 만들어진 합성 명사로, 앞 어근의 끝소리가 울림소리이고 뒤 어근의 첫소리가 안울림 예사소리이므로 뒤의 안울림 예사소리는 된소리로 바뀌어 [빨래똘/빨랟똘]로 발음되므로 ㉠의 예로 볼 수 있다.

③ '홑이불'의 발음은 [혼니불]로, 발음할 때 'ㄴ'의 첨가가 나타난다. 하지만 '홑이불'은 접사 '홑-'과 명사 '이불'이 결합하여 만들어진 파생 명사이므로 ㉡의 예로 볼 수 없다. ㉡는 합성 명사에서 일어나는 현상을 규정으로 정리한 것이다.

④ '뱃머리'는 '배'와 '머리'가 결합하여 만들어진 합성 명사로, 앞 어근이

모음으로 끝나고 뒤 어근이 'ㅁ'으로 시작되어 앞 어근 '배'의 끝소리에 'ㄴ'이 첨가되어 [밴머리]로 발음되므로 ㉣의 예로 볼 수 있다.
⑤ '깻잎'은 '깨'와 '잎'이 결합하여 만들어진 합성 명사로, 앞 어근 '깨'가 모음으로 끝나고 뒤 어근이 모음 'ㅣ'로 시작되어 앞 어근의 끝소리와 뒤 어근의 첫소리에 모두 'ㄴ'이 첨가되어 [깬닙]으로 발음되므로 ㉣의 예로 볼 수 있다.

21 |출제 의도| 표준 발음법 이해   답 ①
㉠ '들녘이'는 '들녘'의 받침 'ㅋ'이 모음으로 시작된 조사 '이'와 결합되는 경우이다. 홑받침이 모음으로 시작된 조사와 결합되는 경우에는 제 음가대로 뒤 음절 첫소리로 옮겨 발음한다는 제13항에 따라 '들녘이'의 'ㅋ'은 제 음가대로 뒤 음절 첫소리로 옮겨 발음되어 [들려키]로 발음해야 한다. 따라서 '들녘'의 'ㅋ'이 [ㄱ]으로 발음되겠다는 내용은 적절하지 않다.

∭ 왜 오답?
② 제9항에서 받침 'ㅋ'은 자음 앞에서 대표음 [ㄱ]으로 발음한다고 하였다. ㉡ '들녘도'는 '들녘'의 받침 'ㅋ'이 자음 'ㄷ' 앞에 있으므로 제9항이 적용되어 [ㄱ]으로 발음된다.
③ 제23항에서 받침 'ㄱ(ㄲ, ㅋ, ㄳ, ㄺ)' 뒤에 연결되는 'ㄷ'은 된소리로 발음한다고 하였다. ㉡ '들녘도'는 받침 'ㄱ(ㅋ)' 뒤에 'ㄷ'이 연결되는 경우이므로 '들녘도'에서 '도'의 'ㄷ'은 제23항이 적용되어 [ㄸ]으로 발음된다.
④ 제18항에서 받침 'ㄱ(ㄲ, ㅋ, ㄳ, ㄺ)'은 'ㅁ' 앞에서 [ㅇ]으로 발음한다고 하였다. ㉢ '들녘만'은 받침 'ㄱ(ㅋ)'이 'ㅁ' 앞에 있는 경우이므로 ㉢ '들녘만'의 'ㅋ'은 제18항이 적용되어 [ㅇ]으로 발음된다.
⑤ 제20항에서 'ㄴ'은 'ㄹ'의 앞이나 뒤에서 [ㄹ]로 발음한다고 하였다. ㉠, ㉡, ㉢의 공통된 단어인 '들녘'은 받침 'ㄹ' 뒤에 'ㄴ'이 이어지는 경우이므로 ㉠, ㉡, ㉢에서 '들녘'의 'ㄴ'은 제20항이 적용되어 [ㄹ]로 발음된다.

22 |출제 의도| 표준 발음법 이해   답 ③
㉢ '없단다'는 받침 'ㅂ(ㅄ)' 뒤에 자음 'ㄷ'이 연결되는 경우이므로 받침 'ㄱ(ㄲ, ㅋ, ㄳ, ㄺ), ㄷ(ㅅ, ㅆ, ㅈ, ㅊ, ㅌ), ㅂ(ㅍ, ㄼ, ㄿ, ㅄ)' 뒤에 연결되는 'ㄱ, ㄷ, ㅂ, ㅅ, ㅈ'은 된소리로 발음한다는 표준 발음법 제23항에 따라 '없단다'는 [업딴다]로 발음해야 한다. '없단다'는 겹받침이 모음으로 시작된 어미와 결합되는 경우가 아니므로 제14항과는 관련이 없다.

∭ 왜 오답?
① '많던'은 'ㅎ(ㄶ)' 뒤에 'ㄷ'이 결합되는 경우이므로, 제12항 규정에 따라 뒤 음절 첫소리와 합쳐서 [만턴]으로 발음한다.
② '젊어'는 겹받침 'ㄻ'이 모음으로 시작된 어미 '-어'와 결합되는 경우이므로, 제14항에 따라 뒤엣것만을 뒤 음절 첫소리로 옮겨 [절머]로 발음한다.
④ '꽃'은 받침이 'ㅊ'인 단어이므로, 제9항에 따라 어말 또는 자음 앞에서 [꼳]과 같이 대표음 [ㄷ]으로 발음한다.
⑤ '웃던'의 '웃'은 받침이 'ㅅ'이므로, 제9항에 따라 [욷]과 같이 대표음 [ㄷ]으로 발음한다. 이후 받침 'ㄷ' 뒤에 'ㄷ'이 연결되므로, 제23항에 따라 [욷떤]과 같이 뒤에 연결되는 'ㄷ'을 된소리로 발음한다.

23 |출제 의도| 표준 발음법 이해   답 ②
〈보기〉는 구개음화와 관련되는 표준 발음법 규정이다. ②의 '솥이나'는 명사 '솥'에 접속 조사 '이나'가 결합된 경우로, 받침 'ㅌ'이 조사의 모음 'ㅣ'와 결합되므로 'ㅊ'으로 바뀌어서 뒤 음절 첫소리로 옮겨 [소치나]로 발음해야 한다.

∭ 왜 오답?
① '같이'의 '-이'는 조사가 아니라 어근 '같-'에 결합된 부사 파생 접미사이다. 따라서 '같이'를 [가치]로 발음하는 것은 ㉠이 아닌 ㉡에 따른 것이다.
③ '팥이다'의 '이-'는 접미사가 아니라 서술격 조사 '이다'의 어간이다. 따라서 '팥이다'를 [파치다]로 발음하는 것은 ㉡이 아닌 ㉠에 따른 것이다.
④ '받히다'의 '-히-'는 피동 접미사이고, 받침 'ㄷ' 뒤에 모음 'ㅣ'가 아니라 '히'가 결합된 것이므로 '받히다'를 [바치다]로 발음하는 것은 ㉡이 아닌 ㉢에 따른 것이다.
⑤ '붙이다'는 '붙다'에 사동 접미사 '-이-'가 결합된 사동사이다. 따라서 '붙이다'를 [부치다]로 발음하는 것은 접미사 '-이-'가 결합되는 경우를 설명하는 규정인 ㉡에 따른 것이다. ㉢에서는 접미사 '-히-'가 결합되는 경우를 규정하고 있다.

24 |출제 의도| 한글 맞춤법 이해   답 ⑤
나-2의 '반드시'는 '틀림없이 꼭.'이라는 의미의 단어인데, 이 단어의 어근을 '반듯-'으로 볼 경우 그 의미가 '작은 물체, 또는 생각이나 행동 따위가 비뚤어지거나 기울거나 굽지 아니하고 바르다.'가 되므로 의미가 통하지 않는다. 따라서 나-2의 '반드시'는 어근의 본뜻이 파악되도록 어법에 맞게 적은 것이 아닌 소리대로 적은 단어에 해당한다.

∭ 왜 오답?
① '어름'은 '구역과 구역의 경계점.'이라는 뜻으로 그 자체가 어휘화된 단어이므로 소리대로 적은 것이다.
② '얼음'은 '물이 얼어서 굳어진 물질.'이므로 '얼-'이라는 어근을 파악하기 쉽게 형태소의 본 모양을 밝혀 적은 것이다.
③ '어름[어름]'과 '얼음[어름]'의 발음은 동일하여, 발음만으로는 의미를 구분하기가 어렵다.
④ '반듯이'는 '반듯-'과 같이 어근의 본뜻이 파악되도록 형태소의 본 모양을 적은 것으로, 이를 통해 단어의 뜻을 쉽게 파악할 수 있다.

25 |출제 의도| 한글 맞춤법 이해   답 ②
자음을 첫소리로 가지고 있는 음절의 'ㅢ'가 'ㅣ'로 소리 나는 경우가 있더라도, 소리 나는 대로 적지 않고 본 모양인 'ㅢ'를 밝혀 적는 것은 각 형태소의 본 모양을 밝히어 적는 원칙인 ㉡에 해당한다.

∭ 왜 오답?
① 'ㄷ, ㅌ'이 구개음화되어 'ㅈ, ㅊ'으로 발음되더라도, 그 기본 형태를 밝히어 'ㄷ, ㅌ'으로 적도록 규정하고 있으므로 ㉡에 해당한다.
③ 체언을 조사와 구별하여 적는 것은 각 형태소의 본 모양을 알 수 있도록 하는 것이므로 ㉡에 해당한다.
④ 어간에 '-이'나 '-음'이 결합하여 명사로 바뀐 단어라고 하더라도, 그 뜻이 어간의 본뜻과 멀어진 것은 어간 형태소의 뜻이 유지되고 있지 않기 때문에 원형을 밝혀 적을 필요가 없어서 소리 나는 대로 적도록 규정한 것이므로 ㉠에 해당한다.
⑤ 둘 이상의 단어가 어울리거나 접두사가 붙어서 이루어진 말의 원형을 각각 밝히여 적는 것은 각 형태소의 본 모양을 밝히여 적는 것이므로 ㉡에 해당한다.

26 |출제 의도| 한글 맞춤법 이해   답 ④
'옷소매'와 '밥알'은 '옷+소매', '밥+알'과 같이 모두 합성어이고, [옫쏘매], [바발]과 같이 소리 나는 대로 적지 않고 어법에 맞도록 적고 있다. 따라서 '옷소매'와 '밥알'은 ⓑ만 충족하는 합성어에 해당하므로, ㉣에 들어갈 예로 적절하다.

왜 오답?

① '이파리'는 소리 나는 대로 적은 파생어로, ㉠의 예에 해당하지만, '얼음'은 [어름]과 같이 소리 나는 대로 적지 않고 어법에 맞도록 적은 파생어이므로 ㉢의 예에 해당한다.

② '마소'는 소리 나는 대로 적은 합성어로, ㉡의 예에 해당하지만, '낮잠'은 [낟짬]과 같이 소리 나는 대로 적지 않고 어법에 맞도록 적은 합성어이므로 ㉣의 예에 해당한다.

③ '웃음'은 어법에 맞게 적은 파생어로, ㉢의 예에 해당하지만, '바가지'는 어법에 맞도록 '박아지'로 적지 않고 소리 나는 대로 적은 파생어이므로 ㉠의 예에 해당한다.

⑤ '꿈'은 소리 나는 대로 적으면서도 어법에 맞으므로 ㉤의 예에 해당하지만, '사랑니'는 소리 나는 대로 적은, 즉 ⓐ만 충족하는 합성어이므로 ㉡의 예에 해당한다.

27 |출제 의도| 한글 맞춤법 이해   답 ⑤

ⓔ '그게'는 체언 '그것'과 조사 '이'가 어울려 '그게'로 줄어진 경우이므로 ㄴ(제33항)의 규정에 따른 것이다.

왜 오답?

① ⓐ '무얼'은 체언 '무엇'과 조사 '을'이 어울려 줄어진 경우를 준 대로 적은 것으로, ㄴ에 따른 것이다.

② ⓑ '이건'은 체언 '이것'과 조사 '은'이 어울려 줄어진 경우를 준 대로 적은 것으로, ㄴ에 따른 것이다.

③ ⓒ의 '너희'는 체언이 단독으로 쓰인 것으로, ㄱ과 ㄴ 어디에도 해당하지 않는다.

④ ⓓ의 '여기에'는 체언 '여기'와 조사 '에'를 구별하여 적은 것으로, ㄱ에 따른 것이다.

28 |출제 의도| 한글 맞춤법 이해   답 ①

'멋쟁이'는 명사 '멋' 뒤에 자음으로 시작된 접미사 '-쟁이'가 붙어서 된 것이므로 ㉠의 예에 해당한다. '굵기'는 어간 '굵-' 뒤에 자음으로 시작된 접미사 '-기'가 붙어서 된 것이므로 ㉡의 예에 해당한다. '얄따랗다'는 '얇-'의 겹받침의 끝소리가 드러나지 않아 앞의 'ㄹ'만 발음되므로 ㉢의 예에 해당한다.

왜 오답?

② '값지다'는 명사 '값' 뒤에 자음으로 시작된 접미사 '-지다'가 붙어서 된 것이므로 ㉠의 예에 해당한다.

③ '먹거리'는 어간 '먹-' 뒤에 자음으로 시작된 접미사 '-거리'가 붙어서 된 것이므로 ㉡의 예에 해당한다.

④ '오뚝이'는 부사 '오뚝' 뒤에 모음으로 시작된 접미사 '-이'가 붙어서 만들어진 단어이므로 한글 맞춤법 제21항과는 관련이 없다.

⑤ '깊숙하다'는 '깊다'가 겹받침이 있는 단어가 아니므로 한글 맞춤법 제21항과는 관련이 없으므로 ㉢의 예에 해당하지 않는다.

29 |출제 의도| 한글 맞춤법 이해   답 ④

'씩씩'은 'ㄱ' 받침 뒤에서 나는 된소리로, 같은 음절이 겹쳐 나는 경우에 해당하므로 ㉢에 해당한다. 따라서 ⓑ에 따라 '씩씩'으로 표기한다는 내용은 적절하시 않나.

왜 오답?

① '으뜸'의 'ㄸ'은 두 모음 사이에 나는 된소리이므로 탐구 내용으로 적절하다.

② '거꾸로'는 두 모음 사이에 나는 된소리이므로 탐구 내용으로 적절하다.

③ '살짝'은 'ㄹ' 받침 뒤에서 나는 된소리이므로 탐구 내용으로 적절하다.

⑤ '낙찌'는 'ㄱ' 받침 뒤에서 나는 된소리이지만, 같은 음절이나 비슷한 음절이 겹쳐나는 경우가 아니므로 된소리로 적지 않는다. 따라서 ㉢에 따라 '낙지'로 표기하는 것은 적절하다.

30 |출제 의도| 한글 맞춤법 이해   답 ④

'너머'는 '넘다'의 어간에 '-이'나 '-음/-ㅁ' 이외의 모음으로 시작된 접미사가 붙어서 다른 품사(명사)로 바뀐 것이므로, ㉢에 따라 어간의 원형인 '넘-'을 밝히어 적지 않는다.

왜 오답?

① '마중'은 동사 '맞다'의 어간 '맞-'에 '-이'나 '-음/-ㅁ' 이외의 모음으로 시작된 접미사가 붙어서 다른 품사(명사)로 바뀐 것이므로, ㉢에 따라 어간의 원형을 밝히어 적지 않는다.

② '걸음'은 동사 '걷다'의 어간 '걷-'에 '-음'이 붙어서 명사로 바뀐 것이고 어간의 뜻을 유지하는 경우이다. 그런데 '걷다'는 어간의 불규칙 활용 중 'ㄷ' 불규칙에 해당하여 어간이 '걸-'의 형태로 활용되는 경우가 많다. 따라서 어간의 원형에 '걸-'의 형태가 있으니 ㉠에 따른 것이라고 볼 수 있다.

③ '마개'는 동사 '막다'의 어간 '막-'에 '-이'나 '-음/-ㅁ' 이외의 모음으로 시작된 접미사가 붙어서 다른 품사(명사)로 바뀐 것이므로, ㉢에 따라 어간의 원형을 밝히어 적지 않는다.

⑤ '노름'은 동사 '놀다'의 어간 '놀-'에 '-음'이 붙어서 명사로 된 것이지만, 어간의 뜻과 멀어진 것(도박)이므로, ㉡에 따라 어간의 원형을 밝히어 적지 않는다.

31 |출제 의도| 한글 맞춤법 이해   답 ④

'높이'의 어근 '높-'에는 '-하다'나 '-거리다'가 붙을 수 없으므로, 한글 맞춤법 제23항을 적용하는 것은 적절하지 않다. '높이'는 어간 '높-'에 '-이'가 결합해 만들어진 명사이므로, 제19항을 적용하여 어간의 원형을 밝히어 적어야 하므로 '노피'를 '높이'로 정정해야 한다.

왜 오답?

① '돌아가다'는 앞말인 '돌다'와 뒷말인 '가다'가 결합한 합성 동사로, 앞말인 '돌다'의 본뜻이 유지되고 있으므로 한글 맞춤법 제15항 [붙임 1]을 적용하여 '도라가다'를 '돌아가다'로 정정하는 것은 적절하다.

② '드러나다'는 두 개의 용언 '들다'와 '나다'가 어울려 한 개의 용언이 되었지만, 그 본뜻에서 멀어진 합성 동사이므로 한글 맞춤법 제15항 [붙임 1]을 적용하여 '드러났다'로 표기한 것은 적절하다.

③ '얼음'은 '얼다'의 어간 '얼-'에 '-음'이 결합해 만들어진 명사이므로 한글 맞춤법 제19항을 적용하여 '얼음'으로 표기한 것은 적절하다.

⑤ '홀쭉이'는 어근 '홀쭉-'에 '-이'가 결합하여 만들어진 명사이고, 어근 '홀쭉-'에는 '-하다'가 결합할 수 있으므로 한글 맞춤법 제23항을 적용하여 '홀쭈기'를 '홀쭉이'로 정정하는 것은 적절하다.

32 |출제 의도| 한글 맞춤법 이해   답 ④

'귀머거리'는 동사 '귀먹다'의 어간 '귀먹-'에 접미사 '-어리'가 붙어서 된 명사로, 어간에 '-이'나 '-음' 이외의 모음으로 시작된 접미사가 붙어서 다른 품사로 바뀐 것은 그 어간의 원형을 밝히어 적지 아니한다는 ㉡의 규정을 적용하여 '귀머거리'로 표기한 것이다.

왜 오답?

① '다듬이'는 동사 '다듬다'의 어간 '다듬-'에 '-이'가 붙어서 명사가 된 말로, 그 어간의 원형을 밝히어 적은 것이므로, ㉠의 규정을 적용한 것이다.

② '마개'는 동사 '막다'의 어간 '막-'에 접미사 '-애'가 붙어서 명사가 된 말로, 그 어간의 원형을 밝히어 적지 않았으므로, ㉡의 규정을 적용한 것이다.
③ '삼발이'는 명사 '삼발' 뒤에 '-이'가 붙어서 된 말로, 그 명사의 원형을 밝히어 적었으므로, ㉢의 규정을 적용한 것이다.
⑤ '덮개'는 동사 '덮다'의 어간 '덮-'에 자음으로 시작된 접미사 '-개'가 붙어서 된 말로, 그 어간의 원형을 밝히어 적었으므로, ㉤의 규정을 적용한 것이다.

33 |출제 의도| 한글 맞춤법 이해　　　　　답 ②
'깨달은'의 기본형은 '깨닫다'이다. '깨달은'은 어간 '깨닫-'에 관형사형 어미 '-은'이 결합된 단어로, 어간의 끝소리가 'ㄹ'인 경우에 해당하지 않는다. 어간의 끝소리 'ㄷ'이 'ㄹ'로 바뀐 것은 'ㄷ' 불규칙에 의한 것으로, '깨달은'이 옳은 표기이므로 〈보기〉의 예에 해당하지 않는다.

☞ 왜 오답?
① 어간 '시들-'에 관형사형 어미 '-ㄴ'을 결합하려면 끝소리 'ㄹ'을 탈락시켜서 '시든'으로 써야 한다. '시들은'은 밑줄 친 내용처럼 'ㄹ'을 탈락시키지 않고 '-은'을 잘못 붙여 사용한 경우의 예에 해당한다.
③ 어간 '낯설-'에 관형사형 어미 '-ㄴ'을 결합하려면 끝소리 'ㄹ'을 탈락시켜서 '낯선'으로 써야 한다. '낯설은'은 밑줄 친 내용처럼 'ㄹ'을 탈락시키지 않고 '-은'을 잘못 붙여 사용한 경우의 예에 해당한다.
④ 어간 '내밀-'에 관형사형 어미 '-ㄴ'을 결합하려면 끝소리 'ㄹ'을 탈락시켜서 '내민'으로 써야 한다. '내밀은'은 밑줄 친 내용처럼 'ㄹ'을 탈락시키지 않고 '-은'을 잘못 붙여 사용한 경우의 예에 해당한다.
⑤ 어간 '물들-'에 관형사형 어미 '-ㄴ'을 결합하려면 끝소리 'ㄹ'을 탈락시켜서 '물든'으로 써야 한다. '물들은'은 밑줄 친 내용처럼 'ㄹ'을 탈락시키지 않고 '-은'을 잘못 붙여 사용한 경우의 예에 해당한다.

34 |출제 의도| 한글 맞춤법 이해　　　　　답 ③
'일찍'은 '일정한 시간보다 이르게.'라는 의미의 부사로, '-하다'가 붙어서 '일찍하다'가 될 수 없어 ㉠의 경우에 해당하지 않는다. 또한 부사 어근 '일찍'과 접사 '-이'로 분석되기 때문에 ㉢의 경우에도 해당하지 않는다. '일찍이'는 부사 '일찍'에 '-이'가 붙어 의미를 더하고 있는 경우이므로, ㉡에 근거하여 부사의 원형을 밝혀 '일찍이'로 적는 것이 옳은 표기이다. 따라서 [가]에는 ㉡, [나]에는 '일찍이'가 들어가는 것이 적절하다.

도전 ⓵등급

부사의 원형을 밝혀 적는 경우

'-하다'가 붙는 어근에 '-이/-히'가 붙는 경우	• 어근의 본뜻이 일관되게 유지됨. • 다양한 어근과 결합함. ⑩ 꾸준하다 – 꾸준히, 버젓하다 – 버젓이
부사에 '-이'가 붙는 경우	• '-이'가 결합해도 원래의 부사와 의미와 기능이 다르지 않으므로 원형을 밝혀 적음. ⑩ 곰곰 – 곰곰이, 생긋 – 생긋이
반복적인 명사 어근에 '-이'가 결합하는 경우	• 어근의 원형을 밝혀 적음. ⑩ 곳곳 – 곳곳이, 집집 – 집집이

35 |출제 의도| 한글 맞춤법 이해　　　　　답 ③
'마당의 눈이 희다.'에서 '희다'는 어간이 '희-'이고, 어간의 끝음절 모음이 'ㅏ, ㅗ'가 아닌 그 밖의 모음이므로 ㉠에 따라 어간 '희-'에 어미 '-어'가 결합해 '희어'로 적는다.

☞ 왜 오답?
① '보다'의 어간이 '보-'이고, 어간의 끝음절 모음이 'ㅗ'이므로 ㉠에 따라 어미 '-아'를 결합하여 '보아'로 적는다.
② '먹다'의 어간이 '먹-'이고, 어간의 끝음절 모음이 'ㅏ, ㅗ'가 아닌 그 밖의 모음이므로 ㉠에 따라 어미 '-어'를 결합하여 '먹어'로 적는다.
④ '하다'는 어간 '하-'에 어미 '-아'가 결합하면 ㉡에 따라 어미 '-아'가 '-여'로 바뀌어 '하여'로 적는다.
⑤ '이르다'는 어간의 끝음절이 '르'이므로 ㉢에 따라 뒤에 오는 어미 '-어'가 '-러'로 바뀌어 '이르러'로 적는다.

36 |출제 의도| 한글 맞춤법 이해　　　　　답 ①
종결형에서 사용되는 어미 '-오'는 '요'로 소리가 나더라도 '오'로 적어야 하므로 ㉠의 '아니요'는 '아니오'로 표기해야 한다. 종결형에서 사용되는 어미 '-오'를 표기할 때 적용되는 원칙은 ⓐ이므로 ㉠과 ⓐ를 짝지은 것은 적절하다.

☞ 왜 오답?
㉡ '가지요'의 '요'는 종결 어미 '-지' 뒤에 덧붙은 보조사이다. '요'가 보조사임은 이를 뺀 '영화 구경 가지.'가 성립됨을 통해서 알 수 있다. 어미 뒤에 덧붙는 조사 '요'를 표기할 때 적용되는 원칙은 ⓒ이므로 ㉡과 ⓒ를 짝지어야 한다.
㉢ '설탕이요'의 '-요'는 어떤 사물이나 사실 따위를 열거할 때 쓰이는 연결 어미이며, '이-'는 서술격 조사 '이다'의 어간이다. 연결형에서 사용되는 '이요'를 표기할 때 적용되는 원칙은 ⓑ이므로 ㉢은 ⓑ와 짝지어야 한다.

도전 ⓵등급

연결 어미 '-요'
'이다', '아니다'의 어간 뒤에 붙어 어떤 사물이나 사실 따위를 열거할 때 쓰이는 연결 어미임.
⑩ 이것은 말이요, 저것은 소요, 저것은 돼지이다.
　우리는 친구가 아니요, 형제랍니다.

37 |출제 의도| 한글 맞춤법 이해　　　　　답 ②
ㄴ의 밑줄 친 '요'는 '서울'이라는 명사(체언)와 결합하고 있다는 점과 후배가 선배에게 대답하는 말이라는 점으로 미루어 보아, 청자에게 존대의 뜻을 나타내는 보조사 '요'라는 것을 알 수 있다. 따라서 ㄴ의 밑줄 친 '요'를 연결형의 '이요'로 바꾸어 적을 수 있다는 내용은 적절하지 않다.

☞ 왜 오답?
① 종결형에서 사용되는 어미 '-오'는 [오]로 발음하는 것이 원칙이지만 [요]로 발음할 수도 있다고 하였으므로, ㄱ의 '이오'는 [이요]로 발음할 수 있다.
③ 종결형에서 사용되는 어미 '-오'는 하오체의 종결 어미이므로, ㄷ의 밑줄 친 문장은 하오체 문장에 해당한다.
④ ㄹ은 하오체이므로, ㄹ의 밑줄 친 '요'는 '-이오'가 모음으로 끝나는 체언('영화') 뒤에서 줄어든 형태에 해당한다.
⑤ ㅁ은 해요체이므로, ㅁ의 밑줄 친 '요'는 둘 다 체언('소설', '영화')과 결합하여 청자에게 존대의 뜻을 나타내는 보조사에 해당한다.

38 |출제 의도| 한글 맞춤법 이해　　　　　답 ①
어간 모음 'ㅚ' 뒤에 '-어'가 붙은 형태는 'ㅙ'로 줄일 수 있으므로 '쐬어라'는 '쐐라'로 표기할 수 있다. 따라서 '쐬라'는 규정에 어긋난 표기이다.

왜 오답?

② '괴-'와 '-느냐'가 결합하는 것은 어간 모음 'ㅚ' 뒤에 '-어'가 붙는 경우가 아니므로 'ㅙ'로 표기할 수 없다.

③ '죄어도'는 어간 모음 'ㅚ' 뒤에 '-어'가 붙는 경우이므로 '좨도'로 표기할 수 있다.

④ '뇌-'와 '-어서'의 결합인 '뇌어서'는 어간 모음 'ㅚ' 뒤에 '-어'가 붙는 경우이므로 '봬서'로 표기할 수 있다.

⑤ '쇠-'와 '-더라도'가 결합하는 것은 어간 모음 'ㅚ' 뒤에 '-어'가 붙는 경우가 아니므로 'ㅙ'로 표기할 수 없다.

---

39 |출제 의도| 한글 맞춤법 이해   답 ⑤

'여닫이'는 '열다'의 어간 '열-'이 '닫다'와 결합하여 합성어를 이룰 때, 끝소리 'ㄹ' 소리가 나지 아니하는 것을 아니 나는 대로 적은 것으로 제29항이 아닌 제28항의 예에 해당한다.

왜 오답?

① '칼날'은 [칼랄]이라고 발음하지만 제27항에 따라 각각 그 원형을 밝혀 '칼날'로 표기한다.

② '소나무'는 '솔+나무'이지만 제28항에 따라 'ㄹ'이 탈락하여 소리가 나지 않으므로 '솔나무'라고 표기하지 않는다.

③ '마소'는 '말'과 '소'가 결합하는 과정에서 제28항이 적용되어 'ㄹ' 소리가 나지 않으므로 '말소'가 아닌 '마소'로 표기한다.

④ '아드님'은 '아들'에 접미사 '-님'이 결합하는 과정에서 제28항이 적용되어 'ㄹ' 소리가 나지 않으므로 '아들님'이 아닌 '아드님'으로 표기한다.

---

40 |출제 의도| 한글 맞춤법 이해   답 ①

'도매가격'과 '도맷값'은 각각 '도매+가격', '도매+값'과 같이 합성 명사이므로, 둘 다 조건 ⓐ를 충족한다. '도매가격(都賣價格)'은 '한자어(도매)+한자어(가격)'이고, '도맷값'은 '한자어(도매)+고유어(값)'이므로, '도맷값'만 조건 ⓑ를 충족한다. 두 단어는 결합하는 두 말 중 앞말이 모음으로 끝나므로, 둘 다 조건 ⓒ를 충족한다. 두 단어는 두 말이 결합할 때 뒷말 첫소리가 된소리로 바뀌므로, 둘 다 조건 ⓓ를 충족한다. 따라서 '도매가격'과 '도맷값'의 사이시옷 표기 여부가 갈린 것은 조건 ⓐ가 아닌 조건 ⓑ의 차이 때문이다.

왜 오답?

② '전세방'과 '아랫방'은 각각 '전세+방', '아래+방'과 같이 합성 명사이므로, 둘 다 조건 ⓐ를 충족한다. '전세방(傳貰房)'은 '한자어(전세)+한자어(방)'이고, '아랫방'은 '고유어(아래)+한자어(방)'이므로, '아랫방'만 조건 ⓑ를 충족한다. 두 단어는 결합하는 두 말 중 앞말이 모음으로 끝나므로, 둘 다 조건 ⓒ를 충족한다. 두 단어는 두 말이 결합할 때 뒷말 첫소리가 된소리로 바뀌므로, 둘 다 조건 ⓓ를 충족한다. 따라서 '전세방'과 '아랫방'의 사이시옷 표기 여부가 갈린 것은 조건 ⓑ의 차이 때문이다.

③ '버섯국'과 '조갯국'은 각각 '버섯+국', '조개+국'과 같이 합성 명사이므로, 둘 다 조건 ⓐ를 충족한다. '버섯국'은 '고유어(버섯)+고유어(국)'이고, '조갯국'은 '고유어(조개)+고유어(국)'이므로, 둘 다 조건 ⓑ를 충족한다. '버섯국'은 결합하는 두 말 중 앞말이 자음으로 끝나므로, '조갯국'만 조건 ⓒ를 충족한다. 두 단어는 두 말이 결합할 때 뒷말 첫소리가 된소리로 바뀌므로, 둘 다 조건 ⓓ를 충족한다. 따라서 '버섯국'과 '조갯국'의 사이시옷 표기 여부가 갈린 것은 조건 ⓒ의 차이 때문이다.

④ '인사말'과 '존댓말'은 각각 '인사+말', '존대+말'과 같이 합성 명사이므로, 둘 다 조건 ⓐ를 충족한다. '인사(人事)말'은 '한자어(인사)+고유

어(말)'이고, '존댓(尊待)말'은 '한자어(존대)+고유어(말)'이므로, 둘 다 조건 ⓑ를 충족한다. 두 단어는 결합하는 두 말 중 앞말이 모음으로 끝나므로, 둘 다 조건 ⓒ를 충족한다. 두 말이 결합할 때 '인사말'은 특별한 음운 현상이 발생하지 않으므로, 앞말 끝소리에 'ㄴ' 소리가 덧나는 '존댓말'만 조건 ⓓ를 충족한다. 따라서 '인사말'과 '존댓말'의 사이시옷 표기 여부가 갈린 것은 조건 ⓓ의 차이 때문이다.

⑤ '나무껍질'과 '나뭇가지'는 각각 '나무+껍질', '나무+가지'와 같이 합성 명사이므로, 둘 다 조건 ⓐ를 충족한다. '나무껍질'은 '고유어(나무)+고유어(껍질)'이고, '나뭇가지'는 '고유어(나무)+고유어(가지)'이므로, 둘 다 조건 ⓑ를 충족한다. 두 단어는 결합하는 두 말 중 앞말이 모음으로 끝나므로, 둘 다 조건 ⓒ를 충족한다. '나무껍질'은 두 말이 결합할 때 뒷말 첫소리가 된소리로 바뀐 경우가 아니므로, 두 말이 결합하며 뒷말 첫소리가 된소리로 바뀌는 '나뭇가지'만 조건 ⓓ를 충족한다. 따라서 '나무껍질'과 '나뭇가지'의 사이시옷 표기 여부가 갈린 것은 조건 ⓓ의 차이 때문이다.

도전 ❶등급

사이시옷을 표기하는 경우

사이시옷은 합성어에서 나타나는 현상이므로 합성어가 아닌 단일어나 파생어에서는 나타나지 않음.

순우리말로 된 합성어로서 앞말이 모음으로 끝나는 경우	• 뒷말의 첫소리가 된소리로 나는 것 예 나룻배, 찻집, 햇볕 • 뒷말의 첫소리 'ㄴ, ㅁ' 앞에서 'ㄴ' 소리가 덧나는 것 예 잇몸, 빗물 • 뒷말의 첫소리 모음 앞에서 'ㄴㄴ' 소리가 덧나는 것 예 베갯잇, 나뭇잎
순우리말과 한자어로 된 합성어로서 앞말이 모음으로 끝나는 경우	• 뒷말의 첫소리가 된소리로 나는 것 예 전셋집, 찻잔 • 뒷말의 첫소리 'ㄴ, ㅁ' 앞에서 'ㄴ' 소리가 덧나는 것 예 제삿날, 훗날 • 뒷말의 첫소리 모음 앞에서 'ㄴㄴ' 소리가 덧나는 것 예 예삿일, 가욋일
두 음절로 된 특정 한자어의 경우	예 곳간(庫間), 셋방(貰房), 숫자(數字), 찻간(車間), 툇간(退間), 횟수(回數)

---

41 |출제 의도| 한글 맞춤법 이해   답 ①

한글 맞춤법 제53항에 따라 어미 '-(으)ㄹ게'는 예사소리로 적는다. 따라서 '할게요'는 맞춤법에 맞게 쓰인 표현이다.

왜 오답?

② '물건이나 일의 내용을 가리지 아니하다.'의 뜻으로 사용할 때는 '-든지'로 써야 하므로 '무엇을 하든지 최선을 다했으면 좋겠어.'와 같이 써야 한다.

③ '어떻게 해'가 줄어든 표현이므로 '오늘 소풍 가는 날인데 비가 와서 어떡해.'와 같이 씨야 한다.

④ '바래'는 어간 '바라-'에 불필요한 모음 'ㅣ'가 붙은 형태이므로, '네가 원하는 꿈을 꼭 이룰 수 있기를 바라.'와 같이 써야 한다.

⑤ 어간의 끝음절 '하'가 아주 줄 적에는 준 대로 적어야 하므로 '넉넉지 않은 살림이지만 어려운 사람을 돕자.'와 같이 써야 한다.

42 |출제 의도| 한글 맞춤법 이해   답 ⑤

'무엇이든지 주저하지 말고 시작해 봐.'에서의 '-든지'는 '물건이나 일의 내용을 가리지 아니하다.'의 뜻으로 쓰였기 때문에 제56항 2에 따라 '무엇이든지'로 쓴다.

▼ 왜 오답?

① '영화나 보러 가던가.'의 '가던가'는 지난 일을 나타내는 표현이 아니라 '물건이나 일의 내용을 가리지 아니하다.'의 뜻을 나타내므로 제56항 2에 따라 '가든가'로 써야 한다.

② '그 사람 말 잘하든데!'의 '잘하든데'는 지난 일을 나타내는 표현이므로 제56항 1에 따라 '잘하던데'로 써야 한다.

③ '얼마나 깜짝 놀랐든지 몰라.'의 '놀랐든지'는 지난 일을 나타내는 표현이므로 제56항 1에 따라 '놀랐던지'로 써야 한다.

④ '어찌하든지 간에 나는 신경 안 써.'의 '어찌하든지'는 '물건이나 일의 내용을 가리지 아니하다.'의 뜻을 나타내므로 제56항 2에 따라 '어찌하든지'로 써야 한다.

43 |출제 의도| 한글 맞춤법 이해   답 ③

'나날'은 준첩어, '겹겹'은 첩어이기 때문에 '나날이'와 '겹겹이'는 ㉮의 예에 해당한다. 또한 '오뚝'과 '일찍'은 부사이므로 '오뚝이'와 '일찍이'는 ㉯의 예에 해당하고, '즐겁-'은 'ㅂ' 불규칙 용언의 어간이기 때문에 '즐거이'는 ㉰의 예에 해당한다.

44 |출제 의도| 한글 맞춤법 이해   답 ⑤

㉠의 '보다'는 서로 차이가 있는 것을 비교하는 경우에 비교의 대상이 되는 말에 붙어 '~에 비해서'의 뜻을 나타내는 격 조사이고, ㉢의 '밖에'는 '그것 말고는', '그것 이외에는'의 뜻을 나타내는 보조사이다. ㉣의 '만큼'은 앞말과 비슷한 정도나 한도임을 나타내는 격 조사이다. 조사는 앞말에 붙여 써야 하므로, [A]에는 조사인 ㉠의 '보다', ㉢의 '밖에', ㉣의 '만큼'이 들어갈 수 있다. 그러나 ㉡의 '뿐'은 '다만 어떠하거나 어찌할 따름'이라는 뜻을 나타내는 의존 명사로, 앞말과 띄어 써야 한다. '뿐'이 조사로 쓰이는 경우는 '믿는 것은 오직 실력뿐이다.'와 같이 체언이나 부사어 뒤에 붙어 '그것만이고 더는 없음' 또는 '오직 그렇게 하거나 그러하다는 것'이라는 뜻을 나타낼 때이다.

45 |출제 의도| 한글 맞춤법 이해   답 ③

본용언에 조사가 붙으면 그 뒤에 오는 보조 용언은 띄어 쓰는데, ㉢ '웃고만 있었다'에서도 본용언 '웃고'에 보조사 '만'이 붙었기 때문에 뒤에 오는 보조 용언 '있었다'를 띄어 쓴 것이다. 그러므로 본용언끼리는 띄어 쓴다는 내용은 적절하지 않다.

▼ 왜 오답?

① '밖에'는 '그것 말고는, 그것 이외에는'의 뜻을 나타내는 보조사이다. 조사는 앞말과 붙여 써야 하므로, ㉠ '일밖에'를 붙여 쓴 것이다.

② '자루'는 '필기도구 등을 세는 단위'로, 단위를 나타내는 명사는 띄어 쓰므로 ㉡ '두 자루'처럼 띄어 쓴 것이다.

④ '척'은 '그럴 듯하게 꾸미는 거짓 태도나 모양'을 뜻하는 의존 명사이므로 ㉣ '아는 척'과 같이 앞말과 띄어 쓴 것이다.

⑤ '대'는 '사물과 사물의 대비나 대립'을 나타내는 의존 명사이므로 ㉤ '청군 대 백군'과 같이 띄어 쓴 것이다.

46 |출제 의도| 한글 맞춤법 이해   답 ④

'먹을 만큼'에서 '만큼'은 '먹을'이라는 용언의 관형사형 뒤에 있으며, '앞의 내용에 상당한 수량이나 정도임을 나타내는 말'을 뜻하는 의존 명사이므로 앞말과 띄어 써야 한다.

▼ 왜 오답?

① '아는대로'에서 '대로'는 '아는'이라는 용언의 관형사형 뒤에 있으며, '어떤 모양이나 상태와 같이'를 뜻하는 의존 명사이므로 '아는 대로'와 같이 앞말과 띄어 써야 한다.

② '약해질대로'에서 '대로'는 '약해질'이라는 용언의 관형사형 뒤에 있으며, '어떤 상태가 매우 심하다는 뜻을 나타내는 말'을 뜻하는 의존 명사이므로 '약해질 대로'처럼 앞말과 띄어 써야 한다.

③ '생각 대로'에서 '대로'는 '생각'이라는 체언 뒤에 있으며, '앞에 오는 말에 근거하거나 달라짐이 없음'을 뜻하는 조사이므로 앞말에 붙여서 '생각대로'로 써야 한다.

⑤ '말 만큼'에서 '만큼'은 '말'이라는 체언 뒤에 있으며, '앞말과 비슷한 정도나 한도임'을 나타내는 격 조사이므로 앞말에 붙여서 '말만큼'으로 써야 한다.

도전 ❶등급

> **조사의 띄어쓰기**
>
> 조사를 그 앞말에 붙여 쓴다는 말은 조사가 자립성이 있는 말 뒤에 붙을 때뿐만 아니라 조사가 둘 이상 연속되거나 어미 뒤에 붙을 때에도 그 앞말에 붙여 쓴다는 것을 뜻함.
>
> | 조사의
연속 | 예 학교에서처럼 잘해 봐라.
나에게만이라도 말을 해 주지. |
> |---|---|
> | 어미 뒤
조사 | 예 사과하기는커녕 되려 화를 내다니.
선생님은 언제 오시지요?
오늘도 날씨가 맑군그래. |

47 |출제 의도| 한글 맞춤법 이해   답 ⑤

㉤ '기여할수'에서 '수'는 '어떤 일을 할 만한 능력이나 어떤 일이 일어날 가능성'을 뜻하는 의존 명사이므로 '기여할 수'와 같이 앞말과 띄어 써야 한다.

▼ 왜 오답?

① '각종'과 '토론'은 별개의 단어이므로 각 단어는 띄어 쓴다는 원칙에 따라 띄어 쓰는 것이 맞으므로 ㉠의 띄어쓰기는 적절하다.

② '및'은 두 말을 이어 주거나 열거할 때 쓰이는 말로, 앞말과 띄어 써야 하므로 ㉡의 띄어쓰기는 적절하다.

③ '번'은 '일의 횟수를 세는 단위'로 의존 명사이므로 '여러 번'과 같이 띄어 써야 한다. 따라서 ㉢의 띄어쓰기는 적절하지 않다.

④ '데'는 '일이나 것'을 나타내는 의존 명사이므로 '알리는 데'와 같이 띄어 써야 한다. 따라서 ㉣의 띄어쓰기는 적절하지 않다.

도전 ❶등급

> **띄어쓰기 판단하기**
>
> | | 의존 명사(띄어 씀) | 붙여 쓰는 경우 |
> |---|---|---|
> | 들 | 두 개 이상의 사물을 열거하는 구조에서 '그런 따위'의 뜻을 나타내는 경우
예 쌀, 보리, 콩, 조, 기장 들을 오곡이라 한다. | 복수를 나타내는 경우(접미사)
예 학생들이 많이 왔다. |
> | 뿐 | 용언의 관형사형 뒤에 나타날 경우
예 웃을 뿐이다. | 체언 뒤에 붙어서 한정의 뜻을 나타내는 경우(조사)
예 우리 셋뿐이다. |

대로	용언의 관형사형 뒤에 나타날 경우 예 아는 대로 말했다.	체언 뒤에 붙어 '그와 같이'라는 뜻을 나타내는 경우(조사) 예 법대로 처리했다.
만큼	용언의 관형사형 뒤에 나타날 경우 예 볼 만큼 보았다.	체언 뒤에 붙어 '앞말과 비슷한 정도로'라는 뜻을 나타내는 경우(조사) 예 키가 너만큼 크다.
만	시간의 경과나 횟수를 나타내는 경우 예 사흘 만에 돌아왔다.	체언 뒤에 붙어 한정 또는 비교의 뜻을 나타내는 경우(조사) 예 이것은 그것만 못하다.
지	시간의 경과를 나타내는 경우 예 그와 만난 지 한 달이 지났다.	어미 '-(으)ㄴ지, ㄹ지'의 일부 예 어떻게 할지 모르겠다.
차	용언의 관형사형 뒤에 나타날 경우 예 마침 가려던 차였다.	명사 뒤에 붙어 '목적'의 뜻을 더하는 경우(접미사) 예 인사차 들렀다.
판	수 관형사 뒤에서 승부를 겨루는 일을 세는 경우 예 장기를 세 판 두었다.	합성어를 이루는 경우 예 흥거운 씨름판이 벌어졌다.

48 |출제 의도| 한글 맞춤법 이해   답 ②

ⓒ의 '주고 갔다'는 본용언과 본용언이 쓰인 것이다. 본용언과 본용언은 띄어 써야 하므로 '주고 갔다'와 같이 띄어 쓰는 것이 적절하다.

▓ 왜 오답?

① '할지 모르는'의 '지'는 어미 'ㄹ지'의 일부이므로 '할지'와 같이 붙여 쓰는 것은 적절하다.

③ 단어끼리는 띄어 써야 하므로 형용사 '같다'를 명사 '형'과 띄어 쓰는 것은 적절하다.

④ 의존 명사는 앞말과 띄어 써야 하므로 '기울일 것'과 같이 띄어 쓰는 것은 적절하다.

⑤ ⓜ의 '뿐'은 '그것만이고 더는 없음'을 나타내는 보조사인데, 조사는 앞 말과 붙여 써야 하므로 '공부뿐이다'와 같이 붙여 쓰는 것은 적절하다.

49 |출제 의도| 한글 맞춤법 이해   답 ③

ⓒ은 표준국어대사전에서 '집어먹다「1」'의 의미로 등재된 합성 동사이다. (가)에 따르면 합성 동사는 국어사전에 하나의 단어로 등재되어 있고, 반드시 붙여 써야 하므로 '집어먹었다'를 붙여 쓴 것이다. 각각의 용언이 주어와 호응할 경우 두 용언을 반드시 띄어 써야 하는 것은 '본용언+본용언'의 특징에 해당하므로 ③의 탐구 내용은 적절하지 않다.

▓ 왜 오답?

① (나)를 참고할 때 ㉠은 국어사전에 '집어먹다「2」'의 의미로 등재된 합성 동사이다. (가)에 따르면 합성 동사는 반드시 붙여 써야 한다고 하였으므로 적절하다.

② ⓛ은 앞의 용언 '잊다'만으로는 문장이 성립하지만, 뒤의 용언 '먹었다'만으로는 문장이 성립되지 않으므로 두 용언은 '본용언+보조 용언'의 관계이다. (가)에 따르면 본용언과 보조 용언은 띄어 쓰는 것이 원칙이라고 하였으므로 적절하다.

④ ⓔ은 각각의 용언, 즉 '집다'와 '먹다'가 주어 '그는'과 호응하고, 두 용언 사이에 '허겁지겁'과 같은 다른 문장 성분이 올 수 있으므로 '본용언+본용언'의 관계이다. (가)에 따르면 이러한 경우에는 반드시 띄어 써야 한다고 하였으므로 적절하다.

⑤ ⓜ은 검색 결과가 없으므로 사전에 등재된 단어가 아니고, 뒤 용언 '먹

었다'만으로는 문장이 성립되지 않으므로 '본용언+보조 용언'의 관계이다. (가)에 따르면 본용언과 보조 용언은 띄어 쓰는 것이 원칙이지만 붙여 쓰는 것도 허용한다고 하였으므로 적절하다.

50 |출제 의도| 한글 맞춤법 이해   답 ②

〈보기 1〉에서 '본용언 뒤에 보조 용언이 거듭 나타나는 경우는 앞의 보조 용언만을 본용언에 붙여 쓸 수 있다.'라고 하였다. ⓛ은 본용언 '적어' 뒤에 보조 용언 '둘'과 '만하다'가 거듭 나타나는 경우이므로 '적어'와 '둘'을 붙여 쓸 수 있고, '둘'과 '만하다'는 붙여 쓸 수 없다.

▓ 왜 오답?

① ㉠은 본용언 '빛+내-'가 합성 용언이지만 활용형이 2음절이므로 보조 용언 '준다'와 붙여 쓸 수 있다.

③ ⓒ은 본용언 '읽어'에 조사 '는'이 붙은 경우이므로 그 뒤에 오는 보조 용언 '보았다'는 붙여 쓰지 않는다.

④ ⓔ은 본용언이 '다시+없을'로 합성 용언인 경우이므로 그 뒤에 오는 보조 용언 '듯하다'와 붙여 쓰지 않는다.

⑤ ⓜ은 본용언이 '공부+해'로 파생어인 경우이므로 보조 용언 '보아라'와 붙여 쓰지 않는다.

51 |출제 의도| 한글 맞춤법 이해   답 ①

㉠ '안개꽃 밖에'의 '밖에'는 '그것 말고는', '그것 이외에는', '기꺼이 받아들이는', '피할 수 없는'의 뜻을 나타내는 보조사이다. 따라서 한글 맞춤법 제41항을 적용해 '안개꽃밖에'와 같이 붙여 써야 한다.

▓ 왜 오답?

② ⓛ '너만큼'의 '만큼'은 '앞말과 비슷한 정도나 한도임'을 나타내는 조사로, 제41항을 적용해 붙여 썼으므로 정정할 필요가 없다.

③ ⓒ '천 원짜리'에서 '원'은 단위를 나타내는 명사이고, '짜리'는 '그만한 수나 양을 가진 것'을 뜻하는 접미사이므로 정정할 필요가 없다. 만약 '1000원'과 같이 숫자와 어울리어 쓰는 경우라면 제43항에 따라 붙여 쓸 수도 있다.

④ ⓔ '어찌할 줄'에서 '줄'은 '어떤 방법, 셈속'을 나타내는 의존 명사로, 제42항에 따라 띄어 쓰는 것이 맞으므로 정정할 필요가 없다.

⑤ ⓜ '7 연구실'은 숫자와 어울리어 쓰인 경우이므로 붙여 쓸 수 있지만 띄어 쓰는 것이 원칙이므로 굳이 정정할 필요는 없다.

52 |출제 의도| 로마자 표기법 이해   답 ④

'집일'은 표준 발음법 제29항에 따라 [집닐]과 같이 'ㄴ' 소리가 첨가되고, 제18항에 따라 'ㅂ'이 'ㄴ' 앞에서 [ㅁ]으로 발음되어 [짐닐]로 발음된다. 국어의 로마자 표기는 표준 발음에 따라 적는 것을 원칙으로 하기 때문에 '집일'을 로마자로 표기하려면 표준 발음법 제18항과 제29항에 대한 이해가 필요하다.

▓ 왜 오답?

① '덮이다'는 홑받침 'ㅍ'이 모음으로 시작된 조사나 어미, 접미사와 결합하여, 제 음가대로 뒤 음절 첫소리로 옮겨 [더피다]로 발음되므로, '덮이다'를 로마자로 표기하려면 표준 발음법 제13항에 대한 이해가 필요하다.

② '웃어른'은 받침 'ㅅ' 뒤에 모음 'ㅓ'로 시작되는 실질 형태소가 연결되어, 'ㅅ'을 대표음 'ㄷ'으로 바꾸어서 뒤 음절 첫소리로 옮겨 [우더른]으로 발음되므로, '웃어른'을 로마자로 표기하려면 표준 발음법 제15항에 대한 이해가 필요하다.

③ '굳이'는 받침 'ㄷ'이 조사나 접미사의 모음 'ㅣ'와 결합되어, 'ㅈ'으로 바꾸어서 뒤 음절 첫소리로 옮겨 [구지]로 발음되므로, '굳이'를 로마

자로 표기하려면 표준 발음법 제17항에 대한 이해가 필요하다.

⑤ '색연필'은 합성어의 앞 단어 '색'의 끝이 자음이고 뒤 단어 '연필'의 첫 음절이 '여'이므로 'ㄴ' 소리를 첨가하여 [녀]로 발음하고, 이후 받침 'ㄱ'이 첨가된 'ㄴ' 앞에서 'ㅇ'으로 바뀌어 [생년필]로 발음하므로, '색연필'을 로마자로 표기하려면 표준 발음법 제18항과 제29항에 대한 이해가 필요하다.

53 |출제 의도| 로마자 표기법 이해 답 ①
㉠에서 일어나는 음운 변동 현상은 구개음화로, 이는 끝소리가 'ㄷ, ㅌ'인 형태소가 모음 'ㅣ'나 반모음 'ㅣ[j]'로 시작되는 형식 형태소와 만나면 그것이 각각 구개음 'ㅈ, ㅊ'으로 변하는 현상이다. 이러한 음운 변동은 '땀받이[땀바지]'에서도 일어나며, 〈보기〉에서 '같이[가치]'를 'gati'가 아니라 'gachi'로 표기한 것을 통해 구개음화는 로마자 표기에도 반영됨을 알 수 있다.

왜 오답?
② ㉡에서 일어난 음운 변동 현상은 된소리되기로, 앞 음절의 예사소리 받침 'ㅂ'과 뒤 음절의 'ㄷ'이 만나 뒤의 예사소리가 된소리인 'ㄸ'로 발음되는 현상이다. 이러한 음운 변동은 '삭제[삭쩨]'에서도 일어나는데, 〈보기〉에서 '잡다[잡따]'를 'japtta'가 아니라 'japda'로 표기한 것을 통해 된소리되기는 로마자 표기에 반영되지 않음을 알 수 있다.
③ ㉢에서 일어난 음운 변동 현상은 거센소리되기로, 'ㅎ'과 'ㅈ'이 만나서 'ㅊ'으로 발음되는 현상이다. 그러나 '닳아[다라]'에서 일어난 현상은 'ㅎ' 탈락으로, 'ㅎ' 받침으로 끝나는 용언의 어간이 모음으로 시작하는 어미를 만나면 'ㅎ'이 탈락하는 현상이다. 용언의 활용에서의 거센소리되기는 로마자 표기에 반영되는데, 이는 〈보기〉에서 '놓지[노치]'를 'nohji'가 아니라 'nochi'로 표기한 것을 통해 알 수 있다.
④ ㉣에서 일어난 음운 변동 현상은 'ㄴ' 첨가로, 두 개의 형태소 또는 단어가 합쳐져서 합성 명사를 이룰 때, 그 사이에 소리가 덧나는 현상이다. 이러한 음운 변동은 '한여름[한녀름]'에서도 일어나는데, 〈보기〉에서 '맨입[맨닙]'을 'maenip'이 아니라 'maennip'으로 표기한 것을 통해 'ㄴ' 첨가는 로마자 표기에 반영됨을 알 수 있다.
⑤ ㉤에서 일어난 음운 변동 현상은 비음화로, 받침 'ㄱ'이 'ㅁ' 앞에서 'ㅇ'으로 발음되는 현상이다. 이러한 음운 변동은 '밥물[밤물]'에서도 일어나는데, 〈보기〉에서 '백미[뱅미]'를 'baekmi'가 아니라 'baengmi'로 표기한 것을 통해 비음화는 로마자 표기에 반영됨을 알 수 있다.

54 |출제 의도| 로마자 표기법 이해 답 ①
'독립문'은 [동님문]으로, '대관령'은 [대ː괄령]으로 발음된다. 그러므로 〈보기〉의 표기 일람에 따라 각각 'Dongnimmun'과 'Daegwallyeong'으로 표기하는 것이 적절하다.

[55~56] 국어의 올바른 표기
지문 해설: 이 글에서는 한글 맞춤법 제1장 총칙의 제1항 내용 중 표준어를 어법에 맞도록 적는 것의 의미를 합성어와 파생어의 사례를 들어 설명하고 있다. 제1항의 소리대로 적는다는 의미는 발음 형태대로 적는 것이고 어법에 맞도록 한다는 것은 형태소의 원형을 밝혀 적는 것을 의미하는데, 합성어는 '국물'과 같이 각 어근의 본래 뜻이 유지되면 형태소의 원형을 밝혀 적는다고 하였다. 단, '이[齒]'가 합성어에서 '니'로 소리가 날 경우에는 본래 의미와 상관없이 '니'로 적어야 함을 부연하고 있다. 파생어는 어근에 접두사가 붙거나 어근의 본래 뜻이 유지되면서 접미사가 붙은 경우는 형태소의 원형을 밝혀 적는데, 이처럼 어근이 본래 뜻을 유지하는가의 여부가 형태소의 원형을 밝혀 적을 것인지에 대하여 판단하는 데 중요한 요소임을 강조하고 있다.

주제: 한글 맞춤법에 따른 올바른 표기

55 |출제 의도| 표음적 표기 이해 답 ⑤
1문단에서 소리대로 적는다는 것은 '구름'과 같이 표준어를 발음 형태대로 적는 것을 의미한다고 하였다. '하늘[하늘]'은 발음과 표기가 같으므로 ㉮의 예로 적절하다.

왜 오답?
① '빛[빋]'은 발음과 표기가 다르므로 발음 형태대로 적은 것이 아니라 형태소의 원형을 밝혀 적은 것이다.
② '옷[옫]'은 발음과 표기가 다르므로 발음 형태대로 적은 것이 아니라 형태소의 원형을 밝혀 적은 것이다.
③ '잎[입]'은 발음과 표기가 다르므로 발음 형태대로 적은 것이 아니라 형태소의 원형을 밝혀 적은 것이다.
④ '바깥[바깓]'은 발음과 표기가 다르므로 발음 형태대로 적은 것이 아니라 형태소의 원형을 밝혀 적은 것이다.

56 |출제 의도| 표의적 표기 이해 답 ⑤
3문단에서 '이[齒]'가 합성어에서 '니'로 소리가 날 경우에는 어근의 의미 유지와 관계없이 '니'로 적는다고 하였다. '사랑니'는 어근 '사랑'과 어근 '이[齒]'가 결합한 합성어이고, 어근 '이[齒]'는 본래의 의미를 유지하고 있지만 이와 관계없이 [니] 소리가 나기 때문에 '사랑니'로 적은 것이다. 따라서 어근이 본래 의미에서 멀어져 소리대로 적은 것이라는 내용은 적절하지 않다.

왜 오답?
① '드러나다'는 '가려 있거나 보이지 않던 것이 보이게 되다.'의 의미로, '들다'의 본래 의미와는 차이가 있다. 따라서 이는 어근이 본래 의미에서 멀어져 소리대로 적은 것이다.
② '돌아가다'는 '원래의 있던 곳으로 다시 가거나 다시 그 상태가 되다.'의 의미로, '돌다'의 본래 의미가 유지되고 있으므로 끊어 적은 것이다.
③ '웃음'은 '웃는 일. 또는 그런 소리나 표정.'의 의미로, '웃다'의 본래 의미가 유지되고 있으므로 끊어 적은 것이다.
④ '노름'은 '돈이나 재물 따위를 걸고 주사위, 골패, 마작, 화투, 트럼프 따위를 써서 서로 내기를 하는 일.'의 의미로 '놀다'의 본래 의미와는 차이가 있다. 따라서 이는 어근이 본래 의미에서 멀어져 소리대로 적은 것이다.

[57~58] 국어의 올바른 표기
지문 해설: 이 글에서는 한글 맞춤법 제1장 총칙의 제1항 내용에 대하여 설명하고 있다. 한글 맞춤법의 기본 원칙은 표준어를 소리 나는 대로 적는 것이지만, 단어나 문장이 만들어지는 과정에서 소리가 바뀌는 경우에는 사정이 달라짐을 밝히고 있다. 이에 따라 '어법에 맞도록' 적는다는 원칙이 함께 제시된 것인데, 이는 형태소들이 만나 소리가 바뀔지라도 형태소의 본 모양을 밝히어 적는 것임을 알려 주고 있다. 이와 같이 '어법에 맞도록' 적는 경우에는 체언에 조사가 붙거나 용언의 어간에 어미가 붙어 소리가 바뀔 때, 두 개의 용언이 어울려 한 개의 용언이 될 때, 어근에 접사가 붙어 새로운 말이 만들어질 때가 있는데, 예외적으로 두 개의 용언이 어울려 한 개의 용언이 되더라도 앞말이 그 본뜻에서 멀어지거나, 어간에 '-이'나 '-음'이 붙어서 명사로 바뀐 것이라도 그 어간의 뜻과 멀어진 것은 원형을 밝히어 적지 않음을 알려 주고 있다.
주제: 한글 맞춤법에 따른 올바른 표기

57 |출제 의도| 한글 맞춤법에 따른 표기 이해 답 ③
㉢에서 '수'는 의존 명사이므로 실질 형태소이고, '만'과 '은'은 보조사이므

로 형식 형태소이다. 이런 경우 4문단에서 형태소들이 만나 소리가 바뀔지라도 '어법에 맞게' 형태소의 본 모양을 밝히어 적는다고 하였고 ⓒ에서도 형태를 밝히어 적었다.

왜 오답?

① ⓐ의 '먹을'은 용언의 어간 '먹-'에 어미 '-을'이 결합한 것으로 [머글]로 발음되지만, 실질 형태소와 형식 형태소를 구별하여 형태를 밝히어 적었다.

② ⓑ의 '것은'은 체언인 의존 명사 '것'에 보조사 '은'이 결합한 것으로 [거슨]으로 발음되지만, 실질 형태소와 형식 형태소를 구별하여 형태를 밝히어 적었다.

④ ⓓ의 '돌아오다'는 용언 '돌다'와 용언 '오다'가 결합한 것으로, '돌아오다'의 의미가 '원래 있던 곳으로 다시 오거나 다시 그 상태가 되다.'이므로, 앞말인 '돌다'의 본뜻이 유지되고 있어 형태를 밝히어 적었다.

⑤ ⓔ의 '쓰러지다'는 용언 '쓸다'와 보조 용언 '지다'가 결합한 것으로, '쓰러지다'의 앞말인 '쓸다'는 본뜻과는 멀어졌으므로 형태를 밝히어 적지 않았다.

---

58 |출제 의도| 한글 맞춤법에 따른 표기 이해 답 ②

'높이'는 용언의 어간 '높-'에 접미사 '-이'가 붙어서 부사로 된 경우이므로, 용언 어간의 원형을 밝히어 적은 것이다. 따라서 '높이'는 ㉠이 아닌 ㉡의 예에 해당한다.

왜 오답?

① '먹이'는 용언의 어간 '먹-'에 접미사 '-이'가 붙어서 명사가 된 경우이므로 용언 어간의 원형을 밝히어 적은 것이다. 따라서 '먹이'는 ㉠의 예에 해당한다.

③ '익히'는 용언의 어간 '익-'에 접미사 '-히'가 붙어서 부사로 된 경우이므로 용언 어간의 원형을 밝히어 적은 것이다. 따라서 '익히'는 ㉡의 예에 해당한다.

④ '고름'는 용언의 어간 '곯-'에 접미사 '-음'이 붙어서 명사로 된 경우이나 본래 어간의 뜻과 멀어졌으므로 용언 어간의 원형을 밝히어 적지 않은 것이다. 따라서 '고름'은 ㉢의 예에 해당한다.

⑤ '너비'는 용언의 어간 '넓-'에 접미사 '-이'가 붙어서 명사로 된 경우이나 본래 어간의 뜻과 멀어졌으므로 용언 어간의 원형을 밝히어 적지 않은 것이다. 따라서 '너비'는 ㉢의 예에 해당한다.

도전 ①등급

명사 형성 파생법과 부사 형성 파생법

명사 형성 파생법	• 명사에 접미사가 붙어 명사로 파생됨. '-들, -꾼, -꾸러기, -장이, -어치' 등의 접사를 사용함. → 어근의 의미를 제한함. ⑩ 사람들(사람+-들), 일꾼(일+-꾼), 대장장이(대장+-장이), 값어치(값+-어치) • 용언에 접미사 '-(으)ㅁ, -이, -기'가 붙어 명사로 파생됨. → 품사를 바꿈. ⑩ 쓰기(동사+-기), 벌이(동사+-이), 슬픔(형용사+-ㅁ), 넓이(형용사+-이)
부사 형성 파생법	• 명사에 접미사 '-히, -로'가 붙어 부사로 파생됨. ⑩ 자연히(명사+-히), 진실로(명사+-로) • 동사의 어근에 접미사 '-우, -오'가 붙어 부사로 파생됨. ⑩ 마주(맞+-우), 비로소(비롯+-오) • 형용사의 어근에 접미사 '-이, -히'가 붙어 부사로 파생됨. ⑩ 멀리(형용사+-이), 조용히(형용사+-히)

[59~60] 띄어쓰기 이해

지문 해설: 이 글에서는 띄어쓰기의 중요성을 이론과 사례를 통해 설명하고 있다. 한글 맞춤법 제1장 총칙의 제2항에 따라 문장의 각 단어는 띄어 씀을 원칙으로 하므로 구는 띄어 써야 하고 사전에 표제어로 실리지 않지만, 합성어는 하나의 단어로 붙여 써야 하며 사전에 표제어로 실려 있음을 알려 주고 있다. 구와 합성어를 구별하는 방법은 다음과 같은데, 구성 요소 사이에 다른 말이 끼어들어 갈 수 있거나 구성 요소의 배열이 시간의 흐름에 따라 순차적으로 연결된다면 구로 볼 수 있지만, 합성어는 그렇지 않은 경우가 있음을 언급하고 있다. 또한 의존 명사, 조사, 어미는 띄어쓰기를 판단하기 어려운 경우가 있으므로 문법적 특성을 이해해야 하는데, 의존 명사는 관형어를 반드시 필요로 하므로 앞말과 띄어 쓰지만, 조사는 단어임에도 앞말과 붙여 쓰고, 어미는 단어로 보지 않으므로 앞말에 붙여 써야 함을 설명하고 있다. 마지막으로 이러한 띄어쓰기를 확인할 때는 문법적 특징과 의미 등을 정확하게 알 수 있는 사전을 적극적으로 활용할 것을 당부하고 있다.

주제: 상황에 따른 띄어쓰기의 판단 방법

---

59 |출제 의도| 구와 합성어의 이해 답 ③

㉠은 구, ㉡과 ㉢은 합성어의 특징에 해당한다. '뜯어먹다'는 '뜯어서 먹다'와 같이 '뜯어'와 '먹다' 사이에 다른 말이 끼어들어 갈 수 있어 ㉠에 해당하므로 사전에 표제어로 실리지 않는다.

왜 오답?

① '헌가방'은 '헌 네 가방'과 같이 중간에 다른 말이 끼어들어 갈 수 있어 ㉠에 해당하므로 사전에 표제어로 실리지 않는다.

② '놓고가다'는 '놓고서 가다'와 같이 '놓고'와 '가다' 사이에 다른 말이 끼어들어 갈 수 있어 ㉠에 해당하므로 사전에 표제어로 실리지 않는다.

④ '뜬소문'은 '근거 없이 떠도는 소문.'이라는 의미로, 중간에 다른 말이 끼어들어 가면 의미가 변하므로 ㉡에 해당하며 사전에 표제어로 실린다.

⑤ '알아듣다'는 '남의 말을 듣고 그 뜻을 알다.'의 의미로, 구성 요소의 배열이 순차적이지 않으므로 ㉢에 해당하며 사전에 표제어로 실린다.

---

60 |출제 의도| 띄어쓰기 이해 답 ③

'읽는데'의 '데'는 '데 「의존 명사」 「2」'의 '일'이나 '것'의 의미를 가지며, '읽는'이라는 용언의 관형사형인 관형어의 수식을 받고 있는 의존 명사이므로 '읽는'과 '데' 사이를 띄어 써야 한다.

왜 오답?

① '무명만큼'의 '만큼'은 '무명'과 비슷한 정도나 한도를 나타내는 격 조사이므로 앞말에 붙여 써야 한다.

② '가는데'는 어간 '가-'에 '-는데'라는 어미가 결합한 것이므로 '가는데'와 같이 붙여 써야 한다.

④ '나는 데'의 '데'는 '데 「의존 명사」 「1」'의 '곳'이나 '장소'라는 의미를 가지며, '나는'이라는 용언의 관형사형인 관형어의 수식을 받는 의존 명사이므로 '나는'과 '데' 사이를 띄어 써야 한다.

⑤ '들릴 만큼'의 '만큼'은 '만큼 「의존 명사」 「1」'의 '앞의 내용에 상당한 수량이나 정도'의 의미를 가지며, '들릴'이라는 용언의 관형사형인 관형어의 수식을 받는 의존 명사이므로 '들릴'과 '만큼' 사이를 띄어 써야 한다.

61 ④	62 ④	63 ③	64 ②	65 ③
66 ①	67 ⑤	68 ③	69 ⑤	70 ②

61 |출제 의도| 담화의 맥락 이해 답 ④

㉣은 '승객 2'가 언어적 맥락만 파악하여 상대방의 발화를 이해한 것이다. 즉, 상황 맥락을 파악하지 않아 상대의 발화를 이해하지 못하여 상대의 요구에 적절하게 대응하지 못하고 있다.

▶ 왜 오답?

① '영수'는 '조금 춥다.'라는 앞선 두 사람의 발화를 듣고 상황 맥락을 중심으로 이해하였기 때문에 ㉠과 같이 말한 것이다.

② '철호'는 "나도 조금 추워!"라는 앞선 자신의 발화를 '영수'가 상황 맥락을 중심으로 이해했다는 것을 알려 주려고 ㉡과 같이 말한 것이다.

③ '선희'는 "조금 춥구나!"라는 앞선 자신의 발화가 언어적 맥락을 중심으로 이해되어야 한다는 것을 알리기 위해 ㉢과 같이 말한 것이다.

⑤ '승객 1'은 "내립시다."라는 앞선 자신의 발화를 '승객 2'가 상황 맥락으로 이해하지 못하자 언어적 맥락을 중심으로 자신의 발화가 이해될 수 있도록 ㉤과 같이 다시 말한 것이다.

62 |출제 의도| 직접 발화와 간접 발화 이해 답 ④

〈보기 1〉의 내용을 통해 담화에서 화자가 자신의 의도를 직접 드러내고자 할 때는 종결 표현과 화자의 의도를 일치시켜 표현하고, 청자에게 부담을 줄 수 있는 경우에는 화자의 의도와 다른 종결 표현을 사용하거나 '저기' 등과 같은 언어 표현을 사용하여 완곡하게 표현하는 것을 확인할 수 있다. 그런데 ㉣에서 화자인 소연은 명령형 종결 어미를 이용하여 청자인 지연에게 학교에 빨리 가라고 명령하였으므로 화자의 의도와 종결 표현이 일치한다고 볼 수 있다.

▶ 왜 오답?

① ㉠에서 화자인 어머니는 명령형 종결 어미를 이용하여 청자인 지연에게 일어나라고 명령하고 있는데, '저기', '좀'과 같은 표현을 사용하여 완곡하게 표현하고 있다.

② ㉡에서 화자인 지연은 의문형 종결 어미를 사용하였는데, 이는 엄마에게 학교에 전화해 달라고 요청하는 말을 완곡하게 표현한 것이다.

③ ㉢에서 화자인 어머니는 청유형 종결 어미를 이용하여 청유의 의도를 표현하고 있다.

⑤ ㉤에서 화자인 어머니는 평서형 종결 어미와 '만'과 같은 언어 표현을 사용하여 명령의 의도를 완곡하게 표현하고 있다.

63 |출제 의도| 표준 화법 이해 답 ③

㉢에서 문장의 객체는 '할아버지'이며, 화자가 높여야 할 대상이다. 그러나 ㉢에서는 조사 '를'이 아니라 '모시고'라는 특수한 어휘를 사용하여 높임을 실현하고 있다.

▶ 왜 오답?

① ㉠에서 화자인 혜연이 자신을 기준으로 지칭의 대상인 '할머니'를 파악하여 '할머니'라는 지칭어를 사용하고 있으므로 적절하다.

② ㉡에서 화자인 삼촌은 문장의 주체인 '어머니'가 높여야 할 대상이므로 특수한 어휘 '계시다(계시니)'를 통해 높임을 실현하고 있으므로 적절하다.

④ ㉣에서 화자인 삼촌이 청자인 혜연을 기준으로 지칭의 대상인 '어머니'를 파악하여 '어머니'라는 지칭어를 사용하고 있으므로 적절하다.

⑤ ㉤에서 화자인 혜연에게 청자인 삼촌은 높임의 대상이므로 종결 어미

'-아요'를 통해 높임을 실현하고 있으므로 적절하다.

64 |출제 의도| 지시 · 대용 표현의 기능 이해 답 ②

지시 · 대용 표현인 '이', '그', '저'는 대상과 말하는 이, 듣는 이 사이의 거리에 따라 달리 사용된다. ㉡은 진열대를 가리키는 표현으로, 화자인 '효준'과 청자인 '유로'에게 모두 멀리 떨어져 있는 대상이다. ㉤은 □□매장을 가리키는 표현으로 화자인 '유로'와 청자인 '효준'이 있는 장소에서는 현재 보이지 않는다. 따라서 ㉡을 사용하여 '효준'이 지시한 장소는 ㉤이 나타내는 장소인 □□매장과 동일하지 않다.

▶ 왜 오답?

① ㉠은 진열대의 운동화를 가리키는 표현으로, 화자인 '유로'와 청자인 '효준' 모두에게 멀리 떨어져 있다.

③ ㉢은 청자인 '유로'보다 화자인 '효준'에게 가까이 있는 운동화를 가리킨다.

④ ㉣은 화자인 '유로'에게는 멀지만, 청자인 '효준'에게는 가까이 있는 운동화를 가리키는 표현이고, ㉢ 역시 '효준'에게 가까이 있는 운동화를 가리키는 표현으로 맥락상 두 대상은 동일하다.

⑤ ㉤은 □□매장을 가리키므로 화자인 '유로'와 청자인 '효준'이 있는 장소에서는 현재 보이지 않는다.

65 |출제 의도| 담화 요소 이해 답 ③

㉣은 원장님의 말을 높이기 위해 사용한 표현이고, ㉤은 학생이 자신의 말을 낮추기 위해 사용한 표현이다. 따라서 ㉣과 ㉤ 둘 다 화자가 자신의 행위를 낮추기 위해 사용한 표현으로 보는 것은 적절하지 않다.

▶ 왜 오답?

① ㉠과 ㉡은 모두 동일한 인물인 원장님을 높이기 위해 사용한 표현이므로 적절하다.

② ㉢과 ㉥은 모두 학생과 원장님이 전화로 약속을 잡았던 날을 가리키는 표현이므로 적절하다.

④ ㉥은 화자와 청자로부터 멀리 떨어져 있는 곳을 가리키는 표현이므로 적절하다.

⑤ ㉥은 학생의 아버지나 어머니를 지칭하는 표현으로, 현재의 담화 상황에 참여하지 않는 인물을 지칭하는 표현이므로 적절하다.

66 |출제 의도| 담화에서 대명사 사용 방식 이해 답 ①

㉠ '그것'은 대용 표현으로 사용된 지시 대명사로, 담화 맥락을 고려할 때 '민수가 화가 많이 난 것'을 간단히 표현하기 위한 것이 아니라, '영희가 말도 없이 책을 가져갔다'는 표현을 가리키는 것임을 알 수 있다.

▶ 왜 오답?

② ㉡ '자기'는 재귀 대명사로, B가 앞서 언급한 '영희'를 도로 나타내기 위해 사용한 것이다.

③ ㉢의 '아무나'는 부정칭 대명사로, 화자가 불특정 대상을 가리키기 위해 사용한 것이다.

④ ㉣의 '누구'는 미지칭 대명사로, 지시 대상을 정확히 모르고 있어서 사용한 것이다.

⑤ ㉤의 '거기'는 지시 대명사로, 담화 맥락을 고려할 때 A가 앞서 언급한 '교실'을 가리키기 위해 사용한 것이다.

67 |출제 의도| 담화 내의 호칭어 및 지칭어 사용 이해 답 ⑤

㉥ '누나'는 화자와 청자를 제외한 제삼자를 가리키지만 ㉦ '영수'는 청자인 아들을 가리킨다.

♐ 왜 오답?
① ㉠ '엄마', ㉂ '누나'는 모두 청자인 '영수'(아들)의 관점에서 지칭어를 사용한 것이다.
② ㉯ '우리 아들'은 '영수'를 지칭하는 것이기 때문에, ㉠ '엄마'와 ㉯은 모두 현재의 담화 상황에 참여하고 있는 사람을 가리킨다.
③ ㉢과 ㉣의 '저거'는 모두 동일한 대상인 '저 옷 가게 광고판'을 가리킨다.
④ ㉤ '오늘'과 ㉥ '어제'는 모두 동일한 날인 '2015년 12월 30일'을 가리킨다.

68 |출제 의도| 담화 요소의 기능 이해 답 ③
㉢은 딸의 발화 이전에 아버지가 이야기한 '저 옷이랑 같이 입으면'의 내용을 대신하여 표현하는 대용 표현이다. 따라서 아버지가 앞에서 한 말과 관련된 세부 사항이 뒤에 추가될 것임을 나타낸다는 설명은 적절하지 않다.

♐ 왜 오답?
① ㉠ '이거'는 가리키는 대상이 화자와 가깝게 위치할 때 쓰이는 지시 표현이므로, 지시하는 대상이 청자인 은주에 비해 화자인 아버지에게 가까이 있음을 알 수 있다.
② ㉡ '저'는 상황 맥락 속에 존재하는 대상을 직접적으로 가리키는 지시 표현이므로, 아버지와 딸 사이에 진행되고 있는 대화의 맥락으로 볼 때 지시하는 대상을 청자인 은주로 볼 수 있을 것이라고 짐작할 수 있다.
④ ㉣ '그렇게'는 대용 표현으로, 앞서 아버지가 이야기한 고모한테 고맙다고 전화 한 통 드리라는 말을 대신함으로써 담화의 중복을 피하고 있음을 알 수 있다.
⑤ ㉤ '그런데'는 화제를 전환할 때 쓰는 접속 부사로, 고모한테 전화 한 통 드리라는 것에서 영화를 보러 가자는 것으로 화제를 돌리는 기능을 하고 있음을 알 수 있다.

69 |출제 의도| 담화 표지의 기능 이해 답 ⑤
엄마가 아들에게 심호흡을 세 번 해 볼 것을 권유하는 표현으로, 이는 함

께 행동할 것을 제안한 것은 아니다.

♐ 왜 오답?
① 엄마의 '빨리 학교 가야 하지 않니?'라는 앞선 부정 물음의 발화에 대해 아들이 ㉠과 같이 '예, 가요.'라는 긍정의 대답을 하고 있다.
② 엄마는 ㉡에서 '는'이라는 보조사를 사용하여 다른 날과 어제를 구분하여 대조하고 있다.
③ 아들은 ㉢ '그게'라는 지시 대명사를 사용하여 엄마가 언급한 내용을 다시 언급하고 있으므로, '이게'와는 바꿔 쓸 수 없다.
④ 아들은 ㉣ '못 할 것 같아요.'에서 주체의 능력 부족이나 불가피한 상황 때문에 어떤 일이 이루어지지 않음을 나타낼 때 사용하는 부정 부사 '못'을 사용하고 있다.

70 |출제 의도| 담화의 이해 답 ②
㉡은 말하는 이나 듣는 이로부터 멀리 있는 곳을 가리키는 지시 대명사가 아니라 말을 꺼내기 거북할 때에 쓰는 말로 감탄사에 해당한다.

♐ 왜 오답?
① ㉠ '끊어진'은 '끊다'에 피동의 의미를 나타내는 '-어지다'가 붙어서 이루어진 말이다. 피동 표현은 주로 일어나게 된 것이 능동적이고 의지적인 행위 때문이 아니라 불가항력적인 일 때문에 벌어진 경우에 주로 사용한다. 따라서 B는 전화가 끊긴 상황이 본인의 의지로 일어난 것이 아님을 전달하기 위해 피동 표현을 사용한 것이다.
③ ㉢ '아차'는 무엇이 잘못된 것을 갑자기 깨달았을 때 하는 말로 감탄사에 해당한다.
④ ㉣ '못 갔어.'와 같이 부정 부사 '못'을 사용한 부정 표현은 주체의 능력 부족이나 불가피한 상황 때문에 어떤 일이 이루어지지 않았음을 나타낼 때 사용한다.
⑤ ㉤ "자세히 말해 볼래?"는 형식상으로는 의문문이지만 내용상으로는 말해 달라는 요청의 의미를 담고 있다. 이렇게 문장 종결 표현과 발화의 의도가 일치하지 않는 표현을 간접 표현이라 한다.

Ⅴ 국어의 역사

01 ③	02 ①	03 ②	04 ②	05 ③
06 ③	07 ①	08 ①	09 ③	10 ④
11 ①	12 ④	13 ①	14 ①	15 ②
16 ③	17 ④	18 ③	19 ①	20 ①
21 ④	22 ⑤	23 ④	24 ②	25 ④
26 ②	27 ⑤	28 ⑤	29 ③	30 ⑤
31 ①	32 ⑤	33 ④	34 ⑤	35 ⑤
36 ②	37 ⑤	38 ①	39 ⑤	40 ②
41 ④	42 ①	43 ⑤	44 ④	

01 |출제 의도| 훈민정음 자음의 제자 원리 이해   답 ③
〈보기〉에서 'ㆁ, ㄹ, ㅿ'은 각각 'ㄱ, ㄴ, ㅅ'과 소리 나는 위치는 같지만, 가획의 방법에 따라 만든 글자가 아니기 때문에 '이체자'라고 설명하였으므로, 'ㅿ'은 기본자 'ㅅ'을 가획하여 만든 글자라는 설명은 적절하지 않다.

⟪ 왜 오답?
① 'ㅋ'은 기본자 'ㄱ'에 획을 더하여 기본자보다 소리가 더 세게 나는 글자를 만든 것이므로 가획자이며, 이는 〈보기〉의 표에서도 확인할 수 있다.
② 〈보기〉의 표를 확인하면 'ㄹ'은 혓소리로 'ㄴ'과 소리 나는 위치가 같다.
④ 가획자는 기본자에 획을 더한 글자로, 기본자보다 소리가 더 세게 난다고 하였는데, 'ㅎ'은 기본자 'ㅇ'에 획을 더해 만든 가획자이므로 'ㅇ'보다 소리가 더 세게 난다는 설명은 적절하다.
⑤ 〈보기〉에 따르면 훈민정음의 자음은 발음 기관을 '상형'하여 기본자를 만들었다고 하였으므로, 자음의 기본자는 모두 모양을 본뜨는 방식을 사용하여 만들었다는 설명은 적절하다.

02 |출제 의도| 훈민정음 모음의 제자 원리 이해   답 ①
〈보기〉에서 ⓐ 'ㆍ'는 혀를 오그라지게 해서 조음하고 소리는 깊다고 하였고, ⓒ 'ㅣ'는 혀를 오그라들지 않게 조음하고 소리가 얕다고 하였으므로, ⓐ는 ⓒ와 달리 발음할 때 얕은 소리가 난다는 내용은 적절하지 않다.

⟪ 왜 오답?
② ⓑ 'ㅡ'의 모양이 평평함은 땅을 본뜬 것이라 하였고, ⓐ 'ㆍ'의 모양이 둥근 것은 하늘을 본뜬 것이라 하였으므로 적절하다.
③ ⓒ 'ㅣ'는 혀를 오그라들지 않게 조음하고, ⓐ 'ㆍ'는 혀를 오그라지게 해서 조음한다고 하였으므로 적절하다.
④ 가운뎃소리는 모두 열한 자이고 ⓐ 'ㆍ', ⓑ 'ㅡ', ⓒ 'ㅣ'는 모두 가운뎃소리에 포함되는 글자이므로 적절하다.
⑤ ⓐ 'ㆍ'는 하늘을, ⓑ 'ㅡ'는 땅을, ⓒ 'ㅣ'는 사람을 본뜬 것으로 모두 대상의 모양을 본뜬 것이라는 공통점이 있으므로 적절하다.

03 |출제 의도| 훈민정음 제자 원리 이해   답 ②
초성에서 이[齒] 모양을 본뜬 기본자는 'ㅅ'이며 'ㅅ'에 획을 더하여 만든 가획자는 'ㅈ, ㅊ'이다. 중성에서 초출자 'ㅗ'에 기본자 'ㆍ'를 결합하여 만든 글자는 재출자인 'ㅛ'이다. 마지막 종성에서 상형이나 가획의 원리를 적용하지 않고 별도로 만든 글자는 이체자 'ㆁ, ㄹ, ㅿ'이다. 따라서 이를 종합하면 조건에 해당하는 글자는 '죻'이다.

⟪ 왜 오답?
① '별'의 종성은 〈조건〉을 만족하는 이체자 'ㄹ'이지만, 초성이 입 모양을 본뜬 기본자 'ㅁ'에 획을 더하여 만든 'ㅂ'이고, 중성이 초출자 'ㅓ'에 기본자 'ㆍ'를 결합하여 만든 재출자 'ㅕ'이므로 〈조건〉에 해당하지 않는다.
③ '심'은 초성이 이[齒] 모양을 본뜬 기본자 'ㅅ'이고, 중성은 하늘을 본뜬 'ㆍ'와 사람의 모양을 본뜬 기본자 'ㅣ'를 합성한 초출자이며, 종성은 입 모양을 본뜬 기본자 'ㅁ'이므로 〈조건〉에 해당하지 않는다.
④ '창'의 초성과 종성은 〈조건〉을 만족하는 가획자 'ㅊ'과 이체자 'ㆁ'이지만, 중성이 초출자 'ㅏ'이므로 〈조건〉에 해당하지 않는다.
⑤ '둏'의 중성은 〈조건〉을 만족하는 재출자 'ㅛ'이지만, 초성이 기본자 'ㄴ'에 획을 더하여 만든 가획자 'ㄷ'이고 종성이 기본자 'ㅇ'에 획을 더하여 만든 가획자 'ㅎ'이므로 〈조건〉에 해당하지 않는다.

04 |출제 의도| 중세 국어의 성조 이해   답 ②
'아·니:뮐·씨'에서 '아'는 왼편에 점이 없으므로 낮은 소리인 평성, '니'와 '씨'는 왼편에 점이 한 개이므로 높은 소리인 거성, '뮐'은 왼편에 점이 두 개이므로 낮은 소리에서 높은 소리로 이동하는 상성에 해당한다. 따라서 순서대로 '평성-거성-상성-거성'이므로 높낮이를 표시하면 ②와 같다.

05 |출제 의도| 중세 국어의 이중 모음 이해   답 ③
〈보기〉의 (가)를 보면, 체언의 끝소리가 단모음 '이'나 반모음 'ㅣ'인 경우 조사 '이라'가 결합할 때 형태가 '∅라'로 나타나며, 이에 해당하는 예로 '수쇠라'와 '불휘라'가 제시되어 있다. 이때 '수쇠라'는 '수쇠+∅라'이므로 체언의 끝소리가 단모음 '이'인 경우이고, '불휘라'는 '불휘+∅라'이므로 체언의 끝소리가 반모음 'ㅣ'인 경우에 해당한다. 그런데 (나)의 '이제+이라'와 '아래+이라'에서 조사의 형태가 '이제+∅라'와 '아래+∅라'로 나타난 것으로 보아 체언 '이제'와 '아래'의 끝소리가 반모음 'ㅣ'라는 것을 알 수 있다. 그리고 이를 통해 'ㅔ, ㅐ'는 각각 단모음 'ㅓ, ㅏ'와 반모음 'ㅣ'가 결합한 이중 모음이었다는 것을 알 수 있다. 따라서 ㉠에는 '불휘라'가, ㉡에는 '∅라'가 들어가는 것이 적절하다.

⟪ 왜 오답?
① '지비라'는 '집+이라'로 끝소리가 자음인 체언에 '이라'가 결합한 예이므로 'ㅔ, ㅐ'가 이중 모음임을 확인할 수 없다.
② '수쇠라'는 '수쇠+이라'로 끝소리가 단모음 '이'인 체언에 '∅라'가 결합한 예이므로 'ㅔ, ㅐ'가 이중 모음임을 확인할 수는 없다.
④ '젼치라'는 끝소리가 그 밖의 모음 'ㆍ'인 체언에 'ㅣ라'가 결합한 예이므로 'ㅔ, ㅐ'가 이중 모음임을 확인할 수 없다.
⑤ '곡되라'는 끝소리가 그 밖의 모음 'ㅗ'인 체언에 'ㅣ라'가 결합한 예이므로 'ㅔ, ㅐ'가 이중 모음임을 확인할 수 없다.

도전 ↥등급

중세 국어의 단모음과 중모음
15세기 국어의 단모음은 현대와 달리 7개였고, 15세기 국어의 중모음도 현대 국어와 상당한 차이가 있었으며, 이중 모음뿐만 아니라 삼중 모음도 존재하였음.

단모음	·, ㅏ, ㅓ, ㅡ, ㅣ, ㅗ, ㅜ	
이중 모음	단모음+반모음[j]	ㅢ, ㅐ, ㅔ, ㅚ, ㅚ, ㅟ
	반모음[j]+단모음	ㅑ, ㅕ, ㅛ, ㅠ
	반모음[w]+단모음	ㅘ, ㅝ
삼중 모음	이중 모음 'ㅑ, ㅕ, ㅛ, ㅠ'+반모음[j]	ㅒ, ㅖ, ㆆ, ㆌ
	이중 모음 'ㅘ, ㅝ'+반모음[j]	ㅙ, ㅞ

06 |출제 의도| 중세 국어의 주격 조사 이해   답 ③

〈보기〉에서 중세 국어의 주격 조사는 앞에 결합하는 체언의 끝소리에 따라 달라지는데, 체언의 끝소리가 자음일 때는 '이', 체언의 끝소리가 모음 'ㅣ'도 반모음 'ㅣ'도 아닌 모음일 때는 'ㅣ'가 나타나고, 체언의 끝소리가 모음 'ㅣ'이거나 반모음 'ㅣ'일 때는 아무런 형태가 나타나지 않는다고 하였다. 'ㅂ얌'은 끝소리가 자음으로 끝나는 체언이므로 주격 조사가 '이'로 나타나 'ㅂ얌'에 '이'가 결합하여 'ㅂ야미'가 된다. '불휘'는 끝소리가 반모음 'ㅣ'로 끝나는 체언이므로 주격 조사의 형태가 나타나지 않아 '불휘'가 된다. '대장부'는 끝소리가 모음 'ㅣ'도 반모음 'ㅣ'도 아닌 모음으로 끝나는 체언이므로 주격 조사가 'ㅣ'로 나타나 '대장뷔'가 된다.

07 |출제 의도| 중세 국어의 주격 조사 이해   답 ①

ⓐ의 '나리'와 ⓓ의 '아드리'는 각각 자음으로 끝나는 체언 '날'과 '아돌'에 주격 조사 '이'가 결합한 경우로 ㉠의 예에 해당한다.

왜 오답?

ⓑ '太子(태자)'는 모음 '이'와 반모음 'ㅣ' 이외의 모음으로 끝나는 체언이므로 주격 조사가 'ㅣ'로 나타나야 하는데 주격 조사가 나타나지 않았다. 이는 음운 조건에 관계없이 주격 조사가 생략된 ⓒ의 예에 해당하는 것이다.

ⓒ 'ᄃᆞ리'는 모음 '이'로 끝나는 체언으로, 이러한 체언 다음에는 주격 조사가 'Ø(영형태)'로 실현되어 나타나지 않으므로 ㉡의 예에 해당한다.

ⓔ '孔子ㅣ'의 '孔子(공자)'는 모음 '이'와 반모음 'ㅣ' 이외의 모음으로 끝나는 체언으로, 이러한 체언 다음에는 주격 조사가 'ㅣ'로 나타난다.

08 |출제 의도| 중세 국어의 관형격 조사 이해   답 ①

선행 체언인 '아바님(아버님)'은 유정물이지만 존칭의 대상이므로 관형격 조사 'ㅅ'을 사용하여 '아바님+ㅅ', 즉 '아바닚 곁'으로 써야 한다.

왜 오답?

② 선행 체언인 '그력(기러기)'은 음성 모음이 쓰인 유정물이고 존칭의 대상이 아니므로 관형격 조사 '의'가 쓰인다.

③ 선행 체언인 '아돌(아들)'은 양성 모음이 쓰인 유정물이고 존칭의 대상이 아니므로 관형격 조사 '익'가 쓰인다.

④ 선행 체언인 '수플(수풀)'은 무정물이므로 관형격 조사 'ㅅ'이 쓰인다.

⑤ 선행 체언인 '등잔(등잔)'은 무정물이므로 관형격 조사 'ㅅ'이 쓰인다.

도전 ❶등급

모음 조화

양성 모음은 양성 모음끼리, 음성 모음은 음성 모음끼리 어울리는 현상이며, 중성 모음인 'ㅣ'는 양성 모음과 음성 모음 어느 것과도 어울릴 수 있음.

양성 모음(밝고 가벼운 느낌)	ㆍ, ㅏ, ㅗ, ㅑ, ㅛ
음성 모음(어둡고 무거운 느낌)	ㅡ, ㅓ, ㅜ, ㅕ, ㅠ
중성 모음	ㅣ

중세 국어에서는 모음 조화가 비교적 잘 지켜졌으나 근대 국어에 이르러 'ㆍ(아래아)'가 사라지면서 점차 파괴되어 현대 국어에서는 음성 상징어와 용언의 활용에서만 일부 지켜지고 있음.

09 |출제 의도| 중세 국어의 조사 이해   답 ③

'거부븨 터리 ᄀᆞᆮ고'는 현대어로 '거북의 털과 같고'로 해석되므로 '의'는 관형격 조사로 사용되었음을 알 수 있다. 이때 '거붑'은 높임을 나타내지 않는 유정 명사이고 마지막 모음이 음성 모음이므로 관형격 조사 '의'

와 '의' 중 '의'로 실현된다. '바믹 비취니'는 현대어로 '밤에 비치니'로 해석되므로 '익'는 부사격 조사로 사용되었음을 알 수 있다. 이때 '밤'의 마지막 모음이 양성 모음이므로 부사격 조사가 '익'로 실현된다.

왜 오답?

①, ②, ④, ⑤ '겨틔 서서'는 현대어로 '곁에 서서'로 해석되므로 '의'는 부사격 조사에 해당함을 알 수 있는데, '곁'의 마지막 모음이 음성 모음이므로 부사격 조사가 '의'로 실현되었다. '사ᄅᆞᄆᆡ 뜨들'은 현대어로 '사람의 뜻을'로 해석되므로 '익'는 관형격 조사에 해당함을 알 수 있는데, '사룸'의 마지막 모음이 양성 모음이므로 관형격 조사가 '익'로 실현되었다.

도전 ❶등급

중세 국어의 부사격 조사

• 선행 체언의 마지막 음절의 모음이 양성 모음일 경우 '애', 음성 모음일 경우 '에', 'ㅣ' 모음일 경우 '예'로 실현됨.

• 일부 체언 뒤에서는 '익/의'로도 실현되는데, 조사 '익/의'는 부사격 조사와 관형격 조사의 형태가 같아서 구별하기 어려우므로 조사 '익/의' 다음에 명사가 오면 관형격, 동사가 오면 부사격으로 판단할 수 있음.

10 |출제 의도| 중세 국어의 서술격 조사 이해   답 ④

〈보기 1〉에서 중세 국어에서의 서술격 조사는 앞에 결합하는 체언의 끝소리에 따라 달라지는데, 체언의 끝소리가 자음일 때는 '이'가 나타나고, 체언의 끝소리가 모음 '이'이거나 반모음 'ㅣ'일 때는 아무런 형태가 나타나지 않는다고 하였다. 그리고 체언의 끝소리가 모음 '이'도, 반모음 'ㅣ'도 아닌 모음일 때는 'ㅣ'가 나타난다고 하였다. 〈보기 2〉의 ㉮는 체언 '니'에 서술격 조사가 결합한 형태인데, '니'의 끝소리가 모음 '이'이므로 서술격 조사는 아무런 형태가 나타나지 않아 '니+−라'와 같이 실현된다. ㉯는 체언 '바'에 서술격 조사가 결합한 형태인데, '바'의 끝소리가 모음 '이'도, 반모음 'ㅣ'도 아닌 'ㅏ'이므로 서술격 조사는 'ㅣ'가 나타나 '바+ㅣ+−라'와 같이 실현된다. ㉰는 체언 '다락'에 서술격 조사가 결합한 형태인데, '다락'의 끝소리가 자음이므로 서술격 조사는 '이'가 나타나 '다락+이+−라'와 같이 실현된다. 따라서 ㉮에는 '니라', ㉯에는 '배라', ㉰에는 '다라기라'가 들어가는 것이 적절하다.

11 |출제 의도| 중세 국어의 조사와 어미 이해   답 ①

㉠ '中듕國귁에'는 현대어 '중국과'로 해석되므로, '에'는 장소임을 표시하는 조사가 아니라 비교의 의미를 갖는 조사로 쓰였다고 볼 수 있다.

왜 오답?

② ㉡의 '−ㄹ씨'는 현대어 '−므로'로 해석되며, 이는 앞말이 뒤에 오는 내용과 인과 관계로 연결됨을 표시하는 어미이므로 적절하다.

③ ㉢의 '−ㄴ'은 현대어 '−은'으로 해석되며, 이는 앞말이 뒤에 오는 말을 수식함을 표시하는 어미이므로 적절하다.

④ ㉣의 'ㅣ'는 현대어 '가'로 해석되며, 이는 앞말이 문장의 주어임을 표시하는 조사이므로 적절하다.

⑤ ㉤의 '을'은 현대어 '을'로 해석되며, 이는 앞말이 문장의 목적어임을 표시하는 조사이므로 적절하다.

12 |출제 의도| 중세 국어의 조사 이해   답 ④

'사ᄉᆞ믹 등과 도ᄌᆞ기 입과 눈'은 현대어 '사슴의 등과 도적의 입과 눈'으로 해석되므로 '사슴'과 '도족'이 각각 체언 '등'과 '입과 눈'을 수식하는 것을 확인할 수 있다. 따라서 '사ᄉᆞ믹'의 '익'와 '도ᄌᆞ기'의 '이'는 모두 부사격 조사가 아닌 관형격 조사임을 알 수 있다.

왜 오답?

① ㄱ의 '드리'는 체언 '둘'에 주격 조사 '이'가 사용된 것이고, '비취요미'는 명사절의 서술어 '비취욤'에 비교 부사격 조사 '이'가 사용된 것임을 알 수 있다.

② ㄴ의 '네'는 '너'에 주격 조사 'ㅣ'가 사용된 것이고, '부톄'는 서술어가 '도외야(되어)'인 것으로 보아 '부텨'에 보격 조사 'ㅣ'가 사용된 것임을 알 수 있다.

③ ㄷ의 '부텻'과 '가짓'이 각각 체언 '몸'과 '상'을 수식하는 관형어이므로 '부텻'과 '가짓'의 'ㅅ'이 관형격 조사로 사용된 것임을 알 수 있다.

⑤ ㅁ의 '모몰'은 '몸'에 목적격 조사 '올'이 결합하여 연철 표기된 것이고, '부텨를'은 '부텨'에 목적격 조사 '를'이 결합한 것으로, 각각 형태가 다른 목적격 조사가 사용된 것임을 알 수 있다.

---

13 |출제 의도| 중세 국어의 종결 어미 이해 답 ①

〈보기〉에서 중세 국어 의문문의 종결 어미는 인칭의 종류와 물음말의 유무에 따라 달라지는데, 주어가 1, 3인칭일 경우와 물음말이 있는 의문문에서는 '-ㄴ고', '-ㄹ고'가, 물음말이 없는 의문문에서는 '-ㄴ가', '-ㄹ가'가 사용되고, 주어가 2인칭일 경우 물음말 유무와 상관없이 '-ㄴ다'가 사용된다고 하였다. 첫 번째 문장은 주어 '부톄(부처가)'는 3인칭이고, 물음말이 없으므로 종결 어미로 '-ㄴ가' 또는 '-ㄹ가'를 사용해야 하고, 두 번째 문장의 주어 '네(너는)'는 2인칭이므로 물음말 유무와 상관없이 '-ㄴ다'를 사용해야 한다. 따라서 ㉠에는 '나샤미신가'가, ㉡에는 '빈혼다'가 들어가는 것이 적절하다.

---

14 |출제 의도| 중세 국어의 의문 보조사 이해 답 ①

첫 번째 문장의 현대어 풀이 '무엇인가?'를 통해 ㉠에는 구체적인 설명을 요구하는 설명 의문문의 서술어가 들어가야 함을 알 수 있다. 그런데 〈보기〉에서 설명 의문문에 실현되는 의문 보조사는 '고/오'라고 하였으므로, ㉠에는 '므스것고'가 들어가는 것이 적절하다. 두 번째 문장의 현대어 풀이 '종인가?'를 통해 ㉡에는 '예/아니요'로 판정할 수 있는 답을 요구하는 판정 의문문의 서술어가 들어가야 함을 알 수 있다. 그런데 〈보기〉에서 판정 의문문에 실현되는 의문 보조사는 '가/아'라고 하였으므로, ㉡에는 '종가'가 들어가는 것이 적절하다. 세 번째 문장의 현대어 풀이가 '어찌'를 통해 ㉢에는 설명 의문문의 서술어가 들어가야 함을 알 수 있다. 그런데 〈보기〉에서 설명 의문문에 실현되는 의문 보조사는 '고/오'라고 하였고, 모음 또는 'ㄹ' 다음에는 '오'가 쓰인다고 하였으므로 ㉢에는 '선야(船若)오'가 들어가는 것이 적절하다.

---

15 |출제 의도| 중세 국어의 의문 보조사 이해 답 ②

첫 번째 문장의 현대어 풀이 '무엇인가?'를 통해 ㉠에는 구체적인 설명을 요구하는 설명 의문문의 서술어가 들어가야 함을 알 수 있다. 그런데 〈보기〉에서 체언에 보조사가 결합하여 서술어가 될 때 설명 의문문에서는 보조사 '고'가 쓰인다고 하였으므로 ㉠에는 '므스고'가 들어가는 것이 적절하다. 두 번째 문장의 현대어 풀이 '어찌'를 통해 ㉡에도 구체적인 설명을 요구하는 설명 의문문의 서술어가 들어가야 함을 알 수 있다. 그런데 〈보기〉에서 용언의 어간에 어미가 결합하여 서술어가 될 때 설명 의문문에서는 종결 어미 '-뇨'가 쓰인다고 하였지만, 주어가 2인칭일 때에는 의문문의 종류와 관계없이 종결 어미 '-ㄴ다'가 쓰인다고 하였으므로, ㉡에는 '가는다'가 들어가는 것이 적절하다. 세 번째 문장 또한 주어가 2인칭인 '그대'이므로 ㉢에는 종결 어미 '-ㄴ다'가 쓰인 '아니ㅎ는다'가 들어가는 것이 적절하다.

---

16 |출제 의도| 중세 국어의 선어말 어미 이해 답 ③

'교사가 알려 준 내용'에 의하면 '-오-'는 어말 어미 앞에서 문법적인 기능을 하는 선어말 어미로, 과거 시제를 나타내는 '-더-'와 결합하면 '-다-'로 나타난다고 하였다. 따라서 ㉢ '롱담ㅎ다라'에서 '-다-'는 과거 시제를 나타내는 '-더-'가 어말 어미와 결합한 것이 아닌 선어말 어미 '-오-'와 결합하여 나타난 형태이다.

왜 오답?

① 〈보기〉에서 '-오-'는 음성 모음 뒤에서 '-우-'로 나타난다고 하였으므로, ㉠의 '-우-'가 어간 '쑤-'에 있는 음성 모음 때문에 나타난 형태라는 반응은 적절하다.

② 〈보기〉에서 '-오-'는 현재 시제를 나타내는 '-ㄴ-'과 결합하면 '-노-'로 나타난다고 하였으므로, ㉡의 '-노-'가 '-ㄴ-'와 '-오-'가 결합되어 나타난 형태라는 반응은 적절하다.

④ ㉡의 '-노-'는 어미 '-오-'가 현재 시제를 나타내는 '-ㄴ-'와 결합하여 나타난 것이고, ㉢의 '-다-'는 어미 '-오-'가 과거 시제를 나타내는 '-더-'와 결합하여 나타난 것이므로, ㉡과 ㉢에는 모두 문장의 시제를 나타내는 기능을 하는 어미가 사용되었다는 반응은 적절하다.

⑤ ㉠, ㉡, ㉢의 주어는 모두 화자에 해당하므로 ㉠, ㉡, ㉢ 모두에는 주어가 화자임을 표현하기 위한 어미 '-오-'가 사용되었다는 반응은 적절하다.

도전 ❶등급

> **중세 국어의 선어말 어미 '-오-'의 특징**
>
> • 주어가 1인칭 화자 자신임을 표시함.
> 　예 내 ㅎ마 命終(명종)호라[명종ㅎ-+-오-+-라]
> 　　　(내가 벌써 목숨을 다하였다.)
> • 관형사형의 수식을 받는 명사가 수식하는 말에 대해 의미상 목적어임을 표시함.
> 　예 얻논[얻-+-ㄴ-+-오-+-ㄴ] 藥(약)이 므스것고
> 　　　(얻는 약이 무엇이냐?)
> • 양성 모음 뒤에서는 '-오-', 음성 모음 뒤에서는 '-우-'로 사용됨.

---

17 |출제 의도| 중세 국어의 높임 표현 이해 답 ④

㉡에서 높임의 대상은 객체인 목적어 '어마님'으로, 이를 높이기 위해 객체 높임 선어말 어미 '습'이 사용되었다. ㉡에서 주체인 '아들'을 존대하는 특수 어휘는 사용되지 않았다.

왜 오답?

① ㉠의 [A]에서는 주체 높임 선어말 어미 '-샤-'를 통해 주체 높임이 실현된 것을 확인할 수 있으나 그 주체는 생략되어 드러나지 않으므로 적절하다.

② ㉠의 [A]에서는 객체 높임 선어말 어미 '-줍-'을 사용하여 목적어인 '세존ㅅ 안부'를 높임으로써 객체 높임을 실현하였으므로 적절하다.

③ ㉠의 [B]에서 주체 높임 선어말 어미 '-시-'를 사용하여 주체 높임을 실현하였으므로 적절하다.

⑤ ㉡에서는 객체인 '어마님'을 높이기 위해 객체 높임 선어말 어미 '-습-'을 사용하였으므로 적절하다.

---

18 |출제 의도| 중세 국어의 높임 표현 이해 답 ③

객체 높임은 주어의 행위가 미치는 대상(주로 목적어 또는 부사어)을 높이는 것인데, 첫 번째 예문에서의 객체 높임은 '내숩뱌(내어)'의 '-숩-'으로 실현되었으며 높임의 대상은 부사어 '부텻긔(부처께)'의 '부텨(부처)'이므로 ㉠에는 '부텨'가 들어가는 것이 적절하다. 한편, 두 번째 예문의 경우, 객체 높임 선어말 어미 뒤에 모음으로 시작하는 어미가 오면, 객체 높

임 선어말 어미는 '-ᅀᆞᇦ-, -ᅀᆞᇦ-, -ᅀᆞᇦ-'으로 실현된다고 하였는데, '듣-' 은 어간 말음이 'ㄷ'이고 이어지는 어미가 모음으로 시작하므로 객체 높임 선어말 어미는 '-ᅀᆞᇦ-'으로 실현되어야 한다. 따라서 ⓒ에는 선어말 어미 '-ᅀᆞᇦ-'이 포함된 '듣ᄌᆞᇦ며'가 들어가는 것이 적절하다.

19 |출제 의도| 중세 국어와 현대 국어의 높임 표현 이해 답 ①

'聖子ᄅᆞᆯ 내시니이다'의 현대어 해석인 '(하늘이) 聖子(성자)를 내셨습니다.'를 통해 생략된 주어가 '하늘이'임을 알 수 있다. 따라서 주체 높임 선어말 어미 '-시-'는 주체인 '하늘'을 높이는 것이므로, 주체인 '성자'를 높이는 데 '-시-'가 쓰였다는 내용은 적절하지 않다. '성자'는 목적어이므로 객체에 해당하며, 객체 높임은 실현되지 않고 있다.

왜 오답?

② 상대 높임 선어말 어미 '-이-'는 현대 국어에서는 쓰이지 않는 어미이므로 적절하다.

③ 객체 높임 선어말 어미 '-ᅀᆞᇦ-'은 현대 국어에서는 쓰이지 않는 어미이므로 적절하다.

④ '밥'을 높여서 이르는 말인 '진지'를 사용하고 있다는 점은 현대 국어와 같으므로 적절하다.

⑤ 중세 국어 '내시니이다'와 현대 국어 '내셨습니다(내시었습니다)' 모두 주체 높임을 선어말 어미 '-시-'로 실현하고 있다. 그리고 상대 높임은 중세 국어는 선어말 어미 '-이-'로, 현대 국어는 어말 어미 '-습니다'로 실현하고 있다. 따라서 ⓐ과 ⓒ에 중세 국어와 현대 국어 모두 주체와 상대에 대한 높임이 함께 나타나 있으므로 적절하다.

20 |출제 의도| 중세 국어의 'ㅎ' 종성 체언 이해 답 ①

〈보기 1〉에서 중세 국어의 체언 중에는 'ㅎ' 종성 체언이 있는데, 이는 뒤따르는 조사에 따라 실현 양상이 다르게 나타난다고 하였다. 'ㅎ' 다음에 모음으로 시작하는 조사가 뒤따를 경우 'ㅎ'을 뒤따르는 모음에 이어 적고, 'ㄱ, ㄷ'으로 시작하는 조사가 뒤따를 경우 'ㄱ, ㄷ'과 어울려 'ㅋ, ㅌ'으로 나타나며, 관형격 조사 'ㅅ'이 뒤따를 경우 'ㅎ'은 나타나지 않는다고 하였다. 〈보기 2〉의 ⓐ '나랗+ᄋᆞᆯ'은 모음으로 시작하는 조사가 뒤따르는 경우이므로 'ㅎ'을 뒤따르는 모음에 이어 적어 '나라ᄒᆞᆯ'로 표기해야 한다. ⓒ '긿+ㅅ'은 관형격 조사 'ㅅ'이 뒤따르는 경우이므로 'ㅎ'이 나타나지 않아 '긼'로 표기해야 한다. ⓒ '않+과ᅟᅵᆫ' 'ㄱ'으로 시작하는 조사가 뒤따르는 경우이므로 'ㅋ'으로 나타나 '안콰'로 표기해야 한다.

21 |출제 의도| 중세 국어의 특징 이해 답 ④

'가시니'는 주체를 높이는 선어말 어미 '-시-'에 의해 높임 표현이 실현된 것이므로, '가시니'와 같은 특수 어휘를 통해 주체 높임을 실현했다는 내용은 적절하지 않다.

왜 오답?

① 'ᄢᅴ'는 초성에 어두 자음군이 쓰인 것으로, 이러한 어두 자음군은 현대 국어와 달리 중세 국어에서만 찾아볼 수 있으므로 적절하다.

② 'ᄯᄂᆞᄆᆞᆯ'에는 목적격 조사 'ᄋᆞᆯ'이, '자최ᄅᆞᆯ'에는 목적격 조사 'ᄅᆞᆯ'이 쓰인 것으로 보아 중세 국어에서도 현대 국어와 같이 앞말의 받침 유무에 따라 목적격 조사의 형태가 다르게 쓰였음을 알 수 있으므로 적절하다.

③ '브리ᅀᆞᄫᅡ'에는 현대 국어에서는 쓰이지 않는 'ᅀ'과 'ㅸ'이 표기에 사용되었으므로 적절하다.

⑤ '거름'은 '걸음'을, '조차'는 '좇아'를 의미하므로, 중세 국어에서는 현대 국어의 끊어 적기와 다르게 이어 적기를 하였으므로 적절하다.

22 |출제 의도| 중세 국어의 특징 이해 답 ⑤

'얼굴'은 중세 국어에서는 '형체'라는 의미로 사용되었는데 현대 국어로 오면서 '낯'의 의미로만 사용되고 있으므로, 현대 국어로 오면서 그 의미가 축소되었다고 볼 수 있다.

왜 오답?

① '기·픈'은 '깊은'이 [기픈]으로 소리 나는 것으로 볼 때, 소리 나는 대로 표기한 것임을 알 수 있다.

② ':뮐·씨'는 현대 국어 '움직이므로'에 대응하는 단어로, 현대 국어에서는 쓰이지 않는 단어임을 알 수 있다.

③ '·ᄅᆞᆯ'은 중세 국어에서 사용했던 목적격 조사의 이형태 중 하나로, 현대 국어의 목적격 조사 '을/를'과는 형태가 달랐음을 알 수 있다.

④ '불·디·면'의 초성에 서로 다른 두 개의 자음 'ㅂ'과 'ㅅ'이 함께 사용된 것을 통해 중세 국어에는 어두 자음군이 존재했음을 알 수 있다.

23 |출제 의도| 중세 국어의 특징 이해 답 ④

ⓐ '거손'은 비교 자료의 '것은'을 참고할 때, 앞 글자의 받침 'ㅅ'을 다음 글자의 초성으로 이어 적은 것임을 알 수 있다. 거듭 적기를 한 경우에는 '것손'의 형태로 표기되어야 하므로 탐구 결과가 적절하지 않다.

왜 오답?

① ⓐ '긔운이'는 '긔운'의 받침 'ㄴ'을 조사 '이'의 초성으로 이어 적지 않고 형태를 밝혀 적었으므로 끊어 적기를 했음을 확인할 수 있다.

② ⓒ '홍식을'은 '홍식'이 양성 모음임에도 '올'로 적지 않고 현대 국어의 목적격 조사와 형태가 같은 조사 '을'로 적은 것을 확인할 수 있다.

③ ⓒ 'ᄀᆞᆺᄒᆞᆫ'의 모음에는 현대에는 소실되어 더 이상 사용하지 않는 모음 '·'가 사용되었음을 확인할 수 있다.

⑤ ⓐ 'ᄲᅡ디ᄂᆞᆫ'에서는 현대 국어에서 쓰이지 않는 'ㅆ'이 사용되었음을 확인할 수 있다.

도전 ❶ 등급

이어 적기(연철)

앞 음절의 끝소리를 뒤 음절의 첫소리로 옮겨 적는 것으로 소리 나는 대로 적는 방식

예 말ᄊᆞᆷ+이 → 말ᄊᆞ미

거듭 적기(중철)

앞 음절의 끝소리를 뒤 음절의 첫소리로 옮겨 적고 앞 음절의 형태도 밝혀 적는 방식. 이어 적기와 끊어 적기가 함께 나타나는 표기법으로 과도기적 표기 형태임.

예 말ᄊᆞᆷ+이 → 말ᄊᆞᆷ미

끊어 적기(분철)

음절의 끝소리를 뒤 음절의 첫소리로 옮겨 적지 않고 형태를 밝혀 적는 방식

예 말ᄊᆞᆷ+이 → 말ᄊᆞᆷ이

	중세 국어	근대 국어	현대 국어
이어 적기(연철)	○	○	×
거듭 적기(중철)	×	○	×
끊어 적기(분철)	×	○	○

24 |출제 의도| 중세 국어의 특징 이해 답 ②

ⓒ '보ᄆᆡ'가 '봄에'에 대응하는 것에서 체언과 조사의 형태를 밝히지 않고 이어 적기를 했음을 알 수 있다.

🐾 왜 오답?

① ㉠ '앉'이 현대어 '안의'에 대응하는 것에서 'ㅅ'이 현대 국어의 '의'에 해당하는 관형격 조사로 쓰였음을 알 수 있다.

③ 현대 국어 '달을'과 달리 ㉢ '석ᄃᆞ롤'의 'ᄃᆞ롤'은 목적격 조사 '롤'을 사용하여 모음 조화를 지켜 표기하였음을 알 수 있다.

④ ㉣ '니세시니'에는 현대 국어에서 쓰이지 않는 자음 'ㅿ'이 쓰이고 있다.

⑤ ㉤ '쓰ᄂᆞ니라'의 '쓰'를 통해 단어의 첫 음절 초성에 서로 다른 자음을 가로로 나란히 붙여 쓰는 어두 자음군을 사용하였음을 알 수 있다.

---

25 |출제 의도| 중세 국어의 특징 이해   **답 ④**

㉣ '조초미'가 현대어 '좇음이'에 대응하는 것을 통해 '좇+옴+이' 형태의 말을 이어 적기하였음을 알 수 있다.

🐾 왜 오답?

① ㉠ '마리'가 현대어 '말에'에 대응하는 것을 통해 '마리'는 '말+익'를 이어 적기한 것임을 알 수 있다.

② ㉡ '닐오ᄃᆡ'가 현대어 '이르되'에 대응하는 것을 통해, 일부 소리가 단어의 첫머리에 오는 것을 꺼리는 두음 법칙이 중세 국어에서는 적용되지 않고, 현대 국어에서만 적용되는 것을 알 수 있다.

③ ㉢ '어딘'이 현대어 '어진'에 대응하는 것을 통해 중세 국어에는 구개음화가 일어나지 않았음을 알 수 있다. 구개음화가 일어났다면 중세 국어의 '어딘'은 '어진'으로 표기되었을 것이다.

⑤ ㉤ '노ᄑᆞᆫ'은 어간 '높-'에 어미 '은'이 아닌 'ᄋᆞᆫ'이 결합한 것인데 이를 통해 현대 국어와는 다르게 모음 조화가 지켜졌음을 알 수 있다.

---

26 |출제 의도| 중세 국어의 특징 이해   **답 ②**

㉡ '제(저+ㅣ)'가 현대어 '자기의(자기+의)'에 대응하는 것에서 '제'에 사용된 조사 'ㅣ'가 현대어 '의'와 같은 관형격 조사임을 알 수 있다.

🐾 왜 오답?

① ㉠ '에'가 현대어 '과'와 대응하는 것에서 비교의 의미로 사용되는 부사격 조사임을 알 수 있다.

③ ㉢ 'ᄠᅳᆮ들'을 통해 중세 국어에는 단어의 첫머리에 서로 다른 자음이 함께 쓰이는 어두 자음군이 사용되었음을 알 수 있다.

④ ㉣ '노ᄆᆡ'가 현대어 '사람이'와 대응하는 것에서 중세 국어에는 '사람'을 나타내는 '놈'의 받침 'ㅁ'을 조사 '이'의 초성으로 이어 표기하는 이어 적기가 사용되었음을 알 수 있다.

⑤ ㉤ '便뼌安ᅙᅡᆫ·킈'에서 현대 국어에는 없는 자음 'ㅎ'이 사용되었음을 알 수 있다.

---

27 |출제 의도| 중세 국어의 특징 이해   **답 ③**

'니ᄅᆞ샨'에 사용된 선어말 어미 '-샤-'는 주체를 높이는 기능을 하지만, '니ᄅᆞ샨'의 주체는 수달이 아닌 태자이므로 적절하지 않은 설명이다.

🐾 왜 오답?

① '숲(금)으로'와 '양ᄋᆞ로'는 용언을 수식하는 부사어로 쓰이고 있으므로 조사 '으로/ᄋᆞ로'는 부사격 조사에 해당한다. 그런데 결합하는 체언 '금'과 '양'의 모음에 따라 음성 모음에는 '으로', 양성 모음에는 'ᄋᆞ로'로 구분하여 사용하였으므로 모음 조화에 따라 형태를 달리하는 부사격 조사가 있었음을 확인할 수 있다.

② 'ᄢᅳᆷ'을 통해 단어 첫머리에 자음이 연속하여 오는 어두 자음군이 있었음을 확인할 수 있다.

④ 현대어 '태자의'에 대응하는 '太子ㅅ'을 통해 'ㅅ'이 관형격 조사로 쓰였음을 확인할 수 있다.

---

⑤ '거즛마롤'을 통해 자음으로 끝나는 체언 '거즛말'에 모음으로 시작하는 조사 '올'이 결합할 때 이어 적기를 하였음을 확인할 수 있다.

---

28 |출제 의도| 중세 국어의 특징 이해   **답 ⑤**

㉤ '이롤'의 '롤'은 현대어 '이것을'의 '을'에 대응하는 목적격 조사로, 자음이 아닌 모음으로 끝나는 체언 '이'에 결합한 것임을 알 수 있다.

🐾 왜 오답?

① ㉠ '나랏'의 'ㅅ'은 현대어 '우리나라의'의 관형격 조사 '의'에 해당하므로 관형격 조사로 쓰였음을 알 수 있다.

② ㉡ '니르고져'의 '-고져'는 현대어 '말하고자'의 '-고자'에 해당하는 말로, 이는 어떤 행동을 할 의도나 욕망을 가지고 있음을 나타내는 연결 어미에 해당한다.

③ ㉢ '배'는 현대어 '바+가'에 해당하므로 모음으로 끝나는 체언 '바'에 주격 조사 'ㅣ'가 결합하였음을 알 수 있다.

④ ㉣ '펴디'는 현대 국어의 '펴지'와는 다르게 '지'가 아닌 '디'로 쓰이고 있으므로 구개음화가 확인되지 않음을 알 수 있다.

---

29 |출제 의도| 중세 국어의 특징 이해   **답 ①**

'보·미'는 현대 국어의 '봄에'에 해당하므로 체언 '봄'에 조사 '익'가 결합한 것임을 알 수 있다. 이를 '봄익'가 아닌 '보·미'로 적은 것은 앞 음절의 끝소리를 뒤 음절의 첫소리로 옮겨 적은 것이므로 이어 적기에 해당한다.

🐾 왜 오답?

② '·플·와'에서 글자 왼쪽에 소리의 높낮이를 나타내는 방점이 사용된 것을 확인할 수 있다.

③ '쓰·리게'에서 현대 국어에는 없는, 단어의 첫머리에 서로 다른 자음이 함께 사용되는 어두 자음군이 사용된 것을 확인할 수 있다.

④ '므ᅀᆞ·몰'의 'ㅿ', '·'를 통해 현대 국어에서는 소실되어 사용되지 않는 글자가 사용되었음을 알 수 있다.

⑤ '·ᄃᆞ롤'이 현대 국어의 '달을'에 대응하는 것에서 체언 '돌'에 조사 '올'이 결합한 것을 확인할 수 있다. 이를 통해 현대 국어와는 다르게 모음 조화를 지켜 조사 '을'이 아닌 '올'을 사용했음을 알 수 있다.

도전 ①등급

· (아래아)의 소실		
	1단계	2단계
시기	16세기(중세 국어)	18세기(근대 국어)
변화	둘째 음절 이하에서 '·'가 주로 '_'로 변함.	첫음절의 '·'가 'ㅏ'로 변함.
예	ᄀᆞᄅᆞ치다 〉 ᄀᆞ르치다	ᄀᆞ르치다 〉 가르치다

음가가 소실된 이후에도 표기는 남아 있었으나 1933년 한글 맞춤법 통일안을 제정하며 완전히 사라짐.

---

30 |출제 의도| 중세 국어의 특징 이해   **답 ⑤**

㉤ '對됭答답ᄒᆞ샤ᄃᆡ'의 선어말 어미 '-샤-'는 객체가 아닌 주체를 높이는 선어말 어미로, 문장의 주체인 '선혜'를 높이고 있다.

🐾 왜 오답?

① ㉠ '니ᄅᆞ샤ᄃᆡ'가 현대어 '이르시되'에 대응하는 것에서 현대 국어에는 적용되는 두음 법칙이 중세 국어에는 적용되지 않았음을 알 수 있다.

② ㉡ '銀은도ᄂᆞ로'가 현대어 '은돈으로'에 대응하는 것에서 현대 국어와는 달리 체언 '은돈'에 조사 '으로'가 아닌 'ᄋᆞ로'가 결합하여 모음 조화가 지켜진 것을 확인할 수 있다.

③ ⓒ '므스게'가 현대어 '무엇에'에 대응하는 것에서 체언 '무슥'에 조사 '에'가 결합한 '므슥에'를 이어 적기하여 '므스게'로 표기했음을 알 수 있다.

④ ⓔ '쓰시리'의 초성에 서로 다른 자음을 가로로 나란히 붙여 쓰는 어두 자음군이 사용되었음을 확인할 수 있다.

31 |출제 의도| 중세 국어의 특징 이해 답 ①

㉠ '雙鵰(쌍조)ㅣ'는 현대어 '두 마리 독수리가'에 대응하는 것으로, 체언 '쌍조'에 결합한 조사 'ㅣ'는 주격 조사이다. 중세 국어에서 목적격 조사는 '올/롤/을/를'의 형태로 나타난다.

왜 오답?

② ㉡ '쩨니'의 '쩨'에서 음절의 초성에서 두 개 이상의 자음이 사용되는 어두 자음군을 확인할 수 있다.

③ ㉢ 'ᄒᅀᅡᄫ니'에는 'ㅿ', 'ㅸ', 'ㆍ' 등 현대 국어에서는 사용되지 않는 문자가 사용되었음을 확인할 수 있다.

④ ㉣ '사래'에서 양성 모음 'ㅏ'와 'ㅐ'가 어울리는 것으로 보아 모음 조화가 지켜졌음을 확인할 수 있다.

⑤ ㉤ '디니'는 현대어 '떨어지니'에 대응하는 말로, 'ㅣ' 앞의 'ㄷ'이 'ㅈ'으로 변하지 않은 것을 통해 현대 국어와는 다르게 구개음화 현상이 나타나지 않았음을 알 수 있다.

32 |출제 의도| 중세 국어의 특징 이해 답 ⑤

'ㆍ뿌ㆍ메'는 '사용하다'라는 의미를 지닌 동사 '쓰다'의 어간 '쓰-'에 명사형 전성 어미 '-움'과 조사 '에'가 결합한 것으로 볼 수 있다.

왜 오답?

① ':말쏘ㆍ미'는 자음으로 끝나는 체언 '말쏨'에 주격 조사 '이'가 결합한 것이고, 'ㆍ훓 ㆍ배'의 '배'는 단모음 'ㅣ'와 반모음 'ㅣ'가 아닌 모음으로 끝나는 체언 '바'에 주격 조사 'ㅣ'가 결합한 것이다. 각각에 주격 조사가 쓰인 것은 같지만 앞말의 환경에 따라 그 형태가 다르게 나타남을 확인할 수 있다.

② '하ㆍ니ㆍ라'는 현대어 '많다'에 대응하는 말로, 중세 국어의 '하다'는 현대 국어의 동사 '하다'와는 다른 형용사이다. 현대 국어의 동사 '하다'와 같은 말은 중세 국어의 'ᄒᆞ다'이다.

③ 'ㆍ이ㆍ룰'과 'ㆍ새ㆍ로'에 쓰인 방점은 강약이 아닌 음의 높낮이(성조)를 표시하는 것이다.

④ '히ㆍ여'와 '便뼌安한ㆍ킈 ᄒᆞㆍ고ㆍ져'는 현대어 '하여금'과 '편하게 하고자'에 대응하는 말로, 이는 모두 피동 표현이 아닌 사동 표현에 해당한다.

33 |출제 의도| 중세 국어의 특징 이해 답 ⑤

'보ᅀᆞᆸ고'에 쓰인 선어말 어미 '-ᅀᆞᆸ-'은 객체를 높이는 선어말 어미로, 높임의 대상은 듣는 이(상대)인 '세존'이 아닌 객체인 '여래'이다. 따라서 ⓓ의 '보ᅀᆞᆸ고'를 통해 ㉤을 확인할 수 없다.

왜 오답?

① ⓐ의 '니ᄅᆞᄂᆞ뇨'는 의문사 '므슴'이 있는 설명 의문문의 서술어이고, ⓑ의 '잇ᄂᆞ녀'는 의문사가 없는 판정 의문문의 서술어이다. 두 단어의 종결 어미는 각각 '-ᄂᆞ뇨'와 '-ᄂᆞ녀'로 차이를 보이는데 이는 현대 국어의 설명 의문문과 판정 의문문의 종결 어미가 같은 것과는 다른 중세 국어의 특징에 해당한다. 따라서 중세 국어에서는 설명 의문문과 판정 의문문에 쓰이는 종결 어미가 서로 달랐음을 확인할 수 있다.

② ⓐ의 '마롤'은 체언 '말'에 목적격 조사 '올'이, ⓒ의 '벼를'은 체언 '별'에 목적격 조사 '을'이 결합한 것이다. 두 조사의 형태가 다른 것은 체

언의 모음이 양성 모음인지 음성 모음인지에 따라 결합하는 조사의 형태가 달라지기 때문이다. 이러한 현상을 모음 조화라 하며 중세 국어의 두드러지는 특징이다. 따라서 중세 국어에서는 체언에 결합하는 조사의 형태가 모음 조화에 따라 결정되었음을 확인할 수 있다.

③ ⓓ의 '世尊(세존)하'의 '하'는 중세 국어에서 사용한 높임의 호격 조사로, 현대 국어에서는 높임의 호격 조사로 '하'는 쓰이지 않고, '(이)여' 또는 '(이)여'에 선어말 어미 '-시-'를 결합하여 '(이)시여' 등이 쓰인다. 따라서 중세 국어에는 높임의 호격 조사로서 현대 국어에 없는 형태가 있었음을 확인할 수 있다.

④ ⓒ의 '보더시니'는 어간 '보-'에 시제를 나타내는 선어말 어미 '-더-'와 높임을 나타내는 선어말 어미 '-시-'가 차례로 결합하고, 어말 어미 '-니'가 마지막에 결합한 것이다. 하지만 현대 국어의 '보시더니'는 어간 '보-'에 높임을 나타내는 선어말 어미 '-시-'가 먼저 결합하고 시제를 나타내는 선어말 어미 '-더-'가 그 뒤에 결합한 것이다. 따라서 중세 국어에서는 선어말 어미의 결합 순서가 현대 국어와 다른 경우가 있었음을 확인할 수 있다.

도전 ❶ 등급

> **중세 국어 호격 조사의 변화**
> 중세 국어에서 호격 조사는 존칭에는 '하', 평칭에는 '아/야', 상위자가 아닌 어느 정도 대접해 줄 때는 '여/이여/ㅣ여'를 사용하였음.
>
> 예 世尊하, 님금하
> 　佛子아, 阿逸多야
> 　文殊師利여, 觀世音이여, 聖女ㅣ여
>
> 근대 국어를 거치며 존칭에 쓰이던 '하'는 점차 사라지고 자음 뒤에서는 '아', 모음 뒤에서는 '야'가 쓰이게 됨.

34 |출제 의도| 중세 국어의 특징 이해 답 ⑤

'미틔'는 현대어 '밑에'에 대응하는 말로, 높이지 않는 유정 명사에 결합되는 관형격 조사 '의'가 아닌 장소를 나타내는 부사격 조사 '의'가 쓰인 것이다.

왜 오답?

① '하놃'은 현대어 '하늘의'에 대응하는 말로 'ㅅ'은 무정 명사에 결합되는 관형격 조사임을 알 수 있다.

② '請(청)ᄒᆞᅀᆞᆸ쇼셔'는 현대어 '청하십시오'에 대응하는 말로, 선어말 어미 '-ᅀᆞᆸ-'은 객체인 목적어 '부텨(부처)'를 높이는 객체 높임 선어말 어미임을 알 수 있다. '-ᅀᆞᆸ-'은 모음 앞에서는 '-ᅀᆞᇦ-'의 형태로 쓰인다.

③ '아라보리로소니잇가'는 현대어 '알아보겠습니까'에 대응하는 말로, '-잇가'는 '예/아니요'로 답할 수 있는 의문문인 판정 의문문의 '-아' 계열 의문형 어미이다. 의문사가 있는 설명 의문문에는 의문형 어미 '-잇고'가 쓰인다.

④ '내'는 현대어 '내가'에 대응하는 말로, '나+ㅣ'로 분석할 수 있으므로 모음으로 끝나는 체언 뒤에는 주격 조사 'ㅣ'가 쓰였음을 알 수 있다.

35 |출제 의도| 중세 국어의 특징 이해 답 ⑤

'먹고져'는 현대어 '먹고자'에 대응하는 말로, '-고져'는 어떤 행동을 할 의도나 욕망을 가지고 있음을 나타내는 연결 어미이다. 또한, 유사한 문장이 반복되는 구조에서 가장 마지막을 제외한 나머지 문장에서 '훓 씨라'가 생략되어 있다는 점을 고려하면 '-고져'는 종결 어미가 아닌 연결 어미로 쓰였음을 알 수 있다.

왜 오답?

① '五欲(오욕)은'은 현대어 '오욕은'에 대응하는 말로, '은/는'은 현대 국어에서도 쓰이는 대표적인 보조사이다. 따라서 중세 국어에서도 보조

사 '은'이 있었음을 알 수 있다.

② '누네 됴흔 빛 보고져'는 현대어 '눈에 좋은 빛(을) 보고자'에 대응하는 말로, '누네 됴흔 빗(을)'이 목적격 조사가 생략된 채 목적어로 쓰이고 있음을 알 수 있다.

③ '귀예'는 현대어 '귀에'에 대응하는 말로, 현대 국어에서 체언 '귀'에 부사격 조사 '에'가 결합하여 부사어로 쓰이는 것을 고려할 때, 중세 국어에서도 체언 '귀'에 부사격 조사 '예'가 결합하여 뒷말인 '좋은'을 수식하는 부사어로 쓰이고 있음을 알 수 있다.

④ '됴흔'은 현대어 '좋은'에 대응하는 말로, 현대 국어에서 '좋은'이 용언 '좋다'의 관형사형인 것을 고려할 때, 중세 국어에서의 '됴흔' 역시 용언 '둏다'의 관형사형임을 알 수 있다.

36 |출제 의도| 중세 국어의 특징 이해　　　　답 ②

ⓒ '仙人(선인)이'는 자음으로 끝나는 체언 '선인'에 주격 조사 '이'가 결합한 것이고, ⓐ '蓮花(연화)ㅣ'는 'ㅣ' 이외의 모음으로 끝나는 체언 '연화'에 주격 조사 'ㅣ'가 결합한 것이다. '선인이'와 '연화ㅣ'는 현대어 '선인이'와 '연꽃이'에 대응하는 말로, 선행하는 체언의 끝소리에 따라 형태가 달라졌을 뿐 모두 주격 조사에 해당한다.

왜 오답?

① ⓕ 'ᄒᆞ샨'은 현대어 '하신'에 대응하는 말로, '-샤-'는 주체인 '대사'를 높이기 위한 선어말 어미임을 알 수 있다.

③ ⓒ '南堀(남굴)ㅅ'은 현대어 '남굴의'에 대응하는 말로, 'ㅅ'이 현대 국어의 '의'에 해당하는 관형격 조사로 쓰였음을 알 수 있다.

④ ⓔ '世間(세간)애'와 ⓑ '時節(시절)에'는 각각 현대어 '세상에'와 '시절에'에 대응하는 말로 명사에 부사격 조사가 결합한 것이다. 현대 국어에서는 부사격 조사 '에'의 형태가 한 가지이지만, 중세 국어에서는 앞말의 끝모음에 따라 달리 실현되는 모음 조화에 따라 부사격 조사가 형태를 달리하였음을 알 수 있다.

⑤ ⓜ '쉽디'는 현대어 '쉽지'에 대응하는 말로, 중세 국어의 '-디'는 구개음 'ㅈ'으로의 교체가 일어나지 않았으므로 구개음화가 확인되지 않음을 알 수 있다.

37 |출제 의도| 중세 국어의 특징 이해　　　　답 ⑤

ⓜ '이룰'은 현대어 '이를'에 대응하는 말로, 현대 국어에서는 쓰이지 않는 형태인 목적격 조사 '룰'이 사용되었으나, '이룰'의 '이'는 양성 모음이 아닌 중성 모음에 해당한다. 중성 모음 'ㅣ'는 양성 모음과 중성 모음 어느 것과도 어울릴 수 있다.

왜 오답?

① ⓕ '나랏'은 현대어 '우리나라의'에 대응하는 말로, 'ㅅ'이 현대 국어의 관형격 조사 '의'와 같은 기능을 하는 것을 알 수 있다.

② ⓑ '배'는 현대어 '바가'에 대응하는 말로 '바+ㅣ'로 분석된다. 이를 통해 체언 '바'에 결합한 'ㅣ'가 현대 국어의 주격 조사와 같은 기능을 하는 것을 알 수 있다.

③ ⓒ '뜨들'에는 현대 국어와 달리 음절의 첫머리에 서로 다른 두 개의 초성 글자를 나란히 쓰는 어두 자음군이 나타나는 것을 알 수 있다.

④ ⓔ '노미'는 현대어 '사람이'에 대응하는 말로, '놈'은 현대 국어로 오면서 기존의 '사람'이라는 의미에서 '남자를 낮잡아 이르는 말'로 그 의미가 축소되었으므로 현대 국어와는 다른 의미로 쓰였다고 볼 수 있다.

38 |출제 의도| 중세 국어의 특징 이해　　　　답 ①

ⓕ '中듕國·귁·에'는 현대어 '중국과'에 대응하는 말이므로, 조사 '에'와 '과'는 동일한 기능을 하는 조사로 볼 수 있다. 이를 통해 조사 '에'가 조사

'과'와 마찬가지로, 다른 것과 비교하거나 기준으로 삼는 대상임을 나타내는 부사격 조사임을 알 수 있다.

왜 오답?

② ⓑ '어·린'은 현대어 '어리석은'에 대응하는 말이므로 현대 국어의 '어리다'라는 단어의 의미가 서로 다름을 알 수 있다.

③ ⓒ '·ᄠᆞ·들'에서 단어의 초성에 서로 다른 두 자음자를 나란히 적는 어두 자음군이 사용되었음을 알 수 있다.

④ ⓔ '便뼌安한·킈'에서 현대 국어에서는 사용되지 않는 자음자 'ㆆ'이 사용되었음을 확인할 수 있다.

⑤ ⓜ 'ᄯᆞᄅᆞ·미니·라'는 현대어 '따름이다'에 대응하는 말로, 한 음절의 종성을 다음 자의 초성에 옮겨 표기하는 이어 적기가 사용되었음을 확인할 수 있다.

39 |출제 의도| 중세 국어의 특징 이해　　　　답 ⑤

ⓜ '묻ᄌᆞᆸ고'는 현대 국어에는 없는 객체 높임 선어말 어미 '-ᄌᆞᆸ-'을 통해 객체 높임을 실현한 것이다. 현대 국어에서는 '여쭙다'와 같은 특수 어휘를 사용하지만, ⓜ에는 사용되지 않았다.

왜 오답?

① ⓕ '효도홈'은 현대어 '효도함'에 대응하는 말로, 어간 '효도ᄒᆞ-'에 현대 국어의 명사형 어미 '-음/ㅁ'과는 다른 형태의 명사형 어미 '-옴'이 사용된 것을 확인할 수 있다.

② ⓑ '뜨디'의 'ㅃ'과 같이 현대 국어에서는 사용되지 않는 어두 자음군이 사용된 것을 확인할 수 있다.

③ ⓒ '聖孫(성손)올'은 현대어 '성손을'에 대응하는 말로, 조사 '올'과 '을'은 같은 목적격 조사이지만 현대 국어의 조사가 모음 조화를 따르지 않고 쓰이는 것과는 다르게, 중세 국어의 조사는 모음 조화에 따라 형태가 다르게 나타나는 것을 확인할 수 있다.

④ ⓔ '내시니이다'는 현대어 '내셨습니다(내시었습니다)'에 대응하는 말로, 문장의 주체인 '하늘'을 높이고자 현대 국어와 동일하게 주체 높임 선어말 어미 '-시-'가 사용된 것을 확인할 수 있다.

40 |출제 의도| 중세 국어의 특징 이해　　　　답 ②

ⓒ '니르샤ᄃᆡ'는 어두의 첫머리에 'ㄴ'을 꺼리는 두음 법칙이 적용되지 않았으나, 이에 대응되는 현대어는 두음 법칙이 적용되어 '이르시되'로 표기하고 있다.

왜 오답?

① ⓕ '부톄'는 모음으로 끝나는 체언 '부텨'에 주격 조사 'ㅣ'가 결합한 것으로, 현대 국어의 '부처가'와는 차이가 있음을 알 수 있다.

③ ⓒ '부텻'은 현대어 '부처의'에 대응하는 말로, 관형격 조사로 '의'가 아닌 'ㅅ'이 쓰였다는 점에서 현대 국어와 차이가 있음을 알 수 있다.

④ ⓔ '드르시고'는 현대어 '들으시고'에 대응하는 말로, 주체를 높이는 선어말 어미 '-시-'가 쓰였다는 점에서 현대 국어와 공통적임을 알 수 있다.

⑤ ⓜ '보ᄉᆞᆸ면'은 현대어 '뵈면'에 대응하는 말로, 객체인 '부텨(부처)'를 높이는 선어말 어미 '-ᄉᆞᆸ-'이 쓰였다는 점에서 현대 국어와 차이가 있음을 알 수 있다.

[41~42] 중세 국어의 격 조사

지문 해설: 이 글에서는 현대 국어와는 다른 중세 국어의 격 조사에 대해 설명하고 있다. 먼저 중세 국어의 주격 조사는 '이'만 사용하였는데, 앞말이 자음으로 끝나면 '이'를, 'ㅣ'를 제외한 모음으로 끝나면 'ㅣ'를 붙여 쓰고, 'ㅣ'로 끝나면 주격 조사를 표기하지 않았음을 예와 함께 보여 주고

있다. 목적격 조사는 앞말이 자음으로 끝날 경우 '올/을', 모음으로 끝날 경우 '롤/를'로 표기하였고, 앞말의 모음이 양성 모음이면 '올/롤'로, 음성 모음이면 '을/를'로 표기하였음을 예와 함께 보여 주고 있다. 관형격 조사는 유정 명사가 앞에 올 때는 '이/의'를 썼는데 앞말의 모음이 양성 모음일 때는 '이'를, 음성 모음일 때는 '의'를 사용하였고, 앞말이 무정 명사이거나 높임의 대상이면 'ㅅ'을 사용하였음을 예와 함께 보여 주고 있다. 이를 통해 중세 국어의 격 조사는 음운 환경에 따라 현대 국어의 격 조사보다 다양하게 사용되었음을 밝히고 있다.

주제: 중세 국어의 주격 조사, 목적격 조사, 관형격 조사의 특징

---

41 |출제 의도| 중세 국어의 격 조사 이해   답 ④

2문단에서 중세 국어의 주격 조사는 '이'만 사용하였는데, '비'와 같이 앞말이 모음 'ㅣ'로 끝날 경우 주격 조사를 표기하지 않았다고 하였다. 따라서 중세 국어에서 앞말이 모음으로 끝나면 예외 없이 주격 조사 'ㅣ'가 사용되었다는 내용은 적절하지 않다.

❖ 왜 오답?

① 현대 국어에서는 주격 조사로 '이/가'를 사용하지만, 중세 국어에서는 주격 조사로 '가'를 사용하지 않았으므로 적절하다. 주격 조사 '가'는 근대 국어 시기에 등장하였다.

② 중세 국어에서는 선행하는 체언이 'ㅣ'로 끝날 경우 주격 조사를 표기하지 않았으므로 적절하다.

③ 현대 국어에서는 목적격 조사로 '을/를'을 사용하지만, 중세 국어에서는 음운 환경에 따라 '올/을/롤/를'을 사용하여 목적격 조사의 형태가 더 다양하였으므로 적절하다.

⑤ 중세 국어에서의 목적격 조사는 앞말의 모음이 양성 모음이면 '올/롤', 자음으로 끝나면 '올/을'을 사용하였는데, 앞말의 모음이 양성 모음이면서 동시에 앞말이 자음으로 끝나는 경우 목적격 조사는 '올'을 사용하였다고 하였으므로 적절하다.

---

42 |출제 의도| 중세 국어의 관형격 조사 이해   답 ①

'거붑'은 유정 명사(사람이나 동물)이고, 앞말의 모음 'ㅜ'가 음성 모음이므로 관형격 조사 '의'가 결합해야 한다. 그리고 '하ᄂᆞᆯ'은 사람도 아니고 동물도 아닌 무정 명사(식물이나 무생물)이므로 관형격 조사 'ㅅ'이 결합해야 한다.

[43~44] 중세 국어의 모음 조화

지문 해설: 이 글에서는 모음 조화의 개념과, 시간의 흐름에 따라 변화하는 모음 조화의 양상에 대해 설명하고 있다. 모음 조화란, 양성 모음은 양성 모음끼리, 음성 모음은 음성 모음끼리 어울리는 것을 말하는데, 이는 15세기에는 비교적 규칙적으로 지켜졌으나 16세기부터는 약화되기 시작했다고 하였다. 그 이유는 '사ᄉᆞᆷ 〉 사슴'과 같이 16세기에 둘째 음절 이하에서 'ㆍ'가 소실되면서 주로 'ㅡ'에 합류하였기 때문이라고 설명하였다. 이후 18세기에 첫째 음절에서의 'ㆍ'가 완전히 소실되면서 국어의 모음 체계는 크게 변화하게 되었는데, 그로 인해 모음 조화는 더욱 약화되었

고, 현대 국어에서는 음성 상징어나 일부 용언의 활용에서 모음 조화를 찾아볼 수 있게 되었음을 알려 주고 있다.

주제: 시간의 흐름에 따른 모음 조화의 변화

---

43 |출제 의도| 중세 국어의 모음 조화 이해   답 ⑤

㉠과 ㉡을 확인할 수 있으려면, 15세기 국어와 현대 국어에서 선행하는 어간의 모음에 따라 어미가 규칙적으로 선택되어 모음 조화가 이루어지는 모습을 확인할 수 있어야 한다. 15세기 국어의 어간 'ᄀᆞᄃᆞᄒᆞ-'는 마지막 모음 'ㆍ'가 양성 모음이므로 'ᄀᆞᄃᆞᄒᆞ야'로 활용하여 모음 조화가 이루어졌음을 확인할 수 있다. 그러나 현대 국어의 어간 '가득하-'는 마지막 모음 'ㅏ'가 양성 모음이므로 모음 조화가 이루어지려면 양성 모음인 어미 '-아'가 결합해야 하는데, '가득하여'와 같이 음성 모음인 '-여'로 활용하여 모음 조화가 이루어지지 않았으므로 적절하지 않다.

❖ 왜 오답?

① 15세기 국어와 현대 국어 모두에서 어간 '알-'의 모음이 양성 모음이므로, 어미 '-아'가 선택되어 모음 조화가 이루어졌으므로 적절하다.

② 15세기 국어와 현대 국어 모두에서 어간 '먹-'의 모음이 음성 모음이므로, 어미 '-어'가 선택되어 모음 조화가 이루어졌으므로 적절하다.

③ 15세기 국어에서는 'ᄊᆡ오-'의 마지막 모음이 양성 모음이므로 어미 '-아'가 선택되었고, 현대 국어에서는 '깨우-'의 마지막 모음이 음성 모음이므로 어미 '-어'가 선택되어 모음 조화가 이루어졌으므로 적절하다.

④ 15세기 국어의 어간 'ᄡᅳ-'와 현대 국어의 어간 '쓰-' 모두 마지막 모음이 음성 모음이므로, 어미 '-어'가 선택되어 모음 조화가 이루어졌으므로 적절하다.

---

44 |출제 의도| 중세 국어 모음 조화 이해   답 ④

1문단에서 조사 '와/과'는 모음 조화가 적용되지 않았다고 하였고, 또한 조사 '와/과'는 모음이 'ㅘ'로 동일하여 모음 조화의 영향에 따라 형태가 변하지 않으므로, 모음 조화의 약화에 따라 조사 사용에 혼란이 있었음을 (나)의 '초와'와 '파과'를 통해 확인하는 것은 적절하지 않다.

❖ 왜 오답?

① '겨슬'은 한 단어 안의 각 모음이 모두 음성 모음이고, 'ᄒᆞᄅᆞ'는 한 단어 안의 각 모음이 모두 양성 모음이므로, 15세기에 한 단어 내에서 모음 조화가 잘 지켜졌음을 확인하는 예로 적절하다.

② '오ᄉᆞᆯ'은 체언 '옷'에 목적격 조사 '올'이 결합하여 양성 모음끼리의 결합이 이루어졌고, '쥭을'은 체언 '쥭'에 목적격 조사 '을'이 결합하여 음성 모음끼리의 결합이 이루어졌다. 따라서 15세기에 체언과 목적격 조사가 결합할 때 모음 조화가 지켜졌음을 확인하는 예로 적절하다.

③ 마지막 모음이 양성 모음인 어간 'ᄒᆞ-'에 음성 모음인 어미 '-더-'가 결합하여 'ᄒᆞ더라'로 활용하였으므로, 용언 어간에 '-더-'가 결합할 때에는 모음 조화가 적용되지 않았음을 확인하는 예로 적절하다.

⑤ 15세기 국어인 (가)의 'ᄂᆞᄆᆞᆯ'에서는 앞뒤 음절 모두에서 'ㆍ'를 찾을 수 있지만, 17세기 국어인 (나)의 'ᄂᆞ믈'에서는 첫 번째 음절에서만 'ㆍ'를 확인할 수 있으므로, 'ᄂᆞᄆᆞᆯ'과 'ᄂᆞ믈'은 두 번째 음절의 'ㆍ'가 'ㅡ'로 변하였음을 확인하는 예로 적절하다.

VI 개념 복합

[01~02] 모음의 종류와 발음

지문 해설: 이 글에서는 단모음과 이중 모음의 개념을 각각 소개하고, '표준어 규정'에서 규정하고 있는 단모음과 이중 모음의 종류를 설명하고 있다. 특히 이중 모음의 종류와 발음을 설명하는 과정에서 단모음이 각각 반모음 '[j]', '[w]'와 어떠한 방식으로 결합하고 있는지를 보여 주고 있다. 또한 표준어 규정에서는 단모음으로 발음하는 것을 원칙으로 하는 'ㅚ'와 'ㅟ'를 이중 모음으로 발음하는 것도 허용하고 있으며, 이를 이중 모음으로 발음할 때 실현되는 소리가 어떠한지에 대해 설명하고 있다.

주제: 현대 국어에서 모음의 종류와 발음

01 |출제 의도| 단모음과 이중 모음의 이해   답 ④

2문단에서 'ㅘ'의 발음은 반모음 '[w]'와 단모음 'ㅏ'가 결합한 소리라고 하였다. 따라서 단모음 'ㅗ' 뒤에 반모음 '[j]'가 결합한 소리라는 내용은 적절하지 않다.

왜 오답?

① 'ㅠ'는 이중 모음이므로 반모음과 단모음을 연속하여 발음해야 하기 때문에 발음할 때 입술 모양이나 혀의 위치가 변한다.

② 'ㅐ'는 단모음이므로 발음할 때 입술 모양이나 혀의 위치가 변하지 않는다.

③ 2문단의 내용에 따르면 'ㅖ'의 발음은 반모음 '[j]'와 단모음 'ㅔ'가 결합한 소리임을 알 수 있다.

⑤ 2문단에 반모음은 홀로 쓰일 수 없는 소리라고 제시되어 있다. 현대 국어에서 반모음은 모두 홀로 쓰일 수 없고 단모음과 결합하여 이중

모음을 이룬다.

02 표준어 규정에 따른 모음의 발음 이해   답 ①

3문단에서 'ㅚ'는 단모음이지만 '표준어 규정'에서 이중 모음으로 발음하는 것도 허용하고 있으며, 이중 모음으로 발음할 때에는 반모음 '[w]'와 'ㅔ' 소리를 연속하여 발음한다고 밝히고 있다. 국어의 이중 모음 중에서 반모음 '[w]'와 'ㅔ' 소리를 연속하여 발음하는 모음은 'ㅞ'이다. 따라서 '참외'는 [차뫼]로 발음하는 것이 원칙이지만, [차뭬]로 발음하는 것도 허용한다. 따라서 ㉠에 들어갈 적절한 발음은 [차뭬]이다. 한편, 'ㅟ'의 경우 'ㅚ'와 마찬가지로 '표준어 규정'에서는 단모음이지만 이중 모음으로 발음하는 것을 허용하고 있는데, 이때의 발음은 반모음 '[w]'와 'ㅣ' 소리를 연속하여 발음하는 것이다. 그런데 제시된 모음 중에서 반모음 '[w]'와 'ㅣ' 소리를 연속하여 발음하는 이중 모음은 찾을 수 없으므로 ㉡에는 '포함되어 있지 않아'가 들어가는 것이 적절하다.

[03~04] 음운 변동과 표기

지문 해설: 이 글은 음운 변동과 표기 반영 여부에 대해 설명하는 선생님과 학생의 대화이다. 선생님은 음운 변동의 유형이 교체, 축약, 탈락, 첨가로 나뉨을 예를 들어 설명한 후, 학생의 질문에 따라 음운 변동이 표기에 반영되는 경우와 표기에 반영되지 않는 경우가 있음을 예를 들어 설명하고 있다.

주제: 현대 국어의 음운 변동과 표기

03 음운 변동의 이해   답 ④

'옛이야기'는 음절의 끝소리 규칙, 'ㄴ' 첨가, 비음화의 적용을 받아 '[옌:니야기]'로 발음된다. 음절의 끝소리 규칙과 비음화는 '교체'에 해당되고, 'ㄴ' 첨가는 '첨가'에 해당된다. 'ㄴ' 첨가에 따라 [옌:니야기]에서 음운의 개수가 한 개 늘어났음을 알 수 있다.

왜 오답?

① '풀잎'은 'ㄴ' 첨가, 유음화, 음절의 끝소리 규칙의 적용을 받아 '[풀립]'으로 발음된다. 유음화와 음절의 끝소리 규칙은 '교체'에 해당되고, 'ㄴ' 첨가는 '첨가'에 해당된다. 음운의 개수는 늘어났지만 '축약' 현상은 일어나지 않았으므로 적절하지 않다.

② '흙화덕'은 자음군 단순화, 거센소리되기의 적용을 받아 '[흐콰덕]'으로 발음된다. 자음군 단순화는 '탈락', 거센소리되기는 '축약'에 해당된다. 음운의 개수는 줄어들었지만 '교체' 현상은 일어나지 않았으므로 적절하지 않다.

③ '맞춤옷'은 음절의 끝소리 규칙이 '맞'과 '옷'에서 일어나 [맏추몯]으로 발음되므로 '교체'만 2번 일어난다. 축약과 탈락 모두 일어나지 않았으므로 적절하지 않고, 음운의 개수에도 변화가 없으므로 '줄어듦'이라는 표현 또한 적절하지 않다.

⑤ '달맞이꽃'은 음절의 끝소리 규칙의 적용을 받아 [달마지꼳]으로 발음된다. 음절의 끝소리 규칙은 '교체'이지만, '축약' 현상은 일어나지 않았으므로 적절하지 않다. 음운의 개수에도 변화가 없으므로 '줄어듦'이라는 표현 또한 적절하지 않다.

04 음운 변동과 표기 반영 여부 이해   답 ②

'떠'는 '뜨-+-어'에서 모음 'ㅡ'가 탈락한 것이 표기에 반영된 경우이므로 ㉠의 예에 해당하고, '가서' 또한 '가-+-아서'에서 모음 'ㅏ'가 탈락한 것이 표기에 반영된 경우이므로 ㉠의 예에 해당한다. 따라서 '가서'는 ㉡에 해당하는 예로 적절하지 않다.

왜 오답?

① '서라'는 '서-+-어라'에서 모음 'ㅓ'가 탈락한 것이 표기에 반영된 경우

이므로 ㉠의 예에 해당한다. '끊어라'는 [끄너라]로 발음되므로 'ㅎ' 탈
락이 일어나지만 표기에는 반영되지 않았으므로 ㉡의 예에 해당한다.

③ '꺼'는 '끄-+-어'에서 모음 'ㅡ'가 탈락한 것이 표기에 반영되었으므
로 ㉠의 예에 해당하고, '신고'는 [신ː꼬]로 발음되는데, 된소리되기가
표기에 반영되지 않았으므로 ㉡의 예에 해당한다.

④ '마는'은 '말-+-는'에서 'ㄹ'이 탈락한 것이 표기에 반영되었으므로
㉠의 예에 해당하고, '쌓은'은 [싸은]으로 발음되는데 'ㅎ' 탈락이 표기
에 반영되지 않았으므로 ㉡의 예에 해당한다.

⑤ '너는'은 '널-+-는'에서 'ㄹ'이 탈락한 것이 표기에 반영되었으므로
㉠의 예에 해당하고, '담고'는 [담ː꼬]로 발음되는데, 된소리되기가 표
기에 반영되지 않았으므로 ㉡의 예에 해당한다.

도전 🄋등급

'ㄹ' 탈락	
용언의 'ㄹ' 탈락	• 용언 어간에 오는 'ㄹ'이 'ㄴ, ㅅ'으로 시작하는 어 미 앞에서 탈락하는 현상. ◉ 살-+-는 → 사는, 알-+-니 → 아니
복합어에서의 'ㄹ' 탈락	• 파생어나 합성어 형성 과정에서 'ㄹ'로 끝나는 말 이 'ㄴ, ㄷ, ㅅ, ㅈ'으로 시작하는 말 앞에서 탈락함. • 세력이 크지 않아 적용되는 경우가 있고, 그렇지 않은 경우가 있음. ◉ 아드님, 다달이, 화살, 우짖다

[05~06] 연음과 음운 변동

지문 해설: 이 글에서는 먼저 현대 국어에서의 연음과 음운 변동 즉, 음
절의 끝소리 규칙, 자음군 단순화, 구개음화, 거센소리되기에 대해 소개
하고 있다. 그리고 이 지식을 바탕으로 중세 국어 자료에서 발견할 수 있
는 'ㅎ'을 말음으로 가진 체언에 대해 설명하고 있다. 즉, 현대 국어에서는
찾아보기 어려운 'ㅎ'을 말음으로 가진 체언이 모음으로 시작하는 조사와
결합할 경우나 '과', '도'와 같은 조사와 결합할 경우, 단독으로 쓰이거나
관형격 조사 'ㅅ'과 결합하여 쓰였을 경우에 대해 분석하고 있다.

주제: 연음과 음운 변동에 대한 이해

05 음운 변동의 이해   답 ②

'놓기'에서 '놓-'은 용언의 어간이고, '-기'는 명사형 어미이다. 따라서 '놓
기'가 [노키]로 발음되는 것은 용언 어간 말음 'ㅎ' 뒤에 'ㄱ'으로 시작하는
어미가 왔을 때 'ㅎ'과 'ㄱ'이 거센소리 'ㅋ'으로 축약되기 때문이므로 ㉣
의 사례로 적절하다.

▼ 왜 오답?

① '한몫[한목]'을 발음할 때에는 종성의 자음군 중 한 자음이 탈락하는
자음군 단순화가 일어나므로 ㉡이 일어난다.

③ '끓지[끌치]'를 발음할 때에는 용언의 어간 말음 'ㅎ'과 'ㅈ'이 축약되어
'ㅊ'으로 발음되므로 ㉣이 일어난다.

④ '값할[가팔]'을 발음할 때에는 종성의 자음군 중 한 자음이 탈락하여
자음군 단순화가 일어나고, 'ㅂ'과 'ㅎ'이 축약되어 거센소리되기가 일
어나기는 하지만, '값'과 '할' 사이에서 일어나는 거센소리되기는 용언
어간 말음 'ㅎ' 뒤에 'ㄱ, ㄷ, ㅈ'으로 시작하는 어미 사이에서 일어나는
거센소리되기가 아니므로 ㉣이 일어난다고 볼 수 없다.

⑤ '맞힌[마친]'을 발음할 때에 구개음화는 일어나지 않으며 거센소리되
기만이 일어난다. 그러나 '맞'과 '히' 사이에서 일어나는 거센소리되기
는 용언 어간 말음 'ㅎ' 뒤에 'ㄱ, ㄷ, ㅈ'으로 시작하는 어미가 와서 일
어나는 거센소리되기가 아니므로 ㉣이 일어난다고 볼 수 없다.

06 중세 국어의 형태 이해   답 ①

ⓐ의 '하ᄂᆞᆯ히'는 '하ᄂᆞᆶ'과 모음으로 시작하는 조사 '이'가 결합할 때 'ㅎ'이
연음되어 '하ᄂᆞᆯ히'가 된 것이므로 음운의 개수에 변동이 없다. 그러나 ⓓ
의 '하ᄂᆞᆯ토'는 '하ᄂᆞᆶ'과 조사 '도'가 결합할 때 'ㅎ'이 뒤에 오는 'ㄷ'과 축약
되어 '하ᄂᆞᆯ토'가 된 것이므로 축약이 일어나 음운의 개수가 하나 줄어들
었음을 알 수 있다.

▼ 왜 오답?

② ⓑ의 '하ᄂᆞᆳ'은 '하ᄂᆞᆶ'이 관형격 조사 'ㅅ'과 결합하여서 'ㅎ'이 실현되지
않은 것이고, ⓒ의 '하ᄂᆞᆯ'은 체언이 단독으로 쓰일 때 'ㅎ'이 실현되지
않은 것이므로 둘 다 'ㅎ'이 실현되지 않은 것이다. 따라서 ⓑ에서는
'ㅎ'이 다른 음운으로 교체되었다는 분석은 적절하지 않다.

③ ⓑ에서는 관형격 조사 'ㅅ'과 결합하여 체언 말음 'ㅎ'이 드러나 있지
않아 그 존재를 알 수 없지만, ⓓ에서는 'ㅎ'이 '토'에 'ㄷ'과 축약된 형태
로 포함되어 있어 그 존재를 알 수 있으므로 적절하지 않은 분석이다.

④ ⓑ는 체언이 단독으로 쓰인 것이 아니라 '하ᄂᆞᆶ'이 관형격 조사 'ㅅ'과
결합하면서 'ㅎ'이 실현되지 않은 경우에 해당하므로, ⓑ와 ⓒ에서 동
일한 체언이 단독으로 쓰일 때, 서로 다른 형태로 실현되었다는 분석
은 적절하지 않다.

⑤ ⓓ는 현대 국어에 존재하는 조사 '도', ⓔ는 현대 국어에 존재하는 조
사 '과'가 체언의 말음 'ㅎ'과 결합하여 '토', '콰'와 같은 형태를 보이는
것이므로 적절하지 않은 분석이다.

[07~08] 자음의 음운 변동

지문 해설: 이 글에서는 국어에서 자음이 연속되는 상황에서 음운 변동
이 일어나는 이유와 조건에 대해 비음화, 거센소리되기, 된소리되기의 예
를 들어 설명하고 있다. 비음화와 거센소리되기는 어떠한 자음 두 개를
연속으로 발음하기 어렵기 때문에 일어나는 현상으로, 음운과 관련된 조
건만으로 규칙성을 파악할 수 있고, 된소리되기의 경우는 음운과 관련된
조건뿐만 아니라 형태소와 관련된 조건까지 알아야 하는 경우도 있음을
예를 들어 설명하고 있다.

주제: 자음이 연속되는 상황에서의 음운 변동

07 자음의 음운 변동 이해   답 ③

ⓑ는 파열음 뒤에서 일어나는 된소리되기이고, ⓒ는 거센소리되기이다.
이 두 음운 변동은 연달아 발음하기 어려운 자음들이 이어질 때 발생하
는 음운 변동이므로 음운과 관련된 조건만으로 규칙성을 파악할 수 있다.

▼ 왜 오답?

① ⓐ는 비음화이고, ⓑ는 파열음 뒤에서 일어나는 된소리되기로, 이 두
현상은 두 자음이 용언의 어간과 어미에 이어져 나타나는 경우에 해
당하지 않는다.

② ⓐ는 발음할 때 비음화를 적용하는 것이 표준 발음이고, ⓔ는 된소리
되기를 적용하는 것이 표준 발음이므로, 이어져 있는 두 자음을 제 소
리대로 연달아 발음하는 것을 표준 발음으로 인정한다는 진술은 적절
하지 않다.

④ 용언의 어간과 어미가 결합한다는 조건이 음운 변동을 일으키는 요인
으로 작용하는 것은 ⓔ에만 해당된다. ⓒ는 거센소리되기인데 이 현상
은 'ㅎ'의 앞이나 뒤에서 예사소리가 이어질 때 발생하므로 음운과 관
련된 조건만으로 규칙성을 파악할 수 있다.

⑤ ⓓ의 경우 용언의 어간이 비음으로 끝나기 때문에 뒤에 오는 명사형
어미 '-기'의 예사소리 'ㄱ'이 된소리로 발음된다. ⓔ의 경우에도 된소
리되기가 일어나기는 하지만, '-기-'는 어미가 아니라 피동 접미사이
므로 어간은 '뜯기-'이다. 따라서 용언의 어간과 결합하는 어미의 첫

소리가 예사소리에서 된소리로 바뀐다는 것은 ⓓ에만 해당된다.

08 한글 맞춤법과 된소리되기의 이해　　답 ④

'국수'의 경우 예사소리인 파열음 'ㄱ' 뒤에서 예사소리 'ㅅ'이 된소리로 발음되는데, 이러한 된소리되기의 경우 표기와 관계없이 국어의 발음에서 규칙적으로 일어나는 현상이므로 한글 맞춤법 제5항의 '다만' 규정에서와 같이 표기에 된소리를 밝혀 적지 않는다.

왜 오답?

① 〈보기〉의 제5항 1을 보면 한 단어의 두 모음 사이에서 뚜렷한 까닭 없이 나는 된소리는 다음 음절의 첫소리를 된소리로 적는다고 하였고 그 예로 '가끔'을 들었다. 따라서 '가끔'은 두 모음 사이에 예사소리가 와서 된소리가 되는 것이 아니라 까닭 없이 된소리로 나는 것이다.

② 예사소리인 파열음 뒤에서 된소리되기가 일어나는 것은 규칙적인 현상이므로 규칙성을 찾을 수 없다는 내용은 적절하지 않다.

③ '딱딱'의 경우 '딱닥'으로 적는다고 하여도 예사소리인 파열음 'ㄱ' 뒤에서는 된소리되기가 일어나므로 [딱딱]으로 발음하게 된다.

⑤ 〈보기〉의 제5항 2를 보면 '잔뜩'은 'ㄴ' 받침 뒤에서 뚜렷한 까닭 없이 나는 된소리임을 알 수 있고, 용언이 아니라 수식언(부사)이다.

[09~10] 반모음과 관련된 음운 현상

지문 해설: 이 글에서는 현대 국어와 중세 국어의 반모음 관련 음운 현상에 대해 설명하고 있다. 먼저 현대 국어에서 표준 발음으로 인정되는 반모음 첨가와 반모음화를 예를 들어 설명하고 표기와의 관계에 대해 언급하고 있다. 그리고 이어서 15세기의 반모음 첨가와 반모음화에 대해 설명하고 있는데, 15세기의 모음 체계는 현대 국어의 모음 체계와 달랐기 때문에 반모음 첨가나 반모음화의 양상에도 차이가 있었음을 사례와 함께 설명하고 있다.

주제: 반모음과 관련된 현대 국어와 중세 국어의 음운 현상

09 반모음 첨가와 반모음화 이해　　답 ⑤

15세기에는 'ㅐ' 표기도 'ㅟ' 표기와 같이 'ㅏ'와 'ㅣ'가 결합한 이중 모음을 나타냈을 것으로 추정된다고 하였으므로, 체언 '바'에 주격 조사 '이'가 붙어 '배'로 표기된 것은 체언 '바'의 단모음이 아닌 주격 조사 '이'가 반모음인 'ㅣ'로 교체된 것으로 볼 수 있다. 따라서 체언의 단모음이 반모음으로 교체되었을 것으로 추정된다는 내용은 적절하지 않다.

왜 오답?

① 2문단에서 '피어'는 [펴:]로 발음되기도 하는데, 이와 같이 반모음화가 일어난 경우도 규범상 표준 발음으로 인정된다고 하였다.

② '피어'는 '피+어'의 과정을 통해 [펴:]로도 발음되는데, 이때에는 어간 '피'의 단모음 'ㅣ'가 소리가 유사한 반모음인 'ㅣ'로 교체된 것이다.

③ 1문단에서 반모음인 'ㅣ'가 첨가되어 '피어'가 [피여]로 발음되는 경우는 표준 발음으로 인정되지만, 표기할 때는 음운 변동이 일어나지 않은 형태로 해야 한다고 하였다.

④ 3문단에서 15세기에는 이중 모음 'ㅚ' 표기가 'ㅟ' 표기와 같은 방식으로 이중 모음을 나타냈을 것으로 추정된다고 하였으므로, 'ㅚ'는 단모음 'ㅗ'에 반모음인 'ㅣ'가 결합한 소리였음을 짐작할 수 있다.

10 중세 국어의 반모음 첨가와 반모음화 이해　　답 ②

ⓒ '괴여'는 이중 모음 'ㅚ'와 단모음 'ㅓ' 사이에 반모음인 'ㅣ'가 첨가된 사례이므로 ㉠의 사례에 해당한다. ⓑ '니겨'는 어간이 '니기-'이므로 어간이 'ㅣ'로 끝나는 용언이고, '니기-'가 '-어'와 결합하여 '니겨'의 형태를 취하고 있으므로 '기'의 단모음 'ㅣ'가 반모음화되어 반모음인 'ㅣ'로 바뀐 ㉡의 사례에 해당한다.

왜 오답?

ⓐ '내'는 'ㅏ'와 반모음인 'ㅣ'가 결합한 이중 모음으로 추정된다고 하였으므로, 체언 '나'에 조사 '이'가 붙을 때 조사의 'ㅣ'가 반모음인 'ㅣ'로 교체된 반모음화의 사례로 볼 수 있다.

ⓓ '디여'는 어간 '디-'에 어미 '-어'가 결합한 것이므로, 어간이 'ㅣ'로 끝나는 용언에서 일어난 반모음 첨가의 사례로 볼 수 있다.

도전 ①등급

15세기의 이중 모음

상향 이중 모음	'반모음+단모음'의 순서로 결합한 모음. 예 ㅑ, ㅕ, ㅛ, ㅠ, ㅘ, ㅝ
하향 이중 모음	'단모음+반모음'의 순서로 결합한 모음. 예 ㅢ, ㅐ, ㅚ, ㅢ, ㅔ, ㅟ

[11~12] 용언의 규칙 활용과 불규칙 활용

지문 해설: 이 글에서는 현대 국어와 중세 국어에서 용언의 규칙 활용과 불규칙 활용에 대해 설명하고 있다. 먼저 용언의 어간과 어미, 활용의 개념에 대해 제시한 후, 현대 국어에서 용언의 규칙 활용과 불규칙 활용을 설명하고 있다. 특히 현대 국어에서 용언의 불규칙 활용은 어간이 바뀌는 경우, 어미가 바뀌는 경우, 어간과 어미가 모두 바뀌는 경우로 나누고 있음을 예와 함께 제시하고 있다. 다음으로 이러한 현대 국어의 용언 활용 양상은 중세 국어의 용언 활용 양상과도 관계가 있음을 밝히고, 중세 국어에서 용언의 규칙 활용과 불규칙 활용의 양상을 예와 함께 설명하고 있다.

주제: 현대 국어와 중세 국어에서 용언의 규칙 활용과 불규칙 활용

11 용언의 활용 이해　　답 ④

'들르다'는 모음으로 시작하는 어미 '-어'와 만나면 '들러'와 같이 어간의 'ㅡ'가 탈락하는 규칙 활용을 하므로 ㉠에 들어가기 적절하다. 그리고 '푸르다'는 모음으로 시작하는 어미 '-어'와 만날 때 어미가 '-러'로 바뀌는 불규칙 활용을 하므로 ㉡에는 '어미'가 들어가는 것이 적절하다. 또한 '묻다[問]'는 모음으로 시작하는 어미 '-어'와 결합할 때 어간이 '물-'로 바뀌는 활용 양상을 보이므로 ㉢에는 '어간'이 들어가는 것이 적절하다.

왜 오답?

① '잠그다'는 '잠그-+-아 → 잠가'와 같이 'ㅡ'가 탈락하는 규칙 활용을 하는 용언이 맞지만, ㉡, ㉢에 들어갈 말이 잘못되었다.

② '다다르다'는 '다다르-+-아 → 다다라'와 같이 'ㅡ'가 탈락하는 규칙 활용을 하는 용언이 맞지만, ㉡, ㉢에 들어갈 말이 잘못되었다.

③ '부르다'는 모음으로 시작하는 어미 '-어'와 결합할 때 어간이 '불ㄹ-'로 바뀌는 불규칙 활용을 하는 용언이므로 ㉠에 들어가기에 적절하지 않다.

⑤ '머무르다'는 모음으로 시작하는 어미 '-어'와 결합할 때 어간이 '머물ㄹ-'로 바뀌는 불규칙 활용을 하는 용언이므로 ㉠에 들어가기에 적절하지 않다.

12 중세 국어와 현대 국어의 불규칙 활용 이해　　답 ④

4문단에서 'ㅸ'은 'ㅏ' 또는 'ㅓ' 앞에서 반모음 'ㅗ/ㅜ[w]'로 변화하거나, '·' 또는 'ㅡ'와 결합하여 'ㅗ' 또는 'ㅜ'로 바뀌어 현대 국어에서 'ㅂ' 불규칙으로 나타난다고 하였다. 따라서 (가)의 '즐거ᄫᅳᆫ'이 (나)에서 '즐거운'으로 나타나는 것은 'ㅸ'이 탈락한 결과가 아니라 'ㅸ'가 'ㅡ'와 결합하여 'ㅜ'로 바뀐 결과로 보는 것이 적절하다.

왜 오답?

① 4문단에서 '젓다'가 자음으로 시작하는 어미 앞에서는 어간의 기본 형태를 유지하지만, 그 외의 경우에는 '젓-'으로 교체된다고 했는데, (가)를 통해 '지서' 역시 '짓다'의 어간이 모음으로 시작하는 어미 앞에서 '징-'으로 교체된다는 것을 확인할 수 있다.

② 4문단의 '돕다'의 예를 통해, '즐거본'은 '즐겁-'이 모음으로 시작하는 어미 '-은'과 결합하는 과정에서 '즐걸-'으로 교체된 것임을 짐작할 수 있으므로 적절한 진술이다.

③ 4문단을 통해 현대 국어의 'ㅅ' 불규칙이 'ㅿ' 소실에 기인한 것임을 알 수 있으므로, 'ㅿ'이 소실되어 '지서'가 '지어'로 나타났다는 것은 적절한 진술이다.

⑤ 중세 국어의 'ㅎ-' 뒤에서는 어미가 '-아'가 아니라 '-야'로 나타나고, 현대 국어의 '하-' 뒤에서는 어미가 '-아/어'가 아니라 '-여'로 나타나므로, 이는 모두 활용을 할 때 어미의 기본 형태가 달라진 것이라고 이해할 수 있다.

[13~14] 현대 국어와 중세 국어에서의 조사 '에'와 '에서'

지문 해설: 이 글에서는 현대 국어에서의 조사 '에'와 '에서'가 지니는 의미와 기능의 차이를 소개한 후, 중세 국어에서 '에셔'가 형성된 과정을 설명하면서 그 차이의 근원을 설명하고 있다. 그리고 중세 국어에서 '애셔/에셔/예셔, 이셔/의셔'가 주격 조사로 쓰인 경우가 있는데, 그러한 쓰임이 현대 국어에까지 이어지고 있음을 언급하고 있다. 또한 중세 국어의 부사격 조사 '씌셔' 역시 근대 국어를 거치면서 주격 조사로 변화하여 현대 국어의 주격 조사 '께서'로 이어졌는데, 중세 국어의 '에셔', 현재 국어의 '에서'와는 달리 '씌셔', '께서'는 높임의 유정 명사 뒤에 나타남을 설명하고 있다.

주제: 조사 '에'와 '에서'에 대한 통시적 고찰

---

13 조사의 쓰임 이해   답 ①

2문단에서 현대 국어의 '에'는 [지점], '에서'는 [공간]의 의미를 나타낸다고 하였고, 3문단에서 중세 국어의 '애/에/예, 이/의'는 현대 국어의 '에'와 '에서'의 쓰임을 모두 지니고 있었다고 설명하고 있다. 따라서 중세 국어에서 '에' 앞의 명사가 공간의 의미를 나타낼 수 있었다는 것은 글의 내용과 일치한다.

왜 오답?

② 예문 (1)을 보면 현대 국어에서 '에' 앞에 붙을 수 있는 서울은 '에서' 앞에도 붙을 수 있으므로 글의 내용과 일치하지 않는다.

③ 4문단에서 중세 국어에서 '애셔/에셔/예셔, 이셔/의셔'가 주격 조사로 쓰인 경우가 있다고 하였으나, 중세 국어에서 '애/에/예'가 '이/의'와 달리 주격 조사로 쓰일 수 있었다는 내용은 지문에 나타나 있지 않으므로 글의 내용과 일치하지 않는다.

④ 3문단에서 중세 국어의 '에셔'는 부사격 조사 '에'와 '이시다(현대 국어 '있다')'의 활용형인 '이셔'가 결합된 것이라고 하였고, 이는 본래 '이시다'를 포함하므로, 그 의미상 어떤 공간 속에 있음을 전제한다고 하였으므로, '셔'가 지점의 의미를 나타낸다는 것은 글의 내용과 일치하지 않는다.

⑤ 4, 5문단에서 중세 국어에서 '에셔'가 주격 조사로 쓰일 때에는 '어떤 구성원으로 이루어진 공간이나 집단'을 의미하는 명사가 앞에 위치하는 경우이고 유정 명사는 올 수 없다고 하였으므로, 유정 명사가 오기 때문이라는 진술은 글의 내용과 일치하지 않는다.

---

14 조사의 쓰임 이해   답 ①

㉠의 주어는 '화석'이고, '그 지역'에 붙은 조사 '에서'는 주격 조사가 아니

라 공간의 의미를 지닌 부사격 조사이다.

왜 오답?

② ㉡의 '정부에서'는 이 문장의 주어에 해당하므로, 이때 '에서'는 주격 조사임을 알 수 있다.

③ ㉢의 '할머니께서'는 이 문장의 주어에 해당하므로 '께서'는 주격 조사에 해당하고, 현대 국어의 '께서'는 높임의 유정 명사 뒤에 나타난다.

④ ㉣의 '그위예셔'는 안긴문장인 명사절 '다 아솜'의 주어에 해당하므로, '예셔'는 주격 조사에 해당한다.

⑤ ㉤의 '부텨씌셔'의 현대어 풀이를 보면 '부처님으로부터'이므로, '부텨씌셔'가 부사어임을 알 수 있다. 따라서 '씌셔'는 부사격 조사에 해당한다고 할 수 있다.

도전❶등급

이/의	
관형격 조사 '이/의'	관형격 조사 '이/의'는 선행 체언이 양성 모음이면 '이', 음성 모음이면 '의'로 나타남. **예** 노미 나라(남의 나라), 거부븨 털(거북의 털)
부사격 조사 '이/의'	• '이/의'만을 부사격 조사로 취하는 특수한 체언들이 있음. • 신체, 방위, 지리, 광물, 시간, 가옥 등을 지칭하는 체언은 부사격 조사 '이/의'를 취하는 경우가 많음. **예** 나지(낮에), 바미(밤에), 우희(위에), 미틔(밑에)

[15~16] 현대 국어와 중세 국어의 단어의 형태와 품사

지문 해설: 이 글에서는 먼저, 현대 국어에서 형태는 같으나 품사가 다른 단어의 예로 명사 파생 접미사와 명사형 전성 어미 '-(으)ㅁ', 명사 파생 접미사와 부사 파생 접미사 '-이'를 들어 설명하고 있다. 또한 형태는 같으나 품사는 다른 단어들의 품사를 구별하기 위해서는 각 단어의 문법적 특징을 고려해야 한다는 것을 짚어 주고 있다. 한편 현대 국어의 '-(으)ㅁ'과 '-이'는 중세 국어에서는 '-(ᄋ/으)ㅁ'과 '-옴/움', 그리고 '-ᄋ/의'와 '-이'로 형태가 달라 그 형태만으로도 품사를 구별할 수 있음을 예를 들어 설명하고 있다.

주제: 현대 국어와 중세 국어에서의 단어의 형태와 품사

---

15 중세 국어의 단어의 형태와 품사 이해   답 ④

마지막 문단을 보면 중세 국어에서 '-ᄋ/의'는 명사 파생 접미사이고, '-이'는 부사 파생 접미사임을 알 수 있다. 따라서 '노픽(높-+-의)'는 명사이고, '노피(높-+-이)'는 부사에 해당한다.

왜 오답?

① '여름(열-+-음)'은 명사 파생 접미사 '-음'이 결합한 파생 명사이고, '여룸(열-+-움)'은 명사형 전성 어미 '-움'이 결합한 동사의 명사형에 해당한다.

② '거름(걷-+-음)'은 명사 파생 접미사 '-음'이 결합한 파생 명사이고, '거룸(걷-+-움)'은 명사형 전성 어미 '-움'이 결합한 동사의 명사형에 해당한다.

③ '거룸'은 음성 모음끼리 결합하는 양상을 보여 주고, '노픽'는 양성 모음끼리 결합하는 양상을 보여 준다. 따라서 '높-'은 양성 모음을 취하고 있으므로 명사형 어미와 결합할 때 '-움'이 아닌 '-옴'과 결합할 것임을 알 수 있다.

⑤ 마지막 문단에서 부사 파생 접미사 '-이'는 모음 조화에 상관없이 결합한다고 하였으므로 '곧다', '굳다'와 '-이'가 결합할 때 둘의 형태가 모음 조화에 따라 달라지지 않을 것임을 알 수 있다.

16 문장에 쓰인 품사 이해 답 ④

'도움'은 '어려운 이웃을 도움'이라는 명사절에서 서술어의 역할을 하고 있고, '믿음'은 '나는 그를 온전히 믿음'이라는 명사절에서 서술어의 역할을 하고 있으며 부사어 '온전히'의 수식을 받고 있다. 따라서 둘 모두 ⊙의 예에 해당한다.

❤️ 왜 오답?

① '앎'은 서술어로 쓰이고 있고, 부사어 '많이'의 수식을 받고 있으므로 동사의 명사형이지만, '슬픔'은 관형어 '격한'의 수식을 받는 명사이다.

② '볶음'은 서술어로 쓰이지 않고 있고 관형어 '멸치'의 수식을 받고 있으므로 명사이고, '기쁨'은 서술어로 쓰이고 있고, 부사어 '몹시'의 수식을 받고 있으므로 형용사의 명사형이다.

③ '묶음'은 서술어로 쓰이지 않고 있고 관형어 '큰'의 수식을 받고 있으므로 명사이고, '춤'은 '무용수들이 군무를 춤'에서 서술어의 역할을 하고 있으므로 동사의 명사형이다.

⑤ '울음'은 서술어로 쓰이지 않고 있으므로 명사이고, '웃음'은 서술어로 쓰이고 있고 부사어 '밝게'의 수식을 받으므로 동사의 명사형이다.

[17~18] 'ㅂ' 불규칙 활용과 'ㅅ' 불규칙 활용의 통시적 고찰

지문 해설: 〈대화 1〉에서 현대 국어에 'ㅂ' 불규칙 활용과 'ㅅ' 불규칙 활용이 있음을 확인하고 그 원인에 대해 탐구해 보기로 한 후, 〈자료〉에서 그 이유를 찾고 있다. 〈자료〉에서는 15세기와 16세기를 지나면서 'ㅂ' 불규칙 활용과 'ㅅ' 불규칙이 나타나게 된 원인을 구체적 사례를 통해 밝히고 있는데, 'ㅸ'과 'ㅿ'이 소실되면서 나타난 불규칙 활용의 양상을 시간의 흐름에 따라 설명하고 있다. 그리고 〈대화 2〉에서 현대 국어의 'ㅂ' 불규칙 활용과 'ㅅ' 불규칙 활용의 역사적 변화를 정리하고 있다.

주제: 'ㅂ' 불규칙 활용과 'ㅅ' 불규칙 활용에 대한 통시적 고찰

---

17 불규칙 활용 이해 답 ②

〈자료〉의 2문단의 내용을 통해, 15세기 국어의 '도ᄫᅡ'가 현대 국어에서 '도와'로 나타나는 것은 'ㅸ'이 어간 끝에서 'ㅂ'으로 바뀌었기 때문이 아니라, 15세기 중엽 이후 'ㅸ'이 'ㅏ' 또는 'ㅓ' 앞에서 반모음인 'ㅗ/ㅜ[w]'로 바뀌었기 때문임을 알 수 있다.

❤️ 왜 오답?

① 현대 국어의 '도와', '저어'는 어간 '돕-'과 '젓-'의 형태가 남아 있지 않으므로 어간의 형태가 달라지는 불규칙 활용에 해당한다.

③ 15세기 국어의 '저ᅀᅥ'가 현대 국어에서 '저어'로 나타나는 것은 'ㅿ'이 16세기를 지나면서 소실되어 어간 끝 'ㅿ'이 없어졌기 때문이다.

④ 〈자료〉의 1문단을 보면 15세기 국어의 '돕-'은 자음으로 시작하는 어미 앞에서는 어간이 그대로 '돕-'으로 나타난다고 하였다.

⑤ 〈자료〉의 1문단을 보면 15세기 국어의 '젓-'은 자음으로 시작하는 어미 앞에서는 어간이 그대로 '젓-'으로 나타난다고 하였다.

---

18 시대에 따른 용언의 활용형 이해 답 ①

〈자료〉에서 15세기 중엽 '돕다'는 활용할 때 자음으로 시작하는 어미 앞에서는 어간이 '돕-'이고, 모음으로 시작하는 어미 앞에서는 어간이 '도ᄫᅵ'으로 나타난다고 하였다. 이와 활용 양상이 비슷한 '곱다'의 경우에도 15세기 중엽 이전에는 자음으로 시작하는 어미 앞에서는 '곱게', '-아/-어' 앞에서는 '고ᄫᅡ', '-은/-은' 앞에서는 '고ᄫᅳᆫ'으로 활용했을 것임을 추측할 수 있다. 또한 15세기 중엽을 넘어서부터는 'ㅸ'이 'ㅏ' 또는 'ㅓ' 앞에서는 반모음인 'ㅗ/ㅜ[w]'로 바뀌었고, 'ㆍ' 또는 'ㅡ'가 이어진 경우에는 'ㅗ'나 'ㅜ'로 바뀌었다고 하였으므로, '곱다' 역시 '-아/-어' 앞에서는 '고와', '-은/-은' 앞에서는 '고온'으로 활용했을 것임을 추측할 수 있다.

❤️ 왜 오답?

② '긋다'와 활용 양상이 비슷한 '젓다'의 예를 살펴보면, 15세기 중엽 '젓다'가 활용할 때 자음으로 시작하는 어미 앞에서는 어간이 '젓-'이고, 모음으로 시작하는 어미 앞에서는 어간이 '저ᅀᅳ'으로 나타난다고 하였으므로, '긋다'도 15세기 중엽에는 '긋게, 그ᅀᅥ, 그ᅀᅳᆫ'으로 활용했을 것임을 추측할 수 있다. 그러나 'ㅿ'은 16세기 중엽에 사라졌으며, 음절 끝에서는 'ㅅ'으로 나타났다고 하였으므로, 17세기 초엽에는 '긋게, 그어, 그은'과 같이 활용했을 것임을 추측할 수 있다.

③ '눕다'는 '돕다'와 활용 양상이 유사하므로, 15세기 중엽 이전에는 '눕게, 누ᄫᅥ, 누ᄫᅳᆫ'으로 활용했을 것이며, 17세기 초엽에는 '눕게, 누워, 누운'으로 활용했을 것임을 추측할 수 있다.

④ '빗다'는 '벗다'와 같이 자음과 모음으로 시작하는 어미 앞에서 모두 어간이 '빗-'으로 나타나는 규칙 활용을 하는 용언이므로 15세기 중엽 이전에도 '빗게, 비서, 비슨'으로 활용했을 것임을 추측할 수 있다. 또한 16세기 중엽에 음절 끝에서는 이전과 다름없이 'ㅅ'이 나타났다고 하였으므로, 17세기 초엽에도 15세기 중엽과 같이 활용했을 것임을 짐작할 수 있다.

⑤ '잡다'는 '좁다'와 마찬가지로 자음과 모음으로 시작하는 어미 앞에서 모두 어간이 '잡-'으로 나타나는 규칙 활용을 하는 용언이다. 따라서 15세기 중엽 이전과 17세기 초엽에서의 '잡다'는 '잡게, 자바, 자ᄇᆞᆫ'으로 같게 활용했을 것임을 짐작할 수 있다.

도전 ⬆️등급

	ᄫ과 ㅿ
ᄫ	• 음가 '[β]'를 가진 음운임. • 1450년대까지 존속하다가 반모음 '[w]'로 변한 것으로 보임.
ㅿ	• 음가는 '[z]'로 추정됨. • 16세기 중반에 그 흔적을 남기지 않고 소실되었음.

---

19 시대에 따른 동사의 쓰임 이해 답 ③

ⓐ에서 중세 국어의 '열다'는 목적어를 필요로 하는 타동사로도 쓰이고 자동사로도 쓰이고 있다. 반면 현대 국어의 '열다'는 목적어를 필요로 하는 타동사로는 쓰이지만, 자동사로 쓰일 때는 '열리다'와 같이 형태를 달리하고 있다. ⓑ에서 중세 국어의 '흗다'는 목적어를 필요로 하는 타동사로도 쓰이고 자동사로도 쓰이고 있다. 반면 현대 국어의 '흗다'는 목적어를 필요로 하는 타동사로는 쓰이지만, 자동사로 쓰일 때는 '흩어지다'와 같이 형태를 달리하고 있다. 따라서 (가)에는 '중세 국어 '열다', '흗다'는 타동사 및 자동사로 쓰였고, 현대 국어 '열다', '흩다'는 타동사로만 쓰인다.'라는 내용이 들어가는 것이 적절하다.

---

20 품사와 문장 성분의 이해 답 ②

ⓑ에서 부사인 '아주'는 관형사인 '옛'을 수식하는 역할을 하고 있으므로, 부사가 관형사를 수식하는 부사어로 쓰였다는 진술은 적절하다.

❤️ 왜 오답?

① ⓐ의 '은'은 격 조사가 아니라 보조사이므로, 명사가 격 조사와 결합해 목적어로 쓰였다는 진술은 적절하지 않다.

③ ⓒ의 '어른'은 '돼서' 앞에 쓰인 보어이므로, 조사와 결합 없이 주어로 쓰였다는 진술은 적절하지 않다.

④ ⓓ의 '장미였다'는 '장미이었다'의 준말로, 명사인 '장미'는 서술격 조사 '-이다'와 결합한 후, 과거 시제 선어말 어미 '-었'과 결합하고 있으므로, 명사가 어미와 직접 결합한다는 진술은 적절하지 않다.

⑤ ⓔ의 '세'는 수사가 아닌, 의존 명사 '마리'를 수식하는 수 관형사이므로, 수사가 명사를 수식하는 관형어로 쓰였다는 진술은 적절하지 않다.

21 중세 국어의 품사 통용 이해   답 ⑤
ⓜ의 '어늘'을 현대 국어로 풀이해 놓은 것을 보면 '어느 것을'에 해당한다는 것을 알 수 있다. 따라서 '어늘'은 '어느 01'이 아니라, '어느 것'의 의미를 갖는 '어느'에 목적격 조사 'ㄹ'이 결합한 형태이므로 〈보기 2〉의 '어느 02'에 해당한다.

🐦 왜 오답?
① ㉠은 체언인 '나라'를 수식하는 역할을 하고 있으므로 관형사에 해당한다. 따라서 '어느 01'과 품사가 같다.
② ㉡의 현대어 풀이를 보면 '어느 것이'이므로, '어늬'는 '어느 것'을 의미하는 '어느 02'에 주격 조사 'ㅣ'가 결합한 형태로 이해할 수 있다.
③ ㉢은 뒤에 오는 용언 '듣ᄌᆞ보리잇고'를 수식하고 있으므로 '어느 03'으로 쓰였음을 알 수 있다.
④ ㉣은 뒤에 오는 용언 '플리'를 수식하고 있으므로 부사에 해당하며 '어느 03'으로 쓰였다. 따라서 관형사인 '어느 01'과는 품사가 서로 다르다.

[22~23] 관형어의 형성 방법
지문 해설: 이 글에서는 관형어의 개념을 설명한 후, 관형어의 형성 방법에 대해 설명하고 있다. 체언에 관형격 조사 '의'가 결합하여 관형어를 형성하는 경우, 관형격 조사 없이 명사만으로 관형어를 형성하는 경우, 용언의 어간에 관형사형 어미 '-(으)ㄴ', '-(으)ㄹ'이 결합하여 관형어가 되는 경우, 관형사가 관형어가 되는 경우를 예시와 함께 설명하여 관형어의 다양한 형성 방법을 이해할 수 있게 해 주고 있다.
주제: 관형어의 형성 방법

22 품사와 문장 성분의 이해   답 ②
〈자료〉의 마지막 문단을 보면 관형사는 체언 앞에서 체언의 뜻을 꾸며 주는 품사라는 것을 알 수 있으므로 [A]에는 '품사가 무엇인가'라는 기준이 들어가는 것이 적절하다. 한편 〈자료〉의 1문단을 보면 관형어는 문장을 구성하는 성분 중 하나로, 품사 가운데 명사나 대명사와 같은 체언 앞에서 그 뜻을 꾸며 주는 기능을 하는 것이라는 사실을 알 수 있으므로 [B]에는 '문장 성분이 무엇인가'라는 기준이 들어가는 것이 적절하다.

23 관형어의 이해   답 ④
'남자의'에서 관형격 조사 '의'가 생략되면 '남자 친구'가 되는데, '남자 친구'와 '남자의 친구'는 함의하는 바가 다르다. '남자 친구'는 '성별이 남자인 친구'를 의미할 수도 있고, '연인 관계인 남자'를 의미할 수도 있지만 '남자의 친구'는 '성별이 남자인 사람과 친구 관계에 있는 사람'을 의미하기 때문이다. 따라서 c에서 관형격 조사 '의'가 생략되면 문장의 원래 의미는 달라질 수 있다.

🐦 왜 오답?
① '고향, 예쁜, 남자의, 옛'은 모두 관형어로 체언 '친구'를 꾸며 주는 역할을 하고 있다.
② '고향'은 관형격 조사 없이 체언만으로 '친구'를 꾸며 주는 관형어이나.
③ '예쁜'은 형용사의 어간 '예쁘-'에 관형사형 어미 '-ㄴ'이 결합한 형태의 관형어이다.
⑤ '옛'은 관형사이기 때문에 조사가 결합할 수 없으며 활용할 수 없는 형태이다.

[24~25] 형태소와 단어
지문 해설: (가)에서는 형태소와 단어에 대한 내용을 제시하고 있는데, 형태소는 의미를 가지고 있는 가장 작은 말의 단위이며 그 종류는 자립성에 따라 자립 형태소와 의존 형태소로, 의미에 따라 실질 형태소와 형식 형태소로 나눌 수 있음을 설명하고 있다. 또한 단어를 의미를 가진 최소의 자립 형식으로 정의하면서 '조사'와 '의존 명사'가 지니는 예외적 특성에 대해서 설명하고 있다. (나)에서는 「용비어천가」의 일부를 〈자료〉로 제시하고, 이해를 돕기 위해 '옛말사전'을 함께 제시하고 있다.
주제: 형태소와 단어에 대한 탐구

24 단어의 이해   답 ③
㉡ '꽃'은 자립 명사이고, ⓔ '것'은 의존 명사이다. [A]의 내용에 따르면 명사와 의존 명사는 모두 꾸미는 말의 꾸밈을 받을 수 있고, 꾸미는 말과 늘 띄어 쓰며 조사가 붙어 문장 안에서 주어, 목적어 등으로 쓰인다.

🐦 왜 오답?
① ㉠ '보다'는 조사이므로 꾸미는 말의 꾸밈을 받을 수 없다.
② ㉠ '보다'는 조사이고, ⓔ '것'은 의존 명사인데, 둘 다 자립성은 없지만 단어로 인정한다고 하였다.
④ ㉤ '만큼'은 의존 명사로, 단어로는 인정하지만 명사인 ㉡ '꽃'과 달리 자립성이 없으므로 홀로 사용될 수는 없다.
⑤ ㉢ '바'와 ㉤ '만큼'은 의존 명사이다. 홀로 쓰일 수 있는 말에 붙어 쉽게 분리되는 특징을 지니는 것은 조사에 대한 설명이다.

25 중세 국어의 형태소와 단어의 이해   답 ⑤
'그츨씨'는 (나)의 옛말사전을 통해 '긏다'라는 동사의 활용형임을 알 수 있다. 어간 '긏-'에 어미 '-ㄹ씨'가 결합한 것이므로 실질 형태소와 형식 형태소가 결합한 단어이다.

🐦 왜 오답?
① (나)의 옛말사전을 보면 '나모'는 모음으로 시작하는 조사 앞에서는 '남ㄱ'으로 나타난다고 하였으므로, '남ᄀᆞᆫ'은 명사인 실질 형태소 '남ㄱ'과 조사인 형식 형태소 'ᄋᆞᆫ'을 이어 적기한 형태임을 알 수 있다.
② '바ᄅᆞ매'는 '바ᄅᆞᆷ+애', 'ᄀᆞᄆᆞ래'는 'ᄀᆞᄆᆞᆯ+애'로 각각 '명사+조사'와 같이 두 개의 형태소로 이루어진 말이다.
③ (나)의 옛말사전을 보면 '뮈-'는 동사의 어간이고, '-ㄹ씨'는 어미이므로, 둘 다 다른 형태소와 결합해야만 사용될 수 있는 의존 형태소에 해당한다.
④ '믈'은 명사로, 하나의 형태소이면서 동시에 하나의 단어이므로 의미를 가진 말의 최소 단위이면서 동시에 최소의 자립 형식에 해당한다.

[26~27] 형태소와 이형태
지문 해설: 이 글에서는 이형태의 개념을 설명하고, 이형태가 성립하기 위해 충족해야 하는 의미의 동일성과 상보적 분포를 예를 들어 보여 주고 있다. 또한 이형태에는 음운론적 이형태와 형태론적 이형태가 있으며, 어떤 차이가 있는지를 예를 들어 설명하고 있다. 그 후 중세 국어의 이형태는 현대 국어의 이형태와 차이를 보이기도 했음을 부사격 조사의 예를 들어 설명하고 있다.
주제: 현대 국어와 중세 국어에서 나타나는 이형태

26 현대 국어의 이형태 이해   답 ④
호격 조사 '야'는 모음으로 끝나는 말 뒤에 결합하는 형태이고, 호격 조사 '아'는 자음으로 끝나는 말 뒤에 결합하는 형태로, 둘은 의미는 동일하나 음운 환경에 따라 상보적 분포를 보이므로 ㉤과 Ⓐ은 형태론적 이형태의

관계가 아니라 음운론적 이형태의 관계이다.

❯❯ 왜 오답?

① ㉠ '는'은 모음 뒤에만 나타나고, ㉢ '은'은 자음 뒤에만 나타나는 음운론적 이형태이므로 서로가 나타나는 음운 환경이 겹치지 않는다.

② ㉡ '한테'는 ㉤ '에게'보다 더 구어적인 표현으로, 둘 다 '민수'라는 명사 뒤에 쓰이고 있으므로 상보적 분포를 보인다고 할 수 없다. 따라서 ㉡과 ㉤은 이형태의 관계가 아니다.

③ ㉣ '-여라'는 ㉥ '-아라', ㉦ '-어라'와 달리 '하-' 뒤에서만 나타나는 형태론적 이형태에 해당한다.

⑤ ㉥ '-아라'는 앞 모음이 'ㅏ, ㅗ'와 같은 양성 모음으로 끝났을 때 쓰이고, ㉦ '-어라'는 그 외의 모음으로 끝났을 때 쓰이므로, 앞말 모음의 성질에 따라 형태가 결정된다.

27 중세 국어 부사격 조사의 이형태 이해   답 ①

마지막 문단에서 중세 국어에서는 부사격 조사의 형태가 앞말 모음의 성질에 따라 달라진다고 하면서 앞말의 모음이 양성 모음일 때는 '애'가, 음성 모음일 때는 '에'가, 단모음 '이' 또는 반모음 'ㅣ'일 때는 '예'가 사용된다고 하였다. '서리'는 앞말이 단모음 'ㅣ'이므로 부사격 조사 ⓐ에는 '예'가 들어가야 하고, '상두산'은 앞말 '산'이 양성 모음 'ㅏ'이므로 이어지는 부사격 조사 ⓑ에는 '애'가 들어가야 한다. '구천'에서 앞말 '천'은 음성 모음 'ㅓ'이므로 이어지는 부사격 조사 ⓒ에는 '에'가 들어가야 한다. 이들은 모두 음운 환경에 따라 형태를 달리하고 있으므로 ⓓ에는 '음운론적'이 들어가는 것이 적절하다.

[28~29] 직접 구성 요소 분석

지문 해설: 이 글에서는 여러 형태소로 이루어진 단어나 여러 단어로 이루어진 문장의 구조를 명확히 파악하는 데 효과적인 직접 구성 요소 분석을 설명하고 있다. 우선 직접 구성 요소의 개념을 설명하고, 합성어나 파생어의 직접 구성 요소를 분석할 때 고려해야 할 두 가지 사항을 예를 들어 설명하고 있다. 다음으로는 긴 문장에서 직접 구성 요소 분석을 할 때 층위에 따라 어떻게 분석되어 나가는지를 구체적 사례와 함께 설명하고 있다.

주제: 직접 구성 요소의 개념과 분석 방법

28 단어의 직접 구성 요소 분석 이해   답 ②

'눈웃음'의 직접 구성 요소를 분석하면 '눈'과 '웃음'이므로 어근과 어근이 결합한 합성어이다. 그런데 이 분석은 '웃음'에 대해서도 더 적용할 수 있으므로 '웃음'을 분석하면 '웃'과 '-음'이 직접 구성 요소가 된다. 이때 '-음'은 명사 파생 접미사이므로 '웃음'은 파생어이다. 따라서 ⓑ는 그 직접 구성 요소 중 하나가 파생어인 합성어에 해당한다.

❯❯ 왜 오답?

① '나들이옷'의 직접 구성 요소를 분석하면 '나들이+옷'이 되므로 합성어이다. 그런데 '나들이'의 직접 구성 요소를 분석하면 '나들-+-이'가 되는데, '-이'가 명사 파생 접미사이므로 ⓐ는 그 직접 구성 요소 중 하나가 파생어인 합성어에 해당한다.

③ '드높이-'의 직접 구성 요소를 분석하면 '드높-+-이-'가 되는데 '-이-'가 사동 접미사이므로 ⓒ는 파생어이다. 그런데 '드높-'의 직접 구성 요소를 분석하면 '드-+높-'이 되는데 '드-'가 접두사이므로 ⓒ는 그 직접 구성 요소 중 하나가 파생어인 파생어에 해당한다.

④ '집집이'의 직접 구성 요소를 분석하면 '집집+-이'가 되는데 '-이'가 부사 파생 접미사이므로 파생어이다. 그런데 '집집'의 직접 구성 요소를 분석하면 '집+집'이 되므로 ⓓ는 그 직접 구성 요소 중 하나가 합

성어인 파생어에 해당한다.

⑤ '놀이터'의 직접 구성 요소를 분석하면 '놀이+터'가 되므로 합성어이다. 그런데 '놀이'의 직접 구성 요소를 분석하면 '놀-+-이'가 되는데 '-이'가 명사 파생 접미사이므로 ⓔ는 그 직접 구성 요소 중 하나가 파생어인 합성어에 해당한다.

29 문장의 직접 구성 요소 분석 이해   답 ②

4문단에서 문장의 직접 구성 요소는 주어와 서술어가 된다고 하였다. 그런데 ㉡은 '(나는) 소포가 도착했다고 들었다.'와 같이 안은문장의 주어가 생략된 문장이다. '소포가 도착했다고'는 안은문장에 안겨 있는 인용절이므로 '소포가'와 '도착했다고 들었다'로 분석하는 것은 직접 구성 요소를 잘못 분석한 것이다. 따라서 ㉡은 '소포가 도착했다'와 '들었다'로 분석된다.

❯❯ 왜 오답?

① ㉠은 '지희는'이 문장의 주어이고, '목소리가 곱다'가 문장의 서술어에 해당한다.

③ ㉢은 '동수가'가 문장의 주어이고, '미애에게 선물을 주었다'가 문장의 서술어에 해당한다.

④ ㉣은 '그가 익명의 기부자임이'가 문장의 주어이고, '밝혀졌다'가 서술어에 해당한다.

⑤ ㉤은 '인생은 짧고 예술은 길다는 말은'이 문장의 주어이고, '명언이다'가 서술어에 해당한다.

도전 ⬆ 등급

주어부와 서술부	
주어부	문장에서, 주어 단독으로나 주어와 그에 딸린 부속 성분으로 이루어진 부분.
서술부	문장에서, 서술어 단독으로나 목적어, 보어 또는 그들에 딸린 부속 성분을 통틀어 이르는 말.

[30~31] 현대 국어와 중세 국어의 합성어

지문 해설: 이 글에서는 현대 국어와 중세 국어의 합성어 형성 방법에 대해 설명하고 있다. 먼저 합성어의 개념을 설명한 후, 현대 국어의 합성어 형성 방법을 통사적 합성어와 비통사적 합성어로 나누어 예와 함께 설명하고 있다. 그리고 중세 국어에서 발견되는 통사적 합성어와 비통사적 합성어를 예와 함께 설명한 후, 현대 국어에서는 두 가지 합성어 형태를 지니고 있으나 중세 국어에서는 한 가지 형태만을 지니는 경우와, 그 반대의 경우에 대해 언급하고 있다.

주제: 현대 국어와 중세 국어에서의 합성어 형성 방법

30 합성어의 형성 방법 이해   답 ③

'보살피다'는 용언의 어간 '보-'와 어간 '살피-'가 연결 어미 없이 결합한 비통사적 합성어이다. 따라서 결합 방식이 '용언의 연결형+용언의 어간'이라는 분석과, 합성어의 종류가 '통사적 합성어'라는 분석은 모두 적절하지 않다.

❯❯ 왜 오답?

① '어깨동무'는 '어깨(명사)'와 '동무(명사)'가 결합한 통사적 합성어이다.

② '건널목'은 '건널(용언의 관형사형)'과 '목(명사)'이 결합한 통사적 합성어이다.

④ '여닫다'는 '열-(용언의 어간)'과 '닫-(용언의 어간)'이 연결 어미 없이 결합한 비통사적 합성어이다. 이때 결합하는 과정에서 'ㄹ' 탈락이 일어났다.

⑤ '검버섯'은 '검-(용언의 어간)'이 '버섯(명사)'에 직접 결합한 비통사적 합성어이다.

31 중세 국어의 합성어 이해　　　　　　답 ②

'즌흙'은 즌(용언의 관형사형('즐-+-ㄴ'으로 결합하는 과정에서 'ㄹ'이 탈락함.))과 '흙(명사)'이 결합한 형태이므로 현대 국어의 '진흙'과 마찬가지로 통사적 합성어에 해당한다.

㎡ 왜 오답?

① '눈물'은 '눈(명사)'와 '믈(명사)'의 결합이므로 통사적 합성어로 볼 수 있다.

③ '아라듣다'는 '알아듣다'를 이어 적기한 것으로, '알다(용언)'와 '-아(연결 어미)' 그리고 '듣다(용언)'가 결합한 것이므로 현대 국어의 '알아듣다'와 같이 통사적 합성어로 볼 수 있다.

④ '솟나다'는 '솟-(용언의 어간)'에 '나-(용언의 어간)'가 연결 어미 없이 결합한 형태이므로, 현대 국어의 '솟아나다'와 달리 비통사적 합성어로 볼 수 있다.

⑤ (라)의 '솟나다'는 용언의 어간과 용언의 어간이 연결 어미 없이 결합한 형태의 비통사적 합성어이다. 반면 (마)의 '소사나다'는 '솟-(용언의 어간)과 '-아(연결 어미)' 그리고 '나다(용언)'가 결합한 통사적 합성어이다. 따라서 현대 국어의 '솟아나다'에 해당하는 중세 국어의 단어는 두 가지 형태이므로 중세 국어에서는 통사적 합성어와 비통사적 합성어가 모두 쓰였다고 볼 수 있다.

[32~33] 어두 자음군과 'ㆆ' 종성 체언

지문 해설: 이 글에서는 현대 국어에 남아 있는 흔적을 바탕으로 중세 국어의 어두 자음군과 'ㆆ' 종성 체언에 대해 설명하고 있다. 먼저 15세기 국어에 존재했던 어두 자음군의 개념에 대해 설명하고, '벼삐'를 예로 들어 어두 자음군의 흔적이 어떻게 현대 국어에 남게 되었는지를 보여 주고 있다. 그리고 15세기에 존재했던 'ㆆ' 종성 체언의 개념을 설명하고, '솔ㆆ'을 예로 들어 '살코기'의 'ㅋ'에 대해 설명하면서 현대 국어에서 'ㆆ'이 복합어 속에서 탈락하지 않고 그대로 남아 있는 경우가 있음을 설명하고 있다.

주제: 현대 국어에 남아 있는 어두 자음군과 'ㆆ' 종성 체언

32 중세 국어의 특징 이해　　　　　　답 ③

'자료'의 2문단을 보면 'ㆆ' 종성 체언이 단독형으로 쓰일 때는 'ㆆ'이 실현되지 않았으나 '솔ㆆ+이 → 솔히'와 같이 모음으로 시작하는 말 앞에서는 연음이 되어 나타났다고 하였으므로, 15세기 국어의 'ㆆ' 종성 체언은 모음으로 시작하는 말 앞에서 'ㆆ'이 실현되지 않았다는 진술은 적절하지 않다.

㎡ 왜 오답?

① '자료'의 1문단을 보면 15세기 국어에서 어두 자음군 중 맨 앞의 'ㅂ'은 당시에는 실제로 발음되었을 것으로 추정된다고 하였으므로 적절하게 이해한 것이다.

② '자료'의 1문단을 보면 어두 자음군의 'ㅂ'은 훗날 단일어에서는 탈락하였다고 하였으므로 적절하게 이해한 것이다.

④ '자료'의 1문단을 보면 현대 국어와 달리 15세기 국어에서는 어두에 두 개 이상의 서로 다른 자음이 올 수 있다고 하였으므로, 현대 국어에서는 어두에 두 개 이상의 서로 다른 자음이 오는 말이 존재하지 않는다고 이해한 것은 적절하다.

⑤ '자료'의 2문단을 보면 '살코기'에서 'ㅋ'은 'ㆆ' 종성 체언의 'ㆆ'과 '고기'의 'ㄱ'이 결합하여 축약된 음운임을 알 수 있다. 따라서 '살코기'에

서 'ㅋ'은 'ㆆ' 종성 체언의 흔적이 단어에 남아 있는 것으로 이해할 수 있다.

33 중세 국어와 현대 국어의 관련성 이해　　　　　　답 ③

'휩쓸다'는 파생어로 복합어에 해당하며, '쓸다'의 어두에 있던 'ㅂ'의 흔적이 남아 '휩'과 같은 형태가 된 것으로 이해할 수 있으므로 ㉠의 사례로 적절하다. '햅쌀' 역시 파생어로 복합어에 해당하며 '쌀'의 어두에 있던 'ㅂ'의 흔적이 남아 '햅'과 같은 형태가 된 것으로 이해할 수 있으므로 ㉠의 사례로 적절하다. '안팎'은 합성어로 복합어에 해당하며, 'ㆆ' 종성 체언인 '안ㆆ'의 'ㆆ'과 '밖'의 'ㅂ'이 결합할 때 축약되어 'ㅍ'이 된 것으로 이해할 수 있으므로 ㉡의 사례로 적절하다.

㎡ 왜 오답?

ㄷ 'ㆆ' 종성 체언은 'ㄱ, ㄷ, ㅂ'으로 시작하는 말과 결합할 때 'ㆆ' 종성이 뒤에 오는 'ㄱ, ㄷ, ㅂ'과 결합하여 'ㅋ, ㅌ, ㅍ'으로 축약되어 나타났다고 하였으므로 '수꿩'에 'ㆆ'의 흔적이 남아 있었다고 볼 수 없다.

ㄹ '들뜨다'는 복합어이지만, 어두 자음군에 'ㅂ'의 흔적이 있었다고 볼 수 없다.

도전❶등급

어두에 쓰인 ㅂ-계 합용 병서의 발음

ㅂ-계	어두에 쓰인 ㅂ-계 합용 병서의 'ㅂ'은 실제로 발음되었으며 초성에 두 개의 자음이 쓰였다고 할 수 있음. 예 쁜 〉 뜻, 빡 〉 짝, 뿔 〉 쌀, 뿔 〉 꿀, 빼 〉 때

[34~35] 현대 국어의 현상과 국어사적 사실

지문 해설: 이 글에서는 '발가락', '소나무', '이튿날'을 예로 들어 국어사적 사실이 현대 국어의 현상을 이해하는 데 도움이 될 수 있음을 설명하고 있다. 먼저 '발가락'과 '소나무'를 비교하며 'ㄹ'이 탈락하지 않은 이유와 탈락한 이유를 각각 국어사적으로 설명하고 있다. 그 후 '이튿날'에서 'ㄹ'이 사라지고 'ㄷ'이라는 받침이 남게 된 이유를 국어사적으로 고찰하며 현대 국어의 현상을 설명하고 있다.

주제: 현대 국어의 현상을 이해하는 데 도움을 주는 국어사적 사실

34 합성어에 나타나는 규칙 이해　　　　　　답 ②

㉠ '발가락'은 '발'과 '가락'이 결합하는 과정에서 'ㄹ'이 탈락하지 않은 사례이므로 '쌀가루, 솔방울'이 이에 해당한다. ㉡ '소나무'는 '솔'과 '나무'가 결합하는 과정에서 'ㄹ'이 탈락한 사례이므로 '무술, 푸나무'가 같은 예에 해당한다. ㉢ '이튿날'은 '이틀'과 '날'이 결합하는 과정에서 'ㄹ'이 사라지고 'ㄷ' 받침이 생긴 사례이므로 '섣달'이 이에 해당한다. 따라서 이를 순서대로 바르게 제시한 것은 '솔방울, 푸나무, 섣달'이다.

35 중세 국어의 국어사적 사실 이해　　　　　　답 ⑤

[A]에서 '이튿날'을 예로 들어 설명할 때, '이틂 날'이 근대 국어로 오면서 'ㄹ'이 탈락한 합성어 '이틋날'로 굳어지게 되었고, 이와 함께 'ㅅ'이 관형격 조사의 기능을 잃어 가고, 받침 'ㅅ'과 'ㄷ'의 발음이 구분되지 않게 되었다고 하였다. 그리고 「한글 맞춤법」에서는 '이튿날'을 '이튿날'로 적도록 했는데 '숟가락'도 이와 같은 사례이다. 그러나 '뭇사람'은 '숟가락'과 다르게 국어의 변화 과정을 담은 표기이다. 따라서 '숟가락'과 '뭇사람'의 첫 글자 받침이 다른 이유는 국어의 변화 과정이 표기에 남았는지 아닌지의 차이다.

㎡ 왜 오답?

① 중세 국어의 '술 자ㅸ며'나 '젓 가락'과 같은 표현을 보면 '술'과 '져'가

중세 국어의 '이틀'처럼 자립 명사였다는 것을 알 수 있다. 그러나 현대 국어에서는 '밥 한 술'에서와 같이 '술'이 의존 명사로 쓰이고 있으므로 탐구 내용으로 적절하다.

② 중세 국어의 '수저'는 '술'과 '져'의 결합에서 'ㄹ'이 탈락한 합성어이므로 탐구 내용으로 적절하다.

③ 중세 국어에서 '숤 근(숟가락의 끝)', '졋 가락 근(젓가락 끝)'을 보면 '술'과 '져'가 명사를 수식할 때 관형격 조사 'ㅅ'이 결합된 것을 확인할 수 있으므로 탐구 내용으로 적절하다.

④ [A]에서 「한글 맞춤법」에서는 '이튿날'의 표기와 관련하여 "끝소리가 'ㄹ'인 말과 딴 말이 어울릴 적에 'ㄹ' 소리가 'ㄷ' 소리가 나는 것"으로 보아 '이튿날'로 적도록 하였는데, 이때 'ㄷ'은 'ㄹ'이 변한 것으로 설명되지 않으므로 '뭇사람'과 같이 'ㅅ'으로 적는 것이 국어의 변화 과정을 고려한 관점에 부합하는 것이라고 하였다. 따라서 근대 국어 '숫가락'도 '숟가락'으로 적히는 것은 국어의 변화 과정을 고려한 관점에 부합하지 않는다는 내용은 탐구 내용으로 적절하다.

[36~37] 단어의 형성 방법과 국어의 변천

지문 해설: 이 글에서는 현대 국어의 다양한 단어 형성 방법을 소개한 후 단어의 구조를 분석하는 과정에서 혼동할 수 있는 어미와 조사, 파생 접사의 차이점을 설명하고 있다. 그리고 역사적으로 용언의 어간에 어미가 결합한 형태나, 체언에 조사가 결합한 형태가 시간이 흐르면서 단어로 굳어진 사례를 예와 함께 설명하고 있다. 마지막으로는 미지칭의 인칭 대명사에 의문문을 만드는 보조사 '고/구'가 결합한 형태가 굳어져 새로운 인칭 대명사가 된 경우를 언급하고 있다.

주제: 단어의 다양한 형성 방법

---

36 단어의 형성 이해 답 ④

'깨뜨리다'는 '깨다'를 강조하여 이르는 말로, 어근 '깨-'에 파생 접미사 '-뜨리-'가 결합하여 만들어진 단어이다. '깨뜨리는'은 용언의 어간 '깨뜨리-'에 관형사형 어미 '-는'이 결합한 형태이므로, 어미 '-리는'이 용언 어간 '깨뜨-'와 결합했다는 설명은 적절하지 않다.

왜 오답?

① '아기장수'는 '아기'와 '장수', 즉 어근과 어근이 결합한 합성어이므로 ㉠에 해당하는 예이다.

② '맨손'은 어근 '손'에 파생 접두사 '맨-'이 결합한 파생어이므로 ㉡에 해당하는 예이다.

③ '쌀인'은 어근 '쌀-'에 파생 접미사 '-이-'가 결합한 파생어이므로 ㉢에 해당하는 예이다.

⑤ '모습이'는 명사인 체언 '모습'에 조사 '이'가 결합한 형태이므로 ㉣에 해당하는 예이다.

---

37 국어의 변천 이해 답 ①

[A]에서 미지칭의 인칭 대명사에 의문문을 만드는 보조사 '고/구'가 결합한 형태가 굳어져 새로운 인칭 대명사가 된 경우를 이야기하고 있으므로, (가)에서 미지칭의 인칭 대명사는 '고/구'와 결합한 '누'임을 짐작할 수 있다. '누고'는 '누'에 보조사 '고'가 붙은 형태이고, '누구'는 '누'에 보조사 '구'가 붙은 형태이다. 따라서 미지칭의 인칭 대명사의 형태가 '누고', '누구'라는 탐구 내용은 적절하지 않다.

왜 오답?

② (나)에서는 '누고고', '누구고'와 같은 형태가 나타나고 있으므로 근대 국어에서 미지칭의 인칭 대명사의 형태는 의문 보조사 '고/구'와 결합한 '누고', '누구'라고 할 수 있다.

③ (다)에서 미지칭의 인칭 대명사는 '누구'만 제시되어 있음을 확인할 수 있다.

④ (가)에서는 '누고'와 '누구'가 '누'에 보조사 '고', '구'가 결합한 형태였는데, (나)에서는 체언과 보조사가 결합된 '누고', '누구'가 새로운 단어가 되어 인칭 대명사로 쓰이고 있음을 확인할 수 있다.

⑤ (나)에 쓰이던 '누고'가 (다)에는 제시되어 있지 않음을 확인할 수 있다.

도전 ①등급

미지칭 대명사와 부정칭 대명사

미지칭	가리키는 대상은 정해져 있으나 무엇인지 정확하게 모를 때 사용되는 대명사. 예 누구 기다리니? / 엄마 기다려요.
부정칭	특정한 지시 대상이 없을 때 사용하는 대명사. 예 아직 아무도 안 왔다.

[38~39] 현대 국어와 중세 국어의 관형어

지문 해설: 이 글에서는 현대 국어와 중세 국어의 관형어에 대해 설명하고 있다. 먼저 관형어의 개념을 설명하고 이어서 관형어의 형성 방법과 관형어가 문장에서 필수적으로 요구되는 경우에 대해 설명하고 있다. 그리고 관형격 조사 '의'가 앞과 뒤의 체언을 어떠한 의미 관계에 놓이도록 하는지를 예시와 함께 설명하고 있다. 그 후 중세 국어의 관형어 중 현대 국어의 관형어와 유사한 점과, 현대 국어의 관형어와 구별되는 특이한 현상을 예문과 함께 설명하고 있다.

주제: 현대 국어와 중세 국어에서의 관형어의 특징

---

38 관형격 조사 '의'의 역할 이해 답 ⑤

'질투의 감정'에서 '의'는 '질투'가 '감정'임을 드러내므로 '의미상 동격'의 관계로 연결된 것이고, '국민의 단결'에서 '의'는 '단결'이라는 행동을 하는 주체가 '국민'임을 드러내므로 '주체 – 행동'의 관계로 연결된 것이다.

왜 오답?

① '너의 부탁'에서 '의'는 '부탁'의 주체가 '너'인 '주체 – 행동'의 관계로, '친구의 자동차'에서 '의'는 '자동차'의 소유주가 '친구'인 '소유주 – 대상'의 관계로 연결된 것이다.

② '자기 합리화의 함정'에서 '의'는 '자기 합리화'와 '함정'이 '의미상 동격'의 관계로, '친구의 사전'에서 '의'는 '사전'의 소유주가 '친구'인 '소유주 – 대상'의 관계로 연결된 것이다.

③ '회장의 칭호'에서 '의'는 '회장'과 '칭호'가 '의미상 동격'의 관계로, '영희의 오빠'에서 '의'는 '영희'와 '오빠'가 '사회적·친족적' 관계로 연결된 것이다.

④ '은호의 아버지'에서 '의'는 '은호'와 '아버지'가 '사회적·친족적' 관계로, '친구의 졸업'에서 '의'는 '졸업'의 주체가 '친구'인 '주체 – 행동'의 관계로 연결된 것이다.

---

39 중세 국어의 관형어 이해 답 ④

'어머니의 낡은 지갑은'에서 관형절은 '(지갑이) 낡은'이므로 관형절의 주어는 '어머니'가 아니라 '지갑'이다. 따라서 '어머니의'는 관형절의 의미상 주어가 관형격으로 실현된 것이 아니라, 관형격 조사 '의'가 결합하여 관형어로 나타난 것이다.

왜 오답?

① 관형어는 필수적인 성분은 아니지만 수식을 받는 체언이 의존 명사이면 그 앞에 반드시 관형어가 와야 한다고 하였으므로, 의존 명사 '것'

을 수식하는 '부텻'은 생략할 수 없다.

② '시미 기픈'은 '시미 깊-'에 관형사형 어미 '-은'이 결합한 것이므로 현대 국어와 같은 관형사형 어미가 쓰인 것이다.

③ '부텻'의 'ㅅ'은 중세 국어의 관형격 조사이고, '시미 기픈'이라는 관형절은 '므른'을 수식하는 관형어의 기능을 하고 있다.

⑤ '저자와'는 체언 '저자'에 부사격 조사 '와'가 결합하여 이루어진 부사어인데 여기에 관형격 조사 '의'가 붙어 '저자와의'라는 관형어가 되었다. 이러한 경우는 중세 국어 '前生앳'에서도 찾아볼 수 있다.

[40~41] 현대 국어와 중세 국어의 명사절

지문 해설: 이 글에서는 먼저 안긴문장의 개념과 종류에 대해 소개한 후, 그중 명사절의 형성 방법과 명사형 어미의 기능에 대해 설명하고 있다. 그 후 예문과 함께 명사절이 문장에서 주어, 목적어, 부사어 등 다양한 문장 성분으로 쓰임을 보이고 있다. 또한 중세 국어에서도 다양한 명사형 어미가 사용되었음을 보여 주면서 모음 조화에 따라 용언에 결합하는 명사형 어미가 달랐음을 설명하고 있다.

주제: 현대 국어와 중세 국어에서의 명사절 형성과 기능

---

40 명사절의 기능 이해   답 ③

㉠에서 명사절 '비가 오기'는 목적격 조사 '를'이 붙어 목적어로 쓰이고 있다. ㉡의 명사절 '집에 가기'는 부사격 조사 '에'가 붙어 부사어로 쓰이고 있다. ㉢의 명사절 '그는 1년 후에 돌아가기'는 부사격 조사 '로'와 결합하여 부사어로 쓰이고 있다. ㉣의 명사절 '어린 아이들은 병원에 가기'는 조사가 쓰이지 않았지만 목적격 조사 '를'이 붙는 것이 가능하므로 이때의 명사절은 목적어로 쓰임을 알 수 있다. 따라서 ㉠, ㉣은 명사절이 목적어로 쓰인 경우이고, ㉡, ㉢은 명사절이 부사어로 쓰인 경우이다.

41 중세 국어의 명사절 이해   답 ②

중세 국어에서도 다양한 명사형 어미가 사용되어 만들어진 명사절이 문장에서 여러 가지 문장 성분으로 쓰였는데, 중세에 사용된 명사형 어미에는 '-옴/움', '-기', '-디' 등이 있었다고 하였다. 그러나 ⓑ에서 '축추기'의 '-기'는 '축축이'를 이어 적기한 것으로, 명사형 어미 '-기'가 쓰인 것이 아니며 ⓑ에는 명사절이 포함되어 있지 않다.

왜 오답?

① '날로 뿌'에 명사형 어미 '-움'이 사용된 명사절이다.

③ '부모롤 현뎌케 홈'은 명사형 어미 '-옴'이 사용된 명사절이다.

④ '본향(本鄕)애 도라옴'은 명사형 어미 '-옴'이 사용된 명사절이다.

⑤ '가져 가디'는 명사형 어미 '-디'가 사용된 명사절이다.

도전 1등급

> **명사형 어미 '-옴/움'**
> • 중세 국어의 명사형 어미 '-옴/움'은 서술격 조사 '이-' 뒤에서는 '-롬', 주체 높임 선어말 어미 '-시-'와 결합하면 '-삼'으로 실현됨.
> • 근대 국어에서 선어말 어미 '-오/우-'가 소멸됨에 따라 명사형 어미가 현대 국어와 같은 '-(으)ㅁ'의 형태를 지니게 되었음.

[42~43] 현대 국어와 중세 국어의 관형절

지문 해설: 이 글에서는 먼저 현대 국어의 관형사형 어미에 대해 설명한 후, 관형사형 어미가 용언의 어간에 붙으면 관형절이 형성됨을 밝히고, 관형절이 관계 관형절과 동격 관형절로 나누어짐을 설명하고 있다. 그 후 중세 국어의 관형절 역시 관계 관형절과 동격 관형절로 구분할 수 있는

데, 중세 국어의 관형사형 어미가 시제를 표시하기도 했음을 예문과 함께 보여 주고 있다. 그리고 중세 국어의 어미 '-ㄴ'은 현대 국어와 달리 명사절을 이끄는 경우도 있었음을 여러 예문과 함께 설명하고 있다.

주제: 현대 국어와 중세 국어의 관형사형 어미와 관형절의 특징

---

42 중세 국어의 관형절 이해   답 ⑤

수식을 받는 체언이 관형절 속에서 한 성분으로 쓰일 수 있으면 관계 관형절이다. 그러나 b와 c의 '늦'과 'ᄆᆞᅀᆞᆷ'은 관형절 속의 한 성분으로 쓰이지 않으므로, b와 c의 관형절은 동격 관형절에 해당한다.

왜 오답?

① a의 '호ᄂᆞᆯ'의 형태소를 분석해 놓은 것을 보면 '-ㄴ' 바로 뒤에 목적격 조사 '올'이 붙어 있음을 확인할 수 있다.

② a의 '호ᄂᆞᆯ'의 현대어 풀이를 보면 '한 것을'이라고 되어 있으므로 '-ㄴ'은 '-ㄴ 것으'로 해석되며, 명사절을 이끄는 기능을 하고 있음을 확인할 수 있다.

③ b의 '비췰'에서 '-ㄹ'을 통해 미래 시제를 나타내고 있으므로, 발화시가 사건시보다 앞서는 시제가 나타나 있음을 확인할 수 있다.

④ b에서 관형절의 수식을 받는 체언 '늦'이 절 뒤에 드러나 있고, c에서 관형절의 수식을 받는 체언 'ᄆᆞᅀᆞᆷ'도 절 뒤에 드러나 있다.

43 관형절의 종류 이해   답 ④

㉠은 '(함성이) 힘차다.', ㉢은 '형이 (자료를) 조사하다.'로부터 만들어진 관형절이므로, 수식을 받는 체언이 관형절 속의 한 성분으로 쓰일 수 있으므로 동격 관형절이 아닌 관계 관형절에 해당한다. 따라서 [A]에는 ㉠과 ㉢이 포함되는 것이 적절하다. ㉡은 '자동차가 전복되다.', ㉣은 '내가 그 일을 한다.'로부터 만들어진 관형절인데, 수식을 받는 체언 '기억'과 '사실'이 관형절 속의 한 성분으로 쓰일 수 없으므로 동격 관형절에 해당한다. 그런데 관형절이 만들어지는 과정에서 ㉡은 '자동차가 전복된'과 같이 문장의 종결 어미가 그대로 유지되지 않으므로 [B]에는 ㉡이 포함되는 것이 적절하고, ㉣은 '내가 그 일을 한다는'과 같이 문장의 종결 어미가 그대로 유지되므로 [C]에는 ㉣이 포함되는 것이 적절하다.

[44~45] 현대 국어와 중세 국어의 겹문장

지문 해설: 이 글에서는 현대 국어의 겹문장이 이어진문장과 안은문장으로 나누어짐을 언급한 후, 이어진문장은 대등하게 이어진 문장과 종속적으로 이어진 문장으로 나뉘며, 두 문장이 이어질 때의 의미 관계에 따라 사용되는 연결 어미에 대해 설명하고 있다. 그리고 안은문장에서 하나의 성분처럼 기능하는 문장을 안긴문장이라고 하는데, 안긴문장에는 명사절, 관형절, 부사절, 서술절, 인용절이 있으며 이러한 절들이 문장에 안길 때 취하는 문법 표지에 대해 설명하고 있다. 그 후 중세 국어에서도 현대 국어와 마찬가지로 이어진문장과 안은문장이 존재하였으나, 문장이 이어지거나 안길 때 사용한 문법 표지는 오늘날과 달랐음을 설명하고 있다.

주제: 현대 국어와 중세 국어에서의 이어진문장과 안은문장의 특징

---

44 안긴문장의 특징 이해   답 ⑤

ㄴ에서는 '그가 소리도 없이 사라졌음'이라는 명사절 안에 '소리도 없이'라는 부사절이 있으므로 하나의 안긴문장 안에 또 다른 문장이 안겨 있음을 알 수 있다. 그러나 ㄷ에서는 '운동장을 달리는'이라는 관형절과 '발밑을 조심하라고'라는 인용절이 별개로 존재하므로 하나의 안긴문장 안에 또 다른 문장이 안겨 있다고 할 수 없다.

왜 오답?

① ㄱ은 '아이가 먹기'라는 명사절에 부사격 조사 '에'가 붙어 부사어로 기

능하고 있으므로 적절하다.
② ㄴ은 '소리도 없이'라는 부사절이 '사라졌음'이라는 용언을 수식하고 있으므로 적절하다.
③ ㄷ의 '발밑을 조심하라고'는 '고'가 쓰인 간접 인용절로, 다른 사람의 말을 말하는 사람의 표현으로 바꾸어 인용한 절에 해당한다.
④ ㄱ의 '잘 다져진'과 ㄷ의 '운동장을 달리는'은 각각 '음식'과 '나'를 수식하는 관형절로, '(음식이) 잘 다져진'과 '(나는) 운동장을 달리는'과 같이 모두 안긴문장의 주어가 생략되어 있다.

45 중세 국어의 문장의 짜임 이해 　　　　　　답 ④
(다)의 '불휘 기픈'은 관형사형 어미 '-(으)ㄴ'이 붙어 관형절이 되었지만, (가)의 'ᄆᆞᆯ히 멀면 乞食ᄒᆞ디 어렵고'에서 '멀면'의 '-면'은 두 문장을 이어 주는 연결 어미이므로 'ᄆᆞᆯ히 멀면'은 관형절이 아니다.

❮❮ 왜 오답?
① (가)에서 '乞食ᄒᆞ디'는 현대어 '걸식하기'에 해당하는데, 이는 주어가 생략된 명사절이다. 따라서 중세 국어에서는 현대 국어와 달리 명사절을 만들 때, '-디'가 사용되었음을 짐작할 수 있다.
② (나)의 '이 東山ᄋᆞᆫ 남기 됴홀ᄊᆡ'는 현대어 '이 동산은 나무가 좋으므로'에 해당하는데, 이때 '남기 됴홀ᄊᆡ'에 해당하는 '나무가 좋으므로'는 주어인 '이 동산은'의 서술어 기능을 하므로 서술절로 사용되었음을 짐작할 수 있다.
③ (다)의 '곶 됴코 여름 하ᄂᆞ니'는 현대어 '꽃이 좋고 열매가 많으니'에 해당하여 대등하게 이어진 문장이므로, 중세 국어에서도 이어진 문장을 만들 때 '-고'와 같은 연결 어미를 사용하였음을 짐작할 수 있다.
⑤ (나)의 '됴홀ᄊᆡ'와 (다)의 '뮐ᄊᆡ'는 각각 현대어 '좋으므로'와 '흔들리므로'에 해당하는데, 이를 통해 현대 국어의 연결 어미인 '-으로'와 형태는 다르지만 '-ㄹᄊᆡ'와 같이 문장을 종속적으로 연결해 주는 표지가 사용되었음을 확인할 수 있다.

[46~47] 현대 국어와 중세 국어의 의문문
지문 해설: 이 글에서는 화자가 청자에게 질문하여 대답을 요구하는 의문문에 대하여 다루고 있는데, 특히 의문문의 가장 대표적인 유형인 판정 의문문과 설명 의문문으로 나누어 설명하고 있다. 판정 의문문은 화자의 질문에 대하여 긍정이나 부정의 대답을 요구하는 의문문이고, 설명 의문문은 주로 의문사가 사용되어 그 의문사가 가리키는 내용에 대하여 청자가 구체적으로 설명해 주기를 요구하는 의문문이다. 끝으로 현대 국어와 달리 중세 국어에서는 의문사나 '-녀', '-뇨'와 같은 종결 어미 외에 '가', '고'와 같은 보조사를 이용해서도 의문문을 만들었음을 밝히고 있다.
주제: 현대 국어와 중세 국어에서의 의문문의 유형과 실현 방법

46 의문문의 특징과 유형 이해 　　　　　　답 ③
3문단에서 의문 대명사가 포함된 의문문의 경우, 상황에 따라 판정 의문문으로 사용되기도 한다고 하였고, 그때의 의문 대명사는 정해지지 아니한 사람, 물건, 방향, 장소 따위를 가리키는 부정칭 대명사로 볼 수 있다고 하였다. ㉢의 경우 의문사 '무엇'이 포함되어 있는 의문문이지만, 청자의 반응이 '아니'인 것으로 보아 판정 의문문으로 사용된 것으로 판단할 수 있으며, '무엇' 또한 부정칭 대명사로 사용된 것임을 짐작할 수 있다. 따라서 ㉢은 의문사가 가리키는 내용을 설명해 달라는 의도를 드러낸 것으로 보기 어렵다.

❮❮ 왜 오답?
① ㉠에 대한 대답이 '응'인 것으로 보아, ㉠은 청자에게 긍정이나 부정의 대답을 요구하는 판정 의문문임을 알 수 있다.

② ㉡에서 어미 '-지'를 활용한 것으로 보아, 화자가 이미 알고 있거나 믿고 있는 사실에 대하여 청자의 동의를 구하거나 확인을 하는 판정 의문문임을 알 수 있다.
④ ㉣은 ㉢과 마찬가지로 상황에 따라 판정 의문문으로 사용되기도 하는데, 청자가 '예' 또는 '아니요'와 같이 긍정이나 부정의 대답을 할 경우 판정 의문문이 되므로, 이때의 의문사는 부정칭 명사로 사용된 것임을 알 수 있다.
⑤ ㉤에 대한 대답으로 보아, ㉤은 의문사 '왜'가 가리키는 내용에 대하여 청자가 구체적으로 설명해 주기를 요구하는 설명 의문문임을 알 수 있다.

47 중세 국어의 의문문 이해 　　　　　　답 ④
4문단의 내용을 통해 중세 국어에서는 의문사나 '-녀', '-뇨'와 같은 종결 어미를 이용하여 의문문을 만들기도 하고, 이 외에도 '가', '고'와 같은 보조사를 이용하여 의문문을 만들기도 하였음을 알 수 있다. 〈보기〉의 '탐구 과제'를 살펴보면, 'ㄱ'에는 보조사 '가', 'ㄷ'에는 보조사 '고'를 활용하여 의문문을 만들었으며, 'ㄴ'에는 종결 어미 '녀', 'ㄹ'에는 종결 어미 '뇨'를 활용하여 의문문을 만들었음을 확인할 수 있다. 그런데 〈보기〉의 '탐구 결과'에 따르면 'ㄱ'과 'ㄴ'은 판정 의문문이고, 'ㄷ'과 'ㄹ'은 설명 의문문이라고 하였으므로, 판정 의문문에 사용되는 보조사와 종결 어미의 형태가 설명 의문문의 그것과 다르다는 것을 알 수 있다.

❮❮ 왜 오답?
① 판정 의문문인 'ㄴ'과 설명 의문문인 'ㄹ' 모두 '-녀', '-뇨'와 같은 종결 어미를 활용하였다.
② 판정 의문문인 'ㄱ'과 'ㄴ'에서 긍정이나 부정의 대답을 요구할 때 사용하는 특별한 의문사는 찾아볼 수 없다.
③ 판정 의문문인 'ㄱ'에는 보조사 '가'가 사용되었고, 같은 판정 의문문인 'ㄴ'에는 종결 어미 '-녀'가 사용되었으므로, 판정 의문문을 만들 때 보조사와 종결 어미를 동시에 사용하였다는 내용은 적절하지 않다.
⑤ 의문사가 사용되어 그 의문사가 가리키는 내용에 대하여 청자가 구체적으로 설명해 주기를 요구하는 의문문은 'ㄷ', 'ㄹ'과 같은 설명 의문문이다. 선택을 요청하는 의문문에서는 의문사가 쓰이지 않았다.

[48~49] 중세 국어의 높임 표현
지문 해설: 이 글에서는 중세 국어의 직접 높임과 간접 높임에 대해 설명하고 있다. 먼저 중세 국어에서도 주체나 객체로 표현되는 인물을 직접적으로 높이기도 하고, 간접적으로 높이기도 했음을 밝히고 예문과 함께 주체 높임에서의 직접 높임과 간접 높임, 객체 높임에서의 직접 높임과 간접 높임의 사례를 보여 주고 있다.
주제: 중세 국어의 직접 높임과 간접 높임

48 중세 국어의 높임법 표현 이해 　　　　　　답 ③
'-ᅀᆞᆸ-'은 객체 높임 선어말 어미로, 목적어나 부사어 자리에 오는 인물을 높이는 데 쓰인다. ㄷ에서는 '-ᅀᆞᆸ-'을 사용하여 '세존'을 직접 높이고 있다. 따라서 주어인 '용왕'과는 아무런 관계가 없으므로 '용왕'을 간접적으로 높이고 있다는 내용은 적절하지 않다.

❮❮ 왜 오답?
① ㄱ에서는 예문 ⑵와 같이 '-시-'를 통해 '일훔'을 높임으로써 '왕'을 간접적으로 높이고 있다.
② ㄴ에서는 예문 ⑷와 같이 '-ᅀᆞᆸ-'을 통해 '은사'를 높임으로써 '님금'을 간접적으로 높이고 있다.
④ ㄹ에서는 예문 ⑴과 같이 '-시-'를 통해 주어인 '태자'를 직접적으로

높이고 있다.

⑤ ㅁ에서는 예문 (3)과 같이 '-숩-'을 통해 '제불'을 직접적으로 높이고 있다.

중세 국어의 객체 높임 선어말 어미

-숩-	• ㄱ, ㅂ, ㅅ, ㅎ 뒤에 쓰임. (ㅎ 뒤에서는 -쏩-으로 실현됨.) • 모음으로 시작하는 어미 앞에서 '-쑬-'으로 교체됨.
-즙-	• ㄷ, ㅌ, ㅈ, ㅊ 뒤에서 쓰임. • 모음으로 시작하는 어미 앞에서 '-쭐-'으로 교체됨.
-숩-	• 모음과 유성 자음 뒤에 쓰임. • 모음으로 시작하는 어미 앞에서 '-쑬-'으로 교체됨.

49 높임 표현 이해   답 ③

'학생 2'는 'ⓑ'와 'ⓐ, ⓒ, ⓓ'로 나누고 있는데, ⓑ는 객체에 해당하는 '고모님'을 높이는 객체 높임 표현이고, ⓐ, ⓒ, ⓓ는 모두 주어에 해당하는 인물이나 대상을 높이는 주체 높임 표현이다. 따라서 '학생 2'의 분류 기준으로는 '객체에 해당하는 인물을 높이는가의 여부'가 가장 적절하다.

왜 오답?

① 소유물을 높이는 높임 표현은 ⓐ~ⓓ에서 사용되지 않았으므로 적절하지 않다.

② 직접 높임에 해당하는 것은 ⓑ와 ⓒ이므로 '학생 1'의 분류 기준에 해당한다.

④ 신체의 일부분을 높인 표현은 ⓐ에만 사용되었으므로 적절하지 않다.

⑤ 객체 높임 선어말 어미가 활용된 표현은 없으므로 적절하지 않다.

[50~51] 현대 국어와 중세 국어의 높임 표현

지문 해설: 이 글에서는 높임 표현이 높임이나 낮춤의 대상이 누구냐에 따라 주체 높임법, 객체 높임법, 상대 높임법으로 나누어짐을 밝히고, 각 높임법의 높임 대상과 이를 실현하는 문법 요소를 설명한 후, 현대 국어와 비교하여 중세 국어에서 높임법의 실현 방법을 보여 주고 있다.

주제: 현대 국어와 중세 국어에서의 높임 표현의 공통점과 차이점

50 중세 국어의 높임 표현 이해   답 ④

ⓔ의 '뫼셔'는 목적어인 '聖宗(성종)'을 높이는 표현으로, 서술의 객체를 높이기 위해 특수한 어휘가 사용된 것이다. 따라서 서술의 주체를 높이기 위해 특수한 어휘가 사용되었다는 내용은 적절하지 않다.

왜 오답?

① ㉠ '깃ㅅ 뵹니'는 '깃-+-숩-+-으니'로 분석되며, 목적어인 '인의의 군대를'을 높이기 위해 객체 높임 선어말 어미 '-숩-'을 사용한 것이므로 적절하다.

② ㉡ '일노ㅎ시니'의 '-시-'는 주어인 '聖孫(성손)'을 높이기 위한 선어말 어미이고, 현대 국어에서도 선어말 어미 '-시-'를 통해 주체 높임을 실현하므로 적절하다.

③ 4문단을 보면 중세 국어에서는 현대 국어와 달리 상대를 높이기 위해 상대 높임 선어말 어미 '-이-, -잇-' 등을 사용했다고 하였다. '올ㅁ니이다'에서 선어말 어미 '-이-'가 쓰였으므로 적절하다.

⑤ ㉢ '그리시니이다'에서 '-시-'는 주체 높임 선어말 어미로 주체인 '하ᄂᆞᆶ'을 높인 것이고, '-이-'는 상대 높임 선어말 어미로 청자인 상대방을 높인 것이므로 적절하다.

중세 국어의 상대 높임 선어말 어미 '-이-', '-잇-'

-이-	ㅎ쇼셔체의 상대 높임 선어말 어미로, 종결 어미 '-다' 앞에 쓰임. **예** 그듸 ᄯᆞ룰 맛고져 ᄒᆞ더이다
-잇-	ㅎ쇼셔체의 상대 높임 선어말 어미로, 의문형 종결 어미 '-가, -고' 앞에서 쓰임. **예** 이 ᄯᅳ디 엇더ᄒᆞ니잇고, 일후믈 므ᅀᅥ미라 ᄒᆞ리잇가 못ᄒᆞ리잇가

51 현대 국어의 높임 표현 이해   답 ①

'아버지는 허리가 아프셔서'에서 '아프셔서'의 '-시-'는 아버지의 신체에 해당하는 허리를 높이는 것이므로 간접 높임에 해당하고, '뵙고'는 객체에 해당하는 '할아버지'를 높이기 위해 사용된 특수 어휘이며, '왔습니다'에서 '-습니다'는 하십시오체의 종결 어미이므로 상대를 높인 것이다. 따라서 높임의 양상을 바르게 분석한 것은 ①이다.

[52~53] 현대 국어와 중세 국어의 시간 표현

지문 해설: 이 글에서는 국어의 문법 요소 중 시제에 대해 설명하고 있다. 시제는 발화시를 기준으로 사건시의 선후 관계에 따라 과거, 현재, 미래로 나뉨을 설명하고, 과거 시제, 현재 시제, 미래 시제의 개념과 이를 실현하는 문법 요소들을 차례대로 설명하고 있다. 그 후 중세 국어의 시제도 현대 국어와 마찬가지로 과거, 현재, 미래의 삼분 체계를 가지지만, 이를 실현하는 방식은 현대 국어와 달랐음을 설명하고 있다.

주제: 현대 국어와 중세 국어에서의 시간 표현의 공통점과 차이점

52 현대 국어의 시간 표현 이해   답 ⑤

2문단에서 과거 시제 선어말 어미 '-았-/-었-'이 사용되었다고 해도 경우에 따라 사건시가 발화시와 일치하는 현재의 일이나 사건시가 발화시 이후인 미래의 일을 표시하는 데에도 쓰일 수 있다고 하였는데, '이제 나무 아래에서 낮잠은 다 잤다.'가 이러한 예에 해당한다. 해당 문장에서는 과거 시제 선어말 어미 '-았-'을 사용하고 있으나, 그 의미는 '앞으로는 나무 아래에서 낮잠을 더 이상 잘 수 없다.'와 같이 미래 시제를 나타내므로 ⑤는 탐구 내용으로 적절하지 않다.

왜 오답?

① 발화시와 사건시가 동일한 것은 현재 시제이므로 현재 시제 선어말 어미 '-는-'을 사용하여 표현하는 것은 적절하다.

② 사건시가 발화시 이후인 시제는 미래 시제이므로 미래 시제 선어말 어미 '-겠-'을 사용하여 표현하는 것은 적절하다.

③ '-었었-'은 현재와 단절된 상황이나 먼 과거를 표시할 때 쓰는 과거 시제 선어말 어미이므로 적절하다.

④ 2문단에서 과거 시제 선어말 어미 중 '-더-'는 발화자가 과거에 경험한 일을 회상할 때 쓰이는데, 주어가 1인칭인 경우 쓰임에 제약이 따르기도 한다고 하였으므로 적절하다.

53 중세 국어의 시간 표현 이해   답 ⑤

(마)의 '닐오리라'에서는 선어말 어미 '-리-'를 사용하여 미래 시제를 나타내고 있다. 4문단에서 현대 국어에서도 선어말 어미 '-(으)리-'가 사용되어 예스러운 의미의 미래 시제를 표현한다고 하였으므로, 오늘날 사용되지 않는 어미를 통해 미래의 의미를 나타낸다는 내용은 적절하지 않다.

① 5문단에서 중세 국어에서 동사의 경우, 과거 시제는 선어말 어미 없이 표현하거나 선어말 어미 '–더–'를 사용하여 표현했다고 하였다. (가)의 '뻐 낭호라'는 이와 같이 선어말 어미 없이 과거의 의미를 나타내고 있으므로 적절하다.

② 5문단에서 중세 국어의 과거 시제 선어말 어미 '–더–'는 현대 국어와는 달리 모든 인칭에 두루 쓰였으며, 1인칭 주어와 함께 쓰이는 경우에는 '–다–'로 나타났다고 하였는데, (나)의 '롱담ᄒ다라'는 1인칭 주어와 함께 쓰여 선어말 어미 '–다–'로 실현되었으며 과거의 의미를 나타내므로 적절하다.

③ 5문단에서 중세 국어의 현재 시제는 선어말 어미 '–ᄂᆞ–/–ㄴ–'을 써서 표현한다고 하였는데, (다)의 '묻ᄂᆞ다'는 선어말 어미 '–ᄂᆞ–'를 사용하여 현재의 의미를 나타내고 있으므로 적절하다.

④ 5문단에서 중세 국어에서의 현재 시제는 보편적인 사실을 나타내기도 한다고 하였는데, (라)에서는 'ᄒᆞᄂᆞ니라'의 현재형 선어말 어미 '–ᄂᆞ–'가 사용되었고 보편적인 사실을 나타내고 있으므로 적절하다.

[54~55] 현대 국어와 중세 국어의 시간 표현

지문 해설: 이 글에서는 국어의 시간 표현에 대해 설명하고 있다. 먼저 국어의 시간 표현에 해당하는 시제와 동작상의 개념을 설명한 후, 동작상을 실현하는 문법 요소와 함께 진행상과 완료상에 대해 설명하고 있다. 그리고 진행상이 완료상으로 해석되기도 하는 중의적 표현을 예시와 함께 보여 주고 있다. 그 이후에는 중세 국어에서 동작상을 실현하는 방법을 덧붙이고 있다.

주제: 현대 국어와 중세 국어에서의 시간 표현의 특징

---

54 현대 국어의 시간 표현 이해　　　　　**답 ③**

ㄷ의 '부르면서'에 사용된 연결 어미는 '–(으)면서'인데, 이는 어떤 사건이 특정 시간의 흐름 속에서 계속 이어지고 있음을 나타내는 진행상이므로, 연결 어미를 통해 시간의 흐름 속에서 사건이 완료되었음을 표현하고 있다는 내용은 적절하지 않다.

① ㄱ에는 사건시와 발화시가 일치하는 현재 시제가 나타나며, '–고 있다'를 통해 진행상을 실현하고 있다.

② ㄴ에서는 '–어 있다'를 통해 꽃이 피어난 후의 결과가 지속되고 있음을 나타내고 있다.

④ ㄹ의 '–고 있다'는 현재 그가 빨간 티셔츠를 입는 중이라는 의미의 진행상으로 해석할 수도 있지만, 빨간 티셔츠를 입은 상태로 있다는 의미의 완료상으로도 해석할 수 있다.

⑤ ㅁ에는 사건시가 발화시보다 앞서는 과거 시제가 나타나며, '–고서'를 통해 완료상을 실현하고 있다.

---

55 중세 국어의 동작상 이해　　　　　**답 ⑤**

ㄹ에서는 보조적 연결 어미와 보조 용언이 결합한 '–야 잇–'을 통해 진행상을 표현하고 있으나, ㅁ에서는 연결 어미 '–고셔'를 통해 완료상을 표현하고 있으므로 ㄹ과 ㅁ 모두에서 보조적 연결 어미와 보조 용언이 결합된 형태로 동작상이 표현되어 있다는 내용은 적절하지 않다.

① ㄱ의 '안자 잇거늘'에서는 '–아 잇–'을 통해 앉은 후의 결과가 지속되고 있음을 나타내는 완료상을 표현하고 있음을 알 수 있다.

② ㄴ의 '쉬며셔'에서는 연결 어미인 '–며셔'를 통해 시간의 흐름 속에서 동작이 일어나는 진행상을 표현하고 있음을 알 수 있다.

③ 현대 국어의 '–아 있다'는 보통 완료상을 표현하는데, ㄷ의 '빨아 잇더라'에서 '–아 잇–'의 현대어 풀이를 보면 '–고 있–'이므로 현대 국어의 '–아 있다'와 달리 진행상을 표시하고 있음을 알 수 있다.

④ ㄷ에서는 '빨'과 결합하는 보조적 연결 어미로 '–아'가 쓰였으나, ㄹ에서는 'ᄒ–' 뒤에 보조적 연결 어미로 '–야'가 쓰였음을 알 수 있다.

[56~57] 현대 국어와 중세 국어의 시간 표현

지문 해설: 이 글에서는 선어말 어미를 활용하는 시간 표현에 대해 설명하고 있다. 먼저 현대 국어에서 현재 시제, 과거 시제, 미래 시제를 표현하는 선어말 어미를 요약적으로 제시한 후 중세 국어에서 용언의 어간에 선어말 어미를 결합하여 나타내는 경우와, 용언의 어간에 선어말 어미를 결합하지 않고 나타내는 경우를 설명하고 있다.

주제: 현대 국어와 중세 국어에서의 선어말 어미를 통한 시간 표현

---

56 시제 선어말 어미 이해　　　　　**답 ③**

'놓였다'는 동사의 어간 '놓이–'에 과거 시제 선어말 어미 '–었–'과 종결 어미 '–다'가 결합하여 된 '놓이었다'가 줄어진 형태이다. 따라서 ⓒ에 사용된 과거 시제 선어말 어미는 '–었–'이다.

① '먹는다'는 동사의 어간 '먹–' 다음에 현재 시제 선어말 어미 '–는–'이 사용된 예이다.

② '자란다'는 동사의 어간 '자라–' 다음에 현재 시제 선어말 어미 '–ㄴ–'이 사용된 예이다.

④ '입장하겠습니다'는 동사의 어간 '입장하–' 다음에 미래 시제 선어말 어미 '–겠–'이 사용된 예이다.

⑤ '꿨다'는 동사의 어간 '꾸–' 다음에 과거 시제 선어말 어미 '–었–'이 사용된 예이다.

---

57 중세 국어의 시간 표현 이해　　　　　**답 ⑤**

ⓐ '곧ᄒ다'와 ⓓ '오뇨'에는 과거나 현재, 또는 미래 시제를 나타내는 시제 선어말 어미가 결합해 있지 않다. 그러나 ⓑ '묻ᄂᆞ다'에는 현재 시제 선어말 어미 '–ᄂᆞ–'가 결합해 있고, ⓒ '도죽ᄒ더니'에는 회상의 의미가 있는 선어말 어미 '–더–'가 결합해 있다. 그리고 ⓔ '아니ᄒ리니'에는 미래 시제를 나타내는 선어말 어미 '–리–'가 결합해 있다. 따라서 ㉠에는 ⓑ, ⓒ, ⓔ가 해당하고, ㉡에는 ⓐ, ⓓ가 해당한다.

[58~59] 현대 국어와 중세 국어의 사동 표현

지문 해설: 이 글에서는 사동 표현과 사동문의 형성 방법에 대해 설명하고 있다. 사동 표현을 만드는 문법 요소를 먼저 설명한 후, 주동문을 사동문으로 바꿀 때 문장 성분과 서술어의 자릿수에는 어떠한 변화가 생기는지를 용언의 종류에 따라 예문과 함께 설명하고 있다. 그리고 사동은 직접 사동과 간접 사동으로 나눌 수 있는데 단형 사동은 이 둘의 의미를 모두 지닐 수 있으나, 장형 사동은 간접 사동의 해석만이 가능함을 밝히고 있다. 그 후 15세기 국어에서 사동 표현이 어떻게 만들어지는지에 대해 간략히 밝히고 있다.

주제: 현대 국어와 중세 국어에서의 사동 표현의 특징

---

58 현대 국어의 사동 표현 이해　　　　　**답 ⑤**

ⓔ은 '–게 하다'에 의한 장형 사동이고, ⓒ은 접미사 '–이–'가 붙은 사동사 '먹이다'에 의한 단형 사동이다. 그런데 4문단에서 단형 사동은 맥락에 따라 직접 사동과 간접 사동의 두 가지 의미를 모두 표현할 수 있으나,

장형 사동은 간접 사동의 해석만을 허용한다고 하였으므로, ⓒ이 두 가지 의미 모두로 해석된다. 따라서 장형 사동인 ⓔ이 직접 사동과 간접 사동의 의미 모두로 해석될 수 있다는 ⑤의 내용은 적절하지 않다.

왜 오답?

① ㉠을 '아이들이'를 주어로 삼는 단형 사동문으로 바꾸면 '아이들이 얼음 위에서 팽이를 돌린다.'가 되므로, ㉠의 주어 '팽이가'가 목적어 '팽이를'로 바뀌는 것을 확인할 수 있다.

② ㉠의 서술어 '돌다'는 주어만을 요구하는 한 자리 서술어이지만, 단형 사동문으로 바꾸면 목적어가 필요하므로 서술어 '돌리다'는 주어와 목적어를 요구하는 두 자리 서술어이다.

③ ㉡을 '선생님께서'를 주어로 삼는 단형 사동문으로 바꾸면 '선생님께서 지원이에게 그 일을 맡겼다.'가 되므로, ㉡의 주어 '지원이가'가 부사어 '지원이에게'로 바뀌는 것을 확인할 수 있다.

④ ㉡의 서술어 '맡다'는 주어와 목적어를 요구하는 두 자리 서술어이지만, '맡기다'는 주어, 부사어, 목적어를 요구하는 세 자리 서술어이다.

59 중세 국어의 사동 표현 이해　　　　　　　　　답 ⑤

ⓜ은 15세기 국어에서는 어근의 형태가 '밧-'이고 현대 국어에서는 '벗-'이다. 그러나 두 동사 모두 결합하는 사동 접미사가 '-기-'이므로 어근의 형태에 따라 결합하는 사동 접미사의 양상이 다르지 않다.

왜 오답?

① 현대 국어에서는 어근 '얼-'에 사동 접미사 '-리-'가 결합하는데, 15세기 국어에서는 사동 접미사 '-우-'가 결합했음을 알 수 있다.

② '일케 ᄒᆞ야뇨'는 '잃게 ᄒᆞ야뇨'를 이어 적기한 것으로 현대 국어의 '-게 하다'에 해당하는 '-게 ᄒᆞ-'가 사용되었음을 알 수 있다.

③ ㉢에서 현대 국어와 15세기 국어의 사동 접미사의 형태는 '-히-'로 같으나 '안치시고'는 '앉히시고'를 이어 적기한 것이므로 현대 국어에서와 달리 15세기 국어에서는 어근과 사동 접미사가 결합할 때 소리 나는 대로 적었음을 알 수 있다.

④ '사ᄅᆞ시리잇가'의 형태소를 분석하면 '살-+-ᄋᆞ-+-시-+-리-+-잇-+-가'이다. 이때의 사동 접미사는 '-ᄋᆞ-'인데, 현대 국어에서 사용되지 않는 사동 접미사이다.

[60~61] 현대 국어와 중세 국어의 사동 표현

지문 해설: 이 글에서는 현대 국어와 중세 국어의 사동 표현에 대해 설명하고 있다. 먼저 사동의 개념과 사동 표현이 파생적 사동과 통사적 사동으로 나뉨을 밝히고, 실현 방법과 일부 용언에서 사동 접사의 결합에 제약이 있음을 설명하고 있다. 그리고 이어 15세기 국어에서의 파생적 사동과 통사적 사동에 대해 설명하고 있다.

주제: 현대 국어와 중세 국어에서의 사동 표현의 특징

---

60 현대 국어의 사동 표현 이해　　　　　　　　답 ③

ㄴ. '기리다'는 단일어로 사동 접사가 붙지 않은 단어이고, '날리다'는 '날다'에 사동 접사 '-리-'가 결합한 동사이다.

ㄹ. '싸우다'와 '닮다'는 모두 특정한 상대를 필수적으로 요구하는 동사이기 때문에 사동 접사가 결합하지 못한다.

왜 오답?

ㄱ. '받다'는 파생적 사동이 불가능하지만, '늦다'는 사동 접미사 '-추-'가 붙어 '늦추다'로 파생적 사동이 가능하다.

ㄷ. '던지-'와 '견디-'는 모두 어간이 'ㅣ'로 끝나기 때문에 사동 접사가 결합하지 못한다.

61 중세 국어의 사동 표현 이해　　　　　　　　답 ③

15세기 국어에서 현대 국어의 '-게 하다'에 해당하는 통사적 사동을 만들 때, 보조적 어미로 '-게/긔'가 주로 쓰였는데, '얻게 ᄒᆞ다'가 그 예라고 하였다. 따라서 ⓑ를 통사적 사동으로 바꾸어 표현하면 어간 '듣-'에 '-게/긔 ᄒᆞ-'가 결합하므로 '듣게 ᄒᆞ-' 혹은 '듣긔 ᄒᆞ-'가 된다.

왜 오답?

① ⓐ '알의'에서 '알-'은 'ㄹ'로 끝나는 어간이므로 뒤에 보조적 연결 어미 '-게/긔' 대신에 '-의'가 결합한 것이다.

② ⓑ '들이'는 어간 '듣-'의 받침 'ㄷ'이 사동 접사 '-이-'와 결합할 때 'ㄹ'로 바뀐 것이다.

④ ⓒ의 형태소 분석을 보면 사동 접사 '-ᄋᆞ-'가 결합되어 있고, ⓓ의 형태소 분석을 보면 사동 접사 '-호-'가 결합되어 있으므로 파생적 사동임을 알 수 있다.

⑤ ⓒ와 ⓓ에 사용된 사동 접사 '-ᄋᆞ-'와 '-호-'는 현대 국어에서 사용하지 않는 형태의 사동 접사이다.

[62~63] 부정 표현

지문 해설: 이 글에서는 부정문의 형태와 의미에 대해 설명하고 있다. 먼저 부정문의 개념과 부정문의 유형을 설명하고, '안' 부정문, '못' 부정문의 실현 방법과 의미를 상세하게 설명하고 있다. 그리고 명령문 및 청유문에서 '말다' 부정문의 쓰임을 덧붙이고, 그 성립 여부에 대해 언급하고 있다.

주제: 부정 표현의 유형에 따른 특징

---

62 부정 표현 이해　　　　　　　　　　　　　답 ②

㉡에서 주어는 '물품'으로, 이는 의지를 가질 수 있는 동작 주체가 아니다. 따라서 이 문장은 '의도 부정'으로는 해석되지 않는다.

왜 오답?

① 3문단에서 ㉠의 '넓다'와 같이 서술어가 형용사인 경우에는 일반적으로 '못' 부정문이 성립할 수 없지만, '-지 못하다'로 실현되는 '긴 부정문'에 한하여 '화자의 기대하는 기준에 이르지 못함'의 뜻을 나타내는 경우에는 쓰이기도 한다고 하였다.

③ 3문단에서 '못' 부정문은 화자의 능력을 부정하는 의미에서 발전하여 완곡한 거절, 또는 강한 거부와 같은 화자의 심리적 태도를 반영하기도 한다고 하였다. ㉢ 뒤에 이어지는 문장의 내용으로 볼 때, ㉢의 '못' 부정문에는 완곡한 거절이라는 화자의 심리적 태도가 담겨 있음을 짐작할 수 있다.

④ 3문단에서 '못' 부정문은 동작 주체의 능력 부족을 드러내는 부정문이므로, 동작 주체의 능력으로 어쩔 수 없는 심리적 상태를 나타내는 서술어는 '못' 부정문에 쓰이기 어렵다고 하였다. ㉣의 '내키다'는 동작 주체의 능력으로는 어쩔 수 없는 심리적 상태를 나타내는 서술어이므로 '못' 부정문에 사용될 수 없다.

⑤ 4문단에서 '말다' 부정문은 서술어가 형용사인 경우에는 성립하지 않지만, 문장의 서술어가 형용사라도 기원이나 희망을 나타낼 때는 '말다' 부정문이 쓰이기도 한다고 하였다. ㉤의 서술어는 '덥다'로 형용사이기 때문에 '말다' 부정문이 성립하지 않지만, 화자의 기원이나 희망을 나타내기 위해 '-지 마라'와 같이 '긴 부정문' 형태로 실현된 것이다.

63 중세 국어의 부정 표현 이해　　　　　　　답 ③

㉢의 '몯 드르며'는 '못' 부정문으로, 현대 국어에서와 마찬가지로 동작 주체의 의도를 부정하는 것이 아니라, 동작 주체의 능력 부족을 드러낸다.

왜 오답?

① 현대 국어에서 '아니'의 준말이 '안'이므로 중세 국어에서도 '안' 부정

문에 해당하는 부정문이 사용되었음을 알 수 있다.

② 2문단에서 '안' 부정문의 서술어가 형용사이거나 주어가 의지를 가질 수 있는 경우에는 대개 '단순 부정'으로 해석한다고 하였다. '멀다'는 형용사에 해당하므로 ⓑ '머디 아니ᄒᆞ다'는 현대 국어에서의 '-지 아니하다' 형식에 해당하는 '단순 부정'의 '안' 부정문임을 알 수 있다.

④ 4문단에서 '말다' 부정문은 명령문 및 청유문에서 부정의 용언 구성 '-지 말다'로 실현된다고 하였다. ⓓ '닛디 마ᄅᆞ쇼셔'에서도 현대 국어에서와 같이 '-디 말다'를 통해 명령문을 부정하는 '말다' 부정문이 사용되었음을 알 수 있다.

⑤ ⓐ는 현대 국어에서 부정 부사 '안(아니)'으로 실현되는 '짧은 부정문'에 해당하며, ⓓ는 현대 국어에서 부정의 용언 구성 '-지 말다'로 실현되는 '긴 부정문'에 해당함을 알 수 있다.

도전 ①등급

중세 국어의 명령형 어미	
-(ᄋᆞ/으)라	상위자가 하위자에게 행동의 이행을 강요할 때 사용하는 ᄒᆞ라체의 명령형 어미. 예 첫소리 어울워 ᄡᅮ디면 ᄀᆞᆲ바ᄡᅳ라 (초성 글자를 합하여 사용할 때에는 나란히 써라.)
-어쎠	• 하위자가 상위자에게 행동의 이행을 요구할 때 쓰는 ᄒᆞ야쎠체의 명령형 어미. • 근대 국어 이후에 소멸되었으며 현대 국어의 '-소'로 변함. 예 엇뎨 부톄라 ᄒᆞᄂᆞ닛가 그 ᄠᅳ들 닐어쎠 (어찌 부처님이라고 하요? 그 뜻을 말하오.)
-쇼셔	하위자가 상위자에게 행동의 이행을 요구하면서 상대를 아주 높일 때 사용하는 ᄒᆞ쇼셔체의 명령형 어미. 예 님금하 아ᄅᆞ쇼셔 (임금이시어 아소서.)

64 시대 변화에 따른 단어의 형태 변화 이해   답 ③

〈관련 자료〉를 보면 'ㅎ 종성 체언'은 단독형으로 쓰일 때에는 'ㅎ'이 나타나지 않는다고 하였으므로, '살코기'의 '살'이 중세 국어에서 단독으로 쓰일 경우에는 '솔ㅎ'이 아닌 '솔'로 실현되었을 것임을 짐작할 수 있다.

❝ 왜 오답?

① '안팎'은 '안ㅎ'의 'ㅎ'과 '밖'의 'ㅂ'이 결합한 흔적이 '팎'의 'ㅍ'에 남아 있는 것으로 볼 수 있다.

② '수캐'의 'ㅋ'은 '수ㅎ'의 'ㅎ'과 '개'의 'ㄱ'이 결합하여 축약된 것으로 볼 수 있다.

④ 〈관련 자료〉에서 'ㅎ 종성 체언'이 모음으로 시작하는 말과 결합하는 경우 'ㅎ'을 이어 적는다고 하였으므로, '하ᄂᆞᆯ콰'와 같이 '나라ㅎ'가 모음으로 시작하는 조사 '이'와 결합할 경우 '나라히'의 형태로 사용될 것임을 알 수 있다.

⑤ 〈관련 자료〉를 보면 '암ㅎ'은 'ㅎ 종성 체언'이므로 '암평아리'의 'ㅍ'은 '암ㅎ'의 'ㅎ'과 '병아리'의 'ㅂ'이 결합한 흔적임을 짐작할 수 있다.

[65~66] 국어의 표기

지문 해설: 이 글에서는 국어의 표기 변화에 대해 설명하고 있다. 먼저 현대 국어의 표기는 한글 맞춤법에서 표음주의와 표의주의를 모두 채택하고 있고, 어떠한 경우에 표음주의와 표의주의가 각각 적용되는지를 밝히고 있다. 그리고 표기 원칙이 제정되기 전에는 국어의 표기 방식이 이어 적기, 끊어 적기, 거듭 적기 등과 같이 다양하였음을 밝히고, 각각의

표기 방식이 어떠한 방식인지 설명하고 있다. 그리고 재음소화 표기에 대한 설명을 예와 함께 덧붙이고 있다.

주제: 현대 국어와 중세 국어의 표기

---

65 한글 맞춤법 이해   답 ⑤

[A]를 보면 일반적인 활용 규칙에서 어긋나는 경우에는 표음주의가 채택된다고 하였다. ⑩'가르다'의 활용형을 '갈라'로 표기하는 것은 어간의 형태가 달라진 것을 달라진 그대로 표기하는 것이므로, 표의주의 방식이 아닌 표음주의 방식으로 표기한 것에 해당한다.

❝ 왜 오답?

① ㉠ '먹고'는 [먹꼬]로 발음되는데 소리대로 적지 않고 어간과 어미를 구분하여 표기하고 있으므로 표의주의 방식을 채택했다고 할 수 있다.

② ㉡ '좋아'는 [조아]로 발음되는데 어간과 어미를 구별하여 형태소의 본모양 '좋-'과 '-아'를 모두 밝혀 적고 있다.

③ ㉢ '사라지다'는 '살다'와 '지다'가 결합한 합성어인데 앞말이 본뜻에서 멀어져 발음 나는 대로 표기하고 있다.

④ ㉣ '쉽고'는 형태소의 본 모양을 밝혀 적었으므로 표의주의 표기를 한 것이지만, '쉬우니'는 어간의 형태 '쉽-'이 드러나지 않고 발음 나는 대로 표기하였으므로 표음주의 방식을 채택한 것이다. 따라서 ㉣이 활용할 때에는 표의주의 표기와 표음주의 표기를 모두 확인할 수 있다.

66 중세 국어의 표기 원칙 이해   답 ①

ⓐ는 현대어 풀이를 보면 '높이'에 해당하는데 '노피'로 적었으므로 앞 형태소의 끝소리를 뒤 형태소의 첫소리로 옮겨 적는 이어 적기를 한 것이다. 하지만 ①는 '높이'를 '놉히'로 적은 것인데, 이는 'ㅋ, ㅌ, ㅍ'을 'ㄱ, ㄷ, ㅂ'과 'ㅎ'으로 나누어 표기하는 방식인 재음소화 표기에 해당한다.

❝ 왜 오답?

② ⓑ '므레'는 '믈'과 '에'가 결합할 때 앞 형태소의 끝소리 'ㄹ'을 뒤 형태소의 첫소리로 옮겨 적은 것이므로 이어 적기에 해당한다.

③ ⓒ '사ᄅᆞ미니'는 체언 '사ᄅᆞᆷ'과 서술격 조사 '이니'가 결합할 때 형태소의 본 모양을 밝혀 끊어 적기를 한 것이다.

④ ⓓ '도적글'은 '도적'과 조사 '을'이 결합하는 과정에서 앞 형태소의 끝소리 'ㄱ'을 뒤 형태소의 첫소리에도 다시 적은 거듭 적기를 한 것이다.

⑤ ⓔ '붉은'은 어간 '붉-'과 어미 '-은'이 결합할 때 형태소의 본 모양을 밝혀 적은 것이므로 끊어 적기에 해당한다. ⑨ '드러'는 어간 '들-'과 어미 '-어'가 결합할 때 앞 형태소의 끝소리를 뒤 형태소의 첫소리로 옮겨 적은 것이므로 이어 적기에 해당한다. 따라서 용언의 어간이 모음 '-으', '-어'로 시작하는 어미를 만날 때 표기 방식이 서로 다르다는 것을 알 수 있다.

[67~68] 담화의 형식적 장치와 문법 요소

지문 해설: 이 글에서는 담화에서 발화나 문장 간의 관련성을 보여 주는 형식적 장치인 지시 표현, 대용 표현, 접속 표현과 담화 전개 과정에서 화자가 자신의 의도를 효과적으로 구현하는 문법 요소에 대해 설명하고 있다. 먼저 담화의 지시 표현, 대용 표현, 접속 표현을 예시와 함께 설명한 후, 담화 전개 과정에서 청자와 맥락을 고려하여 화자가 자신의 태도와 의도를 구현하기 위해 사용하는 문법 요소를 예시와 함께 설명하고 있다.

주제: 담화의 형식적 장치와 문법 요소의 특징

---

67 담화의 특성 이해   답 ⑤

① '거기'는 '작년에 같이 갔던 수목원'을 직접 가리키는 지시 표현이 아니라, 앞 발화에 나왔던 말을 대신하는 대용 표현에 해당한다.

쌀 왜 오답?

① ⓐ '지금 저녁 먹으러 가자.'라는 발화는 '주말 나들이 장소'라는 주제에서 벗어나므로 담화의 완결성을 떨어뜨린다.

② ⓑ '거기'는 앞에서 영선이 발화한 '놀이동산'을 대신하는 대용 표현에 해당한다.

③ ⓒ '여기'와 ⓓ '거기'는 담화의 맥락상 모두 해수욕장을 가리킨다.

④ ⓔ '그리고'는 앞 문장과 뒤 문장을 대등하게 이어 주는 접속 표현에 해당한다.

68 담화의 문법 요소 이해 ·············· 답 ④

'드리-'는 객체 높임을 실현하는 특수 어휘로, 문장의 주체인 '할아버지'를 높이는 것이 아니라, "(할아버지께) 과일 좀 드리고 오렴."에서 생략된 문장의 객체인 할아버지를 높이는 것이다.

쌀 왜 오답?

① '께서'는 주체인 할아버지를 높이기 위해 사용하는 주격 조사이다.

② '계시-'는 주체 높임을 실현하는 특수 어휘로, 주체인 할아버지를 높이고 있다.

③ '-구나'는 화자가 새롭게 알게 된 사실에 주목함을 나타내는 종결 어미로, 이를 통해 화자가 할아버지께서 방에 계셨다는 사실을 알게 되었음을 부각하고 있다.

⑤ '-렴'은 부드러운 명령의 의미를 지니는 종결 어미로, 이를 통해 화자가 청자에게 어떠한 행동을 요구하고 있음을 알 수 있다.

69 국어사전의 정보 탐구 ·············· 답 ⑤

'없다'와 '있다'는 사전의 활용 정보를 보면 각각 '없어, 없으니, 없는', '있어, 있으니, 있는'과 같이 규칙 활용을 하고 있음을 알 수 있다. 따라서 활용할 때 어간의 형태가 불규칙적으로 변하는 단어에 해당한다는 내용은 적절하지 않다.

쌀 왜 오답?

① '없다'는 장음 부호(:)를 표시하여 어간 '없-'이 [업ː]으로 긴소리로 발음된다는 것을 나타내고 있다.

② '있다'는 하나의 표제어 아래 두 개의 뜻이 제시되어 있으므로 다의어에 해당한다.

③ '있다 ⑴'에 제시된 【…에】를 통해 '있다 ⑴'은 주어 외에 부사어를 필수적으로 갖추어야 함을 알 수 있다.

④ '없다'와 '있다 ⑵'는 모두 형용사로 품사가 같고, 그 의미 또한 반의 관계에 있다.

70 국어사전의 정보 탐구 ·············· 답 ⑤

'끌다[1]'은 【…을】로 보아 문장 구조상 목적어를 필요로 함을 알 수 있고, '끌다[2]'는 【…에서 …을】로 보아 문장 구조상 부사어와 목적어를 필요로 함을 알 수 있다. 따라서 문장 구조상 부사어를 필요로 하는 것은 '끌다[2]'이다.

쌀 왜 오답?

① '끌다'는 [끌ː다]와 같이 첫음절을 장음으로 발음한다.

② '끌다'는 하나의 표제어 아래 여러 의미가 있으므로 다의어이다.

③ '끌다[1]-ⓒ'은 '시간이나 일을 늦추거나 미루다.'의 의미이므로 '지연하다'와 유의 관계가 성립할 수 있다.

④ '끌다[2]'는 '어느 곳에서 원하는 곳에 이르도록 전선 따위를 늘리다.'의 의미이므로 '주방에서 수도를 끌어 물을 받았다.'와 같은 용례를 추가할 수 있다.

71 국어사전의 정보 탐구 ·············· 답 ③

'멈추다[2]'는 목적어를 반드시 필요로 하는 타동사이다. 그런데 '차가 경적을 울리며 멈추다.'의 경우 '멈추다'가 요구하는 필수적인 문장 성분은 주어인 '차가'뿐이다. 따라서 '차가 경적을 울리며 멈추다.'는 '멈추다[1]'의 용례에 해당하므로 '멈추다[2]'의 용례로 추가할 수 없다.

쌀 왜 오답?

① '그치다「1」'을 보면 【(…을)】이라고 표시되어 있으므로 목적어를 필요로 하는 경우도 있고, 그렇지 않은 경우도 있음을 알 수 있다. 또한 용례를 살펴보면 '비가 그치다.'의 경우에는 자동사로, '울음을 그치다.'의 경우에는 타동사로 쓰였음을 확인할 수 있다.

② '그치다「2」'의 경우 문형 정보에 【…에】【…으로】가 있으므로 '그치다「2」'는 부사어를 반드시 필요로 함을 알 수 있다.

④ '그치다'와 '멈추다'는 모두 하나의 표제어 아래 여러 의미를 지니고 있는 다의어이다.

⑤ '그치다「1」'은 '계속되던 일이나 움직임이 멈추거나 끝나다. 또는 그렇게 하다.'의 의미를 지니고, 용례를 볼 때 '비가 그치다.' 등 '멈추다「2」'의 '비나 눈 따위가 그치다.'라는 의미도 지니므로 '그치다「1」'과 '멈추다'는 유의 관계에 있다고 할 수 있다.

72 국어사전의 정보 탐구 ·············· 답 ③

'버스가 고장이 나 승객들이 차표를 도로 물리는 소동이 있었다.'의 '물리다'는 '물리다³[1]-「1」'의 의미를 지니므로 '물리다¹'의 용례로 추가할 수 없다.

쌀 왜 오답?

① '물리다¹', '물리다²', '물리다³'은 모두 다른 표제어로 등재되어 있으므로 동음이의 관계에 해당한다.

② '물리다²', '물리다³'은 모두 하나의 표제어가 여러 의미를 지니고 있으므로 각각 다의어에 해당한다.

④ '물리다³[1]'은 문형 정보를 보면 부사어와 목적어를 모두 필요로 하는 반면 '물리다¹'은 부사어만을 필요로 한다.

⑤ '물리다³[2]-「1」'의 용례를 보면 '약속 날짜를 이틀 뒤로 물리다.'가 있으므로 ㉠에는 '정해진 시기를 뒤로 늦추다.'가 들어갈 수 있다.

73 국어사전의 정보 탐구 ·············· 답 ④

'크다'[Ⅱ]는 주어만을 필요로 하는 한 자리 서술어이지만, 사동사 '키우다'는 주어와 목적어를 필요로 하는 두 자리 서술어이므로 '크다'[Ⅱ]가 사동사로 바뀌면 서술어의 자릿수가 하나 늘어난다.

쌀 왜 오답?

① '크다'[Ⅰ]과 '크다'[Ⅱ]는 하나의 표제어 아래에 있으므로 동음이의어가 아니라 다의어이다.

② '작다'는 '크다'[Ⅰ]의 반의어는 될 수 있으나 동사인 '크다'[Ⅱ]의 반의어는 될 수 없다.

③ '키가 몰라보게 컸구나.'의 '크다'는 동사이므로 '크다'[Ⅱ]의 용례로 추가할 수 있다.

⑤ '크다'는 활용할 때 어미 '-어'가 결합하면 '커'가 되므로 어간 '크-'의 끝모음 'ㅡ'가 탈락하지만, '키우다'는 활용할 때 어미 '-어'가 결합하면 '키워'가 되므로 어간 '키우-'의 끝모음 'ㅜ'가 탈락하지 않는다.

74 국어사전의 정보 탐구 ·············· 답 ②

'그르다[이[Ⅱ]-「1」'의 용례를 보면 '그른'에서는 관형사형 어미 '-ㄴ'과 결합하여 과거 시제를 표시하고 있고, '글렀다'에서는 과거 시제를 표시하는 선어말 어미 '-었-'과 결합하고 있으므로, '흔히 현재 시제에 쓰여'가 아니라 '흔히 과거 시제에 쓰여'가 들어가야 함을 알 수 있다.

왜 오답?

① '행실이 그르다.'의 '그르다'는 형용사이다.

③ ⓒ 다음에 제시된 용례를 보면, '묻는 말에 바르게 대답하라.'에서 '바르게'는 '사실과 어긋남이 없이'의 의미를 지님을 알 수 있다.

④ '사리에 맞고 바르다.'의 반대 의미는 '어떤 일이 사리에 맞지 아니한 면이 있다.'이므로 '그르다⁰¹[1]'이 반의어이다.

⑤ '변명하느니 말을 않는 게 옳다.'에서 '옳다'는 '차라리 더 낫다.'의 의미를 지닌다.

75 국어사전의 정보 탐구   답 ④

'길이가 얼마나 되는지를 재어 보아라.'의 '재다'는 '자, 저울 따위의 계기를 이용하여 길이, 너비, 높이, 깊이, 무게, 온도, 속도 따위의 정도를 알아보다.'의 의미이므로 '재다─②'가 아닌 '재다─①'의 용례로 추가할 수 있다.

왜 오답?

① '재다¹'과 '재다²'는 모두 표제어 아래에 여러 의미가 있으므로 다의어에 해당한다.

② '재다¹'과 '재다²'는 서로 다른 표제어로 등재되어 있으므로 서로 동음이의 관계를 맺고 있다.

③ '재다¹'은 문형 정보를 보면 목적어를 필요로 하지만, '재다²'는 목적어를 필요로 하지 않는다.

⑤ '재다²─①'은 '동작이 재빠르다.'라는 뜻이므로 '발걸음이 재다.'를 용례로 들 수 있다.

76 국어사전의 정보 탐구   답 ③

'흠 있는 책을 돈으로 물렀다.'에서 '물렀다'를 '뺐다'로 대체하면 의미가 달라지며 문장이 바르지 않으므로 '무르다²'의 ①─㉠'의 유의어로 '빼다'는 적절하지 않다.

왜 오답?

① '무르다²'와 '무르다³'은 서로 다른 표제어로 등재되어 있으므로 서로 동음이의 관계에 있다.

② '무르다²'는 여러 가지 의미를 지니고 있으므로 다의어에 해당한다.

④ '무르다²'의 【…을】, 【…으로】를 통해 주어 이외에 목적어 또는 부사어와 같은 문장 성분을 필요로 함을 알 수 있다.

⑤ '무르다³'의 ⓒ은 '마음이 여리거나 힘이 약하다.'라는 뜻이므로 '그는 마음이 물러서 모진 소리를 못한다.'를 용례로 추가하는 것이 가능하다.

77 국어사전의 정보 탐구   답 ⑤

(나)에서는 '뿐'을 '불완전명사'로 분류하고 있는데, '불완전명사'는 북한에서 '의존 명사'를 지칭하는 말이다. 따라서 (나)에서는 '뿐'을 다른 말에 기대어 쓰이지 않고 자립하여 쓰일 수 있는 말로 보고 있다는 내용은 적절하지 않다.

왜 오답?

① (가)의 '뿐⁰¹'은 의존 명사이므로 앞말과 띄어 쓰지만, (나)의 '뿐'은 용례를 보면 불완전명사임에도 불구하고 앞말에 붙여 쓰고 있다.

② (가)의 '뿐⁰¹'과 (나)의 '뿐'은 모두 두 가지 뜻을 지니고 있는 다의어이다.

③ '내가 가진 것은 이것뿐이다.'에서 '뿐'은 조사이면서, '그것만이고 더는 없음'이라는 의미이므로 (가)의 '뿐⁰²'와 (나)의 '뿐 ⑴'의 뜻에 해당한다.

④ (나)에서는 체언 아래에 쓰이는 '뿐'과 용언 아래에 쓰이는 '뿐'을 하나의 표제어 안에서 처리하고 있으나, (가)에서는 '(어미 ─을 뒤에 쓰여)', '('─다 뿐이지' 구성으로 쓰여)'와 같이 용언 뒤의 '뿐'은 의존 명사로, 체언이나 부사어 뒤에 붙는 '뿐'은 조사로 처리하여 서로 다른 표제어로 등재하고 있다.

78 국어사전의 정보 탐구   답 ②

'그들의 만남은 우연적이었다.'에서 '우연적'은 서술격 조사 '─이다'와 결합하였으므로 관형사가 아니라 명사에 해당한다.

왜 오답?

① '우연'의 반의어가 '필연'이므로 '우연적'의 반의어로 '필연적'이 존재할 수 있다.

③ '우연하다'는 형용사이므로 '우연한 계기'와 같이 관형사형 어미와 결합하여 체언을 수식하는 것이 가능하다.

④ '우연'과 '우연하다'의 뜻풀이가 매우 흡사하고, '우연하다'의 표제어를 보면 '우연─하다'로 되어 있으므로 '우연'과 '하다'가 결합한 형태임을 알 수 있다.

⑤ '우연하게는 '우연하다'의 부사형으로 문장에서 부사어로 쓰이므로 '우연히'로 교체하여 쓰는 것이 가능하다.

79 국어사전의 정보 탐구   답 ②

(가)의 '대로¹⁰─⑴'은 (나)의 '대로⁶─⑴'과 쓰임이 유사하다. 그리고 (나)의 '대로⁶─⑷'는 (가)의 '대로¹⁰─⑵'와 쓰임이 유사하다.

왜 오답?

① (가)의 '대로¹⁰'은 조사이므로 앞말에 붙여 쓰고 있으며, (나)의 '대로⁶'도 앞말에 붙여 쓰고 있다.

③ (가)의 '대로¹'은 의존 명사, '대로¹⁰'은 조사이고, (나)의 '대로⁶'은 의존 명사에 해당하는 불완전명사이므로 이들은 모두 문장의 첫머리에 쓰일 수 없다.

④ (가)의 '대로¹', '대로¹⁰', (나)의 '대로⁶'은 모두 하나의 표제어에 두 가지 이상의 뜻이 있는 다의어이다.

⑤ '너는 너대로 나는 나대로 길을 가다.'의 '대로'는 (가)의 '대로¹⁰─⑵'에 해당되어 조사이고, (나)에서는 '대로⁶─⑷'에 해당되어 명사이다.

80 국어사전의 정보 탐구   답 ②

㉠은 '(수량을 나타내는 말 앞에 쓰여) '대략'의 뜻을 나타내는 말.'을 가리키므로 체언을 수식하는 관형사이지만, ⑩은 '(주로 '─는 한' 구성으로 쓰여) 조건의 뜻을 나타내는 말.'을 가리키므로 명사이다.

왜 오답?

① ㉠은 '대략'이라는 뜻을 지니고, ⓒ은 '같은'이라는 뜻을 지닌다.

③ ⓒ은 '한⁰¹'의 의미에 속하고 ⓔ은 '한⁰²'의 의미에 속하므로 서로 다른 표제어에 해당하여 동음이의 관계이다.

④ ⓒ은 '그 수량이 하나임을 나타내는 말.'이므로 뒤에 오는 '걸음'과 띄어 써야 한다. '한걸음'이라는 단어가 있기는 하지만, 이때의 의미는 '쉬지 아니하고 내처 걷는 걸음이나 움직임.'이라는 뜻이므로 ⓒ과는 의미가 다르다.

⑤ '옛날 강원도의 한 마을에 효자가 살고 있었다.'에서의 '한'은 '어떤'이라는 의미를 지니고, ⑩도 '어떤'이라는 의미를 지닌다.

81 국어사전의 정보 탐구   답 ①

㉠은 '─겠─' 뒤에 사용되어 어떤 사실을 묻는 기능을 하고 있으므로 〈보기 1〉의 '─지3'에 해당한다.

왜 오답?

② ⓒ은 눈길을 걸었을 때로부터 지금까지의 동안을 의미하고 있으므로 '지1'에 해당한다.

③ ⓒ은 '─었─' 뒤에 쓰인 종결 어미이므로 '─지3'에 해당한다.

④ ⓔ은 '친구 사이는 대등한 관계이다.'와 '친구 사이는 종속 관계가 아니다.'라는 문장을 대조적으로 연결하는 연결 어미이므로 '─지2 「2」'에 해당한다.

⑤ ⓜ은 용언의 어간 '버리-'와 결합하고, 움직임을 부정하는 의미의 '마시오'가 뒤따르므로 '-지2「1」'에 해당한다.

82 국어사전의 정보 탐구　　　　　　　　답 ④
ⓡ의 '밖에'는 〈보기 1〉의 2의 의미로 사용된 조사이므로 '수'와 '밖에'는 붙여 쓰는 것이 적절하다.

🔻 왜 오답?
① ㉠은 '어떤 선이나 금을 넘어선 쪽.'의 의미를 지닌다.
② ㉡은 조사에 해당하므로 '며칠'과 '밖에'를 붙여 써야 한다.
③ 〈보기 1〉의 3을 보면 '뜻밖에'의 유의어가 '의외로'라고 되어 있으므로 ㉢은 '의외로'라고 바꿔 쓸 수 있다.
⑤ ⓜ의 '밖'은 '일정한 한도나 범위에 들지 않는 나머지 다른 부분이나 일.'의 의미를 지니므로 〈보기 1〉의 1「3」의 용례로 추가하는 것이 가능하다.

83 국어사전의 정보 탐구　　　　　　　　답 ③
'이르다¹'의 활용 정보를 보면 '이르러'와 같이 '러' 불규칙 활용을 함을 알 수 있고, '이르다²'와 '이르다³'은 '르' 불규칙 활용을 함을 알 수 있으므로 세 용언은 모두 불규칙 활용을 한다.

🔻 왜 오답?
① '이르다¹'의 용례인 '목적지에 이르다.'와 '결론에 이르다.'의 '이르다'를 '다다르다'로 교체해도 의미가 성립한다.
② 세 용언이 모두 별개의 표제어로 등재되어 있으므로 동음이의 관계이다.
④ '이르다¹'과 '이르다²'는 동사이므로 움직임을 나타내고, '이르다³'은 형용사이므로 성질 혹은 상태를 나타낸다.
⑤ '이르다³'은 '대중이나 기준을 잡은 때보다 앞서거나 빠르다.'라는 뜻이므로 '올해는 예년보다 첫눈이 이른 감이 있다.'를 용례로 추가하는 것이 가능하다.

84 국어사전의 정보 탐구　　　　　　　　답 ⑤
'배¹', '배²' '배³'을 모두 각각의 표제어로 등재하는 것은 의미적 연관성이 없는 동음이의 관계이기 때문이다. 의미적 연관성이 있는 단어는 다의 관계를 맺는다.

🔻 왜 오답?
① '배¹'은 하나의 표제어 아래 두 가지 의미를 지니고 있으므로 다의어에 해당한다.
② '배¹'의 「2」는 '긴 물건 가운데의 볼록한 부분.'이라는 의미이므로 '배가 불룩한 돌기둥'이라는 용례를 추가하는 것은 적절하다.
③ '사공이 많으면 배가 산으로 간다'의 '배'는 '사람이나 짐 따위를 싣고 물 위로 떠다니도록 나무나 쇠 따위로 만든 물건.'의 의미이므로 '배²'를 활용한 속담에 해당한다.
④ '배³'만 장음으로 발음하기 때문에 '배³'은 소리의 길이로 나머지 '배'와 의미를 변별할 수 있다.

85 국어사전의 정보 탐구　　　　　　　　답 ④
부사도 명사와 마찬가지로 문장에서 자립하여 쓰일 수 있는 품사이다. '한-번 Ⅲ'의 용례를 보면 모두 문장에서 자립하여 쓰이고 있음을 알 수 있다.

🔻 왜 오답?
① '번을 서다.'의 '번'은 명사적 쓰임을 보이고 있고, '춤 한번 잘 춘다. / 공 한번 잘 찬다.'의 '한번' 앞에는 모두 명사가 놓여 있다.
② '둘째 번'의 '번'은 차례를 나타낸다.

③ '시간 날 때 낚시나 한번 갑시다.'의 '한번'은 '기회 있는 어떤 때에.'라는 의미를 지닌다.
⑤ '난 제주도에 한 번 가 봤어.'의 '번'은 제주도에 가 본 횟수를 나타낸다.

86 국어사전의 정보 탐구　　　　　　　　답 ⑤
'초콜릿이 순식간에 녹았다.'의 '녹다'는 '고체가 열기나 습기로 말미암아 제 모습을 갖고 있지 못하고 물러지거나 물처럼 되다.'의 의미이므로 '녹다 ① ㉡'에 해당하며, 주어 외에 다른 문장 성분을 필요로 하지 않는다.

🔻 왜 오답?
① '굳다'는 동사와 형용사로 쓰이지만 '녹다'는 동사로만 쓰인다.
② '굳다 Ⅰ ㉠'의 반의어는 '녹다 ① ㉡'이라고 제시되어 있으므로, '시멘트가 굳다.'의 '굳다'는 '엿이 녹다.'의 '녹다'와 반의 관계를 형성할 수 있다.
③ '굳다 Ⅲ'는 '흔들리거나 바뀌지 아니할 만큼 힘이나 뜻이 강하다.'라는 의미이므로 '마음을 굳게 닫다.'를 용례로 추가하는 것이 가능하다.
④ '녹다 ② ㉡'은 '어떤 물체나 현상 따위에 스며들거나 동화되다.'라는 의미이므로 '글에는 글쓴이의 생각이 녹아 있다.'라는 용례를 추가하는 것이 가능하다.

87 국어사전의 정보 탐구　　　　　　　　답 ②
'매일같이 지하철을 타다.'에서 '같이'는 '앞말이 보이는 전형적인 어떤 특징처럼'의 뜻을 나타내는 격 조사가 아니라, 앞말이 나타내는 그때를 강조하는 격 조사이므로 '같이② ①'의 용례가 아니라 '같이② ②'의 용례로 추가할 수 있다.

🔻 왜 오답?
① '같이'는 품사 정보를 보면 부사와 조사 모두로 쓰이고 있고, 뜻풀이와 용례를 보면 조사로 쓰일 때에는 부사격 조사로 쓰이고 있다.
③ '같이하다'의 표제어를 보면 '같이-하다'로 되어 있는데, 이를 통해 '같이'와 '하다'가 결합하여 '같이하다'가 형성되었음을 알 수 있다.
④ '같이하다'의 활용 정보를 보면 '【(…과)…을】'로 되어 있어 목적어만을 요구하는 경우가 있고, 부사어와 목적어 모두를 요구하는 경우가 있음을 알 수 있다. 따라서 '같이하다'는 두 자리 서술어로 쓰일 수도 있고 세 자리 서술어로 쓰일 수도 있다.
⑤ '같이하다'의 경우 유의어로 '함께하다'를 제시하고 있으므로 '평생을 같이한 부부.'는 '평생을 함께한 부부.'로 교체하여 사용하는 것이 가능하다.

88 국어사전의 정보 탐구　　　　　　　　답 ③
'할머니께 말씀을 드리다.'의 '드리다'는 '드리다[2]'의 의미로 사용된 것이고 ㉡은 '주다'의 높임말인 '드리다[1]'의 의미로 사용된 것이므로 의미가 서로 다르다.

🔻 왜 오답?
① ㉠은 '밖에서 속이나 안으로 향해 가게 하거나 오게 하다.'의 의미로 사용되었다.
② '들이다[1]'은 목적어와 부사어를 모두 필요로 하는 동사이므로 '선생님께서는 사랑방에 들이면서'와 같은 표현에서는 '우리를'과 같은 목적어를 추가해야 한다.
④ ㉢에는 '어떤 일에 돈, 시간, 노력, 물자 따위를 쓰다.'의 의미를 지닌 단어가 들어가야 하므로 ㉢은 '들여'로 고쳐 써야 한다.
⑤ '드리다'와 '들이다'는 모두 다의어에 해당하며, ㉠은 '들이다[1]'의 의미로 풀이되고, ㉡은 '드리다[1]'의 의미로 풀이된다.

실전 모의고사

01 ⑤	02 ④	03 ①	04 ②	05 ①
06 ③	07 ⑤	08 ②	09 ④	10 ④

[01~02] 용언의 어간과 어미

지문 해설: 이 글에서는 용언의 어간과, 이에 번갈아 결합하는 요소인 어미의 종류와 문법적 기능에 대해 설명하고 있다. 어간은 용언이 활용할 때 변하지 않는 부분이고, 어미는 어간 뒤에 결합하여 여러 문법적 의미를 더해 주는 요소이며, 어미는 그것이 나타나는 자리에 따라 어말 어미와 선어말 어미로 나눌 수 있음을 언급하고 있다. 어말 어미의 경우 문법적 기능에 따라 종결 어미, 연결 어미, 전성 어미로 나눌 수 있는데, 종결 어미는 문장의 끝에 위치하여 한 문장을 끝맺거나 대화 상대방을 높이거나 낮추는 문법적 기능을 하며, 연결 어미는 두 문장을 나열, 대조 등의 의미 관계로 이어 주는 문법적 기능을 함을 설명하고 있다. 또한 전성 어미는 용언이 서술성을 유지하면서 다른 품사처럼 기능하게 하는 것으로 명사형 전성 어미와 관형사형 전성 어미 등으로 나눌 수 있음을 언급하고 있다. 마지막으로 선어말 어미는 문장의 주체를 높이거나 문장의 시제를 표현하는 것과 같은 문법적 기능을 함을 밝히고 있다.

주제: 용언의 어간과 어미의 개념과 어미의 종류와 기능

01 |출제 의도| 용언의 활용 이해   답 ⑤

'울렸네'는 어간 '울리-'와 선어말 어미 '-었-', 어말 어미 '-네'가 결합하여 활용한 용언이다. 어간 '울리-'는 X로, 선어말 어미 '-었-'은 Y로, 어말 어미 '-네'는 Z로 기호화할 때 '울렸네'는 ㉢이 아닌 ㉡ X+Y+Z에 속하며, 이때 Y는 과거 시제를 표현하는 기능을 한다.

왜 오답?

① '끝내겠습니다'는 어간 '끝내-'(X)와 선어말 어미 '-겠-'(Y), 어말 어미 '-습니다'(Z)가 결합하여 활용한 용언이므로 ㉡에 속하고, 어말 어미 '-습니다'는 문장을 끝맺는 기능을 하는 종결 어미이면서 대화의 상대방을 높이는 기능을 하므로 적절하다.

② '준비하기'는 어간 '준비하-'(X)와 어말 어미 '-기'(Z)가 결합하여 활용한 용언이므로 ㉠에 속하고, 어말 어미 '-기'는 명사형 전성 어미로 용언을 명사처럼 기능하게 하므로 적절하다.

③ '들어가신'은 어간 '들어가-'(X)와 선어말 어미 '-시-'(Y), 어말 어미 '-ㄴ'(Z)이 결합하여 활용한 용언이므로 ㉡에 속하고, 선어말 어미 '-시-'는 문장의 주체인 '선생님'을 높이는 기능을 하므로 적절하다.

④ '계신'은 어간 '계시-'(X)와 어말 어미 '-ㄴ'(Z)이 결합하여 활용한 용언이므로 ㉠에 속하고, 따라서 뒤에 나오는 의존 명사 '분'을 수식한다. 관형사형 전성 어미로 볼 수 있으며, 이는 용언을 관형사처럼 기능하게 하므로 적절하다.

02 |출제 의도| 연결 어미의 종류 이해   답 ④

㉮의 '-고'는 본용언 '먹-'과 보조 용언 '있다'를 이어 주는 보조적 연결 어미이고, ㉯의 '-어'는 앞 문장(김이 습기를 먹어)이 뒤 문장(김이 눅눅해졌다)의 원인이라는 의미를 가지도록 이어 주는 종속적 연결 어미이다. ㉰의 '-고'는 앞 문장(형은 빵을 먹고)과 뒤 문장(동생은 과자를 먹었다)을 나열의 의미 관계로 이어 주는 대등적 연결 어미이고, ㉱의 '-고'는 앞 문장(우리는 상대편에게 한 골을 먹고) 뒤 문장(당황했다)의 원인이라는

의미를 가지도록 이어 주는 종속적 연결 어미이다. ㉲의 '-어'는 본용언 '먹-'과 보조 용언 '버렸다'를 이어 주는 보조적 연결 어미이므로, ⓐ 대등적 연결 어미에 해당하는 것은 ㉰, ⓑ 종속적 연결 어미에 해당하는 것은 ㉯와 ㉱, ⓒ 보조적 연결 어미에 해당하는 것은 ㉮와 ㉲이다.

03 |출제 의도| 음운의 변동 이해   답 ①

'끊어지다'로 표기해야 할 것이 '끄너지다'로 출력된 것은 이 프로그램이 'ㅎ' 탈락을 분석하지 못했기 때문이고, '암탉'으로 표기해야 하는데 '암탁'으로 출력된 것은 이 프로그램이 자음군 단순화를 분석하지 못했기 때문이다. 'ㅎ' 탈락과 자음군 단순화는 음운의 탈락 현상이므로 이 프로그램은 ㉡ 탈락을 분석하지 못한 것을 알 수 있다. 또한 '없애다'로 표기해야 할 것이 '업쌔다'로 출력된 것은 'ㅂ' 뒤의 'ㅅ'이 된소리로 발음되는 된소리되기를, '피붙이'로 표기해야 할 것이 '피부치'로 출력된 것은 끝소리 'ㅌ'이 모음 'ㅣ'로 시작되는 형식 형태소 앞에서 'ㅊ'으로 발음되는 구개음화를, '웃어른'으로 표기해야 할 것이 '우더른'으로 출력된 것은 종성에 오는 자음 'ㅅ'이 'ㄷ'으로 발음되는 음절의 끝소리 규칙을 각각 분석하지 못했기 때문이다. 된소리되기, 구개음화, 음절의 끝소리 규칙은 모두 음운의 교체 현상이므로 이 프로그램은 ㉠ 교체를 분석하지 못한 것을 알 수 있다. 따라서 ㉠ 교체와 ㉡ 탈락을 분석하지 못했다고 한 ①이 가장 적절하다.

04 |출제 의도| 어근과 접사의 이해   답 ②

'사례 1'에서 '한가운데'의 '한'(㉠)은 '정확한'의 뜻을 더하는 접사인데, 학생들의 반응을 보면 ㉠을 어근으로 잘못 알고 있는 학생들이 접사로 알고 있는 학생들보다 더 적은 것을 확인할 수 있다. 또한 '한복판'은 접사 '한-'과 어근이 결합한 단어이므로 ㉠이 접사로 쓰인 예로 제시하기에도 적절하다.

왜 오답?

① '사례 1'에서 ㉠은 접사인데, 이를 접사라고 응답한 학생들이 더 많으므로 ㉠을 잘못 알고 있는 학생들이 더 많다는 내용은 적절하지 않다. 또한 '한번'은 어근 '한'과 다른 어근이 결합한 단어이므로, 접사인 ㉠이 쓰인 예로 제시하기에도 적절하지 않다.

③ '사례 2'에서 ㉡은 '사람'의 뜻을 나타내는 어근인데, 이를 접사로 잘못 알고 있는 학생들이 더 많은 것을 확인할 수 있다. 하지만 '먹이'는 어근과 몇몇 형용사나 동사 어간 뒤에 붙어 명사를 만드는 접사 '-이'가 결합한 단어이므로, 어근인 ㉡이 쓰인 예로 제시하기에는 적절하지 않다.

④ '사례 2'에서 ㉡은 '사람'의 뜻을 나타내는 어근인데, 이를 접사로 잘못 알고 있는 학생들이 더 많은 것을 확인할 수 있다. 또한 '미닫이'는 어근과 접사 '-이'가 결합한 단어이므로, ㉡이 쓰인 예로 제시하기에도 적절하지 않다.

⑤ '사례 3'에서 ㉢은 '겉을 덮어 싼 것이나 딸린 것을 다 제거한'의 뜻을 더하는 접사인데, 이를 어근으로 잘못 알고 있는 학생들이 더 많은 것을 확인할 수 있다. 또한 '알사탕'은 어근 '알'과 다른 어근인 '사탕'이 결합한 단어이므로 ㉢이 쓰인 예로 제시하기에도 적절하지 않다.

05 |출제 의도| 중세 국어의 특징 이해   답 ①

'불휘'의 현대어 풀이를 보면 '뿌리가'로 해석되므로 이는 주어임을 짐작할 수 있다. 그런데 '불휘'는 반모음 'ㅣ'로 끝나는 체언이므로 주격 조사의 형태가 나타나지 않는 것(영형태)을 확인할 수 있다. 또한 '시미'의 현대어 풀이를 보면 '샘이'로 해석되므로 '불휘'와 마찬가지로 주어임을 짐작할 수 있다. 그런데 '심'은 자음으로 끝나는 체언이므로 뒤에 주격 조사

'이'가 결합하고, 체언의 끝소리를 다음 형태소의 첫소리로 옮겨 적어 '시미'로 나타나는 것을 확인할 수 있다. 따라서 '불휘'와 '시미'에 동일한 형태의 주격 조사가 사용되었다는 내용은 적절하지 않다.

❦ 왜 오답?

② 'ㅂㄹ매'는 명사 'ㅂ룸'에 조사 '애'가 결합한 것이고, 'ㄱ무래'는 명사 'ㄱ물'에 조사 '애'가 결합한 것이다. 그런데 이에 대한 현대어 풀이를 보면 각각 '바람에'와 '가뭄에'로 해석되므로, 'ㅂㄹ매'와 'ㄱ무래'의 '애'는 현대 국어의 부사격 조사 '에'와 같은 기능으로 사용되었음을 알 수 있다.

③ '하ᄂ니'의 현대어 풀이를 보면 '많으니'로 해석되므로, 중세 국어의 '하다'는 '많다'의 의미로 사용되었음을 알 수 있다. 그런데 현대 국어에서 '하다'는 '사람이나 동물, 물체 따위가 행동이나 작용을 이루다.' 등의 의미로 사용되므로, 중세 국어의 '하다'는 현대 국어와 다른 의미로 쓰였음을 알 수 있다.

④ '므른'의 현대어 풀이가 '물은'으로 되어 있으므로, '므른'에는 명사 '믈'의 끝소리가 뒤에 이어지는 조사 '은'의 첫소리로 옮겨 적는 방식이 사용되었음을 알 수 있다. 또한 '바르래'의 현대어 풀이가 '바다에'로 되어 있으므로, 'ㅂ라래'에는 명사 '바롤'의 끝소리가 뒤에 이어지는 조사 '애'의 첫소리로 옮겨 적는 방식이 사용되었음을 알 수 있다.

⑤ 'ㅎ' 종성 체언은 체언이 조사와 결합할 때 'ㅎ'이 덧붙는 어휘인데, 'ㅎ' 종성 체언의 경우 모음으로 시작하는 조사와 결합할 때 종성 'ㅎ'이 연음이 되어 나타난다. '내히'의 현대어 풀이를 보면 '내가'이므로, '내히'는 체언 '내ㅎ'에 모음으로 시작하는 조사 '이'가 결합하여 체언의 끝소리 'ㅎ'이 연음되어 나타나는 경우임을 알 수 있다.

도전 ❶등급

'ㅎ' 종성 체언

'ㅎ' 종성 체언은 체언이 조사와 결합될 때 'ㅎ'이 덧붙는 어휘로 '하늘, 바다, 내, 나라, 돌' 등이 있음.

단독형이나 관형격 조사 'ㅅ' 앞	'ㅎ' 종성 체언이 단독형으로 쓰이거나, 관형격 조사 'ㅅ' 앞에 나타날 때는 'ㅎ' 없이 쓰임. **예** 돌 / 돐(石)
'ㅎ' 종성 체언 +이(주격 조사)	'ㅎ' 종성 체언이 모음으로 시작하는 조사 앞에 나타날 때는 종성 'ㅎ'이 연음되어 나타남. **예** 돌ㅎ(石)+이 → 돌히
'ㅎ' 종성 체언 +과(부사격 조사)	'ㅎ' 종성 체언이 'ㄱ, ㄷ'으로 시작하는 조사와 결합할 때는 축약되어 'ㅋ, ㅌ'으로 나타남. **예** 돌ㅎ(石)+과 → 돌콰

[06~07] 중세 국어의 관형격 조사와 부사격 조사

지문 해설: 이 글에서는 중세 국어의 관형격 조사와 부사격 조사가 결합하는 원칙과 예외 원칙에 대해 설명하고 있는데, 먼저 현대 국어에서 관형격 조사 '의'가 주격 조사처럼 해석되는 경우를 예로 들면서 중세 국어에서도 예외 원칙이 확인됨을 밝히고 있다. 중세 국어 관형격 조사 결합 원칙의 예외인, 후행하는 용언의 의미상 주어가 되는 관형격 조사 '의'를 예를 들어 설명한 후, 이는 중세 국어의 관형격 조사 중 'ㅅ'이 쓰일 자리에 '의'가 쓰였음을 설명하고 있다.

또한, 중세 국어 격조사 결합 원칙의 또 다른 예외인 부사격 조사에 대해서 '애/에/예'가 쓰일 위치에 '이/의'가 쓰이는 경우가 있다는 것과, 부사격 조사 중 관형격 조사가 그 구성 성분으로 분석되는 독특한 경우도 있다는 것을 예를 들어 설명하고 있다.

주제: 중세 국어에서 관형격 조사와 부사격 조사의 예외적 사용 양상

06 |출제 의도| **중세 국어의 격조사 결합 원칙 이해**   답 ③

2문단에서는 중세 국어의 부사격 조사에 대해 설명하고 있는데, 부사격 조사는 결합하는 선행 체언의 끝음절을 기준으로, 모음 조화, 반모음 여부에 따라 '애/에/예'가 쓰인다고 하였다. 그런데 '애/에/예'가 쓰일 위치에 부사격 조사인 '이/의'가 쓰이는 예외 경우도 있는데, '봄', '나조ㅎ'[저녁], '우ㅎ'[위], '밑' 등의 일부 특수한 체언들이 그 예에 해당한다고 했으므로, '나조히'(나조ㅎ+이)는 '저녁에'를 나타내며 부사격 조사로 '이/의'가 쓰인 예외 원칙에 해당한다. 따라서 ⓒ은 현대 국어로 '저녁에'로 해석되고 부사격 조사의 쓰임이 확인된다고 할 수 있다.

❦ 왜 오답?

① 2문단에서 끝음절이 모음 '이'나 반모음 'ㅣ'로 끝날 때에는 '뉘예'(뉘+예)에서처럼 '예'가 쓰였다고 했으므로, 부사격 조사 '예'의 선행 체언인 '뉘'에는 모음에 반모음 'ㅣ'가 있다는 것을 확인할 수 있다.

② 2문단에서 부사격 조사 결합 원칙의 예외로 '애/에'가 쓰일 위치에 부사격 조사인 '이/의'가 쓰이는 경우를 설명하면서 그 예로 '우ㅎ'를 들었으므로, '우ㅎ'에는 부사격 조사로 '이/의'가 결합해야 한다. 그런데 '우ㅎ'의 모음 'ㅜ'는 음성 모음이므로 부사격 조사 '의'가 결합하면 '우희'가 된다.

④ 3문단에서 중세 국어의 부사격 조사 가운데 관형격 조사가 그 구성 성분으로 분석되는 독특한 경우에 대해 설명했는데, 그 예로 '이그에'를 들었다. '이그에'는 관형격 조사 '이'에 '그에'가 결합된 형태라고 했으므로 'ㄴ미그에'(놈 +이그에)에서 '이'는 관형격 조사임을 알 수 있다.

⑤ 3문단에서 중세 국어의 부사격 조사 가운데 관형격 조사가 그 구성 성분으로 분석되는 독특한 경우에 대해 설명하면서, 그 예로 'ㅅ긔'를 들었다. 그러면서 'ㅅ긔'는 현대 국어의 '께'로 이어진다고 하였으므로, 현대 국어에서 존칭 체언에 사용되는 '께'는 중세 국어 관형격 조사와 관련 있다는 것을 알 수 있다.

07 |출제 의도| **중세 국어의 관형격 조사 이해**   답 ⑤

1문단에서 중세 국어 관형격 조사 결합 원칙의 예외로 후행하는 용언의 의미상 주어가 되는 관형격 조사 '의'를 설명하였다. 이 원칙의 예외로 쓰이는 '의'는 'ㅅ'이 쓰일 자리에 '의'가 쓰인 경우에 해당한다. '孔子의(孔子+의)'는 중세 국어 관형격 조사 결합 원칙에 따르면 존칭의 유정 체언이므로 관형격 조사로 'ㅅ'이 결합해야 하지만 '의'가 결합하였다. 이는 후행하는 용언 '기티신'의 의미상 주어이기 때문에 'ㅅ'이 아닌 '의'가 쓰인 것이다. 따라서 '孔子(공자)의'의 관형격 조사 '의'는 주격 조사처럼 해석되는 예외적 결합이다.

❦ 왜 오답?

① ⓐ에서 관형격 조사 'ㅅ'은 '수플'과 결합하여 '수픐'로 쓰이고 있다. 이는 '수플'이 무정 체언이기 때문에 관형격 조사로 'ㅅ'이 결합한 것이지 '神靈(신령)'과는 관련이 없다. 조사는 결합하는 선행 체언을 기준으로 형태가 결정된다.

② 중세 국어의 관형격 조사는 평칭의 유정 체언에는 모음 조화에 따라 '이/의'가, 무정 체언 또는 존칭의 유정 체언에는 'ㅅ'이 결합하는 원칙이 있었다. 'ㄴ미(놈 +이)'에서 '놈'은 평칭의 유정 체언이고, 모음 'ㆍ'는 음성 모음이 아니라 양성 모음이므로 '이'가 결합하였다.

③ 관형격 조사 결합 원칙의 예외는 관형격 조사 중 'ㅅ'이 쓰일 자리에 '의'가 쓰이는 경우이다. '世界(세계)ㅅ'에서 'ㅅ'은 관형격 조사이지 예외적 결합이 아니다. 또한 '世界(세계)'는 후행 명사 '일'을 한정하고 있으므로, 'ㅅ'은 관형격 조사이다.

④ '사ㄹ미(사룸 +이)'에서 '사룸'은 평칭의 유정 체언이고, 모음 'ㆍ'는 양성 모음이므로 '이'가 결합하는 것은 원칙에 맞는 결합이지, 예외적 결합이 아니다.

08 |출제 의도| 문장의 짜임과 문법 요소 이해   답 ②

㉠의 예문이 되려면 ⓐ 현재 시제만 쓰일 것, ⓑ 서술어의 자릿수가 둘일 것이라는 조건이 실현되어야 한다. '선생님께서는 여전히 학교 근처에 사시는지요?'는 현재 시제의 문장이므로, 조건 ⓐ가 실현되어 있다. '사시는지요'의 기본형 '살다'는 '어느 곳에 거주하거나 거처하다.'의 의미일 때, 주어와 '어느 곳'에 해당하는 필수적 부사어를 필요로 하는 두 자리 서술어이다. 이 문장에서도 주어 외에 '학교 근처에'라는 부사어가 있으므로, 서술어의 자릿수가 둘일 것이라는 조건 ⓑ도 실현되어 있다.

❮❮ 왜 오답?

① '그 집 마당에는 감나무 한 그루가 자란다.'는 현재 시제이므로 조건 ⓐ는 실현되어 있다. 그런데 '자란다'의 기본형 '자라다'는 '생물체가 세포의 증식으로 부분적으로 또는 전체적으로 점점 커지다.'의 의미일 때 한 자리 서술어이므로 조건 ⓑ는 실현되어 있지 않다.

③ ㉡의 예문이 되려면 ⓐ 현재 시제만 쓰일 것, ⓒ 안긴문장이 부사어로 기능할 것이라는 조건이 실현되어야 한다. '산중에 있으므로 여기는 도시보다 조용합니다.'는 현재 시제이므로 조건 ⓐ는 실현되어 있다. 그런데 이 문장은 '산중에 있다'와 '여기는 도시보다 조용하다'라는 두 문장이 근거를 나타내는 연결 어미 '-으므로'로 연결되어 있으므로 종속적으로 연결된 이어진문장이다. 따라서 조건 ⓒ는 실현되어 있지 않다.

④ '오늘부터 아침으로 과일만 먹기로 마음먹었니?'는 선어말어미 '-었-'으로 실현된 과거 시제 문장이므로 조건 ⓐ가 실현되어 있지 않다. 한편, '아침으로 과일만 먹기'라는 명사절이 부사격 조사 '로'와 결합하여 부사어로 기능하고 있어 조건 ⓑ는 실현되어 있다.

⑤ '오래전 큰아버지께 받은 책에 곰팡이가 슬었어.'에서 서술어는 '슬다'인데, '슬다'는 주어 외에 '어디에'라는 부사어를 필수적으로 요구하는 두 자리 서술어이다. 이 문장에는 '곰팡이가'라는 주어와 '책에'라는 부사어가 있으므로 조건 ⓑ는 실현되어 있다. 그런데 이 문장에서 안긴 문장은 '큰아버지께 받은'인데, 뒤에 있는 명사 '책'을 한정하고 있으므로 안긴 문장이 부사어가 아닌 관형어로 기능하고 있다. 따라서 조건 ⓒ는 실현되어 있지 않다.

09 |출제 의도| 음운의 변동 이해   답 ④

〈보기〉의 ㉮에는 ⓐ 음절의 끝소리 규칙, ⓑ 자음군 단순화, ⓒ 된소리되기가 모두 일어난 단어가, ㉯에는 ⓑ 자음군 단순화는 일어나지 않고 ⓐ 음절의 끝소리 규칙과 ⓒ 된소리되기만 일어난 단어가 들어가야 한다.

'흙빛'은 [흑삗]으로 발음되는데, '흙'에서 자음군 단순화가, '빛'에서 음절의 끝소리 규칙이 일어난다. 그리고 '흙'이 [흑]으로 소리나면서 뒤 음절 첫소리가 된소리로 바뀌어 [삗]으로 발음되므로 된소리되기가 일어난다. 따라서 ⓐ, ⓑ, ⓒ가 모두 일어나므로 ㉮에 들어갈 수 있다.

'쑥대밭'은 [쑥때받]으로 발음되는데, 'ㄱ' 뒤의 'ㄷ'이 'ㄸ'으로 교체되므로 된소리되기가 일어나고, '밭'에서 음절의 끝소리 규칙이 일어난다. 따라서 ⓐ와 ⓒ가 일어나므로 ㉯에 들어갈 수 있다.

❮❮ 왜 오답?

① '짓밟다'는 [진빱따]로 발음되는데, '짓'에서 음절의 끝소리 규칙이, '밟'에서 자음군 단순화가 일어나고, 'ㅂ'이 'ㅃ'으로, 'ㄷ'이 'ㄸ'으로 교체되므로 된소리되기가 일어나 ⓐ, ⓑ, ⓒ가 모두 일어나므로 ㉮에 들어갈 수 있다. 그러나 '늦깎이'는 [늗까끼]로 발음되는데 '늦'에서 음절의 끝소리 규칙이 일어난다. '깎이'가 '까끼'로 소리나는 것은 연음에 의한 것이므로 ⓐ만 일어난다고 할 수 있다.

② '넓디넓다'는 [널띠널따]로 발음되는데 'ㄼ'이 'ㄹ'로 교체되는 자음군 단순화가 일어나고, 'ㄷ'이 'ㄸ'으로 교체되어 된소리되기가 일어나는데 음절의 끝소리 규칙은 일어나지 않으므로 ㉮에 들어가기에 적절하지 않다. '있다'는 [읻따]로 발음되는데 음절의 끝소리 규칙과 된소리되기가 일어나므로 ㉯에 들어갈 수 있다.

③ '읊다'는 [읍따]로 발음되는데 'ㄿ'이 'ㅂ'으로 교체되는 자음군 단순화가 일어나고, 'ㄷ'이 'ㄸ'으로 교체되어 된소리되기가 일어나므로 ㉮에 들어가기에 적절하지 않다. '높푸르다'는 [놉푸르다]로 발음되는데, '높'에서 음절의 끝소리 규칙만 일어나므로 ㉯에 들어갈 수 없다.

⑤ '닭갈비'는 [닥깔비]로 발음되는데, 'ㄺ'이 'ㄱ'으로 교체되는 자음군 단순화가 일어나고 'ㄱ'이 'ㄲ'으로 교체되어 된소리되기가 일어나므로 ㉮에 들어가기에 적절하지 않다. '앞장서다'는 [압짱서다]로 발음되는데 음절의 끝소리 규칙과 된소리되기가 일어나므로 ㉯에 들어갈 수 있다.

10 |출제 의도| 담화의 특성 이해   답 ④

ⓗ '왔어'는 정수가 위치를 옮겨 이동했다는 의미이므로 어제 화자인 민수가 있던 ○○ 서점이라는 장소로의 이동을 나타낸다. 그러나 ⓢ '왔었구나'는 행위가 이미 일어났음을 나타내는 어미 '-었-'이 쓰여서 장소의 이동을 나타내지는 않는다.

❮❮ 왜 오답?

① ㉠ '내일'과 ⓑ '어제'는 모두 발화 시점에 따라 언제인지가 정해진다.

② ㉢ '저기 저'는 이전 발화와 관련 없이 발화 문장에 있는 '○○ 서점'을 가리킨다. 그런데 ㉡ '네 말'은 이전 발화자의 말을 가리키므로, 이전 발화를 직접 가리키는 것은 ㉢이 아니라 ㉡이다.

③ ㉣ '정수'는 고유명사이므로, 지시 대상이 달라지지 않지만, ⓩ '네'는 담화 참여자가 누구이냐에 따라 지시 대상이 달라질 수 있다.

⑤ 마지막에 민수는 기영이를 부르며 정수에게 연락을 부탁했다. 따라서 ⓞ '우리'는 회의를 가야하는 '희철'과 발화자 '민수'를 가리키고, ⓩ '우리'는 바로 뒤에 있는 '셋'이라는 말을 통해서 담화 참여자인 '기영', '희철', '민수' 모두를 가리킨다는 것을 알 수 있다.

01 ⑤	02 ④	03 ②	04 ⑤	05 ⑤
06 ②	07 ④	08 ①	09 ④	10 ①

[01~02] 용언의 활용과 표기

지문 해설: 이 글에서는 한글 맞춤법 제15항과 제18항의 사례를 중심으로 용언의 활용에 대해 설명하고 있다. 용언의 활용에는 '웃다, 웃어, 웃으니, 웃는'과 같은 규칙 활용과 '긋다, 그어, 그으니, 긋는'과 같은 불규칙 활용이 있으며, 국어사전의 '활용 정보'에서 각 용언의 활용형과 표준 발음을 확인할 수 있음을 언급하고 있다. 또한 용언이 활용할 때 '자다'의 어간 '자–'가 어미 '–아'와 결합할 때 동일 모음이 탈락하여 '자'로 실현되는 것과 같이 음운 변동이 나타나면 이를 활용형의 표기에 반영하는 경우가 있고, '좋아[조:아], 좋으니[조:으니]'와 같이 반영하지 않는 경우가 있는데 이 부분도 '활용 정보'를 통해 확인할 수 있음을 예와 함께 설명하고 있다.

주제: 용언의 활용 양상과 음운 변동의 표기 방식

01 |출제 의도| 용언의 활용 양상 이해   답 ⑤

'캐묻다'는 '캐묻고, 캐묻지, 캐물어' 등으로 활용하는데, 어간의 끝소리 'ㄷ'이 모음 어미 앞에서 'ㄹ'로 바뀌므로 'ㄷ' 불규칙 활용 용언에 해당한다. '엿듣다'는 '엿듣고, 엿듣지, 엿들어' 등으로 활용하는데, 어간의 끝소리 'ㄷ'이 모음 앞에서 'ㄹ'로 바뀌므로 '캐묻다'와 마찬가지로 'ㄷ' 불규칙 활용 용언에 해당한다. 따라서 이 둘은 ㉠ 불규칙적으로 활용하는 용언이며 ㉡ 활용 양상이 동일한 용언의 짝으로 적절하다.

왜 오답?

① '구르다'는 '구르고, 구르니, 굴러' 등으로 활용하는데, 어간의 '르'가 모음 어미 앞에서 'ㄹㄹ'로 바뀌므로 '르' 불규칙 활용 용언에 해당한다. '잠그다'는 '잠그고, 잠그니, 잠가' 등으로 활용하는데, 어간의 끝소리 'ㅡ'가 '–아/어'로 시작하는 어미 앞에서 탈락하는 'ㅡ' 탈락으로 규칙 활용에 해당한다. 따라서 '구르다'와 '잠그다'는 ㉠ 불규칙적으로 활용하는 용언이라는 조건과 ㉡ 활용 양상이 동일한 용언이라는 두 조건을 모두 만족하는 짝으로 적절하지 않다.

② '흐르다'는 '흐르고, 흐르니, 흘러' 등으로 활용하는데, 어간 '르'가 모음 어미 앞에서 'ㄹㄹ'로 바뀌므로 '르' 불규칙 활용 용언에 해당한다. '푸르다'는 '푸르고, 푸르니, 푸르러' 등으로 활용하는데, 어간이 '르'로 끝나는 용언 뒤에서 모음 어미 '–어'가 '–러'로 바뀌므로 '러' 불규칙 활용 용언에 해당한다. 따라서 '흐르다'와 '푸르다'는 ㉠ 불규칙적으로 활용하는 용언이라는 조건은 만족하지만, ㉡ 활용 양상이 동일한 용언이라는 조건은 만족하지 못한다.

③ '뒤집다'는 '뒤집고, 뒤집으니, 뒤집어' 등으로 활용하는데, 활용할 때 어간의 기본 형태가 유지되므로 규칙 활용 용언에 해당한다. '껴입다'는 '껴입고, 껴입으니, 껴입어' 등으로 활용하는데, 활용할 때 어간의 기본 형태가 유지되므로 규칙 활용 용언에 해당한다. 따라서 ㉡ 활용 양상이 동일한 용언이라는 조건은 만족하지만, ㉠ 불규칙적으로 활용하는 용언이라는 조건은 만족하지 못한다.

④ '붙잡다'는 '붙잡고, 붙잡으니, 붙잡어' 등으로 활용하는데, 활용할 때 어간의 기본 형태가 유지되므로 규칙 활용 용언에 해당한다. '정답다'는 '정답고, 정다우니, 정다워' 등으로 활용하는데, 어간의 끝소리 'ㅂ'이 모음 어미 앞에서 반모음 'ㅗ/ㅜ'로 바뀌므로 'ㅂ' 불규칙 활용 용언에 해당한다. 따라서 '붙잡다'와 '정답다'는 ㉠ 불규칙적으로 활용하는 용언이라는 조건과 ㉡ 활용 양상이 동일한 용언이라는 두 조건을 모두 만족하는 짝으로 적절하지 않다.

02 |출제 의도| 음운의 변동과 표기 이해   답 ④

'쌓다'의 활용형 '쌓으니'는 어간 '쌓–'과 어미 '–으니'가 결합할 때 'ㅎ'이 탈락하여 [싸으니]로 발음된다. 따라서 음운 변동의 결과가 표기에 반영되지 않은 것은 맞지만, 음운 변동의 종류는 교체가 아닌 탈락에 해당하므로 적절하지 않다.

왜 오답?

① ⓐ의 '서'는 '서다'의 어간 '서–'가 어미 '–어'와 결합할 때 동일 모음이 탈락하여 '서'로 실현된 것이다. 따라서 탈락이 나타나고 그 결과가 표기에 반영된 것으로 볼 수 있다.

② ⓑ의 '꺼'는 '끄다'의 어간 '끄–'가 어미 '–어'와 결합할 때 어간의 모음 'ㅡ'가 탈락하여 '꺼'로 실현된 것이다. 따라서 탈락이 나타나고 그 결과가 표기에 반영된 것으로 볼 수 있다.

③ ⓒ의 '푸니'는 '풀다'의 어간 '풀–'과 어미 '–니'가 결합할 때 어간의 'ㄹ'이 탈락하여 '푸니'로 실현된 것이다. 따라서 탈락이 나타나고 그 결과가 표기에 반영된 것으로 볼 수 있다.

⑤ ⓔ의 '믿는'은 '믿다'의 어간 '믿–'과 어미 '–는'이 결합할 때 비음화가 일어나 'ㄷ'이 'ㄴ'으로 교체되어 [민는]으로 발음되지만 '믿는'으로 표기한다. 따라서 교체가 나타나지만 그 결과가 표기에 반영되지 않은 것으로 볼 수 있다.

03 |출제 의도| 문장의 짜임 이해   답 ②

ⓐ는 안긴문장이 안은문장의 서술어로 쓰이는 '서술절'에 해당하고, ⓑ는 안긴문장이 안은문장에서 체언을 수식하는 '관형절'에 해당하며, ⓒ는 이 둘을 제외한 절이므로 '명사절, 부사절, 인용절'에 해당한다. ㉮의 안긴문장 '노래를 부르기'는 주격 조사 '가'와 함께 쓰여 안은문장에서 주어의 역할을 하는 명사절이므로 ⓒ에 해당한다. ㉯의 안긴문장 '아무도 모르게'는 안은문장의 서술어인 '피었다'를 수식하는 부사절이므로 ⓒ에 해당한다. ㉰의 안긴문장 '동생이 오기'는 뒤에 이어지는 명사 '전'을 수식하는 관형절이므로 ⓑ에 해당한다. ㉱의 안긴문장 '마음씨가 착하다'는 안은문장의 주어인 '내 동생'을 서술하는 서술절이므로 ⓐ에 해당한다. 따라서 ⓒ에 해당하는 것은 ㉮와 ㉯이다.

04 |출제 의도| 담화의 특성 이해   답 ⑤

Ⓐ '저희'의 화자는 후배 2이고 청자는 선배이므로 Ⓐ에 청자인 선배는 포함되지 않는다. 따라서 Ⓐ은 화자가 청자와 자신을 모두 낮추기 위해 쓴 말이 아니라, 화자인 후배 2가 후배 1과 자신을 낮추기 위해 쓴 말에 해당한다.

왜 오답?

① ㉠ '학교에서'는 행동이 이루어지고 있는 장소가 학교임을 나타내는 조사 '에서'가 결합한 부사어이고, ㉡ '학교에서'는 단체를 나타내는 명사 뒤에 붙어 앞말이 주어임을 나타내는 주격 조사 '에서'가 결합한 주어이므로 둘의 문장 성분이 서로 다름을 알 수 있다.

② ㉢ '우리' 앞의 후배 2의 말('저희가 선배님과 함께 제안했던 예산안')을 보면, ㉢ '우리'에는 화자인 선배와 청자인 후배 2와 후배 1이 모두 포함되어 있음을 알 수 있다.

③ ㉣ '자신'의 뒤에 이어지는 내용을 보면, ㉣ '자신'은 형편을 감안해 달라는 '동아리'를 가리키는 말임을 알 수 있다.

④ ㉥ '서로' 앞의 선배의 말('우리가 제안한')과 후배 1의 말('그런데 학교에서는')을 보면, ㉥ '서로'는 ㉡ '학교'와 ㉢ '우리'를 모두 포함해서 가리키는 말임을 알 수 있다.

05 |출제 의도| 단어의 의미 관계 이해   답 ⑤

'어머니께서 목도리를 한 코씩 떠 나가셨다.'에서 '코'는 〈보기〉의 '코²' '그

물이나 뜨개질한 물건의 눈마다의 매듭.'을 의미한다. 따라서 '코²'는 ㉠ 신체 부위를 나타내는 중심적 의미의 '코''과 소리는 같지만 중심적 의미가 다른 단어에 해당하므로 ㉢의 예로 적절하다.

❦ 왜 오답?

① '묽은 코가 옷에 묻어 휴지로 닦았다.'에서 '코'는 '콧구멍에서 흘러나오는 액체.'를 의미하므로 ㉡ 주변적 의미로 확장된 단어의 예에 해당한다.

② '어부가 쳐 놓은 어망의 코가 끊어졌다.'에서 '코'는 '그물이나 뜨개질한 물건의 눈마다의 매듭.'을 의미하므로 ㉢ 소리는 같지만 중심적 의미가 다른 단어의 예에 해당한다.

③, ④ '코끼리는 긴 코를 자유자재로 사용한다.'와 '동생이 갑자기 코를 다쳐서 병원에 갔다.'에서 '코'는 '포유류의 얼굴 중앙에 튀어나온 부분.'을 의미하므로, 이 둘은 모두 ㉠ 신체 부위를 나타내는 중심적 의미를 지닌 단어의 예에 해당한다.

[06~07] 합성 명사의 내부 구조

지문 해설: 이 글에서는 합성 명사의 특징에 대해 설명하고 있는데, 먼저 합성 명사의 개념이 무엇인지 제시한 후, 내부에 복합어가 있을 때 형태소 단위까지 분석하면 합성 명사의 내부 구조를 세밀히 알 수 있음을 설명하고 있다. 또한, 다의어가 중심적 의미와 주변적 의미를 가진다는 것을 밝힌 후, 합성 명사의 두 어근도 다의어처럼 중심적 의미나 주변적 의미가 나타날 수 있는데, 주변적 의미를 새롭게 가지게 되는 경우가 있음을 예를 들어 설명하고 있다. 그리고 합성 명사의 어근이 중심적 의미를 나타내든 주변적 의미를 나타내든, 그 어근은 합성 명사 내에서 위치가 자유롭다는 것을 다양한 예를 통해 설명하고 있다.

주제: 합성 명사의 구조적, 의미적 특성

---

06 |출제 의도| 합성 명사의 짜임 이해 답 ②

㉠은 합성 명사를 형태소 단위까지 분석하는 것이므로 이에 따라 〈보기〉에 제시된 합성 명사를 형태소 단위까지 분석하면, ㉮는 '새우'(어근), '볶-'(어근), '-음'(접사)이다. ㉯는 '집'(어근), '안'(어근), '싸우-'(어근), '-ㅁ'(접사)이고, ㉰는 '논'(어근), '밭'(어근), '갈-'(어근), '-이'(접사)이며, ㉱는 '탈'(어근), '추-'(어근), '-ㅁ'(접사), '놀-'(어근), '-이'(접사)이다. 따라서 ㉯와 ㉰가 어근+어근+어근+접사로 그 내부 구조가 동일하다.

07 |출제 의도| 합성 명사의 짜임 이해 답 ④

'입꼬리'는 '입'이 중심적 의미를 나타내므로, ⓑ 주변적 의미를 나타내는 어근이 뒤에 위치한다. '도끼눈'은 '눈'이 중심적 의미를 나타내므로, ⓑ 주변적 의미를 나타내는 어근이 앞에 위치한다. 따라서 '입꼬리'와 '도끼눈'은 ⓑ를 나타내는 어근의 위치가 다르다.

❦ 왜 오답?

① '칼잠'은 ⓐ 중심적 의미를 나타내는 어근 '잠'이 뒤에 위치하고, '구름바다'는 ⓐ 중심적 의미를 나타내는 어근 '구름'이 앞에 위치한다. 따라서 '칼잠'과 '구름바다'는 ⓐ를 나타내는 어근의 위치가 다르다.

② '머리글'은 ⓐ 중심적 의미를 나타내는 어근 '글'이 뒤에 위치하고, '물벼락'은 ⓐ 중심적 의미를 나타내는 어근 '물'이 앞에 위치한다. 따라서 '머리글'과 '물벼락'은 ⓐ를 나타내는 어근의 위치가 다르다.

③ '일벌레'는 ⓑ 주변적 의미를 나타내는 어근 '벌레'가 뒤에 위치하고, '벼락공부'는 ⓑ 주변적 의미를 나타내는 어근 '벼락'이 앞에 위치한다. 따라서 '일벌레'와 '벼락공부'는 ⓑ를 나타내는 어근의 위치가 다르다.

⑤ '꼬마전구'는 ⓑ 주변적 의미를 나타내는 어근 '꼬마'가 앞에 위치하고, '꿀잠'도 ⓑ 주변적 의미를 나타내는 어근 '꿀'이 앞에 위치한다. 따라서 '꼬마전구'와 '꿀잠'은 ⓑ를 나타내는 어근의 위치가 같다.

---

08 |출제 의도| 훈민정음 창제 원리 이해 답 ①

ⓐ는 훈민정음 종성자의 제자 원리를 설명한 부분으로, 종성의 글자는 초성 글자를 다시 사용한다는 내용이다. 이를 확인할 수 있는 예는 종성이 있는 글자인데, 〈자료〉에서 종성이 있는 글자를 모두 고르면, '붇', '스ㄱ돌', '싹', '훍'이다. 그런데 ①에는 '스ㄱ돌'이 빠져 있으므로 모두 고른 것으로 적절하지 않다.

❦ 왜 오답?

② ⓑ는 훈민정음의 연서에 해당하는 부분으로, 순경음을 쓰는 방법을 설명한 내용이다. 이를 확인할 수 있는 예는 순경음이 들어 있는 글자인데, 〈자료〉에서 순경음이 있는 글자를 고르면, '사ᄫᅵ', '스ㄱ돌'이다.

③ ⓒ는 합용 병서에 해당하는 부분으로, 병서한 글자를 〈자료〉에서 모두 찾으면 '삐니', '싹', '훍'의 'ㅺ', 'ㅄ', 'ㄺ'이다.

④ ⓓ는 초성자 아래에 붙여 쓰는 중성자를 설명한 부분으로, 이러한 예를 〈자료〉에서 모두 찾으면 '붇', '스ㄱ돌', '훍'의 'ㅜ', 'ㅡ', 'ㆍ'이다.

⑤ ⓔ는 초성자의 오른쪽에 붙여 쓰는 중성자를 설명한 부분으로, 이러한 예를 〈자료〉에서 모두 찾으면 '삐니', '사ᄫᅵ', '싹'의 'ㅣ', 'ㅏ'이다.

---

09 |출제 의도| 된소리되기의 표준 발음 이해 답 ④

ⓓ '안겨라'는 '안-+-기-+-어라'가 결합한 형태인데, '안-'은 어간이고, '-기-'는 사동 접미사이다. 이는 용언 어간에 피·사동 접사가 결합한 경우에 해당하므로 'ㄴ' 뒤의 'ㄱ'이 된소리로 바뀌지 않는다.

❦ 왜 오답?

① '푼다'는 '푸-(어간)+-ㄴ다(어미)'가 결합한 형태인데, 'ㄴ'과 'ㄷ'이 어미끼리 결합한 형태이기 때문에 된소리되기가 일어나지 않는다.

② '여름도'는 '여름+도'가 결합한 형태인데, 이는 체언과 조사가 결합한 경우이므로 된소리되기가 일어나지 않는다.

③ '잠가'는 '잠그-+-아'가 결합한 형태인데, '잠그-'라는 하나의 형태소 안에서 'ㅁ' 뒤에 'ㄱ'이 있는 경우이므로 된소리되기가 일어나지 않는다.

⑤ '큰지'는 '크-(어간)+-ㄴ지(어미)'가 결합한 형태인데, 'ㄴ'과 'ㅈ'이 어미끼리 결합한 형태이기 때문에 된소리되기가 일어나지 않는다.

---

10 |출제 의도| 문장의 짜임 이해 답 ①

㉠의 안긴문장 중 하나인 '내 친구가 보낸'에서 서술어 '보내다'는 '누가 누구에게 무엇을 보내다.' 또는 '누가 무엇을 어디로 보내다.'와 같이 주어, 목적어, 부사어를 반드시 필요로 하는데, 이 안긴문장에는 '누구에게' 또는 '어디로'에 해당하는 필수적 부사어가 생략되어 있다. ㉡의 안긴문장 중 하나인 '테니스 배우기'에는 주어가 생략되어 있다.

❦ 왜 오답?

② ㉠에서 안긴문장 '내 친구가 보낸'은 뒤의 '책'을 수식하는 관형절이고, '제 시간에 받기'는 명사절로서 목적어의 기능을 한다. ㉡에서 안긴문장 '테니스 배우기'는 주어 기능을 하는 명사절이고, '테니스 배우기가 재미있다'는 인용절이다.

③ ㉠의 안긴문장 중 하나인 '제 시간에 받기'에는 주어가 생략되어 있다. 그러나 ㉢의 안긴문장 '우리 가족이 점심을 먹은'에는 주어가 생략되어 있지 않다.

④ ㉢의 안긴문장 '우리 가족이 점심을 먹은'은 뒤의 '식당'을 수식하는 관형절이고 '식당이'만 보어에 해당된다. ㉣의 안긴문장 중 하나인 '신이 닳도록'은 '돌아다녔다'를 수식하는 부사절이다.

⑤ ㉢의 안긴문장 '우리 가족이 점심을 먹은'에는 '점심을'이라는 목적어가 있으므로 생략되지 않았고, ㉣의 안긴문장 '(관광지가) 아름다운'에는 주어가 생략되었으며, '신이 닳도록'은 목적어가 필요하지 않은 안긴문장이다.

[01~02] 품사의 분류와 품사 통용

지문 해설: 이 글에서는 품사란 단어를 공통된 성질에 따라 분류한 것으로, 의미에 따라 '명사, 대명사, 수사, 동사, 형용사, 관형사, 부사, 조사, 감탄사'로 분류할 수 있음을 설명하고 있다. 그리고 단어는 일반적으로 하나의 품사로 사용되지만 어떤 단어는 여러 가지의 품사로 쓰이는 경우가 있는데 이를 '품사 통용'이라고 하며, 중세 국어에서도 나타난다고 하였다. 또한 중세 국어에서의 '품사 통용'은 그 모습이 현대 국어와 같은 양상으로 나타나기도 하고 다른 양상으로 나타나기도 함을 밝히고 있다. 그 예로 현대 국어에서는 관형사로만 쓰이는 '어느'가 중세 국어에서는 관형사, 부사, 대명사로 두루 쓰였던 모습을 제시하고 있다.

주제: 품사의 개념과 분류 기준 및 중세 국어에서의 품사 통용

01 | 출제 의도 | 품사의 분류 이해   답 ②

ㄱ의 '두'는 뒤에 이어지는 명사 '사람'을 수식하고 있다. 체언을 수식하는 것은 관형사이므로, ㄱ '두'의 품사는 수량을 나타내는 수 관형사에 해당한다.

왜 오답?

① ㄱ의 '과연'은 '두 사람이 만날 수 있을까?'라는 문장 전체를 수식하는 품사인 문장 부사로, '결과에 있어서도 참으로.'라는 의미를 가지며 진술에 대한 화자의 심리적 태도를 드러낸다.

③ ㄴ의 '웃었다'는 문장의 주체인 '그'의 동작을 나타내는 품사인 동사에 해당한다.

④ ㄷ의 '학생'은 대상의 이름을 나타내는 품사인 명사에 해당한다.

⑤ ㄷ의 '는'은 체언(명사) '식사'에 붙어 강조의 뜻을 나타내는 품사인 조사에 해당한다.

02 | 출제 의도 | 현대 국어와 중세 국어 품사 통용 이해   답 ③

(가) 현대 국어 '새 학기가 되다.'에서 '새'는 명사 '학기'를 수식하는 관형사로 쓰인다. 반면 (나) 중세 국어의 경우 '새 구슬리 나며'에서 '새'는 명사 '구슬'을 수식하는 관형사로, '이 나래 새롤 맛보고'에서 '새'는 뒤에 조사 '롤'과 결합하여 '새로 나오거나 만든 것.'이라는 의미를 갖는 명사로, '새 出家ᄒᆞᆫ 사ᄅᆞ미니'에서 '새'는 동사 '출가하다'를 수식하는 부사로 두루 쓰였다. 그러나 (나)에서 중세 국어에서의 '새'가 대명사로 쓰인 예는 찾아볼 수 없다.

왜 오답?

① (가) 현대 국어 '이보다 더 좋을 수는 없다.'에서 '이'는 조사 '보다'와 결합하여 '말하는 이에게 가까이 있거나 말하는 이가 생각하고 있는 대상.'을 가리키는 지시 대명사로, '이 사과는 맛있다.'에서 '이'는 명사 '사과'를 수식하는 관형사로 쓰이고 있다.

② (가) 현대 국어에서 '이'가 대명사와 관형사로 쓰인 것처럼 (나) 중세 국어 '내 이롤 爲ᄒᆞ야'에서 '이'는 조사 '롤'과 결합하여 대명사로, '내 이 도ᄂᆞᆯ 가져가'에서 '이'는 명사 '돈'을 수식하는 관형사로 쓰이고 있다.

④ (가) 현대 국어 '새 학기가 되다.'에서 '새'가 명사 '학기'를 수식하는 관형사로 쓰인 것과 같이 (나) 중세 국어 '새 구스리 나며'에서의 '새'도 명사 '구슬'을 수식하는 관형사로 쓰이고 있다.

⑤ (나) 중세 국어에서 '새'는 관형사, 명사, 부사로 두루 쓰이는 품사 통용이 나타나지만, (가) 현대 국어에서 '새'는 명사 '학기'를 수식하는 관형사로만 쓰여 품사 통용이 나타나지 않는다.

03 | 출제 의도 | 음운 변동의 이해   답 ④

'급행요금[그팽뇨금]'에서는 '급'의 끝소리 'ㅂ'과 '행'의 첫소리 'ㅎ'이 축약되어 '그팽요금'이 되고(거센소리되기), '행'의 끝소리 'ㅇ'과 반모음 'ㅣ'를 가진 이중 모음 'ㅛ' 사이에 'ㄴ'이 첨가된다('ㄴ' 첨가). 따라서 '급행요금[그팽뇨금]'에서는 축약과 첨가는 일어나지만 탈락은 일어나지 않는다.

왜 오답?

① '물약'에서는 '물'의 끝소리 'ㄹ'과 반모음 'ㅣ'를 가진 이중 모음 'ㅑ' 사이에 'ㄴ'이 첨가되어 '물냑'으로 발음된다('ㄴ' 첨가). 이후 'ㄴ'은 '물'의 끝소리 유음 'ㄹ'에 동화되어 'ㄹ'로 교체되므로 [물략]으로 발음된다(유음화).

② '읊는'에서는 '읊'의 끝에 오는 자음군 'ㄿ' 중 'ㄹ'이 탈락되어 '읖는'이 되고(자음군 단순화), 남은 'ㅍ'이 'ㅂ'으로 교체되어 '읍는'으로 발음된다(음절의 끝소리 규칙). 다시 'ㅂ'은 뒤의 비음 'ㄴ'에 동화되어 'ㅁ'으로 교체되므로 [음는]으로 발음된다(비음화).

③ '값하다'에서는 '값'의 끝에 오는 자음군 'ㅄ' 중 'ㅅ'이 탈락되어 '갑하다'가 되고(자음군 단순화), 남은 'ㅂ'이 뒤의 'ㅎ'과 축약되어 거센소리 'ㅍ'이 되므로 [가파다]로 발음된다(거센소리되기).

⑤ '넓죽하다'에서는 '넓'의 끝에 오는 자음군 'ㄼ' 중 'ㄹ'이 탈락되어 '넙죽하다'가 되고(자음군 단순화), 남은 'ㅂ'의 영향으로 뒤의 'ㅈ'이 된소리 'ㅉ'으로 교체되어 '넙쭉하다'가 된다(된소리되기). 이후 '죽'의 끝소리 'ㄱ'과 뒤의 'ㅎ'이 거센소리 'ㅋ'으로 축약되어 [넙쭈카다]로 발음된다(거센소리되기).

04 | 출제 의도 | 단어의 활용 이해   답 ①

〈보기〉에서 '갖다'는 '가지다'의 준말로 '갖고', '갖지만'과 같이 자음으로 시작하는 어미 '-고', '-지만'이 연결될 때는 활용할 수 있으나, '갖아', '갖으며'와 같이 모음으로 시작하는 어미 '-아', '-으며'가 연결될 때에는 준말의 활용형을 인정하지 않는다고 하였다. 이처럼 '내디디다'의 준말 '내딛다'의 경우에도 모음으로 시작하는 어미 '-었-' 앞에서는 활용형을 인정하지 않으므로, 본말 '내디디다'의 어간 '내디디-'에 어미 '-었-'이 결합한 '내디디었다(내디뎠다)'로 써야 한다.

왜 오답?

② '서투른'에서 '서투르다'는 본말로, 자음으로 시작하는 어미 '-고', '-지' 앞에서 '서투르고, 서투르지', 모음으로 시작하는 어미 '-어' 앞에서 '서툴러'(서투르-+-어)와 같이 활용형을 모두 쓸 수 있으며, '서투른'은 어간 '서투르-'에 관형사형 어미 '-ㄴ'이 결합한 형태로 쓰인 것이므로 적절하다.

③ '머물면서'는 '머무르다'의 준말 '머물다'의 어간 '머물-'에 자음으로 시작하는 어미 '-면서'가 연결되어 쓰인 것이므로 적절하다. '머물다'는 자음 어미 '-고', '-지', '-ㄴ' 앞에서 '머물고, 머물지, 머문'으로 활용할 수 있으나, 모음으로 시작하는 어미 '-어'가 결합한 '머물어'의 형태로는 쓸 수 없다.

④ '서두르지'에서 '서두르다'는 본말로, 자음으로 시작하는 어미 '-고', '-지' 앞에서 '서두르고, 서두르지', 모음으로 시작하는 어미 '-어' 앞에서 '서둘러'(서두르-+-어)와 같이 활용형을 모두 쓸 수 있다. '서두르지'는 어간 '서두르-'에 연결 어미 '-지'가 결합한 형태로 쓰인 것이므로 적절하다.

⑤ '건드려도'에서 '건드리다'는 본말로, 자음으로 시작하는 어미 '-고', '-지' 앞에서 '건드리고, 건드리지', 모음으로 시작하는 어미 '-어' 앞에서 '건드리어'와 같이 활용형을 모두 쓸 수 있다. '건드려도(건드리어도)'는 어간 '건드리-'에 연결 어미 '-어도'가 결합한 형태로 쓰인 것이므로 적절하다.

05 |출제 의도| 문장의 짜임 이해   답 ①

'아버지가 만든 책꽂이가 제일 멋지다.'는 '아버지가 책꽂이를 만들었다.'가 '책꽂이가 제일 멋지다.'에 관형절로 안긴 문장이다. 이 문장에서는 주어와 서술어의 관계가 두 번 나타나고(겹문장: '아버지가'–'만들었다', '책꽂이가'–'멋지다'), '만들었다'에 과거 관형사형 어미 '–ㄴ'이 결합하여 '아버지가 만든'이 '책꽂이'를 수식하는 관형어 기능을 하며 안겨 있으며, 이때 목적어 '책꽂이를'이 생략되었음을 확인할 수 있다.

⟪ 왜 오답?

② '어머니는 그 일이 끝나기를 기다렸다.'는 '그 일이 끝나다.'가 명사절로 안긴 문장이다. 이 문장에서는 주어와 서술어 관계가 두 번 나타나고(겹문장: '어머니는'–'기다렸다', '일이'–'끝나다'), '끝나다'에 명사형 어미 '–기'가 결합한 명사절 '그 일이 끝나기'가 목적격 조사 '를'과 결합하여 목적어 자격으로 안겨 있으며, 이때 생략된 문장 성분은 없다.

③ '그녀는 지난주에 고향 집으로 떠났다.'는 주어 '그녀는'과 서술어 '떠났다'의 관계가 한 번만 나타나므로 홑문장에 해당한다.

④ '창밖에는 비가 내리고 바람이 불었다.'는 '창밖에는 비가 내렸다.'와 '창밖에는 바람이 불었다.'가 대등하게 연결된 이어진문장이다. 이 문장에서는 주어와 서술어 관계가 두 번 나타나고(겹문장: '비가'–'내렸다', '바람이'–'불었다'), 대등적 연결 어미 '–고'로 연결된 이어진문장에 해당한다.

⑤ '형은 개를 좋아하지만 나는 싫어한다.'는 '형은 개를 좋아한다.'와 '나는 개를 싫어한다.'가 대등하게 연결된 이어진문장이다. 이 문장에서는 주어와 서술어 관계가 두 번 나타나고(겹문장: '형은'–'좋아한다', '나는'–'싫어한다'), 대등적 연결 어미 '–지만'으로 연결된 이어진문장이다.

[06~07] 합성 용언의 특성

지문 해설: 이 글에서는 합성 용언의 특성과 합성 용언이 어떻게 분류되는지에 대해 설명하고 있는데, 먼저 명사가 동사나 형용사와 결합하여 합성 동사와 합성 형용사를 만들 수 있음을 설명하고 있다. 합성 동사와 합성 형용사를 묶어 합성 용언이라고 하는데, 구성적 측면과 의미적 측면에서 분류할 수 있음을 밝히고 있다. 구성적 측면에서 합성 용언은 그 구성 요소들이 맺는 문법적 관계에 따라 주어와 서술어의 관계, 목적어와 서술어의 관계, 부사어와 서술어의 관계 등으로 분류할 수 있다고 하였다. 의미적 측면에서 합성 용언은 그 구성 요소의 의미를 그대로 유지하는 경우와 구성 요소의 의미를 벗어나 새로운 의미를 획득한 경우로 분류할 수 있는데, 새로운 의미를 획득한 합성 용언은 필수 부사어를 요구하는 경우가 있음을 예를 제시하여 설명하고 있다.

주제: 구성적 측면과 의미적 측면에 따른 합성 용언의 분류

---

06 |출제 의도| 단어의 짜임 이해   답 ③

'누나는 나를 보자마자 뒤돌아 앉았다.'의 '뒤돌아'는 구성적 측면에서 명사 '뒤'와 동사 '돌다'가 부사어와 서술어의 관계를 보여 준다. 따라서 ⓒ이 아니라 ⓒ과 동일한 유형의 합성 용언이다.

⟪ 왜 오답?

① '값싸게'는 구성적 측면에서 명사 '값'과 동사 '싸다'가 주어와 서술어의 관계를 보여 준다.

② '눈부신'은 구성적 측면에서 명사 '눈'과 동사 '부시다'가 주어와 서술어의 관계를 보여 준다.

④ '밤새워'는 구성적 측면에서 명사 '밤'과 동사 '새다'가 목적어와 서술어의 관계를 보여 준다.

⑤ '앞서서'는 구성적 측면에서 명사 '앞'과 동사 '서다'가 부사어와 서술어의 관계를 보여 준다.

---

07 |출제 의도| 단어의 짜임 이해   답 ③

ⓒ '담쌓고'는 구성 요소인 '담'과 '쌓다'의 의미를 벗어나 '관계나 인연을 끊다.'라는 새로운 의미를 획득한 합성 용언이다. 이때에는 무엇과 인연을 끊었는지 필수 부사어를 요구한다.

⟪ 왜 오답?

① '목말라'는 구성 요소인 '목'과 '마르다'의 의미를 벗어나 '어떠한 것을 간절히 원하다.'라는 새로운 의미를 획득한 합성 용언이고, '누가 무엇에 목마르다.'처럼 쓰여 필수 부사어를 요구한다.

② '점찍어'는 구성 요소인 '점'과 '찍다'의 의미를 벗어나 '어떻게 될 것이라고 또는 어느 것이라고 마음속으로 정하다.'라는 새로운 의미를 획득한 합성 용언이고, '누가 무엇을 무엇으로 점찍다.'처럼 쓰여 필수 부사어를 요구한다.

④ '녹슬지'는 구성 요소인 '녹'과 '슬다'의 의미를 벗어나 '오랫동안 쓰지 않고 버려두어 낡거나 무디어지다.'라는 새로운 의미를 획득한 합성 용언이고, '무엇이 녹슬다.'처럼 쓰여 필수 부사어는 요구하지 않는다.

⑤ '눈뜨게'는 구성 요소인 '눈'과 '뜨다'의 의미를 벗어나 '잘 알지 못했던 이치나 원리 따위를 깨달아 알게 되다.'라는 새로운 의미를 획득한 합성 용언이고, '누가 무엇에 눈뜨다.'처럼 쓰여 필수 부사어를 요구한다.

---

08 |출제 의도| 형태소 분석 이해   답 ④

ⓓ '가셨겠구나'의 형태소를 분석하면 '가시–(어간)+–었–(선어말 어미)+–겠–(선어말 어미)+–구나(종결 어미)'이므로, ⓓ는 선어말 어미 두 개와 종결 어미가 사용되었다.

⟪ 왜 오답?

① ⓐ '즐거우셨길'의 형태소를 분석하면 '즐겁–(어간)+–(으)시–(선어말 어미)+–었–(선어말 어미)+–기–(명사형 전성 어미)+ㄹ(목적격 조사)'이므로 선어말 어미 두 개와 전성 어미가 사용되었다.

② ⓑ '샜을'의 형태소를 분석하면 '새–(어간)+–었–(선어말 어미)+–을(관형사형 전성 어미)'이므로 선어말 어미 한 개와 전성 어미가 사용되었다.

③ ⓒ '번거로우시겠지만'의 형태소를 분석하면 '번거롭–(어간)+–(으)시–(선어말 어미)+–겠–(선어말 어미)+–지만(연결 어미)'이므로 선어말 어미 두 개와 연결 어미가 사용되었다.

⑤ ⓔ '다다른'의 형태소를 분석하면 '다다르–(어간)+–ㄴ(관형사형 전성 어미)'이므로 선어말 어미 없이 전성 어미가 사용되었다.

---

09 |출제 의도| 부정 표현 이해   답 ⑤

'밤바다가 그리 고요하지는 않네.'에서 서술어 '고요하다'는 형용사이며, '–지 않다'와 결합하였다. 이 문장은 '밤바다가 고요하다.'라는 문장의 '단순 부정'을 나타내고 있다. '아주 오래간만에 비가 안 온다.'에서 주어 '비가'는 의지를 가지지 못하는 무정물이며, 이 문장은 '아주 오래간만에 비가 온다.'라는 문장의 '단순 부정'을 나타내고 있다.

⟪ 왜 오답?

① '옛날엔 통신 기술이 발달하지 않았다.'에서 '발달하다'는 동사이므로 ㉠에 해당하는 예로 묶일 수 없다. '주문한 옷이 아직도 도착하지 않았다.'는 주어가 의지를 가지지 못하는 무정물로서, '단순 부정'을 나타내므로 ㉡에 해당하는 예로 묶일 수 있다.

② '이 문제집은 별로 어렵지 않더라.'에서 '어렵다'는 형용사로, '단순 부정'을 나타내고 있으므로 ㉠에 해당하는 예로 묶일 수 있다. 그러나 '저는 이 은혜를 잊지 않겠습니다.'에서 주어 '저는'은 의지를 가지지 못하는 무정물이 아니므로 ㉡에 해당하는 예로 묶일 수 없다.

③ '나는 그 이야기가 궁금하지 않아.'에서 '궁금하다'는 형용사로 '단순

부정'을 나타내고 있으므로 ㉠에 해당하는 예로 묶일 수 있다. 그러나 '동생이 오늘 우산을 안 가져갔어.'에서 주어 '동생이'는 의지를 가지지 못하는 무정물이 아니므로 ㉡에 해당하는 예로 묶일 수 없다.

④ '내 얘기에 고모는 놀라지 않았다.'에서 '놀라다'는 동사이므로 ㉠에 해당하는 예로 묶일 수 없다. '이 물질은 전기가 통하지 않는다.'에서 '통하다'의 주어 '전기가'는 의지를 가지지 못하는 무정물이므로 ㉡에 해당하는 예로 묶일 수 있다.

10 |출제 의도| 문장의 짜임 이해   답 ④

'겉늙다'는 '겉'의 'ㅌ'이 음절의 끝소리 규칙이 적용되어 '걷'으로 바뀌고, '걷'의 'ㄷ'이 '늙다'의 'ㄴ' 앞에서 'ㄴ'으로 바뀌어 [건늑따]로 발음된다.

❝ 왜 오답?

① '밖만'은 '밖'의 'ㄲ'이 음절의 끝소리 규칙이 적용되어 '박'으로 바뀌고, '박'의 'ㄱ'이 '만'의 'ㅁ' 앞에서 'ㅇ'으로 바뀌어 [방만]으로 발음된다. 즉, 자음군 단순화가 아니라 음절의 끝소리 규칙이 적용된 후이다.

② '폭넓다'는 '폭'의 'ㄱ'이 '넓'의 'ㄴ' 앞에서 'ㅇ'으로 바뀌고, '넓'의 'ㄼ'은 자음군 단순화가 적용되어 'ㄹ'로 바뀌어 [퐁널따]로 발음된다. 이때 비음화 현상이 적용된 것은 '폭'인데, '폭'은 다른 음운 변동의 결과로 발음이 [ㄱ, ㄷ, ㅂ]으로 바뀌어서 비음화 현상이 일어난 것이 아니기 때문에 [A]에 들어가기에 적절하지 않다.

③ '값만'은 '값'의 'ㅄ'이 자음군 단순화가 적용되어 '갑'으로 바뀌고, '갑'의 'ㅂ'이 '만'의 'ㅁ' 앞에서 'ㅁ'으로 바뀌어 [감만]으로 발음된다. 즉, 음절의 끝소리 규칙이 아니라 자음군 단순화가 적용된 후이다.

⑤ '호박잎'은 '잎'의 초성에 'ㄴ'이 첨가되고 종성은 음절의 끝소리 규칙이 적용되어 'ㅍ'이 'ㅂ'으로 바뀐다. '박'은 '잎'에 첨가된 'ㄴ'의 영향으로 'ㄱ'이 'ㅇ'으로 바뀌어 [호방닙]으로 발음된다. 즉, 'ㄴ 첨가'가 적용된 후 비음화 현상이 적용된 것이다.

빠른시작

빠짝